ENQUÊTES
ET
TÉMOIGNAGES

ENQUÊTES ET TÉMOIGNAGES

Sélection du Reader's Digest

PARIS • BRUXELLES • MONTRÉAL • ZURICH

PREMIÈRE ÉDITION

Les condensés figurant dans ce volume
ont été réalisés par The Reader's Digest
et publiés en langue française avec l'accord
des auteurs et des éditeurs des livres respectifs.

© Sélection du Reader's Digest, SA, 1993.
212, boulevard Saint-Germain, 75007 Paris.

© N. V. Reader's Digest, SA, 1993.
12-A, Grand-Place, 1000 Bruxelles.

© Sélection du Reader's Digest (Canada), limitée, 1993.
215, Redfern Avenue, Montréal, Québec H3Z 2V9.

© Sélection du Reader's Digest, SA, 1993.
Räffelstrasse 11, « Gallushof », 8021 Zurich.

Tous droits de traduction, d'adaptation
et de reproduction réservés pour tous pays.

Imprimé en France (*Printed in France*)
ISBN 2-7098-0413-1

12
061.0981.31

LE CERCLE DE LA PEUR
© 1991, Hussein Sumaida et Carole Jerome.
L'édition originale de cet ouvrage a été publiée par
Stoddart Publishing Compagny, Ltd.,
Canada, sous le titre *Circle of Fear*.

L'ANNAMITE
© Éditions Robert Laffont, SA, Paris, 1991.

L'ADIEU AUX YANOMAMI
© Éditions Albin Michel, SA, Paris, 1991.

ONDINE, DÉPÊCHE-TOI DE MARCHER
© Éditions Albin Michel, SA, Paris, 1992.

LE CERCLE DE LA PEUR
Hussein Sumaida
7

L'ANNAMITE
Dany Carrel
143

L'ADIEU AUX YANOMAMI
Alain Kerjean
299

ONDINE, DÉPÊCHE-TOI DE MARCHER
Marie-Laure Rozan
411

LE CERCLE DE LA PEUR

HUSSEIN SUMAIDA
avec la collaboration de Carole Jerome

Traduit de l'américain par Jean Esch

J'ignore à quel moment je pris conscience que j'aimais autant que je détestais être la propriété du Mukhabarat. Je détestais jouer à l'espion, mais force m'était de reconnaître que j'aimais les pouvoirs que me conféraient mes fonctions. En même temps, je commençais à comprendre combien il était facile à Saddam Hussein de créer des escadrons de robots. Je haïssais cet homme, et pourtant il avait su me corrompre par ses manières! Je sentais le changement qui petit à petit s'opérait en moi. A mon tour, j'étais en train de devenir un robot... Mais un soir, en contemplant le visage aimant de Ban, je réalisai brusquement ce qui m'arrivait. Et je décidai de nous trouver une échappatoire à tous deux. Je n'avais pas le droit à l'erreur. Je devais me montrer plus malin que mes maîtres.
Sinon, ils me dévoreraient vivant.

« Le Cercle de la peur »

Page de titre : *Saddam Hussein, en véritable guide de la nation, salue d'un geste paternaliste dix mille étudiants fanatisés réunis dans un stade à Mossoul, le 5 mai 1991.*

INTRODUCTION

Je sais qu'une grande partie des faits que je vais relater ne me font pas honneur. Je n'ai pas écrit ce livre pour justifier mes erreurs, ni mes crimes et mes méfaits. Je l'ai écrit pour donner aux gens une vision ignorée de mon pays, l'Irak, et leur faire partager ce que j'ai appris au cours de mon odyssée.

Depuis des décennies, l'Irak est fermé aux étrangers. Les journalistes ont accès aux événements et aux personnages politiques, mais quasiment jamais aux gens ordinaires. Et dans cette république de la peur comme on l'a appelée, les gens n'osent pas s'exprimer à visage découvert. Grâce à mon expérience insolite, je peux fournir une vision des rouages internes de la mécanique de la peur : le Mukhabarat, l'organe omniprésent de la police secrète et des renseignements. Mon récit apporte la confirmation du pouvoir et de la banalité de ce monde secret de l'espionnage et de la terreur où les James Bond n'existent pas.

En outre, je propose un point de vue probablement unique sur Israël : celui d'un Irakien, un Arabe, ayant travaillé pour le Mossad.

Enfin, j'offre ce livre à mon peuple comme un miroir. Quoi qu'il puisse m'arriver, il m'a semblé important de raconter toute cette histoire. Ce n'est qu'en informant de plus en plus de gens que nous pourrons enfin briser le cercle de la peur.

Hussein Sumaida

I

VICTIME DE LA HAINE

Il me suffit de passer la main sur la cicatrice qui barre mon front pour sentir la marque de mon père dans ma chair. J'avais à peine deux ans quand, dans un accès de colère, il me coinça la tête dans l'encadrement de la porte et poussa le verrou du bas sur mon visage, juste au-dessus de l'œil droit. D'après ma mère, qui tremblait de peur devant lui, j'ai pleuré et saigné pendant des heures. Elle me raconta également que j'avais moins de deux mois quand il m'avait frappé pour la première fois.

Enfant, j'étais la victime innocente de la haine de mon père. Plus tard, sans doute afin de préserver mon équilibre mental, j'appris à lui répondre par des traits d'esprit, des arguments ou des sarcasmes. Il entrait alors dans une rage folle, mais au moins j'en connaissais la raison. Je sais également que si mon père avait été un être normal, il est peu probable que j'écrirais cette histoire aujourd'hui.

Il semble que mon père ait décidé de transformer la vie de ma famille et la mienne en martyres. Pendant un temps, j'ai pensé que c'était de ma part de l'incompréhension, tout simplement. J'ai maintenant du mal à croire que la compréhension aurait modifié le cours des choses. Même si vous comprenez la violence et le fanatisme pathologiques, vous avez peu de chances d'en sortir indemne.

Durant ses accès de colère, mon père lançait contre les murs les cendriers en cristal et les assiettes en porcelaine si bien que nous n'avions à la maison que de la vaisselle dépareillée. Je me réfugiais dans les livres et dans mon imagination, et commençais à nourrir à l'égard de mon père une haine encore vivace aujourd'hui.

Son caractère irascible s'enflammait pour des choses sans importance : dix minutes de retard pour se mettre à table, ou bien une réponse de ma part jugée irrespectueuse. Il m'était quasiment impossible de satisfaire à ses exigences paramilitaires, car lorsque je fus en âge de parler, je bégayai, conséquence de cette terreur permanente dans laquelle je vivais. Ce handicap ne fit qu'accroître la rancœur de mon père. Il avait honte d'un fils qui était incapable de parler correctement. Voyant que je faisais d'énormes efforts pour m'exprimer, il entrait dans une telle colère qu'il me soulevait de terre pour me jeter sur le sol ou contre un meuble.

Peu de temps après leur naissance, mes sœurs et mon frère apprirent, eux aussi, à le craindre. Nés à la fin des années 60, mon frère Saif, ma sœur Dina et moi, avions peu de différence. Mon autre sœur, Dalia, est venue au monde beaucoup plus tard, en 1980. Tous subissaient les violences paternelles, mais c'était toujours moi qui essuyais le plus gros de la tempête.

L'arme préférée de mon père était un gros sabot bleu dont il se servait comme d'un marteau pour frapper notre peau si tendre. Cet instrument de torture nous terrifiait. Un jour, j'avais alors sept ans, Saif et moi, prenant notre courage à deux mains, allâmes le jeter dans la poubelle d'un voisin. Le soir, en rentrant, notre père chercha le sabot. Furieux, il se mit à hurler pour nous forcer à avouer. Puis, laissant éclater toute sa frustration, il nous frappa sauvagement.

Ma mère était, et est toujours, une femme paisible et douce qui adore ses enfants. Comment a-t-elle pu supporter mon père si longtemps, je ne le saurai jamais. Au moins ne la frappait-il jamais, car curieusement, il la considérait comme son porte-bonheur.

Le nom complet de mon père est Ali Mahmoud Sumaida. C'est un homme petit, trapu et laid, avec une peau basanée, un grand nez et des cheveux noirs. Par contraste, ma mère est une petite femme frêle aux cheveux châtain clair et au teint pâle. Elle est belle, à l'image de son nom : Suhaila. Ils se sont connus à l'université où lui était responsable du mouvement étudiant clandestin du Baath ; elle étudiait les sciences sociales. Tous ceux qui les connaissaient à l'époque disaient d'elle que c'était la plus jolie fille de l'université de Bagdad.

Les yeux remplis de larmes, ma mère nous racontait la malchance qu'elle avait eue de rencontrer notre père et d'avoir dû vivre avec un tel homme. Si seulement elle s'en était aperçue à temps. Parfois, il lui arrivait à elle aussi de nous corriger, mais elle ne se départissait jamais de son calme et de sa gentillesse. Sans son amour, mes sœurs, mon frère et moi aurions certainement été des âmes damnées. A vrai dire, j'aurais peut-être été tué. Alors que mon père s'en prenait à moi en permanence, ma mère me défendait sans cesse, détournant une bonne partie de son courroux.

Pourquoi me détestait-il plus que les autres, je ne saurais le dire. Je sais seulement que lorsqu'il nous donnait un ordre, mes sœurs et mon frère lui obéissaient sur-le-champ. Moi, je traînais ou refusais carrément d'obtempérer. Quand il nous demandait de quitter la pièce, ils sortaient tambour battant. Moi, je restais là, bravant le danger. Étais-je insolent parce que j'avais appris à le haïr, ou bien me haïssait-il à cause de mon insolence, je l'ignore.

Ainsi se déroulait la vie dans notre maison de la rue *Felastin* (Palestine). Nous habitions un des nouveaux quartiers chics de Bagdad, dans une grande demeure qui comportait trois chambres,

11

deux salons, une cuisine et une salle à manger immenses. La décoration rappelait celle de n'importe quelle maison occidentale, avec tous les équipements adéquats. Seules les arches entre les pièces apportaient une touche orientale. Ma mère et ma grand-mère maternelle s'occupaient de l'entretien de la maison, avec l'aide d'une femme de ménage et d'une cuisinière. Comme la plupart des enfants irakiens, nous appelions notre grand-mère « Bibi ». Elle ressemblait à notre mère : petite, douce et gentille. Deux rossignols dans le nid d'un ptérodactyle.

Si l'argent fait le bonheur, j'aurais dû être l'enfant le plus heureux du monde. Nous avions tout ce que nous pouvions désirer. Tout cet argent provenait des activités politiques de mon père, et la politique était sa raison d'être.

Quand il ne me prenait pas pour un punching-ball, mon père remarquait à peine que j'existais. Ma chambre était un placard qu'il avait aménagé à mon intention. Il ne m'adressait pas la parole, il ne m'offrait jamais de jouet ni de cadeau, pas même pour mon anniversaire. Quant à ce que j'apprenais à l'école, il semblait totalement s'en désintéresser.

Un jour, je devais avoir six ou sept ans, il s'empara d'une bouilloire posée sur la cuisinière et m'aspergea d'eau bouillante en m'accablant d'injures. Je ne me souviens que de la douleur insupportable, j'ai oublié la cause de cette atrocité. Les brûlures s'étendaient sur mes cuisses et mes parties génitales, formant d'énormes cloques qui m'arrachaient des cris à chaque mouvement. Pas plus cette fois que les précédentes (ni les suivantes), il ne nous autorisa à appeler un médecin. Ma mère devait sortir discrètement à 5 heures du matin pour obtenir un rendez-vous et revenir ensuite me chercher pour me conduire elle-même à l'hôpital.

Les faits que je raconte ici constituent quasiment les seuls souvenirs que j'ai conservés de mon père durant mon enfance. Sa rage venait de temps en temps ébranler ma vie comme des coups de tonnerre intermittents ; et pourtant, cela suffit à faire de lui la force motrice de ma jeunesse.

L'esprit de révolte et de vengeance me dicta presque tous mes actes au cours des années qui suivirent. Mon père était comme une ombre turbulente penchée au-dessus de mon épaule. Mais la force encore plus puissante qu'il symbolisait m'est apparue au fil des ans. Mon père était l'incarnation du redoutable régime baassiste de Saddam Hussein. Et la haine que je lui vouais s'est reportée sur les dirigeants irakiens.

Comble de l'ironie, je découvris que je devais à mon horrible père les privilèges dont je jouissais à l'école. Contrairement à la plupart de mes camarades, je m'y rendais dans une limousine conduite par un chauffeur. Dès ma première année de maternelle, dans une petite école privée – j'avais cinq ans –, je m'aperçus qu'aucun obstacle ne se dressait sur ma route. Plus tard les examens, les notes, la discipline, les bagarres avec les autres enfants, tout cela était arrangé au mieux du fait de mon statut particulier. Mon chauffeur était également mon garde du corps. Une de ses tâches consistait à offrir un cadeau au professeur tous les deux ou trois mois. Ces présents et les pressions que pouvait exercer mon père avaient pour conséquence, entre autres, de me dispenser de tous les examens oraux, auxquels j'aurais sans doute échoué du fait de mon bégaiement.

Un enfant apprend vite à profiter des privilèges. Vers six ou sept ans, je bourrais mes poches de chocolats (contrairement à de nombreux Irakiens, nous en avions toujours à la maison), car j'avais découvert que les autres élèves étaient prêts à échanger leur amitié contre ces douceurs. Mais si l'un d'eux m'importunait ou me menaçait, je pouvais demander à mon garde du corps de s'occuper de lui.

J'étais un enfant à part, car mon père était un des hommes les plus puissants du Baath, parti qui dirigeait le pays. Les privilèges provenaient de la terreur, l'instrument du pouvoir politique brut. Ces faveurs lui étaient en fait destinées. Elles dénotaient son statut, pas le mien. S'il avait vraiment prêté attention à moi, il aurait fait en sorte qu'on me place dans un cours d'orthophonie, au lieu de soudoyer mes professeurs.

Mais en agissant ainsi, il aurait été contraint de reconnaître l'existence d'un fils idiot qui lui faisait honte. Or, il devait à tout prix conserver une façade de perfection et de réussite. Comme toute la société. La réussite et l'avancement étaient les fruits de la corruption et de la duperie, et tout le pays n'était qu'une gigantesque mascarade, derrière laquelle régnait la pourriture.

En 1969, mon père fut nommé chef du Département de la censure, mais tous les membres éminents du parti Baath détenaient deux postes clé. L'emploi civil de mon père, celui de censeur, était connu de tous. En revanche, son statut d'officier de haut rang du Bureau des relations générales de Saddam demeurait un secret.

Aucun livre ni film ne pouvait être vendu ou distribué sans son autorisation. Les dirigeants du Baath avaient décidé de contrôler les gens en maltraitant leurs corps et en affamant leurs esprits. Paradoxalement, le fait que mon père soit le cerbère posté devant les portes closes du savoir me permettait de franchir ces mêmes portes en toute impunité. Notre maison possédait une très grande bibliothèque, une pièce chaude et douillette où s'alignaient tous les ouvrages que mon père avait saisis, les jugeant impropres à la consommation irakienne. En son absence, je me cachais pendant des heures avec un de ces livres interdits. La plupart étaient des éditions arabes ; cela allait des romans et ouvrages biographiques américains aux traités sur le communisme ou l'économie.

Mon livre préféré racontait la vie d'Eli Cohen, l'espion israélien. Après s'être fait passer pour un émigré syrien en Amérique du Sud, Cohen se rendit à Damas où il joua les taupes pour le compte des Israéliens au sein des plus hauts échelons du système politique et militaire syrien. Les renseignements ainsi récoltés eurent un rôle déterminant dans la victoire finale d'Israël lors de la guerre des Six-Jours en 1967. Malheureusement, Cohen n'eut pas le temps de savourer le fruit de son travail. En 1965, il fut pris devant son émetteur radio alors qu'il envoyait des messages à Tel Aviv, et finit pendu en place publique à Damas devant une foule en délire.

C'est en lisant l'histoire de cet homme que je commençai à comprendre ce que représentait pour Israël le fait de vivre au milieu de nations arabes hostiles. (Par la suite, vivant en Occident et apte à démêler la propagande des deux camps et les faits réels, je découvris les causes d'une telle hostilité envers les sionistes.) Mais à l'école, en Irak, nous n'apprenions rien des atrocités que les nazis avaient fait subir aux juifs. Au lieu de cela, on nous parlait du « complot » juif, et des mérites d'Hitler et de son Reich. L'un et l'autre faisaient l'admiration de mon père et de son ami Saddam.

Eli Cohen devint mon héros. Il est difficile de faire comprendre à des non-Arabes l'abomination de mon idolâtrie. Trahison inimaginable. Adoration du diable. Pour mon père et des millions de ses semblables, Israël représente l'ennemi absolu, celui qu'on hait pour avoir volé les terres arabes. Et à ce niveau, cette attitude est justifiée et compréhensible. Mais cette haine presque pathologique dépasse parfois la raison. Elle marque chaque instant de notre vie politique, et elle est à l'origine de ma propre histoire.

A l'approche de l'adolescence, je compris que mon père ne vivait que par et pour la politique. Si je visais cette cible, j'avais une chance de faire mouche. Lui faire mal, l'agacer, n'importe quoi pour me venger. Sans rien dévoiler de mes sources, je commençai à le défier sur le terrain de l'histoire et de la politique.

Il nous présentait toujours le Baath comme l'ami du peuple. Un soir, je lui dis :

— Saddam et toi vous parlez beaucoup des droits des individus, mais vous passez votre temps à les massacrer ou à les traiter en esclaves.

— C'est la seule façon de les traiter s'ils persistent à nous critiquer! cria-t-il. Ce sont des ânes bâtés qui ont besoin de coups de bâton pour avancer dans la bonne direction.

— Comment savez-vous que ce sont des ânes puisqu'ils ne peuvent jamais s'exprimer? répliquai-je en sachant que cela allait décupler sa colère.

— Qu'est-ce que tu en sais, petit salopard? La seule façon de diriger un pays c'est de le tenir en main, et la seule façon de le tenir en main, c'est de faire en sorte que personne n'ait envie de protester. N'importe qui t'affronte et zzzt... (Il fit mine de me trancher la gorge avec un couteau imaginaire.)... tu es mort.

— Ah, elle est belle votre révolution. C'est à tout cela que vous pensiez quand vous parliez de rétablir les droits du peuple et de renverser les anciens régimes corrompus?

Il voulut me frapper, mais j'esquivai le coup.

— Fous-moi le camp d'ici, petit salopard! Tu as de la chance que je ne t'aie pas tué toi aussi!

Je me réfugiai dans ma chambre.

Mon père est né en Tunisie en 1935. Son père, issu d'une importante famille de propriétaires terriens, avait trois ou quatre épouses et un grand nombre d'enfants.

Adolescent, mon père s'engagea dans le mouvement clandestin tunisien opposé à Habib Ibn Ali Bourguiba, le tyran qui avait accédé à la présidence du pays après que la France eut accordé son indépendance à la Tunisie. Arrêté au cours d'une manifestation et condamné à mort, il réussit malgré tout à s'échapper. Il s'embarqua sur un ferry à destination de Marseille, et de là, il gagna finalement la Syrie. C'est dans ce pays qu'il succomba à l'influence fatale de Michel Aflak, le fondateur du parti Baath.

Le Baath vit le jour à Damas en 1943, sous l'impulsion d'Aflak et de Salah al-Din al-Bitar. En français, Baath signifie parti socialiste de la résurrection arabe. Surtout implanté en Irak et en Syrie, le parti compte néanmoins des adhérents dans tous les pays du Moyen-Orient. Initialement, il prônait un nationalisme modéré, mais après la victoire d'Israël sur les Arabes en 1948, il prit de l'ampleur et adopta des thèses plus radicales. Sur un plan idéologique, le Baath est un mélange de nationalisme arabe, de socialisme et de rhétorique marxiste. Dans la pratique, les régimes baassistes de Syrie et d'Irak ne sont rien d'autre que deux dictatures impitoyables.

Pour un groupe d'hommes avides de pouvoir le Baath devint le prétexte qui leur permit de s'emparer des rênes d'un pays « dans l'intérêt du peuple » et de le gouverner en fonction de leurs propres intérêts. Les Arabes devaient se débarrasser de leurs chaînes... pour s'en forger de nouvelles.

Débordant d'enthousiasme pour cette nouvelle cause, mon père rejoignit le Baath syrien. Mais il ne tarda pas à connaître quelques problèmes avec la police syrienne. En 1957, il émigra en Irak. Pour entrer dans ce pays avec le maximum de chances, il se fit passer pour un Algérien. A l'époque, l'Irak soutenait l'Algérie dans sa guerre d'indépendance. Les papiers d'identité de mon père étant presque tous rédigés en français, ce fut un jeu d'enfant de les maquiller pour leur donner l'apparence de documents algériens.

Mon père s'inscrivit à l'université de Bagdad, où il entreprit son travail clandestin pour la branche irakienne du parti.

D'après ce que je sais, c'est à cette époque qu'il fit la connaissance de Saddam Hussein, jeune membre du parti lui aussi, et déjà précédé de sa réputation de brute. Saddam avait été renvoyé de l'école pour avoir frappé violemment un professeur, la force brutale étant la seule forme de discussion qu'il connût.

Saddam Hussein venait d'une famille misérable habitant le village de Tikrit dans le nord de l'Irak. Il avait deux ans de moins que mon père. Tous les deux passaient de longues heures à discuter avec d'autres conspirateurs dans des cafés enfumés où des hommes tuaient le temps en jouant au jacquet. De temps à autre, ces hommes organisaient dans les parcs des pique-niques apparemment innocents. Et là, ils préparaient la révolution. La première grande opération de ces militants baassistes irakiens fut la tentative d'assassinat du général Abd al-Karim Kassem en 1959. Kassem avait pris le pouvoir par la force l'année précédente lorsque, avec l'aide d'un groupe d'officiers, il avait renversé la monarchie du roi Faysal II. Kassem était peut-être le premier dirigeant, depuis Nabuchodonosor, à jouir d'une véritable popularité auprès de son peuple. Saddam et mon père faisaient tous les deux partie du groupe désigné pour l'abattre. Leur tentative échoua, et la plupart des conspirateurs furent arrêtés. Légèrement blessé au cours de la débâcle, Saddam parvint à s'enfuir en Syrie. Mon père ne fut jamais inquiété, puisqu'il n'était pas irakien, mais algérien (tunisien en réalité).

A la suite de cet attentat manqué, mon père, que le parti nomma responsable des opérations clandestines à l'université, poursuivit ses études d'histoire.

En 1963, les hommes du Baath accomplirent leur première véritable tentative pour s'emparer du pouvoir en Irak. Mon père commandait la section chargée de prendre le contrôle des chaînes de télévision et des stations de radio. Le combat fut acharné, et cette fois, le Baath l'emporta. Kassem fut tué, et les nouveaux maîtres exhibèrent de façon indécente sa dépouille devant les caméras. Ils appelèrent ça une révolution, mais il s'agissait bel et bien d'un coup d'État. Après cette victoire, Saddam revint de son exil forcé. En récompense de son rôle actif, mon père fut nommé citoyen d'honneur irakien et directeur de la télévision.

Saddam se vit confier un poste plus en rapport avec ses goûts particuliers : il fut en effet nommé responsable des interrogatoires à la prison centrale. Jadis palais du roi, on l'avait baptisée à juste titre *Qasr al Nihayyah* – le palais de la Fin – car c'est là que furent massacrés le roi Faysal et sa famille. Très rapidement, elle devint également le lieu où finirent des centaines de malheureux Irakiens tombés entre les mains de Saddam. C'est là que celui-ci put donner libre cours à ses véritables talents de tortionnaire, à l'aide de fils électriques, d'aiguilles, d'arrache-ongles et autres instruments du parfait tortionnaire. Des survivants affirmèrent par la suite que Saddam avait personnellement participé à leurs supplices.

Mais Saddam ne put jouir longtemps de son nouveau métier. En novembre 1963, le Baath fut renversé par des rivaux du parti au sein de l'armée.

Déjà à cette époque, l'idéologie baassiste se divisait en factions à l'intérieur d'autres factions. Saddam et mon père furent tous les deux envoyés en prison, où ils eurent le temps de méditer sur les raisons de la désagrégation du parti en groupes rivaux, pour en conclure finalement que la faute en incombait aux officiers trop ambitieux. Saddam aimait faire croire qu'il possédait une véritable formation militaire et un grade dans l'armée ; en réalité, il n'avait ni l'un ni l'autre. Au fond de lui, il nourrissait une jalousie meurtrière à l'égard des officiers compétents. L'élimination systématique des militaires rivaux allait devenir la marque de sa loi sauvage. Mon père, qu'on avait privé de sa citoyenneté, faisait un parfait assistant. Il n'appartenait pas à l'armée, ce qui le rendait d'emblée moins dangereux. Les deux hommes se lièrent plus intimement. Bien qu'emprisonné, Saddam ne courait pas un danger immédiat aussi grand que mon père, lequel devait être extradé. Heureusement pour lui, mon père avait un ami dans la police militaire qui détruisit le dossier le concernant. Un autre l'aida à s'enfuir au bout de trois jours de détention. Après quoi, il reprit simplement son identité tunisienne en utilisant ses vieux papiers. L'Irako-Algérien activement recherché par les autorités était retourné à ses activités en tant que Tunisien.

Saddam resta deux ans en prison.

Mon père était découragé. Il avait tout perdu. Et maintenant, il avait une épouse, la belle Suhaila.

Le 20 janvier 1965, elle me mit au monde. Ne voulant risquer aucun contact avec les autorités tunisiennes, mon père demanda à un ami de me déclarer à l'ambassade. Quelques années plus tard, ce détail aurait une énorme importance.

En dépit de tous ces revers, mon père resta fidèle au Baath, et en 1968, il en fut récompensé. Le 17 juillet, les baassistes tentaient un nouveau coup de force, et cette fois, ils se cramponnèrent aux rênes du pouvoir.

Je me souviens d'une photographie à la maison. On y voit les douze instigateurs du coup d'État sur le balcon du palais. Mon père est parmi eux. A partir de cette date, la liste de nos invités ressembla au Bottin mondain des dirigeants irakiens.

Le fondateur du parti, Michel Aflak, nous rendait souvent visite avec son épouse et leurs trois enfants. Aflak était au Baath ce que Marx était au marxisme. Paradoxalement, alors que ses théories avaient nourri la machine de mort du parti, Aflak était un brave vieillard plein de douceur qui ressemblait à Albert Einstein. Un homme agréable, mais distant.

Plus tard, nous reçûmes fréquemment un individu débonnaire nommé Tareq Aziz. Aziz était le seul à faire preuve de chaleur humaine, et parfois même, il se montrait amical. Jadis, il avait été journaliste, et je le considérais comme un des rares humains respectables de l'entourage de Saddam. D'ailleurs, je ne comprenais pas comment ce dernier pouvait tolérer quelqu'un d'aussi intelligent, pas plus que je ne comprenais comment quelqu'un d'aussi foncièrement humain pût supporter Saddam. Mais l'argent et le pouvoir exercent une séduction irrésistible. A force de jouer les béni-oui-oui, Aziz devint ministre des Affaires étrangères.

Je me souviens également de Taha Yassin Ramadhan, un individu mal dégrossi qui deviendrait un jour le numéro trois du pays. Il parvenait à peine à construire une phrase cohérente, pourtant mon père et lui discutaient pendant des heures de stratégie « électorale » au sein du parti. J'avais déjà commencé à comprendre que les élections se gagnaient avec des couteaux et des menaces. Telle était la nature des hommes et du parti qui venaient de s'emparer de mon pays.

Le coup d'État de 1968 fut dirigé par Ahmad Hasan al-Bakr, un général qui devint chef du Conseil de commandement de la Révolution. Comme Saddam, il était originaire de Tikrit.

Entre eux, les hommes de Tikrit s'appelaient tous cousins ; ils étaient aussi unis que les doigts de la main. Le coup d'État qui remit au pouvoir mon père et Saddam marqua le début de la domination de ces hommes de la tribu, farouches et sans pitié. D'abord, Saddam s'appuya sur des subordonnés issus de petites familles insignifiantes disséminées aux quatre coins du pays, tandis qu'il faisait franchir tous les échelons le plus rapidement possible aux membres du clan de Tikrit afin de les installer à tous les postes clé.

Après le coup d'État, Saddam se vit confier la fonction qu'il aimait le plus : chef de la sécurité intérieure. Il remplaça le système des prisons, sauvage mais inefficace, par un système sauvage et efficace de police d'État. Il créa le bureau des Relations générales, une appellation bien anodine pour un appareil de surveillance politique qui traquait et éliminait inlassablement tous ceux qui osaient formuler la plus infime critique à l'égard du régime. Mon père en était un des plus hauts responsables. Peu à peu, le bureau évolua jusqu'à devenir le système complexe sur lequel Saddam s'appuie aujourd'hui. Le Mukhabarat en constitue le cœur.

Mukhabarat, mot arabe pour espionnage, a acquis en Irak une signification propre. Chuchoté, il suffit à créer une aura de pouvoir maléfique. Le Mukhabarat jouit de pouvoirs illimités et n'a de comptes à rendre qu'à Saddam. Systématiquement, cet organisme a commencé à placer le pays sous haute surveillance, contrôlant absolument tout, du commerce à l'espionnage. Un seul mot d'un officier du Mukhabarat pouvait signifier la mort d'un individu.

Saddam acquit rapidement le contrôle absolu des rouages de la terreur. Il avait découvert l'arme ultime : la peur. La peur gouvernait désormais chaque homme, chaque femme et chaque enfant, chaque coin et recoin du pays.

2

UNE ENFANCE IRAKIENNE

Mon père accomplit un si bon travail de censeur qu'on lui confia également la responsabilité de l'école de formation du parti. Il s'agissait d'une usine destinée à créer de parfaits « baassistes ». Curieusement, il ne parvint jamais à transformer ses propres enfants en petits robots du parti. Peut-être étions-nous trop insignifiants à ses yeux, ou bien pensait-il que nous chercherions automatiquement à imiter notre seigneur et maître. Son caractère brutal mis à part, je n'ai jamais compris la cause profonde de sa fidélité à la ligne du parti. Comme s'il avait besoin à chaque instant d'une autorité absolue. Et surtout, il semblait avoir besoin de quelqu'un pour le contrôler, autant qu'il avait besoin de contrôler les autres. Il ne pouvait fonctionner qu'au sein d'un État tyrannique. J'ignore pourquoi.

Peut-être qu'à force de laver le cerveau des autres dans cette école d'élite pour robots, mon père finit par perdre tout sens critique lui aussi. A la maison, il devint encore plus autoritaire. Chaque parole était un ordre. Il n'y avait jamais de discussion. On avait pris l'habitude de compter les minutes jusqu'à ce qu'il s'en aille pour la journée.

A l'école, nous étions soumis à l'intense propagande baassiste. On nous enseignait l'histoire à travers les yeux du parti. On glorifiait le grand roi Nabuchodonosor, chef des Babyloniens, et son plus grand titre de gloire : non pas les jardins suspendus de Babylone, une des Sept Merveilles du monde, mais sa victoire sur le plus diabolique de tous les ennemis, le peuple d'Israël. Et peu importe que sa conquête ait eu lieu au VIe siècle av. J.-C.

Les Israéliens nous étaient présentés comme d'horribles individus qui frayaient avec les démons. On nous apprenait à toujours nous méfier de ces êtres maléfiques qui essaieraient de nous voler nos maisons et de tuer nos parents. Ils symbolisaient toutes les incarnations du diable.

Nabuchodonosor était célèbre pour avoir capturé et réduit les juifs en esclavage, ce qui faisait de lui l'étoile la plus brillante de nos livres d'histoire. Après lui et jusqu'au triomphe de l'islam au VIIe siècle, on nous enseignait tous les glorieux épisodes de notre passé.

Il est vrai que Bagdad et ses habitants furent jadis un flambeau, et il est tout aussi exact que la plupart des Occidentaux ignorent, ou feignent d'ignorer, les apports de la culture arabe après le Ier siècle. On sait que l'Occident a toujours admiré l'ancienne Égypte et le Croissant fertile. Mais on oublie que, tandis que les ancêtres de ceux qui vivent aujourd'hui dans la plupart des sociétés industrialisées sortaient à peine des guerres tribales qui succédèrent à la chute de l'Empire romain, les érudits arabes traduisaient, préservaient et complétaient les connaissances de la Grèce ancienne, de l'Inde et des autres civilisations antiques.

L'âge d'or de Bagdad s'étend sur les VIIIe et IXe siècles, sous le califat des Abbassides. Haroun al-Rachid, le cinquième des Abbassides, est associé aux *Mille et Une Nuits* et aux débuts de l'âge d'or. D'autres califes poursuivirent son œuvre à Bagdad. Là, la culture arabo-islamique atteignit des sommets dans plusieurs domaines : mathématiques, médecine, philosophie, astronomie, théologie, littérature et poésie. Ibn Sina, plus connu en Occident sous le nom d'Avicenne, rédigea *le Canon de la médecine* qui décrivait les traitements appliqués à toutes les maladies connues. Ce fut l'ouvrage médical le plus utilisé entre le XIIe et le XVIIe siècle. On construisit à Bagdad un grand hôpital où des médecins musulmans pratiquaient des opérations extrêmement complexes, y compris de la chirurgie crânienne ou vasculaire, ainsi que des interventions sur des cancéreux. Ils furent les premiers à utiliser des anesthésiants. Les Arabes offrirent également à l'Occident leur système numérique, la virgule décimale, et le concept du zéro sans lequel la plupart des progrès de la technologie moderne n'auraient jamais été possibles.

Nous enseigner nos gloires passées était une bonne chose, mais nous ne connaissions presque rien des sombres aspects de l'histoire irakienne. Les défaites et les tyrannies cruelles étaient passées sous silence. Je découvris leur existence dans les fruits défendus de la bibliothèque de mon père.

En 1258, Hulagu, petit-fils de Gengis Khan, s'empara de Bagdad. 800 000 habitants périrent. En 1401, Timur le Boiteux, plus connu sous le nom de Tamerlan, assiégea Bagdad avec ses gigantesques catapultes appelées mangonneaux. Après six semaines de résistance et de terreur, le siège prit fin. Tamerlan fit ériger 120 tours autour des murailles de Bagdad, utilisant en guise de briques les têtes de ses 100 000 victimes.

Entre 1534, date à laquelle Soliman le Magnifique entra dans Bagdad, et 1918, début du mandat britannique, la majeure partie de l'Irak a appartenu à l'Empire ottoman. A la fin de la Première Guerre mondiale, les trois provinces – Mossoul, Bagdad et Bassora – furent réunies au sein de cette entité politique qui constitue l'Irak d'aujourd'hui. Les nouvelles frontières fondirent en un seul État divers groupes ethniques et religieux, sans toutefois modifier la nature foncièrement tribale de cette société.

En 1920, l'émir Faysal Ier prit la tête d'une révolte. Il établit un gouvernement à Damas et fut proclamé roi de Syrie. C'est de là que se répandit l'agitation nationaliste, et dès le milieu des années 20, la révolte gagna tout l'Irak, à l'exception des grandes villes où étaient stationnées les garnisons britanniques.

Les Français qui avaient reçu un mandat pour le Liban et la Syrie étaient bien décidés à le faire respecter. Ils évincèrent Faysal du pouvoir et l'expulsèrent de Syrie. La Grande-Bretagne souhaitait alors se retirer de Mésopotamie. Elle offrit à Faysal le trône d'Irak et un gouvernement arabe sous mandat britannique. Faysal voulait bien accepter le trône à condition qu'il lui soit offert par le peuple. Il insista également pour signer un traité d'alliance plutôt qu'un mandat. Ses conditions furent acceptées et Faysal fut proclamé roi d'Irak le 11 juillet 1921. Ce traité d'alliance liait son pays à la Grande-Bretagne, c'est pourquoi divers groupes nationalistes commencèrent à lutter dans le but de mettre fin à la domination anglaise.

Les Britanniques choisirent rapidement d'alléger leur domination. L'Irak devint une nation indépendante en 1932. Le roi Faysal demeura sur le trône, son fils Faysal II lui succéda.

La chute et le meurtre de ce souverain ouvrirent la voie à l'ascension du Baath et de Saddam Hussein.

A en croire mes professeurs, notre glorieuse révolution allait vaincre les juifs une bonne fois pour toutes, et l'Irak entraînerait toute la nation arabe vers un avenir radieux fondé sur le socialisme

Faysal Ier, ancien roi de Syrie. Chassé de son trône par les Français, il devient en 1921 le premier roi d'Irak.

Représentation imaginaire des jardins suspendus de Babylone, témoignage de la grandeur de la Mésopotamie au temps de Nabuchodonosor.

de tendance baassiste. Cela impliquait une vigilance permanente, la chasse aux démons de l'intérieur. On nous apprenait, à nous les enfants, qu'il était bien d'alerter nos professeurs quand nous entendions quelqu'un critiquer le gouvernement. On nous demandait de dénoncer nos amis, nos frères et sœurs, et surtout nos parents. Le moindre murmure de mécontentement devait être signalé.

En ce qui me concernait, évidemment, j'aurais été heureux de dénoncer mon père. Hélas, il appartenait à la police de la pensée. Et toutes les tenailles, tous les fers rouges des salles de torture n'auraient pu m'obliger à faire du tort à ma mère.

Ce climat incita beaucoup de gens à s'exiler. L'Irak commença à se détériorer de l'intérieur. De plus en plus d'intellectuels et de savants fuyaient en Europe ou aux États-Unis. Aussi des milliers de nos compatriotes les plus compétents furent-ils remplacés par des cadres loyaux du parti dont la principale qualification professionnelle consistait à rabâcher le dogme en vigueur.

Malgré tout, ma famille jouissait de la vie confortable réservée à l'élite du parti. Chaque année nous faisions un voyage à l'étranger, aux frais du parti, c'est-à-dire payé par le peuple que le Baath saignait à blanc, et par les revenus du pétrole. A seize ans, j'avais déjà visité plus d'une vingtaine de pays, dont la majeure partie de l'Europe, l'Afrique du Nord et le Moyen-Orient.

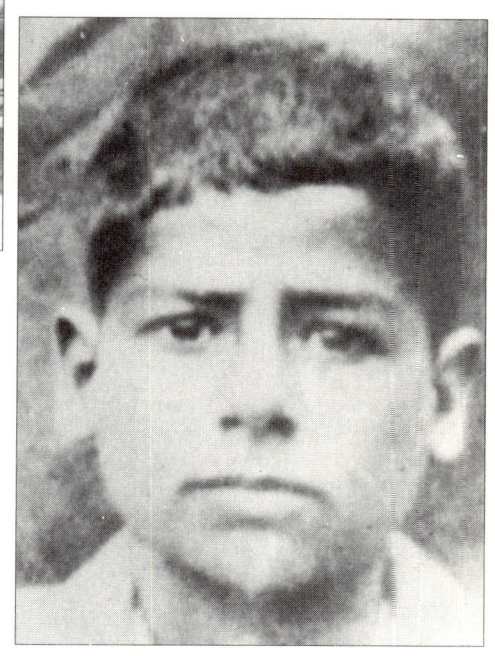

*...krit, village du nord de l'Irak
...ù Saddam Hussein naquit en 1937.
...ès son jeune âge, le futur chef d'État
...i-contre) fait preuve de brutalité :
...est renvoyé de l'école pour avoir frappé
...olemment un professeur.*

Au bout d'un certain temps, je m'aperçus que mon père se servait de divers passeports et identités. Déjà je devinai qu'il ne s'occupait pas uniquement de la censure et de la propagande du parti.

Durant l'été 1973, nous nous trouvions à Beyrouth quand nous parvint de Bagdad la nouvelle d'un attentat contre Saddam Hussein. Officiellement, Saddam était toujours le numéro deux du pays, derrière Bakr. Mais nul n'ignorait qu'il était en réalité l'homme fort du régime. Sans hésiter un seul instant, mon père nous ordonna de faire nos bagages et nous regagnâmes Bagdad en hâte. Il voulait être aux côtés de son chef. Il pariait sur l'avenir, et l'avenir c'était de toute évidence Saddam.

Celui-ci était sain et sauf. A partir de ce jour, nous passâmes tous nos moments de loisir au Bagdad Hunt Club. J'avais pour camarades de jeu Oday et Kusai, les fils de Saddam. Lui-même avait l'habitude de s'asseoir au bord de la piscine avec son épouse, Sajidah. Je n'ai jamais vu Saddam s'occuper de ses fils. Il était distant et austère. Mais mon père l'était aussi en public. Oday, Kusai et moi jouions aux gendarmes et aux voleurs.

Ils s'intéressèrent vraiment à moi à partir du jour où ils me virent dans un coin en train de lire une bande dessinée de Batman. « Tu pourrais nous en avoir ? » supplièrent-ils, à ma grande surprise. Avec l'argent et le pouvoir dont ils disposaient, j'avais cru qu'ils pouvaient s'en procurer plus facilement que moi. Dès lors, je les fournis en Batman, Superman et autres illustrés de contrebande.

Plus tard, je me mis à feuilleter dans la bibliothèque de mon père les journaux découpés, essayant de reconstituer les passages censurés. Et quand nous voyagions hors d'Irak, je découvrais précisément les articles manquants. Il s'agissait toujours de propos critiques à l'égard de mon pays ou favorables à l'Amérique ou Israël.

A force de lire, je commençais à me forger ma propre opinion au sujet des Israéliens et des Arabes. Il me semblait que les Israéliens avaient le droit d'exister. Tout comme les Palestiniens. Mais les fanatiques des deux camps s'employaient à leur rendre toute existence pacifique impossible.

Sur l'Amérique, on nous apprenait peu de choses. D'une manière générale, on nous présentait les Américains comme des impérialistes avides de pouvoir qui avaient eu au Viêt-nam ce qu'ils méritaient. Le seul autre fait notable, c'était que l'Amérique était l'alliée d'Israël, donc notre ennemie.

Les Soviétiques bénéficiaient d'une opinion plus favorable, car Moscou fournissait des armes à Saddam dans le cadre de l'accord irako-soviétique de 1972. Il s'agissait d'une alliance mutuelle assez libre ; le traité garantissait l'aide militaire soviétique en échange de la coopération de l'Irak. Mais quand les Soviétiques envahirent l'Afghanistan, une nation musulmane amie, notre gouvernement condamna officiellement cette action. Ce n'était que pure rhétorique. L'Irak ne leva pas le petit doigt pour aider les Afghans ou barrer la route aux Soviétiques. Ni la radio, ni la télévision d'État, ni la presse, ne firent allusion au conflit. Les Afghans étaient furieux ; ce fut le point de départ d'une rancune tenace.

Mais il existait une différence bien nette entre les Soviétiques hors d'Irak et les communistes de l'intérieur. Tandis que le Kremlin était occupé à armer Saddam, celui-ci était occupé à anéantir le parti communiste irakien par une terrifiante campagne de violence.

Du fait de sa profession, mon père se retrouva au centre de cette étrange relation avec l'Union soviétique. En 1976, il fut nommé ambassadeur en Pologne pour quatre ans. J'avais alors onze ans. Nous emménageâmes dans une vieille demeure de Varsovie, immense, où nous menions une existence de princes, servis par trois domestiques et un cuisinier. Alors que les Polonais faisaient la queue pour un peu de pain, nous savourions des mets raffinés importés du Danemark et buvions du cognac français hors de prix. A vrai dire, le cognac était la devise officielle du marché noir. Il permettait de tout acheter.

A cette époque – le syndicat Solidarité de Lech Walesa ne prendrait son essor que plusieurs années plus tard – la Pologne était encore sous la domination du Kremlin. Mon père marchait sur des œufs. Sa tâche principale, je l'appris par la suite, consistait à identifier les communistes irakiens, à les kidnapper pour les renvoyer chez eux où les attendait la police secrète. Tout ce qu'il avait à faire, c'était de placer les Irakiens sous surveillance et de supprimer les figures clé susceptibles de représenter une menace pour Saddam. C'est-à-dire, au sens large, les communistes. Depuis l'accord irako-soviétique, beaucoup d'Irakiens se rendaient dans le bloc soviétique pour faire leurs études, et un grand nombre d'entre eux entraient dans le mouvement communiste clandestin dont l'objectif visait à transformer l'Irak en paradis marxiste.

On m'inscrivit à l'école irakienne de Varsovie pour terminer mes classes primaires. A treize ans, je fus envoyé à Bagdad pour passer un examen spécial. Pour la première fois, je me retrouvais à la maison sans mes parents, avec uniquement ma grand-mère Bibi Et pour la première fois de ma vie, je me sentis libre. Sans perdre un instant, je décidai de m'adonner avec enthousiasme à la chasse aux nanas. Je devins l'adolescent type, boutonneux et dragueur, courant après des filles que je traitais d'ailleurs avec un mépris hautain. J'étais épouvantable.

Lorsque j'étais enfant, nous n'allions pas très souvent à la mosquée. Dans la religion islamique, la maison peut faire office de sanctuaire pour les cinq prières quotidiennes. Mais tous les mois environ, nous nous rendions sur les grands sites de Karbala et Nadjaf, les deux lieux les plus sacrés de la secte chiite. Seule une minorité d'Irakiens appartient à la secte sunnite de l'islam. Les deux tiers sont chiites. Ma mère est chiite, mon père sunnite.

Pour expliquer de la manière la plus simple la différence entre les branches chiite et sunnite de l'islam, il suffit de les comparer aux catholiques et aux protestants : le Dieu est le même, et l'histoire de départ est identique, mais les rites diffèrent. Toutes les croyances des sectes de l'islam se rattachent au prophète Mahomet. La foi se fonde sur le Coran, le document écrit rapportant la série de révélations divines que Mahomet reçut de Dieu. Tout cela eut lieu environ sept cents ans après Jésus-Christ, lequel est considéré par les musulmans comme le prophète le plus important après Mahomet. L'islam honore tous les prophètes de l'Ancien Testament et nombre des enseignements du Christ. Seulement il ne considère pas Jésus comme le Fils de Dieu.

Le schisme islamique survint à la mort de Mahomet. Comme celui-ci n'avait aucun héritier mâle, un conflit éclata au sujet de sa succession. Les ancêtres des sunnites actuels pensaient qu'à Mahomet devait succéder un calife (un chef semblable à un pape), qui serait nommé par les disciples du Prophète. Les ancêtres des chiites, quant à eux, soutenaient Ali, qui avait épousé Fatima, la fille de Mahomet.

Ali et son fils héritier, Hussein, trouvèrent l'un et l'autre la mort au cours des guerres de pouvoir contre les armées des califes successifs. Le premier fut assassiné à Kufa, près de Nadjaf. Le second, entraîné dans un guet-apens, fut massacré, ainsi que sa petite armée, par le calife Yazid et ses hommes. Les tombes d'Ali et d'Hussein se trouvent dans les magnifiques mosquées de Nadjaf et Karbala.

Chaque année à l'époque de l'Ashura, les chiites commémorent le martyre d'Hussein ; à cette occasion, les hommes, torse nu, se flagellent avec frénésie. Depuis mille trois cents ans, les chiites sont les laissés-pour-compte de l'islam, et ils parlent toujours de vengeance.

D'après ma mère, ce sont des gens pacifiques, affectueux, civilisés et opprimés. Comme elle était tout cela, nous n'avions aucune raison de ne pas la croire. A ses yeux, le chiisme symbolisait ses rapports avec Dieu. Cela n'avait rien de politique. Elle fuyait la politique sous toutes ses formes.

J'avais quatorze ans quand l'ayatollah Khomeyni renversa le tout-puissant chah d'Iran lors d'une révolution islamique de grande envergure. Nous étions fous de joie. Jamais je n'oublierai le jour où Khomeyni est revenu d'exil, le 1er février 1979. Cette date a bouleversé notre vie. Nous n'aimions guère le chah d'Iran. Les Perses (les Iraniens) sont les ennemis héréditaires des Irakiens (arabes). Pis, le chah était l'allié d'Israël à qui il fournissait du pétrole en échange de matériel militaire. Aussi, même les Arabes sunnites se réjouirent. Pas pour longtemps.

En l'espace de quelques mois, l'Irak et l'Iran redevinrent des ennemis mortels. En Irak, Saddam finit par accéder au pouvoir absolu. Avec ses compatriotes de Tikrit, il contrôlait déjà le pays par l'intermédiaire du redoutable appareil policier qu'ils avaient mis en place. Il tenait les rênes de l'économie grâce à son emprise sur quasiment tous les produits et les services, depuis l'industrie pétrolière jusqu'aux courses de chevaux. Le népotisme qui avait toujours été un fléau devint l'essence même du système qui enrichissait l'élite et affamait les plus démunis.

Ahmad Hasan al-Bakr n'était en réalité qu'un chef d'État à titre honorifique. Saddam dirigeait le pays et le parti. Il en avait apporté la première preuve en déclenchant la répression contre les dissidents et le massacre des communistes et des juifs. L'exécution en public de dix-sept personnes soupçonnées d'appartenir à un réseau d'espions sionistes, au début de l'année 1969, fut suivie d'une chasse aux sorcières visant les communistes qui subirent un sort identique après avoir été torturés pour les forcer à dénoncer leurs camarades.

LE CERCLE DE LA PEUR

Tout cela n'était que le prélude à la manœuvre principale qui consistait à éliminer tous les opposants au sein même du parti.

Le premier à s'en aller fut Bakr en personne. Soumis à la terrible pression de Saddam, il préféra démissionner. Son départ permit à Saddam Hussein de se hisser au pouvoir, « pour le bien du parti », le 17 juillet 1979.

Sa première action fut de procéder à la purge du parti.

Je passais les grandes vacances avec mes parents – aussi étions-nous tous en Pologne au moment de l'événement. Un jour, mon père rentra à la maison dans un état de grande excitation. Nous devions faire nos bagages immédiatement pour rentrer en Irak. La situation à Bagdad était critique, nous expliqua-t-il. Un télex en provenance du ministère nous informait qu'un important complot visant à renverser le gouvernement venait d'être découvert. Fou de rage, mon père injuriait les traîtres et les espions.

— Ces traîtres seront châtiés! hurlait-il. Ils regretteront que leur mère les ait mis au monde. Ils mourront tous, jusqu'au dernier!

Dès notre retour, il fonça au ministère. Seuls à la maison, nous essayâmes de glaner des informations en regardant les journaux télévisés contrôlés par le gouvernement, et nous assistâmes ainsi à une mise en scène très élaborée visant à l'épuration des opposants. Une étrange réunion, rassemblant un millier de membres du Baath, débuta par les « aveux » de trahison d'un membre chiite du parti, qui énuméra ensuite la liste de tous les conspirateurs. Alors qu'il prononçait le nom de l'un d'entre eux, la caméra s'arrêta sur l'homme en question, qui semblait sur le point de s'évanouir. Puis comme le « pénitent » ajoutait : « ... mais il a refusé de se joindre à nous », l'homme se détendit : soulagé. Bientôt, tous les membres de l'assemblée pleuraient ou vociféraient, « Longue vie à Saddam! Nous sommes prêts à mourir pour toi! »

Le fait d'offrir sa vie pour le chef, quel qu'il soit, est un témoignage de fidélité fréquent dans le paysage politique du Moyen-Orient. Les larmes et autres bouffées d'émotions qui, en Occident, seraient considérées comme des signes relevant de la psychiatrie, sont courantes, dans notre culture, chez les hommes de pouvoir. Dans cette ambiance passionnelle, d'autres membres du parti se levèrent pour accuser leurs collègues. Ils réclamaient des exécutions. Les traîtres devraient être mis à mort par leurs camarades du parti.

Le lendemain, les hauts responsables formèrent un peloton d'exécution dans l'enceinte de la prison Abu Ghareb et fusillèrent les condamnés. La scène ne fut pas retransmise à la télévision. Je sais ce qui s'est passé, car mon père faisait partie des « justiciers ». C'était le genre de tâche qu'il affectionnait.

Le « complot » contre Saddam fournit à celui-ci un prétexte idéal pour éliminer tous ceux qui risquaient, selon lui, de devenir ses rivaux. Et plus particulièrement au sein de l'armée. Bien qu'il se fût attribué un titre et un grade militaires et qu'il commandât les forces armées, Saddam éprouvait toujours une peur et une haine profondes des officiers. En l'espace de quelques années, on peut s'étonner qu'il soit resté dans l'armée des gens assez compétents pour nettoyer un fusil, sans parler de commander une unité.

Un régime de fer soutenu par des pelotons d'exécution s'installa en Irak.

Ma famille appartenait toujours à l'élite choyée. Outre les avantages quotidiens que me procurait la position de mon père, je réussis à me lancer dans les affaires, sur une petite échelle. Lors de nos voyages à l'étranger, j'achetais des cassettes vidéo et audio, des magnétophones portables, et surtout, des revues pornographiques. Au préalable, j'avais fouillé dans les papiers de mon père pour connaître son numéro de télex, et celui du ministère des Affaires étrangères. Mon père restant généralement un peu plus longtemps à l'étranger, j'envoyais en son nom un télex au ministère demandant que quelqu'un se rende à l'aéroport pour venir me chercher et me faire franchir la douane. Je revendais ensuite à mes camarades de classe tous ces produits de contrebande, avec de gros bénéfices. A quinze ans, j'avais déjà un goût prononcé pour le secret et les intrigues. Même pour mon modeste marché noir, je veillais à tout compartimenter, afin que mes acheteurs ne fassent pas de recoupements ; parfois, je ne traitais pas directement et faisais appel à un intermédiaire. Je tenais à minimiser les risques et je savais que le meilleur moyen était de raconter à chacun une version légèrement différente, et de ne pas mettre les uns et les autres en rapport, afin que personne ne sache l'exacte vérité sur mon trafic.

Voilà comment j'appris à survivre dans l'Irak de Saddam. Les Irakiens forment un peuple radicalement passionné. Quand nous aimons quelqu'un, nous sommes prêts à lui offrir notre cœur, nos yeux, notre vie. Mais quand nous haïssons, Dieu seul sait ce qui peut arriver. Lorsque des citoyens aux émotions aussi exacerbées se virent imposer le régime omnipotent de Saddam, ils se défièrent même de leurs rêves, sans parler de leurs compatriotes. Durant notre sommeil nous craignions désormais de dire quelque chose susceptible de déplaire à la bête. Très tôt, j'appris à vivre dans l'ombre.

Je découvris également que la révolution de nos voisins iraniens n'était pas cette grande libération du peuple que nous avions tous espérée. Chaque jour nous apprenions de nouveaux assassinats, de nouveaux emprisonnements. Les mouvements opposés au parti clérical des mollahs de Khomeyni furent interdits, on brûla des livres, on transforma les universités en centres d'enseignement du dogme islamique. Les femmes se retrouvèrent au Moyen Âge. Victimes de la ségrégation, elles devaient porter des tchadors et de longues robes ; interdiction leur était faite de se maquiller et d'être vues en public avec un homme n'appartenant pas à leur famille. Les pasdarans, ou gardiens de la révolution, arpentaient les rues de toutes les villes d'Iran pour faire respecter sauvagement les nouvelles lois. Nous étions bien loin de la religion chiite, joyeuse et tolérante, que nous avait enseignée notre mère. Khomeyni gouvernait par le sang et la poudre, comme certains prêtres-guerriers de l'islam du passé.

Puis il y eut les otages.

Le 4 novembre 1979, un groupe hétéroclite baptisé les Disciples étudiants de la ligne de l'imam envahirent l'ambassade américaine à Téhéran et retinrent le personnel en otage pendant plus d'un an. Cette crise anéantit le peu de pouvoir dont disposaient encore les révolutionnaires iraniens les plus modérés, laissant les mains libres aux religieux radicaux.

L'islam, je le découvrais, n'était pas nécessairement tolérant par nature. A vrai dire, ses premiers disciples avaient reçu pour ordre de vaincre les infidèles, et de les convertir ou de les tuer. Khomeyni et ses hommes ne faisaient que suivre la tradition.

Aux yeux de Khomeyni, Saddam était lui aussi un infidèle. Avant 1979, l'imam prêchait la révolution islamique à l'abri de la mosquée de Nadjaf (exilé par le chah plusieurs années auparavant, il avait trouvé refuge en Irak) ; or quand le chah demanda à Saddam de le faire taire, ou bien de l'expulser, celui-ci s'exécuta. Après tout, il ne portait pas Khomeyni dans son cœur. L'imam semait l'agitation parmi l'importante population chiite d'Irak. Les mollahs iraniens prêchaient la révolution et diffusaient leurs sermons en Irak. Les enregistrements sur cassettes des exhortations de Khomeyni, introduits clandestinement en Iran avec l'effet dévastateur que l'on sait, circulaient maintenant dans les mosquées d'Irak.

Le clergé iranien soutenait en Irak un groupe fanatique d'intégristes chiites : le Da'wah. Ce groupe était occupé à fomenter une révolution islamique dans le propre jardin de Saddam. Bien décidé à l'éliminer, Saddam fit arrêter leur chef, l'ayatollah Mohamed Bakr Sard, et sa sœur. Après leur avoir fait subir d'horribles tortures, il ordonna leur mort.

Puis il entra en guerre contre Khomeyni lui-même. Il fit franchir la frontière iranienne à son armée en septembre 1980. Allah étant de son côté, la victoire ne pouvait être qu'imminente. Son objectif déclaré était la récupération d'une parcelle de territoire frontalier riche en pétrole que l'Irak avait perdu au cours d'une guerre très ancienne contre les Perses. En réalité, ce nouveau conflit fut interminable et destructeur.

À l'école, une propagande permanente nous expliquait que les Américains n'avaient que ce qu'ils méritaient en Iran, mais que les Iraniens étaient eux aussi les ennemis des Irakiens et de la véritable foi de l'islam sunnite.

Tous les moyens étaient mis en œuvre pour que nous haïssions les Américains. Malgré cela, tout le monde continuait à aimer les vêtements américains, les hamburgers, les blue jeans, la musique et tout ce qui constituait la vitrine de la culture américaine. Parallèlement, de nombreux Arabes éprouvaient au fond d'eux-mêmes une haine viscérale à l'égard de cette puissance. Cela peut s'expliquer en un seul mot : Israël. Amérique voulait dire Israël. Celui qui ne comprend pas cela, ne comprendra jamais pourquoi la crise au Moyen-Orient ne peut être résolue. Les États-Unis sont si intimement liés à cet État considéré comme la cause de tous les maux que lorsqu'une calamité s'abat sur le monde arabe, c'est la faute des Américains. Il ne s'agit pas d'une théorie, mais d'une réalité. Dans notre système unique de logique, une théorie à laquelle on croit devient une réalité.

Il peut y avoir la guerre entre l'Iran et l'Irak, l'Irak peut utiliser des armes soviétiques, des Américains peuvent être retenus en otages en Iran, les deux camps ennemis vous diront sans hésiter que les Américains sont derrière tout ça. Peu importe que les Irakiens pilotent des Mig soviétiques, les Iraniens clament que l'Amérique bombarde leur pays. Et de leur côté, les Irakiens annoncent que l'Amérique dirige en cachette les missiles iraniens qui s'abattent sur l'Irak.

Pendant ce temps chez nous, les choses ne changeaient guère : mon père nous poursuivait de ses cris et ma mère essayait de prendre notre défense. J'avais peur de lui, mais quelque chose m'incitait à le défier en permanence. Je ne supportais pas sa façon d'utiliser son pouvoir à l'intérieur de la maison, comme s'il se servait d'un canon pour tuer une mouche. Le plus petit désaccord avec lui prenait l'allure d'une tentative d'assassinat. Je finis par découvrir que mon père était un psychotique, ce qui expliquait l'aisance avec laquelle il évoluait dans le régime dément de Saddam Hussein.

Le plus étonnant, c'est que mon père m'emmena avec le reste de la famille vivre au Zimbabwe. En 1982, il fut en effet nommé premier ambassadeur d'Irak dans cette ancienne colonie britannique.

Pour faire les choses en grand, le gouvernement irakien avait acheté pour la modique somme de 100 000 dollars une magnifique propriété où se dressait une vaste et somptueuse demeure, ayant sans doute appartenu à de riches Rhodésiens anglais, partis depuis longtemps.

LE CERCLE DE LA PEUR

Ma mère tenait sans enthousiasme, mais de manière consciencieuse son rôle d'épouse d'ambassadeur. En outre, elle demeurait toujours mon unique refuge de tendresse et d'affection. J'avais dix-sept ans, et j'étais bien décidé à prendre du bon temps. Durant l'année que je passai au Zimbabwe, mes camarades étaient les enfants des autres diplomates qui fréquentaient la même école privée que moi. Nous ne parlions jamais de politique, mais de voitures et de filles.

A l'issue de ma sixième et dernière année de lycée dans ce pays, je réussis mes examens, ainsi que le test spécial organisé par le ministère irakien de l'Éducation pour accéder à l'université. Mon idée première était d'entrer dans les troupes d'élite de l'armée de l'air afin de pouvoir m'emparer d'un Mig ou d'un Mirage pour émigrer en Israël comme Munir Rouffa, un pilote irakien qui, en 1966, avait livré aux Israéliens son jet de combat dernier cri. Cet homme haï par Saddam était mon héros. Avec Eli Cohen.

Mon père dut flairer un mauvais coup, car il refusa d'entendre parler de l'armée de l'air. Il voulait que je devienne médecin. Non pas pour que j'apprenne à soigner les gens, mais pour pouvoir dire « mon fils le médecin ». J'envoyai une demande d'inscription à une université de Los Angeles dans la section électronique et technologie aéronautique, et je fus accepté. Là encore, mon père s'y opposa. Finalement, ma mère réussit à le convaincre de m'envoyer en Angleterre étudier l'électronique informatique.

C'est ainsi que je partis – aux frais de ma mère – pour un monde de liberté totalement nouveau.

3

DANS LA FOSSE AUX LIONS

Je me demande si les Britanniques savent que les espions, les conspirateurs et les assassins du Moyen-Orient considèrent leur pays comme le plus grand terrain de jeu au monde. Et pas uniquement Londres. Les villes de province furent, elles aussi, des foyers d'activité. Je me retrouvai finalement à Manchester, et ce n'était pas une exception.

J'adorais l'Angleterre. Pour la première fois de ma vie, j'étais véritablement livré à moi-même. Il m'était facile de sympathiser avec d'autres étudiants, car pour la plupart nous habitions les confortables résidences universitaires. J'avais une grande chambre meublée pour moi seul, avec un évier et un de ces vieux appareils de chauffage anglais qui fonctionnent avec des pièces de monnaie. Nous étions huit étudiants à nous partager l'unique salle de bains de l'étage. Parmi eux se trouvaient un Norvégien, un Italien, un Malais et un Espagnol.

J'aurais pu prendre mes repas sur place, mais je préférais aller en ville, afin d'exercer mon anglais. J'étais bon au lycée, maintenant je voulais parler couramment.

Tout le monde me disait : « Si tu veux vraiment apprendre l'anglais, trouve-toi une petite amie anglaise. » Je suivis le conseil et entrepris une quête enthousiaste. Je découvris ainsi que beaucoup de jeunes Anglaises croyaient encore au mythe du cheik du désert romantique, et apparemment, j'étais meilleur au lit que la plupart de leurs compatriotes. Quoi qu'il en soit, j'étais heureux. Et pas uniquement à cause de mes aventures. Le bonheur, c'était de pouvoir entretenir une amitié normale avec des filles, avec ou sans relation sexuelle.

Avec les étudiants arabes, surtout les Irakiens, je ne parlais jamais de mon père. Je ne voulais pas que sa réputation me suive jusqu'ici. J'étais enfin libéré. C'était enivrant. Hélas, je m'aperçus bientôt que je n'étais pas libéré de son ombre ; son empreinte était profondément gravée en mon âme.

Ironie du sort, maintenant que j'étais libre, j'avais plus que jamais envie de m'attaquer à lui. Or, la politique a toujours été le plus sûr moyen de le frapper en plein cœur, et maintenant que j'avais grandi, j'étais enfin en mesure de tirer pleinement avantage de cette constatation.

Je décidai de rejoindre un de ces groupes d'Irakiens qui luttaient, en Angleterre, contre le régime de Saddam. Concrètement, deux possibilités s'offraient à moi : les communistes et le Da'wah. J'écartai d'office les premiers, sans même prendre la peine de me renseigner. Le communisme n'avait aucune chance en Irak, et de toute façon, ce que je connaissais du marxisme me portait à croire qu'il s'agissait simplement d'une autre forme de tyrannie. Restait le mouvement islamique chiite. J'entrepris de sonder ses membres.

A cette époque, je croyais encore que le chiisme pouvait ressembler à l'image qu'en donnait ma mère. Je me disais que les Iraniens l'avaient peut-être mal compris ; que Perses, ils avaient utilisé cette ancienne croyance arabe pour parvenir à leurs fins perfides. Je conservais l'ultime espoir que le mouvement chiite serait la solution... jusqu'à ce que je découvre le vrai visage du Da'wah.

Après les cours, quelques étudiants irakiens se réunissaient pour parler du pays. La guerre entre l'Iran et l'Irak revenait souvent dans les conversations. Et on en venait à parler du chiisme.

LE CERCLE DE LA PEUR

Quand je leur dis que ma mère était chiite, les garçons du Da'wah s'intéressèrent à moi. Convaincus de ma totale adhésion à leur cause, ils me dressèrent un portrait dithyrambique de Khomeyni. D'après eux, une fois qu'il aurait remporté la guerre, l'Irak deviendrait une nouvelle république chiite islamique comme l'Iran.

Ils avaient beau être irakiens, on aurait dit qu'ils souhaitaient voir leur pays devenir une province de l'Iran de Khomeyni. J'étais à la fois fasciné et effrayé. Je fis semblant de partager leur enthousiasme, sans trop savoir ce que je faisais, ni ce que je projetais de faire.

Je rencontrai un de leurs responsables, Noman, chef de la section du Da'wah à Manchester. Noman avait été formé au Liban, où il avait de la famille. Là-bas, les recrues apprenaient les rudiments militaires, ainsi que les techniques spécialisées propres à la milice chiite radicale du Liban, le Hezbollah, mot qui signifie le parti de Dieu. A l'époque, le monde connaissait à peine son existence et celle de son noyau dur, le Jihad islamique, l'un et l'autre soutenus et en partie contrôlés par l'Iran. Mais quelques années plus tard, devenus les terroristes ravisseurs des Occidentaux au Liban, ils feraient la une de tous les journaux. En échange de la libération de ces otages, ils exigeraient la remise en liberté de plusieurs membres irakiens du Da'wah emprisonnés au Koweït après y avoir fait sauter les ambassades française et américaine. Voilà le genre d'opérations auxquelles s'entraînait le Da'wah ; ils apprenaient à manier les explosifs.

En 1982, avant mon départ pour l'Angleterre, le Da'wah avait plastiqué l'ambassade irakienne à Beyrouth, tuant une trentaine de personnes. Noman était particulièrement fier de cet exploit ; il donnait l'impression d'avoir participé à l'élaboration de ce plan. Il racontait de quelle manière ses hommes et lui menaient une *jihad*, une guerre sainte, contre Saddam l'Infidèle. La prise d'otages occidentaux, l'invasion israélienne au Liban, l'attentat à l'explosif contre la caserne des marines et l'ambassade américaine au Liban, tout cela fit la une de la presse occidentale ; en revanche cet épisode de violence entre Arabes ne reçut presque aucun écho dans le reste du monde.

Le Da'wah était un des deux principaux mouvements religieux en Irak. L'autre groupe recrutait ses membres parmi les musulmans sunnites. C'était un mouvement strictement politique, sans branche armée, qui ne comptait sur aucun financier étranger pour lui fournir des armes. Baptisé la « Fraternité », il soutenait Saddam, considéré à l'époque comme le moindre de tous les maux.

Le Da'wah, en revanche, était devenu la bête noire de Saddam qui faisait tout ce qui était en son pouvoir pour le rayer de la surface de la terre. Ce groupe de militants chiites se compose d'une branche politique et d'une branche armée et bénéficie principalement du soutien des Iraniens. Après que Saddam eut fait assassiner son chef, Bakr Sadr, le mouvement plaça à sa tête l'ayatollah Muhammad Bakr al-Hakim (aucun lien de parenté). Sous sa direction, la branche armée se fit plus radicale et téméraire. Les attentats à l'explosif devinrent monnaie courante en Irak. La famille Hakim contrôlait également d'autres groupes chiites rivaux. Son but était de diriger toutes ces factions pour finalement les réunir et, le moment venu, prendre la place de Saddam au pouvoir.

Ce dernier voulait faire en sorte que ce moment ne vienne jamais. Le jour où un kamikaze du Da'wah s'élança au volant d'une ambulance chargée d'explosifs contre le quartier général de l'armée de l'air, le régime irakien adopta une nouvelle méthode pour identifier le coupable. Afin de ne laisser aucun indice quand ils accomplissent leur ultime acte de gloire, les fanatiques du Da'wah n'ont pas le moindre signe d'identification sur eux. Dans ce cas précis, le terroriste fut pulvérisé par l'explosion. Pas découragés pour autant, les hommes de Saddam rassemblèrent les morceaux et les recousirent, avant de présenter ce sinistre zombie à la télévision, offrant une récompense à celui qui le reconnaîtrait. Une fois le corps identifié, ils massacrèrent toute la famille du coupable.

Contrairement aux membres du parti et de l'armée que Saddam éliminait à coups de pelotons d'exécution, les militants du Da'wah avaient droit à l'attention toute particulière des tortionnaires de l'Amn, la police secrète. On arrachait aux suspects des informations concernant les cellules du Da'wah, leurs membres et les attentats en préparation. Une des méthodes de prédilection consistait à attacher solidement les mains du prisonnier dans le dos et à le suspendre ensuite par les bras au ventilateur du plafond à l'aide de cordes passées dans les pliures des coudes. La souffrance éprouvée lorsque les épaules se détachent lentement du corps sous l'effet de la rotation ne peut se comparer qu'aux descriptions de l'insupportable douleur provoquée par la crucifixion. Peu y survivaient.

Saddam déporta également des milliers de chiites en Iran, ainsi que des Irakiens d'origine iranienne. Au milieu de tous ces déportés, il infiltrait ses propres agents chargés de comploter contre les ayatollahs en territoire iranien. Ces expulsions massives lui permirent de se débarrasser des officiers trop compétents.

Dès que Saddam décida de s'attaquer au Da'wah, un département secret fut chargé d'éliminer tous les chiites qui n'apportaient pas un soutien suffisamment énergique au régime. Certains furent ainsi envoyés en éclaireurs sur les champs de mines iraniens.

Dès 1984, à l'époque où je me trouvais en Angleterre, les dirigeants du Da'wah avaient presque tous été éliminés en Irak. Mehdi al-Hakim, frère de l'ayatollah Hakim, se trouvait à Téhéran. Les agents que le Da'wah avait réussi à envoyer depuis l'Iran et la Syrie furent eux aussi neutralisés, après que les services secrets irakiens eurent infiltré leurs réseaux. Hakim fut assassiné par le Mukhabarat au début de 1988 alors qu'il assistait à une conférence au Soudan.

Les cellules du Da'wah à l'étranger faisaient le même genre de travail que les révolutionnaires iraniens durant leurs années d'opposition. Ils s'occupaient avant tout de recruter des partisans, d'organiser des manifestations anti-Saddam dans des endroits tels que Hyde Park et, surtout, de faire de la propagande. Khomeyni leur avait appris à clamer haut et fort leur foi en la démocratie, et à courtiser les journalistes et les politiciens occidentaux. Évidemment, leur rêve était d'instaurer une dictature théocratique aussi brutale que celle de l'imam. A vrai dire, ils voulaient s'unir à l'Iran.

Voilà à quoi je me retrouvai mêlé à Manchester.

Noman avait vingt-cinq ans environ ; c'était l'exemple parfait de l'individu dont l'existence terne avait enfin pris un sens lorsqu'il était devenu un religieux fanatique. Un sentiment de pouvoir avait remplacé le sentiment d'impuissance. La religion lui apportait la réponse à toutes ses questions, l'explication et la solution de tous ses problèmes. Évidemment, la cause de tous les maux, c'étaient les infidèles, Israéliens et Américains ; la solution, l'islam. Un jour dans un café, Noman essaya de me gagner à sa cause.

— Khomeyni est un grand homme, c'est le sauveur de notre peuple, chuchota-t-il. Saddam est notre ennemi, l'ennemi de l'islam et du peuple. Il est au pouvoir pour servir ses propres intérêts. Il essaye de persuader le peuple qu'il est un bon musulman. Mais c'est un imposteur et un tyran. Nous allons le livrer à Khomeyni, ensuite l'Irak sera un pays libre.

« Il a en partie raison », songeai-je.

Noman et ses amis croyaient fermement que toutes les critiques concernant Khomeyni étaient de la propagande ennemie. L'ayatollah ne tuait jamais personne. Les gens qu'on exécutait en Iran étaient en réalité assassinés par quelqu'un qui se faisait passer pour lui. Il n'était pas responsable de l'oppression et de la torture, ni de cette guerre horrible et stupide. En même temps, Noman ne cessait de répéter que cette guerre était justifiée, que, pour libérer l'Irak, il fallait se sacrifier pour la liberté. « Quelle liberté ? pensai-je. Celle proposée par Khomeyni ? » Je ne pouvais y croire. Sur quelle planète vivaient les membres du Da'wah ?

Pour moi, ils ne formaient qu'une triste bande de fous. Khomeyni et sa révolution islamique avaient bâti en Iran la machine à tuer idéale, et je ne doutais pas un seul instant que ces individus feraient exactement la même chose dans mon pays, si l'occasion leur en était offerte. On pouvait même penser qu'ils seraient pires que Saddam, comme Khomeyni s'avérait pire que le chah.

Un soir de 1984, aux environs de Pâques, je pris une décision. Rétrospectivement, je suis stupéfait et un peu effrayé de la rapidité avec laquelle j'adoptai ces mesures énergiques qui engageaient ma vie, sur une sorte de coup de tête. Je m'aperçois que je n'étais plus seulement motivé par le désir de me venger de mon père, je commençais également à élaborer mes propres opinions politiques. Et maintenant que je savais quelle approche de l'islam avaient le Da'wah et Khomeyni, je ne pouvais pas œuvrer pour eux. C'était devenu plus important que ma vendetta personnelle.

Au contraire, je décidai que je devais faire tout mon possible pour détruire le Da'wah. Même si cette décision signifiait travailler pour les forces qui soutenaient Saddam Hussein.

Il y avait sur le campus un autre étudiant irakien, un nommé Hassan. D'après des bribes de conversations que j'avais pu entendre, je savais qu'il était plus ou moins lié au Baath. Un peu plus âgé que moi, il préparait un doctorat en physique nucléaire. Pour pouvoir étudier une telle matière, il avait forcément des liens avec le département de la sécurité, et il avait reçu l'aval des services de renseignements. Un jour, je lui révélai l'identité de mon père.

Je lui dis aussi que j'avais appris un tas de choses concernant certains de nos compatriotes chiites à l'université. Deux jours plus tard, Hassan m'entraîna dans un petit salon de l'université afin d'y rencontrer deux hommes venus là à sa demande. Je compris que j'avais affaire aux rares élus de Saddam. Impossible de se méprendre sur cette aura de pouvoir et cette nature impitoyable. Le plus costaud dit s'appeler Auda. Par la suite, je compris qu'il s'agissait d'Auda Sultan, un des deux agents irakiens qui en 1976 avaient été capturés en Iran par le chah, et ensuite renvoyés en Irak dans le cadre d'un traité d'amitié. Auda était un agent haut placé. Il écouta avec attention mon histoire au sujet de Noman et de ses camarades, puis il m'interrogea sur mon passé. Le nom de mon père était une garantie en soi. Ma bonne foi était au-dessus de tout soupçon.

— Ce sera la première fois en huit mois que nous réussirons à infiltrer le Da'wah, dit Auda. Vous serez notre taupe.

C'est seulement à cet instant que je pris conscience des conséquences de mon choix. Mon Dieu! je travaillais désormais pour la police secrète. Cela voulait dire que, d'une manière ou d'une autre, je travaillais pour le Mukhabarat lui-même, le levier le plus puissant de l'appareil de sécurité en Irak.

Auda Sultan appartenait au Jihaz Amn al-Hezib, l'instrument de la sécurité du parti, lui-même contrôlé par le *Maktab Amanat Sir al-Kutur*, ce qui, grossièrement, signifie le bureau national gardien des secrets. Ainsi traduit, on croirait une invention sortie d'un livre pour enfants. En arabe, le mot sonne d'une manière aussi sinistre que la réalité qu'il représente.

Quand le problème de sécurité se situait hors d'Irak, le Mukhabarat prenait le relais du Jihaz Amn al-Hezib. Et voilà que j'apportais mon concours à ces individus redoutables.

Auda me demanda de continuer à faire semblant de partager le point de vue de mes camarades du Da'wah, d'en apprendre le plus possible, et ensuite de lui faire mon rapport. Tous les lundis et jeudis, si j'avais quelque chose à lui signaler, je devais me rendre à une heure convenue à la bibliothèque, dans une travée bien précise ; là, je lui glissais mon rapport entre les livres. Si je n'avais rien à lui apprendre, je ne venais pas au rendez-vous. En cas d'urgence, je devais contacter un capitaine du ministère irakien de la Défense qui étudiait l'anglais à l'université.

Maintenant que j'avais été accepté par le groupe du Da'wah, Noman m'invitait aux réunions organisées au domicile d'un dénommé Salah. Nous nous réunissions à six ou huit dans la chambre-salon du premier étage. J'arrivais toujours à l'heure, c'est-à-dire bien avant les autres qui étaient toujours en retard. Profitant de ce que Salah descendait ouvrir aux retardataires, je fouillais parmi les documents étalés sur son bureau, à la recherche de noms, de numéros de compte, n'importe quoi.

Quand nous étions tous réunis, Noman délirait sur la dernière victoire de Khomeyni contre l'Irak, et les autres émettaient des borborygmes d'approbation. Parfois, Noman nous parlait d'agents se rendant en Syrie afin de s'entraîner avant de pénétrer en Irak. Et bien qu'il ne dévoilât jamais les noms des agents en question, il nous révélait leur itinéraire : le même que celui emprunté par la résistance kurde.

Mes collègues des services secrets renforçaient ma crédibilité en répandant la rumeur selon laquelle j'étais un dangereux activiste anti-Saddam. Ainsi, dans la journée, en compagnie d'autres membres du Da'wah, je collais un peu partout des autocollants affirmant que Saddam était un nouvel Hitler, et la nuit, j'allais les arracher avec ses agents.

Plusieurs fois par semaine, je me rendais à la bibliothèque et fournissais à Auda des noms, des dates de rendez-vous et des plans d'activités clandestines. Je lui donnais les numéros de comptes en banque de certains activistes, et révélais l'origine de leur financement. Une partie de l'argent provenait de Syrie, une autre d'Algérie.

Je n'ai jamais su ce qu'il était advenu de Noman et de ses camarades. Mais ce n'était que du menu fretin, et je suppose qu'Auda et ses supérieurs se sont contentés de les surveiller longuement afin de remonter jusqu'à la tête pensante de l'ennemi. En tout cas, aucun n'a disparu immédiatement. Pendant un temps, j'ai justifié mon action en me répétant que je connaissais le sort que le Da'wah réservait à la majorité des Irakiens s'ils accédaient au pouvoir.

Mais j'avais beau tenter de me convaincre, je n'aimais pas ce que je faisais. J'étais maintenant au service du monstre Saddam et de sa machine à tuer. Et de mon père. Une nuit, une étrange idée prit forme dans mon esprit embrumé : le Mossad. Ma vieille idée de trouver refuge en Israël, de devenir l'Eli Cohen irakien, ne m'avait jamais quitté. Peut-être pourrais-je, en travaillant pour les Israéliens, régler mes comptes avec mon père et son maître, Saddam. Je pouvais leur offrir mes services pour les aider à combattre le tyran irakien. Au matin, je m'installai pour écrire une lettre au Mossad. Comme je ne connaissais pas l'adresse, j'inscrivis simplement sur l'enveloppe : « Ambassade d'Israël. Londres. »

J'expliquai que j'étais irakien et proposai de les aider à lutter contre notre ennemi commun. « Si vous souhaitez me rencontrer, écrivis-je, envoyez quelqu'un à Manchester au Britannia Hotel. » J'indiquai une date et une heure, avant d'ajouter : « Que votre homme porte une fleur rouge à son revers. »

C'était ridicule. Ma seule excuse, c'était que j'avais dix-neuf ans. A demi conscient malgré tout de la stupidité de ma démarche, je me rendis à mon rendez-vous. Évidemment, personne ne vint.

Pas découragé pour autant, je décidai de me rendre personnellement à l'ambassade d'Israël à Londres. Je me faisais l'impression d'être Daniel conduit vers la fosse aux lions.

4

A LA SOLDE DE SATAN

L'ambassade d'Israël à Londres est un bâtiment d'aspect redoutable situé dans le quartier de Kensington. Lorsque je m'y rendis, la rue en question était barrée. L'ambassade de Londres, comme toutes les missions d'Israël à travers le monde, se protégeait car elle redoutait le pire en permanence.

A peine avais-je franchi la porte de la forteresse israélienne qu'on m'obligea à passer sous un détecteur de métaux, avant de me fouiller sans ménagement.

— But de la visite ? me demanda le garde d'un air soupçonneux.

Je sortis ma carte d'identité et la lui collai sous le nez.

LE CERCLE DE LA PEUR

— Je... je voudrais rencontrer quelqu'un de la sécurité et des services de renseignements, bafouillai-je.

Le garde plissa les yeux et appela son collègue.

— Hé, ce gars veut parler à quelqu'un de la sécurité et des services de renseignements.

Le second garde observa ma carte d'identité avec un grand sourire narquois.

— Vraiment? dit-il d'un ton sarcastique.

— C'est important, insistai-je.

Le premier garde haussa les épaules et téléphona. Les yeux fixés sur ma carte d'identité, il débita quelques mots en hébreu, raccrocha et se tourna vers moi.

— Demain, allez au consulat et demandez Isaac.

Le lendemain, après m'avoir fouillé à la porte, on me laissa entrer, et après une seconde fouille et un passage sous le détecteur de métaux, on me demanda de suivre un chemin sinueux qui passait devant le bâtiment principal de l'ambassade et conduisait au consulat, de l'autre côté du patio.

Là, un garde à l'air bourru me fit monter dans une petite salle d'attente au premier étage. Une porte s'ouvrait sur un bureau joliment meublé. C'est là que m'attendait Isaac.

C'était un homme gros, avec des cheveux poivre et sel, hérissés. Dans son costume gris, il ressemblait pour moi à l'Israélien type tel que je l'imaginais, professionnel et coriace.

— Que voulez-vous? me demanda-t-il. Qui vous envoie?

— Personne ne m'envoie. Je veux travailler avec vous.

— Montrez-moi votre passeport.

Je le sortis de ma poche et le lui tendis. Il l'examina.

— Votre père sait-il que vous êtes ici?

Ainsi, ils s'étaient renseignés. Je secouai la tête.

— Non, il n'en sait rien. Cette idée vient de moi.

— Attendez-moi ici, ordonna Isaac.

J'attendis. Puis la porte s'ouvrit et un homme grand, distingué, entra d'un pas vif. Il était chauve, avec des yeux sombres. Il s'adressa à moi en arabe et je remarquai son accent palestinien.

— Je suis désolé de ne pas être venu au rendez-vous que vous aviez fixé, dit-il avec élégance. Je m'appelle Yusef.

— C'était de ma faute. C'était une proposition ridicule.

— Non, mais nous n'avons pu envoyer quelqu'un dans un délai si court. Maintenant, parlez-moi de vous, expliquez-moi ce qui vous amène.

Je lui racontai toute mon histoire. Tout ce qui me venait à l'esprit concernant mon père et ses fonctions, et pourquoi je voulais travailler pour eux. Yusef sut me mettre à l'aise et m'inspirer confiance.

Mais je savais que tout cela faisait partie d'une stratégie délibérée. C'était un professionnel.

Il me donna des documents à remplir. Je me souviens encore de la plupart des questions : Combien de cigarettes fumez-vous ? Buvez-vous de l'alcool ? Prenez-vous des médicaments ? Couchez-vous avec des filles ? Si oui, combien ? Qui sont vos amis ? Que font-ils ? Quelles sont leurs opinions politiques ? Comment les avez-vous connus ? Avez-vous des amis juifs ? Combien espérez-vous être payé ? Avez-vous contacté quelqu'un d'autre ?... Et ainsi de suite pendant des pages et des pages. Quand j'avais un doute sur une question, Yusef m'aidait à y répondre. Lorsque j'eus enfin rempli tous les questionnaires, il me demanda d'autres renseignements. Je lui parlai de mon père et des mauvais traitements de mon enfance.

— Je suis sûr que vous avez faim, me dit-il au bout d'un moment.

J'acquiesçai ; il décrocha le téléphone et commanda à manger. Un quart d'heure plus tard, une secrétaire apporta du poulet frit et nous poursuivîmes notre travail. Yusef était serviable, poli et totalement impénétrable. Pas moyen de deviner ce qu'il pensait. Je répondais de mon mieux à chaque question. Je me montrai dévoué et disposé à faire tout ce qu'ils voulaient, sans aucune réserve.

— Voulez-vous une cigarette ? me demanda-t-il.

— Non merci. Je n'en fume qu'une par jour. Et c'est déjà fait.

Il se renversa dans son fauteuil, se détendit et alluma une cigarette.

— Que feriez-vous si vous me croisiez un jour dans la rue ?

— Je vous dirais bonjour, évidemment, répondis-je, pensant qu'il cherchait à savoir si j'avais honte d'avouer que je connaissais des Israéliens.

— Non, dit-il, vous n'en ferez rien. Vous poursuivrez votre chemin comme si vous ne m'aviez jamais vu de votre vie. Je ne suis qu'un passant comme les autres. S'il existe un risque sur un million, nous ne devons pas le négliger. C'est pour ça que nous sommes encore en vie. Vous comprenez ?

Je comprenais. Et j'étais rempli de joie. Ces hommes étaient des pro. Grâce à eux je pourrais contre-attaquer et réparer quelques injustices, ils m'aideraient à me venger de mon père et du régime de Saddam Hussein.

Yusef me demanda de revenir le dimanche suivant.

Ce jour-là, je devais me rendre dans le bâtiment principal de l'ambassade, pas au consulat. Des gardes munis d'un détecteur de métaux me fouillèrent minutieusement une fois de plus. On me fit entrer dans une vaste pièce vide simplement ornée d'une cheminée et d'un immense miroir sans tain placé au-dessus du manteau. Un

LE CERCLE DE LA PEUR

garde-réceptionniste vérifia mon passeport avant de me fouiller et d'inspecter le contenu de mes poches. Il me conduisit ensuite dans un bureau au fond d'un couloir, sur la droite. Yusef m'y attendait.

— Bonjour, dit-il en étalant un plan de Bagdad sur la table. J'aimerais que vous identifiez quelques bâtiments.

— Aucun problème, répondis-je en examinant le plan.

— Montrez-moi où se trouve le ministère de la Défense.

— Ici, dis-je en l'indiquant du doigt.

— Maintenant, montrez-moi les palais présidentiels, le siège de l'Amn, le camp de prisonniers de guerre de Rashidiya et l'aéroport militaire.

Ils me demandaient des choses qu'ils savaient sans doute déjà, mais je m'exécutai.

— Ce plan est très ancien, dis-je. Si vous m'en apportiez un plus récent, je pourrais mieux vous renseigner.

— Non, inutile, répondit Yusef.

Je lui parlai du livre que j'avais lu enfant et de l'admiration que je vouais à Eli Cohen, l'agent israélien qui opérait en première ligne de l'armée ennemie, cherchant courageusement à tout savoir, jusqu'au dernier détail de la dernière cigarette du dernier soldat. Je croyais que j'allais devenir un espion comme lui.

Hélas, la réalité pour moi n'avait rien d'aussi prestigieux. Je n'étais ni un soldat surentraîné ni un spécialiste dans aucun domaine sensible. Mon seul talent, c'était les gens. Leur parler, les inciter à se confier. Le Mossad voyait en moi le recruteur idéal. Face à un criminel, je peux me comporter en criminel. Face à un religieux, je deviens plus pieux que le pape. Si c'est un jardinier, j'adore les fleurs. Je suis capable de deviner la pensée de mon interlocuteur et de découvrir s'il possède un point faible, une rancune, une raison qui puisse en faire un espion.

Ce talent est, je suppose, la conséquence logique de mon enfance. Pour apprendre à survivre dans les nombreux environnements où je me retrouvais parachuté, j'étais devenu un caméléon.

Depuis deux ans, le ministère irakien de la Défense dirigeait en Angleterre une école spéciale très fermée, située près de la ville de Woking, dans les collines du Surrey. L'établissement était loué par le ministère, et tous les étudiants qui le fréquentaient étaient des élèves officiers. Tous les deux ou trois ans, on choisissait un nouvel endroit pour accueillir une centaine d'élèves. Là, ils étudiaient l'anglais, l'histoire, les mathématiques, la physique et d'autres matières, sous l'autorité des meilleurs professeurs britanniques.

Ceux qui réussissaient brillamment leurs examens étaient ensuite envoyés dans diverses universités de Grande-Bretagne, toujours aux

41

frais du ministère de la Défense. Dans leur grande majorité, ces étudiants suivaient les filières de l'électronique et de l'informatique. La plupart d'entre eux étaient destinés à travailler pour les programmes sophistiqués de perfectionnement des armements élaborés par les valets de Saddam.

Cette école était un exemple supplémentaire de la façon dont les pouvoirs occidentaux ont, pendant des années, participé à la construction de la machine militaire contre laquelle ils entreraient en guerre en 1991.

Cela ne signifie pas que tous les étudiants irakiens en Angleterre travaillaient au service de Son Altesse Saddam. Mais il était très difficile pour une famille irakienne ordinaire d'envoyer ses enfants étudier dans un autre pays. Car cela signifiait envoyer de l'argent à l'étranger, et le gouvernement en était aussitôt averti. Alors les questions commençaient. Pourquoi l'enfant était-il parti ? Pourquoi ne s'était-il pas soumis au contrôle de sécurité du gouvernement afin d'obtenir une bourse d'études à l'étranger ?

Les contrôles de sécurité effectués sur les garçons – il n'y avait aucune fille – avant d'avoir l'honneur d'être dirigés sur une école d'officiers en Angleterre étaient incroyablement poussés. De bonnes opinions politiques comptaient davantage que les capacités intellectuelles. Malgré tout, il y avait suffisamment d'élèves brillants pour remplir cette école d'élite. Une fois qu'ils se retrouvaient à Woking, la surveillance se poursuivait sous le regard d'aigle des responsables irakiens, tels le Major.

Ma première mission pour le Mossad allait consister à en apprendre le plus possible sur le Major et à déterminer si ce militaire irakien pouvait être recruté par les Israéliens. Deux de mes anciens camarades de classe avaient été envoyés dans cette école ; je devais m'arranger pour leur rendre visite et ensuite improviser. Yusef ne me donna aucun conseil particulier, et à ce stade, je ne reçus aucune formation spéciale.

J'échangeai une poignée de main avec Yusef et ressortis dans les rues de Londres. J'avais réussi. Je travaillais pour le Mossad. Mon Dieu, le Mossad ! Je marchai rapidement vers la station de métro, l'esprit traversé par des centaines de pensées. J'étais un Irakien au service des sionistes ! « Ah ah, prends ça, papa ! Et toi aussi, Saddam ! » Depuis des années – depuis ma naissance – ils me commandaient, et c'était enfin moi qui tirais les ficelles.

L'école de Woking se dressait sur une vaste propriété. Il y avait un magnifique jardin, et le bâtiment principal était une de ces vieilles constructions anglaises en brique rouge à un étage.

Ravis de me revoir, mes anciens camarades me proposèrent de

LE CERCLE DE LA PEUR

rester. Bientôt nous nous retrouvâmes régulièrement pour bavarder, boire de la bière et jouer au billard.

— Cet endroit n'est pas mal du tout, dis-je un jour. Je me demande s'il ne serait pas possible de me faire muter au ministère de la Défense pour vous rejoindre ici.

— Tu peux toujours en toucher un mot au Major, proposa un de mes camarades.

Gagné.

Le Major, la quarantaine, était un homme de petite taille, mais plein de morgue. Il empestait à plein nez l'Estikhbarat, une branche des services secrets de l'armée, pour laquelle il travaillait. Il n'habitait pas sur le campus, mais venait chaque jour avec son épouse qui l'attendait dans la voiture pendant qu'il vérifiait que tout allait bien. Cette visite quotidienne d'une heure ou deux me paraissait une bien étrange façon de surveiller l'école, mais les étudiants étaient persuadés qu'il avait placé parmi eux plusieurs mouchards.

Quelques jours après mon arrivée, je me trouvais dans le jardin en compagnie d'un de mes camarades, quand le Major nous rejoignit. Mon ami fit les présentations et nous laissa seuls.

Le Major savait qui était mon père. Mais il se montra amical, et nous abordâmes quelques sujets anodins, tels que les remarquables capacités des professeurs britanniques. Ses élèves, qui l'avaient étudié de près, constituaient ma véritable source de renseignements. La chose la plus intéressante qu'ils m'apprirent, c'est qu'il trompait sa femme. Dans une petite ville, impossible de garder un secret. Cela le rendait vulnérable : le Mossad pouvait tenter de l'atteindre à travers les femmes.

Quoi qu'il en soit, l'école allait fermer ses portes pour les grandes vacances. J'avais eu le temps de comprendre que les Israéliens ne s'intéressaient pas réellement au Major. Cette mission n'était qu'un galop d'essai. Je savais qu'ils avaient surtout besoin de recruter des Irakiens occupant des postes élevés. Et pour ce faire, ils avaient besoin d'un éclaireur comme moi. Ils savaient ce qui se passait, mais la difficulté était d'infiltrer les organisations irakiennes. Il leur fallait un agent sur place et des informations au jour le jour sur le travail de différents groupes.

Je retournai à Londres pour transmettre mes renseignements à Yusef. Il parut satisfait. Les Israéliens commencèrent à payer mes services et mes dépenses. Je pouvais acheter des costumes et tout ce qui me plaisait. Je me souviens encore d'une chemise en soie grise que je portais lors d'une des réunions dominicales du Mossad.

En arrivant à l'ambassade israélienne ce jour-là et en entrant dans le hall principal, j'aperçus dans le miroir sans tain un visage qui m'observait de l'autre côté de la glace. Je ne distinguai qu'un crâne chauve et des lunettes noires, mais c'était un visage que je n'oublierai jamais, un visage énorme qui me scrutait.

Cette fois, on me conduisit à l'autre bout de l'ambassade, dans un salon jouxtant une petite cuisine. Quatre hommes s'y trouvaient déjà. Outre Yusef, il y avait un dénommé Mark qui ressemblait à un agent de change de Wall Street et parlait couramment arabe, ainsi qu'un petit homme chauve avec des lunettes à verres épais qu'on me présenta sous le nom de Morris. Le quatrième personnage était un vieil homme aux joues creuses qui arrivait, me dit-on, d'Israël.

Nous nous assîmes dans des fauteuils autour d'une table basse en bois ciré. Morris servit le café dans des tasses ébréchées qu'il était allé chercher dans la cuisine.

— Tenez, me dit l'homme venu d'Israël en m'offrant une cigarette. Votre cigarette de la journée.

S'il cherchait à m'impressionner, c'était réussi.

— Expliquez-moi précisément pour quelle raison vous avez choisi de travailler pour nous, me demanda le vieil homme.

Il avait une voix grave et rocailleuse.

— Je veux lutter contre Saddam. Cela me laisse trois possibilités : l'Iran, la Syrie et Israël.

— Ah, fit-il avec un petit sourire entendu, l'Iran. Nous les aidons, malgré leur inutilité et leur incompétence. Mais ils nous rendent service en faisant la guerre à Saddam. Et la Syrie... La Syrie ressemble à une femme qui porte le tchador. Chaque fois qu'il y a un peu de vent, le voile se soulève et on voit tout. C'est tellement facile pour nous. Et... (il redevint sérieux tout à coup) nous avons détruit votre réacteur nucléaire, n'est-ce pas ?

En effet. Personne en Irak n'oublierait ce jour de 1981 où les jets israéliens avaient jailli dans le ciel, à l'ouest, et rayé de la carte le site d'Osirak (comme on le nomme en Occident) si cher à Saddam. En Irak, on lui donnait le nom choisi par Saddam : Tammouz. Osirak et Tammouz sont deux dénominations de l'ancien dieu des morts. Ce nom à lui seul trahit le mensonge de Saddam affirmant que cette centrale servait uniquement à des buts pacifiques. J'écoutais une radio israélienne lorsque avaient retenti les sirènes annonçant une attaque aérienne. A ce moment-là, les jets avaient déjà fait demi-tour et les Israéliens annonçaient la destruction de la menace nucléaire de l'Irak. Par la suite, les bulletins d'informations irakiens nous apprirent qu'à cause de ces maudits Israéliens nous serions privés de l'électricité bon marché qu'on nous avait promise ; Osirak n'existait plus. Mais personne n'était dupe. Nous savions à quoi servait ce réacteur : construire la bombe nucléaire de Saddam.

— Comment a-t-on réagi à Bagdad ? reprit le vieil homme.

— Les gens ont été surpris et effrayés que vous puissiez intervenir et repartir aussi facilement, comme si vous pouviez faire tout ce que vous vouliez, dis-je.

Mon interlocuteur prit un air ravi.

— Et Saddam était fou de rage, ajoutai-je. Il a fait exécuter le chef de la défense de cette zone, ainsi que tous les responsables de la protection aérienne le long de cette route. Mais je suppose que vous le savez déjà.

Il me gratifia d'un petit sourire crispé.

— Morris sera votre officier de liaison. Si vous avez besoin de quoi que ce soit, nous nous en chargerons. Bienvenue au Mossad.

Morris était un homme affable, avec des yeux bleu foncé et un crâne dégarni. Toujours rasé de près, il ressemblait, comble de l'ironie, à un magnat de la bière allemand. Il comprenait l'arabe, mais le parlait fort mal, c'est pourquoi nous communiquions en anglais. Je me surpris à éprouver de la sympathie pour mon officier de liaison lorsque nous nous retrouvâmes pour notre première séance. Nos rencontres avaient toujours lieu hors de l'ambassade, généralement au Churchill Hotel, près de Marble Arch, dont la cafétéria bruyante nous garantissait une intimité en public.

La première chose que me demanda Morris fut de cesser d'opérer au sein du Da'wah pour les services de renseignements irakiens. Je fus un peu surpris, car le Da'wah et les autres mouvements islamiques fondamentalistes me semblaient représenter désormais une menace plus importante pour Israël que leurs vieux adversaires, les Palestiniens. Offrez aux Palestiniens quelques kilomètres carrés de terre et ils seront heureux, sans se soucier de la rhétorique de l'OLP ou des fanatiques marginaux. Le Da'wah et les fidèles disciples de Khomeyni, en revanche, ne seront satisfaits qu'après la destruction totale de l'État juif.

En fait, j'avais l'impression que les Israéliens commettaient l'erreur classique qui consiste à se préparer pour la dernière guerre, au lieu de se préparer à la prochaine. Ils demeuraient malgré tout mon meilleur atout contre Saddam. Peut-être cherchaient-ils simplement à tester ma loyauté et mes capacités.

Je serais payé 250 dollars par mois, plus les frais en livres sterling, et un bonus si je faisais du bon boulot. Mais je devais poursuivre mes études et ne travailler que parallèlement pour le Mossad. Ils insistèrent sur ce point. A long terme, il était clair qu'ils voulaient me voir occuper un poste important. Ce n'était pas en me faisant recaler que j'y parviendrais.

Morris me tendit un papier.

— Voici le numéro de téléphone de l'ambassade, dit-il, et un numéro de poste. En cas de nécessité, appelez et demandez ce poste ; dites simplement que vous souhaitez laisser un message. Ne donnez pas votre nom. Si vous n'avez rien de spécial à dire, n'appelez pas.

Je pris le papier, le remerciai et m'en allai. J'étais envahi de sentiments contradictoires en songeant à ce que j'avais fait.

Dorénavant, j'étais passible de la peine de mort en Irak.

Je commençai par ce qui est le B.A.-Ba pour les policiers, les criminels et les espions : filer quelqu'un et semer un poursuivant.

Morris me demanda de le retrouver au Cumberland Hotel, près de Marble Arch, à 11 heures le lendemain matin.

— En me voyant, ne dites rien ; faites comme si vous ne me connaissiez pas, puis suivez-moi.

J'arrivai en avance. A peine avais-je eu le temps de m'asseoir et d'ouvrir un journal qu'un gros Arabe habillé avec trop de recherche s'assit à mes côtés. C'était un de ces types qui aiment afficher leur richesse et dépensent une fortune pour se vêtir sans jamais atteindre l'effet escompté.

— Bonjour, mon frère, dit-il en arabe. Tu es arabe, non ? Moi je suis tunisien. Et toi, d'où es-tu ?

— Je suis irakien, dis-je en me replongeant dans mon journal.

— Ah, l'Irak ! Un beau pays. Écoute, j'ai honte de te demander ça, mais je suis dans une situation embarrassante. J'habite près d'Oxford, et... je n'ai pas de quoi me payer le train pour...

— Je ne peux pas vous aider. Je suis étudiant et moi-même je n'ai pas beaucoup d'argent. Désolé.

Les techniques d'approche sont parfois médiocres. Son costume à lui seul valait une petite fortune.

Il marmonna des excuses et s'en alla.

Tandis que je m'interrogeais sur la signification de cette scène, Morris entra dans le hall, regarda autour de lui et ressortit aussitôt. Obéissant aux ordres, je sortis à mon tour d'un pas vif et empruntai le trottoir opposé. Il parcourut plusieurs pâtés de maisons avec nonchalance, avant de décrire une boucle jusqu'au Churchill Hotel.

Je le suivais à la trace comme un chien chassant un lièvre. C'était quasiment une seconde nature chez moi. Mon père redoutait tellement un assassinat que, dans la famille, nous avions tous pris l'habitude de regarder par-dessus notre épaule. Comme presque toute la population d'Irak. Les oreilles et les yeux indiscrets sont une réalité quotidienne dans tous les États policiers.

J'entrai dans le bar du Churchill et, feignant d'ignorer Morris assis dans un coin, je m'installai à l'autre bout de la salle. Après quelques minutes, il me rejoignit.

LE CERCLE DE LA PEUR

— Salut, dit-il d'un air décontracté en s'asseyant face à moi. C'est bon, tout est O.K.

Autrement dit, je n'avais pas été suivi par des indésirables. Évidemment, Morris m'avait fait suivre pour voir si j'étais filé par des Irakiens.

Il commanda deux cafés et après qu'on nous les eut apportés, il me parla des projets immédiats du Mossad me concernant.

— Nous nous intéressons à ce Palestinien dont vous avez parlé à Yusef et que vous avez connu à Manchester. Le dénommé Abdel.

Abdel (ce n'est pas son vrai nom) préparait une maîtrise d'anglais à Salford. Sa thèse portait sur le Shaback, l'équivalent israélien du FBI. Avec la bénédiction du système universitaire britannique, il explorait les points faibles de la cuirasse des services secrets israéliens.

Abdel et moi avions discuté à plusieurs occasions, et j'en avais conclu qu'il appartenait au Fatah, la branche militaire de l'OLP. (En 1972, des membres du Fatah avaient traumatisé le monde entier en assassinant onze athlètes israéliens durant les jeux Olympiques de Munich. Depuis, le Fatah continuait à s'attaquer à des diplomates israéliens, des ambassades, des hommes d'affaires, des avions et de simples civils, de Bangkok à Madrid.)

— Il aime parler de sexe, confiai-je à Morris. Et apparemment, ce qu'il préfère c'est coucher avec des prostituées.

Morris acquiesça.

— Renouez avec lui. Devenez son meilleur ami. Essayez d'en savoir le maximum sur ses agissements, les gens qu'il fréquente.

Approcher Abdel n'était pas une chose compliquée. Il suffisait de feindre de m'intéresser à son passe-temps préféré. Je découvrais peu à peu que le plus vieux métier du monde était bien souvent l'arme la plus efficace dans l'arsenal des services secrets. Bientôt, on nous vit traîner dans Manchester presque toutes les nuits. Abdel avait beaucoup d'argent à dépenser. S'agissait-il des fonds secrets de l'OLP, d'une fortune familiale, ou provenait-il de sources plus insidieuses, je ne l'ai jamais su. Mais Abdel confiait un tas d'autres choses à son nouvel ami irakien.

Un soir, nous nous rendions au Millionaires Club en compagnie de deux prostituées. Le lendemain, nous dansions jusqu'à l'aube, et cela à la veille de nos examens. Nous faisions la bringue dans tous les coins, ramassant des prostituées, ivres morts, et malgré cela, nous fûmes reçus.

Au milieu de cette débauche, nous parlions de la politique irakienne et des exploits du Fatah. Comme j'étais irakien, il supposait que je haïssais Israël moi aussi, et n'avait aucun mal à croire que j'approuvais le Fatah. Mais pour moi, le Fatah n'était qu'un groupe de fanatiques pseudo-militaires imbus d'eux-mêmes qui rendait la vie impossible dans tous les pays du Moyen-Orient oubliés de Dieu. J'ai énormément de sympathie pour le peuple palestinien condamné à sa propre diaspora depuis la création de l'État d'Israël. Mais j'ai toujours refusé de faire partie de ceux qui rendent Israël responsable de tous les maux. Peut-être avais-je tort, mais quoi qu'il en soit, j'étais en guerre contre Saddam. Cela signifiait travailler pour le Mossad contre les ennemis d'Israël, qu'ils fussent également les miens ou pas. Il existe un vieux dicton au Moyen-Orient : « L'ennemi de mon ennemi est mon ami. » Une schématisation stupide. Je préfère dire : « L'ami de mon ami n'est pas nécessairement mon ami. » La clé pour comprendre le Moyen-Orient, c'est d'admettre qu'on ne peut jamais le comprendre véritablement.

Je n'écris pas ce livre dans le but de justifier mes actes, mais uniquement de témoigner, pour le meilleur et pour le pire. A ce stade, ma tâche consistait à récolter des renseignements sur l'OLP. Abdel me fournit quelques bribes d'information.

Un soir, accompagnés de nos belles de nuit, Abdel et moi nous rendîmes dans un club privé très chic. Nous étions assis à une table isolée, et pendant que nous discutions tous deux en arabe, nos prostituées anglaises faisaient des commentaires sur le champagne. Nous en vînmes à parler des opérations du Fatah en Israël.

— Tu sais comment nous introduisons les armes ? me demanda Abdel. On utilise des planques, dit-il d'un ton suffisant.

— Des planques ? répétai-je, en prenant l'air intéressé.

— Nous préparons l'endroit où seront cachées les armes, directement sur le territoire israélien, ou juste de l'autre côté de la frontière libanaise. Nos commandos au Liban s'en chargent. Nous connaissons des itinéraires secrets pour pénétrer en douce en Israël. Là, la véritable équipe récupère le matériel de l'opération. De cette façon, en venant de Cisjordanie, ou même de Jordanie, elle peut franchir sans risque les satanés points de contrôle. Après, elle peut enterrer de nouveau les armes et repartir par le même itinéraire. Ni vue ni connue.

Je n'eus aucun mal à paraître impressionné. Israël avait instauré une zone de surveillance de 25 kilomètres de large au nord de sa frontière, dans le Liban occupé, pour éviter justement ce genre de choses.

— D'où viennent ces armes ? interrogeai-je. Ça ne doit pas être facile de s'en procurer, avec l'occupation.

— Nous n'avons aucun mal à les faire venir du Liban. Mais le mieux, c'est encore de les acheter aux soldats israéliens.

— Aux soldats israéliens ? Ils vous vendent des armes ?

J'étais abasourdi.

LE CERCLE DE LA PEUR

— Tout le monde est corruptible à condition d'y mettre le prix, mon ami. Tout le monde.

Quand je rapportai cela à Morris, il m'écouta avec la plus vive attention, visiblement mécontent d'apprendre que des soldats de son pays vendaient des armes à l'ennemi. Il conserva néanmoins son sang-froid et exigea d'en savoir davantage.

Je continuai à fréquenter Abdel pendant quelque temps, glanant le maximum d'informations sur les contacts du Fatah en Angleterre. Morris me recommandait toujours de ne pas me montrer trop curieux afin de ne pas éveiller les soupçons et ne pas compromettre une mission future. Il n'en dit pas plus, mais il ne pouvait s'agir que d'une mission sur le sol irakien.

— Très bien, fit-il après que je lui eus fait mon troisième rapport. Maintenant vous pouvez laisser tomber Abdel.

C'était comme une partie d'échecs sur un jeu grandeur nature. Morris ôtait simplement Abdel de l'échiquier. Il ne me donna pas la raison de son geste, et je ne demandai rien. L'usage qu'ils faisaient de mes informations, c'était leur affaire. Évidemment, la réaction pouvait être radicale et définitive. En rejoignant le Fatah, Abdel avait accepté les règles du jeu. Je faisais de même. Autant que je sache, Abdel demeura en vie.

— Oubliez Abdel, me dit Morris. Nous avons autre chose à vous confier. Les grandes vacances approchent. Nous voulons que vous alliez les passer auprès de votre père, à Bruxelles.

Ils savaient que mon père occupait désormais le poste d'ambassadeur d'Irak en Belgique.

J'aurais préféré mille fois me jeter dans la fosse aux serpents.

— A vos ordres, répondis-je sans enthousiasme.

— Appelez-moi dès votre arrivée. Nous aurons mis au point un plan d'ici là. En attendant, voyez ce que vous pouvez apprendre sur les mesures de sécurité de l'ambassade d'Irak à Bruxelles. Mais contentez-vous de parler aux gens qui vous seront présentés. Nous vous transmettrons d'autres détails ultérieurement.

Je pris le train et le ferry jusqu'à Bruxelles ; le chauffeur de mon père m'attendait à la gare. Mon premier problème fut de téléphoner à Morris.

J'expliquai au chauffeur que je devais appeler mon directeur d'études en Angleterre, mais que je ne voulais pas utiliser le téléphone de la maison, car la note était payée par le gouvernement, et il s'agissait d'un appel à caractère privé. Je lui demandai de s'arrêter dès qu'il apercevrait une cabine téléphonique. Hélas, il resta collé à moi comme une sangsue. Il s'adossa à la cabine et ne cessa de parler jusqu'à ce que j'obtienne mon correspondant à

Londres. Sans doute avait-il reçu pour consigne de ne pas me lâcher d'une semelle.

De ce fait, il m'était difficile d'utiliser mon nom de code pour contacter Morris comme convenu, et je ne pouvais pas non plus utiliser le sien ; je demandais alors à parler à mon directeur d'études imaginaire en donnant mon véritable nom. La secrétaire étonnée me répondit qu'il n'y avait personne de ce nom ici et raccrocha. Frustré, je renonçai et laissai la mouche du coche me conduire à la maison.

Ma mère se jeta à mon cou lorsque j'entrai.

— Tu es resté absent trop longtemps ! Oh, regarde-toi : tu n'as que la peau sur les os.

J'imagine que toutes les mères du monde entier sont les mêmes.

Mon père n'avait pas changé. Comme d'habitude, il buvait du whisky, ce qui ne faisait qu'aggraver les choses. D'un ton brutal il nous ordonna de passer à table. C'était sa façon de m'accueillir.

Maman alla s'occuper du poulet rôti, mon plat préféré, et je restai avec elle dans la cuisine, lui parlant de mes cours et de la qualité de mes professeurs.

Ce fut l'une des rares occasions où mon frère, mes sœurs et moi nous nous retrouvâmes sous le même toit. Mon frère Saif était élève à l'école internationale de Bruxelles. La plus âgée de mes sœurs, Dina, préparait son diplôme de dentiste en Irak ; elle était venue pour les grandes vacances. Dalia n'avait que quatre ans.

A vrai dire, le dîner fut chaleureux et plaisant jusqu'à mon commentaire malencontreux sur l'échec de Saddam dans sa guerre contre l'Iran. Dans un rugissement, mon père renversa la table et se précipita dans son bureau en me couvrant d'insultes.

— Un salaud ! Mon fils est un salaud ! Un traître ! Je ne le tolérerai pas !

Terrorisé, je crus pendant un instant qu'il avait deviné la vérité. Non, c'était son délire habituel. « Si c'était lui que je trahissais, tant mieux », songeai-je. En même temps, j'avais conscience de ne plus agir uniquement par désir de vengeance personnelle, mais en fonction de mes opinions politiques.

Heureusement, nous avions fini de dîner. Pendant que la bonne nettoyait les dégâts, mes sœurs, mon frère et moi essayâmes de consoler ma mère. Nous lui apportâmes une tasse de café, et après que mon père se fut enfin couché, tard dans la nuit, je restai à ses côtés, tandis qu'elle lisait l'avenir dans le marc de café.

— Je ne comprends pas, dit-elle d'une petite voix en scrutant le fond de la tasse. Je vois un tas de choses anormales, des choses qui n'ont rien à faire ensemble. Je n'arrive pas à les interpréter.

Je fus parcouru d'un frisson. Je lui tapotai l'épaule.

— C'est logique, maman, tu vis dans une famille complètement

anormale, c'est juste une image du chaos qui règne ici. L'image d'une table renversée.
— Oui, tu as peut-être raison. Pourquoi faut-il toujours que tu le mettes en colère ? Tu ne peux pas essayer d'être d'accord avec lui ?
Elle se mit à sangloter. Envahi par le remords et un sentiment de honte, j'essayai de la réconforter. Mais je savais que je recommencerais.
Le lendemain, je réussis à téléphoner de la poste sans avoir sur le dos le chauffeur curieux. J'appelai l'ambassade d'Israël à Londres et demandai à parler à Morris de la part de Franco. Franco était mon nom de code. Sergio Franco.
— Est-ce vous qui avez appelé hier soir ? me demanda Morris avec colère.
— Je suis désolé, mais j'avais quelqu'un près de moi, et j'ai dû inventer quelque chose. Maintenant je suis seul.
Il parut soulagé.
— J'arrive ce matin par avion. Retrouvez-moi à l'hôtel Ramada à midi. Prenez les précautions habituelles.
En arrivant au Ramada, j'entendis quelqu'un appeler M. Franco. J'allai à la réception.
— Un appel pour vous, monsieur.
Je pris la communication dans une des cabines situées près de la réception.
— Allô ?
— Bonjour, je suis un ami de Morris. Faites exactement ce que je vous dis. Sortez de l'hôtel et prenez la rue juste en face. Prenez ensuite la première à droite, suivez-la jusqu'au bout. Tournez à gauche, puis la première à droite. Continuez à avancer. Je vous attendrai là.
Il raccrocha. Le Mossad savait désormais que, outre mon excellente mémoire visuelle, je mémorisais les instructions orales.
Le soleil brillait lorsque je sortis de l'hôtel et traversai la rue. Alors que je suivais le chemin indiqué, une voiture me dépassa, remplie de touristes joyeux qui regardaient par les vitres. C'était une Citroën marron et grise immatriculée en France. Lorsque je tournai au coin de la rue, elle me dépassa de nouveau, en sens inverse. Puis encore une fois au croisement suivant.
Je m'obligeai à continuer en l'ignorant. Arrivé au bout de mon itinéraire, je me retrouvai dans une rue piétonnière condamnée, dans la vieille ville. Je regardai autour de moi. Je l'aperçus. C'était l'homme qui m'observait derrière le miroir, dans le hall de l'ambassade d'Israël. Les lunettes noires, le crâne chauve... ce quelque chose d'indéfinissable que je n'oublierai jamais.
Au même moment, Morris s'avança d'un pas nonchalant et me

salua. Un individu de grande taille au maintien aristocratique l'accompagnait.

— Voici Daniel, déclara Morris en guise de présentations. Ce sera votre contact ici à Bruxelles.

Quand le dénommé Daniel parla, je reconnus la voix de l'homme qui m'avait fixé rendez-vous au téléphone.

— Avant de nous mettre au travail, dit-il, je vous invite à déjeuner.

Au cours du repas, je leur donnai le décompte de mes frais ; ils me remboursèrent sans poser de question, se satisfaisant d'un reçu rédigé sur n'importe quoi, une serviette en papier, une pochette d'allumettes.

Après le déjeuner, Daniel nous conduisit jusqu'à un petit hôtel isolé, dans une ruelle tranquille. Le chauve aux lunettes noires se tenait à l'extérieur. Les deux autres ne firent aucune allusion à cet homme mystérieux. Je n'ai jamais su qui il était.

Nous demandâmes une chambre à la réception, avant de monter tous les trois. Nous formions un groupe pour le moins suspect : trois adultes qui s'enferment dans une chambre minuscule ; l'hôtel était certainement tenu par un de ces milliers de *sayanim*, des juifs sympathisants du Mossad répartis à travers le monde.

— Tout va bien ? s'enquit Morris.

Nous étions assis autour de la table basse.

— Oui. J'ai certains des renseignements que vous souhaitiez.

Je lui tendis les notes concernant ce que j'avais appris sur le système de sécurité de l'ambassade d'Irak, l'identité des gardes choisis par le Mukhabarat.

Morris me foudroya du regard.

— Ne refaites jamais ça. Jamais ! N'écrivez jamais rien ! Gardez tout là-dedans ! tonna-t-il en me frappant la tempe de son index.

Je me sentis rougir sous l'effet de la honte et de la stupeur. Je venais de découvrir l'autre visage de Morris, l'homme du Mossad, un homme de fer.

Je reprenais mes esprits quand la porte s'ouvrit ; un homme chauve et costaud entra, portant une grande valise visiblement très lourde. Ce n'était pas celui que j'avais vu dans la rue. Ma vie semblait se peupler de chauves.

— Ah, bonjour, docteur, dit Morris. Quelle ponctualité ! (Morris se tourna vers moi.) Le docteur est ici pour vous poser quelques questions supplémentaires. Accordez-lui votre entière coopération. Je dois rentrer à Londres ; pendant votre séjour à Bruxelles, vous travaillerez avec Daniel. Vous devrez convenir d'un point de rencontre. Pas question d'utiliser le téléphone de la résidence de votre père. Avez-vous une idée ?

LE CERCLE DE LA PEUR

— Il y a une sorte de bar-restaurant appelé le Macao à environ dix minutes à pied de la maison, dis-je après quelques instants de réflexion.

— Parfait. Allez-y tous les jours à 18 heures et restez-y une heure. Si nous ne vous contactons pas, rentrez simplement chez vous.

Morris et Daniel prirent congé.

— Je m'appelle Yusef, déclara le docteur en me serrant la main.

Il cala sa puissante carrure dans le canapé et posa sa grande valise sur la table basse.

— Bien, voyons voir ce que nous avons là, dit-il, enjoué.

Il ouvrit la valise et sortit des feuilles et des enveloppes, quelques crayons et des feutres, ainsi qu'un magnétophone.

— Nous allons commencer par ça, annonça-t-il en me tendant une grande feuille de papier et des crayons de couleur. J'aimerais que vous me fassiez quelques dessins. Un homme, une femme et un enfant.

Le Mossad était décidément plein de surprises. Mais sans doute savaient-ils ce qu'ils faisaient, aussi m'exécutai-je docilement, en me demandant ce que mon œuvre révélerait sur ma personnalité cachée.

Yusef jeta un bref coup d'œil à mon dessin et hocha la tête. Puis il lut une liste de chiffres et me demanda de les répéter. Avec ma mémoire, aucun problème.

— Passons à la suite, dit-il en me montrant un dessin représentant un bateau toutes voiles dehors. Une chose n'est pas à sa place sur ce dessin. De quoi s'agit-il?

Il y avait une ancre dans le nid-de-pie.

Il me montra ensuite la photo d'une femme endormie sur un canapé. Elle était habillée et une lettre traînait par terre.

— Dites-moi, à votre avis, ce qui s'est passé juste avant qu'on ne prenne cette photo.

L'examen se poursuivit plusieurs heures. Un test de Rorschach. D'autres questions sur mon enfance. Des souvenirs et des associations d'idées à partir de certains bruits ou certaines odeurs. Nous parlâmes longuement de mon père, de sa manie de me battre, et, d'une manière générale, de transformer ma vie en enfer.

— Quelle image pensez-vous que les gens ont de vous? me demanda brusquement Yusef.

La question me prit au dépourvu. Soudain, je ne savais plus comment je me voyais, sans parler de l'image que j'offrais aux autres.

— Rien de spécial, dis-je. Sympathique, je suppose. Je veux dire... j'ai l'impression de bien m'entendre avec tout le monde. A l'exception de mon père, évidemment. J'aime les gens jusqu'à un certain point, et à un niveau superficiel, j'ai un tas d'amis.

— Et comment vous voient-ils?

53

— Comme un fils à papa insouciant, j'imagine. Un peu play-boy, si vous voulez. Évidemment, j'évite de dévoiler mon vrai visage.
— Pourquoi ?
— Question d'habitude. Peut-être parce que j'ai passé toute ma vie à me cacher de mon père.

Je ne pouvais m'empêcher de penser que cet aspect de ma personnalité me prédisposait certainement au métier solitaire d'espion.

Après six heures d'interrogatoire, le docteur me remercia ; c'était terminé, je pouvais rentrer chez moi.

Le lendemain soir, je me rendis comme convenu au Macao, à 18 heures. C'était un de ces établissements destinés à faire croire aux gens qu'ils ont quitté la grisaille de Bruxelles pour... Macao, par exemple. Il y avait de vrais palmiers et de grandes affiches représentant des plages ensoleillées. Je commandai une *piña colada* et attendis. En vain.

5

LIBRE DE MES ACTES

Après trois jours de piñas coladas et d'attente interminable, Daniel me téléphona enfin.

— Allez à l'endroit où nous vous avons envoyé la première fois et attendez-moi là, à midi, dit-il brièvement.

Je gagnai l'hôtel Ramada à pied. Lorsque Daniel arriva, nous nous rendîmes à la cafétéria et commandâmes un repas frugal.

— Nous voulons en savoir le plus possible sur l'ambassade d'Irak ici à Bruxelles, dit-il à voix basse. Le nom, l'adresse et la situation de famille de tous les membres du personnel, le montant de leurs salaires, l'identité de l'officier du Mukhabarat, des autres responsables de la sécurité, des opérateurs télex, le genre de télex qu'ils utilisent. Naturellement, nous voulons connaître les codes, et le nom de ceux qui y ont accès. Nous voulons également des renseignements sur le bureau de votre père, à quoi il ressemble, quel est le meilleur endroit pour dissimuler un micro. (Il marqua une pause.) Mémorisez les différentes marques de voitures, leur numéro d'immatriculation, l'identité de ceux qui les conduisent. Nous avons besoin d'un maximum d'informations sur le fonctionnement de l'ambassade, et surtout sur les opérations clandestines.

Bref, Daniel voulait tenir l'ambassade à sa merci. A vrai dire cette mission ne me posait aucun problème. Personne à l'ambassade ne savait en quels termes mon père et moi étions ; pour eux j'étais simplement le fils de l'ambassadeur. En se montrant aimables avec moi, les membres du personnel espéraient se faire bien voir de mon père ; ils le craignaient autant que moi.

Je commençai à traîner dans le bâtiment pour bavarder avec les gardes et les secrétaires. Je dois ajouter que c'étaient tous des hommes ; on n'employait presque jamais de femmes.

En tant que fils de l'ambassadeur, j'avais libre accès partout. « Je me promène », disais-je d'un air détaché. Parfois, j'invitais un ou plusieurs employés à boire un verre. Ils ne se doutèrent de rien et m'apprirent presque tout ce que je voulais savoir.

J'appris même le système de codage, un code complexe à quatre lettres changé très fréquemment par un technicien venu exprès de Bagdad pour modifier le décodeur.

Daniel parut satisfait de tous ces renseignements. En outre, je pus lui indiquer où étaient entreposées les armes et les munitions.

Quant aux opérations clandestines, je découvris que la principale fonction de quasiment toutes nos ambassades consistait à traquer et éliminer les ennemis de Saddam Hussein. C'était la raison d'être de tout l'appareil de renseignements, et à vrai dire, du gouvernement irakien dans son ensemble ; la gestion des affaires du pays venait en second. Je découvris ainsi que mon père avait accompli cette tâche de manière impitoyable, d'abord en Pologne et maintenant à Bruxelles.

J'avais toujours soupçonné que ses activités ne se limitaient pas à la simple diplomatie. Mes discussions avec le personnel de l'ambassade m'en apportèrent peu à peu la confirmation.

Un jour, je remarquai deux membres de la sécurité en train de s'esclaffer dans le hall de réception. Je leur demandai ce qui les faisait rire ainsi.

— Vous voyez ce gros colis là-bas ? me fit l'un d'eux. Il désigna une volumineuse caisse en bois portant la mention « meuble », au milieu des autres paquets de la valise diplomatique.

— Et alors, qu'a-t-il de si amusant ? demandai-je en suspectant l'effroyable vérité.

— C'est bien un meuble, en effet, dirent-ils en ricanant. Un fauteuil... avec son occupant.

Et ils se tapèrent sur les cuisses, hilares.

— Ah, c'est ça, répondis-je d'un air entendu. Et qui est l'heureux voyageur ?

J'avais entendu des histoires à ce sujet ; malgré tout, j'avais du mal à y croire.

— Un de ces salopards de Kurdes. Il dort à poings fermés, en partance pour des vacances gratuites à Bagdad la Magnifique.

Je regardai la caisse en songeant à son malheureux occupant, drogué et ficelé sur ce siège d'avion très particulier. Allait-il se réveiller dans la soute à bagages pour prendre conscience de son sinistre destin? Allait-il se débattre et hurler en vain, là-haut dans le ciel? Ou bien ne reprendrait-il conscience qu'une fois débarqué et livré aux mains de l'Estikhbarat, les services secrets de l'armée irakienne?

Il n'était qu'à 5 mètres de moi et je ne pouvais rien faire, si ce n'est prévenir les Israéliens. Mais je savais qu'ils ne lèveraient pas le petit doigt pour le sauver. Ce serait la fin de leur informateur – moi, en l'occurrence – et de leurs informations.

Il se trouvait à 5 mètres de moi, pourtant il avait déjà rejoint les statistiques macabres de l'Irak. Pas étonnant que le personnel de l'ambassade fût à ce point effrayé par mon père. Il commandait ces opérations d'enlèvement, traquait impitoyablement toute opposition à Saddam, même hors d'Irak.

Depuis des siècles, la population kurde était la bête noire des dirigeants arabes de notre région. La terre d'origine de ces tribus à l'indépendance farouche formait un triangle aux frontières de l'Irak, de l'Iran et de la Turquie, empiétant sur ces trois pays. Ils avaient été alternativement persécutés et soutenus par l'un ou l'autre de ces pays, en fonction des conflits du moment. Présentement, les Kurdes étaient la cible de Bagdad, et Saddam avait décidé de les traquer et de les exterminer.

Au début, cela s'effectua de manière désordonnée, à coups de harcèlement, d'arrestations sur le territoire irakien et d'opérations comparables à celles de mon père à l'étranger. Finalement, Saddam trouva cette méthode trop lente et inefficace. Il voulait un moyen plus rapide, plus économique d'éliminer les Kurdes et tous les ennemis restants. A l'instar d'Hitler, il commanda une Solution finale. L'Estikhbarat reçut ordre de coordonner le projet avec les sections d'entraînement et d'expérimentations de l'armée.

Ainsi débutèrent des recherches acharnées sur les armes chimiques et biologiques. Les Kurdes seraient les premiers à en subir les effroyables résultats quelques années plus tard.

La malheureuse victime ligotée sur son fauteuil voyagerait d'abord jusqu'à La Haye, puis Amsterdam, car il n'existait pas de vol direct entre Bruxelles et Bagdad. A Amsterdam, elle embarquerait à bord d'un avion d'Iraqui Airways, direction l'Irak, la torture, et certainement la mort. Au départ comme à l'arrivée, les agents des douanes et de la sécurité laisseraient passer cette caisse sans l'ouvrir, car elle était protégée par son label diplomatique.

Cette utilisation ignoble de la valise diplomatique prit fin, momentanément, le jour où l'un de ces voyageurs forcés reprit

LE CERCLE DE LA PEUR

connaissance sur le tapis à bagages de l'aéroport de Londres En entendant des cris étouffés à l'intérieur de la caisse, les bagagistes décidèrent de l'ouvrir. Cet incident donna lieu pendant quelque temps à l'habituelle tension dans les relations bilatérales puis les échanges reprirent comme avant entre Saddam et les Britanniques. Les gouvernements occidentaux sont parfaitement au courant de ces méthodes monstrueuses, mais ils semblent considérer cela comme faisant partie de l'ordre normal des choses.

Je fournis à Daniel quelques informations supplémentaires récoltées lors de la fête annuelle du 17 juillet qui commémore la révolution baassiste de 1968. La réception guindée qui se déroulait à l'hôtel Méridien réunissait une belle brochette de diplomates, journalistes, ministres de la CEE et membres du ministère belge des Affaires étrangères. Je soudoyai le photographe de l'ambassade pour qu'il me procure des tirages des photos officielles que je commentai ensuite pour Daniel, lui fournissant un véritable Bottin mondain, où figuraient notamment quelques marchands d'armes.

L'un des plus importants était un certain Gerald Bull. Canadien possédant la nationalité américaine, Bull avait mis au point des modifications susceptibles d'accroître considérablement la portée des pièces d'artillerie et des projectiles. Mais il avait eu quelques démêlés avec ses bailleurs de fonds nord-américains, parmi lesquels l'armée américaine. Accusé d'avoir brisé l'embargo commercial avec l'Afrique du Sud, il purgea une peine de quatre mois de prison.

A sa sortie, en 1981, il s'installa à Bruxelles, plaque tournante des ventes d'armes dans le monde, où il commença à travailler pour Saddam Hussein, entre autres.

Saddam s'intéressait avant tout aux modifications apportées à l'obusier de 155 mm baptisé GC-45 et doté d'une portée deux fois supérieure à la normale. Bull livra à l'Irak environ quatre cents pièces d'artillerie qui transitèrent par l'Afrique du Sud et l'Autriche. Cela constituait l'autre aspect principal du travail de mon père, le travail de tout ambassadeur d'Irak en Belgique : l'achat d'armes. Et la protection de Gerald Bull. Lorsque mon père quitta Bruxelles en 1985, les négociations avec lui représentaient la priorité absolue de ce poste. Avec les canons géants, Saddam détenait la clé de son rêve de conquête : Israël... et peut-être plus.

Bull travaillait à un autre projet encore plus prometteur pour Saddam : le super-canon. Un mètre de diamètre et 30 mètres de long. D'après lui cette arme était capable d'atteindre une cible à plus de 1 500 kilomètres.

Avec suffisamment d'argent pour poursuivre les recherches, affirmait-il, la puissance de tir pourrait atteindre les 10 000 kilomètres.

1988 : le chef d'État irakien se rend en pèlerinage à La Mecque. Il embrasse ici la Pierre noire, pierre sacrée scellée dans la Ka'ba au centre de la Grande Mosquée. Un étalage de dévotion qui vise à rallier la majorité fondamentaliste.

L'ayatollah Khomeyni devient l'ennemi juré de Saddam Hussein après avoir bénéficié de son soutien : un conflit opposera l'Iran à l'Irak de 1980 à 1988.

(Bull avait récupéré dans les archives de l'armée allemande datant de la Seconde Guerre mondiale les plans du V-3, un super-canon qui possédait la portée d'une fusée. Les Allemands avaient été vaincus et le prototype du V-3 détruit. La principale innovation en était le fût sectionné destiné à supporter l'accélération du projectile.)

Les Américains avaient abandonné le projet des années auparavant, mais aujourd'hui, Bagdad réglait la note et avait entrepris la construction du super-canon dans une usine située près de Mossoul, au nord de l'Irak. Bull avait gardé le secret en commandant les différents éléments à diverses sociétés dans plusieurs pays, afin que personne ne sache ce qui se préparait. Sauf le Mossad.

Ce dernier connaissait depuis longtemps les coordonnées de Bull. En mars 1990 le Canadien fut assassiné, probablement par les agents du Mossad.

J'avais totale liberté quant à la façon de récolter les renseignements désirés sur l'ambassade d'Irak à Bruxelles. Daniel avait uniquement insisté pour que je ne prenne aucun risque inutile. De ce fait, les seuls renseignements que je ne pus leur fournir étaient ceux que j'aurais découverts en fouillant le bureau de mon père. J'avais estimé que toute tentative en ce sens serait imprudente.

Malgré tout, Daniel fut satisfait de ce que je lui apportai. Très

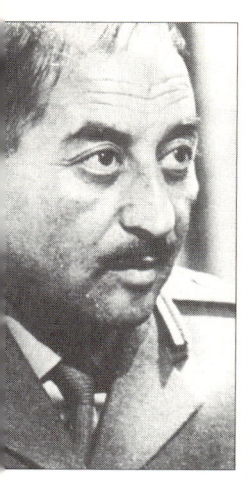

Le président syrien Hafiz al-Asad, lui aussi dirigeant baassiste, rival en puissance de Saddam Hussein pour la suprématie du Moyen-Orient.

Le général Ahmad Hasan al-Bakr, membre du parti Baath, président de la République d'Irak de 1968 à 1979.

Tareq Aziz, ministre irakien des Affaires étrangères, collaborateur fidèle et zélé du chef suprême.

satisfait même. Il n'y a rien de particulièrement glorieux, admirable ou moral dans l'espionnage, mais à l'époque, je n'en avais pas pleinement conscience, obnubilé que j'étais par mon désir de me venger de mon père et de Saddam.

A l'automne 1984, le moment était venu pour moi de retourner en Angleterre pour ma seconde année d'études d'ingénieur. Peu de temps après mon retour, je retrouvai Morris à Londres, dans un restaurant de Soho, que nous fréquentions l'un et l'autre.

En savourant à pleines dents sa pâtisserie, Morris déclara :

— Nous aimerions en savoir un peu plus sur un Syrien résidant à Londres. Il étudie la physique nucléaire à l'Imperial College. Il s'agit d'une cible importante. C'est une sorte de quitte ou double pour vous également. Si vous réussissez, vous prendrez du galon. Dans le cas contraire... eh bien, vous risquez de rester où vous êtes.

Le Mossad s'intéressait maintenant à la Syrie. Le président syrien, Hafiz al-Asad, était le seul autre dirigeant baassiste à la tête d'un pays arabe. Saddam Hussein et lui se livraient désormais un combat sans pitié pour la suprématie dans le monde arabe. Ils se haïssaient.

La Syrie de Hafiz al-Asad aurait mérité une place de choix dans n'importe quelle galerie de portraits de criminels. D'autant qu'elle nourrissait des ambitions dans le domaine nucléaire.

— Pouvez-vous entrer en contact avec lui ? demanda Morris en parlant du Syrien qu'il venait de mentionner.
— Sans problème. J'ai des amis dans ce collège.

Nous appellerons le Syrien Rifaat Khaddam ; encore une fois, ce n'est pas son véritable nom. C'était un garçon sympathique et un brillant étudiant, mais quelque peu naïf. En outre, c'était un arriviste, avec de grandes ambitions. Cela le rendait vulnérable, et je décidai d'en profiter.

Je n'eus aucun mal à lier connaissance avec lui en passant voir mes camarades au collège et en déjeunant avec eux au réfectoire. Mes camarades, qui faisaient des études scientifiques poussées, s'asseyaient souvent aux côtés du jeune Arabe. Celui-ci préparait un doctorat en physique nucléaire. Bel homme, il n'avait pourtant aucun succès auprès des filles.

— Apparemment, je ne sais pas m'y prendre avec les filles d'ici, se lamenta-t-il. Elles se comportent toutes comme si j'étais un vieux cochon.

— Ne t'en fais pas, je peux t'en présenter quelques-unes.

A vrai dire, l'idée de lui présenter des filles que je connaissais me déplaisait. Je ne voulais pas que l'une d'elles se retrouvât mêlée, même de loin, à cette dangereuse affaire. Fort heureusement, aucune de mes amies ne succomba au charme de Rifaat. En essayant de lui trouver une fille, j'étais devenu son copain, même si d'autre part, il continuait à s'accrocher à ses rêves. Et cela voulait dire gagner de l'argent. Au moins, avec de l'argent il pourrait s'acheter une femme ou deux et des vêtements corrects. Il avait toujours l'air fagoté.

Alors je lui fis prendre du bon temps, grâce à la générosité désormais infinie du Mossad. Je lui expliquai que mon père comptait parmi ses amis un riche homme d'affaires qui me versait d'importantes sommes d'argent en échange de menus services pour le compte de ses bureaux en Angleterre.

Tout en développant son goût pour la belle vie, j'en apprenais peu à peu davantage sur son travail et la place qu'il occupait dans les projets de ses commanditaires, le gouvernement de Damas. A l'instar de l'Irak, la Syrie formait des projets à long terme très précis pour les étudiants qu'elle envoyait à l'étranger.

Les révélations de Rifaat étaient de la dynamite. Je devrais plutôt dire une bombe atomique. La Syrie avait récemment entrepris la construction de son propre réacteur nucléaire. Le matériel provenait d'Union soviétique ; une partie de l'assistance technologique venait d'Allemagne, et des scientifiques tels que Rifaat étaient formés par le système éducatif britannique.

Inutile d'être un génie pour deviner que Hafiz al-Asad ne

construisait pas un réacteur nucléaire dans le but de réduire les factures d'électricité de son peuple. Comme Saddam, il s'intéressait à la fabrication de la bombe.

Lorsque je rapportai cela à Morris, il sembla paniqué. Visiblement, les Israéliens ignoraient que la Syrie s'était lancée dans un programme nucléaire.

Habitué désormais à un certain train de vie, Rifaat exprima ouvertement son regret de ne pas connaître une personne aussi généreuse que l'ami de mon père. Autrement dit, il voulait faire sa connaissance. Je m'arrangeai pour rencontrer Morris au restaurant du Churchill afin de le mettre au courant. Il était ravi.

— Dites-lui que l'ami de votre père vient ce week-end et que vous dînez avec lui. Demandez à Rifaat de vous accompagner.

Au moment où nous sortions du restaurant, j'aperçus avec horreur le Tunisien « tapeur » qui m'avait abordé précédemment au Cumberland. Me suivait-il ? Il était en compagnie d'une demi-douzaine d'autres Arabes. Je vis Morris détourner vivement la tête, sans me fournir la moindre explication. J'en conclus que ce Tunisien pouvait être un agent d'une autre puissance qui traînait dans les hôtels et récoltait le maximum d'informations auprès de ses copains arabes. Mais pour qui travaillait-il ?

A partir de ce jour, Morris choisit un autre lieu de rendez-vous : un hôtel dans le quartier de Picadilly. J'étais constamment sur les nerfs, et depuis quelques semaines, je commençais à perdre mes cheveux, au point qu'il ne me restait plus que quelques mèches folles sur le crâne. Ils finirent par repousser, mais je pris conscience de l'effet nocif qu'avait sur moi cette existence d'espion, même si, en apparence, elle pouvait paraître inoffensive et banale. Ce mystérieux Arabe me rappelait que je jouais gros et qu'une seule erreur de mise pouvait se traduire par un couteau dans le dos ou une balle entre les deux yeux.

La rencontre entre Rifaat et l'« ami de mon père » se déroula comme sur des roulettes. Pour l'occasion, Morris se fit appeler « Mark ».

Nous nous retrouvâmes tous les trois pour un somptueux repas. A une table voisine étaient assis des individus que j'avais déjà aperçus à l'ambassade d'Israël, semblant s'occuper de leurs affaires. C'est-à-dire des nôtres.

Le spectacle de Morris en action était fascinant. Il contrôlait parfaitement la conversation et manœuvrait Rifaat avec habileté. Pour Rifaat, Mark était un homme d'affaires allemand vivant à Londres. Sa société souhaitait étendre ses activités en Syrie, mais pour ce faire, il leur fallait des informations de l'intérieur sur les contrats éventuels afin d'en tirer le maximum de profits. Rifaat se fichait de savoir qui était son interlocuteur du moment qu'il avait la certitude d'être payé aussi royalement que je semblais l'être. Aussi Morris n'eut-il guère de mal à persuader Rifaat qu'il n'aurait pas besoin de prendre des risques, il lui suffisait de transmettre des renseignements facilement accessibles. C'était l'appât, bien évidemment, et une fois que le poisson serait ferré, on exigerait de lui beaucoup plus.

Rifaat se vit donc confier un nouveau travail : « consultant » d'une société de technologie allemande, vendant des secrets nucléaires syriens au Mossad. Lorsque je le revis deux ou trois ans plus tard, il vivait visiblement dans l'aisance.

Morris m'offrit 200 livres sterling et une nouvelle chaîne hi-fi. J'étais ravi, mais je ne participais pas à ce jeu pour recevoir des récompenses matérielles. Je n'avais pas renoncé à me venger de Saddam. Morris me laissa me concentrer sur mes études pendant quelque temps. Durant l'hiver 1985, il me donna rendez-vous dans notre restaurant de Soho.

— Nous voulons que vous tentiez de contacter une autre personne, m'expliqua-t-il. Connaissez-vous l'école publique de formation de pilotes qui se trouve dans le nord de l'Angleterre ?

Je dus avouer que non.

— Elle est située à la sortie de Carlisle, juste au sud de la frontière écossaise. On y forme des pilotes de chasse. L'école est dirigée par un commandant de l'armée de l'air irakienne. Nous voulons en savoir le plus possible sur lui.

Le week-end suivant, je pris le train pour Carlisle, une ville froide et lugubre. Une Mini Austin faisait office de taxi local. Je demandai au chauffeur de me conduire à l'école de pilotage.

— Je ne connais pas l'adresse exacte, dis-je.

— Pas besoin, mon gars, répondit-il joyeusement. Tout le monde par ici sait où sont vos potes.

Il m'emmena à un petit aéroport à la périphérie de la ville, et j'entrai dans ce qui devait être le bâtiment administratif principal, en réalité une simple baraque.

Un jeune Anglais assis derrière un comptoir m'accueillit.

— Vous désirez ?

— J'appartiens à l'ambassade d'Irak, dis-je en lui montrant mon passeport diplomatique. Je viens voir un ami.

J'inventai un nom.

Un des officiers entra au même moment ; il me salua en arabe.

— Ce nom ne me dit rien, déclara-t-il d'un ton aimable, mais peut-être fait-il partie d'un autre groupe. Venez avec moi au mess des officiers, on demandera si quelqu'un le connaît. Hélas, le commandant est à l'ambassade aujourd'hui.

Il me précéda dans la cour vers la masse grise des baraquements.

A l'intérieur, nous trouvâmes quatre officiers installés dans un salon confortable. Tous me saluèrent de façon plutôt amicale, y compris le commandant en second qui, bien entendu, ne connaissait pas mon ami. Il m'invita à boire un thé avec eux.

L'absence du commandant était une sacrée chance. Il est toujours plus facile et plus rapide d'apprendre des choses sur un individu en interrogeant les autres. En outre, il s'avéra que le commandant en second avait une dent contre son supérieur ; ce dernier représentait, semble-t-il, un obstacle à ses ambitions. A vrai dire, les cinq hommes ne se firent pas prier pour critiquer leur chef.

— Vous devriez faire état de notre problème à l'ambassade, dit le numéro deux. C'est n'importe quoi ici.

— Le commandant ne s'intéresse qu'à l'alcool et aux femmes, et rien n'est fait correctement, renchérit un autre. Les gars n'exécutent que la moitié de leur travail. Ce n'est pas une façon de former des pilotes.

— Je croyais que le commandant était un vrai héros, dis-je.

— Était, comme vous dites. C'est du passé.

— Il faudrait le sermonner, insista le commandant en second.

— Est-ce vraiment important ? demandai-je. Après tout, je croyais que c'étaient les instructeurs anglais qui se chargeaient de la formation des pilotes.

— Sans les Britanniques, tout irait de travers, murmura un des officiers.

Une fois de plus, je me demandai comment les Anglais, les Américains et les autres puissances occidentales pouvaient être aveugles à ce point. Au Moyen-Orient, nous avons un proverbe qui dit : « Ne méprise pas les serpents parce qu'ils n'ont pas les cornes du dragon. » Ça signifie, ne les sous-estimez pas, sinon ils deviendront à leur tour des dragons et cracheront le feu. Les nations occidentales ne voyaient-elles pas qu'elles aidaient le serpent irakien à devenir un énorme dragon doté de cornes et d'une force aérienne ?

Pas étonnant dans ces conditions que de nombreux Arabes – et aussi des Occidentaux – aient le sentiment d'une collaboration cynique entre les gouvernements et les marchands d'armes. L'industrie de l'armement engrangeait d'énormes profits en entretenant les conflits au Moyen-Orient. Les Américains, les Soviétiques, les Britanniques, les Allemands, les Français, et même les Chinois, attisaient les foyers qui déjà ravageaient les prétendues terres saintes. Ces conflits et ces rivalités étaient apparus chez nous des siècles auparavant. La puissance destructrice provenait de l'ingérence des super-puissances et des marchands d'armes.

Israël était également de la partie. Et, comme tous les autres, les

Israéliens jouaient le jeu dans leur propre intérêt. Présentement, l'intérêt d'Israël était d'avoir le maximum de renseignements sur la puissance aérienne de l'Irak. Morris et ses supérieurs tenaient à infiltrer une taupe dans l'armée de l'air irakienne, à n'importe quel prix. Le commandant aurait été l'instrument idéal : un héros de la guerre, plus au fait qu'un simple officier ; en outre, sa passion pour l'alcool et les femmes le rendait vulnérable. Hélas, les officiers m'apprirent qu'il s'apprêtait à partir en permission. Impossible dans ces conditions de monter immédiatement une opération de recrutement.

J'étais déçu. Le retournement du commandant aurait été un coup sévère porté à la machine de guerre de Saddam.

Je rentrai à Londres pour faire mon rapport. Morris partagea ma déception, mais il se montra philosophe.

— N'y retournez pas ; cela risquerait d'éveiller les soupçons. D'ailleurs, nous avons une autre mission pour vous.

Nous nous étions retrouvés pour déjeuner.

— Votre cible est un nommé Kamal Khatib, poursuivit Morris. Un personnage très influent. Il travaille actuellement à l'université de Loughborough près de Nottingham. En tant qu'ingénieur des ponts et chaussées, il participe à un des plus importants projets syriens : la construction de hangars souterrains destinés aux avions de chasse et aux bombardiers d'Asad.

Je sentis un frisson me parcourir l'échine. Celui qui collaborait à un projet militaire aussi important n'était pas un imbécile. Pour la première fois j'éprouvai un sentiment de peur. Des rumeurs concernant ces hangars souterrains circulaient déjà en Irak. Hafiz al-Asad, le président syrien, n'était pas le seul à en construire. Saddam faisait de même.

Ces hangars invisibles ressemblaient à des sortes de porte-avions sur plusieurs niveaux avec des ascenseurs hydrauliques destinés à faire monter ou descendre les jets. Les Irakiens tentaient également de surmonter les difficultés posées par l'installation de pistes souterraines qui permettraient à un avion de décoller sans être vu.

La raison de ces projets était simple : tous les dirigeants arabes avaient encore en mémoire le raid israélien qui, en 1967, avait détruit la flotte aérienne égyptienne avant même qu'elle n'eût le temps de quitter le sol.

En cas de conflit, n'importe quelle puissance cherchait d'abord à détruire la force aérienne de l'adversaire : dans les guerres modernes, c'est le meilleur moyen de contrôler le champ de bataille. Voilà pourquoi les Israéliens tenaient absolument à découvrir les emplacements et les défauts de ces hangars.

Je pris le train pour Loughborough. Arrivé à la vieille gare, je trouvai un taxi qui m'amena au meilleur hôtel de la ville. Je passai une nuit très agitée. Dès le lendemain matin, je me fis conduire à l'université.

Je me rendis dans les bureaux administratifs et expliquai à l'employée du service des inscriptions que je cherchais un ami arabe nommé Kamal Khatib. Après avoir interrogé son ordinateur, elle me dit que ce n'était pas un étudiant de licence. J'avais une chance de le trouver dans la section des troisièmes cycles. Elle m'envoya dans un autre bâtiment. Là, je m'adressai au secrétariat ; Khatib était effectivement inscrit chez eux.

— Il est peut-être au laboratoire, me dit la secrétaire.

Je dénichai rapidement le grand laboratoire où les étudiants faisaient des expériences sur la résistance des matériaux et le béton précontraint.

— Kamal n'est pas là pour l'instant, me dit aimablement l'Anglais auquel je m'étais adressé. C'est un type super. Excellent ingénieur. Je parie que vous êtes de sa famille. Eh bien, vous pouvez être fier du travail qu'il effectue ici.

Il bavarda un instant, persuadé qu'une personne qui en cherche une autre ne peut être qu'un ami. Il me donna l'adresse de Khatib.

Je rentrai à l'hôtel et téléphonai à Morris.

— Allez le voir ce soir chez lui, m'ordonna-t-il.

La nuit était tombée lorsque j'arrivai au petit lotissement où habitait Khatib. Je descendis du taxi à bonne distance de la maison et marchai jusqu'à la porte du jardin. Le froid était mordant. Un peu plus loin dans la rue, je remarquai deux hommes assis dans une Toyota bleue. Les phares étaient éteints, je n'entendais pas le moteur.

Je m'immobilisai, paralysé. J'avais envie de prendre mes jambes à mon cou, mais en m'enfuyant j'aurais éveillé les soupçons. Alors, le cœur battant, j'ouvris la porte du jardin, avançai jusqu'à la maison et pressai la sonnette. La porte s'ouvrit, et un type costaud apparut. Même en peignoir, Khatib réussissait à être impressionnant.

— Désolé de vous déranger, bafouillai-je. Monsieur Khatib ?

— C'est à quel sujet ?

— Je m'appelle Hussein. Un ami commun m'a conseillé de venir vous voir.

Il recula, me pria de ne pas rester dans le froid et me fit pénétrer dans un petit vestibule donnant sur le salon, en haut d'une volée de marches. J'étais à la fois soulagé d'être parvenu jusque-là et plus terrifié que jamais à l'idée d'être découvert. Je me voyais déjà ligoté sur un grand fauteuil...

Cet ami commun, bien entendu, était le fruit de mon imagination. Je l'avais baptisé Jabir et lui avais fait écrire une lettre dans laquelle il espérait que son vieil ami Khatib aiderait son jeune ami Hussein à s'installer à Loughborough. Je misais sur la vanité naturelle des Arabes qui interdirait à Khatib d'avouer qu'il ne connaissait aucun Jabir.

— Je ne connais aucun Jabir, dit-il pourtant en décachetant ma lettre d'un air méfiant.

Pendant qu'il la lisait, je pouvais presque entendre tourner les rouages de sa pensée.

— Je ne le connais pas et je ne sais pas qui vous êtes.

Il replia la lettre et la garda dans son énorme main.

— J'ai dû me tromper d'adresse. Il doit s'agir d'un autre Khatib, dis-je pitoyablement. Désolé de vous avoir dérangé. Je vais vous laisser...

Je sortis de la pièce, redescendis les marches et franchis la porte d'entrée, en m'obligeant à marcher d'un pas lent et nonchalant, alors que je mourais d'envie de m'enfuir. Allait-il faire signe aux hommes assis dans la voiture ? Allaient-ils m'appréhender ? Ou bien étaient-ce des agents du Mossad chargés de me surveiller ?

Je scrutai la rue d'un bout à l'autre. Personne. Et aucun taxi. Je m'éloignai à grands pas. J'aperçus un pub. J'entrai boire un verre. Légèrement remis de mes émotions, je retournai à la gare et sautai dans le dernier train pour Londres.

En sécurité dans ma chambre d'hôtel, je pris une douche chaude en essayant de me calmer. Je passai une nuit agitée, et le lendemain, j'errai à travers les rues dans un brouillard d'angoisse, en songeant à Khatib et aux risques effroyables que j'encourais. Jusqu'alors, le danger n'était qu'une sorte d'idée abstraite. Désormais, il paraissait beaucoup plus réel.

6

« QUELQU'UN ARRIVE DE BAGDAD »

J'avais le sentiment que le Mossad me testait en permanence, tout en me gardant en réserve pour quelque chose de plus important. Selon toute vraisemblance, en tant que fils d'un haut diplomate irakien, j'étais destiné à devenir une taupe dont on pourrait se servir au moment le plus favorable.

Mon père allait bientôt être envoyé à New York en qualité d'ambassadeur d'Irak auprès des Nations unies. J'en avais déjà informé le Mossad, et Morris m'avait clairement expliqué qu'il n'était pas question que je travaille pour eux aux États-Unis. « Nous n'avons pas le droit d'opérer sur le sol américain », m'avait-il dit. Je le rencontrai peu après mon fiasco dans l'opération Khatib.

— Pour l'instant, concentrez-vous sur vos études, me dit-il. Ensuite, nous voulons que vous retourniez à Bruxelles pour les vacances. Il marqua une pause avant d'ajouter : Voyez si votre père peut vous trouver un emploi à l'ambassade de Londres. Pas un poste important, de l'archivage ou quelque chose comme ça.

Cette idée me fit froid dans le dos. En apprenant que son fils, farouche adversaire du Baath, désirait du jour au lendemain travailler parmi les fidèles robots de Saddam, mon père ne manquerait pas de nourrir des soupçons. En dépit de ce que Morris et Yusef savaient de mes rapports avec mon père, ils semblaient ne pas avoir conscience du caractère incongru de cette requête. Peut-être pensaient-ils que j'avais exagéré.

— Mon père ne me fait pas confiance. Si je demande à travailler à l'ambassade, il va se méfier... même si je demande à astiquer les parquets.

Morris ne se laissa pas démonter.

— Écoutez, vous devez rester en Angleterre pour terminer vos études. Et il est important que vous ayez un pied dans l'ambassade d'Irak à Londres. Essayez...

J'estimais que le Mossad avait fait preuve de négligence dans l'affaire Khatib, ou tout du moins, que le plan destiné à son recrutement avait été bâclé. Cette nouvelle mission indiquait que le Mossad agissait de plus en plus à la légère. De toute évidence, il ne connaissait pas aussi bien l'adversaire que je l'avais cru tout d'abord. Leur plan comportait un risque énorme ; j'avais toutes les chances d'être découvert. D'un autre côté, je désirais tant me venger de mon père et voir Saddam renversé que j'acceptai.

Pris dans ce tourbillon émotionnel, c'est un miracle si je parvins à me concentrer pour mes examens. J'échouai uniquement à celui portant sur les circuits électriques, je devrais le repasser à la session de septembre.

La maison qu'habitaient mes parents à Bruxelles possédait un solarium vitré qui donnait sur la piscine et le jardin. C'est là que j'abordai la question.

— Pourquoi veux-tu travailler à l'ambassade tout à coup ? me demanda mon père, furieux.

— J'ai besoin d'argent, bafouillai-je. La vie est devenue chère en Angleterre.

— Je te donne déjà plus qu'il ne t'en faut ! rugit-il.

— Ça me serait bénéfique. Et le personnel de l'ambassade apprécierait, bredouillai-je.

Mon père me regarda fixement. Puis il pivota sur ses talons et s'en alla ; je compris que son départ brutal n'annonçait rien de bon.

Ma mère resta assise sans bouger ; elle me regardait d'un air inquiet.

— Tu essaieras de le convaincre ? lui demandai-je.

Je sentais que mon désir de trouver un travail à Londres ne la réjouissait pas plus que mon père. Mais pour d'autres raisons. Ma mère désapprouvait ma façon de vivre. Elle croyait que je voulais davantage d'argent uniquement pour mener une existence de play-boy.

— Mais pourquoi faut-il que tu vives de cette manière ? fit-elle.

Malgré tout, elle alla trouver mon père et plaida ma cause. Il s'ensuivit une violente dispute. Quelques jours plus tard, elle aborda de nouveau le sujet avec moi.

— Pourquoi veux-tu travailler à l'ambassade ? Est-ce vraiment pour travailler ou pour autre chose ?

Je compris que mon père l'avait chargée de me questionner, mais je la laissai poursuivre.

— Tu t'es toujours disputé avec ton père à propos du Baath, de Saddam, de tout le reste.

Elle était affolée. Je lisais la peur dans son regard.

— Il a fouillé tes vêtements, ta chambre, tes papiers.

Je me sentis devenir livide. J'avais laissé dans ma commode un cahier avec des numéros de téléphone codé. Le code était simple.

Ma pauvre mère était presque hystérique, bien qu'elle ignorât tout de mes activités.

— Je t'en supplie, dis-moi que tu ne travailles pas pour les Iraniens !

Soulagé, je faillis éclater de rire.

— Non, non, maman. Pourquoi ferais-je une chose aussi insensée ? Calme-toi, tu t'inquiètes pour rien.

Mon soulagement fut de courte durée. Ses paroles suivantes me glacèrent le sang.

— Ton père m'a dit que quelqu'un allait venir exprès de Bagdad pour te voir.

Incapable de dormir, je restai assis dans l'obscurité de ma chambre toute la nuit. Je ne pouvais même pas m'allonger. J'avais peur de fermer les yeux. Je ne pensais qu'à une seule chose : qui était envoyé par Bagdad ? Un tueur ? L'Estikhbarat ? Un menuisier peut-être, pour me construire une caisse.

Je devais réfléchir. Je devais établir une sorte de plan.

Le matin, je conclus que j'avais trois possibilités. Je pouvais essayer de fuir, et me faire prendre inévitablement. Je pouvais contacter le Mossad et réclamer son secours. Mais si j'avais vraiment été découvert, je ne lui étais plus d'aucune utilité, et je doutais de pouvoir compter sur son aide. Ou alors, je pouvais tenter un coup aussi monstrueux que dangereux. J'optai pour ce dernier.

J'appelai le chauffeur et lui demandai de me conduire à l'ambassade d'Irak. Je me rendis directement au bureau de l'agent du Mukhabarat détaché à l'ambassade, un individu débonnaire nommé Muhammed Salman.

— J'ai quelque chose à vous apprendre, dis-je. Je veux que vous en informiez immédiatement Bagdad sans passer par mon père.

Salman me jeta un regard indifférent, mais lorsque j'entamai mon récit, son expression se modifia radicalement. Et lorsque j'avouai enfin : « Je travaille pour le Mossad », son visage blêmit.

— Le contact s'est fait par l'intermédiaire d'une amie, poursuivis-je. J'ignorais que c'étaient des Israéliens et à plus forte raison qu'ils travaillaient pour le Mossad. (C'était un mensonge, même si une partie de ce que je lui racontai était vrai.) Ils m'ont demandé de leur fournir des renseignements sur l'ambassade. Des petites choses sans importance, vraiment. Ils voulaient connaître le montant des salaires, le nom de l'opérateur télex. J'étais très bien payé.

Salman restait muet.

— J'ai rapidement découvert à qui j'avais affaire, repris-je, mais j'étais déjà habitué à l'argent et aux filles. De plus, ils me tenaient, pas vrai ?

C'était une histoire insensée. Mais je connaissais la mentalité de mes compatriotes. Je savais que ma seule chance était d'aller à eux avant qu'ils ne viennent à moi. Au culot.

Salman parvint à se ressaisir suffisamment pour exiger quelques précisions. Il ne savait pas par où commencer.

— Racontez-moi tout, bredouilla-t-il.

Je décidai de ne rien lui cacher. Je lui donnai des noms de personnes et de lieux, en commençant par les planques du Fatah pour finir par Khatib et les hangars souterrains. Chacune de mes paroles pouvait sceller mon destin. Une seule erreur et j'étais un homme mort.

— Je veux en finir, dis-je d'un ton désespéré.

Il n'est pas facile pour un observateur étranger de saisir l'énormité de mon crime sous le régime de Saddam et le châtiment qui m'attendait. Un Irakien travaillant pour le Mossad, c'était comme un juif qui aurait travaillé pour la Gestapo, peut-être même pire.

En poursuivant ma confession, je constatai que Salman était sérieusement ébranlé. Ce genre de catastrophe pouvait lui coûter la vie ; on l'accuserait d'avoir abrité le diable sous son aile.

— Je vais informer Bagdad, déclara-t-il d'une voix rauque.

Le lendemain, c'était le 17 juillet, jour de la réception annuelle organisée par l'ambassade pour commémorer la victoire de la révolution baassiste. Habillés pour la circonstance, les diplomates, journalistes et politiciens habituels se retrouvèrent à l'hôtel Méridien. J'aurais préféré rester dans ma chambre, mais la présence du fils de l'ambassadeur était indispensable. Je dénichai un petit coin tranquille près du buffet. Un jeune employé de l'ambassade s'approcha de moi.

— Vous voyez ce type là-bas, dit-il en désignant un grand blond près de la porte. Il vient d'arriver de Bagdad. Puis il se pencha à mon oreille et chuchota d'un ton dramatique : Mukhabarat.

Salman et l'homme de Bagdad discutaient à voix basse.

Il existe en Irak une tribu de bédouins dont les membres sont blonds et de type aryen. On les confond si aisément avec des Occidentaux que nombre d'entre eux sont recrutés par le Mukhabarat. Ils comptent parmi les plus fidèles partisans de Saddam. Cet homme était l'un d'eux.

En l'observant, je compris qu'il était venu pour moi. Mais la situation s'était inversée ; ma confession inattendue avait modifié la nature de sa mission. Il ne chercha pas à m'aborder.

Le lendemain, Salman m'annonça qu'il avait reçu des instructions me concernant : je devais rentrer à Bagdad. Il me tendit un billet d'avion portant un faux nom. Mauvais signe. Cela signifiait que le Mukhabarat ne voulait laisser aucune trace de mon voyage dans les registres de la compagnie aérienne. Il ne risquait rien, car ma carte d'identité diplomatique représentait mon laissez-passer pour tous les points de contrôle. Grâce à elle, je pouvais embarquer à bord de n'importe quel avion sans avoir à montrer de billet. Personne ne me poserait de question.

Lorsque j'annonçai à mon père que j'étais convoqué à Bagdad, il réagit avec colère et perplexité. Généralement, il était le premier informé, mais dans cette affaire, on l'avait visiblement tenu à l'écart. Il exigea d'en savoir plus.

— Pourquoi veulent-ils que tu rentres à Bagdad ?

— Ça concerne le parti, répondis-je vaguement. Salman t'expliquera.

J'ignorais ce que lui raconterait Salman. A la suite de ma confession, celui-ci se trouvait dans une position délicate.

Le 19 juillet, ils m'accompagnèrent tous deux à l'aéroport. Mon père demeura silencieux pendant tout le trajet. Je savais qu'il avait peur. J'avais peur moi aussi. Peur pour ma vie. Lui, craignait de perdre sa position et son prestige. A l'aéroport, il joua les pères prévenants : il me demanda si je n'avais besoin de rien et me proposa même de l'argent. Cette comédie était destinée à Salman.

LE CERCLE DE LA PEUR

J'embarquai à bord d'un appareil de la Sabena à destination d'Amsterdam. De là, je pris un avion d'Iraqui Airways pour Bagdad. Grâce à la méthode employée, personne à part mes parents et Salman ne savait que j'avais quitté Bruxelles. C'était comme si je n'existais pas. J'aurais pu tout aussi bien voyager enfermé dans une des caisses de la valise diplomatique.

Arrivé à l'aéroport Saddam, j'attendis humblement qu'on vienne me chercher. Je savais que je n'avais plus la situation en main. Curieusement, personne ne se présenta. Toujours aussi inquiet, je regardai autour de moi et m'obligeai à avancer. Tout mon plan reposait sur ma confession et mon retour volontaires.

Soudain, j'aperçus deux agents de la sécurité. Je me dirigeai vers eux et leur demandai s'ils savaient où étaient les hommes du Mukhabarat censés m'accueillir. Ils me répondirent sèchement qu'ils appartenaient à l'Estikhbarat.

— Les agents du Mukhabarat sont en bas.

Je partis donc à leur recherche, mais je me perdis. L'aéroport avait été construit durant mon absence.

Avisant finalement un homme muni d'un badge, je lui demandai s'il avait aperçu les agents du Mukhabarat. Je n'arrivais pas à y croire. Voilà que je cherchais désespérément mes geôliers!

Soudain, j'entendis derrière moi un homme s'adresser vivement à quelqu'un :

— Fichez le camp d'ici!

— Tout de suite, monsieur! répondit l'interpellé.

Je me retournai et me trouvai face à l'agent blond du Mukhabarat que j'avais vu à Bruxelles.

— Bonjour, dit-il. Vous avez fait bon voyage?

Sans attendre de réponse à cette question absurde et déplacée, il me demanda de sortir mon passeport. Puis il me fit franchir la douane.

— Je m'appelle Khaled, dit-il en chemin.

Il avait à peu près ma taille – 1, 75 m – et était habillé de manière décontractée. Un laissez-passer des services de sécurité de l'aéroport était épinglé à sa poche. Nous allâmes récupérer mes bagages.

Un autre homme jeune nous rejoignit. Vêtu d'un costume beige, l'air nonchalant, il ressemblait à une vedette de cinéma américain.

— Salut, dit-il, je m'appelle Jamal. Ravi de vous connaître.

Nous montâmes à bord d'une petite Mitsubishi garée devant l'aéroport. Jamal s'installa au volant et Khaled s'assit à ses côtés. Je pris place à l'arrière.

Ils ôtèrent leurs badges de l'aéroport ; Khaled me confisqua mon passeport. Officiellement, je n'avais jamais quitté Bruxelles, et voilà que je n'avais plus de passeport. Nerveux comme je l'étais, l'attitude chaleureuse de mes nouveaux compagnons me réconfortait.

Le trajet entre l'aéroport et le centre-ville avait quelque chose d'irréel. Tant de choses avaient changé à Bagdad depuis mon départ pour le Zimbabwe en 1982. (En 1983, j'étais allé directement du Zimbabwe en Angleterre.) Un grand mur de béton longeait le côté droit de la route. Je demandai de quoi il s'agissait.

— C'est une des résidences privées de Son Excellence Saddam Hussein, répondit Khaled.

En réalité, comme je l'appris par la suite, il s'agissait du palais de Saddam. Cet endroit extraordinaire avait été conçu comme une forteresse où il pouvait venir se reposer durant ses loisirs ou se réfugier en cas de guerre, nucléaire ou autre. Les murs mesuraient environ 4 mètres d'épaisseur, et la majeure partie du palais était enterrée. Ce complexe, en principe prévu pour résister à tout, avait la forme d'une ancre de marine pour empêcher les avions ennemis de le détruire en un seul survol.

Nous déposâmes Khaled au quartier général du Mukhabarat. Les piétons évitaient de longer ce bâtiment aux murs hauts, munis de barreaux. Quand les gens passaient devant en voiture, les conversations se transformaient aussitôt en murmures. Dans l'obscurité, on ne distinguait pas grand-chose de cet endroit, juste la silhouette inquiétante d'un grand bâtiment blanc.

Je pris place à l'avant du véhicule. Jamal déclara qu'il me conduisait chez moi. Qu'allaient-ils faire de moi? Est-ce qu'ils jouaient au chat et à la souris pour me torturer?

En chemin, Jamal m'apprit qu'il était officier et qu'il enseignait à l'école de sécurité nationale, là où l'on formait les meilleurs éléments du Mukhabarat, ceux qui deviendraient officiers. Mais à ce moment-là, je ne voulais pas entendre parler du Mukhabarat. En constatant qu'on ne me conduisait pas au quartier général de la police secrète, ma peur s'était atténuée, remplacée par une profonde lassitude. Arrivé devant chez moi, je bondis hors de la voiture, gravis en courant les marches du perron et frappai violemment à la porte en criant « Bibi! Bibi! »

Ma grand-mère vint ouvrir. En m'apercevant, son visage s'éclaira.

— Oh, mon Dieu! C'est bien toi? Entre, entre.

— Je passerai vous chercher à 9 heures, me lança Jamal, et il repartit.

Il était 3 heures du matin. J'étais de retour chez moi à Bagdad, dans l'antre du dragon. Bibi avait des milliers de questions à me poser. Pourquoi étais-je revenu? Avais-je des problèmes avec mes études? Avec mon père? Mais j'étais trop fatigué pour répondre. Je la priai de m'excuser et montai me coucher.

Le lendemain matin, Jamal se montra tout aussi bavard que le soir précédent. Cette fois, tandis que nous roulions dans la rue Felastin en direction du quartier général du Mukhabarat, il me parla des prostituées, des drogués et des homosexuels. Il se comportait comme si nous étions deux copains de bistrot. Je savais qu'il me testait ; il surveillait mes réactions.

Arrivé à l'entrée principale du siège du Mukhabarat, il arrêta la voiture, montra sa carte d'identité et la grille s'ouvrit. Je regardai autour de moi, curieux malgré la peur qui m'habitait. Un petit cours d'eau traversait cette place fortifiée et, de l'autre côté, se dressaient des rangées de maisons, comme dans n'importe quel quartier. Mais les rues étaient barrées. Puis, soudain, je compris qu'il s'agissait d'un ancien quartier de Bagdad, aujourd'hui réquisitionné.

Nous roulâmes vers le grand bâtiment blanc que j'avais entraperçu la nuit précédente. Nous descendîmes de voiture et remontâmes le long chemin qui menait à l'entrée, où l'on nous fit passer sous un détecteur de métaux. Un garde nous fouilla. Puis Jamal me laissa entre les mains de Khaled.

Ce dernier m'entraîna dans le couloir principal. Sur la droite, j'aperçus une grande salle de réunion et sur la gauche, d'autres salles semblables mais plus petites, chacune meublée d'un canapé, d'une table et de chaises. Nous entrâmes dans une de ces pièces et attendîmes en silence pendant cinq minutes, au cours desquelles mon inquiétude ne fit que croître.

Soudain, la porte s'ouvrit, et Khaled se mit au garde-à-vous. Un petit homme chauve et laid, ressemblant à un gorille, entra d'un pas énergique. Mon cœur se serra.

— Vous êtes Hussein ? grogna le « gorille ».
— Oui, monsieur.
— Asseyez-vous.

Il prit place derrière la table sans me quitter des yeux.

— Nous aurions préféré en finir autrement avec vous, déclara-t-il d'un ton neutre.

J'étais paralysé. Que voulait-il dire ?

— Mais vous êtes venu à nous avant qu'on ne vienne à vous, reprit-il. Maintenant, vous allez collaborer avec nous.

Voulait-il dire qu'il aurait été plus simple de me tuer avant ma confession ? Ou bien, maintenant que j'avais avoué, qu'il était possible d'envisager une autre solution ? Je m'accrochais à cet espoir.

Le « gorille » se nommait Radhi. Il ne portait pas l'uniforme, mais, de toute évidence, il occupait un rang élevé dans la hiérarchie du Mukhabarat.

Il se tourna vers Khaled :

— Vous allez l'interroger. Et vous, ajouta-t-il en portant son regard sur moi, vous répondrez à toutes ses questions. Ensuite, nous verrons ce que nous pouvons faire de vous.

Sur ce, il s'en alla, et Khaled commença à me poser des questions, identiques à celles de Salman à Bruxelles. Je savais que ce dernier avait tout enregistré, je devais donc tenir le même discours. Khaled voulait tout savoir sur le Mossad : Comment exerçait-il sa surveillance ? A quoi ressemblaient les officiers ? Comment se comportaient-ils ? Il voulait connaître mes sentiments, mes observations, mon opinion. L'interrogatoire dura huit heures.

Je ne commis qu'une seule erreur : j'expliquai qu'à mon avis Morris était un homme très intelligent.

— Pourquoi ? Vous voulez dire que vous l'aimez bien ?

J'avais envie de me gifler. S'il y a une chose que ne doit jamais faire un Irakien, c'est d'émettre le moindre jugement positif sur l'ennemi sioniste. Si le Mukhabarat découvrait que je n'avais pas été piégé, mais que j'étais allé trouver les Israéliens de mon plein gré, que j'avais réellement éprouvé de l'admiration pour certaines de leurs compétences, j'étais condamné à une mort certaine... et lente.

« Heureusement, songeai-je pour essayer de chasser la peur de mon esprit, je suis protégé par l'aspect totalement invraisemblable de mon acte. » Un Irakien croirait aisément que j'avais pu succomber à l'attrait de l'argent, des femmes et de la grande vie. Mais aucun ne pourrait croire que j'avais volontairement offert mes services à l'ennemi absolu.

Le lendemain, Jamal revint me chercher pour me conduire au quartier général, dans la même pièce. Et là, il me posa les mêmes questions que Khaled. Paradoxalement, je trouvais cela plutôt rassurant. S'ils avaient eu l'intention de me tuer, ils n'auraient pas perdu tout ce temps. Je devinais qu'ils voulaient exploiter au maximum ma connaissance des Israéliens.

Khaled nous rejoignit en fin de journée.

— Nous ne vous embêterons plus avec tout ça, dit-il. A partir de maintenant, vous êtes notre invité.

Et, chose parfaitement inattendue, nous partîmes tous les trois pour une virée en ville. Ils m'emmenèrent dans un cabaret nommé « Les 1001 Nuits » à l'intérieur de l'hôtel Al Rashid, un palace de marbre blanc tape-à-l'œil, construit à l'occasion d'une foire internationale qui n'avait jamais eu lieu à cause de la guerre contre l'Iran. L'orchestre jouait un mélange d'anciennes mélodies folkloriques, de disco pour les clients qui souhaitaient danser, et des chansons irakiennes récentes telles que *Bienvenue au chevalier du désert*, toutes à la gloire de Saddam.

Tandis que la musique beuglait, Khaled et Jamal essayaient de me faire le coup des copains de bordée. Ils me parlèrent de leurs stages d'entraînement à Rome et à Genève. J'ignorais ce qu'ils cherchaient à savoir exactement. Ce fut une curieuse soirée.

Je finissais de dîner chez moi le lendemain quand Khaled téléphona.

— On a besoin de vous, dit-il. Je passe vous prendre.

Je me demandai quelle joyeuse surprise ils me réservaient. Nous nous rendîmes au siège du Mukhabarat, dans un grand bâtiment moderne.

A l'intérieur, toutes les portes étaient en verre et les sols en marbre. Nous pénétrâmes dans une pièce où deux hommes se tenaient devant un immense tableau représentant la mer et les montagnes. Khaled se mit au garde-à-vous et les salua. L'un d'eux était Radhi, le « gorille ». Le second, un quinquagénaire, avait l'air docte et portait des lunettes.

— Vous avez commis une erreur, déclara ce dernier sans préambule. Pourquoi avez-vous dit que cet agent israélien, ce Morris, était un homme intelligent ?

Mon sang se glaça.

— Êtes-vous un traître ? demanda-t-il, avant d'enchaîner sans même me laisser le temps de répondre. (Ses questions étaient de pure forme.) Oui, vous en êtes un. Avez-vous collaboré avec l'ennemi ? Avez-vous tenté de renverser le gouvernement de Son Excellence ? Oui. Des gens ont-ils déjà été exécutés pour cela ? Oui, beaucoup l'ont été pour moins que ça. Votre tour viendra.

Il prononça cette dernière phrase d'une voix traînante. Pour la première fois de ma vie d'adulte, j'éclatai en sanglots.

Je déteste pleurer. Mais j'étais incapable de m'en empêcher. Ils allaient me tuer. Leur apparente camaraderie n'était donc qu'une farce cruelle.

— Je n'ai jamais connu un cas pareil, reprit avec colère l'homme aux lunettes. Mais votre père est l'un des nôtres, il ne nous appartient donc pas de prendre la décision finale. Nous allons en référer à Son Excellence, Saddam.

Une grâce ! Je n'arrivais pas à y croire. La position de mon père m'avait permis d'échapper au jugement final.

De toute évidence, mes procureurs étaient furieux que j'aie anticipé leur attaque, les mettant ainsi dans cette situation délicate. A cause de « ma confession et de mon repentir », ainsi que du statut de mon père, ils étaient contraints de gracier un agent du Mossad.

— Nous vous offrons une chance sans précédent. Vous allez rentrer en Angleterre. Nous vous contacterons là-bas.

L'homme ne prononça pas les mots « agent double », mais je compris ce que signifiait cette chance inespérée dont il parlait.

— Vous faites partie du cercle, maintenant, déclara Radhi d'un ton glacial où l'on sentait poindre la menace. Celui qui y entre n'en ressort jamais plus.

A 7 heures le lendemain matin, Khaled me conduisit à l'aéroport. Comme le jour de mon arrivée, nous évitâmes tous les contrôles. Il m'accompagna à bord de l'avion, et ne redescendit qu'au dernier moment.

Mon père m'attendait à Bruxelles. Je l'aperçus à la sortie des passagers, l'air à la fois intrigué et soulagé. Je ne l'avais jamais vu sous ce jour.

— Alors, que s'est-il passé ? grogna-t-il lorsque nous fûmes dans la voiture.

Je lui répondis que je n'avais pas le droit d'en parler, ordre de l'Amn, la police secrète. Puis nous n'échangeâmes plus un mot.

A la maison, ma mère préparait le grand déménagement pour les Nations unies à New York. Elle aussi était curieuse de savoir ce qui s'était passé, mais elle ne posa aucune question. Elle était heureuse de me revoir.

Puis nous partîmes aux États-Unis pour les vacances. Mes nouveaux maîtres du Mukhabarat m'avaient demandé de suivre mon père lorsqu'il prendrait ses nouvelles fonctions et, le moment venu, de retourner étudier en Angleterre. « Nous vous contacterons là-bas », avaient-ils promis.

Manhattan me donna le vertige. Je ne comprenais pas comment des gens pouvaient vivre et travailler au milieu de cette masse de gratte-ciel. Il me fallut un certain temps pour apprécier le dynamisme de New York.

Comme toujours, nous vivions dans un cocon, en l'occurrence un luxueux appartement du Waldorf-Astoria qui devait coûter au moins 2 000 dollars par jour.

Si j'avais besoin d'une chose particulière, Yassin était toujours là. Membre de la mission irakienne auprès des Nations unies, il était notre combinard. Il pouvait tout se procurer, qu'il s'agisse d'un passeport américain, d'un permis de travail, d'armes automatiques ou de cocaïne pour une soirée. Un permis de travail coûtait 7 000 dollars. J'eus envie d'un permis de conduire sans être obligé de passer l'examen. Cela me coûta 300 dollars.

Depuis que j'avais quitté Morris au début juillet pour me rendre à Bruxelles, je n'avais plus eu aucun contact avec le Mossad. Sachant que je devais accompagner ma famille à New York, ils avaient cessé de compter sur ma collaboration pour quelque temps. Ne voulant pas que je travaille pour eux sur le territoire américain, je supposais qu'ils attendaient mon retour en Angleterre. Mais ils ne savaient rien, du moins l'espérais-je, de ma disparition de cinq jours.

A la mi-août, mon père fut convoqué à Bagdad. A la même époque, je retournai en Angleterre pour repasser l'examen auquel j'avais échoué. Compte tenu de la confusion qui régnait alors dans mon esprit, je ne sais pas comment je fis pour le réussir.

Pour commencer, il y avait le problème de ma collaboration avec le Da'wah pour le compte d'Auda Sultan et du Amn al-Hezib, l'organe de sécurité du parti. Alors que je me creusais la tête pour me sortir de ce pétrin, Auda Sultan me contacta. Bagdad lui avait appris qu'il ne s'occupait plus de moi. J'aurais un nouveau chef plus tard. Celui-ci s'appelait Razzouki. Le Mukhabarat l'avait certainement contacté.

Cette question étant réglée, mon gros problème restait le Mossad. De toute évidence, Bagdad souhaitait que je continue à travailler pour les Israéliens, en tant qu'agent double. Mais je ne pouvais pas comploter contre eux. En outre, si j'étais découvert, ils me tueraient.

La seule autre possibilité consistait à travailler comme agent triple pour les services secrets israéliens. Cette seule idée suffisait à vous couper le souffle : travailler pour le Mossad en tant qu'agent du Mukhabarat, et comme agent double contre le Mossad. Ce serait une occasion unique d'infiltrer le Mukhabarat pour le compte du Mossad tout en fournissant à mes maîtres irakiens de faux renseignements sur ce dernier.

C'était une idée fantasque de jeune homme, mais il n'en était pas question. Les Israéliens n'accepteraient jamais que je joue ce rôle délicat. Il serait beaucoup moins risqué pour eux de sauver les meubles et de me réduire au silence.

D'un autre côté, je pouvais difficilement refuser un ordre émanant de mes nouveaux chefs de Bagdad. Je devais donc trouver un moyen pour ne pas rester en Angleterre, et ainsi ne pas être obligé de trahir le Mossad. Une fois de plus, j'élaborai un plan farfelu : je décidai de me faire arrêter par la police anglaise.

C'était d'une simplicité enfantine. Je demandai à un camarade de voler la carte Visa de sa petite amie pour me la donner. J'attendis quelques jours, le temps qu'elle déclare le vol à la banque et à la police, puis je me rendis dans un magasin de luxe pour hommes et tentai d'effectuer un gros achat avec la carte en question.

Les policiers anglais m'appréhendèrent sans ménagement. Je fus conduit dans un vieux commissariat où l'on me fouilla, avant de me jeter dans une sorte de cachot.

Une femme vint m'interroger au sujet de mes moyens de subsistance, entre autres. Je lui mentis en racontant que ma famille ne m'envoyait que 200 dollars par mois, ce qui n'était pas suffisant pour vivre. Mais comme je m'étais préparé à quitter le pays, j'avais énormément de liquide sur moi, et bien entendu, elle voulut savoir d'où venait tout cet argent. Finalement, ils me relâchèrent. Je devais revenir le 28 septembre pour être jugé. Les documents qu'ils me firent signer stipulaient qu'en cas de condamnation, je serais expulsé.

Ces documents représentaient mon salut. Ils prouveraient au Mukhabarat que je ne pouvais plus résider en Angleterre et donc travailler pour eux au sein du Mossad. Évidemment, je ne me rendis jamais à mon procès.

7

LA LOI DE LA JUNGLE

Lorsque j'appelai mon père à New York pour lui expliquer que je devais quitter l'Angleterre à cause d'un problème avec la police, la fureur le saisit. Il savait déjà tout ce que le Mukhabarat savait.

— Espèce de petit salopard. On t'avait dit de rester en Angleterre ! beugla-t-il.

Et il raccrocha violemment.

A mon retour à la maison, il resta silencieux comme une tombe. Le lendemain, il demanda à ma mère de faire sortir tout le monde, il exigeait de rester seul avec son déloyal de fils.

— Alors, tu cherches à me détruire ? dit-il. A quoi est-ce que tu joues, hein ? Ils t'avaient demandé de rester en Angleterre ! Pour qui te prends-tu ? Mais ne t'en fais pas, je m'arrangerai pour qu'on te détruise avant que tu me détruises, petite ordure !

Cinq jours plus tard, je reçus un ordre présidentiel m'enjoignant de venir poursuivre mes études à Bagdad. Cet ordre me fut remis par le ministre des Affaires étrangères en personne, Tareq Aziz, en visite aux Nations unies pour une session consacrée à la guerre Iran-Irak.

Nous étions en octobre 1985 et cette guerre durait depuis cinq ans. L'Irak essayait de mettre fin au conflit depuis que Saddam s'était aperçu, quatre ans plus tôt, que c'était une cause perdue.

Je devais rentrer en Irak à bord du boeing 747 gouvernemental de Tareq Aziz.

S'agissant d'un vol diplomatique, les seuls contrôles auxquels nous dûmes nous soumettre étaient irakiens. Tous les passagers qui empruntent ce genre de vols entrent et sortent des États-Unis sans visa ni autre formalité. L'avion attendait sur une zone réservée de la piste. Il nous suffisait de franchir les portes du terminal et de monter à bord. Plusieurs grands conteneurs étaient chargés dans la soute, et je me demandai ce qu'ils pouvaient receler. Nul ne vérifia nos identités ni nos sacs ni même les caisses. Nous aurions pu transporter n'importe quoi, des explosifs ou des cadavres.

La première classe méritait largement son nom : fauteuils confortables, mets et alcools excellents. La partie centrale de l'avion avait été aménagée en salle de réunion, alors que l'arrière ressemblait à n'importe quelle classe touriste.

Je pris place à l'avant de l'appareil avec quelques membres de la délégation de Tareq Aziz. Ils ne parlaient pas de la guerre avec l'Iran, mais de leurs bonnes affaires dans les magasins new-yorkais, ou regardaient les émissions de télévision américaines retransmises par satellite.

Lorsque l'avion se posa à Bagdad, j'eus l'impression d'entrer en prison pour y purger une très longue peine.

L'officier supérieur du Makteb al-Khas, le bureau privé du ministère des Affaires étrangères, était venu m'accueillir. C'était un homme sympathique ; il commanda des Coca pendant que nous attendions nos bagages. Pourtant il me faisait l'impression d'un geôlier.

Après qu'on m'eut déposé chez moi, je me laissai tomber sur mon lit, trop fatigué et déprimé pour parler à Bibi, qui avait pourtant une foule de questions à me poser. Je songeai : « Voici ma nouvelle vie. A l'intérieur du cercle. Prisonnier à l'intérieur du cercle. »

Personne ne vint me chercher durant les premiers jours. J'errais dans la ville, je buvais des cafés dans les bars, je regardais les vitrines avec indifférence.

Les commerçants bavardaient bruyamment avec les amis qui entraient les voir. Des hommes paressaient sur les trottoirs, à l'ombre des toits en saillie, et les arômes des épices orientales qui s'échappaient des restaurants parfumaient l'air. Les policiers et les agents de la sécurité étaient présents à tous les coins de rue. Comme la plupart des villes, Bagdad grouillait de vie, mais on n'y retrouvait pas la spontanéité anarchique d'autres capitales – Paris par exemple. La police avait réussi à bannir tout mystère.

Il régnait à la place un sentiment de sournoiserie et de trahison. Bagdad avait bien changé depuis mon enfance, ou peut-être étais-je en âge désormais de percevoir la réalité. Et cette réalité, c'était la loi de la jungle. Sous ce régime, personne ne faisait confiance à personne. La peur avait remplacé la confiance. Tout le monde dénonçait tout le monde, car si vous ne le faisiez pas, quelqu'un vous dénonçait pour ne pas avoir dénoncé. Quel que soit l'auteur du délit, réel ou imaginaire, qu'il soit ami ou ennemi, il était aussitôt dénoncé. On apprenait aux enfants à dénoncer leurs parents coupables de la moindre critique à l'égard du gouvernement. Des frères s'entretuaient. Les gens abusaient de petits privilèges pour en acquérir de plus grands. Des policiers corrompus extorquaient de l'argent aux automobilistes. Le marché noir était florissant.

Les jours passaient et personne ne venait me chercher, j'étais de plus en plus nerveux. Finalement, je pris un taxi pour me rendre au quartier général du Mukhabarat et là, je demandai au garde de l'entrée à voir Radhi – le « gorille ». Je suis sans doute le seul civil à avoir jamais essayé de pénétrer de son plein gré dans ce lieu tant redouté. J'étais en pleine discussion avec le garde quand Khaled, l'agent blond, se présenta.

— Bonjour, me dit-il. Quand êtes-vous rentré ?

On ne l'avait pas informé de mon départ précipité des États-Unis, c'est du moins ce qu'il m'affirma. Il vint me voir régulièrement pendant plusieurs jours, pour me poser d'autres questions. Il m'interrogea sur tous les sujets, à l'exception de mes démêlés avec la police à la suite du vol de la carte Visa. Je n'ai jamais su pourquoi.

Un matin, il me conduisit à l'université pour mes inscriptions. Mais aucun cursus ne correspondait aux cours d'électrotechnique que j'avais suivis à Manchester ; de ce fait, un second ordre présidentiel m'enjoignit de m'inscrire à l'Institut de technologie. Cela peut sembler un peu exagéré, mais en Irak, vous devez obtenir une autorisation présidentielle pour n'importe quoi ou presque. Si vous voulez transporter un lecteur de cassettes, par exemple, il vous faut l'autorisation du président. Cette montagne de paperasses provient du bureau présidentiel, et tout est signé de la main de son chef, Ahmed Hussein.

A l'Institut de technologie, j'eus quelques problèmes avec l'adjoint du doyen qui me prit immédiatement en grippe et tenta d'empêcher mon inscription. Sur ordre du Mukhabarat, le doyen écarta rapidement son adjoint. Ce fut mon premier aperçu du monde dans lequel évoluaient les agents de la sécurité, un monde où les ordres pouvaient ouvrir toutes les portes. Je n'étais pas sûr d'aimer ça.

Heureusement, je connus des satisfactions dans un autre domaine. Les filles m'adoraient. Alors que les autres étudiants me regardaient d'un œil soupçonneux, les filles aimaient ma compagnie. « Tu n'es pas un rustre comme les autres », disaient-elles. Plus ouvert, je leur offrais de vraies discussions et mon amitié.

Et les filles ne manquaient pas à l'Institut de technologie. La seule gloire du Baath est peut-être d'avoir permis aux femmes d'accéder aux études et à la vie professionnelle. Pour y parvenir, Saddam avait presque été obligé de braquer un pistolet sur la tempe de tous les hommes en Irak, un pays où l'oppression millénaire des femmes constituait le fondement même de la religion, de la société et de la politique. Il serait difficile de trouver un spécimen de l'espèce mâle plus phallocrate que l'Arabe.

En réalité, le changement de statut des femmes irakiennes n'était qu'une illusion. Malgré les réformes, peu de choses avaient changé pour elles, car les hommes étaient restés les mêmes. Mais au moins étaient-elles sorties du *purdah*, le système de réclusion traditionnel. Ainsi je découvris l'amour dans un cours de technologie.

J'entrai dans une salle et je la vis. C'était la plus jolie fille de toute la classe. Elle était même belle, avec ses épais cheveux noirs ondulés et ses grands yeux expressifs. Elle souriait volontiers, mais de manière discrète, comme en elle-même. Bientôt, j'appris qu'elle était chrétienne. Elle s'appelait Ban. Elle paraissait si timide que tout d'abord, j'hésitais à l'aborder. Après des années passées à courir les filles, c'était pour moi une expérience toute nouvelle. Un jour, je pris mon courage à deux mains et m'approchai d'elle.

— Que penses-tu du cours? demandai-je.
— C'est très intéressant, répondit-elle. J'aime bien le prof.
Elle continua son chemin, les yeux fixés sur ses livres.
— Qu'est-ce qui t'a poussée à suivre des cours de technologie? demandai-je.
Elle posa son regard sur moi et répondit d'une voix neutre :
— Les mêmes raisons que toi, je suppose. Je veux faire un métier qui soit un vrai défi.

Cette fille aussi était un vrai défi. Avec elle, pas question d'employer la tactique habituelle. Je fis machine arrière, expliquant que je craignais de l'importuner.
— Nullement, répondit-elle. Je ne voulais pas me montrer si agressive.
— On pourrait peut-être déjeuner ensemble pour bavarder?
— Aujourd'hui, je ne peux pas.
Mes espoirs s'évanouirent. Un refus.
— Demain?
Elle hésita, en me regardant droit dans les yeux.
— Entendu.

Ce simple déjeuner me plongea dans une allégresse démesurée. Au début, nous nous vîmes rarement, et toujours entourés d'un groupe d'amis. Et peu à peu, je me demandai si je n'étais pas en train de tomber amoureux. L'amour était absent de ma vie depuis si longtemps ; je croyais être incapable d'éprouver ce sentiment. Et voilà que cette fille si douce bouleversait tout.

C'était la nuit, la maison était silencieuse. La sonnerie du téléphone, stridente comme la roulette du dentiste, me réveilla en sursaut.

— Je suis un ami, dit une voix que je ne connaissais pas. J'aimerais vous rencontrer.

La terreur et la panique s'emparèrent de moi. Oh, mon Dieu, s'agissait-il du Mossad ?

Je cherchai une échappatoire.

— Donnez-moi votre numéro, je vous rappellerai.

Un Occidental aurait demandé : « Qui êtes-vous ? ». Pas un Irakien. On ne pose jamais de questions aussi directes. Car la réponse est toujours une autre question. Je biaisai donc en lui posant une question indirecte : son numéro de téléphone.

— Non. Choisissez un endroit et une heure pour nous rencontrer, répondit la voix.

J'avais peur d'accepter et peur de refuser.

— Samedi 18 heures. Devant l'université Mustanseria.

— Je conduirai une Toyota bleue immatriculée 155 302, déclara l'inconnu avant de raccrocher.

J'étais terrifié. Et s'il s'agissait d'un coup monté ? Un test organisé par le Mukhabarat pour voir si j'acceptais de rencontrer un membre du Mossad ?

Plus je réfléchissais à ce mystérieux coup de téléphone, plus j'étais persuadé qu'il s'agissait d'un traquenard. D'abord, le Mossad n'aurait pas procédé ainsi. Il n'aurait pas donné rendez-vous en plein jour dans un endroit découvert. En outre mon correspondant anonyme avait un accent irakien du nord, ce qui aurait été surprenant chez un agent étranger, mais beaucoup moins dans nos services.

Finalement, j'appelai le Mukhabarat et demandai à rencontrer Khaled.

Ce dernier vint me chercher. Il semblait nerveux, et le devint encore plus lorsque je lui racontai mon histoire.

— Allez à ce rendez-vous. Nous serons dans les parages.

Le samedi, à 18 heures précises, la Toyota bleue s'arrêta à ma hauteur devant l'université. Plaque d'immatriculation 155 302. Je n'ai pas oublié ce numéro. Pas plus que l'homme qui se trouvait au volant : un grand type, d'une beauté incroyable, avec un regard noir, perçant. Lorsque je montai à bord, ses yeux me transpercèrent. Tandis qu'il se faufilait au milieu de la circulation, je regardais ses mains gigantesques, avec de longs doigts puissants.

— Je m'appelle Abu Firas, dit-il. Je travaille pour les Services spéciaux. Est-ce que vous appartenez au Mukhabarat ?

— Non. Je ne connais personne du Mukhabarat.

— Certains de mes amis aimeraient vous rencontrer.

— Pourquoi moi ? demandai-je d'un ton plaintif. Je suis un homme comme les autres.

— Ne vous inquiétez pas, nous sommes des amis de votre père.

Voilà certainement la chose la moins rassurante qu'il pouvait me dire. Soudain, les paroles de mon père résonnèrent dans ma tête. « Je m'arrangerai pour qu'on te détruise avant que tu ne me détruises ! »

Nous roulâmes au hasard pendant environ un quart d'heure. Il importait peu, désormais, que Khaled et ses hommes nous filent. Je ne savais plus quel tigre se cachait derrière quelle porte.

Abu Firas me redéposa à l'université, en précisant que quelqu'un viendrait me prendre ici même le lendemain à la même heure.

Khaled ignorait qui était ce mystérieux Abu Firas.

— On vérifie. Et le numéro de la voiture également, dit-il d'un ton grave. Vous irez au prochain rendez-vous comme convenu, et nous serons prêts.

Je remarquai à peine l'homme qui vint me chercher le lendemain... pour me conduire directement au quartier général du Mukhabarat. Qu'est-ce que ça signifiait ? Cette fois, on me fit entrer dans une vaste salle de réunion.

Abu Firas entra à son tour.

— Vous avez réussi l'examen, me dit-il en fixant sur moi son fameux regard perçant. Vous m'avez dénoncé au Mukhabarat !

Il éclata de rire.

— Quelqu'un d'important souhaite vous rencontrer, ajouta-t-il.

« Sans doute le Terminator », songeai-je avec lassitude, fatigué de jouer au chat et à la souris, au jeu du « aujourd'hui-on-vous-aime-bien-demain-on-vous-tue ».

Dans une pièce voisine, un homme nous attendait. Il était le seul à porter l'uniforme. Il avait des yeux perçants et un visage fin ; on aurait dit un vieil aigle affamé. C'était Fadhil Selfige al-Azzawi, le commandant en second du Mukhabarat.

Abu Firas le salua. J'appris par la suite qu'il était colonel, fils d'un cheik bédouin, de son véritable nom Farid Shaharabeli ; il était chargé des opérations sur le terrain.

Il sortit un dossier de sa mallette et étala soigneusement plusieurs feuillets devant moi.

— Nous avons statué sur votre cas, déclara-t-il.

J'aperçus alors un document signé de la main même de Saddam Hussein. « Le châtiment est laissé à l'appréciation de son père », était-il écrit.

Il y avait également une lettre de mon père. Juste deux lignes : « Les traîtres doivent recevoir le châtiment qu'ils méritent, en vertu de la loi et sans tenir compte de leurs liens familiaux. »

Une sentence de mort. J'allais mourir. La décision de mon père ne m'étonnait pas outre mesure. Mais quand même... la mort. Je frissonnai. J'avais à peine vingt ans.
On me montra une autre lettre.
— De qui est-elle ? demandai-je d'une voix tremblante.
— De Son Excellence Saddam Hussein, qu'Allah le protège, me répondit-on.
Je lus la lettre en question. Je n'arrivais pas y croire : « Je le gracie. Mais selon les conditions du Mukhabarat. »
Incroyable. Saddam m'accordait son pardon. Il récompensait mon père de sa loyauté en laissant la vie sauve à son fils. Il avait arrêté la main d'Abraham au moment où elle s'apprêtait à plonger le couteau dans le cœur d'Isaac. Mais cet Abraham – mon père – aurait préféré, je le savais, accomplir son geste jusqu'au bout.
— Vous devriez être reconnaissant à Son Excellence de vous avoir permis de vivre, dit Azzawi.
Il demanda à un serviteur de nous apporter des sodas. Puis il se tourna de nouveau vers moi :
— Vous êtes des nôtres maintenant. Abu Firas s'occupera de vous, il vous guidera, il vous montrera la vraie vie.
Je n'étais pas sûr de savoir ce que ça signifiait.
— Avez-vous une requête à formuler ? demanda-t-il.
— J'ai toujours des problèmes avec le directeur adjoint de l'université. Il ne cesse de me harceler, il baisse mes notes, il...
— Occupez-vous-en ! ordonna-t-il à Abu Firas.
Soudain, on aurait dit qu'ils étaient à mes ordres, et non le contraire. J'étais stupéfait.
Comme dut l'être le directeur adjoint de l'université que l'on garda au quartier général du Mukhabarat pendant trois jours. A son retour, il me traita avec déférence. Je trouvai cela quelque peu inquiétant de pouvoir ainsi causer des ennuis à n'importe qui. Je n'avais pas encore pleinement conscience d'appartenir à cette terrifiante machine. A vrai dire, je commençais juste à me rendre compte que je l'avais échappé belle. Je vivais comme n'importe quel étudiant de mon âge, je passais des soirées avec mes amis et Ban. La seule ombre au tableau de cette existence en apparence normale était Abu Firas qui venait presque chaque jour à la maison m'inculquer la doctrine du Mukhabarat.
Je devais surtout retenir une chose : le Mukhabarat existait pour préserver la vie et le pouvoir de Saddam. Le Mossad existait pour protéger Israël, le M15 et le M16 pour protéger l'Angleterre, et la CIA s'occupait du monde entier. Mais le Mukhabarat n'avait qu'une seule raison d'être : Saddam Hussein.
— Saddam est l'Irak, m'enseigna Abu Firas.

LE CERCLE DE LA PEUR

Il m'apprit également qu'ils comptaient tout d'abord utiliser mes talents pour en savoir plus sur certaines personnes.

— Vous ferez des rapports les concernant. Vous êtes des nôtres désormais, vous devez en avoir parfaitement conscience. Vous faites souvent preuve d'indiscipline, mais nous y remédierons. Pardonnez nos critiques, c'est pour votre bien. Vous devez nous prévenir chaque fois que vous quittez Bagdad. Vous pouvez m'appeler à tout moment si vous avez besoin d'aide ou de conseils. Si vous voulez, on peut aller chercher des filles et sortir ensemble.

Cette soudaine amitié, ce profond désir de m'intégrer, avaient quelque chose d'ahurissant. Et je commençais à me demander : c'est donc ça le Mukhabarat tant redouté ?

Mais je ne tardai pas à comprendre qu'Abu Firas me haïssait car j'avais collaboré avec Israël, l'ennemi absolu. Et il détestait ce qu'il faisait. Mais il devait obéir aux ordres. Il devait m'enrôler dans le service et me montrer du respect.

Plus tard, j'appris que Saddam avait offert à mon père un terrain de valeur en récompense de sa loyauté. Je compris qu'afin de protéger mon père du scandale, seuls les officiers de haut rang auxquels j'avais affaire étaient au courant de mon crime, ma collaboration avec le Mossad. C'est alors que je pris pleinement conscience de l'ascendant dont jouissait mon père.

Dans un premier temps Firas m'initia aux méthodes du Mukhabarat sur le terrain. Nous avions l'habitude de nous installer dans le salon et de travailler en buvant un épais café turc.

Un jour, il apporta des plans de villes qu'il étala sur la table basse. Principalement des villes européennes.

— Maintenant, envisageons une mission en terrain inconnu.

C'était un plan de Zurich. Il m'expliqua ce qu'il fallait faire en arrivant dans une ville étrangère, comment étudier la carte au préalable, en repérant toutes les routes qui conduisent ou repartent de l'objectif visé, ainsi que les environs et les cachettes possibles. En réalité, tout cela était purement théorique, car les agents n'effectuaient jamais eux-mêmes ce travail préparatoire.

Une équipe d'officiers du Mukhabarat se chargeait de tout le programme de reconnaissance, mettait au point toute la logistique et les couvertures nécessaires.

L'agent recevait ensuite une panoplie complète, avec passeport, cartes de crédit, argent (les billets de 100 dollars circulaient comme de la menue monnaie) et autres documents, généralement tous authentiques, volés ou bien récupérés sur un mort.

En cas de besoin, une voiture était fournie, avec plaques d'immatriculation de rechange. L'itinéraire et le minutage étaient calculés à l'avance. L'agent n'avait qu'à suivre les instructions pour accomplir sa mission : assassinat, plastiquage ou cambriolage. En fait, il n'existait pas d'équipe d'élite de saboteurs ou d'assassins ; les agents étaient choisis en fonction de chaque opération.

Abu Firas me parla d'une redoutable organisation clandestine baptisée Kisim Alightialat, le service des assassinats. Elle n'avait ni personnel permanent, ni vrais bureaux, ni chef. Uniquement un compte en banque illimité. Celui qui avait été choisi pour exécuter une opération la finançait grâce à ce compte. Le choix de l'assassin dépendait de la cible et de la méthode employée. L'agent sélectionné recevait une formation particulière, dans le domaine des explosifs par exemple, avant d'être envoyé en mission. Une seule qualité était indispensable : une loyauté aveugle. D'une manière ou d'une autre, l'agent devait avoir prouvé à ses supérieurs qu'en cas de nécessité, il était prêt à tuer toute sa famille sur ordre et sans sourciller. Apparemment, il existe un nombre effrayant de personnes qui, si on leur offre assez d'argent, sont disposées à faire ce genre de choses.

Je m'aperçus avec horreur que tôt ou tard mon tour viendrait. Pour quelle mission ? J'en étais malade.

Abu Firas me raconta des histoires d'agents qui avaient échoué ou bien changé de camp, notamment cet officier envoyé au Koweït pour y superviser le sabotage d'une raffinerie. La mission, confiée à un agent irako-koweïtien de Bassora échoua, et l'agent fut exécuté. L'officier parvint à trouver refuge en Suède, où il fut assassiné deux ans plus tard par un homme du Mukhabarat, un boucher irakien choisi pour cette tâche.

— Voilà ce qui arrive aux traîtres, conclut Abu Firas.

Jamais il n'exprima plus clairement ses véritables sentiments à mon égard. Le Mukhabarat ne torturait jamais ses victimes, semblait-il. Il les tuait, ou bien il les gardait. La torture était l'affaire de l'Amn, la police secrète. Quand les membres délicats du Mukhabarat voulaient torturer quelqu'un, ils demandaient à l'Amn de se charger de la sale besogne. Les hommes de base de l'Amn se recrutaient principalement dans les rangs des anciens condamnés, violeurs ou autres. En revanche, la plupart des officiers du Mukhabarat provenaient de l'élite sortie de l'école de la sécurité nationale.

Mon cas excepté, Abu Firas était dans son travail un homme comblé. En plus de l'assistance individuelle, il enseignait aux recrues de l'école en question que par la suite je pris l'habitude de surnommer l'école des robots. Sans doute estima-t-on que j'avais déjà acquis suffisamment d'expérience et de pratique, car on ne m'y envoya pas.

Chaque année, plusieurs milliers de candidats cherchent à y

entrer, seuls 76 sont reçus. Le Mukhabarat a besoin de remplacer annuellement une centaine d'hommes disparus lors d'opérations en Syrie et au Liban essentiellement. Pour former l'élite, il recrute les cinq meilleurs diplômés de l'académie de police et les cinq meilleurs de l'école d'espionnage de l'armée. D'autres secteurs sont représentés, comme par exemple les linguistes, très souvent spécialistes de l'hébreu.

Le Mukhabarat enrôle un grand nombre d'anciens élèves de l'école des robots. Beaucoup viennent de Tikrit, d'autres sont des bédouins du nord de l'Irak. Mais certains sortent de filières artistiques, où ils se sont distingués en peinture ou en comédie. Ces deux matières peuvent en effet s'avérer fort utiles pour des agents sur le terrain. Souvent, le Mukhabarat adjoint un de ses « artistes » à une délégation commerciale quand il souhaite en savoir plus sur un lieu où il est difficile de pénétrer avec des appareils photo. Par exemple, si le Mukhabarat désire connaître l'agencement d'une usine pétrochimique japonaise, il constitue une délégation commerciale dans laquelle se glisse un artiste qui pourra ensuite dessiner tout ce qu'il a vu. S'il a besoin d'y retourner, le Mukhabarat combinera une seconde, ou même une troisième visite.

En apparence, les agents du Mukhabarat sont des hommes du monde, polis et bien habillés. Mais sous la surface, ils ont conservé l'esprit et l'âme de farouches fils du désert qui vouent une obéissance sans bornes à leur cheik, Saddam. Une obéissance aveugle.

Tout d'abord, l'attitude fruste des membres du Mukhabarat à mon égard m'avait inspiré du mépris, mais jour après jour je découvrais que ce noyau d'officiers d'élite et leur armée de robots constituaient une organisation formidable et compétente. Ils savaient exactement ce qu'ils devaient faire, et comment le faire. Avec parfois beaucoup de subtilité, comme dans le cas des artistes-espions, parfois avec une incroyable brutalité. Ça fonctionnait. C'était d'une efficacité redoutable. La peur et la prudence remplacèrent peu à peu le mépris que j'éprouvais initialement.

Finalement, je craquai sous la pression de mes nouvelles fonctions. En permanence sur les nerfs, j'étais incapable de manger, de dormir et d'étudier. Reconnaissant les prémices d'une dépression, Abu Firas m'ordonna de rester chez moi pour me reposer. Étrange sensation d'être dorloté par le Mukhabarat. Je restai à la maison pendant cinq mois, avec Ban pour unique visiteur. C'est dans ce contexte que je fêtai mes vingt et un ans. C'était le plus triste anniversaire de ma vie.

De plus en plus, Ban devenait pour moi une lumière dans les ténèbres. Elle ne savait rien de mes liens avec le Mukhabarat. Elle venait d'une famille chrétienne, et en Irak, les chrétiens étaient en général des gens discrets et modestes qui ne se mêlaient pas de politique. Aussi ne voulais-je pas briser sa tranquillité d'esprit en lui dévoilant mes activités et le piège dans lequel j'évoluais.

Un soir je la trouvai soucieuse.

— Qu'est-ce qui ne va pas ? demanda-t-elle. Tu as l'air nerveux.

— Ce n'est rien. Le surmenage. Peut-être que j'étudie trop.

— Tu es sûr ? Ce n'est pas à cause d'une chose que j'ai dite ou faite ? Je veux dire...

— Non, non. Tu es ce qu'il y a de mieux dans ma vie. Ne t'inquiète pas. J'ai seulement besoin de repos et de ta présence.

Elle se rapprocha sur le canapé et s'appuya contre moi ; je découvris alors que cette femme que je croyais timide, réservée, était en réalité sensuelle et entreprenante.

Au début de l'automne, je m'apprêtai à retourner à l'université, et de nouveau, je connus des difficultés avec l'administration. Mon absence à un cours servit de prétexte pour me renvoyer. Une simple intervention du Mukhabarat, et je fus réintégré.

En y réfléchissant bien, cela signifiait que tous les fondements de la société étaient minés par la corruption. Les partisans du régime faisaient leur chemin sans posséder de véritables qualités. Un diplôme n'avait aucune valeur, car il était impossible de savoir qui l'avait mérité et qui l'avait extorqué. La gangrène avait atteint presque tous les aspects de la vie.

Dans l'Irak de Saddam, tout le monde était corruptible. C'est ainsi que fonctionnait le système. Ce n'était pas un véritable système, plutôt un anti-système.

Prenons mon cas personnel. Mon salaire officiel était de 30 dinars par mois, soit environ 100 dollars au taux officiel, 10 dollars au marché noir (la vraie valeur). Mais mon véritable salaire, je le percevais sous forme d'autorisations. Étant donné que presque tout est interdit en Irak, il faut posséder un permis spécial pour presque tout. A chacun de mes voyages à l'étranger, je rapportais des disquettes d'ordinateur que je revendais ensuite au marché noir. Une boîte de disques souples vendue 8 ou 9 dollars en Occident se revendait aisément 45 ou 50 dollars. Surtout au format 3,5 pouces. Abu Firas fit en sorte de me fournir une autorisation pour continuer mon petit trafic sur une plus grande échelle.

Il m'aida également à entrer dans le commerce des pièces détachées pour automobiles. Le Mukhabarat tenait à surveiller un revendeur pour savoir quels étaient ses clients. On le soupçonnait d'avoir au sein de l'armée des complices qui lui fournissaient du matériel militaire qu'il revendait un bon prix. Ils se partageaient ensuite les bénéfices.

LE CERCLE DE LA PEUR

Le revendeur en question était un jeune garçon de mon âge ou presque ; je n'eus donc aucun mal à engager la conversation avec lui. Une fois épuisés les sujets habituels, à savoir les filles et le cinéma, je lui proposai de faire quelques petites affaires avec lui. Nous scellâmes notre accord par une poignée de main.

Le Mukhabarat rédigea un document autorisant ses services de l'intendance à me confier une partie de leur stock. Je me rendis donc aux immenses entrepôts gouvernementaux du Jurf-Al-Nadaf, un marché contrôlé par l'État à la sortie de Bagdad. Je découvris d'interminables rangées de vastes hangars remplis de pièces détachées de Toyota, de Volkswagen et d'appareils électriques. Quelle aubaine ! Dès lors j'allais charger la marchandise à bord d'une camionnette louée pour l'occasion, puis je cédais le tout au revendeur au prix que j'avais fixé, empochant ainsi les bénéfices, tandis que mes collègues suivaient la piste empruntée par la marchandise.

Tout cela n'est possible que si, au départ, la marchandise est rare, et le marché sévèrement contrôlé par les services de sécurité. Voilà pourquoi je parle d'anti-système. Et le plus terrible, c'est que ça fonctionne. C'est un système d'une perfection effrayante. Car tout le monde est plus ou moins redevable au Mukhabarat qui les terrorise. Tout le monde manigance avec tout le monde, personne ne sait véritablement qui est qui, et tout le monde est occupé à tourner dans des cercles à l'intérieur d'autres cercles. Nul n'a assez de temps ni de place pour bâtir une forme quelconque de contestation. Vous courez en rond, et tout le monde court autour de vous. Saddam, au centre, est l'axe de cette immense roue en mouvement.

8

JE M'ENFONCE DANS LA FANGE

Pendant l'automne 1986, mes supérieurs m'envoyèrent suivre l'entraînement militaire du Mukhabarat dans une base située près de Taji, au nord-ouest de Bagdad. C'était un endroit austère, avec des alignements de baraquements en brique tous identiques.

La chose la plus frappante était sans aucun doute ces rangées de fausses baraques en bois, dressées comme des décors de film à Hollywood. Il s'agissait de leurres destinés à tromper les bombardiers ennemis. Un peu plus loin, on distinguait les rampes de lancement de missiles SAM-6, tout aussi factices, avec leurs trois faux projectiles pointés vers le ciel.

En 1991, quand les avions américains envahirent l'espace aérien, ces décors trompèrent plus d'une bombe dite « intelligente ».

On m'apprit à démonter et nettoyer un fusil d'assaut AK-47 et un pistolet Browning. Puis vint le tir sur cibles, discipline dans laquelle j'excellais.

Le reste de mon entraînement consistait principalement à servir de cible. Sur le champ de tir, je devais tenir un mannequin en bois qui m'arrivait à la taille. Puis une grosse Peugeot débouchait en vrombissant de l'arrière d'un bâtiment, dans un crissement de pneus et une gerbe de terre, et fonçait vers moi à toute allure, tandis que ses occupants faisaient feu sur le mannequin. Le but était de doter la nouvelle recrue de nerfs d'acier. Beaucoup d'agents sont d'excellents tireurs, mais ils perdent tous leurs moyens dès qu'on leur tire dessus. Une fois de plus, le Mukhabarat faisait preuve d'une étonnante sophistication. L'espionnage, m'apprit-on, était une activité fort ennuyeuse et routinière, que venaient égayer quelques moments de terreur.

J'acquis sur l'arsenal et la stratégie de Saddam plus d'informations qu'il n'est bon pour un Irakien d'en posséder. Je découvris que si vous voulez apprendre quelque chose, il suffit d'interroger un secrétaire, un chauffeur, un traducteur ou quelqu'un comme Nasar.

Le pauvre Nasar était un vieux camarade d'école. Son oncle Amir était un officier de haut rang responsable du département chargé du perfectionnement de l'armement. Nasar, qui lui servait de garde du corps, savait énormément de choses.

Lui et moi aimions passer la journée à Habanniya, cette station balnéaire de luxe construite par les Français sur un lac à 90 kilomètres à l'ouest de Bagdad, juste après l'immense base aérienne qui abritait tous les Mig-25 de Saddam.

Habanniya était destiné aux touristes, mais à cause de la guerre, ceux-ci n'abondaient pas. Conclusion, en 1986, l'endroit était surtout fréquenté par des Irakiens des classes aisées.

Au fil des semaines, Nasar me tenait informé des dernières innovations en matière d'armement, convaincu qu'elles signifiaient à terme la victoire sur l'Iran. L'Irak mettait les bouchées doubles pour obtenir la supériorité tactique et technologique.

Les modifications des systèmes de radar français permirent de couvrir un secteur plus étendu. Leur portée fut presque doublée, passant de 18 à 34 kilomètres. Les hélicoptères de combat soviétiques Mi-24 Hind furent remaniés afin de transporter deux missiles air-air. Les tanks soviétiques T-72 reçurent de nouveaux programmes d'ordinateur et un équipement de vision nocturne ; on les surnommait les Lions de Babylone. Les obus soviétiques furent également remplacés par de nouveaux projectiles à plus longue portée, mais moins précis. Les avions de combat soviétiques Mig-23 furent dotés de nouvelles suspensions afin qu'ils puissent transporter les missiles Magic de fabrication française, beaucoup plus « intelligents » que les missiles soviétiques et d'une précision quasi absolue. Les Mig furent équipés de nouveaux systèmes de communication français et allemands qui amélioraient les contacts avec le contrôle au sol. Les petits composants étaient copiés et fabriqués dans une usine d'Eskanderia.

La technologie française et allemande permit aussi d'améliorer des armes de fabrication brésilienne. Comme toujours, le matériel était d'abord démonté, puis copié. Il servait principalement à bord de véhicules de transport de troupes et autres blindés.

Si l'Angleterre était un terrain de jeux pour les agents secrets et les terroristes irakiens, la France était un supermarché pour nos forces armées. On y trouvait absolument tout, depuis les fameux Exocet jusqu'aux vêtements griffés Christian Dior pour les épouses et filles d'officiers.

Par la suite, j'en appris davantage sur les usines où les missiles balistiques eux-mêmes étaient perfectionnés. Quelques années plus tard, les SS1 modifiés seraient connus du monde entier sous le nom de Scud. Entre-temps, je découvris qu'un grand nombre d'ingénieurs employés dans ces usines subissaient de terribles contraintes. Beaucoup y travaillaient contre leur gré. Les robots du parti éprouvaient une telle méfiance et une telle haine à l'égard des intellectuels que les ingénieurs étaient régulièrement battus par les surveillants ou sévèrement punis pour être arrivés un quart d'heure en retard. Un enfant malade, une panne de voiture, un décès dans la famille, aucune excuse n'était tolérée.

En repensant à tout ce que m'avait raconté Nasar, je commençai à m'interroger. Faisait-il partie d'un coup monté lui aussi ? Le Mukhabarat cherchait-il à savoir si je les avertirais ? Plus j'y réfléchissais, plus cela me paraissait possible. Sinon, pourquoi me confierait-il tous ces secrets militaires ?

Je décidai de faire part de mon inquiétude à Abu Firas. Je m'attendais à ce qu'il écarte le sujet d'un simple haussement d'épaules. Il sauta au plafond.

Le pauvre Nasar fut immédiatement envoyé au front. Heureusement pour lui, son oncle Amir put intervenir en sa faveur ; il fut rappelé et placé à un poste subalterne moins dangereux.

Je compris finalement pourquoi Nasar s'était confié à moi : mon père étant un homme important, il croyait que je l'étais moi aussi et qu'ainsi il ne courait aucun risque. Il s'était trouvé coincé entre les cercles.

Peu de temps après, le monde apprit que le colonel Oliver North et beaucoup d'autres idiots manipulés de la Maison-Blanche avaient vendu des armes à l'Iran dans l'espoir de faire libérer les otages retenus au Liban. North et ses collègues affirmèrent avoir traité avec les modérés de Téhéran, comme Hachemi Rafsandjani. Évidemment, Rafsandjani est à peu près aussi modéré que l'était Heinrich Himmler, le chef de la Gestapo d'Hitler. Parmi ceux qui connaissent le Moyen-Orient, peu s'étonnèrent de cette nouvelle preuve de la naïveté et de l'ignorance des Américains concernant cette région du globe. Ils apprenaient, mais pas assez vite.

Tout le monde savait que les Américains ne jouaient pas un jeu très subtil depuis le début de la guerre. Ils apportaient une aide limitée à l'Irak, sans se donner beaucoup de mal pour empêcher les livraisons d'armes illégales à l'Iran. Ils espéraient que les deux pays se détruiraient mutuellement. Les États-Unis n'étaient pas les seuls à jouer ce jeu. La France, l'URSS, la Chine et même Israël profitaient de cette aubaine pour fourguer leurs armes.

Mais l'Irak avait toujours été poussé à croire que Washington, choisissant le moindre des deux maux, pencherait finalement en faveur de Bagdad. La compromission d'Oliver North rendit Saddam fou de rage. En signe d'apaisement, Washington hissa la bannière étoilée sur les pétroliers koweïtiens qui transportaient la majeure partie du pétrole irakien, afin de les protéger des menaces d'attaques iraniennes. Ce geste des Américains ne suffit pas à calmer la colère de Saddam.

Ce dernier essayait depuis presque six ans maintenant de convaincre l'Iran de signer un cessez-le-feu négocié, depuis qu'il avait compris qu'il ne pourrait remporter la guerre. Mais les mollahs iraniens semblaient apprécier les bains de sang.

Saddam élabora alors une nouvelle tactique. Lors d'une réunion du Conseil de commandement de la révolution, il exposa la situation : le flot intarissable de martyrs iraniens, leur détermination, la possibilité de poursuivre le bombardement de Téhéran mais l'inutilité de cette option, les éventuelles attaques massives sur des navires iraniens croisant dans le Golfe, les dangers encourus ensuite par la flotte koweïtienne, la politique américaine consistant à ménager la chèvre et le chou... Ce qu'il fallait, c'était obliger les Américains à choisir leur camp.

— Je vous donne ordre de détruire un navire de guerre américain dans le Golfe, dit Saddam en se tournant vers son chef de l'armée de l'air, le général Hamid Shaaban. Utilisez les Exocet.

Il n'y a qu'au Moyen-Orient que l'attaque d'un navire américain pouvait être considérée comme un moyen de mettre fin à une guerre.

LE CERCLE DE LA PEUR

Cette tactique était un parfait exemple de la ruse de Saddam. Sous cette folie apparente se cachait une logique implacable. Les Américains jouaient sur les deux tableaux car ils pouvaient se le permettre : le Koweït, l'Iran et l'Irak subissaient de graves pertes, tandis que les États-Unis, la France, l'Union soviétique, et le monde entier semblait-il, fournissaient des armes aux deux camps. La région était un champ d'expérimentation à grande échelle.

Seule la pression des Américains et des Soviétiques pouvait mettre fin à la guerre. Une véritable pression qui arrêterait le flot d'armes en direction de l'Iran. D'ailleurs les Soviétiques avaient déjà commencé à réduire leurs livraisons à l'Irak.

Or, les Américains ne feraient un effort pour mettre un terme au conflit que s'ils subissaient à leur tour d'importantes pertes. Comme par exemple un navire de guerre. Et surtout, son équipage.

Le 17 mai 1987, un des Mirage de Saddam, un avion de fabrication française, fendit le ciel bleu au-dessus des eaux du Golfe, et fonça droit sur le *Stark*.

Les opérateurs radar du navire repérèrent le Mirage, mais le commandant s'aperçut trop tard qu'il se dirigeait sur eux avec des intentions belliqueuses. Deux Exocet frappèrent le *Stark* par le travers. Il put regagner le port tant bien que mal, mais 37 membres d'équipage rentrèrent au pays dans un cercueil enveloppé d'un drapeau. Saddam se confondit en excuses, affirmant qu'il s'agissait d'un terrible accident. Comment un Mirage avait-il pu tirer accidentellement deux Exocet à bout portant, cela demeura un mystère. Ni les autorités américaines ni les organisations internationales ne purent interroger le pilote du Mirage. Finalement, elles abandonnèrent l'affaire après que Saddam eut versé aux familles des victimes une somme totale de 27 millions de dollars en guise de dédommagements.

Pour Saddam, c'était une bonne affaire. Dès cet instant, Washington œuvra énergiquement en vue d'instaurer un cessez-le-feu. La guerre qui aurait coûté des milliards à Saddam si elle s'était poursuivie, était presque terminée. Le pilote responsable de l'« accident » reçut de l'avancement et fut nommé directeur de l'école de l'armée de l'air.

Pendant toute la durée de la guerre, j'échappai à mon devoir militaire du fait de mon appartenance au Mukhabarat. Ma vie continua à se dérouler normalement. Je poursuivais mes études et passais de plus en plus de temps avec Ban. Je ne lui avais toujours rien dit de la face cachée de mon existence, de peur de l'inquiéter. Tant que j'obéirais à Abu Firas, elle ne craindrait rien.

Par la suite, je m'aperçus que je l'avais sous-estimée et que sous ses manières discrètes se cachaient une résistance et une force bien supérieures aux miennes. J'aurais dû m'en douter à la façon dont elle surmontait les difficultés provoquées par notre relation. Elle devait inventer un tas d'excuses pour ses parents, car ceux-ci auraient été aussi heureux de la voir fréquenter un musulman que les miens de me voir avec une chrétienne. Nous étions Roméo et Juliette à la mode irakienne, et comme dans la tragédie, Juliette était la plus forte. Mais nous étions heureux, et je le fus encore plus en découvrant que la cruauté de mon père n'avait pas tué en moi toute capacité d'aimer.

J'ignore à quel moment je pris conscience que j'aimais autant que je détestais être la propriété du Mukhabarat. Je détestais jouer à l'espion, mais force m'était de reconnaître que j'aimais les pouvoirs que me conféraient mes fonctions. Si quelqu'un me faisait des ennuis, abracadabra! On n'en parlait plus.

En même temps, je commençais à comprendre combien il était facile à Saddam Hussein de créer des escadrons de robots. Je haïssais cet homme, et pourtant il avait su me corrompre par ses manières! Pour la première fois, j'envisageais de tout plaquer. Je sentais le changement qui petit à petit s'opérait en moi. J'appartenais à l'anti-système. J'étais en train de devenir un robot.

Jusqu'à maintenant, j'avais accepté ces changements comme faisant partie de mon destin. Mais un soir, en contemplant le visage aimant de Ban, je réalisai brusquement ce qui m'arrivait. Et je décidai de nous trouver une échappatoire à tous deux. Je n'avais pas le droit à l'erreur. Je devais me montrer plus malin que mes maîtres. Sinon, ils me dévoreraient vivant.

Tandis que je m'enfonçais de plus en plus dans le monde sordide du Mukhabarat, Ban devint ma bouée de sauvetage. Je savais qu'avec elle j'avais une chance de redevenir un être humain digne de ce nom, à supposer que je l'aie été un jour. Premièrement, j'avais besoin d'elle, et ensuite je l'aimais.

Un soir où nous étions dans ma chambre, je lui avouai mes sentiments. Je la serrai contre moi et nos baisers se firent plus pressants. Je sentais que sa passion égalait la mienne. Elle m'attira sur le lit et nous fîmes l'amour comme deux fauves affamés.

Chez la plupart des Irakiens, cela aurait signifié la fin de notre amour. Mais pour moi, en devenant l'amant de Ban, je scellai notre liaison. Compte tenu de notre nouvelle intimité, il était normal qu'elle sache réellement de qui elle était amoureuse.

Un soir où nous dînions dans un de nos restaurants préférés, le Crystal, au bord du Tigre, je lui parlai du Mossad et de ma « fuite » dans les bras du Mukhabarat. Elle fut tout d'abord déconcertée.

— Tu es un espion? demanda-t-elle, incrédule.

— Hélas, oui. J'essaye de ne causer d'ennuis à personne, mais c'est presque impossible. Ban, il faut que je me sorte de là.
— Tu peux démissionner ? Tu crois qu'ils te laisseront partir ?
Apparemment, elle n'avait pas compris ce que je voulais dire.
— Non, mon amour, répondis-je avec énormément de délicatesse. Personne ne peut démissionner. Je ne sais pas encore comment, mais il faut que je quitte le pays. Pour toujours. Et j'aurai encore plus besoin de toi...
Elle blêmit. Le sens véritable de mes paroles se faisait jour dans son esprit. Au bout d'un moment, elle dit :
— Je ne sais rien du Mukhabarat et de son fonctionnement. Mais toi, je te connais, et je sais que tu partages ma vision de la vie. Ça me suffit. Je veux partager ton existence. Quelle qu'elle soit.
Pour la première fois depuis des mois, je sentis que j'avais peut-être un avenir.

Après ma confession à Ban, je repris mon existence habituelle. Je gagnais du temps tout en attendant qu'une occasion se présente.
Je commençais même à mener mes activités douteuses avec un peu plus de décontraction, quand le Palestinien me téléphona.
— J'ai une lettre à vous remettre de la part de votre père, fit une voix que je ne connaissais pas.
Il aurait pu tout aussi bien m'annoncer qu'il devait me remettre un sac de diamants de la part de la reine d'Angleterre. Cela aurait été plus vraisemblable.
— Pouvez-vous me retrouver à l'hôtel Méridien ? demanda-t-il poliment.
Assis au bord de mon lit, j'essayai d'ordonner mes pensées. Malgré son accent palestinien, ce mystérieux correspondant pouvait appartenir au Mossad. Par ailleurs, mon père n'écrit jamais ; le Mossad le savait, donc cet appel était peut-être un signal de sa part. D'un autre côté, cette technique ne lui ressemblait pas. C'était trop direct, trop brutal.
J'en conclus qu'il s'agissait certainement d'un piège, sans doute tendu par le Mukhabarat.
Je rencontrai Abu Firas. Il me recommanda une extrême prudence.
— Ce type a quelque chose de louche, me dit-il.
Puis il me confia un magnétophone. Dissimulé dans ma veste, il était relié à un micro fixé sous mon col.
— Laissez l'appareil branché en permanence, m'ordonna-t-il.
Sur ce, j'allai retrouver le Palestinien.
A la réception de l'hôtel, j'appelai le numéro de chambre qu'il m'avait donné. Le Palestinien me dit que je le reconnaîtrais à ses

cheveux blancs. Quelques minutes plus tard, il apparut dans le hall. Il avait l'air d'un homme d'affaires, mais je n'avais toujours aucun moyen de savoir s'il s'agissait d'un agent du Mossad imprudent ou d'un agent du Mukhabarat se faisant passer pour un homme du Mossad. A moins qu'il ne fût vraiment un Palestinien.

Il m'accueillit chaleureusement, avant de m'entraîner vers une table à l'écart. Il commençait juste à m'expliquer la raison de son appel lorsque je vis Abu Firas entrer et se diriger vers nous.

Abu Firas se planta devant moi.

— Salut, Hussein.

Le Palestinien éclata de rire et me demanda :

— Vous l'avez fait venir pour m'arrêter ? Qui croyiez-vous que j'étais ? Un espion ?

« Très drôle », songeai-je. En réalité, il était bien palestinien et se trouvait à Bagdad en tant que délégué de la conférence entre l'OLP et l'Irak. Le Mukhabarat avait tout manigancé, sans doute avec l'aide de mon père. Encore un test. Je n'en pouvais plus. J'étais à bout de nerfs en permanence.

Néanmoins, pour me récompenser d'avoir passé si brillamment tous mes tests, ils me laissèrent partir à New York pour les vacances, accompagné de mon père... et j'étais suivi bien sûr. Si j'avais décidé de passer à l'ennemi à ce moment-là, j'aurais été repris sans aucun doute. D'ailleurs, je ne pouvais pas tenter le coup maintenant. Je devais d'abord penser à Ban : il fallait lui faire quitter le pays. Et je voulais finir mes études et obtenir mon diplôme, faute de quoi je devrais recommencer de zéro en Occident. Je décidai donc de ne pas brusquer les choses.

A New York, mon père et moi échangeâmes à peine trois mots. Ma mère et lui étaient aussi en froid ; il se montrait agressif et cruel envers elle.

— Il me tient responsable de tout, me dit ma mère en pleurant. Je ne sais même pas ce qu'il me reproche.

Je lui expliquai que je m'étais attiré quelques ennuis, mais que tout allait s'arranger. Puis je lui avouai que mon père avait bel et bien ordonné mon exécution. En apprenant cela, elle ne put se contenir. Ce fut la goutte d'eau qui fit déborder le vase. Après une violente dispute avec lui, elle fit ses valises, bien décidée cette fois à le quitter pour toujours. Elle revint à Bagdad très peu de temps après moi.

J'étais maintenant en troisième année d'université, et malgré ce contexte troublé, j'avais de bons résultats. Abu Firas et ses hommes m'occupaient en me demandant de surveiller tel étudiant ou tel professeur.

J'avais si bien réussi mes tests de loyauté que le Mukhabarat, à

LE CERCLE DE LA PEUR

la fin de l'année 1987, me chargea d'une enquête de fiabilité concernant un homme susceptible d'être employé dans une usine de missiles irakiens.

Au nord-ouest de Bagdad se trouvait un vaste ensemble industriel baptisé *Munsha'at Nasar*, l'usine de la Victoire. C'est là que s'effectuait l'assemblage final de la plupart des gros missiles balistiques. L'homme que je devais sonder se nommait Ahmed Hassan. Cette mission me permit d'en apprendre énormément sur cette fabrique d'engins meurtriers.

L'usine était gigantesque. Deux de ses principales productions étaient les missiles Al Hussein et Al Abbas, des hybrides conçus à partir du SS1 soviétique, le fameux Scud. Les ingénieurs irakiens démontaient puis étudiaient les SS1 afin d'en reproduire les différents composants auxquels ils apportaient leurs propres améliorations. Les travaux étaient supervisés par un scientifique allemand tout-puissant. Nul ne connaissait son nom, hormis les hauts responsables.

Malgré sa portée de 600 kilomètres, le missile Al Hussein fut un demi-échec. En effet, ses concepteurs avaient oublié d'apporter les modifications nécessaires afin de renforcer les rampes de lancement fixes ; on ne pouvait donc lancer que six missiles à la fois.

Le Al Abbas, en revanche, était un engin de rêve. Sa portée atteignait 800 kilomètres et les rampes fixes étaient capables de recevoir trente missiles, chacun transportant une charge de 250 kilos.

Le point faible des deux projectiles était le système de guidage qui ne permettait pas d'obtenir un tir précis. Mais aux yeux de nos dirigeants, seule la quantité importait. Sur le nombre, un missile toucherait forcément un endroit stratégique. Comme toujours, l'objectif visé était Israël.

Initialement, l'usine Nasar fabriquait toutes sortes de conteneurs, utilisés notamment pour le stockage de fuel domestique ou de pétrole. Chaque fois que les Américains ou d'autres fournisseurs d'alliages souhaitaient inspecter le site pour s'assurer que leurs matériaux et leur technologie étaient utilisés à des fins pacifiques, les machinistes entraient en action. La fabrique de missiles était démontée, les machines et autres instruments provenant d'une authentique usine de conteneurs toute proche étaient amenés en remplacement. Un conteneur inachevé provenant de l'usine originelle demeurait à portée de main pour ce genre de présentations. Cela ajoutait un air d'authenticité.

Les inspecteurs américains – mandatés par une société privée ou par les pouvoirs publics – étaient conduits avec courtoisie à travers toute l'usine. Ils examinaient attentivement les lieux en hochant la tête, signaient les documents nécessaires et repartaient, satisfaits.

Abu Firas et mes autres collègues, aux anges, riaient de la façon dont ils les dupaient. Je me suis toujours demandé s'il était nécessaire de le faire. L'argent fait loi, et les affaires sont les affaires, surtout dans le domaine des ventes d'armes.

Les Allemands, les Suédois et les Suisses aidaient ouvertement Saddam à construire des bunkers et des hangars souterrains pour sa flotte aérienne. Toutes ces infrastructures étaient conçues pour résister à toute attaque, même nucléaire. On pouvait donc supposer qu'ils connaissaient leur ennemi potentiel.

Je n'eus aucune difficulté à approcher Ahmed Hassan. Il habitait près de chez nous, et cela me fournit un prétexte. Il est de coutume pour les habitants d'un quartier de se réunir quand un de leurs voisins décède. Et grâce à la guerre contre l'Iran, il y avait toujours un foyer en deuil dans les environs.

Je me rendis simplement chez Hassan et lui demandai de m'accompagner à une cérémonie funèbre où je ne souhaitais pas assister seul. Au Moyen-Orient, ce genre de choses est parfaitement naturel, même entre personnes qui se connaissent peu. Nous nous dirigeâmes ensemble vers la grande tente dressée pour les funérailles au milieu de la rue.

Ahmed Hassan et moi nous découvrîmes une passion commune pour les échecs. Dès lors, nous nous retrouvions pour faire des parties, chez lui ou chez moi. Ahmed se révéla un brillant ingénieur... et un type tout à fait ordinaire qui ne s'intéressait ni à la politique, ni aux femmes, ni à l'alcool, et n'avait aucune passion dangereuse. J'eus beau essayer timidement de l'entraîner sur le terrain de la politique ou de la guerre, il ne s'intéressait qu'aux échecs et à l'argent. Il savait de quelle manière les contremaîtres traitaient les ingénieurs dans les usines d'armement, mais il savait également qu'ils étaient très bien payés et qu'on leur offrait parfois un terrain et une voiture. Il avait besoin de cet argent. Je rédigeai un rapport neutre qui lui permettrait de travailler à l'usine Nasar.

Cette dernière n'était pas la seule à produire des objets dont la conception provenait d'un piratage technologique. L'Irak possédait également une industrie informatique florissante qui s'inspirait des dernières innovations de chez IBM et Apple.

Un homme très entreprenant, originaire de Bassora, avait une fabrique de matériel informatique dans le sud de l'Irak, près de la frontière du Koweït. Étant donné qu'il fournissait largement les militaires en programmes destinés à améliorer l'armement, son affaire prospérait. Il n'avait qu'un seul problème : comme il travaillait pour l'armée, Apple refusait de lui vendre du matériel. Il trouva la solution en achetant tout simplement les composants au Koweït et aux

Émirats arabes unis où Apple était largement implanté. Puis il les expédiait à des sociétés bidon. Il fabriquait de faux certificats d'utilisateur final (l'utilisateur final étant la personne, la société ou le pays à qui est destiné l'envoi) afin de contourner les lois qui interdisaient les exportations vers l'Irak et autres pays en guerre. Les différents éléments étaient ensuite assemblés dans son usine. Vite fait bien fait ! Ordinateurs « Irakintosh Apple » !

Le principal site d'assemblage se trouve à Bagdad, près de la rue du 14e Ramadan. J'ai entendu dire que l'usine d'ordinateurs fonctionne seize heures par jour. Ces ordinateurs ont participé à des programmes tels que le perfectionnement du missile SAM-6 à autoguidage infrarouge. Lorsque les Américains ont mis au point des ballons de chaleur invisibles pour tromper les missiles et les éloigner de leur cible, nos chercheurs ont équipé les SAM de détecteurs spéciaux capables de reconnaître ces leurres.

Quand le gouvernement a rencontré des difficultés lors des négociations avec IBM au sujet de la livraison d'ordinateurs XT, des Irakiens ingénieux ont démonté ceux qu'ils possédaient, copié les éléments et se sont lancés dans la fabrication. Dès qu'ils avaient besoin de composants, ils se les procuraient au Koweït.

Aux yeux de Bagdad, c'était d'ailleurs la principale utilité du Koweït. Finalement, c'était tout simplement du commerce dans la tradition moyen-orientale. Personne dans ses cauchemars les plus fous n'imaginait que Saddam dirigerait un jour ces missiles et ces armes sur les Koweïtiens. Sauf quand ils nous battaient au football. Alors, les supporters rappelaient avec rancœur que le Koweït était jadis une province de l'Irak, et qu'on devrait penser à la récupérer.

9

UN NABUCHODONOSOR DES TEMPS MODERNES

C'était maintenant une armée épuisée et amère qui livrait bataille contre l'Iran. Nous étions au printemps de 1988. Les soldats avaient le sentiment de mourir pour une cause perdue.

Un des héros de la guerre était le général Abdul Maher Rashid. Quand les Iraniens tentèrent une intrusion dans la zone marécageuse du sud, près de Bassora, on fit appel à lui pour redresser la situation. Il arrêta les Iraniens juste à temps pour sauver Bassora. Rashid était un individu sûr de lui, un fanfaron doté du génie de la guerre. Ses talents en auraient fait un atout inestimable dans n'importe quelle armée occidentale. En Irak, il était condamné, simplement parce qu'il risquait de devenir un jour le rival de Saddam. Il y songeait certainement quand, avec l'aide de son frère commandant d'une unité de chars, il fomenta un coup d'État.

Ce fut un cuisant échec. Saddam eut vent de leur projet ; l'unité de chars fut interceptée par l'élite des gardes républicains de Saddam alors qu'elle faisait route vers Bagdad. Le frère de Rashid fut « assassiné » dans les règles de l'art par son propre hélicoptère. Saddam remplaça le pilote par un de ses hommes et ordonna à ce dernier de se rendre à Bagdad. Le nouveau pilote attendit que le commandant approche de l'appareil, puis soudain, il lança le moteur et enclencha le rotor : les pales décapitèrent l'officier.

Le général Rashid aurait dû connaître semblable destin, mais heureusement pour lui, sa fille avait épousé Kusai, le fils de Saddam. Il fut donc simplement placé en résidence surveillée.

Hélas, pour l'Irak, pour la région du Golfe, et pour le monde entier, Saddam avait fait preuve d'un tel acharnement dans l'élimination de toute opposition qu'il ne restait plus aucun leader susceptible de prendre le pouvoir et de diriger correctement le pays, même si l'occasion se présentait.

Saddam fit déporter, torturer et assassiner tous les opposants chiites. Le gazage des populations kurdes, autre groupe qui aurait pu se soulever contre son autorité, est un fait bien connu. En revanche, le rôle joué par le Mukhabarat dans ce génocide l'est beaucoup moins. Le Mukhabarat envoyait un de ses agents féminins pour vendre aux Kurdes un célèbre yaourt de fabrication artisanale. Le yaourt, empoisonné au cyanure et à la mort-aux-rats, tuait tous ceux qui en consommaient. La même tactique fut employée en Europe pour éliminer les individus censés représenter une menace.

Les militants du Da'wah, les Kurdes, les membres rebelles du parti et les officiers qui lui faisaient de l'ombre avaient tous été supprimés. On les déposait devant chez eux dans des caisses, après les avoir gazés, tués par balle, ou décapités.

Dans cette atmosphère, pas étonnant qu'il n'y ait aucune opposition démocratique digne de ce nom. Il existe un rassemblement baptisé « Front démocratique libéral », principalement basé en Angleterre. Ses membres sont manipulés par le gouvernement britannique depuis la chute de la monarchie irakienne. Leur chef est le fils de Salih Jabur qui fut le Premier ministre du roi Faysal.

Le Front démocratique libéral édite des bulletins et des pamphlets, organise des réunions, mais pour les Irakiens qui vivent sous la botte de Saddam, tout cela demeure lointain et inutile.

Pour avoir une juste idée de leur poids, il suffit de savoir que le Mukhabarat n'a jamais pris la peine de les réduire au silence.

Nous commencions tous à nous demander s'il resterait encore quelqu'un pour diriger l'armée ou le pays après Saddam. Comble de l'ironie, après l'humiliante défaite infligée par les Américains en 1991, Saddam se tournerait vers Rashid qui n'avait rien perdu de son crédit auprès des soldats et des derniers officiers émérites, pour l'aider à sauver ce qui pourrait encore l'être.

Soudain, après huit années de tueries, l'Iran et l'Irak se proclamèrent l'un et l'autre vainqueurs. Ils signèrent un cessez-le-feu, et les combats s'arrêtèrent. C'était le 8 août 1988.
A Bagdad, la population fêta l'événement en poussant des cris de joie, en dansant et en tirant des coups de feu en l'air. Cette nuit-là, nous sortîmes dans les rues de la capitale pour nous joindre à la foule. Ce fut un des rares instants de bonheur total et incontrôlé que connut l'Irak de Saddam, et cela me parut le moment idéal pour demander à Ban de m'épouser.
— Je sais que je risque de ne t'apporter que des ennuis pendant quelque temps, mais un jour nous serons débarrassés de tout ça. Et je t'aime. J'ai besoin de toi plus que tout. Je t'en supplie, accepte de m'épouser.
— Bien sûr que j'accepte, répondit-elle simplement.
Ivre de joie, je lui offris le magnifique diamant que je lui destinais. Terriblement heureuse, souriant à travers ses larmes, elle contempla la bague et leva les yeux vers moi. J'avais du mal à croire à ma chance.

En octobre 1988, l'Irak organisa des réjouissances à Babylone en l'honneur de notre Nabuchodonosor des temps modernes, Saddam Hussein.
L'Irak actuel est l'héritier de deux anciennes cultures, une implantée au nord et l'autre au sud. Au nord vivait le peuple de la pierre, les Assyriens. Ils régnèrent sur cette région avec une efficacité brutale mais éclatante. En dépit de leurs palais et de leurs villes construits pour durer, l'empire assyrien fut finalement renversé par la coalition des Chaldéens et des Mèdes. Aujourd'hui, il ne reste que leurs gigantesques monuments de pierre, dont la plupart se situent près de Mossoul, au nord-ouest de Kirkuk. Certaines de ces immenses figures mesurent près de 7 mètres de haut, et chacune représente un taureau mythologique aux ailes déployées, avec une tête d'homme-dieu coiffée d'une grande couronne.
L'autre civilisation ancienne de l'Irak, dans le sud, est celle des Sumériens et des Babyloniens, les peuples de la boue. Ses vestiges n'ont pas aussi bien survécu que ceux des Assyriens, car les monuments n'étaient pas en pierre. Pourtant le génie de ces peuples a

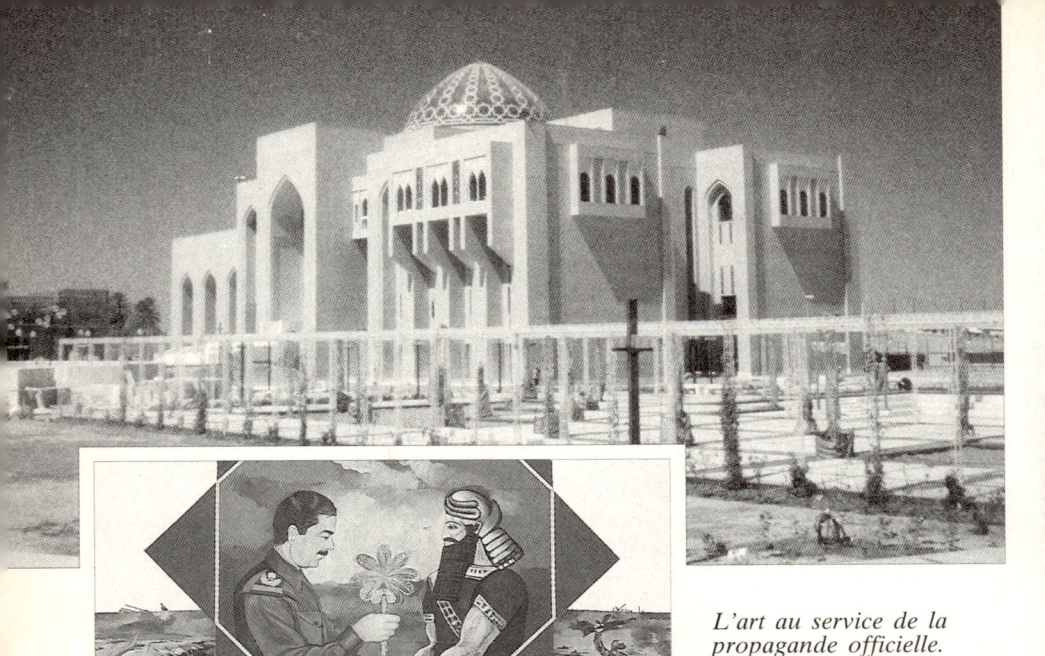

L'art au service de la propagande officielle. Ci-dessus le somptueux palais Sajood sous lequel est construit le célèbre bunker de Saddam Hussein. Ci-contre tableau figurant le despote et Nabuchodonosor.

enfanté l'une des Sept Merveilles du monde : les jardins suspendus de Babylone. Des dessins et des écrits nous sont parvenus pour attester la magnificence de ce palais de fleurs au cœur du désert.

Mais les Irakiens avaient surtout présente à l'esprit une autre action d'éclat de Nabuchodonosor : la défaite et l'asservissement des juifs. Nous ne l'étudiions pas seulement à l'école, on nous le rappelait régulièrement dans nos vies d'adultes. Les responsables de la propagande soulignaient le parallèle moderne : notre glorieux Saddam face à l'ennemi juif, prêt à conquérir Israël.

Saddam décida de bâtir une réplique de l'ancien palais de Babylone. Ce projet arracha certainement des cris d'effroi aux archéologues du monde entier. Cette restauration consistait à ériger un nouveau palais sur les fondations de l'ancien, enfouissant plus profondément encore les rues et les remparts de la cité disparue.

Saddam se mit également en tête de recréer les jardins suspendus. Un concours public fut lancé afin de choisir le meilleur projet. Pour obtenir l'effet recherché et pouvoir irriguer les jardins, il fit détourner les eaux de l'Euphrate qui coulèrent désormais devant les portes du palais qu'il avait fait construire sur les ruines de la demeure de Nabuchodonosor. Saddam apparaissait lui aussi comme un homme-dieu. Cependant, à l'instar de n'importe quel tyran mortel, il avait besoin d'« anges gardiens ». Ainsi, quand il alla à

*Une illustration de la mégalomanie du président irakien :
la réplique de l'ancien palais de Babylone
construite sur les vestiges mêmes de la cité antique.*

Babylone pour assister au grand spectacle, je dus m'y rendre moi aussi. J'étais pour l'occasion l'un de ses nombreux gardes du corps.

Le grand spectacle devait être un défilé de mode. Oui, un défilé de mode. Tel était le souhait de Sajidah, l'épouse – et cousine germaine – de Saddam, qui, en temps ordinaire, restait à l'écart des projecteurs, sage précaution dans un pays du Moyen-Orient. Les épouses trop en vue comme Jihan, la femme du président égyptien Anouar el Sadate, ou Farah, l'épouse du chah, finissent par provoquer la colère de la population mâle réactionnaire, et également d'une bonne partie de la population féminine.

De ce fait, Mme Saddam Hussein gardait un profil bas, limitant ses activités à des domaines secondaires, telle la mode féminine. Sajidah avait fondé la Maison de la mode pour satisfaire ses goûts. De Paris elle se faisait envoyer des vêtements signés Saint Laurent et Dior que ses couturiers étaient chargés de copier mais en y apportant quelques touches irakiennes de son choix. Le procédé était le même qu'avec les missiles et les tanks.

A l'occasion de cette fête, la Maison de la mode devait présenter d'anciennes tenues babyloniennes. Saddam en personne présiderait le spectacle. C'était une nuit chaude, avec une légère brise murmurant dans le désert. En arrivant à Babylone, Ban et moi suivîmes la foule jusqu'à l'amphithéâtre « antique » mais flambant neuf. Les

103

gardes du Mukhabarat étaient censés se mêler au public et ne pas laisser deviner leur fonction officielle. Nous n'eûmes pas le temps de visiter le nouveau palais, et j'en fus quelque peu déçu. Nous gravîmes l'escalier pour nous poster près de l'entrée supérieure droite, assis tout au fond, prêts à intervenir en cas de besoin. Il y avait des gardes comme moi dans tous les coins ; les troupes d'élite formaient un cercle autour du couple présidentiel et de ses invités, assis sur une estrade près de la scène.

Lors de chacune de ses apparitions publiques, Saddam était entouré de trois cercles de sécurité. Le premier se composait d'hommes armés jusqu'aux dents choisis parmi la Garde présidentielle, des parents de Saddam généralement. Ils demeuraient aux côtés du président, prêts à tirer et à poser ensuite les questions. C'est ainsi qu'ils abattirent un grand nombre d'innocents qui, sans réfléchir, s'étaient approchés de Saddam et avaient glissé la main dans leur poche pour en sortir une lettre dans laquelle ils sollicitaient de l'aide pour tel ou tel problème. Le deuxième cercle était constitué d'officiers et d'agents du Mukhabarat. Les officiers étaient en uniforme et armés. Les agents, dont je faisais partie, étaient habillés en civil et sans arme. Notre tâche consistait à contenir la foule autour de Saddam. Enfin, il y avait un troisième cercle, extérieur, composé de membres de la section locale de l'Amn. Leur mission concernant la sécurité dans son ensemble et les évacuations d'urgence, la préférence allait à des habitants du coin qui connaissaient le terrain. Le principe était de constituer une force de sécurité composite au cas où l'une des cellules se montrerait déloyale. Saddam ne voulait pas connaître le même sort que Sadate, assassiné alors qu'il passait ses propres troupes en revue du haut de sa tribune.

L'amphithéâtre était éclairé par des torches qui vacillaient aux accords de la musique ancienne de Babylone. Les tambours de guerre annoncèrent le début du spectacle. Dieu merci, étant obligé de tourner le dos à la scène pour surveiller le public, je n'eus pas à assister à cette parodie de défilé de mode. J'avais l'esprit totalement accaparé par ma tâche, n'osant imaginer le châtiment réservé à celui ou ceux qui ne sauraient pas protéger Saddam. Néanmoins, je me disais que toutes ces mesures de protection étaient superflues. Le diable en personne le protège.

Dans ces occasions, Saddam offre l'image d'une sorte de parrain à la Marlon Brando, distant, méprisant, saluant ses sujets d'un vague signe de la main. C'est un homme puissant capable de commander ses hommes d'un simple battement de paupières. Néanmoins, il ne possède pas un véritable charisme naturel. Son aura provient de son pouvoir brut. Plutôt que d'inspirer la dévotion, il instille la peur.

LE CERCLE DE LA PEUR

Peut-être partageait-il mon point de vue concernant le défilé de mode de sa femme, car il s'en alla au beau milieu du spectacle. Je dus le suivre, et abandonner Ban. Outre son armée de gardes du corps, Saddam se faisait toujours accompagner d'un photographe chargé de capter tous les instants de sa vie publique. Chaque jour, chaque heure, chaque minute, chaque seconde. Saddam voulait être sûr que la moindre tentative d'assassinat contre sa personne serait enregistrée. A en croire ses intimes, il aimait ensuite visionner les films des attentats manqués.

Les gardes subalternes comme moi furent congédiés avant de pouvoir le suivre jusqu'à son palais où, j'imagine, il communia avec Nabuchodonosor.

10

GARÇON DE COURSES POUR ABU AL-ABBAS

Peu de temps après le spectacle de Babylone, je me rendis un soir chez Ahmed Zaki, un de mes acheteurs de disquettes que je connaissais depuis l'école. J'avais toujours rêvé d'avoir un père comme le sien. M. Zaki ne ressemblait à aucun autre père, et surtout pas au mien. C'était un homme chaleureux et sympathique qui aimait son fils. Quand j'allais chez eux, nous jouions parfois jusqu'à 6 heures du matin à un jeu de stratégie nommé « Risk ». La maison d'Ahmed Zaki n'avait rien à voir avec la nôtre. C'était une maison pleine de vie.

M. Zaki avait combattu dans les rangs de l'OLP au Liban en 1975 et 1976. Des centaines d'Irakiens tels que lui appartenaient au Front de libération arabe, un groupe de combattants volontaires envoyé par Bagdad pour venir en aide aux Palestiniens. Ces hommes étaient entraînés par l'Estikhbarat sous les ordres de Sabir al-Dhoury, également chargé de la préparation des factions de l'OLP, ainsi que des moudjahidin iraniens réfugiés en Irak. Ceux-ci constituaient un des nombreux groupes d'Iraniens en exil opposés à Khomeyni. Leur présence était discrète car Saddam ne voulait pas passer aux yeux du monde pour un terroriste comme Kadhafi.

Compte tenu du passé de M. Zaki, il n'y eut pas lieu de s'étonner lorsqu'un des plus célèbres terroristes palestiniens au monde entra chez lui, accompagné de quelques acolytes. Il s'agissait en effet d'Abu al-Abbas, l'instigateur du détournement du bateau de croisière *Achille Lauro* en 1985.

Abu al-Abbas n'était pas le seul extrémiste palestinien à avoir été reçu chaleureusement à Bagdad. Bien avant lui, Abu Nidal – futur responsable des sinistres attentats perpétrés dans les aéroports de Rome et de Vienne en 1985 – s'était lui aussi installé à Bagdad après sa rupture avec Yasser Arafat. Par la suite, Abu Nidal avait été renvoyé à Damas quand Saddam avait souhaité être rayé de la liste des terroristes établie par les Américains, afin de recevoir leur aide en 1981. Personne n'était réellement dupe. Les États-Unis avaient joué le jeu car, à cette époque, ils commençaient à redouter une possible défaite de l'Irak dans sa guerre contre l'Iran. Selon certaines sources, Abu Nidal était revenu à Bagdad plus tard. Les relations particulières qu'entretenait Saddam avec ces hommes remontaient à sa violente rupture avec l'OLP d'Arafat. Au milieu des années 70, l'Irak avait accueilli de nombreux militants de l'OLP, par solidarité avec les victimes des ambitions d'Israël. Mais l'organisation avait fait exactement ce qu'elle avait commencé à faire au Liban, à savoir essayer de bâtir un État dans l'État. En apprenant qu'ils avaient construit leurs propres prisons et établi leur propre système judiciaire au nord-ouest de Bagdad, Saddam avait jugé les Palestiniens indésirables.

Une guerre totale éclata alors entre l'OLP et le régime irakien. La Syrie aida et encouragea la première, permettant à certains de ses membres établis sur son sol de mettre sur pied des raids en Irak. En mars 1978, le groupe Fatah de l'OLP, dynamita l'ambassade d'Irak à Bruxelles. Les bureaux d'Iraqui Airways furent plastiqués, des voitures et des colis piégés frappèrent des cibles irakiennes de Francfort à Athènes. Le Mukhabarat mit en branle ses machines à tuer en Europe, visant les hommes de l'OLP de Londres à Amsterdam. La guerre ne s'arrêta que lorsque Saddam conclut avec Hafiz al-Asad, le président syrien, une trêve très temporaire.

Abu Nidal et Abu al-Abbas étaient l'un et l'autre à la tête de factions palestiniennes ayant rompu avec Arafat, surtout à cause de relations jugées trop amicales entre l'OLP et la Syrie et de la modération du chef de l'OLP. De ce fait, Saddam se fit un plaisir de les accueillir en Irak.

Abu al-Abbas était installé à Bagdad depuis le détournement de l'*Achille Lauro*, au cours duquel Leon Klinghoffer, un passager juif américain handicapé, avait trouvé la mort. Lorsque la justice les poursuivit, Abbas et ses sbires trouvèrent refuge auprès de Saddam. Abu al-Abbas vivait depuis comme un prince. Il avait les clés de la ville. Tout ce qu'il désirait, on le lui fournissait, qu'il s'agît d'armes ou de femmes. C'est curieux comme les tueurs de sang-froid tels que lui savent se montrer bien élevés et charmants en société.

Ce soir-là, dans le vaste salon de M. Zaki, Abbas et ses hommes, confortablement assis, burent du thé tout en discutant paisiblement de trafic d'armes. La discussion portait sur la manière de se procurer des fusils automatiques. Je compris rapidement que M. Zaki, en réalité le numéro deux après Abu al-Abbas, était responsable des opérations sur le terrain.

Au cours de la conversation, j'intervins pour dire que je connaissais un marchand d'armes.

— Il les fait venir du nord de l'Irak et les revend à tous ceux que ça intéresse.

Tout le monde dressa l'oreille.

— Est-il digne de confiance ? demanda Abu al-Abbas.

« Question importante venant de lui », pensai-je.

— A ma connaissance, oui, répondis-je, poussant un soupir de soulagement lorsqu'on aborda un autre sujet.

Le lendemain, je reçus un coup de téléphone de M. Zaki.

— Nous voudrions vous parler de l'affaire que vous avez mentionnée hier soir.

A contrecœur, j'acceptai de passer le voir.

— Nous vous faisons confiance, dit-il. Nous voulons acheter quelques bricoles à votre type. Principalement des pistolets. Pouvez-vous organiser une transaction ?

Je me sentais comme une mouche prise dans une toile d'araignée. L'araignée du Mukhabarat pouvait se cacher n'importe où. Que mijotait Abu al-Abbas ? Il s'était entraîné en Irak, et Saddam avait fourni les armes. Abbas possédait un arsenal complet, depuis les grenades défensives jusqu'aux lance-roquettes multiples. En outre, il lui suffisait de frapper à la porte du palais présidentiel pour se procurer tous les pistolets dont il avait besoin. Pourquoi souhaitait-il, apparemment, agir dans le dos de Saddam ? Voulait-il constituer un stock secret ? Peut-être projetait-il de faire la même chose que l'OLP au Liban et devenir finalement un État dans l'État (ce qui se révélerait exact en grande partie).

Que devais-je faire ? Refuser ? En parler au Mukhabarat ? S'agissait-il une fois de plus d'une mise à l'épreuve ? Je décidai de ne prendre aucun risque.

— Entendu, dis-je. Je vais vous mettre en contact avec lui.

— Vous serez notre intermédiaire, c'est préférable ainsi.

Préférable pour qui ? Je me le demandais. Et je me rendis de ce pas au quartier général du Mukhabarat pour faire mon rapport.

Firas demeura impassible, réfléchit un instant et déclara :

— Nous leur fournirons les armes. Laissez votre contact en dehors de tout ça. Je vous enverrai un homme pour vous aider à faire la livraison.

« Formidable », songeai-je. Voilà que j'allais vendre pour le compte du Mukhabarat des armes à Abbas, un terroriste. J'allais tromper un des hommes les plus dangereux de la planète. Et qui le Mukhabarat cherchait-il à tromper ? Je l'ignorais. Tout ce que je savais, c'est qu'ils allaient ramasser un joli bénéfice, sans que personne ne fût au courant. Pas même Saddam. Qui aimerait vivre si dangereusement ? J'informai M. Zaki que j'étais en mesure de lui fournir les armes.

Quelques jours plus tard, un agent de Firas vint chez moi avec une camionnette. Une autre le suivait. Nous nous rendîmes chez Zaki. Presque aussitôt, une Range Rover tourna au coin de la rue et s'arrêta à notre hauteur. Abbas en descendit, vêtu d'un léger costume de brousse. Nous prîmes une des caisses et entrâmes dans la maison.

Calmement, Abbas l'ouvrit à l'aide d'un pied-de-biche, sortit un pistolet, puis un second, les inspectant l'un après l'autre de manière superficielle. Puis il hocha la tête, souleva la mallette en cuir marron posée à ses pieds et l'ouvrit devant moi.

— Voulez-vous compter ? demanda-t-il d'un ton distrait.
— Non, merci, répondis-je en regardant les liasses de billets. Je suis sûr que le compte y est.

J'allai dans la cuisine et revins avec un sac-poubelle noir dans lequel je mis l'argent. Je remerciai Abbas et rentrai directement chez moi, pour remettre ensuite l'argent aux hommes d'Abu Firas. Je ne revis plus jamais Abbas, mais des amis m'affirmèrent qu'il ne lui était rien arrivé après notre petite transaction.

De toute évidence, Saddam était parvenu à une sorte d'arrangement avec ces Palestiniens, et il était tout aussi impliqué dans le terrorisme international que l'Iran, la Syrie ou la Libye. Seulement, il agissait avec davantage de discrétion.

Quelques années plus tard, quand les bombardiers américains effectuèrent leurs raids dévastateurs sur les objectifs irakiens, je me demandai s'ils avaient pleinement conscience des conséquences de leur action. « Chaque bombe, songeai-je, recevrait un jour une réponse, dans n'importe quelle ville à travers le monde, si Saddam ou l'un de ses alliés de l'ombre en donnaient l'ordre. »

Ma vie au sein du Mukhabarat retrouva son cours normal, si je puis dire. Un jour, lors d'une réunion de routine, Abu Firas se montra tout à coup fort amical. Il me proposa un bon moyen d'investir l'argent que m'avaient rapporté mes divers commerces, une petite fortune s'élevant à 20 000 dinars, soit 70 000 dollars au cours officiel, 7 000 au marché noir. Il m'expliqua qu'il connaissait un ancien espion syrien aujourd'hui directeur de l'hôtel Al Qadisiya et de son night-club. Si j'investissais de l'argent dans cet hôtel, Abu Firas me verserait chaque mois 1 000 dinars d'intérêts.

LE CERCLE DE LA PEUR

Cela me paraissait déjà suffisamment louche ; mais il me demanda ensuite de ne jamais mettre les pieds dans cet hôtel et de ne parler de cette histoire à personne. S'il s'agissait d'un test, c'était ingénieux. A qui pouvais-je dénoncer Abu Firas lui-même ? A Azzawi, devenu chef du Mukhabarat. J'allai le trouver.

Le lendemain, Abu Firas fit irruption chez moi comme un ouragan.

— Vous voulez ma peau ? Vous cherchez à m'éliminer ? Pourquoi diable avez-vous parlé de cet investissement à Azzawi ?

— Il s'agit d'une combine pour gagner de l'argent, répondis-je. C'est le genre de choses que je suis censé dénoncer, non ?

— Vous ne comprenez pas. C'est un simple malentendu, dit-il et il me rendit mon argent.

Je m'apercevais maintenant que j'étais devenu l'un d'eux. Inconsciemment, je savais déjà que ce n'était pas un test. J'étais un agent du Mukhabarat qui en dénonçait un autre, un Irakien qui dénonçait un autre Irakien. Aucune excuse. Aucune justification. Et désormais, je savais qu'ils m'entraîneraient de plus en plus vers le fond, si profondément que j'en oublierais mes anciennes valeurs. Ils me feraient subir un lavage de cerveau complet, simplement en me forçant à agir pour eux comme je le faisais déjà chaque jour.

Je compris que je ne devais plus seulement penser à la fuite, je devais réagir si je ne voulais pas m'autodétruire. Si je restais plus longtemps, j'allais immanquablement avoir des ennuis avec mes maîtres. Si je commettais un faux pas, la grâce dont j'avais bénéficié serait annulée.

La seule chose qui me permettait de demeurer sain d'esprit et maître de moi, c'était ma tendre Ban. Son amour pour moi, et celui que je lui portais, m'aidaient à tenir le coup. Je décidai une fois de plus de sauter le pas et de m'enfuir à Beyrouth.

Le Mukhabarat avait instauré un programme d'entraînement destiné à quelques hommes sélectionnés pour aider les factions antisyriennes au Liban. Je me porterais volontaire. Une fois là-bas, je prendrais la clé des champs.

Depuis la fin de la guerre avec l'Iran, les Irakiens avaient de nouveau le droit de voyager. Mon plan était d'envoyer Ban en vacances quelque part, à Paris par exemple, et de la rejoindre depuis Beyrouth. Ensuite, nous disparaîtrions dans un coin perdu du globe. Ban fut horrifiée par mon idée.

— Au Liban ! s'exclama-t-elle. Tu n'y penses pas !

— Si je ne saisis pas cette occasion, il n'y en aura peut-être jamais d'autre. Abu Firas m'en veut depuis l'affaire de l'hôtel.

Ban se mit à pleurer.

— Je ne pourrai pas le supporter. Tout est déjà contre nous. Tes parents, les miens, cette affreuse police secrète, ce pays sens dessus dessous, et voilà que tu veux aller à Beyrouth.

— Je n'ai pas envie d'y aller, dis-je pour essayer de la calmer. Mais je ne vois pas de meilleure solution. D'ailleurs, je ne serai pas à Beyrouth même, l'opération se déroule à Junieh.

— Ne pars pas. Le Liban n'est qu'un champ de tir.

Elle avait raison. Et moi aussi. Je devais tenter ma chance. J'écrivis à Azzawi pour demander à être envoyé au Liban.

Au cours des années 80, Saddam avait changé de tactique en ce qui concernait ce pays. Les volontaires du Front de libération arabe furent remplacés par les hommes du Mukhabarat qui montraient davantage de sang-froid. Des agents triés sur le volet reçurent un entraînement spécial pour cette mission. En réalité, le Liban était un champ de bataille supplémentaire dans la guerre que Saddam livrait à la Syrie de Hafiz al-Asad pour la suprématie du monde arabe.

Saddam soutenait la milice chrétienne – les Forces libanaises –, simplement parce qu'elle était l'ennemie de la Syrie au Liban.

La réponse à ma requête me parvint presque aussitôt sous forme d'un accord officiel signé par Abu Firas. Après le fiasco de l'hôtel, il était ravi de se débarrasser de moi.

Tout en achevant mon année universitaire, je me mis en quête d'un passeport tunisien.

Pour commencer, je m'assurai que le Mukhabarat ne possédait pas d'agent ou d'informateur au sein de l'ambassade de Tunisie. Si jamais quelqu'un apprenait à mes collègues que je sollicitais un passeport tunisien, j'étais fichu. Quelques questions discrètes dans mon entourage professionnel m'apprirent que l'ambassade de Tunisie était une des rares ambassades auxquelles on ne s'était jamais intéressé.

En outre, j'avais besoin des vieux papiers d'identité de mon père pour pouvoir réclamer un passeport en tant que fils de ressortissant tunisien.

Je n'étais pas tranquille en fouillant parmi les affaires qu'il avait laissées dans son bureau à la maison, comme si j'avais senti son regard depuis l'autre côté de l'océan.

Après avoir trouvé ce que je cherchais, je retournai en cours et m'esquivai avant la fin. Personne ne songerait à me surveiller à un moment où j'étais censé étudier bien sagement. Je rentrai néanmoins chez moi, par mesure de précaution. Pour ensuite ressortir par derrière, escalader la clôture du voisin, et de là, rejoindre la voiture que j'avais empruntée à un ami.

Les employés de l'ambassade se montrèrent polis et coopératifs.

Il me fallut malgré tout attendre plusieurs semaines au cours desquelles ma nervosité ne cessa de croître. Finalement, ils me délivrèrent un passeport. J'étais prêt. Ban était paralysée par l'angoisse ; néanmoins elle accepta courageusement de jouer son rôle.

Puis, contre toute attente, je fus convoqué par Abu Firas. Rempli d'une vive inquiétude, je me rendis au quartier général.

— Vous êtes déchargé de votre mission au Liban, déclara-t-il.

J'étais abasourdi.

— Pour quelle raison ?

— Il y a trop de travail ici.

11

LE DIEU NUCLÉAIRE

Tammouz, aussi appelé Osirak, était le dieu des morts. Saddam rêvait de posséder son pouvoir. C'était comme s'il voulait « être » Osirak. Et quel meilleur moyen d'y parvenir qu'en maîtrisant le pouvoir destructeur de l'atome ? Il avait donné le nom de ce dieu à son réacteur nucléaire, et il allait bientôt acquérir la bombe.

Mais les Israéliens avaient pulvérisé ses rêves en bombardant le réacteur en 1981. Les travaux de reconstruction avançaient trop lentement au goût de Saddam. Il en avait confié la responsabilité à un département scientifique spécialisé dans l'énergie nucléaire. Il décida alors de dissoudre ce département et de placer le programme nucléaire sous le contrôle du Jihaz al-Amn al-Khas, les services de sécurité privés de l'armée et de l'industrie.

Inutile désormais de faire croire qu'Osirak était un projet civil pacifique. Le Mukhabarat reçut pour ordre de mener une enquête approfondie sur toutes les personnes travaillant à ce projet.

C'était ma nouvelle mission. Celle qui m'obligeait à rester.

— Vous devrez surveiller de près un des ingénieurs responsables, m'expliqua Abu Firas. Et nous faire part de vos moindres soupçons à son sujet. Désormais, il s'agit d'un projet ultrasecret.

Tout le monde en Occident – et dans le monde entier – croyait que l'usine d'Osirak avait été complètement détruite par les Israéliens en 1981. Or elle vivait encore. Moi-même je fus stupéfait de l'apprendre.

— Mais tous les journaux, toutes les télévisions, tout le monde a dit que le site avait été totalement balayé.

Abu Firas éclata de rire.

— C'est ce que nous avons laissé croire. Sinon, les Israéliens risquaient de revenir pour achever le travail. Mais le cœur du réacteur est intact. Et au lieu d'attendre qu'ils reviennent pour achever le travail, c'est nous qui allons les achever !

J'étais horrifié. Il parlait sincèrement. Pour les gouvernements occidentaux, l'idée d'une attaque nucléaire demeurait inconcevable, mais ils ne comprenaient pas que Saddam était tout à fait capable de l'inconcevable.

Je reçus pour mission de nouer contact avec un ingénieur nommé Muhammad Ali. Étant donné qu'il s'agissait d'un parent, je n'eus aucun mal à l'approcher et à faire naître une amitié, bien qu'il habitât à une heure de voiture de Bagdad. Comme moi, il avait fait ses études en Angleterre. Il avait décroché un doctorat en physique nucléaire à Newcastle, et nous passions des après-midis entiers à évoquer l'Angleterre.

Pendant cinq ou six ans, il avait été responsable du fonctionnement des chaudières de la centrale nucléaire. Après le raid des Israéliens, il fut envoyé en Allemagne, en France, au Japon et au Koweït pour y acheter les matériaux nécessaires à la reconstruction.

Pour Muhammad Ali, c'était un travail comme un autre, et il l'exécutait de son mieux. Comme tant d'Irakiens, il avait perdu tout sens moral dans le monde pervers de Saddam Hussein. Il n'avait aucune notion de ce qu'il faisait. A l'instar des Occidentaux, il ne pouvait envisager l'inconcevable : une attaque nucléaire.

Ali était l'homme idéal. Je rédigeai un rapport favorable, expliquant qu'il ferait exactement ce qu'on lui ordonnerait.

En rendant mon rapport à Abu Firas, je demandai :

— Les Israéliens sauront ce que nous préparons et ils reviendront, n'est-ce pas ?

— Cette fois ça ne sera pas aussi simple. Nous sommes prêts. On s'est occupés de ces abrutis qui dormaient à poings fermés à côté des batteries antiaériennes et des missiles sol-air. Leurs remplaçants garderont l'œil ouvert, croyez-moi.

— Peut-être, mais les Israéliens n'abandonneront pas.

Abu Firas me gratifia d'un petit sourire satisfait.

— Tous nos œufs ne sont plus dans le même panier. Nous avons stocké une importante quantité d'uranium enrichi dans les galeries souterraines du barrage de Dukan.

Je n'insistai pas. J'étais sur un terrain dangereux, et je ne voulais surtout pas en savoir trop. Le barrage était situé sur le Petit Zab, une rivière au nord de Kirkuk, presque à la frontière iranienne.

Saddam n'avait pas renoncé à devenir le dieu de la mort. Il y avait d'autres installations nucléaires à Hammam Ali et Erbil. Mais pour ne rien laisser au hasard, il continuait à fabriquer d'autres instruments de mort : gaz neuroplégique, gaz moutarde, bacille typhique. Et la bactérie la plus mortelle de toutes : l'anthrax.

Des usines chimiques étaient implantées autour de Badgad, et presque tout le monde avait entendu parler de ce mystérieux scientifique canadien, un des hommes clé du programme de fabrication d'armes chimiques, compatriote et ami de Gerald Bull.

Bull continuait à travailler sur le super-canon. Mais les obusiers modifiés subissaient de nouvelles transformations pour lancer ce qu'on appellait des armes binaires : des ogives spéciales contenant deux substances chimiques qui, au moment de l'explosion, entraient en réaction pour former des gaz mortels. C'est sur ce mélange toxique que travaillait le mystérieux scientifique. Du moins, c'est la rumeur qui circulait dans les couloirs du Mukhabarat.

Comme d'habitude, la cible visée était Israël.

Des villages entiers de Kurdes servirent de terrains d'expérimentation pour les innovations chimiques. Les premiers tests furent rudimentaires mais concluants. Des Ilyushin soviétiques se contentèrent de survoler la zone visée et de larguer des fûts contenant le produit. Au moment de l'impact, les substances chimiques initialement enfermées dans des compartiments séparés se mélangeaient et devenaient mortelles.

Le 16 mars 1988, après avoir amélioré le procédé, les Irakiens testèrent leurs bombes chimiques sur les habitants de Halabja. Le village fut rayé de la carte en quelques secondes. D'autres villages des environs reçurent un traitement identique lancé par des obusiers à longue portée. Ce génocide ne parvint aux oreilles du monde qu'après la signature du cessez-le-feu entre l'Irak et l'Iran, qui intervint plus tard au cours de la même année.

Les Kurdes étant devenus ses boucs émissaires, Saddam ordonna à ses officiers de les utiliser comme cibles pour tester les bombes à fragmentation importées du Chili, puis les bombes à fragmentation modifiées baptisées Siggils, tirées par des lance-missiles multiples. Le missile Ababil fut lui aussi testé afin de déterminer l'étendue de son rayon d'action. Ce fut un succès retentissant.

Dans un genre d'exercice plus traditionnel, Saddam fit détruire par ses hélicoptères de combat 36 villages de la région de Imadya, au nord du pays, ne laissant aucun survivant. Après quoi, il envoya sur place des unités spéciales pour démolir les rares vestiges des fragiles habitations. Pour finir, il fit raser tous les villages situés à moins de 30 kilomètres des frontières iranienne et turque. La guerre servit de prétexte à ce massacre. Pour créer un *no man's land* le long de la frontière il fallait exterminer les Kurdes. Puis, afin d'empêcher les gens de venir s'installer là, toute la zone fut minée.

Durant l'été 1988, les Kurdes servirent à nouveau de cobayes pour tester des armes bactériologiques. Les scientifiques militaires voulurent expérimenter leur bacille de la typhoïde, mais pour des raisons demeurées obscures, ce fut un échec.

Des usines d'armes biologiques étaient implantées à Kut et à Suwera, au sud-est de Bagdad, au bord du Tigre. Je n'ai jamais très bien su ce qu'on fabriquait à Kut. A Suwera, on cultivait le bacille typhique. Un ami qui travaillait à proximité vint me voir un jour et me raconta avec délice le dernier accident survenu.

— Aujourd'hui, il a fallu vacciner tous les habitants des environs à cause d'une grave alerte dans les laboratoires, dit-il en riant. Si tu avais vu la panique !

Et de s'esclaffer.

En Irak, les gens ne font quasiment plus la différence entre la vie et la mort. Que vous soyez vivant ou mort, c'est la même chose. Parfois, lorsque vous pleurez pendant longtemps, vous finissez par faire un retour sur vous-même et alors vous vous mettez à rire. En Irak, si vous savez que vous allez mourir, vous prenez un raccourci et vous éclatez de rire directement, sans prendre la peine de pleurer.

Selon moi, ce genre de mentalité est une des raisons pour lesquelles, la plupart du temps, les Occidentaux ne comprennent pas le Moyen-Orient, même sur un plan individuel. Ils restent perplexes, voire agacés, devant notre façon de réagir à certaines situations.

Que cette réaction soit la conséquence du régime brutal de Saddam ou bien un trait de notre caractère, nos sentiments moraux sont comme atrophiés. Ce penchant morbide qui s'est insinué dans nos âmes est peut-être plus terrible encore que toutes les tortures et tous les assassinats.

J'avais envie de vivre. De vivre pleinement. Et pour cela, j'avais besoin de deux choses : la liberté et Ban. Nous abordâmes de nouveau le sujet, un jour où nous partions faire une petite promenade près d'un lac à la périphérie de Bagdad.

— Dès que j'en aurai trouvé le moyen, nous ficherons le camp, lui dis-je tandis que nous roulions sur l'autoroute.

— Mais comment ? demanda-t-elle, avec son sens pratique habituel. Ils nous retrouveront.

— Non. Je sais comment disparaître. Ils m'ont offert un billet d'avion pour aller voir mon adorable père à Manille. Car c'est lui désormais l'honorable ambassadeur dans ce pays, expliquai-je.

— Et tu vas y aller ?

— Pas si je peux faire autrement. Mais si je n'utilise pas mon visa de sortie dans un délai de soixante jours, ils me confisqueront mon passeport et ensuite, je ne pourrai plus quitter le pays pendant des années. Il faut agir vite.

LE CERCLE DE LA PEUR

— Tu leur as dit qu'on venait par ici aujourd'hui ? Tu es censé les prévenir, non ? demanda-t-elle.

Sa question était prophétique. Alors que nous approchions d'un point de contrôle, les soldats nous ordonnèrent de nous arrêter. En me garant sur le bas-côté, je pensai qu'il s'agissait certainement d'agents du Mukhabarat ; on construisait non loin de là un nouveau palais pour Saddam. Ils me sortirent brutalement de la voiture et me plaquèrent contre le capot pour me fouiller.

La pauvre Ban était terrorisée. J'étais furieux.

Encore un coup d'Abu Firas. Je ne l'avais pas mis au courant de notre petite balade. Une fois de plus il voulait montrer qui était le chef. Les soldats exigèrent de voir nos papiers, avant de devenir encore plus désagréables.

— Alors comme ça, vous n'êtes pas mariés, hein ? Où allez-vous ? Vous cherchez un petit coin tranquille ?

L'un d'eux ricana, en posant un regard lubrique sur Ban.

— J'appartiens au Mukhabarat, dis-je finalement. Si vous ne me croyez pas, appelez le quartier général.

Cela les fit éclater d'un rire gras. Ils nous retinrent pendant trois heures, avant de nous relâcher.

— Vous n'aviez pas besoin de faire ça, surtout à Ban, protestai-je auprès d'Abu Firas, le lendemain au quartier général. Vous savez bien qu'elle ignore tout de mes activités.

— C'est entièrement votre faute, répliqua-t-il. La prochaine fois, vous obéirez au règlement.

Si j'avais encore quelques doutes, cela suffit à les dissiper. Ban et moi devions quitter ce pays.

— Vous allez vous rendre aux Philippines, reprit-il. Puis vous reviendrez ici pour apprendre à travailler avec des étrangers.

— Il y a une chose que j'aimerais faire avant. Me marier.

— Il nous faut l'autorisation de votre père, répondit-il avec prudence.

— Mon père est d'accord à condition que le Mukhabarat et les autres organismes concernés le soient.

Finalement, il nous fallait l'autorisation des trois services de sécurité : le Mukhabarat, l'Amn et l'Estikhbarat. Chacun mena sa propre enquête sur Ban.

Elle réussit l'examen de passage, mais Abu Firas déclara ensuite qu'elle devait se convertir à l'islam.

J'étais furieux.

— Pas question ! Je ne lui demanderai pas de rejeter tout ce en quoi elle a appris à croire. Jamais.

— Nous verrons, répondit-il. Quoi qu'il en soit, nous avons besoin de l'accord de ses parents.

115

Je poussai un soupir. Depuis le début, les parents de Ban étaient opposés à ce qu'elle fréquente un musulman. Tout était fait en Irak pour maintenir les barrières entre les différentes religions. Mais s'il existait une loi qui interdisait aux femmes musulmanes d'épouser un chrétien, les musulmans quant à eux pouvaient se marier avec une chrétienne s'ils avaient toutes les autorisations requises.

Humblement, je me rendis chez Ban pour plaider ma cause auprès de sa mère. Telle est la coutume lors d'une demande en mariage, car la fille est sous la responsabilité maternelle. Cette dernière finit par se laisser convaincre, car en définitive, le bonheur de sa fille était plus important à ses yeux que tout le reste. La mère de Ban ayant donné son accord, le père accepta lui aussi, comme le veut également la tradition. Nous décidâmes d'accélérer les choses. Une fois que les cérémonies religieuse et civile auraient été célébrées, nous serions autorisés à vivre ensemble. Abu Firas insistait toujours pour que Ban se convertît à l'islam, mais cela ne nous empêchait pas d'entreprendre la procédure légale.

Pauvre Ban. Elle avait été élevée dans l'espoir d'un beau mariage en blanc célébré dans une église ; au lieu de cela, je lui offrais une triste cérémonie dans un palais de justice.

Le mariage eut lieu le 11 novembre 1989. J'avais choisi exprès cette date, jour anniversaire de l'armistice en Occident. Cela donnait à notre union un côté symbolique auquel nous raccrocher au cours des épreuves qui nous attendaient.

— Je te promets que lorsque nous aurons quitté ce pays, dis-je, nous nous marierons une seconde fois. Nous organiserons une cérémonie chrétienne, à l'église, avec des tonnes de fleurs et une limousine. Le grand jeu.

— Oui, si nous réussissons à sortir, dit-elle à voix basse.

Je passai à l'action juste avant Noël. A cette époque, sa femme attendant un bébé, j'espérais qu'Abu Firas aurait l'esprit ailleurs. Le 24 décembre, j'achetai un billet d'avion à destination de la Jordanie, car je n'avais pas besoin de visa pour m'y rendre. Il s'agissait en quelque sorte d'un coup d'essai pour voir quel accueil je recevrais à l'ambassade américaine. Si on m'accordait asile, je pourrais retourner en Irak pour achever mes derniers arrangements financiers et organiser le départ de Ban.

A l'aéroport Saddam, j'étais tendu, persuadé de voir surgir une fois de plus le bras puissant du Mukhabarat. Rien ne se produisit. Soulagé, je montai à bord de l'avion.

A mon arrivée à Amman, je demeurais prudent, mais je sentais croître ma joie. C'est alors que je repérai un individu, la cinquantaine, vêtu comme n'importe quel homme d'affaires. Je traversai la foule en direction du bureau de change. Il m'accosta.

LE CERCLE DE LA PEUR

— Bonjour, dit-il d'un air jovial en prenant place dans la queue derrière moi au guichet. Vous êtes irakien vous aussi, pas vrai?
— Oui, répondis-je, effondré.
J'admis mon échec mais décidai de retourner leur petit plan et de jouer les sangsues au lieu que ce fût l'inverse.
— Nous pourrions peut-être nous aider mutuellement, suggérai-je. Je suis ici pour faire du shopping, mais je ne connais pas très bien Amman, alors...
— Pas de problème, je peux vous aider.
— Nous pourrions aussi partager les dépenses. Et l'hôtel.
— Excellente idée.
Nous partîmes ensemble. Cette façon de lier connaissance n'a rien d'inhabituelle au Moyen-Orient, et tout était parfaitement normal. En apparence. Nous savions l'un et l'autre qu'il s'agissait d'un jeu.
Nous fîmes du shopping et allâmes même au cinéma. Je rentrai à Bagdad deux jours plus tard, le cœur gros.
Abu Firas me mit aussitôt sur la sellette.
— Pourquoi êtes-vous parti sans nous faire part de vos projets?
— Je l'ai fait, dis-je avec calme. J'ai appelé de l'aéroport et j'ai laissé un message disant que j'allais faire du shopping à Amman.
Il me jeta un long regard noir.
— Ne jouez pas avec le feu, cracha-t-il. On ne prévient pas qu'on quitte le pays une demi-heure avant le départ. Compris?
Je comprenais parfaitement. Mon temps était compté.
J'entrepris de sérieux préparatifs en vue de ma fuite, sans savoir encore comment j'allais procéder. Je me mis en quête d'un passeport et d'un visa pour Ban. Grâce à mes relations, je pus obtenir les précieux documents en vingt-quatre heures.
— Dès que je te contacterai, lui dis-je, tu iras à Londres. Là-bas, j'enverrai quelqu'un te chercher ou bien je te rejoindrai dès que possible.
Je lui indiquai une adresse où loger.
Mon autre préoccupation était l'argent. Les dinars irakiens ne valaient rien hors du pays. Je convertis mes centaines de milliers de dinars en or et en bijoux (colliers, solitaires, bracelets d'émeraudes et de diamants, perles et pièces d'or), le tout représentant une valeur de dizaines de milliers de dollars.
Le soir, seul dans ma chambre, j'enveloppai l'or et les bijoux dans de petits paquets que je fourrai ensuite à l'intérieur d'un sac de voyage. Mais où diable pouvais-je bien aller? Et comment? Abu Firas semblait au courant de mes moindres déplacements.
Mon malheur fut total quand mon père débarqua pour l'une de ses visites régulières au ministère des Affaires étrangères. Puis je compris qu'il pourrait peut-être m'aider à m'enfuir. Si j'étais assez

malin pour le manipuler. Ironie du sort, il me demanda de lui changer de l'argent au marché noir. Je lui en procurai au meilleur taux ; ainsi, d'une certaine façon, il m'était redevable.

Je le retrouvai dans sa suite de l'hôtel Al Rashid où il logeait maintenant que sa séparation avec ma mère était irrévocable.

— Merci, dit-il d'un ton bourru lorsque je lui tendis l'argent. Tu ferais mieux de faire ce qu'ils te demandent, ajouta-t-il.

Cette allusion n'était plus un mystère pour moi. En cherchant les documents tunisiens de mon père, j'en avais découvert certains prouvant qu'il était un officier supérieur du Mukhabarat.

— Oui, c'est sûr, répondis-je du ton le plus décontracté possible. Mais j'ai quelques petits problèmes avec Abu Firas. Oh, rien de grave.

— Par exemple ? demanda-t-il aussitôt.

J'avais ferré le poisson.

— C'est sans importance. Un petit malentendu. Une combine au sujet d'un hôtel ; j'ai failli perdre une jolie somme.

— Qu'est-ce que tu me chantes là ?

Je lui racontai toute l'histoire. Et j'ajoutai que, depuis ce jour, Abu Firas ne cessait de me harceler, surtout à propos de mes déplacements à l'étranger.

— Non mais pour qui se prend-il celui-là, se mêler des affaires de ma famille ! explosa-t-il. Je vais lui dire deux mots.

Gagné. Grâce à la vieille règle. Au sein de la famille, le seigneur et maître peut traiter son épouse et ses enfants aussi brutalement qu'il le désire. Mais si un étranger leur cause des ennuis, gare. L'honneur du maître est en jeu.

Nous nous retrouvâmes le lendemain dans sa suite. Il se dirigea vers le bureau et prit une enveloppe.

— Voici une lettre d'introduction pour un ami de l'ambassade au Yémen ; je lui demande de te fournir toute l'aide et tout l'argent dont tu auras besoin pendant ton séjour.

Le Yémen ? Pour quelle raison voulait-il m'envoyer au Yémen ? Puis je compris. Il faisait d'une pierre deux coups. Ce qu'il voulait, c'était montrer à Abu Firas qu'il était plus puissant que lui. Il pouvait m'envoyer là où il le souhaitait, sans réclamer son autorisation. Au Yémen ou n'importe où. N'importe où sauf aux Philippines. C'était le second objectif : éviter la visite importune du fils haï.

— Tiens, voilà également de l'argent pour le voyage, dit-il.

— Mais que vais-je dire à Abu Firas ? demandai-je avec nervosité.

— Qu'il aille se faire foutre. Je lui apprendrai à se mêler des affaires des autres.

C'était la dernière fois que je voyais mon père.

Je devais m'envoler le 17 mars, après qu'il fut reparti aux Philippines. Afin de semer d'éventuels suiveurs, je changeai ma réservation le 9, un vendredi (jour férié en Irak), quand seuls les bureaux d'Iraqi Airways de l'hôtel Al Rashid sont ouverts, et pris un billet pour le lendemain.

J'étais maintenant prêt à partir pour de bon. Je cédai presque tout ce que je possédais à mes rares amis. Pour notre dernière nuit, Ban et moi décidâmes de prendre une suite au Al Rashid, ne sachant pas quand nous aurions l'occasion de nous retrouver seuls.

— Faut-il vraiment que tu partes maintenant ? protesta-t-elle. Tu ne seras pas là pour mon anniversaire.

— Je sais, répondis-je en lui caressant les cheveux. Mais il faut que tu comprennes. C'est ma dernière chance. Le Mukhabarat est sur les nerfs en ce moment ; ils sont capables de tout.

C'était surtout Abu Firas qui m'inquiétait. J'ignorais quelles seraient les conséquences du conflit entre mon père et lui. La meilleure chose à faire, c'était de quitter immédiatement le pays.

Nous parlions de tout ça lorsqu'on frappa à la porte. Ban fit un bond, effrayée. Je sentis mon cœur s'emballer. Mieux valait ouvrir, comme si je n'avais rien à me reprocher.

— Bonsoir, me dit un vieil homme.

Je le reconnus immédiatement. C'était un des fonctionnaires du ministère des Affaires étrangères chargés d'escorter les hôtes de marque. Un petit homme aux cheveux blancs ondulés.

— Oh, je suis désolé. Bonsoir, Hussein. Que faites-vous ici ?

— Et vous, que faites-vous ici ? répliquai-je.

— J'ai dû me tromper de chambre. C'est bien la... Attendez une seconde, dit-il en fouillant dans ses poches. Oui, je me suis trompé, conclut-il en sortant un bout de papier où figurait un numéro. J'ai la chambre 616, et non pas 610. Veuillez m'excusez.

— Je vous en prie. Entrez donc prendre un verre.

J'avais prononcé la phrase magique. Il entra et m'expliqua qu'il avait rendez-vous avec la délégation de l'ambassade d'Irak en Jordanie. L'ambassadeur en personne était ici.

J'étais ravi de cette coïncidence. Je tenais un moyen idéal de passer en fraude mon or et mes bijoux. Comme s'il était mon fidèle confident, je lui avouai que j'allais sortir une certaine quantité d'or du pays avec la complicité d'un pilote d'Iraqi Airways qui acceptait de m'aider en échange de quelques centaines de dollars. Il mordit aussitôt à l'hameçon.

— Vous ne pouvez pas faire confiance à leurs pilotes. Moi, je peux m'en charger pour moins cher, proposa-t-il.

Nous convînmes de nous retrouver le lendemain. Ban assista à cet échange avec un mélange de résignation et de stupéfaction.

— Au moins je n'aurai pas à m'inquiéter de nos moyens de subsistance, lui dis-je après le départ du fonctionnaire.

Quand vint le moment de nous séparer, elle ne put s'empêcher de pleurer, avant de se ressaisir. Je ne la revis qu'un bref instant avant mon départ. Je me rendis chez elle pour faire mes adieux à sa mère. Le père de Ban était mort à Noël.

Puis je rentrai chez moi pour accomplir la plus pénible de toutes les tâches. J'annonçai à ma mère et à Bibi que je partais pour très longtemps. Elles comprirent qu'elles ne me reverraient plus. Elles voulurent se montrer courageuses, ne pas pleurer, mais leurs yeux étaient remplis de larmes.

— N'oublie pas ta mère.
— Jamais, maman. Comment le pourrais-je ?

Et je quittai pour toujours la maison paternelle.

Mon nouveau contact m'attendait devant la porte pour me conduire à l'aéroport. Comme convenu, il portait le sac d'or et nous fit passer le premier contrôle de sécurité. Après quoi, il me rendit le sac. On ne m'avait pas arrêté, j'étais libre de partir.

Quand l'avion décolla, je contemplai une dernière fois, du moins l'espérais-je, ce pays que j'aimais et haïssais tant. Puis il disparut sous la couche de nuages.

12

« JE TRAVAILLE POUR LA CIA »

C'était ma dernière chance. J'étais un espion qui avait fui l'Irak. Mais je me trouvais toujours au Moyen-Orient, un endroit dangereux, où les tentacules du Mukhabarat pouvaient encore me ramener vers l'enfer.

En 1990, de tous les pays du Moyen-Orient, le Yémen était sans doute le pire endroit au monde pour un Irakien renégat. Ce pays appartenait à Saddam Hussein. Au cours de la guerre avec l'Iran, il avait assuré son approvisionnement en pétrole. De ce fait, le Yémen lui devait sa survie.

Quand Saddam « gagna » la guerre contre l'Iran, il devint un héros au Yémen, comme dans un certain nombre d'autres pays. Résultat, le Yémen était virtuellement devenu un fief de Bagdad. L'ambassade irakienne à San'a', la capitale, était en fait le siège du gouvernement.

Je savais que je devais jouer serré dans cette ville. Je pouvais pro-

LE CERCLE DE LA PEUR

fiter de ma nationalité irakiennne pour m'ouvrir des portes, mais j'avais intérêt à garder un profil bas.

L'ambassade américaine, récemment construite, se dressait comme une forteresse sur une colline au-dessus de la vieille ville. J'avais rencontré le consul en début de semaine et lui avais remis un bref résumé de ma situation. Pour la seconde fois depuis mon arrivée, je grimpai vers les grilles en fer. Comme précédemment, je découvris avec consternation des centaines d'hommes, de femmes et d'enfants qui faisaient la queue dans l'attente d'un visa. Le spectacle de ces femmes voilées dont on ne voyait que le regard à travers les fentes de leurs longues robes noires me donna le frisson. En Irak, peu de femmes portaient ces horribles tenues. Ces yeux sans visage réveillaient en moi une peur enfouie. Je gravis le chemin d'un pas vif, traversai le jardin bourgeonnant et me dirigeai vers le consulat. Tout ici était ultramoderne. Comme dans toutes les ambassades américaines, on avait envisagé une évacuation d'urgence. Le patio était suffisamment vaste pour accueillir une flotte d'hélicoptères.

Le réceptionniste, un Yéménite, ne me facilita pas la tâche.

— Vous avez une carte de rendez-vous? demanda-t-il, méfiant.

— Non, mais on m'a demandé de revenir aujourd'hui...

Il promena son doigt sur la liste posée devant lui.

— Vous avez vos papiers?

— Écoutez...

Je commençai à m'énerver. Soudain, il se retourna. Un homme de petite taille, d'une trentaine d'années, avec d'épaisses lunettes, venait de sortir d'un bureau et se tenait derrière lui. Il s'approcha de moi et m'offrit une poignée de main chaleureuse.

— Salut, dit-il avec l'accent traînant du sud des États-Unis. Je m'appelle Steve. Je travaille pour la CIA.

Il me fit entrer dans une petite pièce meublée de confortables fauteuils rembourrés, d'un bar installé le long du mur et d'une table ronde, recouverte d'une nappe en dentelle et dressée pour des convives. Aucune fenêtre. En revanche, il y avait au plafond un petit micro espion rond facilement repérable.

Steve commanda des sodas et de quoi nous sustenter, et pendant qu'il me posait des questions d'ordre général sur mon passé, un homme entra avec des plats très cuisine moyen-orientale. Cette atmosphère, ce repas, tout semblait tellement normal et civilisé par rapport aux sujets que nous allions aborder.

Je devais réussir ma fuite à tout prix, car il n'était pas question de faire demi-tour. Je voulais trouver asile aux États-Unis. Je possédais suffisamment d'or pour m'offrir une nouvelle existence.

— Ah! fit Steve en feuilletant mon passeport. Je vois que vous avez un visa pour les Philippines. Vous allez chercher de la drogue?

Je demeurai bouche bée, estomaqué par cette question stupide. Le téléphone sonna. Steve décrocha, écouta sans mot dire, puis raccrocha. Il jeta un bref coup d'œil sur ses notes, et leva les yeux vers moi.

— Comment en êtes-vous venu à travailler pour le Mossad?

Apparemment, celui qui avait téléphoné pouvait écouter notre conversation, et il en savait plus que lui.

Je racontai à ce dernier – et à notre auditeur invisible – les opérations du Mossad auxquelles j'avais participé en Angleterre. Je lui narrai comment les agents irakiens entraient et sortaient des États-Unis ou des pays d'Europe en toute impunité. J'expliquai de quelle manière le régime irakien capturait ses opposants dans les capitales du monde entier et les rapatriait ensuite par la valise diplomatique.

Je lui parlai du Mukhabarat, des centres de formation, des assassinats, des usines de perfectionnement des armements, et des horreurs telles que l'accident dans les laboratoires où l'on cultivait le bacille typhique. J'étais prêt à en dire davantage : par exemple, la vérité au sujet de l'attaque du *Stark*. Mais je voulais garder quelques atouts en main. Je fis une allusion au secret le mieux gardé de tous : Osirak. Tout le monde croyait que la centrale était détruite. C'était faux.

Dix mois plus tard, les Américains déclencheraient une nouvelle attaque et annonceraient à leur tour la destruction du site. Malgré tout, j'avais alors des raisons de douter de cet anéantissement total. Sous l'eau, dans les galeries du barrage de Dukan, était stocké de l'uranium enrichi. Et si on avait pu dissimuler la centrale de Nasar en déplaçant toute une usine, on avait tout aussi bien pu déplacer une bonne partie d'Osirak.

— Je peux vous apprendre des choses sur la surveillance de l'ambassade américaine à Bagdad, dis-je. Ça vous intéresse?

— Évidemment. Je vous écoute.

L'ambassade américaine se trouve juste en face de l'hôtel Shahin.

— Le Shahin sert de planque au Mukhabarat, commençai-je. Un matériel permettant d'écouter tout ce qui se passe à l'intérieur de l'ambassade y est installé... L'espionnage constitue l'une des activités les plus florissantes du pays, ajoutai-je. Grand pourvoyeur d'emplois. De ce fait, les services secrets possèdent une masse d'informations sur n'importe quoi, même les repas commandés par l'ambassade. (J'esquissai un petit sourire.) Ainsi, chaque fois que l'ambassade commande une quantité inhabituelle de plats fins, nos espions se renseignent sur les invités. Ils savent donc à quel moment écouter aux portes.

— Nous sommes très stricts sur la sécurité, protesta Steve.

Je secouai la tête.

— Outre les informateurs permanents sur place, il y a un employé qui vend des visas américains. C'est très pratique pour le Mukhabarat quand il décide d'envoyer des agents aux États-Unis sans leur faire emprunter les vols diplomatiques.

Steve semblait stupéfait. Il continua néanmoins à tergiverser.

— Je ne suis pas sûr que nous puissions vous aider... pas dans l'immédiat du moins.

Je me sentais vidé et abattu. N'avait-il pas conscience de la valeur de mes informations ? Les Américains devaient bien se douter que Saddam nourrissait de nouvelles ambitions militaires. Il disposait d'une armée de un million d'hommes inactifs. Aucun dictateur au monde ne pouvait laisser une telle situation s'éterniser. Il devait trouver un moyen de les occuper avant qu'ils ne songent à s'intéresser au palais présidentiel, comme le font toutes les armées chaque fois qu'elles ont un moment à tuer.

Saddam risquait de s'en prendre à nouveau aux Kurdes. A moins qu'il ne se tournât vers le Koweït au sud. Il éprouvait une vieille rancœur concernant Boubiyan et Faylaka, deux îles du Golfe qui appartenaient aux Koweïtiens. En traçant les nouvelles frontières qui avaient morcelé l'Empire ottoman, après la Première Guerre mondiale, les Anglais avaient, d'un seul coup de crayon, littéralement isolé les Irakiens de la mer. La guerre avec l'Iran leur avait rappelé à quel point ils dépendaient de leurs voisins côtiers. De plus, le Koweït exprimait de plus en plus clairement le souhait de voir l'Irak rembourser les milliards de dollars qu'il lui avait prêtés pour l'aider dans sa guerre contre l'Iran. Les Irakiens savaient que Saddam se mettait facilement en rogne, et à l'époque son regard était braqué vers le Koweït.

En revanche Steve et ses collègues semblaient ne pas se rendre compte de ce que je leur apportais sur un plateau d'argent.

Je donnai à Steve tous mes documents, y compris mon carnet d'adresses.

— Comment être certain que vous n'avez pas tout inventé, y compris les numéros de téléphone ?

Je le regardai, ahuri. Était-ce tout ce qu'il avait à dire ?

Le téléphone sonna de nouveau. Après avoir hoché plusieurs fois la tête, Steve changea d'attitude.

— Bien, nous verrons, dit-il. En attendant, nous aimerions que vous retourniez en Irak et que vous continuiiez à travailler...

Je l'interrompis immédiatement.

— J'ai vécu cinq années d'enfer. Ma dernière tentative de fuite a échoué. Tout ce que je veux, c'est commencer une nouvelle vie.

— Nous ne pouvons pas vous donner de visa...

— Je ne veux pas de visa. Je réclame l'asile !

— N'y a-t-il pas un autre pays où vous puissiez aller? Je veux dire, nous pourrions vous aider, plus tard... Ça prend du temps ce genre de choses.

Puisque de toute évidence les portes de l'ambassade américaine restaient closes dans l'immédiat, j'optai pour une autre issue.

— Je pourrais aller au Canada. Je connais quelqu'un là-bas.

Il acquiesça.

— Tout d'abord, le plus important est de vous faire sortir d'ici. On vous a certainement vu entrer. Le Yémen n'est pas un endroit sûr pour vous. Allez au Canada, nous vous contacterons là-bas.

Visiblement, il avait hâte de me voir quitter l'ambassade. Il guettait les espions irakiens par-dessus son épaule ; ou plutôt par-dessus la mienne.

— C'est ça, répondis-je. Nous verrons.

Ce que je voyais, c'est que les Américains et leur gouvernement parlaient sans cesse de libérer les peuples de la tyrannie, mais dans la réalité, ça se passait différemment. La géopolitique passait avant tout. Je lui donnai malgré tout un numéro de téléphone où il pourrait me joindre au Canada. En échange, il m'indiqua comment le contacter à San'a' en cas de besoin.

— Bon, dit Steve alors que j'allais partir, vous êtes certain que vous ne voulez pas retourner en Irak et travailler pour nous?

— C'est impossible. Vous ne comprenez donc pas? Tout est fini pour moi dans ce pays, répondis-je en me passant un doigt sur la gorge pour symboliser la lame d'un couteau.

— Hmm, je vois, dit-il.

Mais il ne voyait rien. Je ne comprenais pas son attitude. Je représentais pour lui une vraie mine d'or qu'il n'allait pas exploiter.

Je quittai l'ambassade américaine, convaincu que le Canada était désormais ma meilleure chance. Mais je devais d'abord sortir du Yémen sans éveiller la curiosité d'éventuels Irakiens chargés de me surveiller.

Par mesure de précaution, j'allai à l'ambassade d'Irak pour rendre visite à l'ami de mon père, l'ambassadeur Abdul Hussein.

Il m'accueillit chaleureusement et me demanda si j'avais besoin de quoi que ce soit. Je lui répondis que non, tout allait bien. Mais je crus discerner une certaine menace sous ses manières affables.

— Vous êtes rappelé d'urgence à Bagdad, me dit-il.

Il ne me fournit aucune raison, et ce n'était pas vraiment nécessaire. Abu Firas devait être blême.

Je dissimulai ma peur d'avoir été vu entrant à l'ambassade américaine ; je songeai que, dans ce cas, je ne ressortirais pas de ce bureau. Nous bavardâmes encore quelques minutes, puis je pris congé.

LE CERCLE DE LA PEUR

De toute évidence, ils ne savaient pas quoi faire de moi. Alors j'achetai un billet d'avion pour le Canada. La Lufthansa refusa de m'en vendre un car je ne pouvais pas fournir la preuve que je ne serais pas refoulé une fois arrivé à destination. Au comptoir de la compagnie aérienne yéménite, en revanche, il me suffit de faire passer mon permis de conduire pour un permis de séjour américain, et ils se firent un plaisir de me vendre un billet pour Toronto.

Je regagnai mon hôtel pour faire mes bagages. J'avais juste le temps de prendre un avion pour Francfort. A l'aéroport, je franchis tous les contrôles dans un état proche de la transe. La foule et le bruit me paraissaient lointains. Quand l'avion décolla, je n'éprouvai aucune allégresse, car l'inquiétude me rongeait. Après mon échec auprès des Américains, je me demandais si je trouverais quelque part quelqu'un pour m'aider.

Arrivé à Francfort, je pris le premier avion à destination de Bonn. Là, j'avais l'intention de me rendre à l'ambassade canadienne.

Il pleuvait dans la capitale allemande. Un taxi me conduisit à un des hôtels les moins chers de la vieille ville. Je pris une chambre sous un faux nom et payai d'avance et en liquide afin qu'on n'exigeât pas mon passeport en guise de garantie pour la nuit.

Je repris un peu espoir en pénétrant dans l'ambassade canadienne. C'était un immeuble de bureaux banal situé dans une petite rue, non loin de l'ambassade d'Irak. Je remplis les formulaires requis, puis je tendis ma demande de visa et mes papiers d'identité à une employée. Alors que je lui expliquais combien il était important que je me rende immédiatement au Canada, le consul en personne apparut derrière le guichet. C'était un homme âgé, avec des lunettes, un gentleman de l'ancien temps. Il me fit entrer dans son bureau, en m'expliquant qu'on ne pouvait m'accorder un visa sur-le-champ.

— Vous devriez l'avoir dans trois semaines environ.
— Trois semaines !
— Quatorze jours ouvrables.

Soudain, je me sentis terriblement seul. Ban me semblait être à des millions de kilomètres. Et moi, j'étais coincé à Bonn. « Certes, mieux valait Bonn que Bagdad, me dis-je. Courage. »

Je retournai à mon hôtel, puisai dans ma réserve de bijoux et me mis en quête d'un acheteur. Après plusieurs estimations dans des boutiques différentes, on m'indiqua une petite bijouterie tenue par un juif. Je lui montrai un solitaire vieux de cent ans. Il ne cacha pas son admiration. Je décidai de lui faire confiance, car il n'essaya pas de dévaloriser ma marchandise. Il m'offrit une somme convenable en échange de plusieurs bijoux.

Presque trois semaines plus tard, je reçus un visa canadien, en

125

réalité un permis touristique temporaire. Enfin. Je m'autorisai à reprendre espoir. Mais pas trop. Je savais que le Canada est un fidèle allié des États-Unis, et même si les relations entre l'Irak et le Koweït se détérioraient de jour en jour, je craignais que le Canada répugne malgré tout à déplaire au gouvernement de Saddam en offrant l'asile politique au fils d'un de ses ambassadeurs.

Lorsque l'avion amorça sa descente vers Toronto, tout me parut si paisible sur la terre que l'espoir m'envahit. Ban et moi pourrions peut-être nous installer dans ce pays. Je décidai de l'appeler pour lui demander de quitter immédiatement l'Irak et de se rendre en Angleterre. Je la ferais ensuite venir, dès que possible.

Après avoir contrôlé mon visa, l'officier des douanes m'envoya au bureau de l'immigration. Là, une femme me demanda le but de ma visite. Je la sentais méfiante.

— Tourisme. Mon père est diplomate, je voyage beaucoup.
— De quelle somme d'argent disposez-vous?
— Environ 150 dollars en liquide. Mais l'ambassade d'Irak me prendra en charge, mentis-je. Je vais m'y rendre immédiatement.

Avant de faire quoi que ce fût dans ce pays, je voulais d'abord prendre contact avec la CIA pour savoir si quelqu'un pouvait s'occuper de mon cas. Mais je me voyais mal expliquer à cette femme que j'étais là pour rencontrer des gens de la CIA.

Finalement, elle parut convaincue. En guise d'adresse, elle nota celle de l'ambassade d'Irak et me laissa passer.

C'était une belle journée d'avril, et je reprenais espoir une fois de plus. Un ami digne de confiance m'avait donné l'adresse d'un Irakien qui vivait à Toronto et pourrait me loger quelque temps. Lorsque je l'appelai, il me répondit chaleureusement et m'indiqua comment me rendre chez lui. C'était un début.

J'attendis une semaine que la CIA me contacte au numéro de mon hôte, que j'avais communiqué à Steve avant de quitter San'a'. Finalement, je décidai d'appeler Steve.

— Je regrette, me répondit ma correspondante à l'ambassade américaine au Yémen. Il a été muté.

Elle me passa son remplaçant. Mais ce dernier ne savait rien de mon affaire et ne pouvait rien faire pour moi.

Le lendemain, je reçus un appel d'un Américain nommé Jackson.
— Steve m'a parlé de vous. Comment allez-vous? Désolé d'avoir tant tardé à vous contacter. Écoutez, je serai bientôt à Toronto. Pourrions-nous nous rencontrer au consulat lundi matin à 9 heures?
— Lundi prochain, c'est parfait.
— O. K. Dites que vous êtes attendu dans le bureau de M. Bradley.

LE CERCLE DE LA PEUR

Le consulat américain de Toronto est un immeuble élégant situé dans University Avenue. Un jeune homme d'une vingtaine d'années se trouvait à l'accueil. Je lui dis que j'avais rendez-vous. Après avoir vérifié, il me fit signer un registre. Puis il appela quelqu'un par téléphone et me tendit un badge.

Une femme âgée sortit de l'ascenseur. Elle me conduisit au premier étage où deux hommes m'attendaient dans un salon agréable. L'un, grand, bien habillé, quarante-cinq ans environ, c'était Jackson. L'autre, Bradley.

Ils commencèrent à m'interroger sur ma vie, mais pas sur le Mossad. J'en conclus qu'ils avaient déjà vérifié mes assertions. Ce qu'ils voulaient, c'étaient les noms des officiers du Mukhabarat et des renseignements sur les personnes qui travaillaient sur les sites nucléaires et dans les usines d'armement chimique et biologique.

— Pouvez-vous retourner en Irak ? me demanda Jackson.

— Non, c'est hors de question. Je veux tirer un trait sur tout ça et recommencer une nouvelle vie, une vie normale, aux États-Unis. En échange, je vous dirai tout ce que je sais.

— Ce genre de décision ne nous appartient pas, mais nous verrons ce que nous pouvons faire, promit-il. En attendant, si vous souhaitez vous rendre dans un autre pays, nous nous porterons garants de vous.

Je repartis déçu. J'avais cru que ce serait si simple. Je croyais qu'ils sauteraient sur l'occasion qui leur était offerte d'en savoir plus sur Saddam et sa machine de guerre. J'étais perplexe.

Une semaine plus tard, ils me rappelèrent pour me dire qu'ils ne pouvaient pas m'aider. Je n'étais plus seulement perplexe, j'étais désespéré et furieux.

Je décidai de demander l'asile au Canada. Le 23 mai, quelques jours avant l'expiration de mon visa touristique, je me présentai dans un bureau d'immigration, remplis les formulaires, et expliquai dans une lettre pourquoi je craignais pour ma vie si je rentrais dans mon pays.

Trois semaines plus tard, j'étais convoqué. La femme chargée de mon cas se montra fort désireuse de me venir en aide. Que je sois le fils d'un diplomate irakien rendait l'affaire plutôt délicate.

— D'autres personnes vont traiter votre dossier, me dit-elle. Vous allez devoir patienter. En attendant, je regrette, mais votre femme n'est pas autorisée à vous rejoindre tant que votre situation reste en suspens. Vous ne pouvez pas non plus travailler.

J'attendais avec angoisse une réponse à ma demande d'asile quand Saddam envahit le Koweït. Le 2 août, les forces blindées irakiennes traversèrent simplement les frontières du petit État sans défense et déclarèrent qu'il était désormais la 19e province de l'Irak.

13

UNE LIGNE DANS LE SABLE

Tandis qu'inactif, j'attendais à Toronto, l'armée irakienne conquérante entreprit le pillage du Koweït. Des milliers de travailleurs étrangers et des dizaines de milliers de Koweïtiens s'enfuirent. Parmi eux se trouvaient des Palestiniens qui vivaient là depuis trente ans, obligés de partir, en laissant derrière eux les économies de toute une vie. Cela n'empêcha pourtant pas Saddam d'affirmer par la suite qu'il avait pris cette décision pour défendre la cause arabe, et plus particulièrement celle des Palestiniens.

Aussitôt, la Maison-Blanche traita Saddam d'Hitler arabe devant lequel il ne fallait pas céder. Mais comme l'a écrit un journaliste américain, dans le genre monstre Saddam s'apparente davantage à un Frankenstein qu'à un Hitler. Tout à coup, les médias racontaient comment les gouvernements et les marchands d'armes, de Paris à Tokyo, de Washington à Moscou, de Bonn à Pékin s'en étaient donnés à cœur joie en fournissant à Bagdad – et dans une moindre mesure à l'Iran – des armes, de la technologie et des conseillers. Aucun n'avait suffisamment réfléchi. Et maintenant, leur effroyable créature faisait irruption dans leur jardin. Pour les nations industrialisées, les pays du Moyen-Orient producteurs de pétrole sont « leur » jardin. Perdre le Koweït était déjà un sale coup. Mais, juste à côté, se trouvait l'Arabie Saoudite qu'il était inconcevable de perdre.

Le président Bush traça une ligne dans le sable. Il envoya des navires, des troupes, des pilotes, des bombardiers et des missiles en Arabie Saoudite et dans les Émirats arabes unis pour soutenir la résolution des Nations unies exigeant le retrait des forces irakiennes du Koweït. En cas de refus, Saddam se retrouverait face au redoutable arsenal des États-Unis et de la Grande-Bretagne, entre autres.

Je savais que la guerre aurait lieu. Devant un ultimatum, un homme tel que Saddam Hussein ne cède jamais. Celui-ci joua une carte maîtresse en comparant son annexion du Koweït à l'occupation israélienne en Cisjordanie, puis en réclamant une conférence internationale pour débattre des problèmes majeurs du Moyen-Orient, en particulier ceux des Palestiniens et des territoires occupés. Il avait visé juste : l'Occident était divisé sur ce point. Pour quelle raison les Américains n'ont jamais eu le courage politique de

LE CERCLE DE LA PEUR

s'opposer à Israël et de faire un geste en faveur des réfugiés palestiniens, c'est une question que je me poserai toujours. C'était pourtant dans leur intérêt, car cela aurait privé les Arabes les plus extrémistes d'une puissante arme psychologique : la haine des Américains considérés comme les alliés d'Israël. Et aujourd'hui, Saddam maniait habilement cette arme.

Quand une situation de ce genre se développe, beaucoup de « spécialistes » en Occident prétendent qu'il faut nous donner, à nous Arabes, un moyen de sauver la face, pour qu'ensuite nous cédions.

Étrange notion. La vérité, c'est que Saddam se moquait bien de sauver la face, et du sort des Palestiniens. Ce qu'il voulait, c'était jouer toutes ses cartes pour humilier les Américains, sans la moindre intention de quitter le Koweït. Même si les Occidentaux avaient accepté une conférence sur le Moyen-Orient, Saddam aurait imposé une série de conditions.

Le plus étonnant, c'est que les Palestiniens de Jordanie et de Cisjordanie firent aussitôt de Saddam Hussein leur héros. Comme s'ils avaient oublié en un instant la façon dont il les avait traités pendant toutes ces années. J'aurais voulu inviter tous ces Palestiniens abusés, qui maintenant acclamaient Saddam comme le grand héros arabe, à visiter Bagdad afin de leur donner un aperçu de la vie sous le règne du parti Baath.

Pendant un temps, on put croire que les sanctions économiques à l'encontre de l'Irak feraient ployer le « héros », mais cela laissait supposer qu'il s'intéressait au sort de son peuple. La propagande officielle insistait sur les terribles privations, mais en réalité, Saddam n'avait que faire des conditions de vie déplorables de ses compatriotes réduits en esclavage.

La seule raison qui permit aux Nations unies de faire front commun dès le départ est l'effondrement de l'empire soviétique. Pour la première fois depuis la Seconde Guerre mondiale, des hommes avides de pouvoir ne pouvaient plus profiter des divergences entre la Maison-Blanche et le Kremlin.

En envahissant le Koweït, Saddam semblait avoir oublié que Moscou n'était plus un facteur déterminant. De plus, il comptait trop sur le syndrome du Viêt-nam, persuadé que les Américains choisiraient de sacrifier le Koweït plutôt que de s'enliser dans un nouveau conflit.

Enfin, il n'avait pas tenu compte de leur expérience du désert. Les Américains ont des déserts. Ils s'y entraînent.

Le changement de mentalité qui s'était produit aux États-Unis durant les années Reagan lui avait également échappé. Les Américains étaient désormais prêts à se battre s'il le fallait.

Dès leur plus jeune âge, garçons et filles revêtent le treillis : l'endoctrinement et l'initiation au maniement des armes font partie de l'éducation en Irak.

Le navire américain Stark *touché par un Exocet irakien au large de Bahrein. Bilan : 37 morts. Une offensive préméditée que Saddam Hussein voulut faire passer pour un accident.*

Tout le monde savait que le pétrole était l'unique enjeu, même si Bush s'indignait de l'oppression du Koweït et réclamait le respect des principes des Nations unies. D'ailleurs il eut lui-même la franchise de reconnaître à plusieurs reprises que les intérêts stratégiques américains étaient menacés. Et il avait raison. Si les États-Unis n'étaient pas capables de soutenir leurs alliés arabes telles l'Arabie Saoudite ou l'Égypte, on risquait de ne plus voir ces pays assis à la table des Américains, à supposer qu'ils survivent. En réalité, ils risquaient de déclencher la colère d'une partie importante de leurs populations arabes qui désapprouveraient l'ingérence américaine, sans parler de l'envoi de troupes. Le reste du monde arabe n'avait pas beaucoup d'affection pour l'opulence du régime koweïtien, mais il avait très peur de Saddam.

Désormais, tout le monde traitait Saddam de fou. J'étais bien placé pour savoir que ce n'était pas un fou au sens habituel du terme. C'était un mégalomane, certes, mais un mégalomane d'une redoutable efficacité. Doté d'une excellente connaissance de la nature humaine, il était capable d'élaborer des manœuvres psychologiques extrêmement habiles contre ses adversaires.

Pendant ce temps, à Toronto, j'attendais, en espérant que les Américains auraient assez de nerf pour relever le défi. C'était la seule chose qui pouvait débarrasser l'Irak de son tyran. A moins

Entraînement des milices à Bagdad, trois mois avant l'invasion du Koweït par les troupes irakiennes

27 février 1991 : un enfant koweïtien agite le drapeau de son pays libéré et accueille dans l'allégresse les marines américains.

que les Israéliens ne s'en chargent dans un engagement unilatéral.

La menace de guerre aurait dû inciter la CIA à s'intéresser davantage à mon cas. Au début d'octobre, je laissai au consulat un message pour Jackson. Il me rappela le lendemain pour me dire qu'ils allaient mettre quelque chose sur pied et qu'il me contacterait prochainement.

J'étais impatient et frustré. Ban avait réussi à gagner l'Angleterre, mais elle était seule, et à cause de la guerre, son compte en banque avait été bloqué, comme tous les comptes des émigrés irakiens. J'avais quasiment vendu tout mon or ; il ne me restait que les bijoux que je lui destinais. Deux ou trois jours après ma conversation téléphonique avec Jackson, je m'apprêtais à sortir quand un inconnu m'appela.

— Hussein Sumaida? Je suis un ami d'Abu Firas. Il m'a chargé de vous demander de rentrer immédiatement à Bagdad.

Mon sang se glaça. Il y avait ici quelqu'un qui me connaissait, qui me cherchait. On lui avait donné mon numéro de téléphone. Je décidai de fuir en Angleterre. Je vendis des bijoux et achetai un billet à destination du Caire, via Londres. Si quelqu'un se renseignait auprès de la compagnie aérienne, il en déduirait, du moins l'espérais-je, que j'étais parti en Égypte me fondre dans la masse des musulmans.

J'atterris au petit matin entre les mains des autorités à l'aéroport d'Heathrow. Cette fois, ils ne prirent pas de gants. Quand je déclarai aux agents de l'immigration que je réclamais le statut de réfugié politique, j'eus droit à un « Vraiment ? » ironique et hostile. Et un officier me poussa sans ménagement vers une pièce d'environ 2 mètres carrés.

Quatre officiers des services d'immigration me cuisinèrent pendant treize heures. Ils semblèrent furieux d'apprendre que j'avais travaillé pour le Mossad en Angleterre sans que les services secrets britanniques en soient informés.

Ils m'interrogèrent sur les usines d'armement chimique et biologique. Et sur les otages étrangers que Saddam détenait. Il avait en effet interdit à de nombreux diplomates et travailleurs étrangers de quitter le pays, pour les transférer sur des sites militaires stratégiques où ils servaient de boucliers humains. Ce qui déclencha la colère justifiée des Occidentaux. Mais cela avait eu lieu après mon départ d'Irak et je ne pourrais être d'aucune aide.

Finalement, ils semblèrent en avoir terminé avec moi. Je n'avais rien mangé de la journée et je tombais de fatigue.

— Restez là, ordonna mon dernier interrogateur en sortant.

Quelques minutes plus tard, un officier à la forte carrure entra, il me mit debout et m'emmena dans un parking souterrain. On me poussa à bord d'une camionnette de police blanche pour me conduire dans une sorte de prison. Là, on me fit descendre au sous-sol pour me jeter dans une cellule froide et obscure. Une plate-forme en béton avec un matelas bleu, crasseux, faisait office de lit.

On m'apporta de la nourriture, mais je n'avais même pas la force d'y toucher. Je restai accroupi sur le sol toute la nuit, de crainte de m'allonger sur le lit sans doute infesté de vermine. J'essayais de ne pas imaginer ce qui m'attendrait s'ils me renvoyaient en Irak. Le matin, on me ramena dans la salle d'interrogatoire de l'aéroport.

— Alors, qu'est-ce que tu penses de notre gouvernement, mon gars ? demanda un des officiers. J'imagine que nous ne sommes qu'une bande de sales impérialistes.

— Il faut me croire. Je suis de votre côté. Si vous ne me croyez pas, laissez-moi parler à des gens des services secrets.

— Compte là-dessus, mon gars. Tu nous prends pour des abrutis ?

A leurs yeux, j'étais un terroriste. Ils me laissèrent seul quelques instants ; j'avais envie de donner des coups de poing dans les murs. Soudain, la porte s'ouvrit et Ban se précipita vers moi.

J'avais l'impression de voir le soleil se lever. Ils l'avaient convoquée pour l'interroger elle aussi, mais avec une grande amabilité, semble-t-il. Elle riait et pleurait en m'enlaçant.

Puis, à notre grande stupéfaction, un des officiers vint nous

LE CERCLE DE LA PEUR

informer qu'ils avaient décidé de me convoquer dans deux mois pour une audition. Jusque-là, ils m'accordaient un visa temporaire.

Un taxi nous conduisit en ville. Fous de bonheur d'être à nouveau réunis, sains et saufs, nous ne cessâmes de nous étreindre, de nous embrasser et de pleurer pendant tout le trajet.

Nous prîmes une chambre dans le meilleur hôtel que je connaissais, le Regency. Pour fêter nos retrouvailles, nous commandâmes du champagne, du homard et tous les mets les plus délicieux qui figuraient sur la carte.

Le lendemain, nous louâmes une chambre moins coûteuse dans un petit hôtel et commençâmes à sillonner Londres, à la recherche d'un appartement. Nous finîmes par en trouver un qui nous plaisait à tous les deux, près de Hampstead. J'étais allé à la banque et j'avais réussi à obtenir de quoi vivre d'une semaine sur l'autre, mais ils refusaient de débloquer mon compte.

Les autorités me convoquèrent de nouveau à l'aéroport. Je m'y rendis immédiatement, convaincu qu'ils avaient enfin vérifié mes dires et souhaitaient en apprendre le plus possible sur le régime contre lequel ils s'apprêtaient à entrer en guerre.

— Nous devons vous renvoyer au Canada, déclara l'officier.

Mon cœur cessa de battre. Je restai muet.

— Nous ne pouvons pas nous occuper de votre cas, car votre affaire est déjà en instance au Canada, expliqua-t-il. C'est la loi. Il faut que vous retourniez là-bas poursuivre vos démarches.

Je commençai à protester, puis je m'arrêtai, comprenant que c'était inutile. Sans doute craignaient-ils le déchaînement des médias en apprenant qu'ils donnaient asile à un agent du Mukhabarat.

Mais le pire était à venir. Ils refusèrent de laisser Ban m'accompagner. Elle m'apporta ma valise et l'or qui me restait à l'aéroport. Elle avait les yeux rougis par les larmes et pouvait à peine parler. Je me mis à pleurer moi aussi. Tout ce que je tentais d'atteindre demeurait hors de portée.

Ban se jeta dans mes bras, je m'accrochai à elle. Ils nous séparèrent en douceur. Je vis seulement son visage mouillé de larmes, tandis qu'ils m'entraînaient loin d'elle, vers la salle d'embarquement à l'étage supérieur, puis à bord de l'avion.

J'atterris de nouveau à Toronto, le 19 octobre 1990. Les autorités canadiennes m'expliquèrent que Ban ne pouvait pas me rejoindre tant que ma situation n'était pas en règle. Seul, j'entamai l'interminable suite de démarches imposées aux réfugiés politiques. En outre, je fus longuement interrogé par les agents du CSIS, les services secrets canadiens. Je leur parlai d'un indicateur qui travaillait à l'ambassade du Canada à Bagdad, une Syrienne chrétienne qui transmettait régulièrement des rapports détaillés au Mukhabarat.

Les hommes du CSIS semblèrent intéressés. J'avais beaucoup d'autres informations à leur donner, mais ils me répondirent qu'ils n'en avaient pas besoin. Ils appartenaient à une organisation de défense, pas à un service d'espionnage. Je n'en revenais pas. Le Canada allait entrer en guerre contre l'Irak. Pourtant, le CSIS ne semblait pas décidé à profiter des renseignements confidentiels que je lui apportais. J'étais de plus en plus découragé.

Tandis que l'hiver prenait peu à peu le pas sur l'automne, j'attendais que la guerre éclate, en me languissant de Ban.

14

LA MEILLEURE DES VENGEANCES

Le 16 janvier 1991, la guerre éclata. Tandis que les bombardiers F-15 américains déchiraient la nuit au-dessus de Bagdad, assis devant mon poste de télévision je regardais, en poussant des cris d'encouragement, les premiers reportages en direct littéralement stupéfiants. Je voulais que les bombes anéantissent les palais de Saddam, les usines bactériologiques, Osirak, les installations chimiques, le quartier général du Mukhabarat et les fabriques d'armement. Je voulais que toutes les horribles créations du monstre soient détruites. Et surtout, je voulais que les bombes le tuent.

Je faisais confiance aux Américains pour frapper avec le maximum de précision, mais je savais qu'il y aurait des pertes parmi les civils. Malgré tout, je demeurais convaincu que le prix à payer serait encore plus lourd si Saddam et ses sbires demeuraient au pouvoir. Certes, j'en parlais à mon aise, assis bien tranquillement devant mon poste à Toronto. Mais même si je m'étais trouvé à Bagdad, je savais que, perché sur mon toit, j'aurais encouragé les F-15.

Comme beaucoup d'autres, je pris conscience trop tard de la catastrophe que représentait pour la population civile le bombardement de Bagdad et d'autres villes. J'appris avec horreur que la famine s'était installée et que les épidémies se propageaient. J'avais été assez stupide pour croire que seuls le quartier général du Mukhabarat et des cibles similaires seraient touchés.

Toutes les communications étant coupées, je n'avais aucune nouvelle de ma famille. Un Irakien qui avait réussi à s'enfuir en Autriche m'apprit que Bibi était morte il y avait peu de temps, non pas durant les bombardements, mais des suites d'une maladie. Je n'avais aucun moyen de savoir s'il disait vrai.

LE CERCLE DE LA PEUR

Tandis que la guerre se poursuivait, j'avais l'impression d'évoluer sur des montagnes russes. J'atteignis le fond du désespoir le jour où une bombe toucha un abri civil et tua des centaines de femmes et d'enfants. Je connaissais ce quartier, et j'étais certain qu'il ne s'agissait pas d'un objectif militaire. Je maudissais cette erreur responsable d'une telle horreur.

Quand les forces coalisées rejetèrent le prétendu plan de paix soviéto-irakien et que George Bush et ses alliés lancèrent leurs armées sur le Koweït et l'Irak au cours d'une gigantesque offensive terrestre, je compris qu'il s'agissait d'un tournant, non seulement dans le conflit, mais dans la position de l'Amérique au Moyen-Orient. A Washington on semblait enfin comprendre à qui et à quoi on avait affaire. Apparemment, les responsables de la Maison-Blanche et du Pentagone savaient aussi bien que nous, les Irakiens, que ce plan de paix était une supercherie, une tentative supplémentaire de Saddam pour manipuler l'Occident. Contrairement à ses prédécesseurs, Bush ne se laissa pas entraîner dans des discussions et des accords factices. Aux quatre coins du monde, des manifestants lancèrent des cris de protestation, accusant Bush d'être un va-t'en-guerre. En fait il n'y avait pas d'autre attitude à adopter face à Saddam.

La guerre terrestre ne dura qu'une centaine d'heures. Si l'armée irakienne avait résisté, elle aurait pu durer un peu plus longtemps.

Je savais que si j'avais porté l'uniforme, j'aurais été le premier à me précipiter vers les soldats ennemis pour les accueillir comme des sauveurs attendus depuis longtemps. C'est exactement ce que firent plus de 60 000 soldats irakiens. Affamés par leurs commandants, forcés de demeurer au front sous peine de mort, ils se jetèrent en pleurant aux pieds des alliés, la moitié d'entre eux refusant de retourner dans l'Irak de Saddam.

Reste une question essentielle : qui a remporté la guerre du cœur et de l'âme ?

Les riches États du Golfe et leur population se réjouissent de la victoire des forces alliées. Ils portent l'Amérique aux nues. Mais les Jordaniens moins riches et la masse de Palestiniens qui vivent dans ces pays ou dans les territoires occupés éprouvent de la rancœur à l'égard des États-Unis. De nombreux parents enseignent à leurs enfants que Saddam est un héros qui a osé s'opposer à l'envahisseur si puissant.

Radio Bagdad continuait à tracer un portrait effroyable de l'envahisseur infidèle et satanique, tout en louant le grand et noble courage de ces valeureux combattants islamiques qui repoussaient les forces du mal dans une violente bataille à la gloire d'Allah... une bataille proclamée victorieuse.

Ce genre de rhétorique qui semble complètement stupide une fois traduite possède en arabe une force et surtout un grand pouvoir de persuasion. Certes, nombreux seront ceux qui connaîtront la vérité. Ils apprendront par des soldats revenus du front ou en écoutant la BBC Internationale que l'Irak est loin d'être vainqueur. Mais ils seront aussi nombreux à croire qu'il s'agit bel et bien d'une victoire, et à y puiser du courage.

Malgré toutes les horreurs infligées par Saddam à son peuple, j'ai du mal à imaginer son abdication. Après sa défaite militaire, il n'a pas perdu de temps pour instaurer les conditions du cessez-le-feu. Ce qui lui laissa les mains libres pour écraser dans l'œuf toute opposition locale. Saddam s'était maintenu au pouvoir après avoir entraîné la mort de centaines de milliers de ses compatriotes dans sa guerre stupide avec l'Iran. Durant la guerre du Golfe, il a perdu son terrible arsenal et la majeure partie de son armée. Mais ces pertes n'ont en rien affecté l'opinion qu'il a de lui-même. Il se battra toujours comme un lion pour conserver son royaume.

Peut-être pouvons-nous espérer que ces cyniques dirigeants et marchands d'armes sauront freiner leurs appétits et faire un authentique effort pour empêcher la naissance d'un autre monstre. Les entretiens sur la nécessité de limiter les exportations d'armes et de renforcer les contrôles dans le monde entier me réconfortent. Mais il ne faudrait pas oublier les voies de communication moins « conventionnelles ». Je pense en particulier à la façon dont le régime irakien se servait des vols « diplomatiques » pour envoyer des agents en Occident et les rapatrier ensuite, les bras chargés d'armes et de matériel de haute technologie, généralement destiné à renforcer la machine de mort.

A vingt-six ans, je suis assez blasé pour penser que les marchands d'armes et les politiciens se satisfont de cette situation. Ils créent les tyrans, puis ils alimentent les guerres menées contre eux. Je serais étonné que nous n'assistions pas à un nouveau conflit.

Et l'avenir de l'Irak ? Avec ou sans Saddam ?

Les journalistes et les analystes occidentaux parlent d'un éventuel remplacement de Saddam, comme si c'était la solution souhaitable. Des noms circulent : Taha Yassin Ramadhan, Saddoun Hamadi et Hussein Kamel. Ces hommes ne sont pas des modérés, ce sont des partisans de Saddam.

Quelques rappels concernant ces successeurs possibles ne sont pas superflus. Taha Yassin Ramadhan est un ancien sergent de l'armée devenu numéro trois du régime, chargé du développement économique de l'Irak, autrement dit de l'intendance de l'anti-système.

Saddoun Hamadi, un chiite, a su s'élever de nulle part jusqu'aux fonctions ministérielles. Sur les chaînes de télévision américaines cer-

LE CERCLE DE LA PEUR

tains spécialistes du Moyen-Orient ont décrit Hamadi comme un modéré. Ce terme a depuis longtemps disparu du vocabulaire des hautes sphères du pouvoir irakien. Hamadi est un être pervers qui a simplement su survivre dans le cercle de la peur de Saddam.

Hussein Kamel, cousin et gendre de Saddam, est tout aussi barbare. Son principal titre de gloire est d'avoir épousé la fille aînée de Saddam. Le fait qu'il n'ait pas terminé ses études au lycée a beaucoup joué en sa faveur auprès de son beau-père.

On a également mentionné le nom de l'insaisissable Tareq Aziz, ministre des Affaires étrangères. C'est un homme cultivé, mais comme les autres, il lui manque le soutien populaire. C'est un béni-oui-oui qui a besoin d'un chef à qui obéir. Et sous ses costumes chics se cache un baassiste sans pitié.

L'accession d'un de ces hommes au pouvoir entraînerait un coup d'État tous les quinze jours. Aucun d'eux ne peut s'appuyer sur un large électorat, une base politique, et ils n'ont aucune capacité à gouverner. Ce sont des suiveurs.

La plupart des officiels irakiens qui entourent Saddam sont fort peu instruits. Saddam excuse ce manque d'éducation en affirmant : « Ces hommes s'instruisent à travers leur lutte pour atteindre le pouvoir et le cœur des masses. » La langue de bois du Baath...

Un autre recours, parfois mentionné, est le Front démocratique libéral, basé initialement à Londres et aujourd'hui en Arabie Saoudite. Il possède encore moins de poids politique. Le peuple irakien a trop souffert pendant que les membres du Front démocratique libéral jouaient aux politiciens en Occident. Comme je l'ai signalé, le Mukhabarat lui-même n'a jamais pris la peine de les éliminer, estimant qu'ils ne représentaient aucun danger. Les Américains et leurs alliés souhaiteraient certainement voir ce parti au pouvoir, mais il s'agit là d'une tâche quasiment impossible. Comment ses membres pourraient-ils rentrer en Irak alors que la police d'État sévit toujours ? Comment des élections pourraient-elles avoir lieu dans un système aussi corrompu ? Comment le Front démocratique libéral pourrait-il diriger un pays économiquement ruiné et moralement épuisé ?

Selon un autre scénario effrayant et complexe, Saddam ou ses partisans resteraient au pouvoir à Bagdad tout en perdant la majeure partie du reste du pays, lequel risquerait alors de sombrer dans la guerre civile et le chaos. Du fait de sa structure ethnique et religieuse, l'Irak pourrait revenir à son découpage précolonial, reflet des structures de pouvoirs régionaux : Bassora, Mossoul et Bagdad. D'après un tel scénario, le Da'wah pourrait gouverner Bassora et le sud de l'Irak, les Kurdes se voyant confier le nord du pays et Mossoul, tandis que Saddam et le Baath contrôleraient le centre depuis

Bagdad. Cette nouvelle partition du pays représenterait un désastre pour l'équilibre des forces au Moyen-Orient. Le sud de l'Irak – de Nadjaf à Bassora – deviendrait l'allié d'un Iran considérablement étendu. Le nord de l'Irak pourrait pencher du côté de la Turquie, alors que la région de Bagdad, où vivent presque un tiers des Irakiens, se retrouverait réduite à une extrême pauvreté, ainsi privée de toutes les ressources naturelles du pays.

Paradoxalement, ce scénario catastrophe est très proche de ce qui me semble être la meilleure solution : une fédération de trois États ou plus. Les États-Unis d'Irak. Cela ne se ferait pas sans problèmes d'organisation et grincements de dents cependant on finirait par apprendre à cohabiter en respectant les droits des autres, en acceptant leurs différences.

Malheureusement, le groupe le mieux placé pour prendre le pouvoir est le Da'wah. J'ai eu l'occasion de le fréquenter en Angleterre et j'ai découvert des fanatiques hypocrites qui tueraient encore plus d'Irakiens au nom d'Allah et de leur dogme implacable. Le Da'wah n'a jamais réussi à recueillir un large soutien sous le règne de Saddam, en partie parce que ce dernier a su éventrer habilement leur organisation, et aussi parce que les Irakiens n'étaient nullement attirés par un chef ressemblant à Khomeyni.

Autre paradoxe, les partisans du Da'wah se recrutent principalement chez les prisonniers de guerre irakiens revenus d'Iran en 1988, remplis de la même foi en la révolution islamique que leurs geôliers. Je me souviens de Noman et de sa bande à Manchester, en train de justifier les atrocités de Khomeyni. Dans leur bouche, le mot démocratie signifie liberté et droits... pour tous ceux qui partagent leurs opinions. Le Da'wah ferait de l'Irak un nouveau Cambodge. Mon pauvre peuple.

Autre facteur important : Washington commettra-t-il l'erreur d'accepter le Da'wah comme interlocuteur? Apparemment, George Bush a au moins appris qui était Saddam. Mais on ne peut pas attendre des Américains qu'ils aient tiré, en l'espace d'une nuit, les leçons de toutes leurs erreurs commises au Moyen-Orient. Je me souviens de la façon dont les représentants du Da'wah apprenaient à offrir aux Occidentaux l'image de démocrates inoffensifs. J'ai peur que la Maison-Blanche ne pense qu'il est possible de s'entendre avec eux.

Je sais que le Da'wah traiterait volontiers avec Washington avant de se retourner pour tirer froidement dans le dos des Occidentaux. Il ferait la même chose au monde entier s'il le pouvait. L'essence du mouvement islamique intégriste n'est pas la religion, mais bien le pouvoir à travers la haine. La haine de l'Occident en général, des Américains en particulier, mais surtout d'Israël.

LE CERCLE DE LA PEUR

Aucune conférence de paix, aucun territoire offert aux Palestiniens ne pourra effacer cette hostilité irrationnelle et viscérale du Moyen-Orient. Le terroriste Abu al-Abbas et ses cohortes continueront à attiser ces flammes, qu'ils soient soutenus par Saddam, le Da'wah, ou une autre force, encore inconnue, émergeant des cendres de l'Irak.

La défaite militaire de l'Irak a fait naître un nouvel espoir concernant un règlement de paix global. Mais je ne partage pas cet optimisme. Je ne vois que de nouvelles variations sur de très vieilles manœuvres. Après avoir rencontré son homologue iranien, le ministre canadien des Affaires étrangères, Joe Clark, a déclaré que les peuples du Moyen-Orient devaient se faire davantage confiance. Tant de naïveté est consternante. Confiance? Dans cette région du monde, faire confiance équivaut à se condamner soi-même à mort. Peut-être l'Occident n'est-il pas capable de comprendre cela. Dans ce cas, la leçon à tirer de mon histoire, de notre histoire, c'est peut-être que les Occidentaux seraient bien avisés de se trouver une autre source d'énergie et de rentrer chez eux.

Cette mosaïque comporte un autre élément primordial, illustré de manière parfaite par une jeune infirmière koweïtienne. Quand les forces alliées firent une arrivée triomphale dans Koweït City, ils trouvèrent un peuple ivre de joie d'être enfin libéré de sept mois d'enfer. Les Koweïtiens avaient réussi à tenir le coup, avec l'aide d'une petite force de résistance qui fournissait à tout le monde de l'eau et des vivres. Simple démonstration de l'extraordinaire réserve d'ingéniosité et de courage dont est capable l'être humain sous la contrainte. L'infirmière koweïtienne, le visage à demi dissimulé par un voile, raconta avec fierté comment elle avait apporté sa contribution en injectant des produits mortels à une douzaine de soldats irakiens blessés.

Le calme, le naturel avec lesquels elle rapporta son geste devraient suffire à prévenir les Occidentaux du problème qui les attend dans ma partie du monde : une profonde aptitude à la haine meurtrière.

C'est un trait pathologique de notre culture. Je ne parle pas uniquement de gens déséquilibrés comme mon père ou de mégalomanes comme Saddam. C'est, je crois, inscrit dans notre sang. Si la peur est le moteur de la société de Saddam, la haine en est le carburant, et c'est une source encore plus abondante que notre pétrole.

Lorsque nous décidons d'offrir notre amour à quelqu'un, nous le faisons avec une formidable passion. Cela est également vrai pour les émotions négatives. Nous disons rarement que nous n'aimons pas quelqu'un. Le plus souvent, nous le haïssons. Il y a en nous une large place réservée à la haine. Un chef n'a plus qu'à la combler.

Nous sommes coincés dans les ornières émotionnelles de l'histoire et nous ne pouvons nous en échapper. Je crois que ces haines ancestrales sont quasiment incompréhensibles en Occident, pour les Nord-Américains en particulier. Les États-Unis et le Canada sont des nations jeunes, dépourvues d'un héritage historique aussi important que le nôtre, même si l'extermination des populations indigènes revient parfois les hanter. D'une certaine façon, les habitants de ces deux pays ont réussi à se « recréer », obligés de bâtir une nation à partir de toutes ces races et ces cultures réunies sur le sol du Nouveau Monde. Certes, il existe des problèmes et des passions, le bien et le mal sont présents, mais ils ne sont pas gravés dans l'âme des Nord-Américains comme l'est mon héritage culturel.

Nous Irakiens semblons condamnés à demeurer les esclaves de ces cycles récurrents de violence et de ces cercles de la peur. Mais je veux croire qu'il est possible de changer cet ancien schéma.

La déroute de la machine militaire tant redoutée de Saddam, le fait qu'elle soit apparue comme une supercherie et un ramassis de pillards, sont, je l'espère, les premières fissures dans les cercles de la peur. Mais le Mukhabarat et tout l'appareil de sécurité sont trop complexes et trop puissants pour se désintégrer d'eux-mêmes. Ils n'ont rien à voir avec la brutale mais incompétente Savak du chah d'Iran qui s'est effondrée quand les mollahs ont pris le pouvoir. Rien à voir non plus avec la pathétique armée irakienne et son million d'hommes, en majeure partie des appelés rétifs qui se sont jetés au cou de leurs adversaires.

Mon récit devrait au moins servir à prouver que les services secrets irakiens sont indélogeables. Ils resteront une force avec laquelle il faudra compter, quel que soit le nouveau visage de l'Irak. Firas, Radhi, Azzawi, Khaled... aucun n'abdiquera gentiment.

Le Baath survivra sous une forme ou sous une autre pendant quelque temps. Il survivra telle une tache rebelle. Il ne s'agit pas uniquement d'un parti politique, mais plutôt d'un système de contrôle mental. Des enfants à qui on a appris à dénoncer leurs parents n'adopteront pas en une nuit les principes de la démocratie.

Mon pays est sens dessus dessous. Après avoir subi pendant tant d'années cet anti-système, l'esprit et le caractère des gens ont été à ce point corrompus et remodelés que leur notion du normal rejoint celle de l'effroyable chez les autres. S'il me fut facile de devenir un agent du Mossad, avant de travailler pour le Mukhabarat, c'est parce que vivre en Irak, ou dans n'importe quel autre pays du Moyen-Orient, vous apprend dès le berceau à feindre, tricher, biaiser. Dans le pays où j'ai grandi, point n'est besoin d'être un criminel pour fabriquer de faux passeports, faire du marché noir, vendre des armes ou tricher aux examens ; tout cela fait partie des mœurs.

LE CERCLE DE LA PEUR

Il est presque impossible de bâtir une démocratie sur de telles bases. Mais il faut bien poser la première pierre. Je refuse de croire que nous sommes condamnés à suivre éternellement cette voie infernale. Je veux croire qu'une fois libérés des tyrans et de la peur, si l'on nous offre la connaissance et des moyens, nous pourrons tous apprendre qu'il vaut mieux donner la vie que la prendre. Je veux croire que nous finirons par comprendre que nos points communs sont plus forts que nos différences. Les religions et les systèmes politiques doivent nous enseigner la tolérance, plutôt que le mépris et le désir de conquête. Je veux que nous parvenions à retrouver le plus beau fleuron de la culture arabe – le siècle des lumières de Haroun al-Rachid depuis longtemps oublié –, mais nourri de démocratie moderne. Je sais que cela paraît totalement utopique. Mais si nous baissons les bras, nous sommes condamnés.

Pour ma part, avec Ban, je vais tenter d'échapper à mon passé. Nous essaierons de trouver une nouvelle identité, un nouveau pays, pour nous consacrer au plus irrationnel de tous les serments de foi en la vie : avoir des enfants. Plus que tout au monde, je veux un enfant de Ban. Je veux donner la vie, aimer un enfant, le chérir et l'élever afin que la beauté qui, je le sais, existe dans l'âme humaine puisse éclore. Je veux offrir à mes enfants la joie, la connaissance et la sécurité. Je veux participer à l'apparition sur notre planète de quelques êtres meilleurs. Si mon rôle sur cette terre est d'entretenir un espoir de paix, il faut commencer dès le berceau. Ma mère a essayé, mais elle a succombé sous l'adversité.

Et surtout, je veux donner de l'amour. Et cet amour, j'en suis sûr, me sera rendu. Plus que tout, c'est ce dont étaient dépourvus mon père et l'idéologie qu'il défendait. Je ne comprendrai jamais pourquoi. Mais aujourd'hui, au moins, je m'aperçois qu'en cherchant à me venger de la façon dont je l'ai fait, je n'ai fait qu'alimenter les cercles et les rouages du système.

Comble de l'ironie, la meilleure façon de me venger de mon père sera d'aimer mes enfants.

De bien étranges pensées pour un homme qui se prêta aux jeux du Mossad et du Mukhabarat. Mais l'amour est l'unique moyen que je connaisse pour remonter du tréfonds de l'horreur.

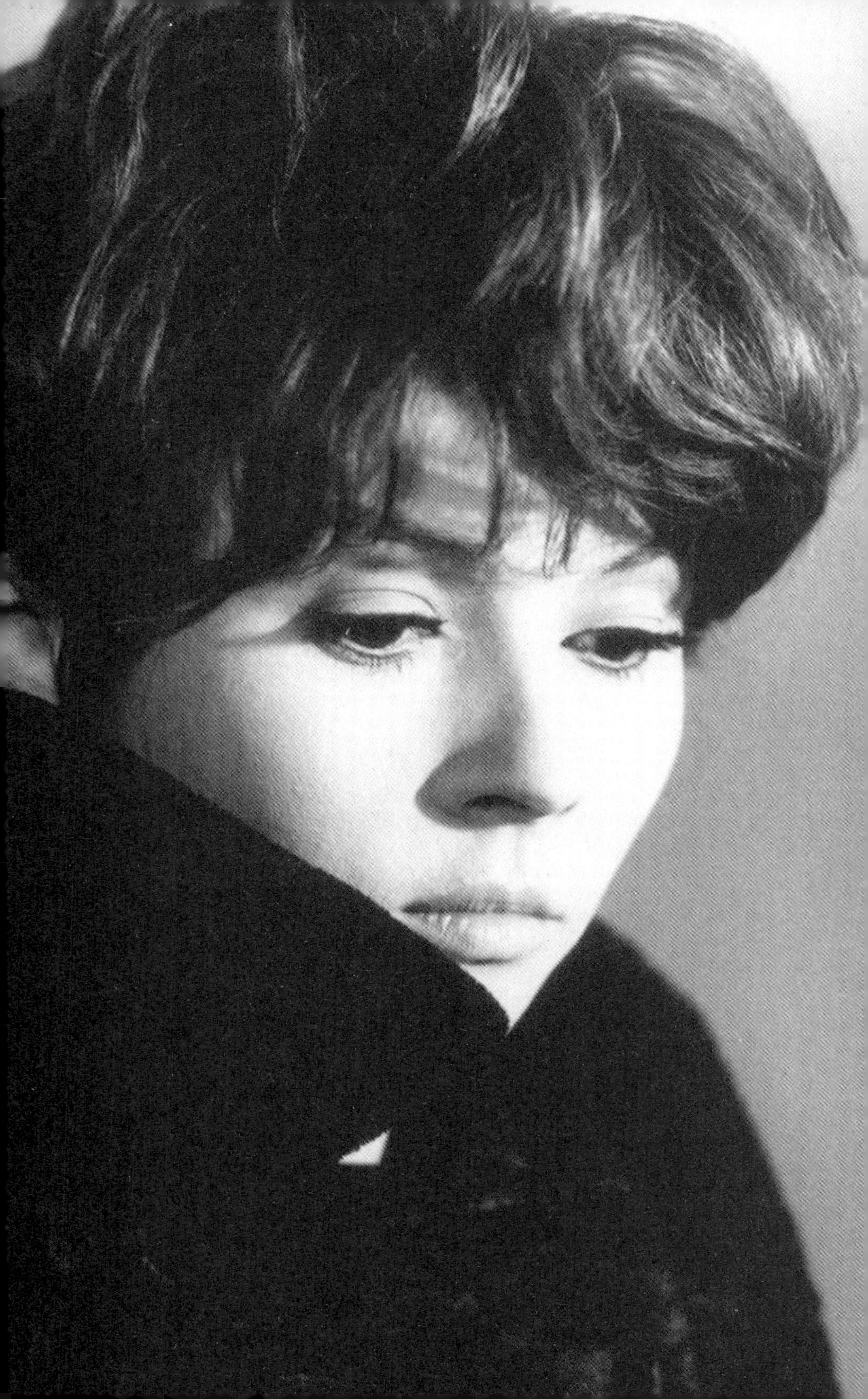

L'ANNAMITE

DANY CARREL
avec la collaboration de Marie-José Jaubert

J'ai abandonné mon banc
du square Georges-Brassens. J'ai ressorti
quelques photos... et j'éprouve
un étrange sentiment. « Maman Tourane »
est aujourd'hui une vieille dame.
Elle est toujours aussi belle, aussi digne.
Mais elle est tellement triste!
Je la regarde et je me retrouve en elle,
mais si fugitivement. Elle, si vietnamienne,
moi, si française. Je ne connais rien
de son pays, rien de son peuple.
Je ne connais pas sa langue.
J'ai enfin une mère, mais nous ne
pouvons pas communiquer!
Ne rien nous dire, jamais, comme
c'est difficile à supporter!
Si seulement je pouvais lui écrire,
si je pouvais l'appeler au téléphone
et lui dire simplement « maman... ».

« L'Annamite »

Page de titre: *Le portrait préféré de Dany Carrel remonte au tournage de* Delphine *avec Maurice Ronet (Eric Le Hung, 1969).*
Photo de couverture : *Dans* les Grandes Manœuvres, *Dany Carrel n'a que deux scènes, mais toutes deux avec Gérard Philipe (René Clair, 1955).*

I

DORTOIR DES GRANDES

Dès que j'ai entendu le bruit du moteur, je me suis sauvée. J'ai traversé le jardin derrière la maison, j'ai poussé la barrière et je me suis cachée dans les bois. Maintenant, je suis assise par terre dans les fourrés. Je m'amuse avec les feuilles, les cailloux. Je dérange les petites bêtes dans leurs trous, je les pousse avec un brin d'herbe. Habituée à rester seule des heures entières, je n'ai pas peur. Je suis même rassurée : ici, personne ne viendra me chercher ! Je ne veux surtout pas voir ma mère, encore moins son amie. Pourtant, bien des petites filles en seraient fières : elles sont très belles et toujours magnifiquement habillées. Juliette, ma mère, est une grande femme brune aux yeux verts. Jeanne, son inséparable amie, est blonde aux yeux noirs. Jeanne possède une maison de couture près de la Madeleine et une autre, dit-on, à New York.

Jeanne me déteste. Chaque fois que je la vois, c'est une avalanche de reproches. Elle dit à ma mère : « Elle n'a jamais une larme. Elle est sèche. Elle est butée ! Elle ne parle pas ! Ils sont bêtes, les Annamites ! Ils n'ont rien dans le cœur ! » Et, s'adressant à moi : « Yvonne ! Va donc embrasser ta maman ! Tu n'es pas tendre avec elle. Tu ne l'aimes pas ! » Sans un mot, renfrognée, j'avance vers ma mère. Je lui dépose avec réticence un baiser sur la joue. Et Jeanne de s'écrier : « Ah ! cette petite, elle n'est pas affectueuse ! L'avoir ramenée d'Indochine et voir comment elle vous traite ! »

Ma mère ne répond pas. Elle ne m'accable pas, non, mais elle ne me défend pas. Je me demande sans cesse : « Mais pourquoi ne parle-t-elle pas ? » Jamais un mot ! Je n'ai donc pas vraiment envie de me jeter à son cou. D'ailleurs ma mère n'a jamais eu un geste de tendresse. Elle ne m'a même jamais prise sur ses genoux !

Au moins là, dans mes buissons, personne ne peut me faire de reproches. Dans la soirée, ma mère et son amie me cherchent bien un peu dans le jardin, m'appellent deux ou trois fois, puis rentrent dans la villa. Ouf ! je peux m'installer tranquillement pour dormir ; il fait beau et, malgré mes quatre ans, je ne suis pas effrayée à l'idée de passer la nuit à la belle étoile. J'aime la nature et, lorsque je ne suis pas à l'école, je passe mon temps dans le jardin, à la basse-cour ou dans les champs.

Au matin, je montai dans ma chambre. C'était une pièce minuscule, presque un grenier. Il y avait un petit lit en fer face à une lucarne. Il y avait aussi une chaise que j'avais placée sous la lucarne. J'aimais être là, derrière le carreau, debout sur la chaise, à regarder le ciel et les arbres. J'entendais les poules juste au-dessous, cela me faisait une compagnie. Ma chambre était la plus laide de la maison, mais je m'y sentais chez moi et je savais que personne ne viendrait m'y déranger. D'ailleurs dans cette maison, j'étais toute seule avec une vieille dame de quatre-vingts ans.

Lorsque Juliette et Jeanne m'avaient accompagnée ici, à Combs-la-Ville, elles m'avaient dit en me désignant la vieille dame : « Tu l'appelleras Mémé ! » C'était la mère de Jeanne. Une femme un peu ronde aux cheveux gris noués en chignon. Pas plus que ma mère, elle ne s'occupait de moi. J'avais souvent faim. C'est pourquoi, malgré ma crainte de l'obscurité, j'avais exploré, pièce après pièce, toute la sombre maison à la recherche de quelque nourriture. Au rez-de-chaussée, à gauche, l'immense salon, dans lequel ni moi ni la vieille n'entrions jamais, était réservé à Jeanne lors de rares visites d'amis. A droite du couloir, la salle à manger, avec une grande table et des chaises anciennes recouvertes de coussins fixés par de jolis rubans. Il y avait également une desserte où la Mémé rangeait le sucre et les confitures. Et deux énormes fauteuils. Au fond de la pièce, une porte donnait sur le garage dans lequel on descendait par trois marches. C'est là que j'avais trouvé des pommes bien alignées sur des claies. Je venais m'y approvisionner. Et je me gavais de confitures chaque fois que cela m'était possible. Je dissimulais bien soigneusement mes réserves sous les coussins des chaises et des fauteuils de la salle à manger.

Parfois la vieille dame se souvenait de ma présence et me faisait cuire des pâtes. Mais je sentais bien que prendre soin de moi était pour elle une corvée. Je ne me plaignais jamais, pourtant.

La vieille vivait à l'autre extrémité du couloir, dans une grande chambre. A l'étage, il y avait cinq autres chambres à coucher, très belles, bien meublées, avec des balcons. J'ignorais pourquoi on m'avait réservé ce grenier au papier triste. Mais c'était mon domaine et j'avais appris à l'aimer. Pourtant j'avais parfois très peur : par exemple, lorsque le vent sifflait à travers la lucarne. J'avais alors l'impression que quelqu'un hurlait « Ouvre-moi ! » et je me cachais sous mes draps sans même oser respirer.

Chaque matin, je me préparais toute seule pour aller à l'école. La salle de bains avec la grande baignoire était réservée à Jeanne et à ses amis. Je ne prenais donc jamais de bain et me lavais au rez-de-chaussée, dans la cuisine, au-dessus de l'évier. Je me coiffais sans même pouvoir me regarder dans une glace et j'avais vite fait de passer le peigne dans mes cheveux courts et sur ma frange. D'ailleurs j'étais certaine de ne pas être belle, Jeanne avait tant de fois prononcé les mots « Annamite », « yeux bridés », « teint mat », comme s'il s'agissait d'autant de défauts...

L'école maternelle était à 2 ou 3 kilomètres. Je faisais le chemin à pied par tous les temps. Mais j'aimais ce chemin de campagne, j'aimais la pluie. Tout était beau dès que je quittais la maison.

Petit à petit, j'étais parvenue à me faire une amie, Huguette Kesler. A mes yeux, c'était une grande : elle avait au moins sept ans et une tête de plus que moi ! Elle m'apprenait les choses de la campagne : ramasser les pissenlits et les donner aux lapins, nourrir les poules et les canards, prendre les poussins. Huguette était la seule personne à qui je parlais, mon seul lien avec les humains.

Me voyant toujours à l'affût de quelques fruits à grignoter dans la campagne, un jour elle me demanda :

— T'as faim ?
— Oui.
— Elle te fait pas à manger ?
— Des fois... Je crois qu'elle est au régime.
— Alors, tu viens chez moi !

Je découvris tout à coup une vraie famille : des gens qui se parlaient affectueusement, riaient, faisaient attention aux enfants, les aimaient et les gâtaient autant qu'ils le pouvaient. Pourtant je voyais bien qu'ils n'étaient pas riches. Mais Mme Kesler m'offrait généreusement d'énormes tartines de pain de campagne, du beurre et de la confiture : « Mange, mon petit », me disait-elle avec tendresse. Le soir, elle me gardait parfois pour le dîner. La première fois, lorsque la nuit fut tombée et que la vieille ne me vit pas rentrer, elle partit à ma recherche tapant à toutes les portes. Mme Kesler ouvrit :

— Yvonne est là ?
— Oui, nous l'avons, nous la faisons dîner.
— Eh bien, tant mieux ! répondit la Mémé.

La vieille ne veillait pas plus sur mon linge que sur ma nourriture. J'étais habillée comme une pauvresse et n'étais guère soignée : je changeais rarement de tablier à carreaux, et de robe moins souvent encore. Mes chaussures étaient éculées et trop grandes, il me fallait donc marcher en traînant les pieds.

Je savais que j'étais chez cette femme depuis mes trois ans. Mais pas un seul soir elle n'était venue se pencher sur mon lit pour m'embrasser ou me souhaiter une bonne nuit. Malgré mon très jeune âge, j'avais pris l'habitude de me débrouiller seule. Je ne réclamais rien, ne disais rien. Elle-même ne me disait pas plus de trois phrases par jour. Cependant il ne faudrait pas en conclure qu'elle était une méchante femme. Jamais elle ne me frappa ni ne me gronda. Tout simplement elle m'ignorait. Mais peut-être était-ce la pire des choses pour une si petite fille.

Ma mère et Jeanne restaient parfois des mois entiers sans revenir à Combs-la-Ville. Juliette du Chaxel n'était guère plus tendre que la Mémé. Mais elle non plus n'était pas méchante avec moi. Elle était simplement terriblement distante et d'une extrême lâcheté devant Jeanne Gradys, son amie.

C'est pourquoi je me comportais avec ma mère comme je le faisais avec n'importe quelle autre grande personne : muette, fermée, jamais une larme, jamais un sourire. Je savais d'instinct qu'elle ne m'écouterait pas, ou pis, que mes paroles seraient interprétées contre moi. Car Jeanne ne quittait jamais une seconde ma mère et ne manquait pas une occasion d'affirmer : « Elle est insensible, cette gamine ! Et puis, regardez-la, elle ne dit jamais rien ! Elle est bête ! Elle est très bête ! »

Chaque jour en allant à l'école, je voyais des enfants sortir de chez l'épicier les mains pleines de friandises et je les enviais. Un matin, j'aperçois dans la cuisine, posé sur une chaise, le sac à main de la Mémé. Je l'ouvre, farfouille dans le porte-monnaie et prends un billet au hasard. Il y en a beaucoup, je suis donc certaine qu'elle ne se rendra compte de rien. Dès que j'arrive au village, j'entre fièrement chez l'épicier et je lui tends le billet : « Je voudrais pour ça de bonbons. » Sans broncher, il me donne un paquet. Quelques heures plus tard, un gendarme vient me chercher à la maternelle. A la vue de son képi, je me mets à trembler. Je suis certaine qu'il va m'emmener en prison. Mais j'ai les dents serrées. Je ne pleure pas. Je traverse tout le village accompagnée du gendarme. Les gens, sur le pas de leur porte, me regardent avec méchanceté.

Nous arrivons à la villa. Ma mère, Jeanne et Mémé m'attendent debout dans la salle à manger. Jeanne, la première, prend la parole :

— Tu es une voleuse !

Comme d'habitude, ma mère ne dit rien. Jeanne reprend :

— Mais, Juliette, vous ne vous rendez pas compte ! Qui vole un œuf vole un bœuf... De toute façon, ma pauvre Juliette, je vous l'ai toujours dit, vous n'aurez que des déboires avec cette enfant ! Pensez-vous, une Annamite que vous ramenez comme ça ! Un jour, elle vous plantera un couteau dans le dos !

Jeanne Gradys me hait vraiment. Lorsqu'elle est furieuse contre moi, elle s'écrie invariablement : « Les Annamites portent le vice en eux... Ils sont fourbes, voleurs... »

Cette fois, elle est vraiment hors d'elle :

— Vous vous rendez compte, avoir volé tout cet argent ! Heureusement que l'épicier nous a averties.

Puis, s'adressant à moi :

— Oui, il y a des gens honnêtes ! Les voleurs sont toujours pris !

C'est l'épicier qui m'a dénoncée. La vieille a aussitôt prévenu par téléphone ma mère et Jeanne qui sont accourues.

Dans la salle à manger, tout le monde est très excité. A un moment, les grandes personnes veulent s'asseoir, mais, les unes après les autres, elles se relèvent brusquement : il y a des bosses anormales sous les coussins. On les enlève, et sous chacun d'eux on découvre mes réserves. Jeanne, évidemment, bondit :

— Qui a mis ça sous les coussins ? C'est toi la voleuse !

Et, prenant le monde entier à témoin :

— Il faut immédiatement la mettre en maison de correction !

Ma mère semble affligée, mal à l'aise. Mais elle ne pose aucune question : « Pourquoi avoir volé ce billet ? Pourquoi cacher cette nourriture ? » Elle répond simplement à Jeanne :

— La maison de correction... Elle n'a tout de même que quatre ans... Et puis je pense qu'on ne la prendrait pas ! Non, je vais chercher autre chose, un pensionnat, un orphelinat...

Elle dit à la vieille :

— En tout cas, je la reprends, elle quitte l'école.

Quitter cette maison lugubre ne fut pas un regret, mais je ne me consolai pas de quitter la famille Kesler. Cette famille avait été le seul lieu où j'avais trouvé du réconfort, le seul lieu où on faisait attention à moi, où j'existais.

Quelques jours plus tard, j'entrai avec ma mère dans une immense maison grise. En haut, sur la façade, il y avait une niche avec une statue de saint Joseph. C'était un orphelinat.

Une sœur avec une grande cornette nous accueillit au parloir. Elle avait un bon visage rond et dit avec un sourire :

— Je suis sœur Josèphe, bonjour, madame du Chaxel, bonjour, ma petite.

— Ma sœur, comme vous le savez, Yvonne est une voleuse ! Il

va falloir la punir! expliqua ma mère avant d'ajouter, pensez-vous que cela puisse se corriger?

Sœur Josèphe répondit :

— Mais bien sûr qu'elle va se corriger! Elle est très jeune... Très jeune... Et puis Jésus va l'aider...

Pour la première fois, quelqu'un prenait ma défense, j'en fus tout étonnée, reconnaissante. Sœur Josèphe me tendit la main, me fit asseoir sur ses genoux. Je n'en revenais pas. Tout à coup, je me sentis protégée. Je ne bougeais pas tant je me sentais bien.

Ma mère reprit :

— Oui, mais il faut tout de même trouver une punition, parce qu'il ne faudrait pas qu'elle recommence à voler!

— Eh bien, nous allons trouver... dit tout doucement la sœur.

— J'ai pensé que, peut-être, elle pourrait être privée de dessert et de goûter...

— De dessert et de goûter, oui, oui... on va voir...

Ma mère disparut et je restai avec sœur Josèphe. J'étais maintenant dans un orphelinat. J'étais une voleuse et, pour cette raison, on m'avait privée de liberté, on m'avait séparée de mon amie Huguette et de sa famille. Je me sentais si coupable que je n'osais avouer ma faute à mes nouvelles compagnes.

— Pourquoi t'es là?

— Parce que mon père est mort et que ma mère est partie en voyage, elle est en Amérique.

Je pensais ne pas mentir en disant cela : j'avais si souvent entendu Jeanne et ma mère parler de leurs voyages, sans doute allaient-elles partir une nouvelle fois... Je savais aussi que mon père était mort. Ma mère m'avait plusieurs fois parlé de lui et dit qu'il s'appelait Aimé du Chaxel ; or, moi, on m'appelait Yvonne Chazelles. Pourquoi ne portais-je pas le même nom que mes parents? A quatre ans, on ne s'arrête pas à de tels détails. Elle m'avait dit aussi que mon père était très bon et qu'il était mort brusquement lorsque nous étions en Indochine. J'avais alors deux ans et demi et elle était revenue avec moi en France. Mais de toute cette période je n'avais aucun souvenir. Je ne posais jamais de question et ne réclamais jamais rien, mais j'aurais vivement souhaité voir une photo de mon père. Ma mère ne m'en avait pas donné. Je l'avais donc imaginé : il était beau, il était bon, il m'avait beaucoup aimée.

Ma mère me laissa à l'orphelinat Saint-Joseph de Louveciennes, un établissement tenu par une dizaine de sœurs de la Charité, les sœurs de Saint-Vincent-de-Paul, qui accueillaient là les enfants les plus démunies. La plupart étaient orphelines, quelques-unes avaient encore leur père ou leur mère mais dans l'incapacité matérielle d'élever leur enfant. Tout l'orphelinat respirait la pauvreté, la tristesse. Pourtant ces petites filles me rassuraient : je n'étais plus seule.

Je m'habituai donc très vite à cette nouvelle vie. On m'avait installée dans le dortoir des petites, au premier étage. Nous étions une vingtaine, âgées de quatre à sept ans. Nos lits de fer, alignés sur deux rangées, étaient séparés par une chaise : chacune avait la sienne, nous y déposions nos vêtements le soir. Mon lit était semblable à celui que j'avais dans le grenier chez la Mémé, mais ici, par comparaison, j'avais l'impression d'être dans une grande pièce accueillante. Nous avions de vraies fenêtres par lesquelles la lumière entrait à flots, et la vue sur le jardin des religieuses était fort jolie.

J'étais rassurée, mais pas pour autant exubérante. J'aimais voir les enfants autour de moi sans pour autant parvenir à leur parler. Je n'avais confiance qu'en Monique, celle que j'appelais « petite mère », une grande qui me prenait en charge « comme le ferait une sœur aînée dans une famille nombreuse », expliquaient les religieuses. Elles disaient encore aux « petites mères » : « Vous devez les aimer, car elles sont sans parents et si petites ! Vous devez leur donner toute la tendresse dont elles sont privées, être de véritables mamans pour elles. » Chaque soir, ma petite mère venait donc me border et m'embrasser. Ce baiser avant de m'endormir était la chose la plus douce que je connaissais.

Très tôt le matin, une sœur vient nous réveiller en criant : « Vive Jésus ! » et nous devons répondre aussitôt : « A jamais dans mon cœur. » Puis nous devons nous précipiter au pied de notre lit et faire notre prière : « Allons, les enfants, dépêchons-nous ! » crie la sœur en frappant dans ses mains. L'hiver, nous grelottons de froid, à genoux sur le parquet, dans ce dortoir jamais chauffé.

Vient ensuite le moment de la toilette. Notre petite mère nous aide à nous débarbouiller, à nous habiller, à faire notre lit. Nous descendons au réfectoire pour prendre notre panade : de l'eau colorée d'une goutte de lait dans laquelle je coupe en morceaux la tranche de pain posée à côté de mon bol en fer. Certaines font la grimace, moi pas. J'adore la panade.

En classe, je suis sage, attentive. J'aime écouter la religieuse nous raconter des histoires. J'aime faire des dessins sur mon ardoise. J'apprends déjà à lire et je suis bonne élève.

A la récréation, dans la cour aux murs gris, sans une herbe, nous les petites, nous nous asseyons sur les marches du préau et nous bavardons. Nous ne jouons pas, car nous n'avons pas de jouets.

Je parle peu avec les autres enfants et pas du tout avec les religieuses. Il y en a une cependant que j'aime particulièrement, c'est sœur Josèphe, celle qui m'a accueillie le premier jour. Étant la plus âgée, elle travaille moins que les autres et elle prend le temps de bavarder. Elle s'approche toujours de moi lorsqu'elle vient dans la cour, me caresse la joue, me dit un mot gentil. C'est elle aussi qui nous donne notre « quatre heures ». Comme c'est la guerre, nous avons un biscuit vitaminé.

Lors de mon premier goûter, sœur Josèphe m'appelle après avoir fait la distribution :

— Yvonne, je te donne un biscuit en plus.
— Mais pourquoi ?
— Tu sais bien que tu dois être privée de dessert !
— Ma sœur, c'est grave ce que j'ai fait ?
— Non, ce n'est pas grave. Tu as pris de l'argent dans le porte-monnaie parce que tu voulais des bonbons, n'est-ce pas ?
— Oui.
— On ne t'en donnait jamais ?
— Non.
— Eh bien, tu vois, tous les jours tu auras un petit biscuit en plus !

Grâce à ce biscuit vitaminé supplémentaire, je me sentis peu à peu moins honteuse, moins malheureuse, moins foncièrement mauvaise. Je me dis : « C'est pas grave puisque même la sœur me gâte... »

J'aimais les jours de classe, mais je détestais les dimanches et les vacances qui voyaient disparaître presque toutes mes amies. Elles allaient chez une tante, un parrain, ou même un père ou une mère. Une religieuse venait dans la cour et criait leur nom. Jamais je n'entendais : « Yvonne Chazelles, au parloir ! » Je restais dans la cour, désœuvrée. Même ma petite mère me quittait ces jours-là.

Parfois, sœur Josèphe, me voyant triste, s'avançait vers moi et nous faisions quelques pas ensemble, vers les platanes. Elle fut si patiente, si douce avec moi que, peu à peu, elle m'apprivoisa.

J'étais depuis deux ans à l'orphelinat lorsque je lui posai la question qui me tenait le plus à cœur :

— Sœur Josèphe, qu'est-ce que ça veut dire Annamite ? Parce que je suis annamite. C'est pas bien ?

— Comment ? ce n'est pas bien ! s'exclame la sœur.

Elle s'assoit sur une sorte de petite borne dans un coin de la cour et me prend sur ses genoux.

— Mais on dit que tu es annamite parce que tu es née en Annam...

— Qu'est-ce que c'est l'Annam ?

— Eh bien, c'est le centre de l'Indochine, ton pays. Donc les habitants de l'Annam s'appellent les Annamites.

— Mais c'est pas bien d'être annamite !

— Mais c'est très bien ! Il y en a qui sont bretons, il y en a qui sont italiens, d'autres anglais...
— Mais alors, je ne suis pas une mauvaise fille parce que je suis annamite ?
— Mais bien sûr que non !
— Ce n'est pas pour ça que je planterai un couteau dans le dos des gens ?
— Quelle drôle d'idée, bien sûr que non ! Mais pourquoi me demandes-tu cela ? Que veut dire ce couteau dans le dos ?
Je ne lui réponds pas. Je n'ose évoquer Jeanne. Je pourrai lui en parler une prochaine fois... Maintenant rien ne presse...
Sœur Josèphe respecta mon silence. Mais malheureusement, elle mourut avant que je n'ose lui en parler.
Le lendemain de sa mort, son corps fut exposé à la chapelle. Le cercueil, ouvert, était entouré de dizaines de cierges. Les enfants vinrent à tour de rôle faire leurs prières. Je restai longtemps près d'elle : elle était la seule adulte à m'avoir aimée et comprise. Agenouillée près du cercueil, je songeai que pas une seule fois elle ne m'avait grondée, et surtout qu'elle m'avait enlevé deux poids énormes, des « péchés mortels » qui m'empêchaient de vivre : être une voleuse, être une Annamite.
Après sa mort, je ressentis un vide énorme. Seule ma petite mère pourrait veiller sur moi désormais.
Notre petite mère devait nous prendre en charge jusqu'à ce que nous ayons sept ans. L'âge de raison. L'âge de la confirmation. Mais je n'avais pas six ans lorsque la mienne me quitta. Un parrain, un oncle, je ne sais, vint la chercher un beau jour. Mon chagrin fut immense, mais je ne le montrai pas. Le soir, je ne parvenais plus à m'endormir, car plus personne ne venait m'embrasser.
J'étais désormais seule au monde : j'avais perdu ma petite mère et ma mère était tellement absente ! Quelques rares lettres, jamais de colis. Elle n'était venue que deux ou trois fois me faire une visite ou me sortir pour la journée. Depuis l'âge de quatre ans, je ne quittais les murs de Saint-Joseph que pour aller à la messe du dimanche

Par bonheur, l'année de mes six ans commença le catéchisme. Les cours avaient lieu au presbytère et, immense joie, nous nous y rendions seules. Nous étions quatre ou cinq filles de mon âge à partir ensemble. M. le curé, l'abbé Bel, nous accueillait toujours avec le sourire. Toutes, nous étions en admiration devant lui. Il était le seul homme que nous voyions. Et surtout, il s'intéressait à chacune d'entre nous.
J'avais une passion pour le « caté ». Jésus, Marie, les saints me fascinaient. Tout ce qui leur arrivait, tous ces récits de la Bible me

faisaient rêver. J'étais surtout folle de Jésus. Pour sa beauté d'abord. Mes images pieuses le représentaient jeune, les yeux bleus, de longs cheveux blonds et bouclés tombant sur les épaules... Une merveille! Et puis, quel héros! C'était vraiment un être fabuleux pour avoir accompli tant de belles choses.

J'étais devenue un peu mystique sous l'influence de l'abbé Bel. Il nous parlait de Jésus de façon si étonnante qu'il aurait donné la foi aux plus incrédules. Et c'était un homme foncièrement bon, humain, chaleureux, intelligent : Si croire en Dieu, c'est être comme lui, alors je dois croire sans hésiter!...

J'avais donc pris Jésus comme ami. Je lui parlais souvent. D'ailleurs les occasions ne manquaient pas : chaque acte de notre journée était ponctué d'une prière – le lever, les repas, le coucher. Sans compter les messes et les vêpres...

M. le curé, qui connaissait ma solitude, me dit un jour : « Tu peux lui écrire ! » Depuis, j'écrivais à Jésus et, mes lettres terminées, je les cachais soigneusement dans mon casier du préau.

A six ans et demi, je fis ma communion privée. Grâce à cela, j'avais maintenant l'occasion de sortir de Saint-Joseph une fois de plus chaque semaine, et sans être accompagnée par une religieuse! Chaque samedi après-midi, avec cinq ou six amies, j'allais à confesse à l'église de Louveciennes. J'adorais cette atmosphère d'église et j'aimais me confesser ; là je me sentais importante : quelqu'un m'écoutait. Dans le confessionnal, je regardais l'abbé Bel derrière les petits croisillons de bois :

— Alors, mon petit, qu'as-tu fait cette semaine? Quels sont tes péchés?

— J'ai menti un peu à la sœur : on s'est endormies tard, mais on lui a dit qu'on avait dormi tout de suite...

— Ah! ce n'est pas bien. Eh bien, tu diras un Notre-Père et un Je vous salue, Marie.

— Oui, mon père.

— Allez, va, mon petit.

Je faisais alors avec conviction ma pénitence et promettais de ne plus mentir.

Pour ma première communion, ma mère ne vint pas. Elle ne vint pas non plus pour ma confirmation l'année suivante. Elle m'écrivait toujours aussi peu, une fois d'Amérique, une autre fois de Marseille... J'étais sans nul doute l'une des enfants les plus délaissées de l'orphelinat. M. le curé tenta donc de combler le vide en s'intéressant tout particulièrement à moi.

En grandissant, je me posais d'innombrables questions sur ma famille. Durant mon séjour à Combs-la-Ville, j'avais entendu, mais sans trop y prêter attention, des conversations entre Jeanne et ma mère. Elles avaient dit plusieurs fois « sa sœur... ». Petit à petit, le mot « sœur » refit surface.

Un jour où j'étais au catéchisme, l'abbé Bel, comme souvent, nous interrogea sur nous-mêmes. Je lui répondis :

— Ma petite mère est partie et je suis seule maintenant.

— Mais non, tu n'es pas seule, tu as une petite sœur en Indochine, tu la retrouveras et, un jour, vous serez ensemble.

Aux nombreuses questions dont je le harcelai il ne put répondre qu'à une seule : ma sœur s'appelait Alice.

Ce n'était évidemment pas beaucoup, mais pour moi c'était énorme. Ainsi, j'avais moi aussi une famille ! De ce jour, je ne cessai de parler d'Alice à mes amies. Je n'avais aucun mal : j'avais lu *Alice au pays des merveilles*, et les deux personnages n'en firent plus qu'un. Je dis à qui voulut l'entendre en montrant le livre : « C'est ma petite sœur Alice ! » Et je me mis à lui écrire :

> Ma petite sœur chérie,
> Pourquoi on n'est pas ensemble ? Je ne le comprends pas.
> Mais Jésus va tout arranger. D'ailleurs je vais lui écrire et je suis certaine qu'il nous réunira bientôt.

Parfois le dimanche, lorsque je voyais nombre de filles partir, j'étais prise d'un grand coup de cafard, alors j'allais chercher mon crayon et un bout de papier. Et même lorsque j'allais dans la forêt de Marly avec les sœurs, j'écrivais à Alice, j'écrivais à Jésus.

A l'orphelinat, la distribution du courrier avait lieu pendant la récréation qui précédait l'étude du soir. Dans les rares lettres de ma mère, entre les « ma chérie » du début et « ta maman » de la signature, ce n'étaient que reproches : reproches de ne pas écrire assez souvent, reproches de ne pas l'aimer...

C'est vrai, je n'écrivais pas très souvent. Alors que j'avais tant de plaisir à écrire à Jésus ou à ma petite sœur, écrire à ma mère était une insupportable corvée. Puisqu'elle m'avait abandonnée dans un orphelinat, comment croire que lui parler de moi pouvait l'intéresser ? Comment lui écrire : « Je t'embrasse tendrement » alors qu'elle ne m'avait jamais embrassée ? C'était plus fort que moi, je ne parvenais pas à croire que ma mère m'aimait.

Un jour, peu de temps après ma conversation avec l'abbé Bel où je me plaignais de ma solitude, je reçus une lettre dont je ne connaissais pas l'écriture. Je l'ouvris avec impatience : c'était l'abbé ! Depuis, j'avais la joie d'entendre mon nom à la distribution du courrier : « Yvonne Chazelles, une lettre ! » Enfin, j'étais comme les autres et je n'avais plus à me tenir à l'écart. Enfin, je recevais des lettres qui me faisaient plaisir.

A huit ans, je quittai le dortoir des petites pour m'installer dans celui des grandes. J'étais fière d'être devenue une grande, mais cela n'alla pas sans de nouvelles contraintes. Je devais maintenant me lever beaucoup plus tôt car, chaque matin, nous allions à la messe. Il faisait nuit noire lorsque, à 6 heures, retentissait le « vive Jésus ! » Toutes, côte à côte devant notre robinet du grand lavabo en zinc de la salle d'eau, nous devions nous laver sans enlever notre chemise de nuit. Comme l'eau était glacée, nous nous contentions d'une minuscule toilette. Toujours cachées sous notre chemise de nuit, nous devions nous habiller sans montrer le moindre petit morceau de peau. Le soir, gymnastique inverse : nous enfilions d'abord notre chemise de nuit avant de nous déshabiller et de faire notre toilette. Normalement, ces ablutions devaient être plus complètes que celles du matin. En fait, nous tâchions de mouiller le moins possible notre chemise pour ne pas coucher dans l'humidité.

Je ne supportais pas le contact rugueux de ces chemises de toile grossière bleuâtre. En été, dès que la sœur éteignait la lumière et fermait la porte derrière elle, je l'enlevais sans me faire remarquer de mes voisines de lit. Le matin, je me réveillais pour l'enfiler avant que la sœur ne crie son fatidique « vive Jésus ! ».

Un jour, le « vive Jésus ! » me surprend en plein sommeil et, au lieu de me lever, je m'assois, draps et couverture remontés jusqu'au menton, et commence ma prière. La sœur nous interrompt, furieuse :

— Mais enfin, Chazelles !
— Oui ?
— Chazelles, debout et au pied du lit !

Je sors alors toute nue. Éclats de rire de toutes les filles...

— Chazelles ! Enfilez votre chemise immédiatement !

Je mets ma chemise et m'agenouille, l'air parfaitement innocent.

Jamais, évidemment, aucune grande n'avait osé se montrer totalement nue devant une religieuse et une quarantaine de filles. Ce matin-là, en un éclair, je m'étais fait le pari de descendre de mon lit en habit d'Ève. J'en avais eu assez de toutes ces simagrées, de toutes ces contorsions stupides pour me cacher, de toute cette honte qui pesait sur mon corps. Résultat : privée de dessert pendant trois semaines. J'en conclus, me rappelant mon arrivée à l'orphelinat, qu'il était plus grave aux yeux des religieuses de montrer son corps dans un dortoir que de voler de l'argent dans le porte-monnaie d'une vieille femme...

La pudeur, la honte, le dégoût même du corps interdisaient aux sœurs de nous avertir de nos transformations physiologiques. Nous voyions bien que les plus grandes avaient une poitrine, mais seulement parce que la rondeur de leur tablier le laissait deviner. Nous n'avions jamais vu le corps d'une femme, pas même une statue. Nous ne nous étions même jamais vues nous-mêmes! Il ne pouvait non plus être question pour les sœurs de nous parler de sexualité et, comme toutes mes amies, je pensais qu'un baiser sur la bouche suffisait pour « tomber » enceinte.

Un matin en me levant, je vois mon drap taché de sang. Je m'affole : j'ai une maladie très grave, on va m'emmener à l'hôpital et je vais mourir! Effrayée, ahurie, je ne sais que faire. Heureusement ce jour-là, c'est sœur Marie, celle que je préfère, qui fait notre lever. Elle me parle gentiment :

— Ne t'inquiète pas, c'est normal.
— Comment, c'est normal?
— Je vais t'expliquer.

Elle referme le lit et m'entraîne à part :

— Voilà, tu es une femme et un jour tu auras des enfants et pour cela il faut que ton sang se renouvelle. Ton sang pur reste en toi, le mauvais est éliminé.

Maintenant que j'étais au dortoir des grandes, j'étais devenue à mon tour la petite mère d'une enfant de quatre ans, Nathalie. Lorsqu'on me l'avait annoncé, je n'avais pas été contente du tout! Être petite mère, c'était beaucoup de corvées supplémentaires. Non seulement nous devions nous dépêcher le matin pour laver notre petite, l'habiller, lui faire son lit, mais aussi quitter notre récréation du soir pour aller la coucher. Nous avions aussi la charge totale de son linge, comme du nôtre : lavage, raccommodage, repassage. Être petite mère d'une enfant de quatre ans, c'était laver son drap lorsqu'il y avait eu un accident, laver sa culotte, tâches d'autant plus rebutantes que le lavage se faisait à la buanderie ouverte à tous vents et dans de l'eau glacée!

Nathalie était blonde aux yeux bleus et semblait si fragile qu'on n'osait la toucher de peur qu'elle ne se casse. Elle se sentait abandonnée et, très souvent, éclatait en sanglots. Chaque soir, après l'avoir couchée, je l'embrassais gentiment et je lui promettais : « Je reviens tout à l'heure te faire un baiser, dors bien », puis je descendais quatre à quatre les escaliers pour rejoindre mes copines dans la cour. Bien souvent, je ne remontais pas. Mais, invariablement, au bout d'un quart d'heure à peine, une pensionnaire m'appelait : « Yvonne, il faut que tu montes, ta petite te réclame! »

Nathalie fit pourtant de moi une vraie petite mère. Je retrouvais si fort en elle mes malheurs de toute petite fille que je voulais l'en protéger par tous les moyens. Elle adorait que je la dorlote : quatre ans, c'est si petit! Nathalie aimait s'asseoir sur mes genoux, blottir sa tête contre moi et sucer son pouce pendant que je la berçais. Je me sentis bientôt totalement responsable d'elle. Ce fut alors le grand amour entre nous. Les corvées elles-mêmes devinrent moins contraignantes. Le soir, au moment où je la bordais dans son lit, lorsqu'elle me disait : « P'tite mère, raconte-moi une histoire », j'étais très émue et prête à lui donner tout ce que ma mère ne m'avait pas donné.

Dans cette relation petite mère-enfant, nous trouvions toutes les deux notre compte. Moi, qui n'avais jamais eu de poupée à bercer, j'avais une magnifique poupée blonde aux yeux bleus qui souriait et me parlait, que je pouvais embrasser, câliner, aimer. Je donnais à Nathalie tout mon amour, elle me le rendait avec tendresse. Cette institution créée par les religieuses permettait aux petites et aux plus grandes de développer de vrais sentiments d'affection et, sans aucun doute, leur permettait de survivre. Car beaucoup vivaient comme moi dans le plus grand désert affectif, la plus grande frustration.

J'avais aussi de vraies amies de mon âge. Un jour de vacances où nous n'étions que quelques-unes à traîner dans la cour, arriva une nouvelle tenant par la main sa petite sœur. La grande était très brune, elle avait des yeux verts superbes et le sourire aux lèvres. Je m'avançai vers elle pour l'accueillir. D'instinct, j'étais certaine qu'elle serait mon amie. Elle s'appelait Micheline Leprince.

Micheline, grâce à son sourire, à sa gaieté, devint ma meilleure amie. Avec elle, je n'étais jamais à la fin de mes surprises, il ne se passait pas un jour sans qu'elle invente quelque nouvelle farce. Plus délurée que moi – elle était plus âgée et n'avait jamais été pensionnaire –, elle n'hésitait pas à désobéir ou à commettre quelques larcins, et je la suivais volontiers.

Nous étions affamées et nous mangions de plus en plus mal. Le seul repas que j'appréciais était la panade du petit déjeuner. Le soir et à midi, nous n'avions que lentilles déjà grignotées par les charençons et haricots truffés de vers... Jamais je n'avais pu m'habituer à cette nourriture. Il n'y avait guère que les pommes de terre qui, lorsqu'elles n'étaient pas pourries par le gel, étaient à peu près comestibles. Certaines filles mangeaient même les épluchures! Avec beaucoup de patience, elles les écrasaient au fond de leur écuelle, y versaient peu à peu l'Antésite de leur gobelet. Ce long travail achevé, elles obtenaient une sorte de galette bien compacte qu'elles découpaient en plusieurs parts, comme elles l'auraient fait d'une belle tarte. Il n'y avait que la tartine de pain que je dévorais jusqu'à la moindre miette, et le dessert, souvent une cuillerée de gelée de mûre. Jamais de viande ou de charcuterie, jamais de fromage ou de laitages.

Évidemment, c'était la guerre et les religieuses avaient près de quatre-vingts filles à nourrir! Cependant nous savions que leurs repas étaient très différents. Elles avaient des clapiers et des poulaillers regorgeant d'animaux et dans leur jardin, au fond de la cour, derrière les platanes, des fruits et des légumes en quantité.

Souvent la barrière restait ouverte. Micheline et moi, dès les premiers fruits, nous nous faufilions après le déjeuner. C'était le moment où les religieuses faisaient leur action de grâces à la chapelle. Nous cueillions les fraises et les groseilles, plus tard les tomates... Il y avait aussi un abricotier que nous secouions tant que nous pouvions. Relevant le devant de notre tablier, nous y enfouissions notre récolte et, revenues dans la cour, nous procédions à la distribution. Nous entendions parfois les sœurs dire entre elles : « C'est curieux, cette année, l'abricotier n'a rien donné... »

Pendant les vacances, les quelques pensionnaires restées à Saint-Joseph faisaient la vaisselle des sœurs. Nous avions le droit, alors, de finir les restes. De bons légumes, du poulet, du lapin, des frites... Et nous léchions tous les plats. Ce travail terminé et tandis que les autres filles lavaient les assiettes, Micheline et moi pénétrions dans la dépense, juste à côté de la cuisine. Là, sur les étagères, s'étalaient les pommes, le sucre, le pain. Nous grimpions tout en haut de l'échelle pour aller chiper des biscuits et manger des confitures. Puis nous fourrions le maximum de provisions dans nos poches pour les rapporter aux autres.

Les fenêtres du dortoir des grandes donnaient d'un côté sur la rue et de l'autre sur le jardin des sœurs. De ce côté-ci, le sol était tout proche : une bonne raison pour enjamber la fenêtre. Cette fois, c'était dans notre chemise de nuit que nous entassions prunes ou poires. Je ne connaissais rien de plus divin que de grignoter dans mon lit, cachée sous mes couvertures...

Bien sûr, je volais parce que j'avais faim mais un peu aussi parce que je trouvais très excitant d'avoir peur. Au moins, ces émotions donnaient un peu de sel à ma vie. Grâce à Micheline, j'avais d'autres émotions encore lorsque nous montions au dortoir en pleine journée, ce qui était formellement interdit. Nous adorions regarder à travers les persiennes. Nous avions ainsi l'impression de participer un peu à la vraie vie, celle des gens de l'extérieur. Nous voyions parfois les Allemands remonter notre rue en faisant claquer leurs bottes sur le pavé. Nous les entendions chanter « Haï li, Haï lo... » et nous trouvions ça plutôt amusant.

Coupées totalement du monde, nous n'avions aucune idée des batailles militaires et morales qui se jouaient : Hitler, nous ne connaissions pas... Quant au maréchal Pétain, il était pour nous celui grâce à qui nous mangions un peu mieux : la mairie avait organisé le Secours national, et de grandes marmites norvégiennes contenant des repas chauds parvenaient de temps à autre jusqu'à l'orphelinat. Voilà tout ce que nous savions de la guerre.

C'est durant la nuit que nous prenions véritablement conscience de sa brutalité. Parfois une religieuse arrivait au dortoir, affolée, et nous réveillait : « Vite, vite, sortez de vos lits ! Tout le monde au réfectoire ! » Nous descendions en chemise de nuit dans le noir. Chaque petite se blottissait contre sa petite mère. Ce n'était plus alors que cris et pleurs lorsque surgissait le bruit des avions, parfois celui des bombes, et lorsque nous sentions les murs et le sol trembler. A genoux sur le carrelage glacé, grelottantes, les larmes coulant sur nos joues, nous devions prier.

A partir de la mi-juillet, cette année-là comme les autres années, l'orphelinat se vida pour les grandes vacances. Micheline et moi, nous nous réfugions chaque jour au dortoir pour épier les mouvements de la rue derrière nos volets. Comme nous connaissions sur le bout des doigts l'emploi du temps des sœurs, nous profitions du moindre moment où nous les savions à la chapelle.

Un jour, nous assistons à une scène que nous ne comprenons pas très bien. Elle se déroule à la mairie, juste en face du dortoir. Là, tous les gens du village sont massés autour d'une estrade en bois qui vient d'être construite. A un moment, quelqu'un y fait monter trois femmes. Elles baissent la tête et semblent avoir peur. Aussitôt, les gens se mettent à hurler, à les injurier. Il y a un tel brouhaha que nous ne comprenons pas ce qu'ils crient. Un homme s'approche de l'une d'elles, lui attrape une poignée de cheveux et commence à la tondre. En quelques minutes, elle est totalement rasée, à la grande joie des spectateurs. Micheline et moi n'en revenons pas. Les deux autres femmes subissent le même sort. « Qu'est-ce que ça peut bien vouloir dire ? »

Quelques jours plus tard, nous apprîmes que ces femmes s'étaient « déshonorées » en couchant avec des Allemands. Comment le bruit circula-t-il jusqu'à nous ? Malgré notre isolement, nous arrivions toujours à savoir les choses qui nous intéressaient. Ce fut le cas pour la cuisinière, une orpheline de seize ans qui n'avait jamais quitté l'établissement depuis sa petite enfance. Un jour, elle dut partir précipitamment : une religieuse l'avait surprise avec le jardinier dans la cabane à outils. L'histoire se répandit aussitôt comme une traînée de poudre et, toutes, nous ne parlâmes plus que de cet événement pendant des jours et des jours. Qu'avaient-ils fait ensemble ? Nous ne le savions pas exactement, mais nous comprenions qu'elle avait commis un très grave péché.

La rentrée des classes était toujours pour moi une époque joyeuse. Ma rentrée en sixième me parut plus belle encore que les précédentes : nous avions depuis peu une nouvelle surveillante, sœur

Marie. Elle était jeune et jolie comme un ange, douce et toujours souriante. Depuis la mort de sœur Josèphe, aucune religieuse n'avait pris le temps de s'intéresser à moi. Lorsque, parfois, Micheline me quittait pour aller chez sa mère, je restais des heures entières sans dire un mot, à ne savoir que faire, incapable de m'extraire de ma tristesse. Sœur Marie tentait alors de me venir en aide et j'appris à lui confier mes chagrins.

Elle prit l'habitude de venir me souhaiter une bonne nuit. Elle entrait dans le dortoir, s'approchait de mon lit sans bruit et me faisait un baiser sur la joue. Chaque soir, j'attendais avec une fébrilité inouïe cette marque de tendresse. Dès que j'entendais la porte s'ouvrir, mon cœur battait à tout rompre. Mais si, un soir, elle ne venait pas, je ne parvenais pas à m'endormir : avais-je démérité dans la journée ? Était-ce la fin de son attachement ? Ce simple baiser représentait pour moi toute la tendresse du monde.

Lorsqu'elle nous surveillait au réfectoire, soudain j'avais faim, je trouvais même mes « fayots » sublimes. Elle avait l'art d'embellir tous les lieux où elle pénétrait, et mon univers gris devenait alors comme par magie lumineux et gai. Je passais de longs moments à l'attendre, et cette attente me rendait la vie beaucoup plus belle.

Le jour de la rentrée, Micheline et moi étions très excitées : chaque jour nous allions suivre nos cours à l'école Sainte-Jeanne-d'Arc de Louveciennes, à environ 800 mètres de l'orphelinat, et nous nous y rendrions sans être accompagnées : une vraie liberté !

Le portail était vert, la cour plantée d'arbres était gaie : toutes ces élèves habillées de toutes les couleurs, quelle différence avec notre cour d'orphelinat et nos tabliers noirs ou à carreaux bleus et blancs ! Au premier coup d'œil, je vis tout ce qui me séparait de mes nouvelles camarades de classe, des externes qui habitaient Louveciennes ou ses environs.

De l'autre côté de la rue, il y avait une épicerie, et les externes, malgré l'interdiction, parvenaient à s'y faufiler pendant les récréations. Certaines partageaient avec moi les gourmandises qu'elles y achetaient. Grâce à mes nouvelles amies, j'appris mille choses. Elles me parlaient surtout de Paris, des Champs-Élysées, des grands magasins, des cinémas... Lorsque j'admirais leur robe, elles me disaient fièrement : « Elle vient de Paris ! »

Mon école m'émerveillait tant elle me paraissait claire et propre. La classe avait de grandes baies vitrées par lesquelles je pouvais regarder tout à loisir les arbres, les oiseaux, et je rêvais...

Pendant l'étude, Micheline et moi avions pris l'habitude de nous installer au fond de la classe, juste devant une grande bibliothèque grillagée. Discrètement, Micheline passait sa main à travers un coin du grillage dessoudé et en tirait des vies de saints sous forme de fascicules. Nos devoirs terminés, nos leçons apprises, nous nous plongions dans ces récits exaltants. Je me disais : « A moi aussi, il va arriver plein de choses ! » Et pour cela j'avais décidé que, plus tard, je serais religieuse : un jour, je serai sainte, c'est certain !

Si édifiantes que furent ces vies, elles n'en comportaient pas moins de sombres aspects. Les saints eux-mêmes n'échappaient pas à la tentation. Et pour montrer au lecteur la force morale de ces hommes et de ces femmes hors du commun, il fallait bien parler du vice. J'apprenais ainsi bien des choses de la vie en lisant ces récits destinés aux adultes.

Un jour de vacances, chose exceptionnelle, l'abbé Bel entra dans la cour de l'orphelinat. Aussitôt, une marée de cornettes se précipitèrent pour l'accueillir. Les pensionnaires coururent à leur suite, car toutes nous l'aimions. Il demanda aux sœurs :
— J'aimerais que deux ou trois pensionnaires viennent aider ma gouvernante à cueillir des fruits. Je vais d'abord récompenser les meilleures élèves au catéchisme : Yvonne, Micheline...
Toute occasion de sortir était une joie, mais aller cueillir des fruits au presbytère fut vraiment une fête. La gouvernante nous confia à chacune un panier d'osier et M. l'abbé nous dit :
— Évidemment, il n'est pas interdit de manger des fruits pendant la cueillette...
Micheline et moi plongeâmes dans les allées du jardin et nous nous mîmes à dévorer framboises et groseilles. Bien rassasiées, nous remplîmes ensuite nos paniers. Cependant la surprise ne s'arrêtait pas là : pour nous remercier de notre « travail », M. l'abbé dit à la gouvernante de nous préparer un goûter. Et quel goûter : un énorme flan. Il y avait aussi des caramels, nous avions même le droit d'en prendre plusieurs. Nous en fîmes chacune une petite provision. Juste avant d'arriver à l'orphelinat, nous les cachâmes en les collant à même notre ventre, sous notre culotte.
Plusieurs fois par semaine, tant qu'il y eut des fruits, Micheline et moi partîmes pour la cueillette.
Un jour, l'abbé Bel me glissa à l'oreille :
— Tu n'auras plus besoin d'aller dans la dépense des sœurs !
Je compris alors pourquoi il nous invitait régulièrement. Depuis l'arrivée de Micheline à l'orphelinat, je confessais en effet de nouveaux péchés. La première fois, l'abbé fut bien étonné :
— Eh bien, mon petit, qu'as-tu fait ?
— J'ai chapardé...
— Tu as chapardé ?
— Oui, je suis allée dans la dépense des sœurs, j'ai pris du sucre, du pain, des confitures...

— Ah! voilà pourquoi les sœurs me disent que les confitures disparaissent...
— Oh! mais vous ne le direz pas?
— Non, non, bien sûr! Eh bien, tu diras deux Pater et deux Ave.

Ces moments que nous passions au presbytère étaient les plus agréables. M. le curé nous jouait des sonates au piano, nous disant : « Il est inutile d'en parler aux sœurs ! » Confortablement installées dans le grand canapé juste derrière lui, nous avions pris l'habitude de l'écouter dans le ravissement le plus total.

Régulièrement, les sœurs invitaient les riches bourgeoises de Louveciennes et de Marly à accepter une petite pensionnaire pour un goûter. La « présentation » se déroulait au parloir. Nous étions une vingtaine, sagement rangées les unes à côté des autres à attendre le verdict de ces « dames d'œuvres » qui faisaient tranquillement leur choix comme elles auraient choisi leur caniche « pure race ». « Laquelle voulez-vous prendre ? » demandait la sœur. Les bonnes âmes de la région partaient toujours avec les mêmes : les blondes aux yeux clairs. Invariablement, Micheline et moi restions en rade et la sœur nous renvoyait. Chaque fois, c'était pour moi une déception, doublée d'une humiliation : jamais on ne me prendra pour un goûter ! C'est sans doute parce que je suis une Annamite !... Et j'en voulais un peu aux sœurs de nous exhiber de la sorte.

Lorsque je regardais comment j'étais attifée, je comprenais que je ne pouvais faire honneur à ces dames patronnesses. Car, non seulement ma mère, la belle et distinguée Juliette du Chaxel, ne m'envoyait jamais de cadeau, mais elle ne prenait même pas la peine de m'envoyer des vêtements ! Je me souviens encore de mes chaussures de l'hiver précédent : la neige entrait par des trous énormes et j'avais les pieds gelés ! J'étais même si lamentable que les sœurs avaient écrit à ma mère. Elles ne me dirent pas si elle avait répondu. L'abbé Bel, un jour, m'accompagna dans un magasin et, avec ses propres économies, m'offrit deux paires de chaussures !

Cependant, les religieuses auraient aimé que nous fussions invitées nous aussi. Pour compenser, elles organisaient chaque année des pique-niques qui avaient lieu dans une propriété située en haut de Louveciennes, celle où était installé le couvent des Oiseaux. Il s'agissait de l'ancienne demeure de la Du Barry. Évidemment, le couvent des Oiseaux était vide pendant les vacances, et nous ne rencontrions jamais ces riches pensionnaires qui faisaient partie d'un autre monde. Nous ne pénétrions jamais non plus dans le château, mais nous trouvions le parc magnifique : des statues partout, des pelouses, des fleurs et des arbres splendides. Le retour à l'orphelinat était chaque fois un choc : je ne parvenais pas à comprendre pourquoi tout ce qui nous entourait était aussi laid, aussi lugubre.

Un jour de vacances, je fus demandée au parloir. Surprise : ce n'était pas ma mère mais Antoinette, sa plus jeune sœur. Elle m'emmenait passer quelques jours chez elle, aux Vallées, près de Colombes. Antoinette était bien différente de Juliette : moins élégante, elle était en revanche beaucoup plus maternelle. Sa maison, un petit pavillon de banlieue, n'avait rien du luxe de la maison de Jeanne à Combs-la-Ville, mais elle était tellement plus chaleureuse. Là, je fis la connaissance de mon oncle Marcel et de mon cousin Boby. Tous m'accueillirent comme si je faisais partie depuis longtemps de leur propre famille. Je retrouvais ce que j'avais connu toute petite chez les Kesler et que je n'avais jamais oublié.

Le dernier jour de ces belles vacances, Antoinette, qui savait combien je manquais de nourriture à Saint-Joseph, me prépara une énorme mallette bourrée de pâté, de saucisson, de pain d'épices... Je n'avais jamais eu tant de bonnes choses, et mon premier soin en arrivant à l'orphelinat fut de cacher la mallette dans mon casier du préau. Pour la première fois de ma vie, je possédais un vrai trésor...

Le lendemain, je me précipitai sur mon casier, un peu par gourmandise mais surtout pour regarder mon cadeau et me rappeler que j'avais une nouvelle famille. La mallette avait disparu ! En sortant dans la cour, je la trouvai ouverte, vide. Cette mallette éventrée traînant dans la poussière fut une image si choquante que je décidai de ne plus jamais rapporter la moindre chose.

Mais je m'accrochai à la promesse que m'avait faite Antoinette : revenir me chercher lors de vacances prochaines. Et quelques mois plus tard, alors que l'orphelinat s'était vidé une fois de plus, une sœur m'appela : « Yvonne Chazelles, au parloir ! » Je sautai de joie et me précipitai.

Antoinette, Marcel et Boby étaient toujours aussi affectueux. Pourtant, ce deuxième séjour fut mélancolique. A chaque instant je me répétais : « Comme je vais être triste lorsque je rentrerai... » Antoinette me promit encore de venir me chercher dès qu'elle le pourrait. Mais elle devait, comme toujours, demander l'autorisation à ma mère.

De retour à Saint-Joseph, je ne parvins plus à m'adapter. L'abbé Bel s'en aperçut et me posa des questions :

— Alors, ma petite, tu es contente d'être allée chez ta tante ?

— Oui.

— Elle te reprendra ?

— Oui, mais je ne veux pas y retourner !

— Ça ne s'est donc pas bien passé ?

— Oh ! si, mais je suis beaucoup trop malheureuse quand je reviens !

— Mon petit, il faut retourner chez ta tante. Mieux vaut être

triste en rentrant mais avoir eu ces moments de bonheur. Tu dois profiter de chaque instant de bonheur!
 Il me dit encore :
 — Yvonne, n'aie pas peur de t'attacher. N'aie pas peur d'être heureuse!
 Je finis par écouter l'abbé Bel. Désormais, lorsque j'étais invitée chez Antoinette, je tentais d'accumuler un maximum de souvenirs pour plus tard, pour l'orphelinat. Lorsqu'elle faisait des gâteaux ou des confitures, je ne me lassais pas d'observer chaque geste, de respirer les bonnes odeurs... Mais la même question lancinante me revenait toujours : Pourquoi ma mère ne s'intéresse-t-elle pas davantage à moi? Pourquoi ne me fait-elle pas venir chez elle?

 Dès mon entrée à l'orphelinat, j'avais envié les grandes qui, au mois de mai, faisaient leur communion solennelle. Cette année, ce serait mon tour. J'allais avoir douze ans! J'aurais enfin le droit d'être belle! A Saint-Joseph, toute coquetterie était interdite. Micheline et moi-même l'apprîmes à nos dépens.
 En prévision de la fête à l'école Sainte-Jeanne-d'Arc, nous nous étions fait la veille au soir des papillotes. A peine la sœur surveillante avait-elle refermé la porte du dortoir, nous avions roulé, mèche après mèche, nos cheveux mouillés dans des bouts de tissu de toutes les couleurs. Plusieurs fois dans la nuit je m'étais réveillée. Les petites boules de cheveux me faisaient mal. J'étais contente d'avoir mal en pensant combien j'allais être belle.
 Avant le « vive Jésus! », je fis prestement disparaître les bouts de chiffon et je sentis sous mes doigts toutes les belles boucles.
 Après le petit déjeuner, comme d'habitude, nous nous alignâmes dans la cour. La sœur de garde repéra aussitôt les bouclées :
 — Yvonne Chazelles, Micheline Leprince, sortez des rangs!
 Elle était hors d'elle, en bafouillait :
 — Que signifient ces cheveux frisés? Venez ici immédiatement!
 Elle nous entraîna près du bac, nous saisit l'une après l'autre par le cou et nous plongea la tête dans l'eau froide. Adieu frisettes! Les cheveux trempés, plus raides que jamais, nous dûmes reprendre le rang et partir ainsi pour l'école!
 La préparation à la communion solennelle fut pour moi source d'émotions. J'avais même, par instants, de grands élans de mysticisme. Comme toutes les pensionnaires, je trouvais la messe journalière beaucoup trop matinale. Mais une fois réveillée, j'étais contente d'entrer dans la chapelle, surtout lorsque M. le curé venait officier et que j'étais enfant de chœur. J'avais l'impression d'être en représentation. J'imaginais que tous les regards étaient posés sur moi. De plus, je prononçais des phrases en latin, je tenais le plateau

de la communion, j'agitais la clochette. Il me semblait jouer un rôle capital. Tout cela me ravissait.

A l'église de Louveciennes, le dimanche matin, je ressentais un bonheur encore plus intense au moment précis où les orgues commençaient à jouer et où un couple de chanteurs, toujours le même, entonnait un cantique. Tout vibrait autour de moi et en moi.

En ce huitième printemps à l'orphelinat, j'étais donc toute à la joie de ma préparation à la communion solennelle. Pour notre retraite, on nous installa dans une immense demeure, une sorte de château. Il nous était interdit de parler, mais je n'avais jamais été bavarde et, même à côté de Micheline, je pus facilement faire ce sacrifice. Du lever au coucher, grâce aux cantiques que nous chantions, aux chapitres de la Bible que nous lisions, aux prédications que nous écoutions, je vivais dans une exaltation perpétuelle.

J'avais à peine vu passer les dix jours de retraite que j'étais de retour à l'orphelinat. Nous étions restées sans courrier et j'attendais une lettre de ma mère. Peut-être était-ce la première fois que j'éprouvais une telle impatience. Je lui avais annoncé depuis très longtemps la date de ma communion et j'espérais que, ce jour-là, elle serait auprès de moi...

Ma mère, en effet, m'écrivit : elle était à Marseille et n'avait pas le temps de faire le voyage avant son départ pour l'Amérique ! Ma déception fut immense. Je sentis plus que jamais qu'il se passait quelque chose d'anormal.

J'étais effondrée de tristesse. Heureusement, Micheline était là. Sa mère ne pourrait pas venir elle non plus. Mais ce n'était pas pour la même raison. Je savais que sa mère l'aimait beaucoup mais, seule pour élever ses enfants, elle était très pauvre et devait travailler. Alors nous nous consolions : « Demain sera tout de même un jour exceptionnel ! » Depuis plusieurs jours déjà, les grands cartons contenant nos parures étaient arrivés. Chaque fille avait fait ses essayages, puis avait rangé robe, chaussures blanches, gants, aumônière, voile et couronne dans son placard du préau. J'étais revenue plusieurs fois admirer toutes ces belles choses.

Le matin même de ma communion solennelle, je me suis éveillée tout excitée, bien avant l'heure de la prière. La dernière touche apportée à notre voile, à notre robe, et nous voilà en route pour l'église. Je me sens toute belle, comme jamais je ne l'ai été. Une vraie petite reine.

L'entrée dans l'église, la lente montée dans la nef, le moment de la communion, les orgues, les chants, tout est encore plus beau que je ne l'avais imaginé. Je suis en plein rêve, transportée. Un moment de « félicité » comme je l'ai vu si souvent décrit dans la vie des saints. La sortie est magnifique : nous avançons les unes derrière les autres, lentement. Puis nous nous rassemblons sur le parvis. Les parents, les parrains et les marraines viennent alors chercher mes amies. Micheline et moi restons seules comme deux godiches.

Brusquement, une sœur nous dit :
— Eh bien, vous deux, vous rentrez à l'orphelinat !

Sur le chemin du retour, je me sens infiniment seule, infiniment triste. J'en veux à ma mère de m'avoir volé une part de la fête en m'abandonnant ce jour-là aussi. J'imagine celle que vont avoir mes amies. Un déjeuner fabuleux qui va se terminer par une énorme pièce montée... Elles auront aussi des cadeaux : une montre, un stylo à plume en or... Et elles seront admirées dans leur belle robe blanche... A peine entrées, la sœur nous dit :
— Vous retirez vos robes !

De toute façon, nos robes blanches jurent avec la vétusté du lieu. Dans le dortoir, Micheline se plaint :
— Vraiment, ce n'est pas juste ! On aurait quand même pu nous laisser notre robe toute la journée ! Les autres la gardent bien ! Regarde comme on doit s'attifer le jour de notre communion ! Un uniforme ! Heureusement qu'il y a les vêpres !

Le soir venu, les vêtements rendus aux sœurs, je ne pense plus qu'à l'année prochaine : je la mettrais encore une fois, ma jolie robe, pour mon renouvellement.

Depuis notre entrée à l'école Sainte-Jeanne-d'Arc, l'abbé Be nous emmenait parfois en sortie. Je découvris ainsi le château de Versailles. Je ne me lassais pas d'admirer tout ce que je voyais. Comme d'habitude lorsque je sortais avec l'abbé, je marchais près de lui, car il me posait toujours des questions et, malgré ma timidité maladive, le peu que je lui disais de moi me faisait du bien.
— Ça va à l'orphelinat ?
— Oui...
— S'il y avait quelque chose qui n'allait pas, tu me le dirais, n'est-ce pas ?
— Oui.
— Tu as reçu une lettre de ta mère ?
— Oui.
— Tu es contente de sa lettre ?
— Non...
— Pourquoi ? Elle n'est pas affectueuse ?
— Ben...
— Mais tu ne l'aimes pas, ta mère ?
— ...
— Mais si je te disais, par exemple, que ce n'est pas ta mère, qu'est-ce que ça te ferait ? Tu serais moins triste ?

*Yvonne à deux ans et demi et...
le pied d'Alice. D'un coup
de ciseaux, Juliette avait tenté
de brouiller les pistes d'une petite
enfance heureuse en Indochine.*

*Juliette de Vries,
la pseudo-mère élégante,
égocentrique et lointaine.*

*Aimé du Chaxel devant sa maison
de Tourane avec son chauffeur, sa femme
Juliette et leur chien.*

A six ans, les deux sœurs connaissent des sorts bien différents. Alice, en haut, vit choyée, auprès de « Maman Tourane », Yvonne, à droite, ne quitte plus depuis deux ans l'uniforme noir de l'orphelinat Saint-Joseph.

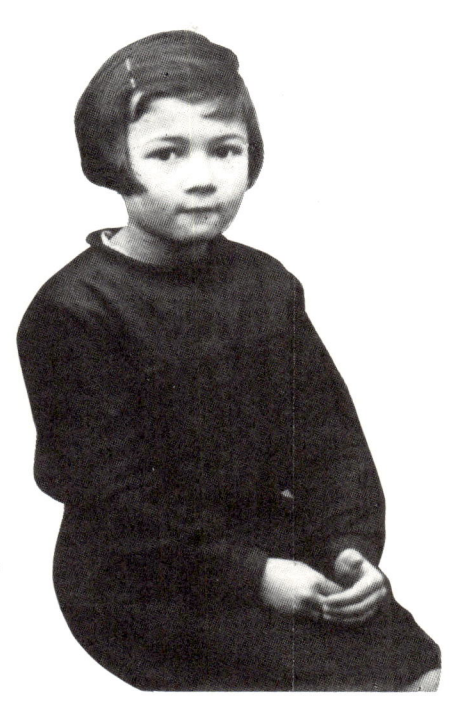

C'est grâce à sa générosité et à son ouverture d'esprit que l'abbé Bel, entouré ici par les premières communiantes de l'orphelinat, amena Yvonne Chazelles à réaliser le vœu qui lui était si cher : devenir une actrice.

Je ne répondis pas. Je n'avais jamais imaginé une telle hypothèse. Je continuai à marcher à ses côtés, totalement absorbée, me demandant ce qu'il avait voulu dire. C'est sûr, Juliette du Chaxel ne doit pas être ma mère ! C'est pour ça qu'elle ne vient jamais me voir !

Peu à peu, les autres pensionnaires nous rejoignirent, et M. l'abbé se mit à parler avec elles. Moi, toute à mes pensées, je n'écoutais plus rien. Mais je me sentais plus légère, plus sereine, débarrassée d'une culpabilité que je traînais secrètement depuis toujours : qu'est-ce que j'ai fait de mal pour que ma mère ne m'aime pas ? Si Juliette n'est pas ma mère, je ne suis pas coupable. D'ailleurs, elle non plus n'est pas obligée de m'aimer si je ne suis pas sa fille... Tout à coup, je trouvai Juliette beaucoup plus gentille : c'est déjà beau ce qu'elle fait, elle m'envoie des lettres et vient même parfois me voir...

Comme nous quittions le château, je me trouvai un moment seule à côté de l'abbé.

— Que dirais-tu si elle n'était pas ta mère ?
— Ce serait mieux...
— Écoute, mon petit, maintenant que tu es plus âgée, tu peux mieux comprendre les choses. Non, elle n'est pas ta mère.
— Ah ! bon... Mais alors, ma mère, où est-elle ? J'en ai une ?
— Peut-être... Mais ce n'est pas une Française, c'est une Annamite...

J'étais stupéfaite. Je me répétais « Annamite, Annamite... ». Le mot me faisait peur, malgré tout ce que m'en avait dit autrefois sœur Josèphe. « Annamite ! » C'était précisément parce que j'étais annamite que jamais je n'étais invitée dans les familles de Louveciennes, et maintenant, non seulement j'étais annamite parce que née en Annam, mais aussi parce que ma mère était elle-même une Annamite... Je ne pouvais pas dire que cette nouvelle m'enchantait...

Je rentrai à l'orphelinat, M. le curé à son presbytère, et pendant toute la semaine je tentai de mettre en place toutes les pièces du puzzle. Un travail long, difficile. Mais beaucoup de choses s'expliquaient plus facilement.

La manière dont l'abbé Bel m'avait dit à Versailles que « peut-être » j'avais encore une mère me laissait supposer que rien n'était moins sûr : il n'avait sans doute pas osé me dire qu'elle était morte, elle aussi, comme mon père. Il avait voulu me ménager un peu, m'apprendre les choses progressivement... En somme, maintenant, tout était normal : j'étais orpheline et j'étais dans un orphelinat. Être abandonnée par une femme qui n'était pas ma mère était tout de même beaucoup moins triste qu'être abandonnée par ma propre mère !...

Je comptais chaque jour de la semaine qui me séparait du samedi, le jour de la confession.

Ce samedi-là, mon cœur bat très fort lorsque je m'agenouille dans le confessionnal. Comme d'habitude, je m'accuse de mes petits péchés.
— Tu diras deux Notre-Père, me dit l'abbé Bel.
Puis il ajoute très gentiment :
— Comment vas-tu mon petit ? Tu as réfléchi à ce que je t'ai dit ?
— Oui.
— Tu n'es pas malheureuse ?
— Non, je suis plus heureuse comme ça...
L'abbé poursuit :
— Tu sais, en fait, on t'a confiée à une dame qui est responsable de toi, une tutrice, ainsi tu n'es pas entièrement seule dans la vie.
— Bon, alors c'est bien. Mais ma mère ? Je n'ai pas de mère ?
— Je ne sais pas, mon petit, peut-être pas... Peut-être n'as-tu plus de mère... Mais tu sais, tu as une sœur, tu la retrouveras...
Je quittai le confessionnal en me disant : « Je suis donc bien orpheline !... » Cette certitude me rendait triste mais en même temps me rassurait. Maintenant, tout était en ordre. Je jugeais moins sévèrement Juliette et j'étais en admiration devant Antoinette, Marcel et Boby. Ils étaient si chaleureux et pourtant ils n'étaient ni ma tante, ni mon oncle, ni mon cousin. Je trouvais un immense réconfort à penser à leur générosité.

Juliette n'était donc pas ma mère ! J'annonçai cette extraordinaire nouvelle à Micheline. Je lui dis aussi :
— Puisque je suis orpheline, il faut absolument que je retrouve ma petite sœur. Alice est à Tourane, en Annam, M. le curé me l'a dit.
Micheline s'amusait à répéter : « Tourananam... Tourananam... », cela ressemblait à un mot de passe, comme le « Sésame, ouvre-toi » d'Ali Baba.
L'abbé Bel avait eu raison de me dire la vérité. Maintenant, j'éprouvais de la reconnaissance pour Juliette et, pour la première fois de ma vie, je lui écrivis une lettre sans avoir à chercher les mots. Mais impossible d'appeler « maman » une dame qui n'était pas ma mère. Je lui donnai donc un surnom, « mon Minou ». Elle fut fort mécontente !
Depuis cette révélation, ce n'était pas seulement mes rapports avec Juliette qui étaient changés, tout mon avenir était à réinventer. Puisque je savais que j'étais orpheline, j'étais certaine qu'elle ne viendrait pas me chercher : pour quelle raison me sortirait-elle de Saint-Joseph ? J'avais donc trouvé une autre issue : je serais religieuse et comme j'adorais les enfants, grâce à ma petite Nathalie, je m'occuperais d'eux.

Depuis que j'avais fermement décidé d'être bonne sœur, comme je ne faisais jamais les choses à moitié, j'étais d'une ferveur sans pareille. Je demandais constamment à servir la messe, à m'occuper du ménage de la chapelle, et faisais mes prières avec une sainte conviction...

Un jour, au presbytère, après un cours de « caté », M. l'abbé demande à chacune d'entre nous ce que nous voudrions faire plus tard. Sans l'ombre d'une hésitation, je lui réponds :

— Monsieur le curé, je veux être sœur et m'occuper des petits enfants.

— Mais pour être religieuse, il faut avoir la vocation et tu ne l'as pas nécessairement.

— C'est quoi, la vocation ? C'est avoir envie ?

— Non, c'est savoir à quoi on renonce.

— On renonce à quoi ?

— Aux plaisirs de la vie, aux gens. Mais toi, tu ne connais rien encore, tu n'as pas encore vécu. Dans quelques années, tu sortiras de l'orphelinat, tu verras toutes sortes de choses. Et si un jour tu reviens me dire : « Je renonce à tous ces plaisirs », eh bien, alors je favoriserai ton entrée au couvent. Mais il faut le mériter.

J'étais fermement décidée à le mériter ! Je ne voulais cependant pas me lancer au hasard dans cet avenir. Ma curiosité sur la façon dont vivaient les sœurs devenait insatiable. Je décidai un jour d'entraîner Micheline jusqu'au premier étage. Je voulais absolument savoir dans quel décor elles dormaient.

Nous profitâmes de l'heure de la prière. Tout doucement, nous entrebâillâmes la porte et nous découvrîmes un grand dortoir où de hauts lits de fer étaient alignés contre les murs. Chaque lit était entouré de rideaux blancs coulissant sur une tringle.

Cet agencement me déçut un peu : j'aurais préféré découvrir des boxes aux cloisons de bois formant une vraie petite chambre individuelle, mais un rideau qui fermait, ce n'était déjà pas si mal...

Une autre chose me préoccupait : j'avais beau regarder de très près toutes les sœurs, les grosses comme les maigres, je n'en voyais aucune qui eût la moindre poitrine. La mienne, déjà formée, se voyait sous mon tablier, et pourtant je n'étais pas bien grosse. Pendant des semaines, je n'avais plus que cette question en tête : que font-elles de leur poitrine ? J'en étais arrivée à deux réponses possibles : ou bien on leur avait coupé les seins, mais cela me semblait tout de même bien barbare, ou plus vraisemblablement, elles portaient une sorte de carapace en métal qui les enserrait. La cornette, la robe longue, j'étais d'accord pour les porter, je trouvais même ça joli, mais la carapace de poitrine, ça non !

Un dernier point restait à élucider : les sœurs avaient-elles des cheveux sous leur cornette ? Étaient-elles rasées ? A cela non plus Micheline ne pouvait donner aucune réponse. Celle-ci me fut apportée quelques semaines plus tard. Nous étions quelques-unes au dortoir, les éternelles délaissées des vacances, et nous n'avions aucune envie de dormir. Assises sur notre lit, nous commençâmes à nous raconter des histoires drôles. Nous avions beau nous mettre le drap sur la bouche pour ne pas rire trop fort, nous faisions un sacré bruit. Tout à coup, sœur Marie ouvrit la porte et passa la tête pour nous gronder. Je la regardai, médusée : elle n'avait plus sa cornette et ses cheveux étaient presque ras ! Non, décidément, ce n'était pas possible ! Je voulais bien être bonne sœur, mais pas question de me raser !

Une fois de plus, M. le curé nous invita, Micheline, sa petite sœur et moi, à cueillir les fruits de son jardin. A l'heure du goûter, après qu'il nous eut joué du piano, je lui demandai :

— Il n'y a pas que des sœurs de Saint-Vincent-de-Paul ? Que des sœurs avec des cornettes ?

— Bien sûr que non ! Il y a beaucoup d'autres ordres, ainsi les carmélites portent des voiles...

Et M. le curé nous décrivit un certain nombre d'ordres religieux. Et tandis qu'il me répondait, je décidai : « Bon, eh bien, mon choix est fait, je serai carmélite et je porterai un voile... »

Un jour où je traîne mon ennui dans la cour, Micheline m'appelle :

— Yvonne, au parloir, c'est ta tutrice !

— Viens avec moi ! Je ne veux pas aller la voir toute seule.

En entrant au parloir, je suis suffoquée : Juliette, superbe, un grand chapeau, un tailleur d'une élégance extrême, offre un contraste choquant avec ce que nous sommes, nous pauvres pensionnaires en tablier noir. Ses yeux verts perçants, son visage sévère, son allure de très grande dame m'impressionnent. Je lui dis timidement :

— Micheline est ma meilleure copine...

Juliette reste un moment à bavarder. Je ne réponds guère que par oui ou par non. Puis elle repart, sans doute pour l'Amérique. Elle reviendra dès qu'elle le pourra, assure-t-elle...

En descendant dans notre cour, Micheline et moi sommes sous le charme :

— Qu'est-ce qu'elle est belle !

— Oh ! oui, me dit Micheline, et puis, elle est drôlement bien habillée ! Mais dis donc, elle n'a pas l'air commode !

En effet, Juliette avait toujours eu cette attitude distante, et même si je n'étais plus autant meurtrie, je me disais qu'elle aurait pu s'attacher à moi comme je m'étais attachée à ma petite Nathalie.

Nathalie avait maintenant presque sept ans. Elle avait pourtant gardé son aspect fragile. Longue et maigre, elle mangeait très peu. Je comprenais aisément qu'elle rechigne devant sa gamelle au réfectoire, mais elle refusait même les rares bonbons que j'avais et que je voulais partager avec elle. Elle exigeait de moi toujours autant d'affection et j'étais pleinement heureuse de lui en donner.

Un après-midi où nous sommes ensemble dans la cour, une sœur l'appelle au parloir : on vient la chercher, elle quitte l'orphelinat, une famille l'adopte ! Dès que Nathalie comprend, elle s'accroche à mon cou, en larmes : « Je veux pas partir, je veux pas... » Elle me serre tellement fort que je n'arrive plus à respirer. Jamais je ne l'avais soupçonnée d'une telle force. Elle hurle entre deux sanglots : « Petite mère, petite mère... » Elle veut que je la protège comme je l'ai toujours fait. Mais cette fois, je suis sans défense contre ceux qui lui font du mal. Bien pis, c'est moi qui dois l'accompagner jusqu'au parloir ! Toujours blottie dans mes bras, elle ne veut rien entendre de ce que la femme venue la chercher lui promet : le bonheur hors de l'orphelinat. Une religieuse est obligée de l'arracher à mes bras. Je lui fais un dernier baiser : « Ne pleure pas, nous nous reverrons bientôt... » lui dis-je à l'oreille, sachant pourtant qu'il n'en sera rien.

Redescendue dans la cour, je suis comme hébétée : on m'a enlevé ma petite contre mon gré, contre le sien ! Je ne peux oublier son dernier regard. Je n'ai que treize ans, mais Nathalie a su faire de moi une mère véritable et il me semble avoir perdu mon enfant. Cela fait plus de trois ans que je la prends en charge, que je la console lorsqu'elle pleure, que je la soigne lorsqu'elle a mal, la lave, l'habille, la dorlote. Pourquoi ne nous a-t-on pas prévenues de son départ ? Nous aurions pu nous préparer à cette séparation. Nous aurions fait mille projets : celui de nous écrire très souvent, celui de nous revoir, plus tard. Une fois encore je me heurte au monde cruel des adultes.

Je ne pouvais confier à personne mon chagrin. Parler de mes sentiments profonds m'était impossible. Depuis mon abandon chez la vieille de Combs-la-Ville, je m'étais forgé une épaisse carapace. Mais j'avais tout donné à Nathalie et Nathalie m'avait été volée.

Je fus inconsolable, plus repliée sur moi que jamais. Sœur Marie tenta de me venir en aide en me montrant combien ce départ était une chance pour ma petite : « Elle va être choyée, elle sera heureuse. Tu dois penser à elle d'abord. » Je me répétais donc à chaque instant : « C'est une chance pour Nathalie. Maintenant elle est heureuse... » Mais ne plus pouvoir l'embrasser, la câliner me manquait terriblement.

Nathalie, Huguette, les deux petites filles de mon enfance auxquelles j'étais si tendrement liée me furent arrachées pour toujours.

D'elles, je ne sus plus jamais rien. Elles sont pourtant aujourd'hui encore étonnamment présentes à mon esprit.

Nathalie partie, je pensais à ma petite sœur Alice qu'on avait séparée de moi de la même façon. Je lui écrivais de longues lettres dans lesquelles je lui racontais mes malheurs, des lettres qu'elle ne lirait jamais.

Ce fut encore une fois la rentrée des classes. Micheline et moi entrions en cinquième à l'école Sainte-Jeanne-d'Arc. J'étais contente de sortir chaque jour de Saint-Joseph, d'entendre les rumeurs de la ville. Je retrouvais l'une de mes amies, Marie-José, qui souffrait d'une grave maladie, la sclérose en plaques. Ses parents la gâtaient beaucoup et lui offraient des robes que je trouvais toutes plus belles les unes que les autres. Souvent je la complimentais :
— Comme ta robe est jolie !
— Elle vient de Paris...
Un matin mon amie me tendit un gros paquet :
— C'est pour toi !
— Pour moi ?
— Oui, ouvre...

Marie-José m'offrait sa robe bleue « de Paris » que j'avais tant admirée. J'avais du mal à imaginer qu'elle était désormais à moi. J'étais si émue qu'il me fut impossible de dire un mot.

En rentrant à l'orphelinat, j'avais soigneusement rangé ma robe dans mon placard, me demandant quand j'aurais le droit de la porter. Car à l'orphelinat, pas de fantaisie possible : chaque jour, semaine comme dimanche, nous devions porter notre uniforme. Mais ça ne faisait rien, j'avais maintenant une robe à moi, la première, et je pouvais la regarder tout à loisir quand je le voulais.

Puisque cette année était celle du renouvellement de notre communion, nous continuions à suivre les cours de catéchisme avec l'abbé Bel.

Maintenant que nous étions vraiment des jeunes filles, il nous prêtait des livres. Micheline et moi choisissions de préférence des romans de Delly. Nous avions épuisé depuis longtemps les vies des saints et leur cortège de miracles un peu troubles, et nous nous plongions à cœur perdu dans les romans où de beaux capitaines et de riches émirs épousent de frêles et pauvres jeunes filles. Mes rêves avaient bien changé : finies la sainte et la religieuse, j'épouserais un capitaine et je voyagerais sur les plus grands paquebots.

L'abbé Bel vint nous chercher un jour de congé, Micheline, moi et quelques autres :
— Je vais récompenser les meilleures élèves, avait-il annoncé aux sœurs.

Comme d'habitude, Micheline et moi faisions partie des premières au catéchisme. M. le curé nous dit :
— Je vous emmène au cinéma à Paris.
— On est obligées de s'habiller en uniforme ?
— Mais non, mettez ce qui vous fait plaisir.

Pour la première fois, je mis la belle robe bleu ciel de Marie-José et, fière comme tout, je montai dans le train. Nous vîmes *Air Force* au Normandie. Ce film de guerre américain ne nous passionna pas. Mais être à Paris, sur les Champs-Élysées, nous permettait de supporter le vacarme des balles et des moteurs d'avions.

Un autre jour ce fut *la Grande Meute*, un film jugé alors très osé puisqu'on y voyait un homme et une femme s'embrasser ! A la sortie, M. le curé qui, visiblement, ne connaissait pas la nature du film avant de nous y avoir emmenées, nous dit :
— Surtout, ne parlez pas de ce film aux bonnes sœurs !

Il pouvait compter sur nous pour ne pas vendre la mèche.

Micheline et moi étions émerveillées par le cinéma et ne parlions plus que des hommes et des femmes splendides que nous avions vus. Les romans d'amour, les films d'amour enflammaient mon imagination.

Si j'aimais encore la messe du dimanche à l'église de Louveciennes pour ses orgues, il y avait aussi maintenant une tout autre raison : Micheline et moi avions remarqué les enfants de chœur. Nous devions faire très attention pour les regarder : dès que nous levions le nez de notre missel, nous nous faisions gronder par une religieuse. Le préféré de Micheline était brun, le mien était blond aux yeux bleus. C'était toujours au moment où il balançait son encensoir en direction des fidèles que nos regards se croisaient.

Il faut croire que mon émotion ne passait pas inaperçue car, après un cours de catéchisme, M. le curé, à qui je venais de confirmer ma volonté d'être religieuse, me répondit avec ironie :
— Ah ! oui. Et c'est comme ça qu'on fait les yeux doux à l'enfant de chœur !

L'année scolaire s'achevait. J'avais un bon carnet et j'étais admise en quatrième. Rien de spécial ne devait donc troubler mes vacances : les corvées habituelles pour remettre en état l'orphelinat, des sorties au couvent des Oiseaux ou au presbytère, la certitude d'être emmenée par l'abbé Bel au cinéma ou au théâtre, celle d'être invitée une ou deux fois par Antoinette. Mais surtout, maintenant que j'avais quatorze ans, la possibilité de me promener dans les rues de Louveciennes avec d'autres pensionnaires, sans être accompagnée d'une sœur. En somme, une vie très tranquille à laquelle je m'étais adaptée et qui me procurait des joies.

L'ANNAMITE

Un dimanche après-midi, alors que les vacances touchent à leur fin, nous sommes aux vêpres. Micheline m'appelle :
— Il faut que tu ailles au parloir, on vient te chercher !
— Comment ça, on vient me chercher ? Qui vient ?
— C'est ta tutrice. Tu dois te dépêcher !
Juliette est superbe comme toujours. Elle m'annonce avec un grand sourire :
— Prépare tes affaires, je t'emmène avec moi à Marseille. tu quittes définitivement Saint-Joseph !
Je ne parviens pas à dire un mot. Je dois quitter sur-le-champ tout ce qui est ma vie depuis près de dix ans, tous ceux qui m'ont aimée : Micheline, sœur Marie, M. le curé. Je dois quitter mon école ! Je n'arrive pas à comprendre : que se passe-t-il ? Que m'arrive-t-il ? Pourquoi dois-je partir ? Moi qui rêve depuis toujours de quitter l'orphelinat, je me sens infiniment malheureuse.
Juliette est devant moi, triomphante, comme si elle m'offrait le paradis. Eh bien, non ! Je n'ai plus du tout envie de partir ! Mais je sais qu'il ne sert à rien de m'opposer à ce départ : « Elle est ta tutrice, elle a tous les droits ! » me dit sœur Marie tandis que je rassemble en bougonnant les quelques maigres objets qui m'appartiennent. J'ai à peine le temps d'embrasser Micheline, sœur Marie et quelques amies. Tout le monde pleure autour de moi. Moi, je n'ai pas une larme, mais j'ai le cœur gros. Je sais que je laisse pour toujours toute une partie de ma vie et tous ceux que j'aime.
Assise dans le train à côté de Juliette, je ne pense qu'à une chose : si j'ouvrais la portière, si je me jetais sur les rails ? Mais je ne bouge pas. Je reste figée sur ma banquette, lèvres serrées, renfrognée, abasourdie. Comme à travers un brouillard, je l'entends m'insulter, dévider sa sempiternelle litanie de reproches. Je baisse la tête, ne voulant surtout pas voir son visage sévère. Je veux garder en mémoire le visage de Micheline et son joli sourire.

Avant le départ de l'orphelinat, comme j'étais bonne élève, la mère supérieure et M. le curé avaient conseillé à Juliette de me laisser poursuivre mes études. Elle m'inscrivit donc en quatrième au collège Anatole-France de Marseille.
Pendant le premier mois, je menai la vie normale d'une collégienne : j'allais à l'école, je faisais mes devoirs en rentrant à la maison, j'aidais un peu Juliette. Mais loin de trouver cette nouvelle vie agréable, je regrettais mon orphelinat et mes amies. Trop timide pour me lier aux élèves, je restais seule. Et puis je me sentais terriblement laide dans les vêtements que je portais. Juliette ne m'achetait rien. Elle se croyait généreuse en me donnant jupes, vestes et manteaux dont elle ne voulait plus. Tout était trop large.

177

A quatorze ans, je portais les oripeaux démodés d'une femme de soixante-cinq ans et j'en avais honte. Chaque matin en m'habillant, je n'avais qu'une pensée : « Vivement que je gagne de l'argent ! »

Taciturne et maussade au collège, je l'étais autant dans le petit appartement sombre, situé au rez-de-chaussée d'un immeuble, rue Sainte. A droite de l'entrée se trouvait la chambre de Juliette. A côté, une petite salle à manger avec, dans un coin, un canapé : c'est là que je dormais. A gauche de l'entrée, une chambre minuscule, la cuisine et la salle de bains.

Dès le premier jour, Juliette me spécifia : « Tu feras ta toilette sur l'évier de la cuisine ! » Mais quand allais-je donc pouvoir prendre un bain ? Jusqu'à quel âge me faudrait-il attendre ?

Un soir, alors que je faisais mes devoirs sur la table de la salle à manger, Juliette m'interrompit brusquement :

— Il faut que tu m'aides plus que cela !

A partir de ce jour, je fis tout à la maison, le ménage, le marché, les repas. Je montais aussi le charbon de la cave, remplissais le poêle et le nettoyais... Juliette n'était plus toute jeune et n'avait pas l'intention de se fatiguer. Une seule chose l'intéressait dans la vie : son bridge du dimanche après-midi chez des amis. Chaque dimanche elle partait vers 13 heures et ne rentrait que tard dans la soirée. Elle ne se souciait pas le moins du monde de ce que je ferais de mon après-midi. Elle désirait vivre sans l'ombre d'une entrave et me laissait donc totalement libre. Mais je n'avais que faire de cette liberté !

Comme je n'avais pas un sou, mes loisirs étaient limités. Mais dès que je franchissais la porte, je prenais goût à la vie. J'aimais tant la gaieté de Marseille, les rues grouillantes, les cris, les accents des marchandes qui s'interpellaient d'un trottoir à l'autre, les marchés toujours parfumés et colorés. Et la criée sur le Vieux-Port. Et cette grande lumière et ce ciel si bleu. Ici, autour de moi, tout était beau, et c'était la première fois que je vivais au milieu de belles choses.

Après avoir marché de longues heures durant, j'allais m'asseoir sur le quai, émerveillée par les bateaux, par les marins-pêcheurs. Là, je replongeais dans les rêves que j'avais partagés avec Micheline : un jour, peut-être rencontrerais-je un beau capitaine... Lorsque, parfois, je croisais un beau marin en uniforme, mon cœur battait très fort, mais je baissais bien vite les yeux tellement j'étais timide. Gamine sans expérience, livrée à moi-même, j'aurais pu « mal tourner » comme on le disait alors. Juliette n'en avait cure. Mais j'étais sérieuse et je rentrais toujours avant son retour.

Vivre seule, jouer les cendrillons n'avait rien d'épanouissant. Je restais toujours aussi muette et triste. Pourtant Juliette n'était pas contente de mon comportement, elle me voulait souriante. N'avait-elle pas, une fois de plus, été particulièrement bonne avec moi en me permettant de vivre auprès d'elle? Un jour où elle se plaignait une nouvelle fois de mon air maussade, je coupai court, exaspérée par ses reproches incessants :

— D'abord, tu n'es même pas ma mère! M. le curé me l'a dit!

Elle accusa le coup et, durant quelques secondes, resta interdite, le visage légèrement crispé. Mais, bien vite, elle se ressaisit :

— Quelle est cette histoire? Bien sûr que je suis ta mère, ma chérie! M. le curé s'est trompé... Je vais te montrer des photos.

Juliette alla dans sa chambre, revint et me tendit une photo. Je la reconnus tout de suite : jeune, souriante, elle était assise, et un homme était debout à côté d'elle, la main posée sur le dossier de sa chaise. Il semblait un peu mélancolique.

— C'est ton père et moi. Pourquoi serais-je à côté de lui si je n'étais pas sa femme? Nous t'avons eue ensemble...

C'était la première fois que je voyais une photo de mon père. Immédiatement je le trouvai beau. Il était mince, élégant. Je le regardai avec attention dans l'espoir de découvrir une ressemblance avec moi. M. le curé s'était donc trompé... Juliette ajouta :

— Tu le sais, Aimé était un homme généreux, compréhensif, intelligent, cultivé. Il était aimé de tous. Il t'adorait...

Ce n'était pas la première fois que Juliette me vantait les qualités de mon père. Je lui en étais reconnaissante. Pour l'évoquer, elle n'avait toujours employé que des superlatifs. Tandis qu'elle me parlait, je songeai : « Quelle vie heureuse j'aurais eue auprès de lui! »

Juliette fut convaincante. A nouveau, je dus reconstruire mon arbre généalogique : ma mère était bien Juliette du Chaxel, mon père était mort en Indochine peu après ma naissance. Mais le problème de ma petite sœur Alice n'était pas résolu pour autant, et du même coup mes doutes sur ma filiation revenaient. Une pièce du puzzle manquait. Lasse de me tourmenter, je décidai d'interroger Juliette une nouvelle fois :

— Mais enfin, je ne comprends pas : j'ai une sœur en Indochine et moi-même je suis annamite. Donc, tu n'es pas ma mère!

— Mais si, ma chérie, je suis ta mère!

— Pourquoi toute mon enfance m'a-t-on traitée d'Annamite?

— Comme tu es née en Annam, tu es une Annamite, mais tu es ma fille!

— Et Alice, alors? Pourquoi nous a-t-on séparées?

— Mais, ma chérie, j'ai tout fait pour la ramener elle aussi, mais ce n'était pas possible! Je vais t'expliquer exactement comment les choses se sont passées. Tu es née à Tourane. Ton père, Aimé, y était directeur général de la douane. Aimé était fou de ses deux filles. Il passait des heures, debout sur la terrasse à vous contempler comme si vous aviez été des joyaux...

Une fois de plus, Juliette alla dans sa chambre, revint et me tendit une photo. Il y avait une voiture décapotable, très longue, très luxueuse, conduite par un chauffeur. J'étais assise à l'arrière, à ma gauche se trouvait mon père, à droite, un gros chien.

— Lorsque nous sortions, poursuivit Juliette, ton père disait : « Nous allons emmener Yvonne » et tu répondais : « Oui, si Alice vient ! » C'était chez toi un leitmotiv. Aimé te répondait : « On ne peut l'emmener en voiture, elle est trop petite. » Lorsque ton père est mort, j'ai décidé de rentrer en France. Tu avais alors trois ans, Alice deux. Mais au moment du départ, Alice a attrapé la rougeole. Elle ne pouvait embarquer : le voyage durait un mois, elle était contagieuse. Nous avons dû rentrer seules toutes les deux. Puis, il y a eu la guerre. Comment voulais-tu que je la fasse revenir ?

Juliette parlait sans animosité. Aucune question ne la prenait au dépourvu. Tout était limpide, logique. Tout semblait à nouveau rentrer dans l'ordre. Pourtant ces explications ne me rendaient pas ma petite sœur. Les journées que je passais dans ce sombre rez-de-chaussée à servir Juliette n'en étaient pas plus gaies. Elle n'en était pas plus maternelle. Je me sentais toujours aussi seule.

Un soir, alors que je préparais le dîner, elle s'approcha et me déclara :

— Je t'ai fait une surprise : j'ai écrit et ta petite sœur va venir !

Cette fois, ce fut un choc, j'étais vraiment heureuse. Je fus tellement reconnaissante à Juliette que je m'efforçai désormais d'être joyeuse et ne lui tenais plus rigueur des corvées dont elle m'accablait.

Alice ne me quittait plus, je l'associais en pensée à chacune de mes activités. Bientôt elle serait là, elle m'accompagnerait lorsque je ferais les courses, serait près de moi lorsque je ferais la vaisselle. Il m'arrivait de chanter. J'étais aux petits soins avec Juliette. Toutes ces semaines d'attente furent des semaines d'intense émotion.

Un jour, on sonne à la porte. Je me précipite, j'ouvre. En face de moi se trouve une petite fille. Elle a la frimousse toute ronde, les yeux en grain de café, les cheveux noirs et raides comme des baguettes et elle est mignonne à croquer. Alice est telle que je l'avais imaginée. Elle me saute au cou et m'embrasse, mais ne dit rien. Et moi qui avais choisi avec tant de soin les phrases que je voulais lui dire, je reste muette aussi. Et je la dévisage, essayant de retrouver en elle certains de mes traits. Je ne trouve plus les mots qui seraient assez forts pour exprimer tout ce que je ressens.

Alice me regarde, souriante, timide, toujours muette. Alors je sens qu'il faut rompre le silence et, je ne sais comment l'idée m'en vient, je lui dis :

— Viens, je vais te friser.

Je l'entraîne dans ma chambre, l'installe sur une chaise, branche le fer à friser, et je commence à la coiffer, à la pomponner. Et maintenant, je ne cesse de lui parler. Jamais je n'ai été aussi volubile, sinon, peut-être, le jour où j'ai accueilli Micheline à Saint-Joseph. Lorsque je la trouve suffisamment frisée, je décide de lui montrer ma belle ville. Alice continue à me sourire, mais ne dit rien. Nous nous promenons ainsi longtemps, main dans la main. Nous savons toutes deux que nous venons de gagner. Nous sommes au bout de notre chemin de solitude. Une autre vie, la vraie, est à venir, et celle-là sera belle puisque nous nous sommes retrouvées. Mais, cela, nous n'avons pas besoin de nous le dire, nous le savons, simplement.

Lorsque nous rentrons, Juliette conduit Alice dans la petite chambre en face de la salle à manger. A mon grand étonnement, elle ne veut pas qu'Alice couche dans le lit et lui a installé une sorte de grabat inconfortable, rendant la pièce encore plus petite. Mais Alice, docile, ne se plaint pas. Elle dit simplement :

— Merci madame...

— Mais voyons, ma chérie, puisque je suis ta mère, appelle-moi « maman ».

Alice ne répond pas, mais elle a perdu son sourire. Je ne dis rien non plus. Je trouve qu'une fois de plus Juliette ne se rend pas compte de ce qu'elle exige. Comment, lorsqu'on a douze ans, peut-on appeler « maman » une femme qu'on ne connaît pas ?

Lorsque Alice a terminé de ranger ses vêtements, je l'entraîne dans la cuisine où je dois finir de préparer le dîner. Juliette est retournée dans sa chambre mais a pris soin de laisser sa porte largement ouverte. Je parle à voix basse :

— Alice, tu sais, si tu ne veux pas l'appeler « maman », tu n'y es pas obligée ! Voilà ce que nous allons faire : nous l'appellerons Juju !

Alice acquiesce d'un joli sourire. Le dîner prêt, je dis à Juliette :

— Juju, tu peux venir...

Juliette bondit aussitôt, choquée :

— Pourquoi m'appelles-tu ainsi ? Juju... que c'est vulgaire ! Je te défends de m'appeler ainsi !

— Oh ! c'est amusant Juju, c'est un diminutif de Juliette...

Nos premières semaines de vie commune furent un enchantement. Chaque matin, Alice s'approchait de moi en souriant et m'embrassait. Elle parlait peu, mais ne me quittait pas. Juliette trouvait notre amitié bénéfique puisque, désormais, j'avais perdu mon air maussade : nous avions même des conversations amicales.

Lorsque Alice était apparue, je lui avais immédiatement trouvé une ressemblance avec moi. Nous avions le même petit menton pointu, le visage rond, les yeux et les cheveux très noirs. Elle était toutefois plus eurasienne que moi. Nous en parlions avec Juliette.

— Comment se fait-il qu'Alice soit plus typée que moi?
— Mais c'est tout à fait normal, elle a toujours vécu en Indochine et à vivre là-bas, il se crée une sorte de mimétisme : nos yeux deviennent bridés, notre teint devient mat.
— Ah! bon!
— Moi-même, ajoute Juliette, je me suis transformée, mes yeux se sont étirés et j'en suis contente, car maintenant mes yeux verts sont en amande...
— Mais tu n'es pas née en Indochine...
— Non, mais j'y ai vécu avec ton père et je ne sais pas ce qui se passe, est-ce le climat? est-ce le soleil? en tout cas, les yeux et le teint se modifient...

J'étais naïve. Ses arguments me troublaient.

Quelques jours après son arrivée, Juliette avait inscrit Alice au collège. Comme moi, elle était bonne élève. Lorsque nous revenions de classe, nous faisions nos devoirs dans la salle à manger. Moi, je devais me dépêcher, car tout restait à faire à la maison. Mais dès que j'avais une minute, j'en profitais pour bavarder avec Alice qui commençait à se livrer un peu.

Le jeudi et le dimanche, nous allions sur le Vieux-Port et rentrions le plus tard possible. Nous nous étions découvert une multitude de points communs : la même curiosité pour tout ce qui nous entourait, la même sensibilité à fleur de peau, le même romantisme. Nous nous aimions follement : un simple regard et nous savions ce que l'autre pensait.

Deux mois environ après la venue d'Alice, Juliette, qui prenait toujours grand soin d'elle-même, décida de se faire opérer d'un oignon au pied. Avant de partir pour la clinique, elle appela Alice :

— Ma petite Alice, je vais avoir besoin de toi pendant huit jours parce qu'il me faudra rester allongée. Je vais te faire un mot d'absence pour ton école. Tu pourras t'occuper de la maison et ainsi Yvonne pourra consacrer tout son temps à ses études. Tu connais maintenant les habitudes françaises, les commerçants, alors je suis certaine que tu sauras très bien te débrouiller...

Alice n'allait donc plus à l'école et me remplaçait. Courses, ménage, charbon, repas... Elle devait aussi accourir dans l'instant quand Juliette l'appelait. Évidemment dès que je rentrais du collège je l'aidais le plus possible, mais cela rendait Juliette furieuse. De son lit face à la porte grande ouverte, elle écoutait nos conversations. La grande glace installée dans le couloir lui permettait de suivre nos déplacements dans l'appartement. Ainsi, dès qu'elle nous voyait papoter dans la cuisine, elle m'appelait, trouvant toujours quelque prétexte : « Yvonne, donne-moi donc ce journal », ou bien « Yvonne! Viens donc près de moi me dire comment vont tes études... » Elle se moquait totalement de mes réponses, qu'elle écoutait à peine. Visiblement, elle craignait je ne sais quel complot, ou plus simplement qu'Alice ne me dise des choses que, peut-être, je ne devais pas savoir...

Les huit jours de repos de Juliette écoulés, je décidai d'aller lui parler sérieusement d'Alice :

— Il faut la renvoyer à l'école ! Ce n'est pas possible de la garder à la maison !

— Mais qui, alors, va monter le charbon ? Qui va faire la vaisselle ? Tu ne voudrais tout de même pas que ce soit moi !

— Eh bien, Alice et moi le ferons ensemble...

— Non ! Il faut que tu ailles au collège...

Comme j'insistais sur la nécessité de scolariser Alice, Juliette finit par me dire :

— Eh bien, oui, le mois prochain.

En attendant, Alice continuait à faire la bonne. En Indochine, où elle avait été pensionnaire, elle avait appris la couture et elle était très douée, elle reprisait donc tout le linge de la maison. Durant ses moments de liberté, elle me cousait trois jolies culottes bordées de dentelle qu'elle avait taillées dans une vieille robe de chambre bleu marine à rayures blanches.

Alice était absente de l'école depuis plus de trois semaines lorsque, un jeudi après-midi, on sonna à la porte d'entrée. C'était son professeur :

— Mais Alice, que fais-tu ? Tu n'es pas malade ?

— Non, je ne suis pas malade...

— Pourtant ta mère nous a envoyé des mots d'excuse disant que tu étais souffrante et que tu devais garder la chambre. C'est pour cela que je suis venue... Mais pourquoi, alors, ne viens-tu pas en classe ?

— Je dois faire le ménage...

Bien avant l'arrivée d'Alice, j'avais commencé à comprendre pourquoi Juliette m'avait reprise chez elle : elle se sentait vieillir, semblait moins riche et ses voyages avec son amie Jeanne devenaient plus rares. A défaut de luxe, elle voulait continuer à vivre loin des tracas domestiques. Après tout, j'avais quatorze ans, l'âge de la fin de la scolarité obligatoire. Une orpheline placée comme petite bonne auprès d'une grande bourgeoise, c'était tout à fait conforme à la mentalité de Juliette. Mais après la venue d'Alice, elle changea de tactique : décidément, Alice et moi étions trop complices et peut-être qu'un jour nous partirions en l'abandonnant. Juliette avait donc décidé de susciter de la jalousie entre Alice et moi. Elle me délivra de toutes les corvées, se montra attentive à ma vie de collégienne et accabla en revanche Alice de travail et de reproches. Mais nous n'étions pas dupes et plus elle tentait de nous opposer, plus nous nous sentions unies.

Puisque Juliette nous séparait dans la journée, nous avions institué des rendez-vous secrets. Après le dîner, nous nous embrassions pour nous dire bonsoir et allions nous coucher. J'avais pris l'habitude de pousser la porte de la salle à manger où je dormais, sans jamais la fermer. Plus tard dans la soirée, lorsque Juliette semblait endormie, Alice venait me rejoindre en prenant mille précautions. Elle devait notamment ramper en traversant l'entrée afin d'éviter la glace. Ensuite, cachées dans mon lit, nous parlions à voix basse pendant des heures.

Dès les beaux jours, nous eûmes l'idée de passer nos soirées sur le Vieux-Port. Comme la fenêtre de la salle à manger ouvrait sur la rue, il nous était facile de « faire le mur » en sautant. Nous descendions la rue Sainte, tournions dans la rue du Vieux-Port et nous débouchions dans le coin le moins fréquenté. Nous nous asseyions alors en bordure du quai, les pieds dans l'eau. Nous restions ainsi des heures, éblouies par la nuit, la mer, les bruits du port. Nous nous taisions, simplement heureuses de nous trouver côte à côte. Parfois nous ne rentrions qu'au lever du jour. Nous posions devant la fenêtre le tabouret que nous avions pris soin d'apporter avec nous, puis la dernière montée tirait sur la ficelle à laquelle nous l'avions attaché. Sans bruit, nous regagnions alors chacune notre lit, nous donnant rendez-vous pour la nuit prochaine.

C'est durant ces douces nuits de Marseille qu'Alice me raconta, par bribes, son enfance indochinoise. Elle m'affirma que nous avions la même mère : la sienne, une Indochinoise chez qui elle avait vécu pendant l'invasion japonaise. Ainsi, comme je le sentais d'instinct depuis toujours et comme l'abbé Bel me l'avait appris, Juliette n'était pas ma mère !

Mais je ne désirais pas raviver des souvenirs qui, peut-être, rendraient Alice nostalgique. Je préférais évoquer le présent, la joie de nous être retrouvées, et surtout l'avenir :

— Je suis certaine que c'est grâce à M. le curé que Juju a accepté de te faire venir à Marseille. Il savait que je serais malheureuse et totalement déboussolée toute seule avec elle. Tu sais, Alice, si demain Juliette décide de partir avec Jeanne, elle est tout à fait capable de nous flanquer à nouveau à l'orphelinat. Mais on s'en fiche parce qu'on est ensemble !... Dès que je suis majeure, hop ! je pars et je te prends avec moi... On sera drôlement heureuses !

Un dimanche vers midi et demi, Juliette, prête à partir pour son bridge, veut fermer la porte de sa chambre au cadenas, comme elle le fait chaque fois qu'elle s'absente.

— Yvonne ! Je ne trouve plus le cadenas, sais-tu où il se trouve ?
— Oh ! non. Mais il ne doit pas être bien loin. Va à ton bridge, je vais le chercher.

Dès qu'elle ferme la porte d'entrée, je vais dans la chambre d'Alice :

— Elle est partie ! On va pouvoir fouiller ! Le cadenas n'a pas disparu, je l'ai caché sous un tapis.

— Si elle ferme sa porte, c'est qu'elle y cache quelque chose qu'elle ne veut pas nous montrer !

— En tout cas, il y a dans un tiroir de sa commode tout un paquet de photos. Elle ne m'en a montré que deux, mais j'aimerais bien les voir toutes !

Nous filons dans sa chambre, fouillons dans les tiroirs et y trouvons le lot de photos. L'une représente Alice toute petite à côté de notre mère indochinoise. Elle la reconnaît immédiatement :

— Regarde comme elle est jolie ! Elle est toute jeune...

Sur une autre photo, notre mère, Alice et moi. Sur une autre encore, nous sommes toutes les deux avec notre père et notre mère.

— Tu sais, toutes ces photos, je les ai déjà vues en Indochine, maman a les mêmes. Tu vois bien que c'est elle notre mère, sinon nous ne serions pas toutes les deux à côté d'elle et de papa !

— Tu as raison... D'ailleurs je trouve que nous leur ressemblons à tous deux : nous avons le menton de papa et le haut du visage de maman... Juju m'a raconté n'importe quoi !

— Bien sûr que Juju raconte n'importe quoi ! Tu sais, pendant l'invasion japonaise, maman a eu très peur pour moi et elle m'a retirée de la pension. Pendant trois ans, j'ai vécu avec elle et toute notre famille indochinoise. Et maintenant Juju ose me dire qu'elle, Juliette du Chaxel, est ma vraie mère ! Elle ne manque pas de toupet !

Nous trouvons aussi une photo représentant une villa luxueuse :

— C'est la villa de papa, me dit Alice, celle où nous vivions tous les quatre avant le retour de Juliette en Indochine !

C'est une grande maison coloniale aux larges portes vitrées, aux grands balcons. Tout autour, une végétation luxuriante. On voit aussi des domestiques. Alice m'explique :

— Papa et maman avaient à leur service boys et congayes : une vraie vie de luxe !

Alice et moi replaçâmes soigneusement les photos dans le tiroir de la commode de Juliette et lorsqu'elle revint le soir, le cadenas, lui aussi, avait retrouvé sa place.

Nous sommes à la veille des vacances de Pâques. Je rentre du collège. Il est presque 17 heures. Comme d'habitude, je dépose mon cartable dans la salle à manger. Sur mon divan sont disposées les

trois petites culottes à rayures bleu marine que cousait Alice. Elles sont impeccablement repassées. Pourquoi ces culottes bien en vue ? Ce n'est pas normal, Alice range toujours les choses... Intriguée, j'entre dans sa chambre, elle est vide. Je suis inquiète :
— Alice ?
Juliette me répond de sa chambre :
— Elle n'est pas là, ma chérie.
— Où est-elle ?
— Elle est partie en vacances...
— En vacances ?
Je ne comprends rien. Incrédule, je demande :
— Elle est partie en vacances sans me prévenir ?
Des soupçons me viennent aussitôt à l'esprit : qu'a-t-elle donc encore inventé ? Hors de moi, j'entre dans sa chambre :
— Dis-moi la vérité : où est-elle partie ?
Sans se démonter, Juliette me dit, comme s'il s'agissait d'une chose banale et sans importance :
— Eh bien, écoute, ma chérie, voilà, sa mère la réclamait.
— Comment ? Qui *sa* mère ? Quelle mère ?
— Eh bien, sa mère indochinoise...
— Tu as toujours dit que tu étais notre mère à toutes deux ! Moi, je peux te dire que sa mère indochinoise est aussi ma mère !
— Mais non ! Voyons, ce n'est pas ta mère, c'est la sienne ! Et sa mère la réclame auprès d'elle. Alors, tu comprends bien, j'ai été dans l'obligation de la renvoyer en Indochine !
— Où est-elle ?
— Je n'en sais rien moi-même. Sa mère m'a envoyé une assistante sociale qui s'est occupée de son rapatriement par bateau, mais je ne sais pas du tout où elle va aller.
— Je veux savoir où elle est partie ! Et quel bateau ?
— Mais, ma chérie, tu penses bien que si je le savais, je te le dirais. Mais l'assistante sociale ne m'en a rien dit.
— Dans ces conditions, pourquoi Alice est-elle venue en France ?
— C'est moi qui ai demandé à la faire venir pour que vous soyez ensemble. Sa mère a bien voulu la laisser partir mais tu sais comment sont les mamans... Elle s'est ennuyée d'elle.

Plus Juliette parle, plus je suis certaine qu'elle ment. Si les choses étaient aussi simples, pourquoi a-t-elle profité de mon absence pour faire partir Alice ? Une assistante sociale ne vient pas prendre aussi précipitamment un enfant... Jamais Juliette n'a aimé Alice, elle a voulu s'en séparer ! Et surtout elle a dû comprendre que jamais plus nous ne nous quitterions, Alice et moi. Peut-être nous a-t-elle aussi entendues faire nos projets, le soir dans la salle à manger. Elle a eu peur de rester seule...

Mais à cette heure-ci, comment retrouver Alice ? Il y a des kilomètres de quais. Des dizaines de grands paquebots. Et il est même certain qu'Alice est déjà loin en mer.

Je ne veux plus continuer la discussion avec Juliette. Je me réfugie dans la salle à manger. Le soir venu, je m'échappe pour aller sur le Vieux-Port. Plus les heures passent, plus mon désarroi grandit. Penchée sur l'eau, je songe réellement à la mort. Pendant des heures et des heures, cette idée m'obsède : il suffit de sauter et tout va s'arrêter.

Plus tard dans la nuit, je me dirige vers une barque amarrée au bord du quai. Je saute et m'assois sur le banc. La nuit est superbe sous le ciel étoilé. Des lumières se reflètent dans l'eau. Mais ce cadre magnifique ne fait qu'accroître mon désespoir : ce serait bien de mourir par une telle nuit...

A l'aube, une voix d'homme me fit sursauter. Allongée au fond de la barque, je m'étais endormie.

— Eh ! petite, qu'est-ce que tu fais là ? Tu dors ?

Le ton enjoué, l'accent chantant de Marseille me réconcilièrent tout d'un coup avec la vie. L'homme ajouta :

— Eh ! petite, c'est mon bateau, vé, il faut partir...

Je me levai, sautai sur le quai, lui souris.

A cet instant précis, je décidai de prendre mon sort en main. Pour la première fois de ma vie, je voulus me bagarrer : je vais rentrer et comme je n'ai pas mon tabouret pour atteindre la fenêtre de la salle à manger, je vais sonner. Je n'aurai pas peur de Juliette ! Je lui dirai tout ce que j'ai sur le cœur comme jamais je n'ai osé le lui dire : « J'en ai marre et je vais partir ! Je veux ma liberté ! »

Plus j'avançais, plus ma fureur montait. Je sonnai avec autorité. Juliette ouvrit :

— D'où viens-tu, ma chérie ? me demande-t-elle d'une voix suave, et, en un instant, toutes mes belles résolutions tombèrent à l'eau. Allons, rentre mon petit. Veux-tu un petit déjeuner ?

J'étais estomaquée. Juliette me prépara elle-même mon déjeuner ! Jamais elle ne l'avait fait depuis que je vivais avec elle ! Elle me fit même griller une tartine de pain et la beurra ! Décidément, elle ne jouait pas la pièce que j'avais imaginée et je n'avais pas préparé les répliques qui convenaient.

— Si tu n'as pas beaucoup dormi, peut-être ne veux-tu pas aller au collège ce matin ? Je te ferai un mot d'excuse.

Ce matin-là, Juliette fut la plus forte. Mais en apparence seulement. J'avais, pour la première fois, pris conscience de mon caractère. Je m'étais crue résignée et je découvrais que j'étais juste le contraire. La perte d'Alice me donnait tout à coup une force inouïe, une volonté invincible.

Ce matin-là, je décidai : Je vais m'en sortir ! Je retrouverai Alice, quoi qu'il arrive ! Et pour cela il faudra que je devienne quelqu'un, il faudra que je sorte de ma condition, et j'y arriverai !

Pendant les jours qui suivirent, nous n'évoquâmes à aucun moment le départ d'Alice. Je n'avais plus rien à dire à Juliette et elle préférait agir comme s'il ne s'était rien passé.

En fait, je n'avais plus qu'une seule obsession : savoir où était Alice. Puisque Juliette avait décidé de ne pas me le dire, le plus simple était de surveiller le facteur, car j'étais intimement persuadée qu'Alice m'écrivait. Mais je ne voyais jamais une lettre dans la boîte. Je décidai d'interroger Juliette :

— Alice doit m'écrire, j'en suis certaine ! Donne-moi ses lettres ! Je peux tout de même recevoir les lettres de ma sœur !

Mais Juliette, sûre d'elle, affirmait :

— Mais, ma chérie, elle n'écrit pas ! Tu sais, ce n'est pas étonnant, vous vous êtes vues si peu de temps ! Maintenant qu'elle est dans sa famille, elle t'a oubliée...

Alice n'était guère restée plus de trois mois, pourtant nos nuits passées ensemble avaient suffi à nous connaître aussi bien que si nous n'avions jamais été séparées. Elle ne voulait plus me quitter. Durant nos conversations, je n'avais pas songé à lui demander le lieu de sa pension ni l'adresse de notre mère. Je pensais alors qu'elle resterait en France avec moi pour toujours.

Ne craignant plus du tout Juliette, je revenais de temps à autre à la charge, espérant la faire céder :

— La mère d'Alice est aussi ma mère ! Alors, pourquoi moi, je reste en France ?

— Tu penses bien que si elle avait été ta mère, elle t'aurait réclamée aussi et tu serais partie. Voyons, Yvonne, il faut que tu me croies : ce n'est pas ta mère ! Je suis ta mère !

J'étais certaine que Juliette mentait : j'avais fait des calculs et je savais qu'elle était trop âgée pour être ma mère.

— Écoute, Juju, ce n'est pas possible ! Maintenant je suis assez grande pour comprendre que tu n'es pas ma mère.

Je la regarde avec la plus extrême attention, quêtant sur son visage l'émotion qui la trahirait et me permettrait de savoir si, enfin, elle va me dire la vérité. Elle baisse les yeux, semble hésiter un très bref instant puis, impassible et déterminée, elle répond :

— Eh bien, non, je ne suis pas ta mère. Ta mère est morte !

— Elle est morte ? Et pourquoi Alice irait-elle la retrouver ?

— Mais non, ma petite, la mère d'Alice n'est pas la tienne !

— Alice m'a dit que nous avions la même mère !

— Mais non, il faut me croire !

L'ANNAMITE

— Eh bien, je te l'avoue maintenant, figure-toi qu'un jour nous avons fouillé et vu des photos, et sur ces photos il y avait Alice, moi, papa et notre mère. Nous ne serions tout de même pas sur la même photo si elle n'avait pas été notre mère à toutes deux!

Et Juliette, imperturbable, répond :

— Bien sûr qu'il y a des photos! Mais tu comprends, la mère d'Alice t'a servi de gouvernante.

— Et ma mère à moi? Elle est morte quand? Sur les photos je n'ai que deux ans...

Et Juliette, très doucement, continue :

— Elle est morte en couches, ma chérie, c'est pourquoi la mère d'Alice est devenue ta gouvernante.

— Alice m'a dit que sa mère était la mienne. D'ailleurs Alice connaît notre mère et c'est elle qui le lui a dit!

— Alice se trompe. Elle est petite, on n'a pas voulu tout lui dire! Tu comprends, Aimé était tout de même mon mari!

— Alors papa aurait eu deux enfants avec deux maîtresses?

— Mais oui! dit Juliette comme s'il s'agissait d'une chose tout à fait naturelle. Mais tu sais, ajoute-t-elle, j'ai été très bien parce que lorsque ton père m'a annoncé qu'il avait deux petites filles, eh bien, j'ai dit aussitôt : « Nous allons les adopter, Aimé. Moi, je ne t'ai pas donné d'enfant. » Ton père désirait tellement des enfants! J'étais très heureuse pour lui. Et d'ailleurs, en Indochine, tout le monde dit : « Mme du Chaxel a été formidable! »

Juliette avait toujours le même ton calme, elle n'hésitait jamais une seconde... Elle était incroyablement convaincante : et si elle disait la vérité? Quel remue-ménage dans mon esprit! Après avoir eu une mère, Juliette, j'avais été orpheline, puis j'avais eu une autre mère, une Indochinoise qui avait eu deux enfants, Alice et moi, et maintenant une troisième mère apparaissait : une Indochinoise encore, mais morte... Je restai perplexe et désemparée.

Cette situation était devenue si difficile à vivre que je tentais, parfois, d'oublier cette mère insaisissable pour ne plus penser qu'à cette sœur qui, elle, était bien réelle.

Juliette invitait parfois pour le thé un militaire d'une quarantaine d'années, partenaire de bridge. Je l'avais baptisé « capitaine Niche ». Il s'était aperçu que, depuis le départ d'Alice, je n'étais pas heureuse. Aussi disait-il à Juliette : « Je sortirais bien Yvonne dimanche si elle voulait venir à un match de foot. » Juliette ne s'opposait jamais à mes sorties. Elle tenait à montrer combien elle était bonne pour moi.

Le capitaine était un homme cultivé, sympathique, j'avais donc accepté. Comme il m'interrogeait sur le départ d'Alice, je lui racontai ce qui s'était passé.

— Écoute, me dit-il, je fais souvent des déplacements en Indochine, si tu le veux, je peux t'aider...

Évidemment, l'Indochine était immense et les pensions devaient y être nombreuses. Pourtant il ne considérait pas cette entreprise comme fatalement vouée à l'échec.

— S'il le faut, je visiterai tous les pensionnats d'Indochine, les uns après les autres, mais je te retrouverai ta sœur ! me promit-il.

Les courtes vacances de Pâques s'achevaient. Juliette me dit :
— Nous rentrons à Paris !

Elle désirait retrouver Jeanne. L'idée de quitter Marseille et son Vieux-Port qui me rappelait trop Alice me réjouit.

Juliette m'inscrivit au lycée Edgar-Quinet et me confia à ma « tante » Antoinette, aux Vallées. J'y retrouvai Marcel et Boby. Leur accueil fut à nouveau très chaleureux. Mais toutes les perturbations que j'avais subies et le changement d'établissement au beau milieu de l'année ne facilitaient pas mes études. Moi qui avais toujours eu de bonnes notes, je me désespérais de ne pas réussir.

Lorsque je rencontrai Juliette, je lui confiai :
— Je n'y arrive pas !

Je cherchais surtout auprès d'elle un encouragement, quelques mots de réconfort. Elle me répondit :
— Eh bien, ce n'est pas grave, tu vas choisir un métier.

Juliette était ainsi : foncièrement égoïste, elle voulait avant tout préserver sa tranquillité et consacrer un minimum d'argent à mon éducation. Elle n'avait aucune ambition pour moi.

— Bon, reprit-elle, il faut chercher quelque chose... Si tu devenais secrétaire ?

— Secrétaire ? Oh ! non. Je n'ai pas envie d'être secrétaire !

— Mais c'est un métier très bien pour toi... Tu gagneras ta vie...

J'étais atterrée. Partout on lui avait dit : « Laissez-lui continuer ses études ! » Elle savait bien que mon bonheur était d'étudier, mais quelle importance pour elle ?

Du jour au lendemain, je quittai le lycée et entrai comme pensionnaire au cours Bobillot, près de la place d'Italie. L'établissement était dirigé par des sœurs de Saint-Vincent-de-Paul, comme l'orphelinat de Louveciennes. Et, coïncidence incroyable, je retrouvai Micheline ! Comme moi, elle avait voulu poursuivre ses études, mais elle devait désormais apprendre un métier en raison des difficultés financières de sa mère.

Le pensionnat était une grande bâtisse grise plutôt laide et triste. Et les religieuses ne donnaient guère de gaieté au lieu. Elles étaient même plutôt méchantes, avaient l'esprit si tordu qu'elles voyaient le mal partout.

L'ANNAMITE

Ni la sténo, ni la dactylo, ni la technologie ne me passionnaient. Les grandes baies vitrées de la classe ouvraient sur un jardin et je passais plus de temps à rêver devant les fleurs qu'à regarder mon cahier ou ma machine à écrire. J'attendais avec impatience le dimanche après-midi. Chaque fois que nous en avions les moyens, Micheline et moi nous précipitions au cinéma du quartier. Micheline était amoureuse de Gary Cooper.

Francine, une très belle brune aux yeux noirs, devint mon amie. Elle aussi aurait aimé passer ses journées au cinéma. Parfois, après les cours, nous faisions le mur le temps d'une séance. Francine m'aimait beaucoup et glissait souvent des petits mots tendres sur mon pupitre, dans mon cahier ou sous mon oreiller. Déplier ces petits bouts de papier, les lire étaient toujours source d'une grande émotion : « Tu es mignonne... » Me sentir ainsi regardée, aimée, était une sensation tout à fait délicieuse et un étonnement chaque fois renouvelé : comment une fille splendide comme Francine pouvait-elle s'intéresser à une fille comme moi ? Je me sentais si moche, j'avais si peu confiance en moi !

Un jour où je ne portais pas de soutien-gorge, elle souleva mon corsage et me dit, très admirative :

— Oh ! que tes seins sont beaux !

Moi qui n'avais jamais vu une femme nue, je pensais qu'il était tout à fait naturel, habituel, d'avoir des seins comme deux poires accrochées haut et tenant tout seuls :

— Mais je suis comme toi !

— Mais non, ne crois pas que toutes les femmes ont des seins comme les tiens !

Intriguée, je décidai de me regarder. Mais à la pension il n'y avait qu'une glace au-dessus du lavabo et, à l'heure de la toilette, toutes les filles se la disputaient. Je décidai, un jour, de remonter en catimini jusqu'au dortoir pendant qu'il était vide, pour me regarder dans le carreau d'une fenêtre. Je soulevai mon corsage, me regardai de face, de profil. Je me touchai les seins : donc, ça, c'est beau..

Ne sachant toujours pas ce qui me distinguait des autres, un soir, au moment de la toilette, je demandai à une pensionnaire :

— Je voudrais voir ta poitrine et la toucher...

— Mais, qu'est-ce qui t'arrive ? Pourquoi te montrer ma poitrine ? Non, je ne te la montrerai pas ! D'ailleurs on n'a pas le droit de se déshabiller devant les autres !

Étonnée de son refus, je m'adressai à une autre fille, puis à une autre encore. Devant leur air scandalisé, je décidai d'arrêter là mes investigations. Un autre soir, je demandai à Francine qui accepta sans façon de me montrer ses seins. Je constatai alors que les siens n'avaient ni tout à fait la même forme ni la même consistance.

Francine me parlait beaucoup. Elle était plus âgée que moi, plus cultivée : elle avait beaucoup lu, allait souvent au théâtre. J'écoutais ses récits avec admiration. A dix-huit ans, elle était libre et avait déjà des relations amoureuses. Elle me racontait ses expériences.

Le dortoir était séparé par des cloisons et nous n'étions que trois ou quatre par boxe, nous étions donc moins surveillées qu'à Louveciennes. Parfois Francine venait à pas de loup jusqu'à mon lit. Elle montait près de moi et nous discutions à voix basse pendant des heures et des heures. Elle commençait toujours par me dire : « Je vais te raconter le livre que j'ai lu » ou bien : « Je vais te raconter le dernier film que je suis allée voir. »

Un soir où elle me raconte un film d'amour, elle me dit :

— Ils s'aimaient à la folie. Ils se sont embrassés...

Puis elle ajoute :

— Tiens, je vais te montrer comment. Tu ouvres un peu la bouche et tu tires légèrement la langue. Tu verras, c'est délicieux...

Je sens alors sa langue venir doucement frôler la mienne. Puis elle me dit :

— Je pense toujours à toi. Tu ne parles pas beaucoup, tu es sauvage. Je trouve que tu es merveilleuse.

Puis, tout bas, pour ne pas se faire entendre des autres filles :

— Ça te choque si je te dis que je t'aime ?

— Non...

Comment pourrais-je être choquée alors que depuis ma toute petite enfance j'ai un désir fou d'être aimée, choyée ?

Un autre soir, allongée près de moi, elle ouvrit ma veste de pyjama et me demanda :

— Tu permets que je te caresse les seins ? C'est tentant...

— Ben écoute... Je ne sais pas... Oui...

Très pudiquement, elle me caressa. Jamais je n'avais éprouvé de telles sensations et je les trouvais bien agréables.

Francine n'avait rien d'une lesbienne, simplement elle me trouvait mignonne et nous avions beaucoup d'affection l'une pour l'autre. Semaine après semaine, nos relations devinrent plus tendres. Moi-même maintenant, je l'aimais véritablement et lui demandais de venir me rejoindre. Un jour, elle me fit découvrir ce qu'était la jouissance. Avais-je été un peu bruyante ? L'une des filles du boxe ne supporta pas longtemps nos relations et nous dénonça :

— Ma sœur, elles se retrouvent le soir dans le même lit !

Les parents de Francine furent prévenus : « Venez reprendre votre fille ! » Et elle fut renvoyée sur-le-champ. Elle n'eut même pas l'autorisation de me dire au revoir. Je n'avais pas son adresse. Une fois de plus, on me séparait définitivement de quelqu'un que j'aimais. Je me sentis plus seule que jamais. Les religieuses firent

une enquête auprès des pensionnaires afin de savoir si je n'avais pas des mœurs bizarres. Les trois filles dont j'avais voulu voir les seins se précipitèrent :
— Yvonne Chazelles est une vicieuse, elle voulait voir ma poitrine !

Moi qui avais agi le plus naïvement du monde, j'avais commis le péché ! J'étais contaminée et je risquais de contaminer toutes les pensionnaires, seule une mise en quarantaine draconienne pouvait m'empêcher de continuer à faire le mal. Il fut interdit à toute élève de m'adresser la parole. Je dus quitter le dortoir pour l'infirmerie inoccupée. Je fus bannie des cours pour me consacrer à de multiples corvées : lavage des cornettes des sœurs à la buanderie, entretien de la chapelle et de la sacristie.

Là, je découvris rapidement les hosties et le vin de messe. Les hosties de la sacristie n'étaient pas consacrées, je n'hésitai donc pas : « Eh bien, Yvonne, on t'a punie, la punition est injuste, alors, vas-y, ma petite, mange les hosties, console-toi en buvant un petit coup... » Ou encore, lorsque j'étais vraiment furieuse : « Bouffe les hosties, saoule-toi au vin de messe, au moins, lorsque tu iras à confesse, tu pourras t'accuser d'un vrai péché ! »

J'avais beau réfléchir, je ne trouvais rien de répréhensible à notre conduite puisque Francine et moi avions agi naturellement, sans violence, sans méchanceté. Au contraire, Francine m'avait donné une tendresse, une amitié délicieuses... Vraiment les adultes et les bonnes sœurs ont l'esprit tordu pour voir le mal partout !

Juliette, prévenue par lettre, n'avait toujours pas répondu deux semaines plus tard. Lasses d'attendre, les religieuses, qui ne désiraient pas garder plus longtemps une pestiférée dans leur établissement, pensèrent à alerter l'abbé Bel.

Il me fit appeler au parloir.
— Mon petit, que se passe-t-il ?
— Une jeune fille est venue dans mon lit et m'a dit que j'avais des seins magnifiques. Elle les a caressés et m'a embrassée. Je ne savais pas que ces choses existaient et je les ai trouvées extraordinairement agréables.

M. le curé ouvrit des yeux grands comme des soucoupes, mais ne me gronda pas, ne haussa pas le ton :
— Oui, bien sûr, tout ça existe... Mais enfin, il vaudrait mieux ne pas le faire avec une femme, car c'est un péché.
— Avec une femme, c'est un péché ? Mais alors avec qui faut-il le faire ?
— Tu es encore jeune mais, plus tard, avec un homme... Mais tu as le temps... Tu as le temps... répéta-t-il, un peu désemparé.
— Est-ce que c'est grave tout ça ?

— Eh bien, tu vois, c'est déjà un des plaisirs que tu as connu. Mais toi qui voulais entrer au couvent... Tu veux toujours être bonne sœur?
— Non, non! Je ne pense pas que je puisse l'être...
— Tu peux rester quelqu'un de très bien, être généreuse, sans être religieuse. Tu n'es pas obligée de porter le voile pour faire le bien dans la vie, souviens-toi de ça!

J'écoutai l'abbé Bel avec beaucoup d'admiration : quelle différence avec les sœurs du pensionnat! Au moins il n'a pas l'esprit tordu!... C'est pourquoi je lui confiai mon vœu secret :

— Ce que j'aime, c'est déclamer, réciter... Si je pouvais être comédienne... mais évidemment, je ne peux pas l'être...
— Pourquoi ne serais-tu pas comédienne si tu es douée?
— Il faut être jolie, je ne le suis pas tellement...
— Mais si, tu es mignonne! Peut-être en effet pourrais-tu être comédienne...
— Oh! vous croyez?
— Nous allons faire ce qu'il faut pour que tu puisses le devenir si c'est cela que tu veux vraiment.
— Mais comment faire? Je ne suis rien, je ne sais rien...
— Mon petit, dans la vie, certains partent de rien et arrivent s'ils le veulent!
— Monsieur le curé, je ne veux plus rester ici! Non seulement je suis en quarantaine mais encore les sœurs m'empêchent de suivre les cours...
— Eh bien, tu viens avec moi... Je vais à Lourdes pour les grandes vacances, je te trouverai un travail de brancardière.

Les bonnes sœurs ne surent pas à quel point j'étais heureuse de quitter leur univers mesquin où le mal, le diable, le péché imprègnent tout.

Moi qui n'avais jusqu'alors commis que quelques larcins dans le jardin et la réserve de l'orphelinat de Louveciennes, moi qui ne savais rien de la vie, de ses règles, de ses interdits, comment pouvais-je comprendre où était le mal? Je me sentais tout à fait pure. Les religieuses avaient voulu me punir, c'était le contraire qui se produisait : je me lançais vers l'avenir le plus merveilleux.

J'éprouvais cependant pourtant un terrible regret, celui de perdre mon amie Francine. Elle avait été la source de mes premiers émois sexuels. Elle m'avait, par ses compliments, donné un début de confiance en moi.

J'ai souvent pensé à elle. Je lui dois de ne jamais considérer les femmes comme des concurrentes ou des ennemies, et de savoir les admirer. Je lui dois un peu de ma carrière. Je garde d'elle un merveilleux souvenir.

L'ANNAMITE

Pendant le voyage vers Lourdes, je rêve. J'ai lu et entendu tant de choses extraordinaires sur les miracles! C'est merveilleux, je vais me tremper dans l'eau et, puisque j'ai vraiment la foi, je ressortirai sublime de beauté... Je grandirai de 10 centimètres!

Car je suis très inquiète : ai-je les qualités esthétiques suffisantes pour être comédienne? Dans le train, je confie mes doutes à M. le curé.

— Je ne suis pas très grande!

— On s'en fiche, le monde appartient aux petits...

— Je ne suis pas très jolie...

— Mais tu es jolie! Si tu veux être comédienne, n'hésite pas! Pourquoi ne ferais-tu pas aussi bien qu'une autre?

Je souris lorsque l'abbé Bel me remonte le moral : les deux personnages qui m'ont aidée sont un « curé » et une « pécheresse » de dix-huit ans renvoyée d'un pensionnat de religieuses!

Lourdes fut un vrai lieu de bonheur. J'avais un grand sentiment de liberté, mais je n'étais plus délaissée, livrée à moi-même ; l'abbé me conseillait, me guidait comme un père.

Cependant, cette liberté et ce bien-être juraient dans ce monde de drame et de misère. Comment ne pas être touchée par tant de souffrances : tous ces jeunes, ces vieux et même ces enfants dans des fauteuils roulants, sur des brancards...

Tout me fascinait : les centaines de béquilles et d'ex-voto accrochés à la grotte, les milliers de malades de toutes sortes qui se plongeaient dans la piscine, les croyants avançant à genoux sur les cailloux du chemin de croix et, partout, la même ferveur. Et, une fois encore, je me sentis l'âme mystique lorsque j'assistai, par une magnifique nuit étoilée, à la retraite aux flambeaux, dans une envolée de cantiques ininterrompue.

Après ma journée de brancardière, je retournais à l'hôtel. Souvent l'abbé Bel me disait : « Si tu veux aller au cinéma, tu le peux... » Je ne me le faisais jamais dire deux fois. A quinze ans, mon goût de la vie l'emportait sur le malheur et j'oubliais bien vite les cohortes de malades et la grotte miraculeuse. Chaque séance était le même émerveillement. Si je pouvais incarner un personnage qu'on regarde...

Je faisais confiance à l'abbé Bel, mais j'étais à l'affût du moindre renseignement qui aurait pu me permettre de savoir comment on se lançait dans cette carrière. Je ne manquais jamais d'acheter le nouveau *Cinémonde* et lisais avec passion tout ce qui concernait les vedettes. Je m'intéressais tout particulièrement au très beau Gérard Philipe pour lequel j'avais une folle admiration. Je découvrais aussi Françoise Arnoul, Jean-Claude Pascal, Philippe Lemaire et j'appris qu'ils avaient suivi les cours Bauer-Thérond.

— Peut-être pourrais-je, moi aussi, suivre ces cours? insistais-je.
— Oui, tout est possible! Nous verrons à la rentrée... dit l'abbé.
En rentrant à Paris, M. le curé me rendit à Juliette revenue d'Amérique. Je m'inquiétai de sa réaction. Qu'allait-elle dire? Dans quel lieu horrible allait-elle m'enfermer maintenant?
Après avoir lu la lettre des religieuses, Juliette me demanda en souriant :
— Bon, que t'a-t-elle fait, cette fille?
— Elle m'a caressé les seins et embrassée sur la bouche.
— Et alors? Elle a bien fait! Ah! ces sœurs, avec elles tout devient péché! Bon, écoute, ce n'est vraiment pas grave! Mon Dieu, ça ne valait pas la peine de faire tant d'histoires! Que veux-tu? Là il n'y avait que des femmes, eh bien, c'était avec une femme. Après, lorsque tu côtoieras des hommes, ce sera avec un homme. Tout ça n'a aucune importance.
Tout à coup, je regardai Juliette avec tendresse. Je lui étais reconnaissante de dédramatiser tout cela.

Les grandes vacances achevées, j'étais plus que jamais décidée à devenir comédienne, et l'abbé Bel vint plaider ma cause auprès de Juliette :
— Il faut la laisser libre de choisir! Puisqu'elle veut être comédienne, elle doit pouvoir le devenir.
— Eh bien, oui, qu'elle le devienne si c'est cela qu'elle a choisi. Très bien.
Juliette fut donc égale à elle-même : pas de complications, pas de bagarres. Si je n'étais pas un poids financier, si je ne l'encombrais pas, je pouvais tout faire...
Elle alla à Saint-Mandé chez sa sœur Hélène :
— Te serait-il possible de prêter une chambre à Yvonne? Elle est libre! Elle fait ce qu'elle veut...
Hélène, comme sa sœur Antoinette, fut merveilleuse. Elle aimait les enfants, je fus donc très bien accueillie.
Juliette avait accepté que je m'inscrive à un cours d'art dramatique. Il me suffisait de le trouver et de le payer! Il me fallait aussi trouver du travail pour subvenir à mes besoins.
Depuis mon séjour à Lourdes, j'avais fait le choix de suivre les cours Bauer-Thérond. J'hésitais longuement avant d'y entrer : comment allais-je me présenter?
J'avais beau savoir maintenant tenir tête à Juliette, j'avais beau être décidée à sortir de la voie médiocre à laquelle elle voulait me destiner, affronter seule la vie à quinze ans et demi n'était pas chose facile. Cependant, je n'avais pas le choix : personne ne ferait la démarche à ma place.

II
ENTRÉE DES ARTISTES

Je pousse la porte. La pièce est minuscule. Contre un mur, une estrade. Devant, quelques rangées de chaises où sont assis des jeunes gens. J'aperçois, debout près de l'estrade, une petite femme, cheveux bruns tirés en chignon, lunettes. Elle a un aspect sévère, rébarbatif même. Je m'approche :

— Voilà, madame, je voudrais m'inscrire... Je voudrais devenir actrice...

— Ah! bon. Connais-tu un texte, une fable?

— Je ne connais rien du tout...

— Tu veux être actrice et tu ne connais rien ? Tu te présentes et tu n'as rien appris?

— Je veux bien apprendre, mais je n'ai rien... Je n'ai pas de livre...

— Écoute, je vais te donner un texte, dit-elle en feuilletant un fascicule.

Je déchiffre : Racine.

— Tu vas apprendre ceci, me dit-elle en m'indiquant une tirade de *Bérénice*.

Huit jours plus tard, de retour au cours, j'étais terriblement impressionnée : Mon Dieu, comme je vais avoir l'air bêtasse! J'arrive de ma province... Quel culot d'être venue! Je ne pourrai pas rester, c'est certain, je suis beaucoup trop timide...

Je récitai le beau passage dans lequel Bérénice renonce à son amour pour Titus :

> *Dans un mois, dans un an, comment souffrirons-nous,*
> *Seigneur, que tant de mers me séparent de vous ?*
> *Que le jour recommence et que le jour finisse,*
> *Sans que jamais Titus puisse voir Bérénice,*
> *Sans que de tout le jour je puisse voir Titus ?*

Des larmes me montèrent aux yeux. Le malheur de Bérénice résonnait en moi d'une manière si particulière! Tant de séparations m'avaient été imposées depuis ma plus tendre enfance! Le malheur de Bérénice et le mien ne firent plus qu'un. Pour la première fois de ma vie, des larmes coulèrent sur mon visage.

Mme Bauer-Thérond m'écouta avec attention, puis elle me dit :
— Ma petite Chazelles, c'est très imparfait. Il n'y a pas de technique, tu manques de souffle, ta voix est mal placée... Mais quelle sensibilité ! Tu m'as émue et si tes gaucheries ont pu m'émouvoir, alors on arrivera à quelque chose ! Bien sûr, je te prends à mes cours... Tu auras beaucoup de travail, mais je te prends !

A la sortie, un élève s'approcha timidement de moi : il n'était pas très grand, mais il était mince, châtain, il avait un très beau visage et des yeux noisette pailletés d'or.

— Je t'ai regardée passer cette scène de *Bérénice*, tu sais, j'ai été ébloui !

Il s'appelait Yves Ridard, Yvon pour les amis.

Comme nous nous dirigions vers le métro, il me demanda où j'habitais.

— Saint-Mandé...

— Moi, à Vincennes, c'est sur la même ligne. Si tu le veux, nous pourrons faire le voyage ensemble.

Sans doute lui avais-je plu dès le premier jour. Mais je ne désirais pas d'aventure amoureuse avec lui. Il respecta ma décision, il devint mon meilleur ami.

Yvon était, comme moi, seul à Paris. Nous avions donc réuni nos solitudes et étions devenus inséparables. Après les cours, nous avions pris l'habitude de nous installer au café Saint-Georges, juste en face du théâtre. Il affirmait toujours :

— Un jour, tu verras, tu joueras toi aussi dans ce théâtre !

J'avais une passion pour les petits cafés et lorsque Yvon et moi nous nous donnions rendez-vous, nous disions toujours : « Rendez-vous dans un petit café sympa » et, invariablement, nous y prenions un café-crème. Quand nous étions riches, nous ajoutions un croissant. C'est dans ces cafés que nous récitions nos textes. Nous travaillions toujours ensemble. Ainsi, au cours, nous étions devenus des partenaires habituels. Yvon était un soutien de chaque instant. Il ne ménageait ni ses encouragements ni ses compliments. Avec lui je prenais de l'assurance.

J'apprenais mes textes sans difficultés et j'avais la chance de voir Mme Bauer-Thérond s'intéresser à mon travail. Grâce à elle, je progressais. Elle s'inquiétait aussi de la façon dont je vivais.

— Que fais-tu dans la journée ? Ne pourrais-tu pas assister à mes autres cours ? Nous y travaillons la voix.

— Mais non, je dois gagner ma vie, sinon, il me serait impossible de régler vos cours du soir.

— Personne ne t'aide donc ?
— Non...

— Eh bien, tu régleras mes cours un mois sur deux, ainsi tu garderas l'argent pour t'habiller : je te vois toujours avec la même robe !

— Je n'ai pas les moyens de m'en acheter une autre.

— Peut-être pourrais-tu faire de la figuration ?

— Oh ! oui, je veux bien !

— Seulement, si je t'envoie dans un théâtre, il faut que tu sois mieux habillée. Donc, comme je te l'ai dit, un mois sur deux, tu garderas l'argent du cours. Mais ne dis rien aux autres élèves : tu comprends bien que je ne peux faire ça pour tout le monde.

Mme Bauer-Thérond devint une amie. Elle était l'inverse de ce que m'avait laissé supposer la première entrevue. Affable, chaleureuse, elle était d'une générosité sans limite. Elle m'expliqua un jour pourquoi, tout de suite, elle avait parié sur moi : « Il est normal d'être mauvais lors d'une première audition mais, malgré ton jeune âge, tu as été capable de te servir du peu que tu avais vécu et de le transmettre avec émotion. Et puis, les imperfections peuvent devenir des qualités chez un acteur ! »

Mme Bauer-Thérond me trouva rapidement un emploi de figurante. Le soir, après le cours, j'allais au théâtre de l'Ambigu. J'étais joliment habillée en jeune fille arabe. Je portais un voile sur les seins, une jupe de voile transparent fendue sur le devant. J'entrais en scène, je déposais un plateau en disant quelques mots, restais environ une demi-heure, puis repartais avec mon plateau en disant « Merci ». Cette figuration n'était certes pas un début fracassant, mais grâce aux quelques francs que je gagnai, j'allai acheter, avec Yvon, ma première jupe aux Magasins réunis, avenue des Ternes. Comme je me trouvais un peu ronde, je la choisis noire, étroite sur les hanches puis s'évasant en godets.

Je côtoyais maintenant des acteurs, j'apprenais un métier passionnant, j'avais en Yvon un ami formidable : je commençais à trouver la vie belle.

Mais il y avait des moments très durs. Parfois, les gros titres des journaux attiraient mon attention. C'était la guerre en Indochine, et j'avais peur pour Alice. J'espérais bien que son pensionnat se trouvait en Annam, où nous étions nées, mais je n'en étais pas sûre et j'avais beau lire que les incidents se produisaient surtout au Tonkin, je n'étais pas plus rassurée. Les rares récits que je lisais ici ou là dans la presse n'évoquaient qu'embuscades et atrocités.

Yvon était sensible au drame que je vivais. Il voulut m'offrir sa famille :

— Si tu veux venir chez mes parents, tu seras la bienvenue. Chez moi, c'est très simple, mais, tu verras, c'est gai et on mange pour toute une semaine !

Les parents d'Yvon, des gens modestes, habitaient un petit pavillon au bord d'une route de campagne dans le Loiret. Son père m'accueillit avec un grand sourire :

— Eh bien, ça nous fait un enfant de plus ! Venez tous les dimanches si vous le voulez.

On avait dressé une grande table dans le petit jardin derrière la maison. Il y avait le père, la mère, Yvon, ses sept frères et sœurs, moi. Quelques voisins même s'étaient joints à nous. Tout le monde était heureux. Je compris ce qu'était le bonheur : ils étaient unis et satisfaits de ce qu'ils possédaient.

A Paris, Yvon et moi ne mangions pas grand-chose. Lorsque nous avions vraiment très faim, il me disait :

— Allons manger dans le Loiret, dimanche !

J'évitais cependant d'y aller trop souvent, car je savais que ses parents donnaient tout ce qu'ils avaient. Mais j'étais si bien accueillie que c'était une joie pour moi de m'y rendre. Jocelyne, l'une de ses sœurs, une belle brune aux yeux bleus éclatants, était juste de ma taille. Elle me proposa de choisir dans sa garde-robe. Je lui empruntais de temps à autre une robe lorsque je recevais une convocation pour un travail. J'étais en effet toujours à la recherche d'un véritable emploi.

Un jour, en consultant les petites annonces, je découvris qu'un architecte de Montparnasse recherchait une dactylo. Je me rendis aussitôt à son cabinet : il m'embaucha. Mon travail n'était ni désagréable ni compliqué : je répondais au téléphone, je tapais des lettres.

Au fil des semaines, mes rapports avec « mon » architecte changèrent : Paul était amoureux de moi. Je n'étais pas véritablement amoureuse, mais je le trouvais séduisant, et l'attention qu'il me portait était comme un cadeau merveilleux. Un jour, tout naturellement, il devint mon amant. Je n'avais aucune illusion sur la nature de notre liaison : il était marié et avait des enfants. Nos relations devaient rester secrètes, épisodiques. Mais cela me convenait : je n'avais que seize ans et, trop jalouse de mon indépendance, je ne tenais pas du tout à vivre en couple. Ma liaison avec Paul m'apportait une grande sécurité psychologique et aussi le bonheur sexuel.

En quelques mois, ma nouvelle vie, ceux qui m'entouraient et qui m'aimaient m'avaient transformée à un point tel que Juliette avait du mal à me reconnaître. Épatée, elle faisait maintenant tout pour se rapprocher de moi. Je devinais que cet intérêt nouveau n'était pas sans arrière-pensées : elle craignait plus que jamais de finir seule sa vie.

Lorsque je me sentais assez solide, je lui posais et reposais la question qui me taraudait l'esprit :

— Mais j'ai une mère! Pourquoi ne pourrais-je la retrouver? De toute façon, cela ne changerait rien pour toi. Tu es ma tutrice, nous resterions amies. Mais si j'ai une mère, je dois la retrouver!

Chaque fois, Juliette maintenait sa version des faits :

— La mère d'Alice n'est pas ta mère... Ma chérie, tu peux me croire, ta mère est morte... Vous avez le même père...

Ces discussions me perturbaient toujours : qui dit la vérité, Juliette ou Alice? Le saurais-je jamais?

Un jour, Juliette vint m'annoncer avec un grand sourire :

— Maintenant, tu vas porter le nom de ton père. Nous allons faire les démarches nécessaires.

— Tu as attendu longtemps! Pourquoi n'ai-je pas eu ce nom dans mon enfance? Pourquoi m'avoir appelée Chazelles?

— C'était un nom d'emprunt provisoire donné par ton père en attendant mon retour en Indochine. Mais ton père est mort brusquement et nous n'avons pas eu le temps de te donner son nom.

Nous allâmes à la préfecture avec mon acte de naissance. Il y était indiqué : père et mère inconnus. Je devins donc Yvonne Chazelles du Chaxel, fille d'Aimé du Chaxel. Mais ma mère restait toujours aussi « inconnue ».

Juliette connaissait mes liens avec Paul :

— C'est très bien! C'est merveilleux. Mais il ne pourra pas t'épouser, il est marié...

— Me marier? Il n'en est pas question! Je ne veux pas fonder une famille!

Ma seule et vraie famille était mon père et Alice. Mon père était mort, mais je portais désormais son nom. Ma sœur était perdue dans une Indochine en guerre, mais, grâce à l'argent que j'allais gagner en devenant actrice et grâce aux recherches du capitaine Niche, peut-être la retrouverais-je...

Le capitaine avait tenu parole : il avait déjà visité de nombreuses pensions. Mais c'était chaque fois une déception : « Je suis allé dans les pensionnats de la région de Tourane, je n'y ai pas vu de petite sœur. Mais ne perdez pas espoir. Je finirai par la découvrir, votre petite Alice! »

Après huit mois de recherches, je reçus une lettre bien décourageante : « Je désespère un peu, ma chère Yvonne, de retrouver cette petite sœur... Tout ceci me paraît terriblement compliqué, la guerre a entraîné bien des déplacements de population, des écoles sont fermées... » Mon Dieu, pourvu qu'il ne soit rien arrivé à Alice! Pourvu qu'elle ne soit pas morte! Je lisais dans le journal des histoires de bonnes sœurs massacrées, de civils enlevés, de supplices « chinois » pratiqués par le Viêt-minh et, pendant des jours, j'étais totalement désespérée.

Heureusement, d'autres lettres suivaient, plus optimistes : « Ma petite Yvonne, je pense toujours à vous, je voudrais tellement retrouver celle qui représente tout pour vous, comme vous me l'avez dit souvent... Je repars demain à l'aventure, je frapperai à d'autres portes. Un jour, j'en suis certain, je vous ferai ce cadeau... »

Une fois la lettre refermée, je me persuadais : « Mais, bien sûr, il va la retrouver ! » Je ne pouvais imaginer mon avenir sans Alice.

J'avais commencé par jouer les ingénues du théâtre classique : l'Agnès de *l'École des femmes*, la Sylvia de *la Double Inconstance*... A la fin de l'année, j'abordai les rôles d'ingénue libertine avec la Pernette des *Jours heureux*.

Comme chaque année, Mme Bauer-Thérond terminait ses cours par des auditions au théâtre de La Potinière. De nombreux assistants ou cinéastes venaient y découvrir de nouveaux talents.

Ce jour-là, le petit théâtre était plein à craquer, et pour la première fois je devais jouer devant un vrai public.

Lorsque le rideau se lève, je tremble comme une feuille. Je sais que, peut-être, je vais être remarquée, que ma carrière peut se jouer là. Le trac me paralyse pendant les trois premières phrases puis, tout d'un coup, il s'évanouit et j'éprouve un immense plaisir. La salle est devenue une sorte de grand trou noir où je ne peux rien distinguer. Pourtant la foule me paraît étonnamment proche, comme palpable. Il me semble l'entendre respirer puis retenir son souffle. Chacune de mes émotions semble trouver un écho en elle. Et quelle joie de l'entendre rire ! Ces émotions partagées me portent.

Nos auditions passées, nous nous retrouvons tous dans les loges, attendant, le cœur battant, la venue providentielle d'un directeur de théâtre ou d'un cinéaste. Après quelques minutes, un homme se présente :

— Je suis Fabien Colin, l'assistant d'Henri Decoin. Nous recherchons des jeunes filles afin de jouer le rôle de collégiennes dans un film. Pourriez-vous passer au bureau de production pour y lire une scène ? Cette scène sera jouée avec Jean Marais...

A ce nom, je sens mes jambes devenir toutes molles. Jean Marais ! Le héros de *l'Éternel Retour*, *la Belle et la Bête*, *les Parents terribles*, *Orphée*... J'ai même fait le mur, place d'Italie, pour aller l'admirer dans *les Amants de minuit* ! Fabien Colin poursuit :

— Françoise Arnoul sera la vedette féminine du film. Venez après-demain avec vos photos.

Fabien Colin parti, je me retourne vers Yvon :

— Comment faire pour avoir des photos pour après-demain ?

— Je ne vois que Photomaton...

Dès le lendemain, nous nous précipitâmes vers une cabine sur les

boulevards. Chacun à tour de rôle, nous mîmes toutes nos pièces dans la fente de l'appareil. Finalement, après bien des essais, nous eûmes trois ou quatre clichés sur lesquels j'étais à peu près mignonne. Nous découpâmes soigneusement les photos, les glissâmes dans une enveloppe. Le problème réglé, je m'inquiétai :
— Jamais je ne réussirai !
— Si tu as le trac, je t'accompagnerai. Je dirai que je suis ton frère et je resterai dans un coin.

Le lendemain, lorsque nous arrivons, de nombreuses jeunes filles attendent déjà. Fabien Colin me tend deux feuilles dactylographiées :
— Il s'agit d'un dialogue entre une collégienne et un inspecteur de police. Prends-en connaissance et lorsque je t'appellerai tu viendras le lire à Henri Decoin.

Yvon me donne la réplique, me guide. J'essaye d'apprendre le texte de manière à avoir les mots bien en bouche, mais le temps passe trop vite :
— Chazelles !

J'entre, m'approche d'Henri Decoin. Il est grand, séduisant, affable, très sympathique. Il s'adresse à Fabien Colin :
— Ah ! oui. C'est bien d'avoir ce type de jeune fille !

Je me sens alors un peu rassurée : si mes cheveux noirs, mes yeux noirs et mon teint mat lui plaisent, la moitié du chemin est déjà parcourue ! Il me demande :
— Tu as des photos ?

Je fouille dans mon sac, sors la petite enveloppe et la lui tends :
— Mais ce sont des Photomaton ! Comment ! Une future actrice ! Tu viens te présenter et tu n'as pas d'album ?
— Non, je n'ai rien...
— Ça ne va pas... Fabien, occupez-vous donc de cette petite, emmenez-la chez un photographe, je veux savoir ce qu'elle donne... Mais enfin, elle est à retenir !

Il se tourne ensuite vers moi :
— Quel est ton nom ?
— Je m'appelle Chazelles du Chaxel.
— Non, mon petit, si tu fais le rôle, il faut changer de nom, le tien est beaucoup trop long : il prendrait une ligne entière sur une affiche ! Comment pourrais-tu t'appeler ? dit-il en bougeant les papiers accumulés sur sa table.

Devant lui est posé un manuscrit sur la vie du Dr Alexis Carrel. Il lit :
— Carrel... Ça ne te dirait pas, Carrel ?... C'est joli...
— Carrel, j'aime bien.
— Et le prénom ?

— Je m'appelle Yvonne, mais j'aimerais bien m'appeler Dany.
— Dany Carrel, mais c'est très joli, ça ! Et puis si tu fais une carrière internationale, Dany Carrel se dit dans toutes les langues. Eh bien, on t'inscrit sous le nom de Dany Carrel. Maintenant, ma petite, lis-moi ta scène, Fabien te donnera la réplique.

J'ai à nouveau le trac. Mon cœur bat beaucoup trop fort. Je lis ma scène du mieux possible, mais les deux pages terminées, je suis incapable de me rendre compte de la valeur de ma prestation.

Quelques jours plus tard, coup de téléphone chez ma « tante » Hélène – c'était Fabien Colin :

— Tes photos plaisent à Henri Decoin. Tu vas venir faire un essai. Tu n'auras pas à parler mais uniquement à bouger devant la caméra, montrer tes profils. Ce sera rapide.

Accompagnée par Yvon, je me rendis aux studios de Billancourt. Là encore, une nuée de filles : des blondes, des châtains, des brunes. Mais aucune comme moi. Peut-être était-ce bon signe ?

Mon bout d'essai terminé, j'attendis que toutes les filles soient passées devant la caméra. Longtemps après, Fabien Colin m'appela :

— Tu es prise !

Je ris aux anges. Yvon était aussi joyeux que moi.

— On ne rentre pas tout de suite à Saint-Mandé, me dit-il, il faut fêter ça au champagne !

— Oui ! Un premier contrat, c'est si fabuleux ! Tu te rends compte : je vais tourner dans un film !

Nous fouillâmes dans nos poches et fîmes nos comptes : nous pouvions nous offrir une coupe. Nous entrâmes dans le premier café et trinquâmes à mon succès, à tous nos succès futurs. Je voyais déjà la salle bourrée à craquer, je voyais l'immense écran...

L'effet du champagne dissipé, je commençai à douter :

— Je ne vais pas pouvoir parler ! Ce n'est pas possible, je ne pourrai pas ouvrir la bouche devant une telle star...

Mais Yvon, comme toujours, me rassura.

J'étais donc pensionnaire dans un établissement dans lequel un crime avait été commis. Un inspecteur de police, Jean Marais, menait l'enquête et m'interrogeait. Étais-je ou non la meurtrière ?

L'avant-veille de ma scène avec lui, nous tournons dans la salle de classe. Jean Marais entre. Un vrai Apollon ! Plus de 1,80 mètre, un corps de rêve. Lorsqu'il marche, on dirait qu'il danse. Je suis très impressionnée. Il s'avance gentiment, serre la main de chaque « collégienne ». Fabien Colin lui dit :

— La petite Carrel joue après-demain avec vous et elle a le trac...

— Oh ! mais non, il ne faut pas ! dit Jean Marais en me faisant une petite caresse sur la joue du revers de la main. Il ne faut pas, ça va très bien se passer!

Pendant deux nuits, je ne dormis pas.

Lorsque vient la scène tant redoutée, lorsque Henri Decoin dit « Moteur! » et que je dois répondre à l'inspecteur, je suis si impressionnée que je bafouille.

Calmement, Jean Marais m'explique :

— Mais va, ne t'inquiète pas, nous allons recommencer, ce n'est pas du tout grave. D'ailleurs, il n'est pas mal que tu sois timide dans cette scène avec un inspecteur de police. Tu sais, ce n'est pas difficile : tu ne fais rien, tu glisses seulement le regard en coin en me répondant. Allons, on recommence...

J'écoute, médusée : jamais je n'aurais imaginé qu'une vedette de cette importance prenne le temps d'expliquer à une petite inconnue qui n'a jamais vu une caméra comment elle devait faire.

Dès la troisième prise de vue, je prends goût au jeu et use de ma timidité, de mon air un peu hermétique, mystérieux d'Eurasienne. Henri Decoin, satisfait, arrête les prises de vues en fin de journée.

— C'est bien, mon petit...

— C'est déjà terminé? Il n'y a pas d'autres scènes?

J'aurais tant voulu prolonger ces moments d'émotion! Tout a été trop vite. J'ai eu le trac, mais je n'ai plus peur de Jean Marais.

Pendant un mois, je me rendis chaque jour aux studios avec Yvon. Chaque jour était devenu un jour de fête. Quel métier magnifique : je m'amusais à jouer à la collégienne avec des filles de mon âge et, de plus, j'étais payée pour cela! Je ne gagnais pas beaucoup, mais jamais je n'avais eu autant d'argent. Dès le tournage terminé, je me précipitai dans les grands magasins. J'adorais les dessous de dentelle noire, les dessous légèrement transparents et sexy. Mon premier achat fut un ensemble gris perle. Une petite merveille. En l'achetant, je pensai aux filles qui m'avaient traitée de « vicieuse »... Mais où était le vice à vouloir plaire à Paul qui m'aimait?

Le mois de tournage du *Dortoir des grandes* terminé, je retournai tout naturellement aux cours de Mme Bauer-Thérond. J'y avais désormais un statut particulier : n'étant plus inscrite comme élève, je venais seulement pour le plaisir de parler avec mon professeur et profiter de ses conseils. Toujours à l'affût de pièces et de films qui se préparaient, elle ne cessait de m'encourager :

— On cherche une adolescente... Va donc te présenter!

Chaque fois, c'était le même trac : réussirais-je mon audition? Mais, chaque fois aussi, la même force me poussait, la même obsession : il fallait que je devienne quelqu'un! C'était mon seul moyen de retrouver Alice! Pour elle, je devais réussir! Grâce à cette volonté, je décrochai des premiers rôles au cinéma et chaque rôle obtenu me semblait un pas vers Alice.

Je décidai de trouver une chambre dans Paris. Je n'étais pas malheureuse à Saint-Mandé, au contraire, mais je désirais avoir enfin mon coin « à moi » et être tout à fait autonome.

Je m'installai rue des Pâtures, près de l'avenue de Versailles, où j'avais déniché, au septième étage d'un immeuble sans ascenseur, une chambre minuscule avec coin-cuisine. Mon seul luxe était le téléphone : il fallait que les producteurs ou les journalistes puissent me joindre facilement. Les journaux et les revues de cinéma commençaient en effet à s'intéresser à moi. Je fus fière d'avoir trois jolies photos dans *Ciné-Revue*.

Articles et entrefilets n'échappèrent pas à Juliette qui s'intéressa à moi de plus près encore. A peine eut-elle appris mon déménagement qu'elle décida, elle aussi, d'abandonner son appartement de Marseille :

— Nous allons habiter ensemble ! me dit-elle.
— Mais c'est impossible, je ne suis pas seule...

Je mentais effrontément mais n'en éprouvais aucun remords.

Juliette connaissait mon attachement à Mme Bauer-Thérond et savait que je lui rendais visite régulièrement. Elle décida donc de s'installer rue Laferrière, tout près du cours d'art dramatique pensant : « Yvonne se sentira obligée de me rendre visite puisque j'habite à deux pas... » En effet, elle ne se trompait pas.

N'avais-je pas été élevée chez les religieuses ? On m'y avait inculqué le respect de la famille. Juliette était la femme de mon père et, pour cette raison, je ne pouvais la délaisser.

Un jour, Mme Bauer-Thérond m'annonça :
— Marcel Camus cherche une adolescente pour *les Chiffonniers d'Emmaüs*, un film sur l'abbé Pierre. Tu devrais y aller...
— Mais quel rôle pourrais-je bien avoir dans un tel film ?
— Une adolescente de bidonville.

Je connaissais l'action de l'abbé Pierre en faveur des sans-logis. En ce début des années 50, la France n'était pas totalement reconstruite. Aux portes des grandes villes, des milliers de familles s'entassaient dans des tentes rapiécées, des baraques de bois et de tôle, sans eau, sans électricité.

L'hiver 1954 fut particulièrement terrible pour ceux des bidonvilles : des gosses et des vieillards moururent même de froid. L'abbé Pierre décida de réveiller les Français et lança à la radio un appel à la solidarité. L'impact fut considérable.

Incarner une adolescente de ces bidonvilles serait en somme ma façon d'agir. Mais, malgré mes quatre films, je n'étais pas très vaillante le jour où je dus me présenter. Pourtant, plus je tournais et plus je sentais que cette peur ne me déplaisait pas : j'aimais les grandes émotions, j'aimais avoir le cœur qui bat trop fort.

J'obtins le rôle. Adolescente, coiffée de deux nattes, je devins la fille de Madeleine Robinson. Nous vivions sous une tente dans un bidonville parisien. Mon « fiancé », Jean-Pierre Jaubert, vivait dans une cabane un peu plus loin. Il était beau, il avait un vélo. Je ne rêvais que de m'évader avec lui, assise sur son cadre. André Reybaz était l'abbé Pierre. Il était si ressemblant qu'on le confondait avec le vrai lorsque celui-ci venait donner des conseils.

Certaines scènes furent tournées en studio. D'autres dans les décors naturels. Nous tournâmes dans les bidonvilles et chez les chiffonniers d'Emmaüs. Voir « pour de vrai » cette misère fut une épreuve. Et pourtant je n'avais pas été élevée dans le luxe! Mais un tel dénuement, un tel délabrement et, surtout, une telle tristesse sur le visage des adultes furent pour moi insoutenables.

Je devais jouer une scène avec mon « fiancé » : montés sur son vélo, nous dévalions une pente trop rapidement et, tombés dans des poubelles l'un tout près de l'autre, nous en profitions pour nous embrasser. Mais pour moi la scène était du roman :

— Non, ce n'est pas possible! Je ne peux pas être amoureuse au milieu des poubelles! Je ne crois pas à cette scène...

— Mais si, bien sûr que si! L'amour existe même dans les taudis, même dans la zone... L'amour se fiche pas mal du décor!

Moi qui n'étais pas encore vraiment tombée amoureuse, j'étais émerveillée : l'amour, la vie, plus forts que tout!

J'aimais le tournage. J'aimais ceux qui m'entouraient. Ma « mère » m'éblouissait. On m'a dit : « Madeleine Robinson n'est pas une femme facile! Elle a ses têtes! » C'est vrai, Madeleine a du caractère, mais pour moi c'est une qualité. A-t-elle ses « têtes »? Je n'en sais rien. En tout cas, dès le premier instant, elle me plut et, gentiment, elle me prit sous son aile.

Il en était un autre qui aurait aimé me prendre sous son aile, ou plus précisément dans ses bras, Marcel Camus, le premier assistant de Robert Darène. Il avait quarante-deux ans. Il était blond, frisé, il avait de grands yeux verts. Il était séduisant, aussi, par sa façon de vivre. L'un des assistants les plus sollicités du cinéma français, il savait pourtant oublier le cinéma, chose rare dans ce milieu.

Il me faisait la cour avec une infinie discrétion. Tout se passait en demi-teinte. Il m'emmenait au théâtre, m'invitait au restaurant, me parlait de tout ce qu'il connaissait et je l'écoutais avec passion. S'il était amoureux de moi, je ne l'étais pas moins de lui. Comme j'aurais aimé me glisser dans ses bras! Pour lui résister, je me faisais violence.

J'avais dû choisir un imprésario. José Behars était un Espagnol étonnant. Beau visage, yeux noirs, tempes grisonnantes, taille moyenne, exubérant et même « tout fou », il se prit d'affection pour moi et se dépensa sans compter.

Depuis *le Dortoir des grandes*, je n'avais pas chômé : cinq films en à peine plus d'un an et deux autres en préparation. Mon seul regret était de ne pas toujours tourner dans de très bons films. Mais personne ne paierait mon loyer, personne ne m'achèterait des vêtements. C'est pourquoi, lorsque le producteur d'un film moyen disait : « Nous vous paierons un peu plus cher ! », j'acceptais le rôle... Et je tournais une série B. Mais j'étais loin de perdre mon temps : j'apprenais mon métier. Bouger devant une caméra, montrer son meilleur profil, savoir capter les meilleurs éclairages sont des expériences qui ne s'acquièrent pas en un film. Il faut tourner encore et encore pour oublier la technique et ne plus s'intéresser qu'au jeu d'acteur. Et je sentais que, de film en film, je progressais.

J'avais revu deux ou trois fois Marcel Camus. Puis il s'était lassé de m'attendre : « Après tout, c'est encore une môme... Je ne vais tout de même pas faire un détournement de mineure... » En ces années 50, où nous n'étions majeurs qu'à vingt et un ans, la société, extrêmement pudibonde, « protégeait » jalousement ses jeunes filles et condamnait sévèrement tout excès en ce domaine. Marcel ne me donna plus signe de vie. La chaleur dont il m'avait entourée pendant les trois mois de tournage me manquait beaucoup. J'avais trop aimé sa compagnie pour me résoudre à m'en passer définitivement. Et, un soir de cafard, je franchis le pas :

— Allô ! Marcel ? J'aimerais bien te voir...
— Moi aussi...

Marcel devint mon amant, et moi, la plus heureuse des femmes.

— Dany, il faut savoir refuser des films !
— Sans doute, Marcel, mais le cinéma est mon gagne-pain...
— Eh bien, fais un autre métier dans la journée. Mais attention ! il faut entrer dans le cinéma par la grande porte, sinon on végète toute sa vie.
— Alors, que faire ?
— Écoute, en ce moment René Clair tourne *les Grandes Manœuvres* avec Gérard Philipe et Michèle Morgan. Il cherche une jeune fille qui pourrait jouer le rôle d'une petite prostituée débutante. Il n'y a que deux scènes pour ce rôle. Tu as déjà joué des films en vedette. Eh bien, ça ne fait rien, va te présenter. Et si tu décroches le rôle, ce sera pour toi une véritable entrée par la grande porte. On oubliera vite tes films de série B. Repars, recommence tout ! J'ai parlé de toi à l'assistant. Il va te recevoir.

Je me rends aux studios de Boulogne. Comme toujours, Yvon est près de moi. L'assistant de René Clair m'explique :
— Il s'agit d'une scène avec Gérard Philipe.
— Mais ce n'est tout de même pas lui qui va me donner la réplique maintenant ?
— Non, mais ne vous inquiétez pas !
Il me tend alors la feuille du dialogue. Le texte est ravissant : je dois interpréter le rôle de Rose-Mousse, une toute jeune prostituée d'un petit bordel de province. Elle recoud le bouton de veste d'un client ; le client, c'est Gérard Philipe.

Tout se passe trop vite, j'ai à peine le temps de me fondre dans le personnage que je dois déjà entrer sur le plateau. Là, stupéfaction : René Clair est dans une cage de verre. Il donne des indications d'éclairage à des machinistes qui lui disent « Maître ». Il jette un rapide coup d'œil sur moi et dit négligemment :
— Bon, mon petit, dites votre scène, mon deuxième assistant va vous donner la réplique.
Le « Maître » est froid, distant, très intimidant. Je commence à lire la scène mais, tandis que je parle, il continue à diriger les techniciens sans prêter la moindre attention à ce que je dis. Je suis folle de rage. Et, d'un seul coup, au milieu d'une phrase, je m'interromps. Deux grosses larmes se mettent à couler. Le Maître sent qu'il se passe quelque chose, se tourne vers moi :
— Eh bien, que vous arrive-t-il ?
— Rien.
— Mais ce n'est pas une scène où l'on doit pleurer...
— Non, et je ne pleure pas pour cela !
— Eh bien, alors ?
— Vous ne me regardez même pas !
— Je ne vous regarde pas ?
— Non ! Et comment allez-vous pouvoir me juger si vous ne me regardez pas ?
René Clair est interloqué : on ne doit pas souvent l'interpeller de la sorte ! Il dit au chef opérateur :
— Une seconde !
Puis il s'assoit et s'adresse à moi :
— Recommencez, je ne regarde que vous !
Je relis mon texte.
— Mais, ce n'est pas mal du tout !
Il se tourne vers l'assistant :
— Nous allons lui faire faire un essai filmé... Mais je ne veux pas la garder ainsi, elle est trop typée. Il faut lui décolorer les cheveux.
On me décolora les cheveux, je devins légèrement rousse. Mon

teint se fit plus pâle grâce au maquillage. On m'habilla de plumetis. Je jouai la scène devant la caméra.

— On vous écrira, me dit l'assistant, une fois la séance terminée.

Le couperet était tombé ! « On vous écrira ! », belle façon de dire : « Mademoiselle, on ne vous prend pas ! »

Quelques jours plus tard, le téléphone sonne dans mon studio.

— Ici la production des *Grandes Manœuvres*, vous êtes retenue. M. René Clair aimerait s'entretenir avec vous.

Le René Clair que je rencontre n'a plus rien à voir avec celui de la cage de verre. Il est accueillant, aimable.

— Mon petit, tu vas jouer Rose-Mousse. Je te donne à lire le scénario complet afin que tu saches à quels moments précis vont s'insérer tes deux scènes. Toutes deux sont avec Gérard Philipe.

Gérard Philipe ! J'ai l'impression de rêver.

Je n'eus pas le temps de m'attarder à savourer ma joie. Il fallait faire les costumes. L'action se passait en 1914, je porterais corset, robe longue à décolleté pigeonnant, chignon bouclé. Je devais faire des essayages, me plonger dans le scénario...

Au premier matin du tournage, je suis tout juste prête. Matin terrible : je retrouve le trac que j'avais éprouvé lors de mon premier film. Et pourtant, comme Jean Marais, Gérard Philipe veut d'emblée me mettre à l'aise. Il voit aussitôt combien la « gamine » de dix-sept ans que je suis est impressionnée : n'est-il pas l'acteur le plus admiré, au théâtre comme au cinéma ? Gérard Philipe, c'est *Lorenzaccio*, *le Cid* et le TNP, Avignon ; c'est *le Diable au corps*, *la Chartreuse de Parme*, *Monsieur Ripois*, *le Rouge et le Noir*...

Il s'avance vers moi, me tend la main :

— Bonjour, tu vas bien ?

Sa voix chantante me transporte. Comment répondre ? Impossible de tutoyer un tel acteur :

— Oui, je vous remercie, bonjour M. Philipe...

— Ne m'appelle pas Philipe, voyons, appelle-moi Gérard !

Il est si beau, ses yeux verts sont si profonds. Il a tant de charme ! Je suis béate d'admiration. Gérard Philipe me dit :

— Viens, ça va être facile...

Le jeu de regard, l'attitude, les gestes sont pour moi fort simples puisque je ressens réellement ce que doit ressentir Rose-Mousse.

Nous ne faisions jamais plus de trois plans par jour. Là, pour la première fois, je voyais ce qu'était le tournage d'un grand metteur en scène. Rien n'était laissé au hasard. Chaque scène, qui ne durait pourtant que quelques secondes, parfois à peine plus d'une minute, nécessitait des heures de préparation.

Mon rôle était si court qu'il n'exigea que quatre jours de tournage. Dès que le dernier plan fut achevé, je me retrouvai toute triste. Mais je revins chaque jour sur le plateau. Observer Gérard Philipe ou Michèle Morgan était plus précieux que n'importe quel apprentissage dans n'importe quel cours d'art dramatique.

A me voir tellement attentive, René Clair s'intéressa à moi :

— Qu'as-tu fait avant ce tournage ? Que vas-tu faire maintenant ?

Je lui citai les films dans lesquels j'avais tourné, les bons comme les moins bons, ces films « alimentaires » que je passais généralement sous silence.

— Mais ça, il ne faut plus le faire, mon petit !

Je n'osai rien lui dire de mes problèmes personnels. Puis, au fil des jours, voyant cet homme si respecté, si redouté même, prendre la peine de m'interroger, je pris confiance :

— Il faut bien manger, il faut bien s'habiller...

— Mais comment vis-tu ? Tes parents ne t'aident pas ?

— Non, je suis seule...

Je dis deux ou trois choses de mon père, de Juliette, de ma vie à l'orphelinat. Dès lors, René Clair me conseilla, me prit en amitié, sembla vouloir me protéger.

— Est-ce que tu lis ?

— J'aime lire mais je lis les choses un peu au hasard.

— Que lis-tu ? Que lisais-tu dans ton orphelinat ?

— Je lisais Delly.

— Quelle horreur ! Il faut lire Flaubert, Balzac, Proust !

Il me fit une liste :

— Quand on se reverra, tu me diras ce que tu penses de ces livres.

Lorsqu'il me connut davantage, René Clair me confia que, lorsque je m'étais présentée pour le bout d'essai, il ne comptait pas me prendre, car je ne correspondais en rien au personnage qu'il avait imaginé. Il ne m'écoutait donc pas. Mais voyant mes larmes, il s'était interrogé : « Celle-là en veut ! Et elle a raison : je ne la regarde pas. Il est injuste de ne pas lui donner ses chances... »

Lorsque le tournage des *Grandes Manœuvres* s'acheva, il me dit :

— J'ai en projet l'adaptation du livre de René Fallet, *la Grande Ceinture*. Il y a un rôle de jeune fille et il se pourrait que je l'écrive pour toi. Ce sera prêt dans un an, mais d'ici là, je verrai ce que tu es devenue... Attends pour tourner. Tu n'es pas pressée.

— Non, bien sûr, mais je dois tout de même gagner ma vie.

— Eh bien, reprends ton ancien métier de secrétaire. Et lis, fais de l'anglais, cultive-toi !

J'avais un métier de rêve, des amours sensuelles et gaies, des amitiés chaleureuses... Pourtant toujours cette angoisse : Alice.

Depuis 1950, mon angoisse était devenue quotidienne. Chaque

jour, la guerre d'Indochine faisait des victimes. Les Français semblaient s'en désintéresser : l'Indochine était si loin ! D'ailleurs le gouvernement refusait le mot guerre : il ne parlait que de « pacification ». Il n'empêche : il y avait là-bas plus de 250 000 Français qui se battaient contre au moins 125 000 Vietnamiens ! Et moi, j'étais à la fois française et indochinoise... Et Alice, et notre famille, où étaient-elles perdues dans cette guerre ? Et ce pauvre capitaine Niche qui risquait lui aussi sa vie ?

Je pratiquais mon métier avec d'autant plus de fougue que j'avais cette permanente obsession : seule ma réussite me permettrait de retrouver Alice. J'imaginais même que si je devenais un peu connue elle verrait un jour mon nom dans un cinéma, dans une revue, et elle me contacterait...

Comme chaque soir, je monte quatre à quatre les escaliers dans l'espoir de trouver une lettre sous ma porte. En entrant, je découvre celle du capitaine Niche. Je déchire vite l'enveloppe.

> Ma petite Yvonne,
> Enfin, enfin, chère Yvonne, je vous apporte aujourd'hui le cadeau promis : Alice est retrouvée ! Je suis depuis quelques jours dans la ville de Tourane où se trouvent plusieurs écoles. Je suis allé au pensionnat du Sacré-Cœur. La religieuse que j'interrogeais m'a dit qu'Alice Chazelles était bien là. J'ai immédiatement demandé à rencontrer la mère supérieure. Je lui ai expliqué que j'étais à la recherche de votre sœur. A la minute même, elle fit appeler Alice. Je tournais le dos à la porte lorsque Alice entra : « Monsieur, vous me demandez ? »
> Dès que j'entendis sa voix, je fus certain qu'il s'agissait de votre sœur : vous avez la même intonation. Vous imaginez la joie d'Alice. Elle ne vous a pas oubliée, je vous assure ! Elle n'a plus qu'un désir, vous revoir !
> La mère supérieure favorisera la venue de votre sœur en France, elle est persuadée qu'Alice sera plus heureuse près de vous.
> Alice m'a tout de suite demandé votre adresse et compte vous écrire dès aujourd'hui.
> Je retourne demain au pensionnat afin d'organiser les démarches pour le rapatriement d'Alice. Toutefois, ne soyez pas trop impatiente, le pays n'est pas sorti de la guerre et tout cela prendra du temps...

Je lis et relis la lettre du capitaine Niche. Je ris et je pleure à la fois : cet homme-là m'aime vraiment ! Que de temps passé, que de dévouement ! Et pourtant je ne suis rien pour lui. Mon Dieu, il existe donc des gens qui peuvent vous aimer, vous faire de si merveilleux cadeaux sans contrepartie... Décidément, cette année 1954 est celle de toutes les émotions : j'ai tourné avec René Clair, et je retrouve ma sœur !

Je ne peux attendre une seconde de plus, il faut que j'écrive tout de suite à Alice. Assise sur mon lit, la lettre du capitaine Niche posée près de moi, un bloc de papier à lettres sur les genoux, je suis à nouveau avec ma sœur. Je retrouve le visage de ses douze ans et j'essaie de l'imaginer aujourd'hui : oh ! elle n'a pas dû beaucoup changer. Certainement, elle est toujours aussi timide...

> Ma petite Alice,
> Je suis folle de joie, je termine à l'instant la lettre du capitaine Niche et je n'ai pas pu attendre une minute de plus pour être avec toi. Ma lettre va être bien décousue : je n'arrive pas à rassembler mes idées d'une manière logique tant mon émotion est grande. Tant d'années passées dans l'angoisse de t'avoir perdue... Mais, maintenant, rien ne pourra nous séparer.
> Te souviens-tu comme je désirais devenir actrice ? Eh bien je le suis. Je fais du cinéma depuis près de deux ans et commence à bien gagner ma vie. J'ai un studio, je suis indépendante, libre ! Juliette n'a plus aucun pouvoir sur moi. Et d'ailleurs je me garderai bien de lui dire que je t'ai retrouvée. C'est un secret que je vais partager uniquement avec mon meilleur ami, Yvon, qui est un garçon merveilleux, un frère pour moi. Tu verras, il sera aussi le tien. Il parle de toi comme s'il te connaissait déjà...

Le lendemain, à la première heure, j'étais à la poste. Je me précipitai ensuite dans une librairie pour acheter une carte de l'Indochine : je voulais savoir où se trouvait Alice, où on se battait...

Quelle émotion lorsque sa première lettre arriva !

> Mon Yvonne,
> Enfin, je te retrouve ! Tu ne peux imaginer quel déchirement fut pour moi notre séparation ! Je te raconterai plus tard comment je t'ai adressé lettre sur lettre, comment j'ai été désespérée de n'avoir jamais aucune réponse. Aujourd'hui je veux seulement être toute à la joie de te retrouver ; nous avons tant de choses à nous dire...

Mais Alice était encore loin. Et j'avais parfois l'impression qu'une force invincible s'opposait à notre réunion. Je me décourageais : cette guerre n'allait-elle donc jamais finir ?

La « cuvette imprenable » de Diên Biên Phu était plus que jamais cernée, et je vivais dans la crainte perpétuelle.

Nous continuions à nous écrire, mais le courrier était très lent, beaucoup trop lent.

    Yvonne chérie,

    Je viens de recevoir ta lettre et veux te rassurer tout de suite : tu ne dois pas t'inquiéter pour moi, je vis dans la partie sud de l'Indochine et la guerre se déroule au Tonkin, du côté de Haiphong et de Hanoi. La vie ici semble normale, même si de nombreuses familles sont en deuil. Je suis institutrice et j'enseigne le français à l'école du Sacré-Cœur où je vivais déjà avant ma venue à Marseille. J'ai une « chambre de jeune fille » que je partage avec une amie, institutrice elle aussi. Je suis très libre, gagne bien ma vie.

    Je suis très heureuse de savoir que tu es maintenant totalement indépendante. Figure-toi que, lorsque j'ai appris du capitaine Niche que tu me recherchais, j'ai immédiatement pensé : « Juju est sans doute morte... » Car j'ai toujours été persuadée qu'elle était le seul obstacle à notre réunion. Et je ne lui pardonnerai jamais !

    Je suppose qu'elle t'a menti à propos de mon départ. Ce fut une véritable expulsion. Elle m'a annoncé le matin même, juste après ton départ pour le collège : « Prépare toutes tes affaires, tu pars en vacances. » Ma valise bouclée, un couple de l'Assistance publique que j'avais connu en Indochine est venu me chercher rue Sainte et nous sommes montés tous trois sur un paquebot. J'ai alors eu très peur. Je me souviens encore mot à mot de notre discussion : « Où va-t-on ? – Nous retournons en Indochine. – Pourquoi dois-je partir ? – Mme du Chaxel, très malade, ne peut prendre en charge deux enfants qui lui donnent du souci. – Mais alors, pourquoi ne nous a-t-elle pas mises toutes les deux en pension ? On aurait été heureuses. – Précisément, vous ne vous entendez pas du tout ! Mme du Chaxel nous a dit combien tu étais jalouse de ta demi-sœur ! – Ce n'est pas vrai ! Nous nous entendons très bien ! »

    Évidemment ils ne m'ont pas crue. J'ai immédiatement compris que tout ce que je pourrais dire ne servirait à rien. Tout était préparé de longue date. A chaque escale je t'ai envoyé une carte postale : de Port Saïd, de Djibouti, de Colombo... Je n'ai pas cessé de t'écrire !

    Me souvenant des affirmations de Juliette, j'ai pensé qu'elle avait dû te monter la tête, t'expliquant : « Ce n'est pas ta sœur ! C'est pour cela que je l'ai renvoyée en Indochine ! » J'ai interrogé notre vraie mère qui m'a confirmé qu'évidemment nous étions toutes les deux ses filles.

Au bout d'un an, ne recevant jamais la moindre lettre de toi j'ai supposé que tu m'avais oubliée et que je ne te reverrais plus. Il était donc inutile de continuer à t'écrire et à espérer une réponse...

J'ai hâte de te revoir !

Le 8 mai, les journaux annoncèrent : « Diên Biên Phu est tombé. » Cependant, les combats ne cessèrent pas, et la conférence qui devait s'ouvrir à Genève fut retardée.

Le 21 juillet, enfin, les manchettes des journaux furent pour moi autant de cris de joie. Tout au long de la journée, les titres se succédèrent, annonçant une issue toujours plus proche. Le lendemain, le cessez-le-feu était signé et, deux jours plus tard, les combats s'arrêtaient. La guerre était finie ! Plus rien désormais ne pouvait s'opposer au retour d'Alice.

Quelques mois plus tard, je reçus un appel du capitaine Niche rentré à Paris. Nous nous donnâmes aussitôt rendez-vous pour dîner. Soirée merveilleuse. Le capitaine, charmant, et moi, si heureuse d'évoquer avec lui Alice, l'Indochine. Cependant, je n'avais pas oublié ma « promesse » de Marseille :

« Si je retrouve Alice, que me donneras-tu ?

— Tout ! Je vous donnerai tout, car Alice est tout pour moi ! »

Une fillette de quatorze ans maîtrise-t-elle totalement ses paroles ? Ma réponse spontanée avait-elle dépassé ma pensée ? Peut-être... Pourtant, il me semble qu'au fond de moi je savais très bien à quoi je m'engageais. Je savais que le capitaine avait un petit faible pour moi, et ma réponse n'était sans doute pas innocente.

A la fin du repas, il posa sa main sur la mienne :

— Si tu veux, je te raccompagne...

Je pensai : « Il songe à ma "dette"... Que dois-je faire ? » Je le regardai. Il était séduisant, courtois. Il avait retrouvé Alice... Rien ne l'avait obligé à le faire... Je pris sa main, à la fois reconnaissante et séduite.

Nous montâmes dans mon studio. Nous parlâmes comme au temps de Marseille lorsqu'il m'emmenait à un match de foot... Plus tard dans la soirée, il déboutonna mon chemisier et se fit plus tendre. Mais avait-il secrètement trop désiré cet instant ? Ou bien préféra-t-il, au dernier moment, refuser cette « dette » ? Je ne fus pas sa maîtresse.

Il partit en province. Il se maria. Je ne le revis pas. Je garde de lui un tendre souvenir et je lui voue une immense reconnaissance.

Comme l'avait prédit René Clair, mes deux scènes avec Gérard Philipe me portèrent bonheur. Un assistant d'Henri Verneuil vit le film et me convoqua pour une audition. Je n'aurais qu'un rôle secondaire, mais le film, *Des gens sans importance*, avait pour vedettes Jean Gabin et Françoise Arnoul.

Comme lors des *Grandes Manœuvres*, le film avait déjà commencé lorsque j'obtins le rôle et j'arrivai sur le plateau au moment où Henri Verneuil réglait une scène de bal. Gabin dansait. L'après-midi, il devait jouer avec moi la scène suivante.

La prise de vues terminée, l'assistant me présenta à Gabin :
— Voici Dany Carrel qui joue le rôle de votre fille.
— Oui ! Bonjour ! me dit-il en bougonnant, l'œil méchant, l'air renfrogné.

Et il partit aussitôt.

Jamais aucun acteur, même le plus difficile, ne m'avait traitée de la sorte. Vraiment, quel ogre, ce Gabin ! Il doit bien se douter qu'une fille de mon âge ne peut qu'être impressionnée de travailler avec lui !... Je m'imaginais que, peut-être, il avait vu mes essais et qu'il n'avait pas aimé ma façon de jouer... Je passais en revue tous les motifs susceptibles de justifier une telle attitude. Mais jamais je n'aurais pu imaginer qu'il fût mufle à ce point !

C'est dans cet esprit que je m'apprêtais à jouer la scène. Mon « père » routier, et moi, Jacqueline, étions attablés dans la cuisine. Et, tandis que je mangeais des œufs au plat, je lui parlais avec insolence, car j'avais compris qu'il trompait ma « mère », Yvette Étiévant, avec une jeune femme, Françoise Arnoul.

La scène étant constituée presque exclusivement d'un gros plan sur moi, l'assistant avait pensé faire ce que l'on fait d'ordinaire au cinéma : tandis qu'on me filmerait, quelqu'un mettrait sa main en face de moi et je la regarderais comme s'il s'agissait du visage de Gabin. Mais lui avait dit à l'assistant, avant de sortir du plateau :
— Dis donc, pour la réplique de la môme, tu viens me chercher !
— Mais, monsieur Gabin, nous mettrons la main.
— Non, pas la main ! Mon œil ! Tu viens me chercher !

Nous tournons. Jean Gabin est donc assis là, en face de moi. Depuis le matin, j'ai accumulé tant de haine que mes yeux doivent lancer des étincelles. Lui, lèvres serrées, me regarde de son œil bleu, glacé et dur comme l'acier. Il a le même regard que si la caméra était braquée sur lui. Je suis si furieuse que je ne fais pas attention au jaune d'œuf qui coule sur mon menton, et je jette mes mots au visage de mon « père » avec une insolence terrifiante.

Verneuil dit :
— Coupez, elle a du jaune qui coule !
Gabin répond :

— Non, continuons! Du jaune qui coule? Et alors? C'est la vérité!
Et nous continuons la scène. Et Gabin, l'œil mauvais, me regarde toujours sans ciller. Et moi je n'ai rien perdu de ma rage. J'en veux à Gabin, j'en veux à ce père qui trompe ma mère.
La scène terminée, Gabin ne dit rien. Nous nous levons. Je compte bien tourner les talons aussitôt. Mais Gabin s'avance vers moi, met son poing sur mon estomac et me dit :
— Dis donc, la môme, il y en a là-dedans!
Quel compliment! J'en reste muette.
Nous avons une autre scène à tourner. Je suis si effrontée avec mon père qu'il n'y tient plus, me donne une gifle pour me faire taire en me traitant de « Miss Camembert ». C'est le surnom que, dans le film, me donnent parfois mon père et ma mère : pour gagner trois sous, je pose en effet pour des réclames, et notamment pour une marque de camembert.
Tandis que nous nous préparons, Gabin m'explique :
— Tu me mets bien la joue, la môme, hein! Ne t'inquiète pas, de toute façon tu ne seras pas baffée, on doublera après avec un bifteck. Je fais semblant, alors n'aie pas peur, hein!
— Bien, monsieur Gabin.
Je joue ma scène : je viens de trouver une lettre de la maîtresse de mon père et la lis. Mon père ouvre la porte, me surprend. Contre toute attente, Gabin me gifle réellement. Je n'ai rien senti, mais une larme coule sur ma joue.
La scène achevée, Gabin dit :
— On ne recommence pas cette scène! Elle ne serait pas meilleure!
Un peu plus tard, j'appris qu'en mon absence il avait tout réglé dans le moindre détail : « Le son? La photo? Tout est impeccable? Je veux gifler la môme, mais une seule fois! »
Tourner avec de tels acteurs, quelle leçon! Je me suis toujours interrogée sur la façon dont Gabin m'avait accueillie lors de notre première rencontre. Avait-il eu cette attitude pour m'aider à jouer? Je n'ai jamais osé l'interroger. Mais, pour lui, la qualité d'un film passait à travers tous les rôles, sans exception.
— Ce gros plan-là, il n'est pas pour moi! Faites un gros plan sur la môme!
— Mais, monsieur Gabin, c'est vous qui parlez!
— Et alors? Sa façon d'écouter en dit plus long que mon visage!

Une année ne s'était pas encore écoulée lorsque René Clair me téléphona :
— J'ai besoin de te voir.

Je ne savais pas ce qu'il voulait me dire. Avait-il ou non le rôle dont il m'avait parlé ? J'entre dans son bureau, à la fois pleine d'espoir et un peu inquiète.

— Voilà, me dit-il, je vais tourner un film qui s'appelle *Porte des Lilas*. Il y a quatre rôles d'égale importance. Les acteurs sont Pierre Brasseur, Georges Brassens, Henri Vidal. Le rôle de la jeune fille est pour toi. C'est un premier rôle. Là, mon petit, tu dois te hisser à la hauteur des trois autres ! Je vais te dire quels sont tes défauts : tu as les joues trop rondes.

— Oui, mais à mon âge…

— Non, ce n'est pas une question d'âge, c'est une question de morphologie : tu garderas les joues rondes toute ta vie. D'autre part, tu portes les cheveux longs, ce qui t'engonce : il faut dégager ton cou. Je veux que, dans ce film, tu aies une silhouette de titi des faubourgs, très appétissante, le sein rebondi dans un pull-over moulant. Je veux que tu aies l'air moitié femme, moitié garçonnet.

Dès lors, je me rendis chaque jour dans un institut rue du Faubourg-Saint-Honoré. On m'appliquait une crème sur les joues, on m'introduisait la tête dans une sorte de sèche-cheveux de coiffeur. Plongé dans l'air chaud pendant une heure, mon visage ruisselait de sueur. A mon grand étonnement, mes joues, en effet, se creusèrent.

René Clair me fit couper les cheveux, puis nous fîmes des essais : face, trois quarts gauche, profil gauche, trois quarts droit…

— Non, ça ne va pas !

Il ordonna une autre coupe. Lorsque mes cheveux n'eurent plus que quelques centimètres de long, il avait trouvé « ma tête ». Il m'expliqua alors quels étaient mes bons angles et ajouta :

— Souviens-toi, ton trois quarts droit est européen, ton trois quarts gauche, eurasien.

Au bout de trois mois, les personnages étaient créés, les décors terminés, les éclairages réglés, les objectifs choisis. Nous pouvions commencer le tournage.

Pierre Brasseur, bel homme, élégant, arrivait le matin aux studios dans un complet strict. Deux heures plus tard, le nez et les joues bourrés de coton, le teint légèrement rougi, il était devenu Juju le clochard. Attitude, geste, voix, trogne d'ivrogne. Et sa façon de me regarder, moi Maria, jeune titi des faubourgs au pull noir, n'était plus la même.

Quant à Brassens, l'« Artiste », il me faisait beaucoup rire. Tout le contraire de Brasseur ! Il ne supportait aucune des contraintes du cinéma. René Clair, avec une infinie patience, tentait d'obtenir de lui un minimum de coopération :

— Georges, s'il vous plaît, asseyez-vous ici. Vous prenez votre guitare et vous jouez mais levez un peu la tête…

Georges s'installait sur sa chaise, baissait le nez sur sa guitare. Le chef opérateur intervenait avec précaution :
— Georges, s'il vous plaît, pouvez-vous lever un tout petit peu la tête ?
— Pourquoi ? Moi, je regarde ma guitare quand je joue !
— Parce que, cette lumière, là, est pour vous et votre visage doit être éclairé...
— Mais je m'en fous, de la lumière...
Visiblement, Brassens n'était pas fait pour le cinéma !
Chaque soir, je racontais ma journée à Yvon. Car sa grande passion était toujours le théâtre et le cinéma. Il avait pourtant renoncé à sa carrière d'acteur en raison de ses difficultés à trouver des rôles. Maîtrisant parfaitement l'anglais, il était devenu traducteur dans une société américaine, rue Marbeuf. Le soir, après mes tournages, nous nous donnions rendez-vous dans le café situé juste en face de sa société, et, comme au temps du cours Bauer-Thérond, il me faisait répéter mes textes.

Yvon et moi étions tous deux des admirateurs de Brassens. Assis en face de lui, nous l'écoutions jouer, fredonner. Nous étions dans le plus grand ravissement.
— Allez, Georges, encore une chanson...
Il reprenait sa guitare sans se faire prier. Ainsi, au cours de ce tournage, naquirent devant nous *Au bois de mon cœur* et *l'Amandier*. C'était dans sa loge qu'il était le plus heureux. Quand il cherchait, composait, il rayonnait de joie. Lorsque nous entendions l'assistant appeler :
— Monsieur Brassens, Carrel, en place !
Georges grognait :
— Oh ! merde ! Je vais encore aller faire le con !

Yvon, passionné par le tournage, passionné par Brassens, venait au studio chaque fois qu'il était libre. Il me raccompagnait rue des Pâtures et nous parlions d'Alice. Les postes fonctionnaient désormais normalement. Les transports aériens étaient rétablis. J'avais aussitôt envoyé un billet d'avion.

Plus la date du retour d'Alice approchait, plus j'étais fébrile :
— Yvon, comment vais-je faire ? Je tourne toute la journée, il me sera impossible d'aller la chercher à l'aéroport.
— Ne t'inquiète pas, je m'occupe de tout. Je me libérerai et j'irai la chercher.
— Mais tu ne la connais pas ! Il faut lui écrire et lui demander comment elle sera habillée.

Alice m'avait répondu : « Je porterai une veste rouge. »
Le jour de son arrivée, je prépare un bon dîner. J'ai même prévu du champagne. Puis je file aux studios, excitée comme jamais. Ce

soir Alice sera là, près de moi! Nous avons gagné! Je me suis bien gardée de parler de sa venue à Juliette. D'ailleurs, elle ignore même que je l'ai retrouvée.
 Aujourd'hui rien ne marche sur le plateau. Impossible d'entrer dans le personnage de Maria. Je ne cesse de regarder l'horloge : l'avion arrive. Il se pose sur la piste. Alice descend. Elle attend sa valise. Yvon attend dans le hall. Alice entre. Sa veste rouge... Yvon l'aperçoit. Il s'avance. Alice le regarde...
 Tout se déroule comme dans un film. Plusieurs fois, déjà, j'ai refait le scénario, pensant que, peut-être, l'horloge avance.
 — Mon petit! Tu n'es pas à ce que tu fais aujourd'hui. Il y a quelque chose... Ça ne va pas? demande René Clair.
 — Si, si! Je vais très bien...
 A nouveau je prends sur moi. Je réintègre la petite Maria. Dédoublement incessant. J'en ai mal à la tête. Sorte de vertige. Puis Maria s'échappe à nouveau : ils montent les sept étages, ils arrivent au studio. Mon Dieu, pourvu qu'Alice ne soit pas trop déçue!... Plus je songe à ce studio, plus je le trouve minuscule.
 La journée se traîne lamentablement. C'est la première fois que j'ai hâte de quitter le plateau. Je ne pense qu'à mon arrivée rue des Pâtures : saurons-nous nous retrouver?

 J'ouvre la porte, elle s'avance vers moi, sans un mot. Nous nous jetons dans les bras l'une de l'autre. Je suis émue. Nous avons des larmes plein les yeux. Nous sommes follement heureuses.
 Yvon a débouché une bouteille de champagne. Puis nous passons à table. Alice ne dit pas un mot. Yeux baissés sur son assiette, elle esquisse seulement un sourire lorsque je lui demande :
 — Ça va? Tu aimes?
 Alors seulement je peux croiser un instant son regard. Toute la soirée, je l'observe du coin de l'œil, quêtant la moindre expression sur son visage. Je n'y lis que de l'inquiétude, la même qu'elle pourrait lire sur mon propre visage si elle osait me regarder. J'ai préparé cette fête depuis tant de mois...
 Je comprends évidemment la raison de sa réserve, de son mutisme. Lorsque nous nous sommes connues, elle avait douze ans et venait de quitter avec joie un pensionnat. Elle en a maintenant dix-huit, elle a fait sa vie en Indochine et y était heureuse.
 Yvon devine ce que je ressens et, avec toute l'intelligence de cœur dont il est capable, installe une discrète gaieté.
 — N'aie aucune inquiétude! Alice est heureuse d'être de nouveau près de toi.
 Hélas! le mutisme d'Alice se prolongea pendant des jours et des semaines! Et, parfois, ses yeux se brouillaient de larmes.

Je ne comprenais plus. Dans les lettres qu'elle m'avait envoyées, elle me parlait abondamment d'elle et de moi... et maintenant, plus rien. Je dis mon angoisse à Yvon :
— Crois-tu qu'elle soit heureuse en France ?
— Mais, rends-toi compte : quitter ses amies, sa vie, son métier... Bien sûr, il est normal qu'elle soit déboussolée.
— Oui, mais enfin, ces larmes...
— Ne t'inquiète pas ! Même si avoir laissé ses amies est un déchirement pour elle, elle ne regrette pas d'être ici.
— Alors, aide-moi, il faut la sortir de sa tristesse !
Je savais que je pouvais compter sur Yvon. Il était si chaleureux, si prévenant ! Bientôt Alice se sentit plus libre et osa lui dire : « Je pense quelquefois à l'Indochine... » Je savais désormais qu'il était inutile de lui poser des questions. Je m'asseyais simplement près d'elle et lui prenais la main.

Yvon et moi pensions qu'une occupation lui permettrait d'oublier un peu. Nous lui trouvâmes un travail de secrétariat chez un avoué. Dans l'immédiat, il allait lui permettre de se stabiliser et de se sentir financièrement indépendante.

Alice travailla, mais ne fut guère plus gaie. Avec Yvon, j'organisai des sorties. Nous tenions à lui montrer tous les bons côtés de la vie parisienne : nos « petits cafés », nos restaurants. Il y avait aussi nos balades. Lorsque je ne tournais pas, nous nous installions tous trois dans ma vieille voiture et direction Deauville pour deux jours. Pas le Deauville du casino, des grands hôtels. Non, notre Deauville, c'était dormir dans ma voiture ou sur le sable et, au petit matin, lorsque le soleil commençait à poindre, courir dans les vagues puis nous réchauffer d'un bon café au lait.

Lorsque *Des gens sans importance* fut à l'affiche, j'emmenai Alice au Marignan sur les Champs-Élysées. Au moment où Miss Camembert reçoit sa gifle, un homme assis derrière moi s'écria :
— Oh ! ben, celle-là, elle l'a pas volée ! Quelle garce !
Je me penchai vers Alice et lui dis tout bas :
— Nous sortirons avant la fin de la projection. Je mettrai mon foulard sur la tête pour ne pas être reconnue sinon je risque de recevoir des tomates !
Avant que les lumières ne se fussent rallumées, nous étions déjà sur le trottoir :
— Tu te rends compte, Alice, comme les gens croient ce qu'ils voient ! Il ne faudrait pas que je joue trop de rôles antipathiques, sinon je ne pourrai plus sortir dans la rue...
Cependant j'éprouvais une petite fierté car, si les spectateurs croyaient à ce point à mon personnage, c'était que, peut-être, je ne l'avais pas trop raté...

Le tournage de *Porte des Lilas* continuait à être un enchantement. Personnage distant, intouchable, détestable même pour certains, René Clair était avec moi d'une bienveillance toute paternelle. Je pouvais lui parler de moi, de ma famille, et je lui confiai pourquoi un jour, sur le plateau, j'avais été si distraite.

Il continuait aussi mon éducation littéraire, m'interrogeant sur les ouvrages qu'il m'avait conseillés.

Il fut aussi l'initiateur de ma carrière. Et pourtant ma rencontre avec lui n'avait tenu qu'à deux grosses larmes. Sans elles, peut-être n'aurais-je jamais connu ce moment magique du cinéma français : les grands studios et leurs décors, leurs bars, leurs loges... Temps béni du cinéma où le temps, précisément, n'était pas compté. Le metteur en scène exigeait alors beaucoup des acteurs, mais les acteurs en retour étaient choyés comme jamais plus ils ne le furent. Et moi, « la môme » de vingt ans, je rêvais les yeux grands ouverts.

Porte des Lilas à peine achevé, plusieurs metteurs en scène se mirent à me solliciter. Mais je désirais surtout, après les conseils de Marcel Camus, continuer dans la voie royale ouverte par René Clair. Début 1957, Julien Duvivier commença à tourner *Pot-Bouille*, inspiré de Zola. L'affiche était remarquable : Gérard Philipe, Danielle Darrieux, Anouk Aimée, Jacques Duby. Duvivier cherchait encore le rôle féminin principal, Berthe Josserand, la petite jeune fille gauche et timide qui se transforme peu à peu en femme aguicheuse.

José Behars, qui avait la solide réputation de ne jamais lâcher prise, fit donc le siège de Julien Duvivier :

— Ma p'tite Carrel peut jouer Berthe Josserand !

— Mais non, la petite Carrel n'est pas le personnage !

Behars ne s'avoua pas vaincu. Il demanda une autre entrevue. Cette fois, il avait des photos qu'il présenta fièrement :

— Regardez ma p'tite Carrel, c'est exactement le personnage !

— Mais non, voyons, dit Duvivier sèchement, ce n'est pas du tout ça ! Je cherche une blonde au teint laiteux et aux yeux bleus !

Plusieurs semaines plus tard, René Clair rencontrait Duvivier lors d'une soirée et l'invitait à une projection privée de *Porte des Lilas*. Après cette projection, Duvivier me fit appeler.

En entrant dans son bureau, je suis sans illusion. Duvivier, yeux malicieux et intelligents derrière ses petites lunettes, un soupçon d'ironie au coin des lèvres, m'observe. Je vais droit au but :

— Je viens, puisque vous m'avez convoquée, mais je sais que vous ne me voulez pas !

— Mais enfin, mon petit, si je vous fais venir, ce n'est tout de même pas parce que je ne vous veux pas ! Je vous ai vue dans *Porte des Lilas*, j'avoue que vous m'avez plu.

— Ah! bon? dis-je en ouvrant de grands yeux, alors vous croyez que je pourrais...
— Écoutez, nous sommes à deux semaines du tournage, je n'ai trouvé aucune actrice qui me convienne. Je réfléchis encore deux ou trois jours et je vous donne ma réponse. Mais je voulais vous voir... Pourrez-vous éclaircir vos cheveux?
— Bien sûr! Je ferai tout ce qu'il faudra, mais pour les yeux, je ne pourrai rien!
— Oui, c'est vrai, vous êtes tout de même un peu typée...
Behars, ravi de mon entretien, se précipita sur le téléphone :
— Monsieur René Clair? Ma p'tite Carrel est sur un coup mais on la veut et on ne la veut pas... Il faudrait l'aider un peu.
Aussitôt René Clair intervint. Gérard Philipe qui, lui aussi, avait vu *Porte des Lilas* en projection privée, appuya ma candidature. Il fit plus. Lui seul devait figurer au-dessus du titre. Il demanda que son contrat, déjà signé, fût modifié. Il dit à Duvivier :
— Et vous faites passer Dany Carrel au-dessus du titre! *Porte des Lilas* sortira avant *Pot-Bouille* et, dans ce film, elle est au-dessus du titre. Aucune raison, donc, pour la laisser sous le titre!
Gérard Philipe me fit là un cadeau magnifique : me placer à côté de lui sur une affiche, c'était faire rejaillir sur moi un peu de sa gloire qui était immense.
Ce soir-là, je décidai de fêter mon nouveau contrat avec Alice et Yvon. Au champagne, bien sûr. Je décidai aussi qu'il était temps qu'Alice quitte définitivement son travail chez l'avoué.
— Mes contrats sont maintenant suffisants pour nous permettre de vivre décemment. Une secrétaire m'est nécessaire. Donc, si tu le veux bien, tu quittes ton bureau sombre et nous faisons tout ensemble... Et puisque tu travailles pour moi, nous partageons ce que je gagne, tu es d'accord?
— Bien sûr, je suis d'accord...

La présentation de *Porte des Lilas*, à Cannes, sa sortie prochaine sur les écrans me propulsèrent au premier rang. Revues et journaux s'intéressèrent beaucoup à moi et tous notèrent ma transformation. Cheveux courts auburn, joues creusées, silhouette amincie, je devais ma métamorphose à René Clair qui avait fait de moi une jeune femme plus moderne, et même d'apparence encore plus jeune.
Le soir de la projection, j'arrivai au palais des Festivals en compagnie de René Clair et d'Henri Vidal. Ce fut la cohue habituelle. Et je songeai qu'il y avait quelques années à peine, quatre ou cinq ans, pas plus, je regardais moi-même dans les revues ces vedettes montant le fameux escalier...
Passant de *Porte des Lilas* à *Pot-Bouille*, je quittai l'époque

Les Chiffonniers d'Emmaüs, *premier film sur l'abbé Pierre, dans lequel Dany Carrel et Jean-Pierre Jaubert incarnent deux adolescents de bidonville (Robert Darène, 1954).*

Adolescente encore, mais ici paysanne, elle tourne dans les Possédées *aux côtés du très sensuel Raf Vallone (Charles Brabant, 1955).*

Un acteur à la séduction naturelle qui en éclipsa bien d'autres aux yeux de Dany Carrel : Gérard Philipe dont elle partagea le lit pendant toute une semaine sur le plateau de Pot-Bouille *(Julien Duvivier, 1957).*

En 1962, recommandée
par Georges Herbert, à droite,
l'actrice aborde le théâtre
avec l'Idiote de Marcel Achard,
pièce mise en scène
par Jean Le Poulain.

L'ayant remarquée
lors d'une tournée
de l'Idiote, Albert Husson
modèle pour elle
le personnage féminin
du Système Fabrizzi
qu'elle crée à Paris
en 1963 avec Sacha Pitoëff
et sa troupe,
au Théâtre Moderne.

Jouer un titi
des faubourgs dans
Porte des Lilas,
un rôle, qui vous met
à égalité avec
Pierre Brasseur
(Juju le clochard),
Georges Brassens et
Henri Vidal, méritait
bien quelques sacrifices.
Dany Carrel y laissa
ses joues rondes
et ses longs cheveux
(René Clair, 1957).

moderne pour revenir aux années 1880 : chignon bouclé et robes longues. Mais alors que René Clair, très pudique, ne m'avait jamais dévoilée, ni dans le rôle de la jeune fille amoureuse de *Porte des Lilas* ni même dans celui de la prostituée débutante des *Grandes Manœuvres*, Duvivier, lui, n'hésita pas à me déshabiller, et à me faire évoluer plus ou moins dévêtue lorsque le rôle le demandait. Cela ne me gênait absolument pas. J'étais convaincue qu'un corps dévêtu n'est pas indécent.

Ce fut peut-être une sorte de revanche sur l'enfance et l'adolescence où tout ce qui concernait le corps n'était que péché. Ah! si les sœurs pouvaient me voir!

Revanche aussi sur Jeanne, Juliette et tous ceux qui avaient fustigé l'Annamite. Cela, je le devais aux hommes. Si je rencontrais du succès auprès d'eux, c'était précisément parce que j'étais « sang mêlé ». Ils aimaient mon côté « Soleil levant », ce côté « nu » des Asiatiques qui leur faisait croire que je n'étais qu'une petite adolescente alors que j'avais déjà vingt et un ans. Et je me glorifiais maintenant de ma double race.

Je ne parvenais pas à me livrer facilement, même à mes amis très chers. Je cachais mes sentiments, même aux hommes que j'aimais. Aucun journaliste ne pouvait faire ses « choux gras » des récits de ma vie privée parce que je la gardais totalement secrète. Mais mon corps, lui, n'avait pas besoin de voiles, et me voir en bikini sur un écran ou dans un journal ne me gênait pas.

En ces années 50, très peu de femmes posaient seins nus devant les caméras, mais lorsque Julien Duvivier me le demanda, je lui fis totalement confiance. Et cela ne me coûta aucun effort, même et surtout devant Gérard Philipe.

Certaines scènes de *Pot-Bouille* étaient de tels moments de bonheur que je désirais qu'elles se poursuivissent éternellement. J'étais dans un lit avec Gérard Philipe, les seins nus, je posais la tête sur son épaule. Il me tenait dans ses bras. C'était pour moi l'enchantement. Bien sûr, j'étais sous les sunlights, entourée de dizaines de techniciens, mais je vivais ce moment comme je l'aurais vécu dans la vie : émotion, fascination, délices... Car, secrètement, j'étais amoureuse de Gérard Philipe et je pouvais croire, sur le moment, cette attirance réciproque... La scène terminée, je n'osais bouger tant j'étais bien... Je ne me faisais pourtant aucune illusion : Gérard Philipe jouait!

Pendant plusieurs mois, fin 1957 et début 1958, je fus en vedette à l'affiche avec *Porte des Lilas* et *Pot-Bouille*. Deux énormes succès. La multiplication des articles sur moi dans la presse entraîna une floraison de lettres d'admirateurs. Alice, mon indispensable et très exceptionnelle secrétaire, répondait.

Je reçus un jour une lettre de sœur Marie, celle qui avait été mon soutien, mon rayon de soleil à l'orphelinat. Peu après mon départ, elle était allée soigner des malades en Afrique. Puis elle avait quitté la cornette : « Mon cœur était trop tendre et ceux qui m'entouraient l'avaient trop dur », ajoutait-elle. Maintenant elle était mariée et désirait me revoir. Je lui donnai rendez-vous.

Une petite femme, cheveux tirés en arrière par un chignon, s'assit en face de moi. J'avais le souvenir d'un visage angélique sous la cornette. Je ne retrouvais pas ce visage. Face à cette femme, je compris qu'elle avait simplement tenté d'être un peu tendre et compatissante avec une enfant plus meurtrie que les autres.

Aujourd'hui je préfère garder en mémoire la sœur de l'orphelinat. Je la revois à travers les yeux de l'enfant que j'étais. Et l'enfant avait le sentiment d'être aimée. Et l'enfant, grâce à cela, a pu survivre. L'entrevue avec sœur Marie m'avait fait comprendre qu'il vaut mieux ne jamais toucher aux souvenirs.

L'Indochine se fit peu à peu floue, puis lointaine pour Alice. Elle put alors me parler de sa vie là-bas, mais sa timidité à mon égard fut longue à se dissiper. Pendant plus d'un an, je dus être patiente, attentive à ne pas l'effaroucher. Un jour, j'osai enfin aborder la question qui me tenait le plus à cœur :

— Tu es certaine que ta mère indochinoise est aussi la mienne ?

— Mais évidemment ! Tu te souviens des photos que nous avions regardées en cachette à Marseille ? Maman m'en a donné quelques-unes.

Alice sortit d'une enveloppe cinq ou six photos. Je fus très émue de retrouver les visages de mon père et de ma mère entrevus jadis si fugitivement à Marseille, et les deux bébés que nous étions.

— Notre vraie mère t'a parlé de nous, de notre vie avec elle ?

— Oui, elle m'a raconté la vie que nous menions en Indochine. Elle m'a dit que papa et Juliette étaient mariés mais que Juliette ne supportait pas de vivre en Indochine. Papa, pendant l'une des longues absences de Juliette, tomba amoureux de Kam, notre mère. Ils eurent deux enfants, toi et moi. Papa était en admiration devant nous et nous appelait ses « petites perles », ses « petites fleurs ». Papa et maman étaient vraiment très heureux. Lorsque Juliette revint, papa lui dit qu'il voulait nous adopter. Il lui dit aussi que nous serions élevées par notre mère. Juliette accepta tout. Dès notre naissance, il nous avait acheté à chacune une villa.

— Nous avions une villa ?

— Oui, je les ai vues, deux magnifiques villas.

— Pourquoi Juliette ne m'en a-t-elle jamais parlé ?

— Elle les a peut-être vendues...

Notre mère s'était mariée avec un Indochinois fort cultivé qui parlait parfaitement le français. Ils avaient deux garçons.

Après ces conversations, j'envoyai ma photo à notre mère que nous appelions désormais « Maman Tourane ». Puis je lui proposai de venir en France. Mais elle fit répondre par Kuân, notre demi-frère qui servait de traducteur, qu'il lui était impossible de quitter l'Indochine, car elle y avait une famille. Et puis, la France était si loin pour elle... Elle espérait que je viendrais un jour à Saigon.

J'avais maintenant vingt et un ans mais, comme lorsque j'en avais douze à Marseille, le doute restait le plus fort. Cette incertitude m'empêchait d'agir. Alors je m'inventais de vraies et de fausses raisons de ne pas partir : que lui dirais-je? Nous ne parlons pas la même langue... Mais, surtout, elle ne m'avait jamais réclamée !...

Alice et moi vivions dans un deux-pièces rue Rameau. Juliette, qui était toujours plus étonnée de mes succès et de ma réussite financière, me dit un jour :

— Jeanne doit déjeuner jeudi avec moi, je sais que tu ne l'aimes pas beaucoup, mais tu es la bienvenue.

Maintenant c'était Juliette qui m'invitait pour faire honneur à son amie! Je ne pouvais refuser ce nouveau rôle :

— Au contraire, je tiens beaucoup à la voir... Que devient-elle ?

— Elle cherche actuellement à vendre sa maison de Combs-la-Ville.

— Elle désire vendre? Mais je suis très intéressée!

— Eh bien, viens jeudi en parler avec elle.

Jeudi, à midi et demi, joliment maquillée, portant un tailleur élégant, sûre de moi, j'entre chez Juliette. Jeanne est là, me dévisage, ne se remet pas de la surprise que je lui cause. Parfaitement à l'aise, un peu mondaine, je parle avec détachement du cinéma, des acteurs, des metteurs en scène les plus prestigieux. Et, au passage, j'évoque, avec une légèreté feinte, tout le mépris qu'elle avait pour la petite Annamite Yvonne Chazelles.

— Mais tu as changé ! Tu as perdu ton type!

— Peut-être ai-je perdu mon type, mais je suis une Annamite et le resterai toujours ! Et c'est très bien ainsi.

Puis je redeviens aimable et mondaine avec ces deux vieilles dames. En début d'après-midi, je les laisse à leurs souvenirs. J'ai eu ma petite vengeance, je peux les quitter la tête haute.

Rendez-vous avait été pris pour aller visiter la maison de Jeanne. Je me faisais un plaisir d'aller avec elles à Combs-la-Ville. Mais un plaisir bien particulier, un plaisir pervers. Désir de les mettre mal à l'aise, de les contraindre à prendre conscience de leur conduite passée.

L'ANNAMITE

Le chemin de campagne, la maison bleue à gauche, la maison de mon amie Huguette Kesler à droite, celle où je vivais avec la Mémé, les moindres détails étaient restés fixés dans ma mémoire. Et pourtant je ne reconnus rien. L'immense maison blanche de mes quatre ans n'était plus qu'un modeste pavillon de banlieue sans aucun cachet. Et je fis la moue devant Jeanne : « Non, la maison ne me plaît pas : elle n'est ni assez vaste ni assez belle pour moi ! » Je me gardai bien de dire que je n'avais pas un sou pour l'acheter et n'étais venue que par bravade.

Jeanne ne désira plus me revoir. Je ne le désirai pas non plus. Ce fut donc notre dernière rencontre. Jamais plus par la suite je n'évoquai son nom avec Juliette. Je me promis, en revanche, de continuer à voir celle-ci, en souvenir de mon père. Je lui réservais cependant quelques surprises : quelle tête ferait-elle lorsque je lui annoncerais qu'Alice vivait avec moi ? J'étais majeure maintenant, mais Alice, elle, n'avait pas vingt ans, et nous redoutions toutes les deux la perversité de Juliette qui, deux fois déjà, nous avait séparées.

Si je voulais couper avec tout ce qui pouvait me rappeler mon enfance, il était un ami de cette époque que je n'oubliais pas, l'abbé Bel. Il avait depuis de nombreuses années quitté Louveciennes pour s'installer dans un presbytère de Versailles. Et régulièrement, je lui rendais visite.

Je continuais à lui parler à cœur ouvert. Dès le retour d'Alice, il m'avait dit sa joie profonde de nous savoir à nouveau réunies. Il était toujours passionné de cinéma et son enthousiasme pour *Porte des Lilas* était sans limites.

— Souviens-toi de ce que je te disais lorsque tu étais adolescente : quand on veut vraiment quelque chose, on l'obtient ! Tu l'as voulu avec force, eh bien voilà, tu réussis...

Il sourit malicieusement :

— A propos, dis-moi, tu ne regrettes pas la cornette ?

Nous éclatâmes de rire. Puis il ajouta :

— Peut-être joueras-tu un jour avec une cornette ?...

L'idée de me voir en bonne sœur à l'écran nous ravissait.

Avant de le quitter, je lui dis :

— Il faut que nous prenions rendez-vous, car Alice tient à faire votre connaissance. Je dois faire une tournée en France pour la sortie de *Pot-Bouille* mais, dès mon retour, nous nous verrons.

Dans quelques jours, je prendrai le train avec Gérard Philipe ! Dans quelques jours, je serai à Marseille ! Voilà déjà quatre fois que je recommence ma valise. J'ai essayé plusieurs fois chacune de mes robes et je ne parviens pas à me décider. Je veux être certaine d'avoir choisi les plus belles : je dois faire honneur à Gérard !

C'était un homme délicieux de tendresse, d'attention, de générosité. Me sentant parfois un peu à la dérive, il me conseillait, me redisait ce que René Clair ou Marcel Camus m'avaient dit :

— Il faut faire attention ! Les carrières sont fragiles, il suffit d'un ou deux films qui ne marchent pas et on est coulé... Ton imprésario ne te guide pas avec assez de discernement.

— Oui, mais je me sens en famille avec lui. J'ai besoin de me sentir aimée. Comment quitter Behars qui a tant fait pour moi ?

— Tu as tort ! Il faut maintenant que tu sois véritablement conseillée. Tu vas confier ta carrière à Blanche Montel. Blanche est une femme exceptionnelle, elle a elle-même fait du théâtre. Et toi aussi, Dany, tu dois faire du théâtre ! Pour durer, cela est indispensable !

Gérard était particulièrement attaché au syndicat des acteurs qu'il avait créé :

— Il faut faire partie d'un syndicat ! Il faut aider ceux qui sont en difficulté !

J'étais tellement en extase devant cet homme que je me sentais prête à tout.

— Que faut-il faire ?

— Tu viendras au syndicat, tu rempliras une feuille d'inscription et tu verseras un petit pourcentage de tes cachets qui sera reversé aux acteurs sans travail.

— Très bien. Mais tu as le temps de t'occuper du syndicat ?

— Oh ! oui, j'aurai toujours du temps pour les autres !

Gérard me donnait de vraies leçons de vie. Lui, l'idole incontestée, acceptait de n'être payé que très peu lorsqu'il jouait au TNP : là, même tarif pour tous. Il acceptait que son nom soit perdu dans le lot : sur les affiches et les programmes du TNP, les acteurs figuraient par ordre alphabétique. Découvrir cet homme, son intégrité, sa générosité était un grand privilège.

Mes tournées avec lui sont inoubliables. Après Marseille, il y eut Lyon, Bordeaux... Partout une foule en délire l'attendait. Cette rencontre avec le public fut aussi pour moi une émotion considérable. Car, chaque fois, Gérard entendait que je joue mon rôle d'actrice vedette du film. Et il y eut tous ces moments passés avec lui : les dîners si gais et si enrichissants. Il était de si joyeuse compagnie ! Pourtant, parfois, lorsque nous étions seuls et qu'il ne se sentait pas regardé, brusquement, sans que rien ne le laissât prévoir, il sombrait dans une profonde tristesse. Son regard partait dans le vague, son visage devenait sérieux, presque douloureux.

Gérard me parlait de notre métier, il me parlait aussi de la vie. Et il me disait souvent, me récitant Musset :

— Pense toujours à ça, Dany : « On est souvent trompé en

amour, souvent blessé et souvent malheureux ; mais on aime, et quand on est au bord de sa tombe, on se retourne pour regarder en arrière, et on se dit : J'ai souffert souvent, je me suis trompé quelquefois, mais j'ai aimé. C'est moi qui ai vécu, et non pas un être factice créé par mon orgueil et mon ennui. »

A mon retour à Paris, une enveloppe bordée de noir m'attendait rue Rameau. L'abbé Bel était mort ! Le choc fut immense. L'abbé Bel m'avait accompagnée toute ma vie, je lui devais ce qui était le mieux en moi, je lui devais mon métier. Je lui devais tout... Des larmes plein les yeux, je le revis à son piano au presbytère de Louveciennes, je le revis derrière les barreaux du confessionnal, alors que j'attendais, le cœur battant, ce qu'il pourrait me révéler sur ma mère. Je le revis persuadant Juliette de me laisser choisir la carrière d'actrice. Je l'entendis m'encourager.

L'abbé Bel était la vérité, la bonté, la générosité.

Pendant ma tournée en province, Yvon m'avait fait l'amitié de s'occuper de Juliette. Il veillait à tout, l'accompagnait même chez le médecin ou le dentiste, l'invitait au restaurant. Elle était charmée par ce jeune homme si prévenant. A mon retour, je repris les visites. Je m'imposais ce devoir, car c'était aussi la seule façon de prévenir toute visite de Juliette chez moi. Ma sœur et moi partagions la même crainte. Chaque coup de sonnette, chaque nouvel article sur moi pouvaient mettre notre secret en danger. Alice se cachait des journalistes et des photographes lorsqu'elle m'accompagnait aux studios de tournage.

Pour toutes ces raisons, nous fûmes ravies de partir pour Londres. Je devais y présenter *Pot-Bouille* avec Gérard Philipe. Alice comprit mon attirance pour Gérard. Dix fois, cent fois par jour, elle murmurait à mon oreille : « Quel charme il a... » Gérard se fit un plaisir de nous emmener dans son sillage : « Allons, vous venez, les deux petites sœurs... »

Comme il me l'avait promis, Gérard Philipe organisa un déjeuner pour me présenter Blanche Montel. Au premier regard, je sentis que je pouvais lui faire confiance, qu'elle saurait prendre en main ma carrière.

Un an et demi plus tard, Blanche me fit rencontrer Georges Herbert qui me désirait pour interpréter le rôle de Fanny au théâtre. Comme je venais la voir, elle me dit :

— Gérard est dans le bureau voisin. Il revient du Mexique où il a tourné *La fièvre monte à El Paso* sous la direction de Buñuel. Peut-être veux-tu lui dire bonjour ?

Une foule de souvenirs surgirent. Mon cœur se mit à battre la chamade. J'avançai vers Gérard. Il était pâle, très aminci. Il semblait

lointain comme le serait un homme qui aurait beaucoup souffert et aurait mis de la distance entre lui et le monde.
— Bonjour, Gérard.
Gérard sourit, m'embrassa fraternellement sur la joue. Je ne retrouvais pas tout à fait le même homme. Un éloignement s'était produit. Quelque chose s'était glissé entre nous.
— Alors, tu es au syndicat, maintenant ?
— Oui, ne t'inquiète pas, j'ai fait tout ce que tu désirais que je fasse.
— Et ta carrière ? Ça marche ? Je suis très content que tu sois avec Blanche. Elle s'occupera bien de toi. Mais fais du théâtre, hein Dany ! Surtout, fais du théâtre !
— Oui, je vais en faire. Précisément nous avons un projet.
Gérard me dit encore :
— Grandis bien, Dany. Grandis bien, je te suis ! Je te suis !
Quelques semaines plus tard, les journaux étaient barrés de gros titres à la une : « Gérard Philipe est mort... ». Je n'y croyais pas. J'étais effondrée. En ce 25 novembre 1959, toutes les radios répercutaient sa voix reconnaissable entre toutes : *Lorenzaccio, le Prince de Hombourg, le Cid...* Je pleurais en l'écoutant...
Je n'ai jamais voulu retenir que les qualités de Gérard. Elles étaient innombrables. Qualités de l'homme. Qualités de l'acteur. Je ne peux me lasser, aujourd'hui encore, de l'admirer dans *Pot-Bouille*. Ses talents de séducteur y sont infinis. Il y a la légèreté, il y mêle le trouble et l'ambiguïté. Il y a sa jeunesse.

Porte des Lilas et *Pot-Bouille* devinrent d'infaillibles passeports auprès des metteurs en scène. De nouveau, les tournages s'enchaînèrent. Ma vie professionnelle ne me causait plus aucun souci. Ma vie amoureuse, en revanche, était devenue un tourment.
Depuis plusieurs semaines, je ne voyais plus Marcel. Il avait, chaque fois, un bon prétexte pour remettre un rendez-vous :
— Écoute, Dany, ce n'est pas possible maintenant... Je dois partir demain pour une quinzaine de jours à l'étranger. Je fais un repérage, mais c'est promis, je te téléphone dès mon retour.
— Bon, très bien.
Quelques jours plus tard, je descendais l'avenue des Champs-Élysées. Là, devant moi, à quelques pas seulement, Marcel marchait en compagnie d'une Noire splendide. Le choc fut si violent que j'en restai clouée sur place pendant quelques secondes. Le temps de comprendre ce qui se passait – jusqu'à présent, jamais nous ne nous étions menti pour cacher une « aventure » – le temps aussi de prendre ma décision : Eh bien, il me ment ! Je m'éclipse !
Si j'avais pris cette résolution brutale de ne plus le revoir, je n'en

étais pas moins terriblement malheureuse. Je restai plusieurs jours comme hébétée. J'avais aimé Marcel. Je l'avais admiré aussi. Et je doutais : Marcel m'a-t-il vraiment aimée ? Chaque jour, je me persuadais davantage que seul mon physique l'avait attiré : il a aimé mon type eurasien, mon amour de la vie, ma sensualité. Mais s'il m'avait aimée pour tout ce que je suis, il ne se serait pas lassé...

Un tournage en Bretagne m'obligea heureusement à quitter mon univers parisien. Je tournai dans les *Naufrageurs* sous la direction de Charles Brabant. Secrétariat oblige, Alice m'accompagna. Nouveaux paysages, nouvelles amitiés. Le temps passait... La douleur de la rupture s'estompait.

En quelques saisons, j'étais devenue une « vedette », comme l'écrivaient les magazines. Maintenant je pouvais même me permettre le luxe de refuser des rôles ! Mes cachets étaient importants et je n'avais plus de soucis d'argent. Cependant, mon comportement n'a jamais été celui d'une vedette. Seule la simplicité me plaît. Être naturelle, ne pas jouer à la star avec mes amis, et surtout les garder, même s'ils ne font pas partie du gotha, ont été mon seul luxe. Combien ne font leur carrière cinématographique qu'en choisissant avec un soin méticuleux ceux et celles qu'il « faut » fréquenter. Moi, je ne fonctionne qu'au coup de cœur. Je préfère avoir quelques amis très chers avec qui je peux parler de tout et de rien en partageant un repas ou une bonne bouteille.

Puisque j'en avais maintenant les moyens, je décidai de chercher un appartement plus vaste. Nous allâmes en visiter un, avenue Stéphane-Mallarmé. L'immeuble ancien était cossu. L'appartement, au deuxième étage, superbe : plafonds très hauts, murs épais, tapis moelleux... Le luxe ! Alice et moi, au milieu du salon, nous nous regardâmes, enchantées : « Oui, nous louons ! »

Notre déménagement fut vite fait : les quelques objets que j'avais achetés depuis mon installation rue Rameau avaient si peu de valeur qu'ils auraient détonné dans cet appartement de rêve déjà meublé. Nous n'apportâmes que nos effets personnels et les quelques souvenirs que nous possédions : des lettres et des photos d'Indochine.

Dans notre nouveau décor, nous étions comme deux princesses. Et notre idée immédiate fut d'organiser des fêtes pour nos amis. Nous avions une revanche à prendre ! Je ne voulais plus me préoccuper d'hier ou de demain. Je ne voulais plus penser à Marcel. Je ne voulais plus de peines de cœur.

Vie insouciante. Vie facile. Vie libre.

Mais nous vivions encore dans la crainte de voir surgir Juliette. Je ne lui avais pas donné ma nouvelle adresse : « Je vis chez des amis », lui avais-je simplement dit. Mais je la connaissais et je savais

qu'elle pouvait venir me traquer où que je fusse. Yvon ne supportait pas de nous voir ainsi :
— Dany, ce n'est plus possible ! Vous avez le droit de vivre librement, au grand jour. Juliette ne peut rien contre vous puisque vous êtes toutes deux majeures maintenant.
— Oui, c'est promis, je vais le lui dire.
Cependant je jugeai qu'il était inutile de la prendre de front et décidai de lui annoncer la nouvelle avec ménagement. Je l'invitai donc au restaurant et lui offris tout ce qu'elle aimait : du champagne dont elle m'avait donné le goût, et des huîtres.
— Alice est là, nous nous entendons très bien. C'est un bonheur de l'avoir retrouvée... dis-je à Juliette après lui avoir servi trois coupes de champagne.
Elle piqua du nez dans son assiette, visiblement agacée :
— Mais je ne comprends pas ! Elle a quitté sa mère ? Tu sais bien qu'elle n'est que ta demi-sœur.
— Mais non, Juju, tu le sais bien toi-même ! Ne me raconte plus n'importe quoi ! Je t'assure que j'ai passé l'âge.
— Voyons, Yvonne, tu dois me croire : Alice ne sait pas ! Elle-même pense te dire la vérité. Mais ta mère est morte !
Je n'insistai pas. Je ne supportais plus ces discussions. A nouveau j'eus l'impression de perdre pied...
Juliette, toujours aussi astucieuse, intelligente, évita de s'enliser et, le champagne aidant, reprit son sourire :
— Je suis ravie pour toi, Yvonne !
Elle ne le pensait pas, mais toutes les deux nous jouâmes notre rôle. Je savais très exactement ce qu'elle pensait : « Je dois faire bonne figure sinon je ne reverrai plus Yvonne. »
— Si tu veux revoir Alice...
— Mais évidemment, je serais très heureuse...
Nous prîmes date et passâmes à un autre sujet.
Alice ne fit pas cette visite de gaieté de cœur. Elle haïssait Juliette et ne pouvait ni ne voulait lui pardonner nos humiliations, nos années gâchées par sa faute. Mais Juliette la reçut fort aimablement.
— Ma petite Alice, comme tu as changé !
A la vérité, elle se fichait d'Alice comme d'une guigne et ne posa aucune question. Comment nous étions-nous retrouvées ? Quand était-elle arrivée ? Où vivait-elle ? Avait-elle les moyens de vivre ? Tout cela n'intéressait pas Juliette du Chaxel qui, durant toute sa vie, ne s'était préoccupée que d'elle-même.
Alice tenta de faire bonne figure, mais, en sortant, elle poussa un énorme soupir de soulagement :
— Je souhaite la revoir le moins souvent possible !
Cependant nous étions satisfaites d'avoir fait cette démarche :

nous étions définitivement libres et, surtout, nous étions certaines que Juliette ne tenterait plus rien contre nous. Sa seule terreur, j'en étais absolument certaine, était que je l'abandonne.

Notre superbe appartement était très cher. Alice qui, bien plus que moi, a l'esprit pratique, me convainquit de déménager :
— Il faut acheter quelque chose. Même à crédit. Tu mettras une partie de la somme et tu verseras le reste peu à peu.
— Et si je ne tourne plus ?
— Eh bien, nous revendrons.

Ainsi j'achetai à crédit ce que j'appelai « mon petit pigeonnier ». C'était un ravissant appartement au treizième étage d'un immeuble situé à deux pas de la porte de Saint-Cloud. Une immense baie vitrée ouvrait sur un balcon. Nous étions entre ciel et terre et nous avions tout Paris à nos pieds. Alice avait la chambre vert pomme, la mienne était rose. Nous vivions toutes deux une jolie vie libre de célibataires.

A la fin de l'été 1961, je retrouvai le petit village d'Aups, où j'avais tourné *les Possédées*, cinq années auparavant, avec Charles Brabant. Les chaleurs torrides étaient passées, mais il flottait encore dans l'air le parfum de sensualité laissé par *les Possédées*. Cette fois, Charles Brabant tournait *Carillons sans joie*. L'action se passe en 1942 en Tunisie. Les Allemands viennent de se rendre maîtres des centres stratégiques. Mon rôle est passionnant : je dois y exprimer des sentiments multiples. Jeune fille réservée et sauvage, je vis des scènes dramatiques aux côtés de mes parents, juifs et traqués. La distribution était très belle : Paul Meurisse, Raymond Pellegrin (mon amoureux), Georges Wilson (mon père), Nana Germon (ma mère), Roger Hanin (le tueur). Alice faisait partie intégrante de l'équipe : elle était maintenant une script-girl recherchée.

J'étais ravie de retrouver Charles Brabant, un homme discret, un ami sûr. C'était la troisième fois que nous tournions ensemble. Dans ses films, pas d'esbroufe. Il savait montrer les visages. Il savait y traquer l'émotion. Et il était servi par les magnifiques images du chef opérateur Ghislain Cloquet.

Contrairement à la plupart des membres de l'équipe, Ghislain était venu seul. J'étais seule également, mais c'était un choix : j'ai toujours préféré être, en tournage, une actrice célibataire. Ghislain, lui, interpréta ma solitude comme une disponibilité. Chaque jour, il m'adressait des petits mots, minuscules carrés de papier blanc pliés en quatre qu'il glissait sur ma table de maquillage, sous ma serviette de table, sous la porte de ma chambre... Mots parfois désespérés. Bien qu'il n'y fît jamais allusion, j'avais le sentiment qu'un chagrin d'amour le submergeait.

Impossible de quitter un tournage sans une profonde tristesse. Chaque fois, avec la plus totale sincérité, on se promet : « Surtout, ne nous perdons pas de vue, nous avons vécu des moments si fabuleux... » Revenus à Paris, nous sommes tous à nouveau happés par la vie. Quitter Aups et l'équipe me rendait donc mélancolique. Je n'avais pas cédé à la cour amoureuse de Ghislain, j'avais pourtant beaucoup aimé nos étranges rapports. Son dernier mot confirma pleinement ce que j'avais pressenti au premier jour : « J'en pleurais une autre. Je criais au secours et tu m'as tendu la main. Maintenant, c'est toi que j'aime. »

De retour à Paris, je me sentis triste et vide. A mon tour, j'étais prise au piège. A trop consoler Ghislain, à trop lui donner de tendresse, j'étais moi-même tombée amoureuse. Oui, maintenant, les petits mots, les regards, les attentions me manquaient...

Mais Ghislain était loin. Il était à Haïfa. Je l'avais quitté sans promesse et il n'avait pas insisté. Cette fois, c'est moi qui écrivis : « Ghislain, tu me manques... » Et lorsqu'il rentra en France, je l'aimai avec passion.

Cependant, ni Alice ni moi ne désirions vivre avec nos amis. Nous étions trop attachées à la liberté. Nous ne voulions aucune des contraintes de la vie de couple, car nous étions persuadées que le quotidien tue l'amour. Nous étions, pourtant, toutes deux très amoureuses. Moi, de Ghislain, elle, de Pierre, un acteur. Pierre était devenu pour moi un véritable ami : nos fous rires étaient inextinguibles. Cet été-là, nous décidâmes de partir tous dans le Midi où nous avions loué une petite maison avec jardin. Vie insouciante. La mer. La plage. Le champagne. L'amitié. L'amour.

Au retour, je me sentis moins gaie, plus inquiète. Ghislain était un homme tourmenté, torturé, souvent triste, qui semblait se complaire dans le tragique. Malgré la passion que j'éprouvais pour lui, je ne pouvais plus supporter de vivre dans le drame permanent. J'étais beaucoup trop angoissée moi-même, j'avais trop besoin d'être soutenue, rassurée... Un beau jour je décidai de rompre.

Mais à peine séparés l'un de l'autre, nous n'eûmes plus qu'un désir : nous retrouver. Et nous renouâmes, fous de joie d'avoir évité le pire : une rupture définitive.

Carillons sans joie ne fut pas un succès commercial. En ce début des années 60, un raz de marée submergeait le cinéma français, la Nouvelle Vague. La guerre avait été déclarée contre les anciens et les *Cahiers du cinéma* étaient devenus la grande référence.

Tout ce que les passionnés de cinéma devaient savoir et penser y était écrit avec une virulence et un talent incontestables. S'y exprimaient Truffaut, Godard, Chabrol, de Givray... Les « vieux », René

Clair, Julien Duvivier, André Cayatte, Henri-Georges Clouzot étaient maintenant les têtes de Turc de ces jeunes loups.

Sous le titre « Mélodie désaccordée », Éric Rohmer avait critiqué très sévèrement le *Porte des Lilas* de René Clair. Pour lui, l'œuvre reposait sur une idée qui non seulement avait « perdu toute fécondité » mais encore était totalement « démodée ». Rohmer ne m'aimait pas beaucoup, il aimait encore moins Brassens dont il qualifiait les textes d'« agressive fausseté » !

Un mois plus tard, François Truffaut publiait une critique du *Pot-Bouille* de Duvivier. Critique elle aussi caustique. Truffaut terminait cependant son article en donnant la mention « très honorable » car, écrivait-il, c'est « un film de tempéraments en liberté ». Il admirait en effet la direction d'acteurs « presque vertigineuse d'adresse » et ajoutait : « Gérard Philipe, Dany Carrel étant – mais oui – meilleurs que d'ordinaire » !...

Je fus meurtrie par les critiques de Rohmer et de Truffaut. J'aimais les cinéastes de la Nouvelle Vague. Je me passionnais pour leurs idées, leurs écrits, leurs films et je ne comprenais pas cette hargne. Ce fut une véritable gifle, et je songeai avec tristesse que, sans doute, aucun de ces cinéastes ne me ferait jamais tourner... Ils choisissaient d'ailleurs des inconnues, et moi, à peine à l'orée de ma carrière, j'étais déjà trop célèbre et trop marquée pour avoir tourné avec les « vieux » !

Mais je ne m'avouais pas vaincue. Les bons cinéastes me boudent ? Eh bien, faisons du théâtre ! Car je devenais exigeante et je pensais au dernier conseil de Gérard Philipe.

Georges Herbert, l'organisateur des tournées Herbert-Karsenty, songea à moi pour *l'Idiote* de Marcel Achard. Le rôle avait été créé avec succès par Annie Girardot au théâtre Antoine. Engagée par d'autres contrats, elle ne pouvait assurer la tournée en province. Georges Herbert dit à Marcel Achard :

— Il y a une actrice de cinéma que j'aime beaucoup, c'est Dany Carrel.

— Mais voyons, répondit Marcel Achard, elle n'a jamais fait de théâtre ! Elle ne peut jouer un rôle aussi important !

— Ah ! je ne suis pas d'accord, je trouve que nous devrions penser à elle. Sa bonne petite bouille, ses seins en avant... L'Idiote est un personnage sensuel, et Dany Carrel est physiquement tout à fait le personnage. J'aimerais tout de même que vous la rencontriez.

Marcel Achard accepta, et Georges Herbert me téléphona. Commença alors le doute. Je ne pensais pas qu'on « passait derrière quelqu'un » en reprenant son rôle. Annie Girardot était, déjà à cette époque, une grande actrice, pourtant ni notre physique ni notre façon de jouer n'étaient les mêmes, aucune comparaison ne pouvait donc être faite entre nous. La seule chose qui me faisait hésiter était que je n'avais aucune expérience du théâtre.

La pièce était fort bien ficelée : bonne intrigue policière, rires et larmes, égratignures des grandes institutions, formules à l'emporte-pièce... Et le rôle qui m'était proposé était un rôle en or : je pouvais exprimer une foule de sentiments. Je serais Josepha, une petite femme de chambre séduite par son patron et soupçonnée d'un meurtre. Une fille sans culture, que tous prennent pour une « idiote ». Une fille sensuelle que les hommes du château courtisent. Mais cette Josepha si simplette est loin d'être une gourde et lâche certaines vérités avec un tel naturel, un petit air si malin... Vraiment un très beau rôle.

Au quatrième jour de mes interrogations, je me décidai : eh bien, risquons ! C'est l'occasion de savoir ce que je vaux. Peut-être est-ce un peu présomptueux de m'attaquer d'emblée à un premier rôle, mais je dois prendre ce risque...

Un déjeuner fut organisé. Achard me regarda :

— Oui, je vous reconnais maintenant ! Je vous ai vue dans plusieurs films. Physiquement, c'est certain, vous seriez parfaite, mais pensez-vous pouvoir jouer au théâtre ? Il y a si loin du plateau de cinéma à la scène d'un théâtre !

Et voilà qu'en une seconde il fissurait la belle construction que j'avais eu tant de peine à édifier ! Mais je ne voulus pas me laisser impressionner. Je repris ce réflexe tant de fois éprouvé et qui avait si joliment fait ses preuves : dire oui !, toujours oui !, lorsqu'on me posait une question. « Vous patinez ? — Oui ! » et je me précipitais pour prendre des leçons de patinage. « Vous montez à cheval ? — Oui ! » et je courais au manège de Neuilly. « Oui, je sais tout faire ! » Voilà ce qu'il fallait dire.

— Vous êtes capable de jouer ce rôle ?
— Oui !

D'ailleurs comment pouvais-je le savoir si je n'essayais pas ?

Je fus convoquée pour une lecture. Épreuve redoutable : regarder une feuille de papier ne m'a jamais inspirée. J'ai besoin d'être face à mon partenaire pour trouver le ton juste. Et, en effet, au jour dit, j'eus conscience d'être très mauvaise. Je n'attendis pas les critiques de ceux qui m'écoutaient : Georges Herbert, Marcel Achard, et Jean Le Poulain, le metteur en scène.

— Ce n'est pas bon ! dis-je.

La réponse fut unanime, spontanée :

— En effet, ce n'est pas très bon...
— Alors, je m'en vais, n'est-ce pas ?

Georges Herbert ne fut pas d'accord. Marcel Achard, malgré ma lecture déplorable, voulut, lui aussi, que je tente le rôle.

Seul Jean Le Poulain fit une tête de six pieds de long. Et, un peu dédaigneux, il lâcha :
— Une actrice de cinéma, dans un premier rôle au théâtre...
Georges Herbert insista :
— Moi, je la prends, car il me la faut pour mon affiche ! Et vous verrez, lorsqu'elle saura son texte, tout ira bien !
Achard et Georges Herbert fixèrent la date des répétitions. Le Poulain dut se plier à leur décision.
C'est alors que les problèmes commencèrent. Chaque jour, je passais huit heures au théâtre. Chaque heure, chaque minute, chaque seconde était une lutte entre Le Poulain et moi. Le texte ? Ce n'était pas une affaire, j'apprenais toujours avec facilité. Mais la voix ne suivait pas. Et, jour après jour, le visage de Le Poulain devenait plus buté, plus méchant. Il ne m'épargnait aucune vexation. Jamais un encouragement, jamais un véritable conseil ! Ce n'étaient que critiques acerbes : « Vous ne savez pas ! Ça ne va pas ! »
— Ça ne va pas ? Eh bien, dites au moins ce qu'il faut faire, comment m'y prendre...
— Eh bien, sortez-vous de vous-même !
Je savais que, sur le fond, Jean Le Poulain avait tout à fait raison. Josepha n'était pas un personnage en demi-teinte, et il est vrai que je jouais trop « cinéma », trop feutré, trop retenu. Il est certain que je n'osais pas vraiment... Mais voilà, je suis ainsi : il m'est impossible de travailler dans un milieu hostile !
Je décidai d'abandonner le rôle. Je le dis à Georges Herbert qui me soutenait depuis le premier jour :
— Le Poulain a raison, je n'ai jamais fait de théâtre et me lancer dans un premier rôle est prétentieux. Je renonce à ce rôle !
— Mais non, c'est ridicule. Il faut continuer ! Et puis, le contrat est signé. Vous ne devez pas lâcher !
— Bon, dans ces conditions, avant de me décider totalement, il me faut avoir une sérieuse discussion avec Jean Le Poulain. Il m'est impossible de jouer devant un homme si agressif !
J'allai le trouver :
— Jean, si vous pensez que je suis nulle, je pars !
— Mais je n'ai pas dit que vous étiez nulle...
— Non, mais vous me le faites sentir, et c'est la même chose ! Je suis tout à fait prête à rompre ce contrat, je me fiche de tout rembourser, mais il m'est impossible de travailler ainsi ! Et puis, merde... après tout, il faut m'encourager ! Ce n'est pas ainsi qu'on s'y prend pour obtenir quelque chose d'un acteur !
Il n'était plus question pour moi de langage châtié, plus question de ton modéré. J'éclatai, furieuse :
— Eh bien, non, je ne suis pas une vedette de théâtre ! Non, je

ne suis pas comme vous, de la Comédie-Française ! Et alors ? En effet, nous ne faisons pas le même métier ! Et c'est bien pour cela que je fiche le camp !
— Stop ! Parfait ! C'est comme ça qu'il faut jouer. Tu as vu ce que tu viens de faire ?
— Eh bien, quoi ? Je suis folle de rage, oui ! C'est vrai !
— Tu t'es sortie de toi-même !
Et Le Poulain m'entraîna sur le plateau :
— Allez, répétition ! On recommence. Fais ton entrée, vas-y, sors tes mots de cette façon ! Ose ! Tu as trouvé le ton, c'est exactement ça ! Ne change rien !

C'est à cet instant que tout bascula. Jean Le Poulain avait confiance en moi, et moi, soudain, je compris comment il fallait porter la voix.

Maintenant Le Poulain ne cessait de clamer partout, à tous et à tout propos, que j'étais extraordinaire... Nous devînmes de vrais amis, et cette rencontre quotidienne avec lui, qui était mon cauchemar, devint ma joie. La révolte avait encore été salutaire.

Ma tournée en province fut tout à fait grisante. Je retrouvai ces émotions si fortes et cette joie fébrile que j'avais connues lors de cette représentation de fin d'année chez Mme Bauer-Thérond et que j'avais fini par oublier. Et, comble de satisfaction, la critique tant redoutée fut dithyrambique.

A Lyon, le théâtre des Célestins était dirigé par Albert Husson, un auteur qui avait remporté de beaux succès avec *la Cuisine des anges*. A peine le rideau tombé, il me dit :
— En vous regardant jouer Josepha, j'ai aussitôt pensé à vous pour ma nouvelle pièce. J'écris actuellement *le Système Fabrizzi* pour Sacha Pitoëff et sa troupe du Théâtre Moderne. Mon héroïne est exactement vous ! Le rôle n'est pas totalement écrit mais j'aimerais le finir pour vous !

Là, véritablement, j'eus l'impression d'avoir gagné mon pari : si un homme de théâtre comme Husson souhaitait écrire un rôle pour moi, cela prouvait que je faisais partie de la famille. Et je n'étais pas peu fière !

De retour à Paris, il y eut à nouveau plusieurs films. Quant à mes relations avec Ghislain Cloquet, elles étaient toujours aussi tumultueuses : cette vie de drames perpétuels me détruisait. Comment pouvais-je porter à bout de bras, à bout de cœur, un homme qui se complaisait dans le malheur ? Ce fut encore une rupture. Jusqu'à de nouvelles retrouvailles passionnées.

Pendant l'été 1963, Albert Husson m'envoya la pièce promise. Je fus un peu déçue :

— Le rôle est tout à fait secondaire, je ne peux pas l'accepter.
— Mais non, Dany, ce n'est pas un rôle secondaire. Il est bien vrai que nous ne serez pas toujours en scène, mais votre rôle est un rôle clé. Et je l'ai écrit en pensant à vous !

Ses arguments portèrent, car ils touchèrent la corde sensible : un auteur s'est donné la peine de m'écrire un rôle, je n'ai pas le droit de le décevoir !... Jamais, ni dans ma vie privée ni dans ma vie professionnelle je n'ai pu rester insensible à celui qui s'intéressait à moi, qui avait besoin de moi.

Les répétitions commencèrent. Chaque jour qui passait me confortait dans l'idée que j'avais eu raison d'accepter. J'aimais le personnage d'Amalia, une fille des rues, et, comme me l'avait dit Husson, ce personnage, même s'il n'était pas constamment en scène, était omniprésent. *Le Système Fabrizzi* était un joli conte de fées écrit sur le mode joyeux.

Le soir de la première, le petit Théâtre Moderne était plein à craquer d'acteurs et de critiques. Le public le plus difficile qu'on puisse imaginer. Mon cœur battait terriblement fort, car je savais qu'on m'attendait au tournant.

Cependant, la salle « marcha ». Elle rit et s'émut. La représentation terminée, je dus m'avancer seule sur le devant de la scène et dire la phrase rituelle : « La pièce que vous venez d'entendre est d'Albert Husson... » Je m'avançai donc, mais le public me fit une telle ovation que je demeurai muette. Je m'interrogeai, n'osant croire que tous ces applaudissements m'étaient destinés. Mais il n'y avait pas de doute. Les larmes me montèrent aux yeux, l'émotion me serra si fort la gorge que je ne pus articuler un mot. Alors je reculai vers mes compagnons et Sacha s'avança pour reprendre la phrase. Ce fut évidemment pour lui aussi un total triomphe.

Dès le lendemain, les critiques donnèrent leur verdict. Ils furent enthousiastes. Même les plus redoutés d'entre eux, ceux qui, parfois, font et défont une pièce : Jean-Jacques Gautier au *Figaro*, Pierre Marcabru à *Paris-Presse*, Max Favalelli aux *Écoutes*, Jean Dutourd à *France-Soir*... Tous aimèrent la pièce, ils aimèrent aussi les acteurs. Sacha Pitoëff, d'abord. L'homme et le rôle se confondaient, et la pièce terminée, on s'interrogeait encore : Pitoëff-Fabrizzi était-il un ange ou un fou ?

Mais, et cela me combla de bonheur, je fus également remarquée. Je fus très émue et très fière de la critique de Jean-Jacques Gautier qui me vit « merveilleuse de simplicité, d'esprit, de naturel et de verve. Aiguë, comique et séduisante sans afféterie... »

Le Système Fabrizzi me valut deux années de succès ininterrompu. Et malgré ces deux années passées chaque soir à côté de Sacha Pitoëff, je ne le connus qu'à peine. Chaque soir il entrait dans ma loge et, très gentiment, prenait de mes nouvelles. Un petit mot : « Bonjour Dany... » puis il s'éclipsait aussi furtivement qu'il était entré. Une apparition qui signifiait : « Je suis là, tout va bien ? »

Henri-Georges Clouzot, assis derrière son bureau, plutôt froid et distant, me regarde :
— Oui... Oui ! Bon ! Tournez-vous. Oui... Pourquoi pas...
Il interrompt ses appréciations :
— Prenez ces deux verres et posez-les sur le plateau.
Je m'exécute sans broncher.
— Mettez-le sur la tête et marchez !
Ou Clouzot se fout de moi, ou c'est un piège, mais, de toute évidence, il y a quelque chose d'anormal. Je me tourne vers lui :
— Monsieur Clouzot, je veux bien mettre ce plateau et ces deux verres sur la tête, mais tout va tomber immédiatement, car je ne suis ni jongleuse ni acrobate. Avez-vous d'autres verres ?
— Mon petit, faites ce que je vous demande !
J'attrape le plateau, je le pose sur ma tête, je fais trois pas et, patatras ! tout tombe.
— Bon, eh bien, voilà ! Alors, je suppose que je suis refusée ?
— Mais, dites-moi, vous avez l'air d'avoir un sacré caractère !
— Eh bien, oui, j'ai mon caractère ! Mais, comprenez-moi, vous me faites venir pour une audition et puis vous me demandez une chose insensée !
— Bon, bon, très bien ! On vous écrira...
Je ne demande pas mon reste : tant pis ! Il est vraiment trop cloche, ce Clouzot ! Qu'il garde son rôle pour une gourde qui saura marcher avec un plateau sur la tête !
Je me console en pensant : ce soir, sur scène, tout sera oublié !... J'étais cependant déçue. Quand rencontrerais-je de nouveau un réalisateur de talent ? Quand allais-je tourner à nouveau un grand film ?
Bien sûr, *le Système Fabrizzi* m'occupait à plein temps, mais après ? Pour le moment, chaque soir j'étais sur scène à 20 heures et ce n'était qu'après la représentation qu'enfin je pouvais vivre.
Un matin, je suis réveillée par la sonnerie du téléphone. J'ouvre un œil : 6 heures ! Je tends le bras vers la table de nuit et décroche le combiné tout en maugréant : quel est le crétin qui m'appelle à une heure pareille ?
— Allô ! ici Clouzot !
— Oui, c'est malin ! Qui me fait encore cette blague ? Je joue au théâtre le soir, moi ! Alors, les blagues à 6 heures du matin, merci !
Et je raccroche, furieuse.
A 10 h 30, le téléphone sonne à nouveau.
— Allô ! mademoiselle Carrel ? Vous êtes réveillée cette fois ?

A ce moment, je reconnais la voix : mais ce n'est pas vrai ! Je rêve ! Ce n'est quand même pas Clouzot qui m'appelle !... Et je réponds beaucoup plus aimablement :
— C'était donc vous à 6 heures ? Ce n'est pas possible... C'était une blague...
— Non, ce n'était pas une blague, mais je suis très matinal et j'avais oublié que vous jouiez au théâtre... Excusez-moi de vous avoir réveillée. Pouvez-vous passer à la production ?
— Oui, bien sûr !
Deux jours plus tard, je suis à nouveau devant Henri-Georges Clouzot :
— Bien, mon petit. Écoutez, on va vous demander de faire un essai en bikini, car le film comportera des scènes en maillot de bain.
— Oui.
— Mais cette fois vous aurez un texte à apprendre.
— Et un plateau à porter ?
— Non, pas de plateau, dit Clouzot en riant.
— Ah ! bon ? Mais alors, je ne comprends pas : n'ai-je pas fait tomber les verres ?
— Oui, mais que vous ayez fait tomber des verres, je m'en fous ! C'était votre réaction à ma demande qui m'intéressait. Je voulais savoir quel était votre caractère et vous étiez tout à fait l'actrice que je recherche.

L'Enfer est le titre de ce film. Cet enfer est celui que vit et fait vivre un mari jaloux. Le mari est Serge Reggiani, la femme Romy Schneider. Je suis une coiffeuse qui, la nuit venue, dans les rêves du mari, se transforme en diable érotique qui pervertit sa femme.

Les essais satisfirent Clouzot. Commencèrent alors les préparations du tournage. Deux mois de folie. Perruques brunes, blondes ou rouges. Bikinis et robes. Ongles courts, ongles longs. Ongles rouges, ongles bleus.

Tout devait être bleu : même les lèvres, même la langue. Et chaque coiffure, chaque maquillage, chaque vêtement était suivi d'une séance filmée. Essai des focales. Essai des pellicules. Clouzot filmait, Clouzot visionnait. Clouzot corrigeait. Clouzot travaillait sur la couleur comme un peintre.

Et pendant ces deux mois, chaque soir à 20 heures je montais sur les planches du Théâtre Moderne. Et, chaque soir à 19 heures, se jouait entre Clouzot et moi un jeu plutôt sadique :
— Je dois être au théâtre dans une heure ! Il faut me libérer !
— Tu y seras, au théâtre ! Tu y seras ! disait-il.
Et nous continuions le travail.

A 19 h 20, Clouzot me lâchait enfin. Je passais rapidement une crème sur le visage afin d'enlever le plus gros du maquillage et je sautais dans ma voiture. Je grillais des feux rouges. J'évitais de justesse plusieurs carambolages. J'arrivais toute tremblante au théâtre.

Un soir où nous faisons d'autres essais, je suis attachée à un fauteuil par des cordes (l'un des rêves fous du mari jaloux), et me voyant prisonnière, je demande dès 19 heures à être libérée.

Clouzot, qui ne regarde jamais l'heure, répond :

— Mais non, encore une demi-heure, Dany.

— Il faut absolument que j'aille au théâtre !

— On va te lâcher.

Mais Clouzot ne me lâche pas.

Ce n'est qu'à 19 h 30 qu'on me détache enfin. Je n'ai pas le temps d'enlever mon maquillage. Je fonce comme un bolide et, à un feu rouge que j'ai grillé, je n'ai que le temps de piler : un camion me coupe la route. Cette fois, j'ai bien failli me tuer ! La sueur me coule sur le visage. Je tremble. J'ai les tempes et le cœur qui battent très fort. Au théâtre, je n'ai que le temps d'enfiler ma robe. Pas une seconde pour me mettre de la poudre qui atténuerait le maquillage. Mon visage est vert pomme ! Et c'est ainsi que je fais mon entrée. A chaque sortie de scène, j'enlève un peu de vert, j'ajoute du rose aux joues, du rouge aux lèvres. Plus l'action avance, meilleure est ma mine.

Après la représentation, l'un des spectateurs venu dans ma loge me demander un autographe me dit, après ses mots de félicitations :

— Vous avez complètement changé de visage pendant la pièce !

Le lendemain je décidai de quitter les essais à 19 heures, sans attendre l'autorisation de Clouzot, car cette expérience m'avait conduite à la limite de mes forces nerveuses. Il pouvait me reprendre le rôle, tant pis. Je ne voulais pas continuer à jouer « à peu près », ni pour le public ni pour Sacha Pitoëff qui ne me faisait jamais un reproche.

Le lendemain, Clouzot ne fit aucun commentaire. Je sentis que j'avais gagné. Quelques jours plus tard, il me dit :

— Tu as failli le perdre, hein, le rôle !

— Oui, Henri-Georges, j'aurais pu le perdre, mais j'ai décidé de partir à l'heure et si je dois perdre le rôle, eh bien...

De ce jour, Clouzot me respecta, il aimait les gens qui lui résistaient.

Vint le temps du tournage. Le théâtre fit relâche pendant l'été. Nous nous installâmes dans un petit hôtel modeste à deux pas du viaduc de Garabit, le fameux pont métallique construit par Eiffel au-dessus de la Truyère. Avec moi, il y avait Serge Reggiani, Romy Schneider, mon ami Jean Gaven, Henri-Georges Clouzot et sa femme Inés.

Le film, une super production de la Columbia, était enregistré en

L'ANNAMITE

français et en anglais grâce à trois équipes de tournage. Chacune d'elles était réservée à une couleur : une équipe pour le vert, une équipe pour le bleu, une équipe pour la couleur naturelle. Nous, les acteurs, nous courions d'une loge de maquillage couleur à l'autre, d'une équipe couleur à l'autre. Un travail considérable, exténuant, passionnant.

Romy était une partenaire délicieuse. A vingt-six ans, c'était déjà une actrice mondialement adulée. Mais elle ne jouait pas à la star. Presque du même âge toutes les deux, nous devînmes de véritables copines toujours prêtes à nous payer du bon temps. Car si nous acceptions de bon cœur de nous fondre dans notre personnage comme le désirait Clouzot, nous aimions aussi nous échapper. Lorsque le vendredi soir arrivait, Romy me disait :

— Allons à Saint-Flour ! Je t'invite à dîner.

Nous filions nous habiller, redescendions à pas de souris et nous faufilions par le jardin.

Clouzot, dans la salle à manger, s'impatientait :

— Où est Dany ? Où est Romy ? Il n'y a personne ici !

Clouzot était très exclusif, très jaloux. Il avait besoin de vivre enfermé dans son film. Je comprenais ce besoin, et j'aime qu'un metteur en scène ait besoin de moi. Mais quelques moments de respiration me sont indispensables pour que je revienne ensuite avec encore plus de plaisir. Lui ressentait cette coupure comme un abandon. Et il est vrai qu'il paraissait être un homme très seul. Inés, sa femme, l'entourait d'affection, mais il ne semblait avoir aucun ami.

L'une des scènes avec Romy se jouait dans une barque sur le lac. Nous avions chacune le visage moitié bleu, moitié vert. Romy dormait dans la barque, et moi, la diablesse tentatrice, corsage largement ouvert sur ma poitrine nue, je m'approchais doucement de son visage et l'embrassais sur la bouche. Clouzot tenait absolument à ce baiser.

— Tu approches ton visage du sien, tu l'embrasses sur la bouche et, attention ! je veux sentir le frisson ! Je veux sentir que ça vous plaît !

Les équipes techniques sont en place. Romy et moi nous nous concentrons sur notre rôle. La barque est lâchée et se dirige très lentement vers le large.

A l'instant où elle perçoit mon souffle sur son visage, Romy est prise d'un léger tremblement qui dissimule un fou rire. Son corps tremble, ses lèvres tremblent...

Clouzot hurle :

— Coupez ! Non, ce n'est pas possible ! Ce n'est pas raisonnable ! Tu n'es pas à ce que tu fais !

— Mais je dors, répond Romy.

— Eh bien, si tu dors, tu ne trembles pas! Alors ferme les yeux, dors, et c'est Dany qui te réveille en t'embrassant.

Nous recommençons. Légèrement allongée sur Romy, je sens à nouveau sa poitrine trembler sous la mienne au moment où j'avance mon visage. C'est moi maintenant qui suis prise de fou rire.

— Coupez! Coupez! hurle Clouzot.

Et il ajoute :

— Vous n'échapperez pas à cette scène! On restera sur le lac jusqu'à la nuit! Jusqu'à ce que vous n'ayez plus de fou rire.

La nuit commence à tomber. Clouzot demande à l'équipe d'installer des éclairages. Furieux, il lance pour la quarantième fois :

— Moteur!

Mais, pour la quarantième fois, nous ne parvenons pas à tourner la scène.

Hors de lui, Clouzot décida que nous ne reprendrions cette scène qu'à la fin du tournage. Nous serions alors possédées par notre personnage, habituées à tourner ensemble dans d'autres scènes plus ou moins scabreuses, et cela nous serait plus facile.

Au moment où je devais aborder les scènes avec Serge Reggiani, celui-ci tomba malade. Serge rétabli, Clouzot tomba malade à son tour. Mais, pour lui, ce fut beaucoup plus sérieux : une crise cardiaque. Verdict des médecins : l'état de santé d'Henri-Georges nécessitait plusieurs mois d'inactivité. Le tournage fut interrompu.

Je n'ai donc jamais posé mes lèvres sur celles de cette chère Romy avec qui je m'entendais si bien et je n'ai pas tourné avec Serge Reggiani, ce remarquable acteur.

Je repris mon rôle aux côtés de Sacha Pitoëff dans *le Système Fabrizzi*. Le succès n'était pas tari. Chaque soir, à nouveau, le Théâtre Moderne était plein.

L'état de santé de Clouzot me préoccupait : les médecins restaient très réservés. Vint pourtant le moment de la convalescence. Je lui rendis alors régulièrement visite.

Dans le milieu cinématographique, le bruit s'était vite répandu : « Clouzot ne tournera plus en raison de son état de santé et parce que la Columbia a perdu énormément d'argent. Plus aucune maison de production ne voudra miser un centime sur lui! »

Comme d'habitude, les rats avaient quitté le navire. Henri-Georges et Inés n'avaient plus un appel téléphonique, plus une visite! Cette attitude me choqua et je tentai d'être le plus souvent possible à leurs côtés.

Mais plus Clouzot se rétablissait, plus il devenait accaparant. Il désirait que je fusse disponible quand bon lui semblait. Il me reprochait même d'avoir des amis!

Il me fit subir un véritable interrogatoire :

— Qui sont les amis que tu fréquentes ? Ils sont dans le cinéma ? Ils sont connus ?
— Mes amis sont presque tous des inconnus...
— Et tu crois que c'est comme ça que tu deviendras une star ?
— Je ne comprends pas ! Ce sont mes amis de toujours, certains sont des comédiens ou l'ont été, la plupart ne sont « rien » en effet. Mais ce sont mes amis, ils sont donc tout pour moi.
— Mais enfin, quand on veut réussir dans ce métier, il ne faut pas perdre son temps avec des gens qui ne vous rapportent rien !
J'étais si choquée par ce discours, si perturbée que je songeai en rentrant dans mon pigeonnier : « c'est terminé ! Je ne reverrai plus Henri-Georges ! »
Je ne lui donnai plus signe de vie, mais la semaine s'était à peine écoulée qu'il me téléphonait :
— On fait toujours la tête ?
— Non, je ne fais pas la tête, Henri-Georges, mais l'amitié prime tout, et tant pis si je ne suis pas une star ! Je m'en fous !
— Bon, alors viens ! Nous allons faire un film ensemble : il ne faut pas que tu t'engages ailleurs ! Tu tourneras mon film et rien d'autre ! Ne te gaspille pas dans des films mineurs !
Car, évidemment, pour lui comme pour certains metteurs en scène importants avec qui j'avais tourné, tous les autres étaient mauvais.
Clouzot voulut reprendre le tournage de *l'Enfer*. La Columbia ne voulut pas. Elle priva ainsi le cinéma d'un film qui aurait été un grand événement dans l'art cinématographique. Grâce à ses recherches et à ses subtils truquages, Clouzot apportait une vision picturale nouvelle. Il créait dans le même temps un « vrai » cinéma qui aurait embarqué le spectateur dans les rêves et les fantasmes – érotiques surtout – les plus fous. Il y laissait libre cours à tous ses délires, à toutes ses folies... *L'Enfer* est un chef-d'œuvre qu'on n'a pas autorisé à naître.
Immense perte pour le cinéma, immense perte pour moi-même.

L'Enfer, inachevé, fut cependant montré en projections privées. André Cayatte assista à l'une d'elles et pensa immédiatement à moi pour son futur film, *Piège pour Cendrillon*. Il s'agissait de l'adaptation d'un roman noir de Sébastien Japrisot. Les dialogues étaient de Jean Anouilh.
Le film met en scène deux cousines. L'une est une modeste secrétaire, l'autre une riche héritière vaniteuse. L'une des cousines tue l'autre mais, gravement brûlée, défigurée, méconnaissable, la survivante ne sait si elle est la petite secrétaire ou la riche bourgeoise. *Piège pour Cendrillon* est la quête d'identité de cette amnésique.

Cayatte me confia le triple rôle : celui de chaque cousine et celui de la jeune amnésique défigurée. Évidemment, je prévins aussitôt Henri-Georges. Il n'avait toujours pas la possibilité de tourner, mais je lui renouvelai ma promesse : dès qu'il aurait le feu vert, je me rendrais disponible. Henri-Georges m'affirma :
— Tu ne dois pas tourner ce film !
— Pourquoi Henri-Georges ?
— Tout simplement parce que Cayatte ne saura pas bâtir un suspens comme le public les aime !
— Mais ce sont trois rôles superbes, l'histoire est bonne, les autres interprètes sont excellents...
— Eh bien, va travailler avec Cayatte et tu m'en parleras après !
Je ne tins évidemment pas compte de la mise en garde, un peu perfide, de Clouzot.
Débutèrent alors avec Cayatte cinq mois de tournage grisant. Un travail de composition très difficile mais un plaisir d'actrice rare. Plaisir de jouer trois personnages si différents, plaisir de retrouver Madeleine Robinson et Jean Gaven. André Cayatte ne me ménageait pas ses louanges : « Tu es merveilleuse ! », « C'est épatant, ce que tu fais ! » Cette atmosphère valorisante me permettait de donner le maximum. Pourtant, *Piège pour Cendrillon* exigea un travail considérable. Je ne pensais plus qu'à mes trois personnages et j'étais devenue une vraie carmélite, ne m'accordant aucune vie privée.

Le film achevé, Cayatte organisa des projections privées. Aussitôt les critiques me saluèrent comme une grande actrice : « Dany Carrel est Moreau, Girardot et Bardot réunies... » Tous les amis, tous les professionnels m'affirmèrent : « Dany, vous êtes à l'apogée ! Cette année 1965 est votre grande année ! » Et Cayatte de renchérir : « Je prépare un autre film, c'est toi qui en seras la vedette ! »

On me considérait désormais comme autre chose qu'un joli corps ! J'allais pouvoir interpréter des rôles dramatiques, incarner des personnages à travers lesquels pourraient transparaître mes émotions, mes écorchures...

Le public n'eut pas le même enthousiasme que les critiques et les professionnels. Le film resta peu de temps à l'affiche, et les recettes ne furent pas celles escomptées. Et, telle Perrette et son pot à lait, mon beau rêve s'évanouit.

Cayatte ne me confia plus aucun rôle. Et les autres grands metteurs en scène me boudèrent pendant plus d'un an.

Au début des années 80, *Piège pour Cendrillon* fut programmé à la télévision. Il eut un taux d'écoute considérable et déclencha l'enthousiasme des téléspectateurs. Comment interpréter un tel changement ?

Malgré l'échec commercial initial, malgré le lâchage de Cayatte, je n'ai jamais regretté d'avoir tourné ce film. Cependant je me pose toujours les mêmes questions : pourquoi étais-je restée toute une année sans rôle intéressant puisqu'on m'avait jugée si bonne ? Je sais bien que l'aspect commercial prime toujours. Je sais aussi que l'échec sépare. Dans le métier, on préfère un acteur aux prestations moyennes dans un film à succès au même acteur remarquable dans un film à faible succès commercial.

L'échec relatif de ce film coïncida avec la fin de mes amours. Ghislain Cloquet était un chef opérateur si remarquable que de nombreux metteurs en scène le réclamaient. Il partit pour les États-Unis, appelé par Arthur Penn. Plus son absence durait, plus je me sentais revivre. Je finis par me répéter : « Il faut me séparer de lui... Je dois me reposer le cœur... » Je m'étais bagarrée toute ma vie pour éloigner le malheur et je ne vivais plus que dans le drame, la tristesse. Je devais maintenant être un peu égoïste si je ne voulais pas me noyer dans le désespoir avec Ghislain.

Je ne répondis plus à ses lettres. Comment aurais-je pu lui expliquer que je l'aimais et que je ne voulais plus de lui ?

L'enfer de Clouzot, le piège de Cayatte, les drames de Ghislain... ma vie aurait été plutôt lugubre si je n'avais eu Alice et son compagnon Jacques Trébouta près de moi. Et tous deux s'entendaient pour me redonner le goût de vivre.

La fin de l'année 1967 fut tout à fait belle pour moi. Non seulement on me proposait à nouveau des contrats mais dans ma vie familiale arriva un très grand bonheur : Alice et Jacques avaient décidé d'avoir un enfant.

Ils s'installèrent au quatorzième étage, juste au-dessus de mon pigeonnier.

Cet enfant, nous l'attendîmes tous les trois et nous étions bien décidés à lui donner tout ce que nous n'avions pas eu : une famille, une maison et beaucoup d'amour.

Première étape : l'accouchement. J'avais l'intention de jouer le rôle, car j'avais suivi aux côtés d'Alice la préparation à l'accouchement. Je connaissais la méthode sur le bout des doigts... Les premières contractions survinrent un soir, trois semaines avant la date prévue. J'emmenai Alice en voiture à la clinique du Belvédère à Boulogne. Au bout d'une heure, toute contraction cessa. Je rentrai donc à mon pigeonnier. A 6 heures du matin, une infirmière me téléphona :

— Vous pouvez venir !

Alice était installée en salle d'accouchement. Comme on nous l'avait appris aux cours, je la fis respirer au moment des contractions, et respirai avec elle. Pour la réconforter, je lui tins la main.

Mais je me sentis bien impuissante face à la douleur. Nous continuâmes pourtant, bien docilement, à appliquer la méthode... Cinq heures de respirations entrecoupées de courts moments de répit ! Alice se montra remarquablement courageuse.

La naissance était maintenant imminente. L'obstétricien, prévenu, entra dans la salle. La sage-femme ordonna : « Poussez ! » Alice et moi, en même temps, faisions les mêmes efforts répétés. La sage-femme me regardait, médusée. Alice, dans ses efforts, eut quelques vaisseaux du visage qui se rompirent. Moi, dans mes efforts, j'eus les mêmes vaisseaux qui se rompirent...

L'enfant naquit enfin. Je le regardai, follement inquiète : il avait une grosse bosse sur la tête et son sexe me parut monstrueusement disproportionné. Je restai muette et pensai aussitôt : « C'est un monstre !... » Il est vrai que je n'avais jamais vu de nouveau-né !... Voyant mon air interloqué, la sage-femme me rassura :

— Ce n'est rien, je vous assure. Le bébé est très beau, il est en parfaite santé. Maintenant la maman et le bébé vont se reposer, revenez en fin d'après-midi et tout sera rentré dans l'ordre...

Dès 17 heures, j'étais de retour à la maternité. Avant même d'aller rejoindre Alice, je me précipitai à la nurserie. L'enfant dormait paisiblement. Il était tout beau, avait une bonne petite bouille ronde et n'avait plus la moindre trace de bosse. J'interrogeai l'infirmière :

— Et le bas ?

— Je vais vous rassurer tout de suite.

Gentiment, elle enleva les langes de l'enfant. Je n'en crus pas mes yeux : tout était redevenu normal !

— Mais c'est formidable ! Je peux maintenant aller féliciter la mère, elle a un bébé magnifique !

L'« heureux père », comme on dit dans les romans, venait d'arriver de province où il tournait un film. Yvon aussi nous avait rejoints. Ainsi, toute la famille était réunie autour d'Alice pour cet événement immense. Ce bébé était véritablement pour nous tous le fondement de notre famille...

Cependant, le bébé n'avait toujours pas de nom. C'est Jacques qui proposa « Antoine » et, aussitôt, nous fûmes tous d'accord. Alice et moi ajoutâmes « Yves », en l'honneur de notre « frère » Yvon.

Antoine était mon enfant, je me considérais comme sa deuxième mère. J'avais l'impression de l'avoir porté pendant neuf mois puis de l'avoir mis au monde. Dès que j'avais un instant de liberté, je me précipitais chez Alice et Jacques pour m'occuper de lui. Cette famille qu'Alice venait de créer avec Jacques était la mienne. Tous trois, venus de nulle part, nous nous étions choisis. Depuis ce jour de printemps 1957 où Alice était entrée pour la première fois dans mon studio de la rue des Pâtures, nous ne nous étions plus jamais quittées. La famille venait simplement de s'agrandir.

En ce printemps 1968, Clouzot me boudait toujours. Sans doute m'en voulait-il encore de ne pas être restée à sa totale disposition. Je savais qu'il avait maintenant un projet de film. Un matin, de très bonne heure, comme à son habitude, il me téléphona :

— Accepterais-tu de me donner une participation dans mon prochain film ?

Et il poursuivit, sur un ton ironique, satisfait de lui :

— Ce n'est pas un premier rôle ! C'est un rôle qui ne nécessitera qu'une dizaine de jours de tournage...

— Éventuellement, Henri-Georges. Cela dépend du rôle...

— Le rôle est très court. Tu ne parleras pas beaucoup... On te voit nue...

— Encore ! J'ai tout de même d'autres possibilités !

— Mais il y a autre chose ! Derrière le corps, il y a autre chose... Et si tu fais ce petit rôle, tu verras que ça te rapportera beaucoup plus en notoriété que toutes les merdes que tu peux tourner avec Cayatte et autres... Je t'envoie la scène.

Les deux premiers rôles de *la Prisonnière* étaient interprétés par Laurent Terzieff et Élizabeth Wiener. L'action se passait dans l'appartement d'un couple. Lui était photographe. Il proposait à une jeune fille de poser nue sous un imperméable en plastique transparent. Elle acceptait, car elle avait besoin d'argent. Le photographe ne la touchait pas mais, l'œil caché derrière son appareil photo, il jouait au voyeur. Il faisait venir sa femme. Tous deux regardaient la jeune fille nue. A la fin de la séquence, la jeune fille comprenait le jeu du couple. La scène terminée, elle se rhabillait. Il lui tendait un billet. Elle s'éclipsait.

Après la lecture du compte rendu beaucoup trop bref, je m'interrogeai sur l'utilité pour moi d'un tel rôle : je n'avais rien à faire !... J'étais perplexe et j'hésitais :

— Henri-Georges, ton scénario est trop succinct, je ne peux prendre ma décision avec si peu d'éléments. Il n'y a rien sur le papier !

— Il n'y a rien, en effet, sur le papier. Je ne peux pas tout écrire, mais tout sera dans l'image.

Me souvenant des deux courtes scènes de Rose-Mousse avec Gérard Philipe dans *les Grandes Manœuvres*, qui avaient tellement fait pour ma carrière, j'acceptai le rôle.

Nous tournâmes en studio, à huis clos. Les acteurs étaient véritablement prisonniers de Clouzot. J'étais intriguée par le rôle de

Terzieff. Lui, tellement pudique, tellement réservé, jouant le rôle d'un pervers! Évidemment, Clouzot le diabolique l'avait précisément choisi pour son physique grave, un peu mystérieux...

Je tournai pendant six jours. Six jours à danser nue sous mon imperméable transparent, éclairée plein feu par les sunlights. La chaleur était terrible. Il y avait la fournaise des lumières, l'effet de serre du plastique. Il y avait mes hauts talons...

Fatiguée, déshydratée, je demandais à Clouzot :

— Entre les prises de vues, on pourrait peut-être m'essuyer?

Chaque demande se heurtait à un refus catégorique.

Maggy, sous les ordres du photographe, devait prendre des poses érotiques, bouger, danser. Plus il photographiait, plus les déclics de son appareil se succédaient rapidement. C'est en voyant cette accélération que la jeune femme devinait le plaisir que prenait ce photographe et, elle-même, finalement, semblait trouver son propre plaisir. La scène était, pour moi, très difficile. Mais elle plaisait beaucoup à Clouzot.

Lorsque je lui demandai pour la dixième fois :

— Est-ce que je peux sortir de mon plastique? Il ne laisse pas entrer le moindre filet d'air. J'étouffe, je suis trempée!

Il répondit :

— C'est très beau, la sueur qui coule...

Peut-être était-ce plus érotique en effet, mais je vivais des heures de supplice. Mes joues se creusaient, mes yeux se cernaient, mes cheveux se mouillaient, se collaient... Clouzot était aux anges.

Au bout du sixième jour, j'avais maigri de trois kilos.

Très intriguée par la façon dont Clouzot avait inséré cette scène érotique dans son film, je me précipitai à la projection privée. Il avait eu raison lorsqu'il m'avait assuré : « Je ne peux pas tout écrire, mais tout sera dans l'image. » La scène, très forte, ne passait pas inaperçue.

Il n'y eut personne de la profession qui ne dit, l'œil un peu chaviré :

— Je t'ai vue dans *la Prisonnière*!

— Mais enfin, je n'ai que six minutes!

— Oui, mais six minutes qu'on n'oublie pas!

Pour le public non plus, la scène ne passa pas inaperçue. Les lettres de mes admirateurs se multiplièrent. Beaucoup étaient gentiment érotiques. D'autres très touchantes. Un beau jeune homme m'envoya sa photo et m'écrivit : « Comme j'aimerais vous fréquenter et même passer ma vie avec vous! Mais, pour ça, il faudrait que je devienne quelqu'un. C'est pour ça que je me suis lancé dans la tauromachie. Si je devenais un toréador célèbre, est-ce que vous m'épouseriez? »

D'autres lettres étaient franchement impudiques et si pressantes qu'elles finirent par me faire peur. Des hommes allaient jusqu'à me proposer de l'argent pour faire l'amour avec moi !

Certains semblaient même m'espionner : « Ah ! votre corps... Je vous ai vue dans *la Prisonnière* et je ne peux plus vous oublier... Hier soir, je vous ai vue sortir de chez vous... »

Aujourd'hui, vingt ans plus tard, cet homme continue à m'écrire. Depuis tout ce temps, il me poursuit, mais jamais je ne l'ai vu. Lorsque je joue au théâtre et rentre très tard, je frémis au moindre bruit. Dans les couloirs de l'immeuble, je frôle les murs. Ma peur a décuplé lorsque, il y a peu de temps, j'ai reçu une nouvelle lettre : « Je suis dans un asile, mais j'ai le droit de sortir... »

III

MOTS D'AMOUR

Je m'étais promis de ne jamais abandonner Juliette. En souvenir de mon père. J'agissais un peu comme s'il avait été au-dessus de moi et me disait : « Prends soin d'elle, Yvonne ! » Je pensais aussi à l'abbé Bel, dont j'avais retenu certains préceptes : « Ne rends jamais le mal pour le mal, mais, au contraire, rends le bien pour le mal ! »

Juliette vieillissait dans la solitude, dans la tristesse. Cette femme habituée au faste, aux mondanités, ne supportait pas de vivre modestement. Malgré le relais des visites que nous organisions, Yvon et moi, et même parfois Alice, elle me reprochait souvent de l'abandonner. Et pourtant, que d'efforts je devais faire pour ne jamais laisser passer plus d'une semaine sans la voir ! Chaque fois, elle me serrait dans ses bras et pleurait sur son propre malheur.

Un jour, je l'interrogeai sur ces deux belles maisons d'Indochine dont Alice m'avait parlé :

— Que sont devenues ces deux villas que notre père nous avait données ?

— Oh ! tu sais, avec ces guerres qui ont duré tant d'années, tout a été démoli... répondit-elle, imperturbable.

Comme je ne me souciais pas de ces histoires d'argent, je ne cherchai pas à en savoir davantage. Lorsque j'évoquais l'Indochine, je pensais à mon père. Je ne savais guère de choses sur lui, mais Juliette, après bien des années, continuait à m'en dire le plus grand bien.

Alice et moi souhaitions porter le même nom, celui de notre père.

Je décidai donc, comme chaque fois que je devais avoir une discussion embarrassante avec Juliette, de l'inviter au restaurant.
— Dis-moi, Alice est la fille d'Aimé, tu es bien d'accord?
— Oui, c'est la fille d'Aimé...
— Donc, nous avons le même père ; tu pourrais peut-être lui faire un cadeau : lui donner le nom de son père.
— Écoute, Yvonne, je vais réfléchir...
Quelques jours plus tard, je reçus une lettre : « Eh bien, c'est entendu. J'entreprends les démarches qui permettront à Alice de porter le nom de son père. »
Quelques semaines plus tard, Juliette m'envoya le papier officiel : Alice Chazelles s'appelait désormais Alice Chazelles de Vries ! Juliette avait tout bonnement donné son propre nom de jeune fille à Alice ! Que s'était-il passé ?
Le temps passait, Juliette avait maintenant près de quatre-vingts ans. Elle perdait la vue. Bientôt, il lui devint impossible de vivre seule. Elle avait peu à peu dilapidé la richesse que lui avait laissée mon père. Elle avait dû vendre son appartement de la rue Laferrière.
Je décidai, avec son accord, de chercher une maison de retraite. Pas question pour moi de la mettre dans un mouroir sordide. J'avais de l'argent, il était fait pour être utilisé. Je me rendis donc au syndicat des acteurs :
— Je cherche une maison de retraite confortable et de préférence au bon air.
— Eh bien, à Louveciennes, il y a une maison de retraite très bien ! La maison de retraite Saint-Joseph.
Quel choc ! Tout à coup, je revis mon orphelinat ! Et je me souvins d'un lieu que j'avais totalement oublié. Derrière le réfectoire, il y avait une petite porte qui donnait sur une allée plantée d'arbres et, tout au fond, l'infirmerie. A côté de l'infirmerie se trouvait, en effet, une maison de retraite entourée d'un jardin planté de tilleuls. Lorsque le mois de juin arrivait, les sœurs demandaient :
— Qui veut aller « faire » le tilleul?
Micheline et moi, aussitôt, levions le doigt. Nous aimions ce lieu planté d'arbres. Nous quittions notre cour nue, hostile, pour nous retrouver dans une nature douce et parfumée. Je songeai que, décidément, la vie réservait parfois de bien étranges surprises.
Je rendis compte à Juliette de mes recherches. Aussitôt son visage se crispa et devint d'une pâleur extrême.
— Tu ne vas pas me mettre là ! s'écria-t-elle, horrifiée.
A cette seconde précise, et pour la première fois, je compris qu'elle savait exactement dans quel endroit sinistre j'avais vécu et, à mon tour, je fus horrifiée de cette découverte.

— Tu ne vas pas me mettre là! répéta-t-elle, persuadée, cette fois, que je l'abandonnais réellement.
— C'est une maison de retraite qui a été entièrement remise à neuf, et il y a un jardin... Tu y seras bien! Simplement, c'est une maison tenue par des religieuses.
— Des religieuses!
— Mais enfin, j'ai passé dix années de ma vie avec des sœurs! Pendant dix ans, tu m'as laissée avec des sœurs!

Deux grosses larmes coulèrent sur ses joues.
— Écoute, je ne t'y mettrai que si c'est très bien.

Je l'installai finalement dans un lieu magnifique, le château d'Abondant, entouré d'un parc.

Comme bien des personnes âgées, Juliette revenait sur son passé et le transformait à loisir. Plus elle vieillissait, plus elle se donnait le rôle d'une sainte :
— Tu vois, Yvonne, je me suis tout de même très bien conduite, puisque j'ai reconnu les deux filles d'Aimé et que je t'ai ramenée d'Indochine! C'est grâce à moi que ton destin a changé!
— Il m'a fallu tout de même mener seule bien des bagarres pour m'en sortir.
— Mais il y avait la guerre, je ne pouvais pas venir te chercher. Tu étais beaucoup mieux avec les sœurs, je t'assure!

Juliette aurait beaucoup aimé que l'orphelinat eût été un bien pour moi. Ainsi aurais-je eu une dette envers elle. Malgré les grosses ficelles qu'elle utilisait, elle était toujours aussi habile à m'ébranler.

Cependant, je ne voulais plus polémiquer avec elle. Je l'écoutais, attristée, et faisais en sorte qu'il ne lui manquât rien. Je mettais à sa disposition une dame qui lui tenait compagnie et la promenait dans le parc, car je ne pouvais toujours me rendre à Abondant. Juliette n'accepta pas longtemps cette compagnie. Ce qu'elle voulait, c'était ma présence. Et elle se plaignait.

La directrice de l'établissement me téléphona :
— Mme du Chaxel ne veut plus rester ici, elle pleure à longueur de journée. Pouvez-vous venir?

Yvon et moi dûmes chercher une autre maison de retraite. Juliette ne supporta pas davantage la nouvelle, se montra toujours aussi difficile, exigeante avec le personnel. A nouveau, je fus donc invitée à la reprendre.

Juliette me dit :
— Il faut me remettre à Paris, personne ne vient jusqu'ici!

On nous indiqua une maison de retraite aux Gobelins, tout près de la porte d'Italie. Une nouvelle fois, mon enfance et sa vieillesse se télescopèrent : c'était ici, à deux pas, que Juliette m'avait mise en pension en revenant de Marseille. Chaque fois que je lui rendais visite, je ne pouvais m'empêcher de penser à cette période de mon adolescence. Je passais en effet devant les cinémas où Francine et moi nous rendions en cachette...

La maison de retraite des Gobelins nous permit, à Yvon, Alice et moi-même, de faire des visites plus fréquentes. Mais Juliette continuait à pleurer. Elle pleurait sur son passé, elle pleurait sur son présent. L'égoïsme de toute une vie l'empêchait d'apprécier l'aide, le réconfort que chacun tentait de lui apporter. Chaque fois que je lui rendais visite, elle me prenait la main :

— Tu me laisses tomber! me disait-elle.

Invariablement, j'étais apitoyée. Je me souvenais de ce qu'elle m'avait répété si souvent : « Sur les paquebots, nous étions toujours les plus admirées, Jeanne, la blonde aux yeux noirs, et moi, la brune aux yeux verts... » Et je la regardais maintenant : une vieille dame aveugle, sans amis, sans famille. Quelle fin terrible! Et pourtant n'est-elle pas elle-même la cause de cet isolement? Rien ni personne ne l'avait intéressée hormis elle-même et Jeanne, leurs voyages et leur vie mondaine... Mais lorsque je songeais à la superbe Juliette qu'elle avait été, je songeais aussi à mon père : mon père et cette femme, un jour, s'étaient aimés...

Un soir, très tard, Hervé, le frère d'Yvon, me téléphona :
— Yvon a été pris de violentes douleurs abdominales cette nuit. Je l'ai conduit à la clinique de Sèvres.

Au matin, dès la première heure, Alice et moi filons à la clinique :
— Où est Yvon Ridard? Qu'a-t-il?

Personne ne veut répondre à nos questions. Après force discussions, nous parvenons jusqu'au chirurgien :
— Vous êtes de la famille? interroge-t-il sèchement.
— Pratiquement, c'est un ami de très longue date...
— Il est perdu!
— Perdu? Ce n'est pas possible!
— Il a une pancréatite aiguë, on ne peut rien faire!

Le chirurgien nous assène ses phrases comme autant de coups de massue. Aucune nuance, aucun égard, aucune humanité dans cet homme. A poser question sur question, nous apprenons que le pancréas est totalement détérioré et qu'« il ne peut être question d'opérer puisqu'on ne peut vivre sans pancréas »!

Nous allons enfin auprès d'Yvon. Il a le visage si gonflé que j'ai peine à le reconnaître. Il me prend doucement la main. Il n'a plus mal et n'est pas inquiet. Nous parlons de tout et de rien. Je fais un effort terrible pour rester calme, sereine : surtout, ne rien lui montrer de mon angoisse.

Nous ne devons pas rester trop longtemps près de lui pour ne pas

le fatiguer, et son temps est étroitement compté. J'ai refermé la porte derrière moi après lui avoir fait un petit signe d'amitié. Hervé nous accompagne quelques pas dans le couloir. Je l'interroge :
— Il a eu de nombreuses crises auparavant, n'est-ce pas ? Pourquoi ne nous a-t-il jamais rien dit ?
— Oui, c'est vrai, il a eu d'autres crises. Mais, tu sais, il ne se plaint jamais, il ne veut pas ennuyer ses proches.
— Jamais, pas une fois il ne m'en a parlé ! Depuis tant d'années que nous sommes amis !

Il y avait quinze ans qu'Yvon et moi ne nous quittions pas. Il y avait quinze ans que nous nous confiions nos secrets, nos amours. Mais jamais un mot sur sa maladie ! Je lui en voulais un peu : j'aurais pu faire quelque chose ! Je l'aurais emmené auprès des spécialistes. Nous l'aurions peut-être sauvé...

Chaque jour, après le tournage de *Delphine*, je lui rendais visite. Chaque matin en me réveillant, je me posais la même question angoissante : « Est-il encore en vie ? »

Depuis le jugement sans appel du chirurgien, Alice, Jacques et moi remuions tout Paris pour tenter de sauver Yvon. Nous apprîmes qu'un chirurgien de la clinique de l'Alma était spécialisé dans les opérations du pancréas. Il accepta de tenter l'opération de la dernière chance.

Alice et moi montons dans l'ambulance. Yvon est bardé de tuyaux, il a le visage et le corps légèrement bleutés... Il nous agrippe la main, à droite, Alice, à gauche, moi. Il sourit. Je ne peux dire un mot, je le regarde, j'esquisse de pauvres sourires, je lui serre très fort la main pour tenter de lui transmettre un peu de ma vie. Mais je sens que le monde des hommes ne peut plus rien faire. Alors, instinctivement, comme lorsque j'étais enfant, je me raccroche au miracle : « Mon Dieu, sauvez-le ! »

Dès son arrivée à la clinique, Yvon est préparé pour l'opération, puis on le transporte dans le bloc opératoire. Je l'embrasse, il est brûlant. Nous nous regardons une dernière fois avant que la porte ne se referme sur lui. Je lui envoie un baiser et lui dis :
— A tout à l'heure. Ne t'inquiète pas, je t'attends !
Mais je ne suis pas certaine qu'il soit capable de m'entendre.

Alice et moi descendons dans la salle d'attente. Je ne vois rien de ce qui m'entoure, je n'entends rien. Une sorte de vide avant la catastrophe.

Une infirmière s'approche de nous :
— M. Yves Ridard est de retour dans sa chambre.
Nous nous précipitons. Yvon a les yeux fermés. Son visage est bleu. Ses mains sont bleues. Un appareil lui permet de respirer. Tout à coup, j'ai très peur. Je sens que tout est fini et je ne comprends

pas pourquoi on maintient ces appareils branchés : il faut le laisser maintenant ! Et je me sauve. Je ne peux supporter de le voir ainsi.
Un peu plus tard, le médecin s'approche de moi :
— Il se repose définitivement, me dit-il.
Alice et moi éclatons en sanglots. Je sentais que tout était fini et, malgré tout, je croyais encore à l'impossible.
Le père d'Yvon vient vers nous. Il n'a pas de larmes, mais il est blême. Nous nous jetons dans ses bras et, comme si nous étions ses propres filles, il les referme sur nous et me dit :
— Yvon vous aimait tellement !

Comment admettre cette mort ? Du jour où j'avais rencontré Yvon, il ne m'avait plus quittée, il m'avait soutenue, aidée. Comment pourrais-je me consoler de sa mort ? Yvon était mon frère. Il était devenu celui d'Alice. Et il n'était plus là... Et j'en voulus à la terre entière : pourquoi lui ? Pourquoi lui, qui n'avait que trente-deux ans ? Yvon me laissait l'impression très extraordinaire d'une sorte d'ange : il avait fait une brève apparition sur terre le temps de me connaître, de m'aider, puis il était reparti... Il semblait hors du temps. Il était si généreux. Oui, c'est bien cela, Yvon était d'un autre monde.
Alice et moi retournâmes plusieurs fois dans le Loiret. Mais un vrai cataclysme semblait s'être abattu. Le père d'Yvon, inconsolable, succomba un an plus tard. La douce et jolie Jocelyne mourut d'un cancer, elle n'avait que vingt ans. Deux frères s'exilèrent en Amérique. En trois ans, la famille fut entièrement disloquée.
Aujourd'hui, dans mon souvenir, ils restent tous bien vivants ! Je les revois autour de l'immense table, je sens leur tendresse, j'entends leurs éclats de rire.
Mon chagrin d'avoir perdu Yvon était si grand que je ne pouvais plus entrer dans les lieux où nous allions depuis tant d'années, tous ces bistrots, tous ces « petits cafés ». Nous les avions tant fréquentés qu'il me semblait pouvoir y lire son nom inscrit sur telle ou telle table où nous nous étions accoudés. Vingt années se sont écoulées, et Yvon est toujours aussi présent.
Nous n'avons cessé de l'associer aux événements de notre vie. Nos enfants le connaissent comme s'il vivait réellement à nos côtés, comme s'il faisait partie de la famille, comme s'il allait sonner à la porte.

Yvon était mort. C'était peut-être le seul homme qui m'avait vraiment aimée. Il m'avait aimée au point de ne jamais transgresser cette sorte de pacte entre nous : ne pas devenir amants. Il avait aimé la petite fille paumée que j'avais été avec toutes ses meurtrissures.

Bien sûr, les autres hommes avaient aimé la femme mignonne et sensuelle que j'étais, mais m'avaient-ils aimée, *moi*?

J'étais une passionnée, capable de toutes les folies lorsque j'étais amoureuse. Même mon métier passait alors au second plan. Mon tempérament « asiatique » prenait le dessus, je devenais la congaye de l'homme, la servante du seigneur. S'il me demandait : « Tu m'accompagnes dans ce voyage? » alors qu'au même moment un film m'était proposé, je refusais le film pour partir. Lorsque j'aimais, je donnais tout.

J'avais tout donné à Marcel, à Ghislain et à André, cet homme marié que je venais de quitter. Notre liaison avait duré deux ans. Deux ans d'amour fou pour moi. Mais lui, m'aima-t-il? Je ne le sus jamais. Un jour, je me réveillai et m'interrogeai : « Cet homme, est-il amoureux de moi? L'est-il au point où je doive tout lui sacrifier? » Ma réponse était négative. Alors je décidai : « Il est temps, maintenant, de me reposer le cœur! »

Excessive dans la passion amoureuse, excessive dans la tristesse, je ne pouvais me consoler de la rupture avec André. Et c'est au milieu de cette grande tristesse qu'un homme me fit signe. Il m'écrivit. Il ne faisait pas partie de ces admirateurs qui m'accablaient de leurs fantasmes érotiques. François Mosser était un jeune homme timide aux sentiments cachés. Cela faisait près de trois années que nous nous connaissions. Je l'avais remarqué lors du tournage d'*Un idiot à Paris*. Assistant de production, il passait alors souvent le matin me prendre en voiture. Il parlait peu, se mêlait peu aux gens du métier et, ainsi, gardait tout son mystère. Qualité suprême, il ne me faisait pas la cour! Je trouvais cela délicieux. Mes rapports purement amicaux étaient rares avec les hommes. J'étais pour eux l'image du *sex-appeal*. Les conversations sans sous-entendus de François étaient agréables, reposantes. Le tournage achevé, nous continuâmes à nous voir, de temps à autre, en amis. Quelques mois après notre dernière rencontre, je reçus une lettre de lui. Il faisait son service militaire en Algérie dans le cadre de la coopération et souhaitait correspondre avec moi. Sa lettre était vraiment charmante. Je pensai qu'il devait s'ennuyer et qu'un petit mot, de temps en temps, pourrait le distraire.

Nous correspondions depuis plusieurs mois lorsque je reçus une lettre de François plus chaleureuse que les précédentes. Il exprimait à mots couverts bien plus que de l'amitié. Tout à coup, je découvris, étonnée, qu'il cachait ses sentiments depuis trois ans! Il m'apparut alors sous un autre jour. Je tentai de me le remémorer : séduisant physiquement – grand, mince, brun aux yeux noisette –, séduisant par ses qualités de discrétion, de pudeur, de sérénité... Il se produisit un déclic en moi : si je faisais attention à lui?

Comme je n'étais pas femme des demi-mesures, et puisque j'avais décidé de m'intéresser à lui, je voulus le connaître davantage. Pour cela, je ne trouvai qu'un seul moyen, lui rendre visite à Alger. Il serait libre un très court week-end, vite passé. S'il ne me plaisait pas, eh bien, je visiterais la ville. Cela ne nous empêcherait pas de rester de bons amis...

Je ne vis rien d'Alger ! Notre chambre et notre petit salon, très agréables, donnaient sur une large terrasse surplombant une magnifique plantation. Palmeraie ou orangeraie ? Je ne fis même pas attention. François et moi ne nous quittâmes pas une seconde.

De retour à Paris, François prit une place grandissante dans ma vie. Il faisait maintenant souvent partie de la famille réunie au pigeonnier. Il avait quitté la production de la Gaumont pour devenir administrateur de biens. Il était loin des intrigues du monde du cinéma, et, pour cela, près de lui, je me sentais en totale sécurité.

Au début du printemps 1969, je tournai dans *Clérambard*, un film d'Yves Robert adapté de la pièce de Marcel Aymé. Philippe Noiret partageait avec moi la vedette. « La Langouste », que j'interprétais, était une dame de petite vertu mais au grand cœur et que Noiret-Clérambard voulait épouser.

J'avais accepté ce rôle avec joie. Mais je déplorais que les producteurs ne m'imaginent pas plus souvent dans des personnages plus habillés. Des journalistes s'étonnèrent avec moi. Ainsi Jacques Chancel qui, voulant approfondir ma vraie personnalité, me convia à son émission « Radioscopie ». Excellente occasion pour moi de faire le point. Car la « jeune et jolie comédienne » vue par Chancel avait tout de même trente-quatre ans. Et je savais que j'étais à un tournant de ma vie : j'étais enceinte.

Attendre un enfant était le comble du bonheur. Car le temps passait ! J'avais mené une carrière plutôt belle : plus de quarante films et pièces de théâtre qui avaient été de très grands succès. Maintenant, je désirais vivre pleinement une vie de femme. Je décidai donc de m'assagir.

Lorsque j'annonçai à François que j'attendais un enfant, il me dit aussitôt : « Marions-nous ! » Pour la première fois, j'étais très amoureuse d'un homme à peine plus jeune que moi – d'un homme libre et d'un homme qui n'aspirait qu'à faire sa vie avec moi. Petite fille, j'avais beaucoup trop souffert de ma solitude, de mon abandon pour offrir une vie instable à l'enfant que j'attendais. Je savais, par une cruelle expérience, combien une vie familiale est vitale pour un enfant. Je n'hésitai donc pas longtemps à prendre ma décision : non seulement je vivrais avec François, mais je l'épouserais.

François et ses parents décidèrent d'un mariage religieux à Antibes, où ils vivaient.

Le ciel est bleu, sans un nuage. L'air est très doux. Nous sommes en septembre. J'ai une jolie robe blanche courte et un manteau blanc très simple. En entrant dans la petite chapelle, je retrouve l'atmosphère, l'odeur d'encens, oubliées. En entendant les chœurs, j'entends à nouveau ceux de mon enfance, et ce retour aux sources m'émeut profondément.

Le déjeuner est beau, gai et bruyant, nous sommes si nombreux! François m'a présenté les membres de sa famille :

— Je te présente Untel... Je te présente Une telle...

Après avoir reçu les compliments d'usage, je remercie et me contente d'ajouter :

— Je vous présente Alice, ma sœur.

Alice est ma seule famille, et j'éprouve une curieuse impression de fragilité en considérant ma si petite famille, Alice et moi, face à la grande famille de François.

Ma grossesse m'obligea au repos dans mon pigeonnier. Mais j'aimais ce temps de pause. J'avais tout le temps de penser à mon foyer, à l'enfant que j'attendais. Au Palomet, la maison de mes beaux-parents à Antibes, j'avais remarqué quelques photos d'une petite fille : Odile, la sœur aînée de François, morte à huit ans. Pour cette raison, je désirais avoir une fille. Quel magnifique cadeau ce serait!... Et puis, dans ma famille, il y avait déjà Antoine, il lui fallait bien une petite sœur!

De la clinique de Fontenay-sous-Bois, François appela ses parents. Ce fut leur employée qui décrocha. François lui annonça :

— Laurence-Odile vient de naître!

L'employée s'écria aussitôt, joyeuse :

— C'est une fille!

François entendit alors des sanglots. C'étaient ceux de sa mère, bouleversée. Elle dit :

— Merci, mon Dieu, de nous avoir donné une fille! puis se précipita au téléphone pour dire sa joie.

Laurence, évidemment, était le plus beau bébé du monde! Je voulais lui donner – comme Alice et moi le voulions pour « notre » fils Antoine – tout l'amour dont j'avais été privée. C'étaient eux qui, désormais, dirigeaient ma vie. Eux avant tout.

Mais je n'avais pas renoncé définitivement à mon métier, qui était une passion et un besoin physique autant que psychologique.

Laurence avait sept mois. Depuis sept mois, je ne me lassais pas de la regarder, de l'admirer. J'avais épié avec émotion les premiers sourires, j'avais été émue aux larmes aux premiers câlins, aux premiers « maman ». Pour rien au monde je n'aurais voulu manquer

Piège pour Cendrillon, un film que le public accueillit avec réserve malgré l'enthousiasme des critiques qui voyaient en Dany Carrel « Moreau, Girardot et Bardot réunies » (André Cayatte, 1965).

Dans le Pacha, l'actrice se retrouve en plein pays de connaissance : l'œil bleu de Jean Gabin et les dialogues de Michel Audiard (Georges Lautner, 1968).

L'affiche de Clérambard dont elle partage la vedette avec Philippe Noiret (Yves Robert, 1969).

vec la télévision, Dany Carrel
que le grand écran
avait si souvent cantonnée
les emplois de femme légère
et déshabillée, se voit confier
des rôles d'épouse
et de mère de famille.
En haut, Féminin pluriel,
de Marcel Camus,
d'après le roman
de Benoîte et Florence Groult
(TF1, 1982) ;
centre, Allons voir si la rose,
de Bernard Toublanc Michel
(TF1 , 1982) ;
bas, les Enquêtes Caméléon,
de Dominique Fabre
(Antenne 2, 1987)
compagnie d'un homonyme,
Roger Carel.

ces rendez-vous avec elle. Il était temps de retrouver le chemin des studios ou des planches. Après *Clérambard*, des metteurs en scène et des producteurs m'avaient contactée, mais j'avais refusé toutes les propositions afin de me consacrer à ma famille. Maintenant, on semblait m'avoir oubliée. Et il y avait près d'un an et demi que j'avais disparu des écrans.

Un ami véritable me vint en aide. Georges Herbert me téléphona :

— Ma petite Dany, le théâtre Saint-Georges est libre. Vous avez joué *l'Idiote* en tournée avec un très grand succès, Achard aimerait beaucoup que vous repreniez le rôle à Paris.

Entrer au théâtre Saint-Georges m'émut profondément. Il y avait tout juste dix-sept ans – déjà dix-sept ans ! –, Yvon et moi rêvions devant ses portes. Dès le premier jour de répétition, je me précipitai au café de la place où nous avions nos habitudes. Je voulais y retrouver Yvon Ridard et Yvonne Chazelles, du cours Bauer-Thérond, assis à la table de droite en entrant. Ce café était un magnifique souvenir. J'y avais été tellement heureuse avec Yvon !

Le café n'était plus le même. Notre table n'était plus là.

Je pris un café et un croissant. En souvenir. Je n'avais plus à compter mes sous au fond de mon porte-monnaie. C'était peut-être aussi pour cela qu'ils n'avaient plus le même goût. Incapable d'avaler mon café, incapable de rester une minute de plus en ce lieu, je m'enfuis, les larmes aux yeux.

Malgré l'énorme succès remporté en province huit ans plus tôt, je redoutais les critiques parisiens. Le soir de la première, je fus attentive au moindre bruit dans la salle, au moindre rire, au moindre soupir.

Pierre Marcabru de *France-Soir*, Jean-Jacques Gautier du *Figaro*, André Ranson de *l'Aurore* tranchèrent dès le lendemain. J'avais « touché » Pierre Marcabru « dans les moments de retenue, gouailleuse et triste, avec je ne sais quelle tendresse ». J'avais « remué » Jean-Jacques Gautier, qui écrivit lui aussi de très belles choses sur moi : « C'est une "nature", comme on dit. Nature extraordinairement naturelle, révélant une sensibilité qui ne pèse point et qui, par conséquent, touche d'autant plus. Un sourire mélancolique, un peu désabusé, qui émeut ; une gravité drolatique qui ne contredit ni la spontanéité, ni la verve, ni l'abattage. » André Ranson concluait : « Dany Carrel : une comédienne hors série, qu'on regrette de ne pas applaudir plus souvent. »

La pièce fut en effet un tel succès qu'elle resta deux années à l'affiche. Comme *le Système Fabrizzi*. Une merveilleuse expérience et tellement différente de l'expérience cinématographique ! Au cinéma, l'acteur s'engage dans un tunnel dont il ne connaît pas l'issue. Tout est entre les mains du metteur en scène. Lui seul est maître du film. Il le monte, il le coupe, il le triture... Parfois, bien sûr, le film est un petit bijou. Une sorte de miracle a lieu. Le personnage qu'on regarde sur l'écran est à la fois vous et une autre, et la fascination du dédoublement s'accomplit.

Le théâtre, c'est, au contraire, la liberté de l'acteur. « Au cinéma on a joué, au théâtre on joue », disait Louis Jouvet. Lâché dans l'arène, l'acteur devient le maître. C'est lui qui fait rire le public, qui suspend son souffle dans un moment d'émotion. Et cette émotion, créée peu à peu par l'acteur, venue comme « naturellement » au fil de l'action, monte en même temps chez le spectateur, qui, à son tour, la communique à l'acteur. C'est pourquoi chaque larme, chaque rire ainsi partagé devient une véritable jouissance physique.

Le théâtre, c'est aussi chaque soir un nouveau pari. L'acteur travaille sans filet. Le risque est total. L'angoisse est donc terrible. Mais lorsque l'acteur réussit, la récompense est à la mesure. Elle est immédiate, inouïe. Et, aussitôt, à cause de cela, vous êtes prête à tout remettre en jeu pour le lendemain soir...

Laurence était exactement la petite fille dont j'avais rêvé : brune aux yeux verts et aux lèvres pulpeuses. Grâce au théâtre, qui me laissait mes journées libres, j'avais le bonheur de la voir grandir près d'Antoine. Lorsqu'elle eut deux ans, le pigeonnier devint trop petit. Nous décidâmes d'acheter un appartement dans un immeuble moderne du 15e arrondissement. Alice et les siens s'installèrent au douzième étage, moi et les miens au onzième. Nos familles étaient trop proches pour avoir même l'idée d'habiter éloignées.

Ma chance et celle d'Alice était d'avoir à nos côtés des hommes qui avaient parfaitement compris, accepté et même aimé l'histoire des deux « orphelines » dont ils partageaient la vie.

C'étaient les deux femmes qui organisaient les fêtes. Et, nous en avions pris l'habitude bien avant notre mariage, tout était occasion de fête. Depuis peu s'étaient ajoutés les Noëls. Jusqu'à la naissance de nos enfants, je détestais cette fête, indissolublement liée à l'orphelinat, à ma solitude, au froid, à la faim. Les sœurs étaient trop pauvres pour nous faire des cadeaux, et je me souviens de la pauvre orange que nous avions ce jour-là et du bol de chocolat au lait clair du petit déjeuner.

Mais, grâce aux enfants, Noël devint une fête magique. Je les regardais, éblouis devant l'arbre et devant leurs cadeaux, et je songeais combien un enfant peut éprouver de joie si l'on veut bien la lui offrir ! Ce fut à travers eux que je pris conscience des joies dont j'avais été privée.

Comme au temps d'Yvon, mon grand plaisir était de m'évader de temps à autre à Deauville. Alice et moi regardions souvent les vitrines des agences immobilières. Un jour, une maison, ou plutôt une chaumière, retint notre attention. Elle était petite, un peu délabrée mais, immédiatement, j'imaginai le lieu superbe qu'elle pourrait devenir.

Je voulus faire de ce coin de terre un lieu chargé de souvenirs heureux pour les enfants. Cette maison que je n'avais pas eue, cette chaleur familiale, ces arbres, ces fleurs qui m'avaient tellement manqué, je voulais les leur offrir. Et les fêtes en Normandie, ce furent d'abord les Noëls. Chaque nuit de Noël, de ma chambre au-dessus du salon, j'entendais des pas de souris, des chuchotements, des papiers froissés... Antoine et Laurence, incapables de résister à la curiosité, admiraient les paquets apportés par le père Noël. Je sus plus tard qu'ils n'y croyaient déjà plus. Mais ils avaient compris l'immense joie qu'Alice et moi avions à les regarder, et ils avaient décidé de garder le secret. C'était leur cadeau à eux.

Depuis la fin des années 60, Alice et moi étions fort inquiètes de l'évolution de la situation au Viêt-nam. Les deux Viêt-nam, qui, aux termes de l'accord de Genève, auraient dû se réunir après des élections libres, furent plus que jamais séparés et se firent une guerre impitoyable.

Au printemps 1968, il y eut une lueur d'espoir avec les pourparlers de paix à Paris entre Américains et Vietnamiens. En Amérique, en France, des hommes et des femmes se mobilisèrent. Des manifestations toujours plus importantes réclamèrent le retrait des Américains du Viêt-nam. Alice ne recevait plus aucune nouvelle, et nous ne pouvions plus supporter cette angoisse de mort qui rôdait autour de la famille. C'est pourquoi, pour la première fois de notre vie, nous décidâmes de descendre dans la rue et de manifester.

Lorsque, le 27 janvier 1973, les négociations secrètes entre Le Duc Tho et Kissinger aboutirent aux accords de Paris et que les Américains quittèrent le Viêt-nam, Alice et moi pensâmes que, enfin, la paix allait s'installer. Mais les deux parties du Viêt-nam ne voulurent pas s'entendre. Les communistes reprirent l'offensive.

Au printemps 1975, mon angoisse fut à son comble lorsque Hué puis Tourane, rebaptisée Da Nang, furent conquises par les communistes. Après avoir voulu le départ des Américains pour qu'enfin les Vietnamiens puissent vivre librement, nous comprenions que le pire était sans doute à venir, avec la mise en place d'un régime communiste venu du Nord Viêt-nam. Nous connaissions l'existence des camps... Et, de Maman Tourane, nous n'avions toujours aucune nouvelle ! Jamais je ne m'étais vraiment impliquée dans les débats politiques. Je vivais, comme bien des citoyens, au rythme des élections de mon pays et j'y prenais part, mais, jamais, je n'avais exprimé publiquement mes idées. Maintenant, j'agissais. Je protestais dans la rue, je participais à des débats, donnais mon obole. Plus je m'impliquais, plus cette famille du Viêt-nam me paraissait proche. Cette urgence de la sauver me fit prendre conscience que Maman Tourane pouvait mourir dans cette guerre civile. Ainsi s'évanouirait tout espoir de la connaître un jour.

Depuis l'instauration du régime communiste, et surtout depuis 1978, les opposants au régime tentaient de quitter le pays par tous les moyens. Des dizaines de milliers de *boat people* fuyaient en s'entassant dans des bateaux de fortune. Au péril de leur vie – et ils le savaient –, ils choisissaient la liberté. Tout ce qui touchait ce pays que, pourtant, je ne connaissais pas, faisait vibrer mon cœur. Petite, je ne savais pas ce que signifiait « Annamite », maintenant, j'étais fière d'appartenir à ce peuple. Un peuple qui préférait mourir libre plutôt que vivre sous un régime sanguinaire.

Je pris grand plaisir à me rendre dans ce quartier du 13e arrondissement où les Vietnamiens s'étaient installés. J'aime entrer dans les boutiques, aller dans les restaurants, aller chez l'amie de pensionnat de ma sœur, Isabelle Arnault, une Eurasienne aussi, qui vit avec sa mère vietnamienne. Mme Arnault ne parle pas français, vit à la vietnamienne et a connu notre mère. Elle me regarde avec affection, me caresse la joue, me sourit. Je songe chaque fois que, peut-être, Maman Tourane lui ressemble. Mais, parfois, lorsque Alice, Isabelle et sa mère parlent vietnamien, lorsqu'elles rient, je me sens totalement exclue et je pense que, sans aucun doute, je me sentirais la même étrangère devant Maman Tourane.

Un jour, je reçus un coup de téléphone :
— Allô! Dany Carrel?
— Oui...
— J'ai retrouvé votre mère!
— Ma mère... Mais où est-elle?
— Elle est à Paris.

J'ai le cœur qui bat très fort. La femme poursuit :
— Elle ne peut pas vous téléphoner elle-même, car elle ne parle pas français.
— Oui, en effet.
— Elle voudrait évidemment vous revoir. Elle m'a raconté qu'elle ne vous avait plus revue depuis vos deux ans et demi.
— Oui, c'est exact!

Je suis terriblement troublée par ces faits précis et réels que me rapporte cette femme.

— Comment pourrais-je avoir la certitude que cette femme est réellement ma mère ?
— Elle m'a dit que votre père était monsieur du Chaxel.
— Oui, c'est vrai.
Je suis de plus en plus émue, pourtant, je me méfie encore :
— Tout ce que vous me dites est exact, cependant, vous a-t-elle dit quel était le nom de ma sœur ?
— Eh bien, elle ne me l'a pas dit, mais je peux le lui demander.
— C'est cela, vous me rappelez pour me le donner et, alors, nous prendrons rendez-vous.
Je me précipite aussitôt chez Alice pour lui faire part de cette incroyable conversation. Mais elle est incrédule :
— Non, c'est impossible ! Cette femme n'est pas notre mère ! Je connais trop bien Maman Tourane, je sais que jamais elle ne quittera le Viêt-nam. Jamais elle ne débarquera ainsi en France, ce n'est pas dans son caractère. Non, Dany, ne crois pas à tout cela !
Tout à coup, je me souvins de l'entretien que j'avais donné quelques semaines plus tôt et qui venait d'être publié. Le journaliste, actualité oblige, m'avait interrogée sur mes origines eurasiennes. Je compris que ce que j'avais pris pour des preuves irréfutables n'était peut-être qu'une suite de références trouvées dans le journal. La femme, en effet, ne me rappela pas pour me donner le prénom de ma sœur, que je n'avais pas confié au journaliste.
Une semaine plus tard, je reçus un autre appel. Une autre « mère » vietnamienne se présentait :
— Je suis votre mère !
Le choc fut, cette fois encore, considérable ; je rêvais depuis tant d'années à ce jour où, peut-être, ma mère enfin me ferait signe... A nouveau, Alice me mit en garde et me rappela :
— Notre mère n'a jamais parlé français ! Méfie-toi, Dany ! Bien des gens vont vouloir profiter de toi. Ils sont arrivés en France dans le dénuement et pour eux, toi, l'actrice, tu ne peux qu'être une femme riche.
Durant cette période d'activité en faveur du Viêt-nam, je reçus ainsi d'autres appels de mères potentielles. Étonnée puis sceptique, je finis par être scandalisée par de tels procédés : adopter une fille pour ne plus manquer de rien ! Cependant, parfois, le doute s'immisçait en moi : « Et si, cette fois, cette femme était réellement ma mère ? » Et je songeais aussi que, peut-être, ces femmes recherchaient réellement leur enfant. L'Indochine, colonie française, avait dû faire bien d'autres bâtardes que moi... Et j'éprouvais alors de la tendresse pour ces mères dont on avait pris les filles afin de les élever en petites Françaises.

Un matin de 1980, je reçus un coup de téléphone :
— Madame Mosser ?
— Oui...
— Bonjour, madame, je suis le médecin de l'institution... Voilà... je vous téléphone...

Le médecin a pris une voix douce, un peu hésitante... Certainement, il est arrivé quelque chose à Juliette.
— Je voulais vous prévenir, poursuit-il, que Mme du Chaxel est décédée cette nuit...

Je reste sans voix, le temps de réaliser. Et, aussitôt, comme par magie, l'angoisse qui me tenaillait depuis des années disparaît. Non seulement parce que, moi, je suis délivrée d'une dette morale qui me gâchait la vie, mais parce qu'enfin Juliette ne continue plus à vivre dans le malheur. Peut-être le médecin pense-t-il, devant mon mutisme, que je pleure. Il tente de me réconforter :
— Elle a eu un arrêt cardiaque et ne s'est pas réveillée...

Savoir que tout s'était passé sans souffrance, sans angoisse pour Juliette, était un énorme soulagement. Elle était enfin délivrée. Elle ne pleurait plus sur sa solitude. Elle n'implorait plus ma présence. Depuis plusieurs années, elle m'idolâtrait. Mais sans doute s'abusait-elle : je n'ai jamais pensé que l'on puisse aimer quelqu'un de cette façon, du jour au lendemain, alors que pendant des années et des années on l'a rejeté avec force.

Le jour de l'enterrement, Alice m'accompagna. Je déposai un bouquet de fleurs sur le cercueil. Et je songeai : « Comme il est triste de finir ainsi, sans que personne ne verse une larme sur vous ! » Mais je ne pouvais absolument pas pleurer.

Juliette me laissait quatre vases qui avaient appartenu à mon père. Ils étaient autrefois dans sa chambre, à Tourane. C'était le seul lien avec ce père mort beaucoup trop tôt. Juliette me laissait également quelques photos. Je me précipitai pour ouvrir le paquet : enfin j'allais pouvoir revoir ces photos vues jadis en cachette à Marseille avec Alice. Mais il en manquait beaucoup. Je retrouvai celle de mon père aux côtés de Juliette sur un médaillon. C'était la seule photo intacte. Toutes les autres avaient été découpées. La photo où Alice et moi, bébés, étions côte à côte avait été coupée en deux : j'étais seule maintenant. D'Alice il ne restait plus qu'un petit pied de bébé. Sur les autres où mon père, Maman Tourane et Alice ou moi figurions, il ne restait plus que l'enfant : les ciseaux avaient fait disparaître la mère, le père.

Ces photos découpées montraient à l'évidence que Juliette ne voulait rien me laisser de mon enfance familiale à Tourane. Elle ne voulait pas de cette petite Vietnamienne, mère d'Alice. Si cette Vietnamienne n'avait été que ma nurse, comme elle me l'avait affirmé, pourquoi avoir voulu la supprimer ? Et si j'avais eu une autre mère, pourquoi n'existait-il aucune photo d'elle ?

Avec la mort de Juliette, cette blessure fut ravivée : mais qui était donc ma mère ? Jusqu'au bout, Juliette avait gardé ce secret.

— Allô ! Dany ? Marcel !
— Marcel ?
— Marcel Camus !

J'eus un petit pincement au cœur. Cela faisait tant d'années que nous ne nous étions revus...

— Pourrais-je te voir, ma petite Dany ? Je prépare, pour la télévision, un film tiré du livre de Benoîte et Flora Groult *le Féminin pluriel*. Dans ce livre, il y a deux femmes...

— Oui, je l'ai lu. C'est un beau livre, d'un côté la femme, de l'autre la maîtresse...

— Oui. Eh bien, pour quel rôle crois-tu que je pense à toi ?

— Oh ! sûrement la maîtresse, comme d'habitude ! Aucun metteur en scène ne veut me voir vieillir.

— C'est vrai, me répondit Marcel, tu fais encore jeunette, mais ça ne fait rien, il faut que tu changes d'emploi. Je voudrais donc te voir pour le rôle de la femme bafouée.

La télévision, c'est le temps de la rapidité. Fini le cinéma, où l'on tourne pendant cinq ou six mois. *Le Féminin pluriel* fut tourné en quatre semaines, et nous dûmes faire de très nombreux plans chaque jour. Nous n'avions pas le temps de discuter, ni de nous fréquenter. Mais, de toute façon, qu'aurais-je pu dire à Marcel ? J'avais le sentiment d'être confrontée à un étranger.

Malgré tout, je jouais chaque jour avec plaisir, car j'aimais mon rôle. J'étais enfin une femme blessée face à une actrice plus jeune, plus belle. *Le Féminin pluriel* est pourtant une histoire banale, puisqu'elle met en scène le trio composé de la femme, du mari et de la maîtresse. Mais ici, c'est la femme qui gagne. Marianne, l'héroïne, a une grande fille et un petit garçon et elle se bat pour sauver sa famille.

Le film fut un succès, mais Marcel Camus n'était plus là pour s'en réjouir. Il mourut au moment même où le montage s'achevait. A vingt ans, Marcel m'avait permis, par ses conseils, ses encouragements, de renoncer à mes rôles de filles légères dans les films de série B. Pour mes quarante ans, il m'avait offert le rôle d'un personnage plus humain. Il donnait ainsi un second souffle à ma carrière. *Le Féminin pluriel* diffusé, les réalisateurs me découvrirent en effet sous un autre jour. Ce fut le dernier magnifique cadeau de Marcel.

Je suis reconnaissante à la télévision de m'avoir donné mes rôles de femme mariée, de mère. Avec *Allons voir si la rose*, *l'Éclaircie*, *les Enquêtes Caméléon*, ces téléfilms qui, tous, furent d'énormes succès, j'avais maintenant de véritables grands rôles et, chaque fois, des millions de spectateurs. Car c'est cela aussi, la télévision. Sans doute les téléfilms n'ont-ils pas toujours le fini des films de cinéma et le manque de budget impose-t-il des tournages rapides, mais, en une soirée, un téléfilm touche plus de spectateurs qu'aucun film ne peut le faire.

La télévision me gâte beaucoup et, grâce à ces rôles, je me suis enfin réconciliée avec les femmes. Je ne suis plus cette jeune fille perverse, la concurrente qui leur volait leurs hommes, je suis maintenant leur alliée, leur sœur, puisque, femme vulnérable, je vis leurs épreuves, leurs misères, leurs combats. Je suis aussi souvent celle qui triomphe de la maîtresse. Les femmes, aujourd'hui, m'arrêtent dans la rue, dans les magasins : « Ah! Dany! Quand vous revoit-on à la télévision ? On ne vous voit pas assez, vous savez ! Vous nous faites tellement de bien ! Vous êtes si optimiste, si pleine de vitalité, de joie de vivre... »

Gérard Philipe m'avait affirmé à l'orée de mes plus belles années de cinéma : « Tu dois faire du théâtre, Dany. Pour durer, cela est indispensable. Les carrières sont brèves au cinéma. » Je ne le croyais qu'à demi.

Aujourd'hui, je sais que le cinéma a peur des femmes de quarante à cinquante ans, des rides naissantes sur leur visage. Le théâtre obéit à d'autres codes et ne s'attache pas aux détails d'un visage mais plutôt aux silhouettes. Une jeune fille peut être interprétée par une actrice de trente ans, une jeune femme par une actrice de soixante, et le personnage reste crédible.

Depuis que j'ai goûté à la scène, je ne l'abandonne jamais très longtemps, au risque parfois d'être contrainte de refuser de très beaux rôles de cinéma. Car s'engager pour le théâtre, c'est prendre rendez-vous des mois et des mois à l'avance en raison de l'énorme machine que représentent les tournées.

Après le beau succès de *l'Éducation de Rita*, où je jouais aux côtés de Jean Gaven, j'interprétai une grande bourgeoise dans *le Saut du lit*.

Depuis mon retour au théâtre, je ne rencontrais plus très souvent Dominique Fabre, qui était devenu un ami lors du tournage du téléfilm *le Disparu du 7 octobre*, mais nous nous téléphonions. Comme il avait du temps libre, je lui demandai de passer au théâtre. J'aimais me réfugier dans ma loge avant le spectacle. Son confort, sa décoration apaisaient un peu l'angoisse que j'avais chaque soir avant

d'affronter le public. Dominique, avec sa nonchalance habituelle, se laissa aller dans le canapé :
— Je viens de terminer six heures de scénario pour une série télévisée, je suis épuisé ! J'ai décidé de m'arrêter de travailler !
— Eh bien, je suis dans le même état ! J'arrête la pièce fin octobre et je me repose !
— Tu fais tout comme moi ! dit Dominique en riant.
— Nous devrions prendre une année sabbatique...
— Je n'ai plus qu'un désir : arrêter le temps, goûter la vie, tranquillement. Ne plus rien faire...
— Je n'ai moi-même plus qu'une envie : profiter de ma campagne, aller voir mes poneys, les vaches, les prairies...
Jean-Michel Rouzières, le directeur du théâtre, désirait que les représentations se poursuivent jusqu'aux fêtes de fin d'année :
— Dany, continue ! La pièce obtient toujours autant de succès...
— Je t'assure, Jean-Michel, c'est impossible. Je joue depuis plus d'un an, je dois maintenant impérativement me reposer.
Malgré son insistance, je terminai les représentations fin octobre. Je n'avais plus qu'une idée en tête : me précipiter vers ma Normandie. Avant de partir, je voulais donner quelques coups de téléphone à des amis. La dernière conversation que j'avais eue avec Dominique Fabre m'inquiétait. Son médecin lui avait ordonné des analyses. Malgré le repos, il se sentait toujours aussi las. Je le rappelai donc :
— Que donnent tes analyses ?
— Je ne sais pas, mais on m'ordonne une biopsie maintenant.
— Tu n'as pas d'ennuis graves au moins ?
— Je n'en sais rien...
— Quand a lieu ta biopsie ?
— Demain.
— Je te rappelle demain.
Lorsque j'eus à nouveau Dominique au bout du fil, il ne fut pas optimiste :
— Je crois qu'il y a une « merde », mais les médecins n'en sont pas sûrs. Ils refont une autre analyse demain.
A peine trois jours s'étaient-ils écoulés que mon ami me rappelait.
— Eh bien, en fin de compte, c'est un cancer. Que veux-tu, ça n'arrive pas qu'aux autres...
— Que comptes-tu faire ?
— Je pars tout de suite pour la Suisse. On m'ordonne des radiothérapies...
Je tentai de prendre la nouvelle sans ajouter au tragique, mais j'étais bouleversée.

Je partis pour la Normandie, car il fallait absolument que je me repose moi-même. Jamais je ne m'étais sentie aussi lasse. Dès mon arrivée dans ma chaumière, je me sentis mieux.

J'aime lorsque la maison déborde de joie grâce aux enfants et à leurs amis. Prenant le rôle de la « Mamma », je cuisine et régale mes jeunes de grandes potées. J'aime les écouter parler. Drôles, inventifs, enthousiastes, ils ont gardé le sens du merveilleux et ils me redonnent mes vingt ans.

Ma Normandie, c'est aussi des paysages que je ne me lasse pas d'admirer. J'aime les petits matins. Toute la maisonnée dort, paisible, heureuse, et moi, assise sur les marches de la terrasse, une tasse de café à la main, mes deux chattes près de moi, je regarde se dissiper la brume. Le sommet de la colline apparaît par lambeaux et, sous le soleil naissant, je vois les chevaux jouer et galoper. Bientôt surgissent à leur tour les pommiers en fleur, bouquets rose et blanc. Fabuleux paysage irréel de film fantastique... En ces instants de grand bonheur, j'aimerais que le temps s'arrête.

Quelques jours après mon arrivée, en cet automne 1988, alors que je me prélassais dans mon bain, je sentis une petite boule sous mon bras. Aussitôt, je pensai au beau et terrible livre d'Ania Francos, *Sauve-toi, Lola*. Un jour, elle aussi, en se lavant, avait découvert une petite boule semblable. C'était le cancer du sein.

Aussitôt, je décidai de rentrer à Paris. Jugeant inutile d'affoler la famille, je trouvai un prétexte. Je me rendis dans une clinique du 17e arrondissement où j'avais pris rendez-vous sous le nom de Mme Mosser, car je ne voulais pas être reconnue. Ce fut l'assistant du médecin chef qui me reçut. L'examen terminé, il me rassura :

— Non, madame, vous n'avez rien! Tout va très bien.

— Docteur, un instant, je ne comprends pas très bien : j'ai une boule sous le bras.

Le médecin palpa et me rassura à nouveau.

Tout à coup, je respirai plus librement. Soulagée : eh bien, je m'étais mis des idées dans la tête... J'enfilai ma veste et me dirigeai vers la porte de sortie, heureuse.

J'allais franchir le seuil du cabinet médical lorsque, me souvenant d'Ania Francos, je me ravisai et me dirigeai vers la secrétaire :

— Je suis ennuyée, car j'avais pris rendez-vous avec le Dr N. et c'est son assistant qui m'a reçue. Le Dr N. n'est pas là?

— Si, mais il est très occupé.

— J'ai tout mon temps, je vais attendre. Je désire le voir, quelque chose me tracasse.

— On vous a dit que tout allait bien, n'est-ce pas?

— Oui, on me l'a dit en effet, mais je ne suis pas persuadée...

— Eh bien, asseyez-vous dans la salle d'attente.

J'attendis donc au milieu de femmes sans doute aussi anxieuses que moi. J'ouvris une revue et j'en feuilletai les pages, afin de me donner une contenance. Car je ne lisais pas, je ne voyais même pas les illustrations que je faisais défiler. Roulaient en effet dans ma tête une foule de questions. Je m'interrogeais sur moi-même, sur mes réactions : « Dany, tu es une cloche ! Puisqu'on vient de t'affirmer que tu n'as rien, va-t'en vite... Pourquoi ne te défais-tu pas de cet état de doute perpétuel ? »

Cachée derrière ma revue, je passais discrètement ma main sous ma veste : « Oui, ma petite Dany, là, sous le bras, il y a une petite boule... Et sous l'autre bras, il n'y a rien... Non, non, ne pars pas ! Il faut que tu aies une confirmation. »

— Mme Mosser, le Dr N. vous attend.

J'entrai dans le cabinet. Le médecin m'accueillit aimablement.

— Alors, vous n'êtes pas d'accord avec le diagnostic ?

— Non, docteur, parce que je sens quelque chose sous mon bras. J'aimerais que vous me réexaminiez.

Je lui tendis mes radios. Il m'ausculta :

— Oui, il y a un petit quelque chose sous le bras.

Il examina les radios. Je vis son visage se tendre presque imperceptiblement :

— Ah ! mais, c'est qu'elle a raison, cette petite dame ! Il y a une petite bricole au sein... Vous avez bien fait de rester. Vous êtes médium ?

— Eh bien, peut-être, après tout, puisque j'ai senti quelque chose.

— Je vous félicite de votre intuition.

Au moment où le médecin me félicitait, je me dis : « Toi aussi, Dany, tu as le cancer... »

L'échographie en main, il me répéta :

— Vous avez raison, il y a un petit quelque chose qu'il faudra enlever. Mais enfin, ce n'est pas grave.

Je tentai de jouer à la femme forte :

— C'est cancéreux ? Vous savez, docteur, à moi, on peut tout dire... Après tout, un cancer du sein, ça se soigne, n'est-ce pas ?

— Non, ce n'est pas cancéreux, c'est précancéreux, répondit le médecin, qui visiblement voulait me ménager.

J'insistai donc :

— Mais, ça n'existe pas « précancéreux »...

— C'est précancéreux ! dit-il sur un ton qui ne permettait pas la réplique.

Mes radios à la main, je marchais dans l'avenue. J'éprouve toujours le besoin de marcher lorsque je suis préoccupée. Je n'étais pas contente, car j'étais persuadée que le médecin ne m'avait pas dit tout ce qu'il savait : « J'ai un cancer, certainement... Il faut que je le dise à ma famille... Si je leur annonce : "J'ai un cancer au sein", ils vont tous me voir déjà morte... Comment faire ? C'est simple, je vais adopter la tactique du médecin... »

D'un ton dégagé, je dis à Alice :

— Tu sais, on m'a trouvé un petit truc au sein... Je crois qu'il y a une petite boule. Mais tu sais, aujourd'hui, qui ne l'a pas ?... Simplement il va falloir l'enlever.

Alice blêmit aussitôt. Inquiète, elle me demanda :

— Tu as un cancer ?

— Oh ! peut-être... Mais, d'une part, ce n'est pas certain et, d'autre part, bien des femmes en ont et s'en sortent... Mon seul problème, aujourd'hui, est de savoir qui aller voir.

— Dany, ne t'énerve pas, on va se renseigner.

— Rassure-toi, Alice, je ne suis pas du tout énervée. Simplement, tu me connais, je n'aime pas les choses qui traînent.

Lorsque François rentra le soir, je lui dis de la manière la plus naturelle du monde, comme si je lui parlais d'une paire de chaussures que j'allais m'acheter :

— Tu sais, j'ai une petite boule, on va l'enlever...

Laurence et Antoine, les enfants, furent mis au courant de la même façon. Et toute la famille accueillit la nouvelle sans drame. D'abord, je n'avais pas prononcé une seule fois le mot « cancer » : j'estimais que cristalliser sa peur sur un mot était tout à fait inutile.

Je pris rendez-vous chez mon généraliste, et ami, le Dr Laprez, qui aussitôt rédigea une lettre à l'attention d'un grand professeur que je connaissais de réputation. Je l'avais vu de nombreuses fois à la télévision et j'avais lu des articles qui lui étaient consacrés. J'étais donc contente de le rencontrer. C'était un homme chaleureux et, prise en main par un grand patron d'une telle envergure, j'allais pouvoir bénéficier d'une médecine de pointe...

Nous étions au début de décembre. Le ciel était bas, uniformément gris. A 17 heures, je montai en voiture. Le rendez-vous était fixé à 18 heures à l'hôpital. François et Alice m'accompagnaient. Les essuie-glaces projetaient des giclées de pluie à chaque passage. Nous tentions de parler normalement, de meubler un peu le silence. Mais tous trois ne pensions qu'à une chose : qu'allait dire le professeur ? Hôpital lugubre, désert. Longs couloirs. Nous attendîmes assis côte à côte sur des chaises. Atmosphère de maladie. A nouveau, nous tentâmes de meubler le silence. Mais j'avais perdu mon sourire. Mon cœur se mit à battre terriblement fort. Puis une porte s'ouvrit. C'était le professeur. Aussitôt, je me sentis soulagée. Rassurée de le voir, mon angoisse s'évanouit. Un large sourire aux lèvres, je dis à François et Alice :

— A tout de suite ! Tout va bien !

J'entrai dans le cabinet, toujours souriante. Mais, surprise : le professeur avait le visage fermé, grave. Je lui tendis la lettre de mon médecin. Il la lut. Pas un muscle de son visage ne bougea.
— Vous avez apporté des mammographies ? Vous avez des échographies ?

Son ton était dur, impératif. Je balbutiai, décontenancée :
— Oui..., monsieur le professeur... Et je les lui tendis.

Il les regarda sans un mot, sans une expression. Puis, se tournant vers moi :
— Bon ! Déshabillez-vous !

Je passai dans le cabinet de consultation. Il m'ausculta. Pas un mot. Pas un regard.
— Rhabillez-vous, dit-il du même ton sec, distant.

Je le rejoignis dans son bureau.
— Voilà la marche à suivre : ablation totale, sein et ganglions. Puis analyse des ganglions et, je pense, un an de chimiothérapie.

Je le regardais sans comprendre ce qu'il me jetait à la tête.
— Attendez... Attendez... Bon, monsieur le professeur, si je comprends bien, c'est un cancer ?

Et j'ajoutai, comme me parlant à moi-même :
— C'est bien ce que je pensais...
— Mais oui, bien sûr, madame ! Bien sûr ! dit-il du même ton sévère.
— Ah ! bon... Mais, que veut dire « ablation totale » ?
— Eh bien, on enlève le sein, on enlève les ganglions, tout !

Je restais clouée sur ma chaise, muette, la bouche sèche. Je ne comprenais plus rien. Je ne pouvais que me répéter : « Ce n'est pas possible ! Il se trompe !... » Je le regardais, quêtant un mot de réconfort, un regard, un sourire. Rien ! Je restai pétrifiée pendant un long moment, puis je parvins à balbutier :
— Bon ! Très bien...

Et, farfouillant maladroitement dans mon sac à la recherche de mon carnet de chèques et d'un stylo :
— Je vous dois combien, monsieur le professeur ?

Il marmonna un chiffre que je compris mal. J'interrogeai à nouveau :
— Mille francs ?

Il me répondit sèchement :
— Mille deux cents !
— Excusez-moi...

J'agissais comme un zombie. Je lui tendis le chèque. Je n'avais plus rien à lui dire. Je sortis, entourée de François et d'Alice, qui étaient entrés dans le bureau au moment du dernier entretien. Nous étions trois automates abasourdis.

La pluie tombait toujours. Les gouttes sur le visage, l'air plus frais me réveillèrent tout à coup. J'analysai en un éclair ce qui venait de se passer, et ma colère devint telle qu'elle m'extirpa de mon cauchemar. Et je fulminai : « Il m'a assené ça et m'a laissée partir sans un mot ! Que se serait-il passé si mon mari et ma sœur n'avaient pas été près de moi ? Que font les autres femmes qui, venues seules, apprennent de cette façon une chose si grave ? C'est très simple, elles n'ont plus qu'à entrer chez elles et ouvrir le gaz... Ils sont ignobles, ces médecins, d'agir de la sorte ! Ils pourraient tout de même accompagner ce genre de nouvelle de quelques phrases aimables, d'un sourire. Bien sûr, ces types travaillent à longueur de vie dans les hôpitaux de cancéreux, mais ça n'est certainement pas une excuse ! »

Je me sentis vidée de mon sang, le visage creusé. Alice me regardait, les larmes aux yeux. Mais la fureur me donnait des forces, me remettait les idées d'aplomb. « Ces types sont vraiment des ordures ! » C'était le jour le plus lugubre que je vivais depuis le renvoi d'Alice de Marseille. Je repensai à ce jour terrible de mon adolescence où je ne songeais qu'à la mort.

En rentrant à la maison, je parlai la première :

— Je retourne chez le Dr Lapraz pour lui dire tout ça. Je ne sais si les consultations de ce professeur se déroulent toujours de la sorte, mais c'est tout à fait intolérable !

Dès le lendemain matin, mon beau-frère se précipita à son bureau de TF1, disant à Alice :

— Je m'occupe de Dany. Elle doit être soignée par quelqu'un qui l'aime, c'est très important dans cette maladie !

Jacques parla à Christian Dutoit, l'un des directeurs de la chaîne, qui, aussitôt, fit appel à son ami le Dr Alain Calmat, qui, à son tour, joignit le Dr Jean-Claude Durant, de l'hôpital Curie, lequel me donna rendez-vous pour le lendemain. En un éclair, une chaîne de solidarité s'était créée autour de moi, et pourtant je ne connaissais aucun de ces hommes. J'en fus très émue.

Aller à Curie me faisait peur. Curie, pour moi qui n'avais jamais été malade, c'était le cancer et, au bout, la mort. Le moral n'y était pas... Pour cette raison, j'apportai beaucoup de soin à mon maquillage, à ma mise. Je voulais éloigner le spectre !

Le Dr Durant était un homme séduisant, mince, beau visage, affable. Il m'ausculta avec attention.

— Oui, en effet, il y a quelque chose. Oui... Bon...

Il regarda la mammographie, ne fit aucun commentaire. Il était calme, serein. Et son calme, sa sérénité pénétraient en moi.

— Venez, je vais tout vous expliquer, me dit-il en souriant tandis que je me relevais. Nous allons d'abord extraire quelques cellules, de cette grosseur et les analyser.
— Mais quel est votre diagnostic? Que va-t-il se passer?
— Chaque chose en son temps. Pour l'instant, nous analysons ces cellules, puis nous verrons.

En l'écoutant parler, en le regardant, je me dis : « Mais alors, tout va bien ! » Je me sentais presque libérée de mon angoisse. Cependant le médecin poursuivit, déchiffrant avec attention les radios :
— Donc, nous allons analyser ces cellules. Bien sûr, ce sont des cellules malignes. Il y a de petites calcifications autour... Nous allons faire des radios des poumons, une scintigraphie des os. Nous allons regarder un peu partout... Ce que je vous propose, c'est de faire un peu de chimiothérapie.

Au mot « chimiothérapie » mon cœur se serra :
— La chimiothérapie, cette chose qui fait perdre les cheveux?
— Mais, aujourd'hui, tout le monde ne les perd pas! Nous vous donnerons un casque de glace!

Bien sûr, le médecin me rassurait autant qu'il le pouvait. Mais je me vis tel un fantôme : maigre, sans cheveux. Je ne voulus rien montrer de mes états d'âme. J'étais décidée à ne pas verser une seule larme sur mon cancer.
— Et après la chimiothérapie, qu'allez-vous me faire?
— Nous n'en sommes pas là. Nous faisons une chimiothérapie. Si, plus tard, nous devons opérer, la vivacité des cellules cancéreuses sera ainsi atténuée. Vous comprenez, il faut leur donner un petit coup de marteau car, lorsqu'on ouvre, l'air s'engouffre et les cellules sont ravivées. Si elles sont épuisées, elles n'auront plus la force de réagir...

Je trouvai sa façon de me décrire les choses sous forme de bande dessinée si charmante que tout me parut facile, normal, naturel.
— Et après l'opération?
— Écoutez, pour le moment, faisons la chimiothérapie. Nous ferons ensuite une autre mammographie, et à ce moment-là seulement, nous pourrons commencer à en discuter. Parce que, n'est-ce pas, tout peut s'arranger.

J'étais très reconnaissante au Dr Durant d'avoir agi avec tant de calme, tant de pondération. Les mots « Curie », « cancer » sont suffisamment difficiles à entendre pour qu'au moins tout soit tenté pour rendre les choses moins dramatiques. Rendre tout cela banal. Banal comme le sont les soins dentaires : « Vous avez mal à la dent? Eh bien, nous allons la soigner. Peut-être, plus tard, faudra-t-il l'arracher, mais nous allons tout faire pour la sauver... » Il faudrait que ce soit aussi simple que cela.

L'ANNAMITE

Nous sommes lundi, il est 13 heures. L'infirmière, dans ma chambre, lit mon anxiété sur mon visage et me rassure :
— Tout va bien se passer !
Elle dispose ses ampoules, cinq ou six, sur la table de nuit. Quelques-unes sont incolores, une est jaune, une autre, très grosse, est rose. Je m'inquiète :
— Vous allez me mettre tout ça ?
— Oui, et vous voyez, celle-là, la rose, c'est de l'Adriastine. C'est celle qui risque d'entraîner la chute de vos cheveux.
Ces paroles font aussitôt surgir en moi l'image violente du cancer : une femme chauve, maigre, au visage terreux... Alice m'entraîne vers la salle de bains pour me mouiller les cheveux :
— Dany, je te le promets, tu garderas tes cheveux !
Elle m'applique ensuite le casque rempli de glace qu'elle a préparé.
Je me suis allongée sur mon lit. Alice maintient fermement des deux mains le casque sur ma tête. Le froid peu à peu me saisit. Bientôt, il me brûle. J'aperçois mes plantes sur le balcon. Nous sommes en hiver et pourtant il fait un temps radieux. Le ciel est bleu, sans un nuage, le soleil brille. Tout à coup, je déteste ce temps en total désaccord avec ce que je vis. J'ai un cancer, l'infirmière va m'injecter la terrible ampoule rose, et il fait beau !
L'infirmière me prend doucement le bras et m'explique :
— Attention, ne bougez pas ! Ce produit ne doit pas couler hors des veines.
Elle me fixe l'aiguille au poignet. Je regarde la grosse bouteille au-dessus de ma tête. Je vois le liquide couler goutte à goutte. Mais je ne veux surtout pas penser à ce qui est en train de pénétrer dans mes veines. Alors, je fais un effort pour parler. Je dis des banalités. Alice, près de moi, sent mon angoisse et, lâchant d'une main le casque de glace, saisit la mienne et la serre bien fort.
Je sais que la perfusion doit durer une demi-heure, une broutille en temps normal. Mais, malgré mes efforts pour vider de ma tête toute pensée inquiétante, il me semble que, dans ce temps qui s'est figé, je suis devenue l'éternelle prisonnière d'une sorte de machine infernale qui injecte en moi un poison destructeur.
Vinrent alors de terribles journées, de terribles nuits. Mais j'avais décidé de m'en sortir. Je mis au point ma propre méthode Coué. Lorsque l'infirmière posait sur la table l'ampoule rose, je refusais de la considérer comme du poison et je me répétais au contraire : « C'est cette ampoule qui tue les cellules cancéreuses, c'est donc la meilleure ! » Je m'attachais à recevoir chaque perfusion comme je l'aurais fait d'un liquide vital.
Jamais Alice et moi ne nous étions senties aussi proches l'une de

l'autre. A lutter toutes deux avec la même volonté contre la maladie, nous ne faisions désormais plus qu'une. Alice semblait avoir pris une part de mes maux. Me souvenant de l'enfant timide de Marseille, j'admirais la maîtresse femme qu'elle était devenue. Elle était ma sœur, elle était ma mère, car elle partageait avec moi le quotidien sordide de la maladie, et cela, seule une mère peut le faire.

Je savais apprécier la chance immense d'avoir une famille aimante. Cependant, nous ne vivions pas dans le drame, car j'avais refusé le drame comme j'avais refusé la pitié.

Après la première perfusion, je ne bougeai plus de mon appartement, me traînant de mon lit à mon fauteuil. Mais lorsque le dernier jour de chimio arriva, je me persuadai que le plus dur était fait. Je décidai bientôt d'aller, aidée d'Alice, jusqu'au square Georges-Brassens, à une centaine de mètres de chez moi. Il faisait très beau et je ne supportais plus l'enfermement.

Emmitouflée dans un manteau, un superbe chapeau cloche sur la tête, de grosses lunettes noires sur le nez afin d'échapper à la curiosité, je me traînai jusqu'à un banc. Là, je restai épuisée un long moment, assise près d'Alice.

Chaque après-midi de beau temps, je retrouvais mon banc, et mes pauses devenaient chaque fois plus agréables. La vie revenait en moi et je pouvais désormais venir seule. Je fis la connaissance d'une dame qui me paraissait malade. Elle me confia qu'on lui retirait de l'eau des poumons, mais qu'elle en ignorait la raison. Je pensai qu'elle avait peut-être, elle aussi, un cancer et je me considérai comme une privilégiée puisque, connaissant la vérité sur ma maladie, je pouvais prendre ma vie en main. Je sentis qu'elle avait besoin de parler. Elle vivait dans une totale solitude.

— Mon fils est en Afrique... Je lui ai écrit mais il ne m'a pas répondu! me dit-elle tristement.

Je l'encourageai, lui assurai que son fils lui répondrait et qu'elle devait garder espoir.

Elle prit l'habitude de m'attendre sur mon banc. Lorsque je m'avançais vers elle, son visage s'illuminait. Un jour elle m'accueillit avec joie : son fils lui avait écrit.

— Vous m'avez porté bonheur! me dit-elle avec un large sourire.

Lorsque j'étais seule, je pensais à Georges Brassens, évidemment. Il avait habité à deux pas. Je revivais des moments passés en sa compagnie et je trouvais étrange d'être assise dans un jardin qui portait son nom, moi qui avais un cancer, lui qui était mort...

Vint le moment de vérité : le Dr Durant devait juger de l'évolution de ce que je continuais d'appeler « ma petite boule ». Il fallut faire un autre cycle de chimiothérapie. Mais je le supportai mieux grâce à la phytothérapie du Dr Lapraz. Puis il y eut à nouveau des sorties au square Georges-Brassens. Ce jardin où je n'étais jamais entrée avant ma maladie était devenu mon havre de convalescence, de retour à la vie. Puis il y eut un troisième cycle ! Mais je ne songeai pas à m'apitoyer : je savais désormais avec la plus grande certitude que j'étais aimée des miens.

Comment aurais-je pu me rendre à Curie sans appréhension ? Curie, où j'allais apprendre le nouveau verdict. Mais Curie, c'était aussi le sourire de Dominique Moreau, l'infirmière. Elle était devenue une amie. Dès que je l'apercevais au fond du couloir, toute angoisse me quittait. Son visage radieux et sa grâce étaient un réconfort immédiat. Comment cette jeune femme pouvait-elle garder son sourire dans ce lieu de toutes les angoisses ? Plus d'une fois, je lui avais posé la question. Sa réponse était invariable :

— Je suis heureuse.

— Heureuse au milieu des cancéreux ?

— Oui, heureuse de soulager les malades. Évidemment, il en est qui ne peuvent être sauvés, et chaque mort est un drame pour nous, mais il en est d'autres dont nous prolongeons la vie des années, et d'autres encore que nous parvenons à guérir.

Mon estime pour cette femme heureuse, là, à Curie, au milieu de ses malades, était grande. Dominique me communiquait sa paix intérieure.

J'avais dû mettre ma coiffeuse dans le secret, car il n'était plus possible de me faire les teintures ou décolorations habituelles. Une de ses clientes, une femme de mon immeuble, m'apprit-elle, avait eu un cancer et avait été « reconstruite ».

— Vous devriez la contacter, me suggéra-t-elle.

Je téléphonai à cette femme qui, devançant la demande que j'allais lui faire, proposa de me rencontrer. Dès que cette grande et belle femme brune aux yeux clairs franchit ma porte, nous nous sentîmes aussi proches l'une de l'autre que si nous nous connaissions depuis vingt ans. Nous avions traversé les mêmes épreuves, peut-être allais-je subir la même opération, et cela nous unissait profondément. Nous savions toutes deux ce qu'était la lutte pour la guérison, la lutte pour la vie. Nous parlâmes de nos traitements, puis elle me proposa de me montrer sa « reconstruction ». Elle avait éprouvé la même inquiétude, la même curiosité avant sa propre opération, me dit-elle. Avec le plus grand naturel, elle retira son chemisier et me fit admirer son sein refait, une réussite. Impossible de le différencier de l'autre.

Sa cicatrice, un mince filet sous le sein, était devenue invisible. Afin de voir plus concrètement ce que serait pour moi l'opération, j'enlevai à mon tour mon chemisier. Toutes deux, poitrine nue au

Entre les deux sœurs enfin réunies, Yvon, l'ami très rare qu[i] pendant quinze ans joua le rôle de frère et de confiden[t].

Bain de foule chaleureux à Antibes : le 27 septembre 1969, Yvonne Chazelles du Chaxel, alias Dany Carrel, devient Mme François Mosser.

« Maman Tourane »
est maintenant presque
octogénaire. Juliette n'aura
pas réussi à décourager
Dany dans sa quête, mais
les bras de la jolie
et triste Kam ne seront
jamais refermés
sur cette enfant éloignée d'elle
par une autre.

Flanquée d'Alice, future script-girl,
Dany passe pour le plaisir
de l'autre côté de la caméra.

Joies de la vie
de famille
avec Laurence
(dix-huit mois)
et Antoine,
le neveu
presque fils
(trois ans).

milieu du salon, je pensais que nous aurions de quoi surprendre si quelqu'un nous voyait. C'est alors que je constatai que mes grandes baies vitrées étaient ouvertes. Et, tandis que je me précipitais pour tirer les voilages, nous riions comme deux gamines surprises en train de faire une farce.

Je posai à ma nouvelle amie une foule de questions sur ses traitements, son opération. Redevenue grave à présent, elle m'avoua :

— Dès que l'ablation du sein a été décidée, mon mari est parti ! Il n'a pas supporté de continuer à vivre avec une femme mutilée... Ce fut un choc considérable. Heureusement, mes grands enfants m'ont beaucoup entourée. Mais dans cette histoire de cancer, le plus terrible, ce fut sans doute cette fuite de mon mari.

Je regardais cette femme, belle, intelligente – elle était chercheur à l'Institut Pasteur –, charmante, et j'étais consternée. Comment admettre la lâcheté de cet homme ? Elle reprit :

— Mais je n'ai pas voulu me résigner, j'ai tout de suite décidé de « reconstruire ». Deux ans plus tard, j'avais à nouveau une poitrine normale. Je voulais refaire ma vie.

Ma conversation avec ma nouvelle amie m'avait été fort salutaire. J'avais pu lui parler à cœur ouvert et sans crainte de la choquer. Il s'était établi entre nous une sorte de solidarité, la solidarité immédiate de ceux qui « savent ».

Dominique Fabre était l'un des rares amis à partager le secret sur mon cancer. Alors qu'il subissait lui-même des radiothérapies, je l'avais appelé et, imitant sa façon de me parler lors de notre dernière rencontre au théâtre des Variétés, je lui avais confié :

— Je fais décidément « tout comme toi », tu vois, moi aussi, j'ai mon cancer ! J'ai une tumeur au sein.

— Ah ! non, pas toi !

— C'est ça, l'amitié !

Nous avions pris l'habitude de nous téléphoner chaque semaine et nous parlions de notre cancer comme nous aurions parlé d'un enfant. Cependant, loin d'être tristes, nous passions des heures à rire. L'esprit caustique de Dominique, son humour décapant, sa façon de passer au crible les travers des gens et de la société nous entraînaient tous deux dans de véritables fous rires.

Un soir, au début de ma maladie, François entra alors que j'étais en grande discussion avec Dominique, les larmes aux yeux tellement je riais. Il me regarda, stupéfait :

— Qui peut te faire rire autant en ce moment ?

— Dominique...

— Mais que pouvez-vous vous dire de si drôle ?

— Nous parlons de notre cancer...

Avec Dominique, je pouvais parler librement. Lui aussi « savait ».

Le Dr Durant me reçut une fois encore avec la plus grande humanité et m'expliqua :

— Nous allons faire une mammographie, et peut-être devrai-je opérer.

— Oui, je sais, dis-je, sans trop d'étonnement.

Car si dans mes conversations avec le Dr Durant il n'en avait jamais été question d'une manière certaine, je n'avais pas oublié la phrase terrible du « grand professeur » : « On enlève tout ! »

Je n'avais guère d'illusion sur le résultat de la nouvelle mammographie, c'est pourquoi je mis aussitôt en place mon petit scénario, me répétant que les cellules calcifiées seraient toujours là et donc qu'il faudrait opérer.

Mais le plus douloureux dans cette histoire était de me sentir mutilée dans ma féminité. C'est pourquoi, dès que François rentra du bureau, je lui dis ce qui, vraisemblablement, se passerait : ablation du sein. Sa réaction fut merveilleuse d'amour :

— Tu sais, un sein charcuté, coupaillé, ça ne serait pas très beau... Il est préférable d'en refaire un !

— Oui, peut-être, mais mon sein refait aura sans doute moins de sensibilité...

— Ceux qui deviennent aveugles ont leur ouïe qui décuple. Quand on enlève un sein, l'autre devient beaucoup plus sensible !

François ajouta :

— Pour moi, ce ne sont pas tes seins qui sont importants, c'est toi, ta personnalité et je te trouverai tout aussi séduisante !

Ces mots de François furent de vrais mots d'amour.

J'étais décidée à me battre jusqu'au jour de ma mort. Dix-sept jours exactement après ma dernière perfusion, j'entrai à l'hôpital Curie. Bâtiment vétuste de briques rouges, l'hôpital était triste, comme étaient tristes les chambres à plusieurs lits. Mais je bénéficiais de mes dix années passées à l'orphelinat, j'y avais acquis l'endurance qui me permettait d'accepter plus facilement que d'autres les petits inconvénients de la vie commune.

Geneviève, surveillante chef du service de chirurgie, et Nathalie, infirmières, toutes deux très sympathiques, m'accueillirent. Nathalie avait pour rôle de préparer psychologiquement les femmes à l'opération. Elle n'avait pas à faire ce travail avec moi puisque je l'avais fait moi-même. Elle me prévint cependant :

— Vous serez, malheureusement, dans une chambre avec une femme très dépressive. Souvent les femmes pleurent après leur opération. Évidemment, c'est un peu triste pour vous d'entrer dans cette chambre ce soir.

— Mais non, je vais la consoler !

Installée dans mon lit, je fis connaissance avec ma voisine et je tentai de lui montrer que son opération n'était qu'une étape ; après, il y a la vie et un avenir...

— Peut-être, mais c'est tout de même triste...

— Oui, bien sûr! Mais si on n'arrête pas de se dire que c'est triste, ça le sera bien davantage! Il faut être sauvée, d'abord. Et puis, n'est-ce pas, il vaut mieux ça qu'un bras ou un pied coupé...

Je lui dis tout ce que je me répétais depuis trois mois. Je lui expliquai aussi ce que j'avais toujours pensé : il faut garder toutes ses forces pour lutter, pour repartir dans la vie, plutôt que les gaspiller en pleurs inutiles... Peu à peu, je sentis que je parvenais à lui communiquer ma volonté de vaincre. Nous finîmes même par rire.

Avant de m'endormir, je pensai à Francine, ma grande amie du pensionnat de la place d'Italie. Il y avait bien des années que son souvenir n'avait surgi dans ma mémoire mais, ce soir-là, il était normal que j'entende encore ses paroles : « Tu verras, on te le dira toute ta vie, tu as des seins magnifiques! » Oui, on me l'avait dit en effet jusqu'à cet instant...

François est près de moi. Il est venu tôt ce matin, et sa présence me réconforte. Un infirmier martiniquais me prépare : il m'enfile chemise et bottes de grosse toile blanche. C'est un homme gentil avec qui je blague. Il me dépose sur le lit roulant qu'il a apporté dans la chambre. J'embrasse François et le rassure :

— Va sans crainte à ton bureau, Nounou, tout va bien se passer.

L'infirmier éclate de rire en me roulant vers l'ascenseur :

— Nounou! Nounou!... dit-il. C'est qui, Nounou?

— C'est mon mari. Et vous, vous l'appelez comment, votre femme?

— Mais je ne l'appelle pas!

Et tous les deux, nous rions de bon cœur. Les infirmières qui nous croisent dans le couloir nous regardent, étonnées.

Je suis à nouveau dans ma chambre. Des tuyaux dépassent de tous côtés. J'aperçois Alice, triste, qui attend déjà.

— Alice, tu sais, c'est formidable, je n'ai aucune douleur!

C'est en effet ce qui me surprend : je ne sens pas ma plaie. Mieux réveillée maintenant, je regarde avec attention le pansement autour de ma poitrine et, lorsque je vois mon bras libre, j'éprouve une grande joie :

— C'est formidable, mon bras est intact!

Ma voisine de chambre n'avait pas voulu quitter l'hôpital avant mon retour du bloc opératoire. Elle s'approcha de moi et m'embrassa :

— Merci pour la soirée d'hier. Je me sens mieux grâce à vous.

J'étais résignée mais, maintenant, je suis bien décidée à me battre...

Dès le lendemain, j'étais sur pied. Deux jours plus tard, on pouvait retirer l'un des drains et je me promenais dans les couloirs. Les médicaments de phytothérapie que m'avaient concoctés avec tant de soins les Drs Lapraz et Durafour semblaient faire des miracles.

Les femmes que je rencontrais étaient, pour la plupart, de ma génération, celle qui ne manquait jamais la sortie d'un film. Elles m'avaient donc reconnue. Assises sur le canapé, dans le couloir, nous bavardions. Je tentais de convertir toutes celles qui avaient eu une ablation du sein à se faire reconstruire. Je pouvais témoigner d'une magnifique réalisation en la personne de ma voisine d'immeuble.

Le matin de ma sortie d'hôpital, Nathalie me reçut. Elle m'avait prévenue le jour de mon entrée : « La séance de pansement avant votre départ risque d'être un choc. Beaucoup de femmes pleurent. » J'appréhendais ce moment. Je ne ressentais aucune douleur, mais j'imaginais une large plaie ouverte. J'avais dans l'esprit la vision de cette pauvre sainte Agathe et de ses deux plaies dégoulinantes de sang à la place des seins que vient de lui trancher le bourreau, les deux seins qu'elle porte sur un plateau... Tout sourire par bravade, j'assurai à Nathalie :

— Je suis prête et, d'ailleurs, je sais très bien ce que je vais voir..., tout en me disant qu'après tout rien ne m'obligeait à regarder !

J'osai cependant regarder. Mon étonnement, cette fois, fut bien réel. Non seulement il ne s'agissait pas d'un trou béant, mais je découvris une fine cicatrice, bien lisse. Ravie, je m'exclamai :

— Mais c'est beau !

Nathalie n'avait plus l'air de comprendre ce qui se passait. Je vis sa surprise et lui expliquai quelles avaient été mes craintes.

— Mais non, c'est recousu ! me répondit-elle.

— Je trouve ça admirable. C'est vraiment un très beau travail... C'est parfait !

— Vous êtes formidable !

Au milieu du salon transformé en un palais magique de plantes et de fleurs multicolores, François, Laurence, Antoine et Jacques, ma petite famille, et Christian et Aïda, deux rares amis tenus dans le secret de ma maladie, attendaient mon retour au bras d'Alice. Et ce furent quatre journées miraculeuses où je fus choyée, aimée, gâtée. Quatre journées que j'aurais aimé éternelles, car je redoutais plus que tout la venue du cinquième jour. Ce cinquième jour où il me faudrait retourner à Curie entendre un nouveau verdict.

Lorsque je me dirigeai vers l'hôpital, ce matin-là, je n'avais plus du tout de courage.

Comme à l'accoutumée, le Dr Durant m'accueillit chaleureusement. Cette fois, j'attendis sa décision sans oser la solliciter. Il me semblait que je ne pourrais plus lutter, si la lutte était encore nécessaire. Il fallut pourtant accepter un autre cycle de chimiothérapie : une perfusion par semaine pendant six semaines ! Il y eut, bien sûr, à nouveau ces nuits et ces jours sombres. Et ces lents retours à la vie. Square Georges-Brassens, je retrouvai mon banc et mes silhouettes familières. Puis encore ces plongées dans le douloureux tunnel. Et ce fut enfin la dernière perfusion.

« Tout est fini ! La vie reprend ! Il faut fêter cela ! » avais-je dit à ma famille. J'organisai un vrai dîner de fête. Je l'aurais aimé au champagne, mais l'état de mon foie ne me le permettait pas encore.

Huit jours plus tard, dans le cabinet du Dr Durant. Toujours souriant, toujours optimiste, il me rassura. Tout se passait au mieux. Il n'y aurait donc plus de chimiothérapie. Je n'eus guère le temps de me réjouir. Il ajouta qu'il fallait tout faire pour tuer définitivement toutes les cellules cancéreuses !

— C'est pourquoi, maintenant, nous faisons un peu de radiothérapie, ajouta-t-il.

— La radiothérapie ? Qu'est-ce que c'est ?

— C'est du cobalt.

— Mais ça n'en finira donc jamais ! Trois chimios, une opération, à nouveau une chimio et maintenant du cobalt !

Avec patience, avec gentillesse, le Dr Durant m'encouragea, et je le quittai avec la conviction que je ne devais pas abandonner si près du but. J'acceptai six semaines de traitement et me rendis à la consultation du radiothérapeute, le Dr Mathieu. Sous ses dehors blagueurs, je découvris un homme chaleureux.

— Ne vous inquiétez pas, me dit-il, votre décolleté servira encore ! Peut-être allez-vous nous jouer bientôt du Feydeau avec les « doudounes » à l'air...

Nos deux rôles furent bientôt distribués : lui, qui me faisait tant penser à Jules Berry, était le diabolique un peu sadique et moi, la craintive.

— Déshabillez-vous, ma petite Mme Mosser, et venez me montrer toutes vos brûlures...

— Ne faut-il pas que je protège ma peau avec de la crème ?

— Non ! Pas de crème !

— Mais toute ma peau va partir...

— Oh ! oui, tout partira ! Mais je ne veux pas de crème !

J'apprivoisai la radiothérapie comme j'avais apprivoisé la chimiothérapie. Nous étions déjà en juin et, en sortant chaque jour de l'hôpital sous le ciel bleu, le soleil déjà chaud, je m'émerveillais : comme il fait bon vivre !

Je ne craignais plus le colbat, mais je ne pus jamais m'habituer à la salle d'attente du Dr Mathieu. Elle était pleine d'enfants, de jeunes gens, d'infirmes sur des fauteuils roulants. Des enfants tête rasée rayée de grands traits verts, une jeune fille blonde, tête à demi rasée, de grands traits verts sur la nuque. Et je songeai qu'au-dehors personne ne pouvait soupçonner leur malheur.

C'est à cette époque que je décidai de parler ouvertement de mon cancer. Depuis mes dernières chimiothérapies, je supportais de plus en plus mal la dissimulation de ma maladie.

Quelques jours après ma dernière chimio, alors que je me rendais au square, je m'appuyai au mur pour reprendre mon équilibre. Un voisin me croisa :

— Tu vas bien, Dany ?

— Oui, tout va bien ! dis-je en souriant.

Et, attendant sa disparition au coin du couloir, je m'aggripai au mur pour continuer de marcher.

Ce qui m'était devenu plus insupportable encore, c'était d'entendre les petites misères de la vie quotidienne :

— Ça va, Dany ?

— Oui, très bien, très bien... Et vous ?

— Oh ! ça va, mais je suis absolument furieuse ! Vous vous rendez compte, j'avais retenu une bouteille de cognac chez l'épicier, et il l'a vendue !

— Oh ! tout cela n'est pas très grave...

— Non, mais enfin, c'est énervant, n'est-ce pas ?

— Oui, sans doute, mais il y a des choses tellement plus graves...

— Eh bien, en tout cas, pour vous, Dany, tout a l'air d'aller très bien...

De retour chez moi, je dis ce jour-là ma détermination à Alice :

— La prochaine fois, je n'accepte pas de me taire !

La prochaine fois eut lieu au moment de la radiothérapie. Après m'avoir saluée, une voisine me dit :

— Oh ! en ce moment, je suis enrhumée et ce rhume n'arrête pas. J'ai tout essayé et vraiment je ne sais plus quoi faire ! Parce que, c'est vrai, ça fatigue tout de même ! Ça fatigue...

J'écoutai sans broncher. Puis la femme me demanda :

— Et vous, Dany, comment allez-vous ?

— J'ai un cancer.

La femme me regarda, suffoquée, incapable de réagir, ouvrant de grands yeux, puis elle dit :

— Ah ! Bon...

Je repris, rassurante :

— J'ai un cancer, mais ça va ! Tout va très bien, on me soigne et je vais m'en sortir !

A partir de ce jour, on ne me demanda plus : « Comment allez-vous, Dany ? » mais au moins je ne reçus plus de doléances ridicules. Il m'était devenu impossible d'écouter, sourire aux lèvres, les récits des petits bobos, des petits riens alors que, là-bas dans un hôpital, des enfants, l'air si las, si désespérés, attendaient dans une salle le moment de recevoir leur dose de cobalt.

A côté de ces enfants, il y avait aussi des mères. Des femmes brisées, au visage décomposé, mortellement triste.

Un jour, la mère de la jeune fille blonde profita du moment où son enfant était en radiothérapie pour m'adresser la parole :

— Ma fille ne va pas bien du tout... Elle est extrêmement faible... Elle vomit... Mais je ne lui dis pas ce qu'elle a, alors, surtout, madame, n'en parlez pas !

— Bien sûr que non !

— J'ai vu que vous sympathisiez avec elle, ça va lui faire du bien d'avoir parlé avec vous, mais elle ne sait rien.

Cette mère m'expliqua qu'elle avait d'autres enfants et qu'elle s'efforçait de ne faire aucune différence entre eux afin que la jeune fille ne se doute de rien.

— Ce doit être un calvaire pour vous !

— Ah! oui, madame, un calvaire ! Je lui dis qu'on lui fait de l'électricité... Mais, évidemment, elle se pose des questions : elle a vingt ans ! Elle veut continuer ses études et va au lycée, mais il lui est difficile de bien travailler... Elle désespère parfois...

Je songeai à la souffrance de la jeune fille, à la souffrance de la mère. Elle me dit encore :

— Mon mari ne s'en occupe pas beaucoup... Il évite même de m'en parler...

J'admire la force de ces mères, j'admire leur courage. Elles seules assument tout, toujours !

Ce que je vis dans cette salle d'attente, je me promis de ne jamais l'oublier.

Lorsque tout fut terminé, nous étions en juillet. Il faisait beau. J'étais libre. Je n'avais plus qu'à reprendre tranquillement des forces, faire des projets puis repartir dans la vie...

Depuis dix mois, je n'avais plus fait signe aux amis du métier : je n'avais pas désiré leur parler de ma maladie, je n'avais pas voulu les effrayer. Je devais maintenant leur donner l'explication de ma « retraite ». Je téléphonai à ceux qui m'avaient appelée et à qui j'avais fait répondre que j'étais absente. Chaque fois, la conversation fut la même :

— Ah! Dany ! On ne t'a plus vue depuis si longtemps !

— Eh bien, oui, j'ai eu un cancer.

C'est à ce moment que se produisait le même long silence de mon interlocuteur. Alors j'ajoutais sur un ton enjoué :

— Oh ! mais, maintenant, je vais très bien !

Mais la conversation tournait court, invariablement, l'ami, embarrassé, apeuré surtout, ne semblait plus en mesure de rassembler ses idées et balbutiait quelques mots avant de prendre congé :

— Nous nous voyons bientôt, je te rappelle...

Par bonheur, nous étions au temps des vacances. Je retrouvai ma Normandie avec François, Laurence, Antoine et leurs amis. Chaque instant de la vie me paraissait délicieux, chaque brin d'herbe, chaque fleur, chaque arbre, une chose admirable... Moi qui, jamais, n'avais accepté un temps de pause sans me sentir culpabilisée à la pensée de perdre mon temps, je perdais délibérément mon temps. La valeur du temps était devenue radicalement autre. Je connaissais désormais l'importance de la vie. Cet été, la Normandie fut magnifique. Ma famille douce et aimante.

Puis vint la rentrée. Je restai seule. Seule, sans emploi du temps. Seule à ne savoir que faire dans mon appartement parisien. Ma vie n'était plus balisée par les traitements, j'avais la sensation d'avoir quitté un cocon.

En cet automne, je me sentis nue, dépouillée, vide. Plus de bagarre contre la maladie, et pourtant je ne savais si je l'avais réellement vaincue. Cet après-cancer fut le temps des interrogations : « Que m'était-il arrivé ? Quel était ce vide ? »

J'aurais réellement aimé retrouver mon milieu, mon ambiance, les plateaux de cinéma. Chaque jour qui passait me donnait plus de vitalité. J'étais même plus belle qu'avant, et les rares personnes que je rencontrais me complimentaient : « Mais Dany, qu'avez-vous fait ? Vous êtes superbe ! »

Puis il y eut cette fête des Gourmands au Fouquet's, à laquelle j'avais été conviée par Patrick Préjean, l'acteur charmant qui avait joué avec moi dans *le Saut du lit*. J'avais enfin l'occasion de me montrer. Pourquoi devrais-je continuer à cacher ce cancer comme je cacherais une faute abominable ?

Ce fut une agréable soirée, et mes amis apprirent la raison de mon éloignement des plateaux de tournage et des scènes de théâtre. Je désirais extirper leur peur. Je voulais qu'on me parle de mon cancer comme on m'aurait parlé d'une hépatite virale.

Je rencontrai d'autres amis metteurs en scène et je leur dis combien cela me ferait plaisir de remettre les pieds sur un plateau.

Pas un ne me rappela. Pensèrent-ils que, deux ans plus tard, je ne serais plus là et qu'il était inutile de « parier » sur moi ? J'étais en observation. Tout le monde sait que, pendant cinq ans, une épée de Damoclès est suspendue au-dessus de notre tête. Mais peut-être mourrais-je pendant ce temps d'un accident d'avion... Tout le monde meurt... J'aurais dû taire cette maladie ! Si j'avais été une femme prudente, calculatrice, je n'en aurais jamais soufflé mot.

L'automne 1989 fut mélancolique. Mais je refusai de tomber dans la neurasthénie. Je croyais avoir certains amis et ils s'étaient envolés, mais ceux que je gardais, les vrais, ceux que je n'ai pas besoin de nommer ici car ils se reconnaîtront, ne m'avaient jamais été si précieux. Le cancer avait fait le tri. Il m'avait aussi donné de nouveaux amis. Ces hommes et ces femmes qui m'avaient soignée lorsque j'étais au plus mal et qui n'avaient pas ménagé leur amitié chaleureuse, leurs encouragements.

Et combien devais-je à ma propre famille ! C'est pendant ces dix mois de traitement si éprouvants pour tous que je la découvris véritablement. Je ne cessais de me redire : « Je suis véritablement aimée ! », ajoutant avec étonnement : « Il faut que j'aie ce cancer pour que je comprenne que je suis aimée ! Peut-être devrais-je presque me réjouir de l'avoir eu ? »

Je continuais à me rendre au square Georges-Brassens toutes les fois que le temps me le permettait. J'emportais un livre, mais je ne lisais pas beaucoup, préférant regarder les arbres, les plantes, les massifs de fleurs comme je le faisais depuis un an.

Assise seule sur mon banc pendant tous ces mois de traitement, j'avais pris le temps de penser à ma vie. Je ne pensais pas à l'avenir, car il était incertain. Je ne pensais pas au présent douloureux, je revenais donc sur mon passé, pour la première fois. Ma vie m'avait entraînée dans un tourbillon trop rapide : le travail, les amours, la famille. Et, comme Scarlett O'Hara, je me disais, lorsque venait une interrogation d'importance : « J'y réfléchirai demain... » Mais le lendemain était toujours trop agité. Seul ce temps suspendu de mon cancer fit que je pus « y penser » enfin. Et, square Georges-Brassens surgirent les fantômes de mon enfance. Ce n'est pas un banal cliché : je me mis à penser si fort à eux qu'ils furent là chaque jour. C'étaient les personnages de Combs-la-Ville, les méchants et les tendres, Jeanne et mon amie Huguette Kesler. C'étaient ceux de mon orphelinat, le curé Bel, la sœur Marie, ma souriante amie Micheline. C'était ma fausse mais accueillante famille : Antoinette, Marcel et Boby. C'étaient la petite Alice de Marseille, la douce amie Francine de l'école de la place d'Italie, mon incomparable ami du cours Bauer-Thérond, Yvon. C'étaient une mère inconnue et ce père mort trop tôt. Et c'était aussi mon propre chemin parcouru, de la petite fille de quatre ans, Yvonne Chazelles, abandonnée et solitaire, à l'actrice Dany Carrel, fêtée aux côtés de Gérard Philipe, applaudie aux côtés de Sacha Pitoëff. Que n'ai-je revécu sur ce petit banc durant ces quelques mois !

A la fin de l'automne, mon beau-frère, Jacques Trébouta, prit l'habitude de m'accompagner. Il souffrait lui aussi d'une grave maladie, et avait été opéré. Je l'entraînais dans mes souvenirs, et un beau jour, il m'interrogea :

— Pourquoi ne pas écrire tout cela, Dany ?

— Écrire, c'est fouiller autour de soi, c'est tenter de comprendre, et je sais si peu de moi, si peu de ma famille...

Il insista :

— Tu seras enfin en accord avec toi, tu seras beaucoup mieux dans ton corps, dans ton âme. Tu auras déblayé, cherché et peut-être trouvé. Et lorsque tu auras trouvé, peut-être pourras-tu guérir ?...

J'hésitai, car je savais que ces recherches, ces interrogations seraient une souffrance. Jamais je n'avais désiré replonger dans mon passé, car mon présent me semblait toujours plus joyeux, plus riche. C'est sans doute pour cela que je n'avais rien gardé sur ma carrière : ni photos, ni articles, ni magazines. Je n'aimais pas les reliques.

Chaque jour, Jacques et moi nous retrouvions côte à côte à évoquer nos souvenirs et j'y prenais goût. Tel Sherlock Holmes, je tentais, à partir d'indices imperceptibles, de reconstruire des pans entiers de ma vie. Mais cette recherche de la vérité familiale était difficile et douloureuse. Je ne possédais que quelques photos laissées par Juliette et quatre vases ayant appartenu à mon père. Cependant, Alice entretenait toujours une correspondance avec sa mère, la mienne sans doute. Et, pour la première fois, je voulus vraiment savoir et je demandai à Alice de l'interroger.

Sur mon banc, je pensais à Maman Tourane.

Deux vérités s'affrontaient. Alice m'assurait que Kam, sa mère, était aussi la mienne. Mais cette femme ne m'avait jamais demandée, n'était jamais venue, ne m'avait jamais écrit personnellement. Bien sûr, dans chaque lettre adressée à Alice, il y avait un petit mot pour moi : « J'embrasse Yvonne » ou « Je souhaite qu'Yvonne soit en bonne santé. » Mais ses sentiments semblaient si retenus !... Juliette, elle, m'assurait avec force : « Ta mère est morte à ta naissance ! On n'a pas voulu dire la vérité à Alice. » Qui croire ? Incapable de vivre une telle contradiction, je m'étais dit, une fois encore : « J'y réfléchirai demain ! » Sans doute ai-je fait preuve d'un peu d'orgueil : depuis mon enfance, j'attendais qu'une mère me dise : « Viens ! Je t'attends ! » et personne ne me l'avait dit, ni Maman Tourane ni une autre. Sans doute ai-je aussi fait preuve d'un peu de lâcheté en ne voulant pas aller jusqu'au Viêt-nam pour interroger celle qui savait. Mais je redoutais le grand cataclysme que cela produirait dans ma vie.

Le totalitarisme communiste, les boat people me sortirent brusquement du cocon que je m'étais tissé. A ce moment, je me sentis vraiment vietnamienne et je voulus sauver Maman Tourane. Après plusieurs années d'angoisse, la correspondance reprit entre Alice et Maman Tourane par l'intermédiaire de Huân.

Bientôt, les frontières devinrent plus perméables aux personnes, l'envie de partir me saisit à nouveau. Il fallait enfin que je sache ! Mais Maman Tourane fit écrire qu'elle était trop âgée maintenant pour supporter le choc de notre rencontre. Et Huân expliqua : « Maman a le cœur fragile, il vaut mieux ne pas venir. »

Plusieurs fois, Alice et moi avions demandé à Maman Tourane de venir en France. Mais cela non plus n'avait pas été possible. Notre mère avait d'autres enfants, sa vie était au Viêt-nam. Et je songeais, sans méchanceté, sans reproches, plutôt comme un constat : « Alice et moi sommes deux enfants de trop... » Je songeais aussi aux souffrances d'une mère qui avait été séparée de ses enfants et aux nouvelles souffrances que je lui imposerais si j'allais la retrouver. Je ne pouvais donc aller contre son désir.

Réfugiée sur mon banc du square devenu désert, je regardais les dernières roses qui perdaient leurs pétales. Le spleen m'envahissait. Alice avait écrit à Maman Tourane que j'avais eu un cancer, mais que mes traitements avaient été efficaces, et que Jacques se remettait de son opération. Elle avait renouvelé nos vœux d'aller la voir. Maman Tourane avait répondu : « Soignez-vous surtout et, lorsque vous serez totalement rétablis, nous reparlerons de ce voyage. » Elle nous dit encore qu'elle serait beaucoup trop triste lorsque nous repartirions : « Encore bien plus triste qu'avant. »

Alice reçut une nouvelle lettre de Huân dans laquelle il nous disait la vie un peu solitaire de notre mère, maintenant que le fils aîné était en Amérique et que lui-même avait sa propre famille. Puis il écrivit : « L'autre jour, maman a pris l'une des photos d'Yvonne. Elle l'a longuement regardée puis elle l'a caressée. Des larmes coulaient sur son visage. » Je fus profondément ébranlée par ce geste. Seule une mère peut laisser couler des larmes après tant d'années ! A ce moment j'eus la certitude que Maman Tourane était vraiment ma mère. Il m'avait donc fallu attendre toutes ces années pour en avoir la preuve ! Pourquoi ne me l'avait-elle jamais crié ? Pourquoi était-ce précisément au moment où moi-même j'étais enfin véritablement à sa recherche qu'elle retrouvait ses gestes de mère ? Cette caresse qu'elle m'avait donnée enfant, elle me la redonnait maintenant ! Nos deux solitudes, nos deux vies, comme en suspens, s'étaient donc rejointes !

De ce jour, je voulus tout savoir de ma mère. J'interrogeais Alice. Je commençais à comprendre le malheur de la petite Kam. Depuis mon cancer, Alice et moi pouvions parler de tout cela avec simplicité. Nous avions tout à coup découvert la fragilité de la vie et une sorte d'urgence était apparue qui nous rendait tout plus facile.

J'ai abandonné mon banc du square Georges-Brassens. J'ai ressorti les quelques photos de Kam, d'Aimé, d'Alice et de moi à Tourane. Je regarde un portrait plus récent de Kam et j'éprouve un étrange sentiment. Maman Tourane est aujourd'hui une vieille dame. Elle est toujours aussi belle, aussi digne. Mais elle est tellement triste ! Je la regarde et je me retrouve en elle, mais si fugitivement. Elle, si vietnamienne, moi, si française. Je ne connais rien de son pays, rien de son peuple. Je ne connais pas sa langue. J'ai enfin une mère, mais nous ne pouvons pas communiquer ! Si seulement je pouvais lui écrire, si je pouvais l'appeler au téléphone et lui dire simplement « maman... »

Parfois, il me prend l'envie folle de partir tout de suite, je ne veux pas la laisser mourir sans l'avoir vue, sans avoir entendu le son de sa voix, sans l'avoir touchée, sans l'avoir embrassée.

Comme je voulais tout connaître de mes parents, tout savoir de cette petite enfance dont il ne me restait aucun souvenir, tout savoir sur le drame qui suivit, Alice envoya une nouvelle lettre à Maman Tourane. Notre demi-frère répondit :

> Da Nang
> Bien chère Alice,
> Avant de répondre aux questions d'Yvonne, maman veut vous envoyer à toutes deux son affection.
> Maman va bien. Elle a maintenant soixante-quinze ans et ses cheveux sont tout blancs.
> Maman a rencontré votre père lorsqu'elle avait dix-neuf ans. Un jour, une superbe voiture s'est arrêtée juste devant la maison, rue Hûng-Vuong. Maman est sortie pour la contempler. Votre père a aussitôt remarqué maman et l'a regardée avec un certain sentiment. Il était directeur général des douanes. Il a demandé à un ami vietnamien de lui présenter maman. Ainsi a commencé leur grand amour et leur vie conjugale.
> Maman avait vingt ans à la naissance d'Yvonne et dix-huit mois plus tard est née Alice. Vous avez été choyées et aimées par votre père et maman. Quand Alice a eu un an, la femme de votre père est revenue de France, où elle partait souvent et pendant très longtemps. Elle a appris qu'il y avait deux filles et en a été très heureuse. Elle a été très gentille avec maman, peut-être parce qu'elle ne pouvait ou ne voulait faire des enfants. Pendant son séjour au Viêt-nam, elle avait un faible pour Yvonne, qui était très jolie et très drôle. Mais votre père

est tombé malade. Il est allé se faire soigner à Hué. Deux semaines plus tard, il était de retour à Da Nang, en pleine forme. Ce soir-là, vers 21 heures, sa voiture avec chauffeur s'est arrêtée devant la maison de maman. Votre père est resté un long moment avec elle pour la rassurer sur sa santé et lui dire qu'il ne la quitterait pas. Puis il est reparti. Mais, vers 4 heures du matin, le chauffeur est venu annoncer à maman le décès de votre père. Cette nouvelle lui est tombée sur la tête comme la foudre, et une grande douleur l'a envahie. Puis les deux épouses ont organisé ensemble l'enterrement de votre père, mais c'est maman qui, visiblement, souffrait le plus...

Ensuite, la femme de votre père a demandé à maman la permission d'emmener Yvonne en France. Maman a refusé énergiquement malgré les problèmes financiers qui pesaient sur elle. Car, à la vérité, votre père n'avait pas eu le temps de réaliser sa promesse : donner une certaine somme pour vous élever. Mais, voyant le grand amour que la femme de votre père témoignait pour Yvonne, et craignant la menace d'un procès, maman dut suivre les conseils de plusieurs amis et fut contrainte de laisser partir Yvonne. Yvonne allait avoir trois ans. Que de larmes ! Que de jours de souffrance pour cette séparation malgré la présence d'Alice, source de joie et de consolation, à ses côtés. Imaginez la douleur d'une femme qui vient de perdre son époux et à qui on enlève son enfant !

La vie de maman s'est poursuivie avec Alice, une enfant docile et sage. Quand Alice a eu douze ans, la femme de votre père a écrit à maman pour lui dire qu'Yvonne voulait avoir sa sœur à ses côtés. Maman a accepté afin que vous soyez heureuses ensemble toutes deux. A partir de là, ma chère Alice, je pense que tu peux raconter la suite à Yvonne.

Maman souhaite une meilleure santé à tous et vous embrasse bien fort.

Huân.

Alice connaissait partiellement notre histoire pour avoir posé des questions à notre mère :

— A mon retour à Tourane, j'étais très perturbée. Non seulement pour avoir été expulsée par Juliette et séparée de toi, mais aussi à cause de ses affirmations à notre propos. Maman m'expliqua alors ce qui s'était véritablement passé : « La vérité est celle-ci : ton père et moi avons eu deux enfants, Yvonne et toi. Il voulait divorcer. Mais il est mort brutalement, et Juliette du Chaxel est devenue votre tutrice. Juliette du Chaxel raconte tout autre chose, c'est normal, elle était la première femme ! »

L'ANNAMITE

Ma mère, une très jeune Vietnamienne, n'était que la « seconde femme » et, dans cette Indochine coloniale de mon enfance, elle n'avait aucun droit sur nous. Juliette m'avait donc arrachée à ma mère ! Je compris la souffrance de cette mère, je compris la crainte de revivre une telle souffrance si j'allais à sa rencontre.

Avais-je raison de ne pas franchir le pas ? Et si, demain, Alice recevait une lettre de notre frère : « Notre mère est morte... » comment réagirais-je ? Bien sûr, elle avait refusé de venir en France, mais elle avait refusé également de s'expatrier en Californie, où notre demi-frère la réclamait. La « petite Kam » avait désormais près de quatre-vingts ans et ne pouvait refaire sa vie à l'étranger. Fallait-il alors partir pour le Viêt-nam, malgré elle ? Peut-être le temps nous était-il compté maintenant à toutes les deux ?

La vie aujourd'hui me sourit à nouveau. Oublié, l'isolement dans lequel certains m'avaient laissée. Les metteurs en scène semblent s'être donné le mot et me proposent de nouveaux rôles comme s'ils avaient senti que j'étais guérie. Je n'ai plus que l'embarras du choix. Je redeviens telle que j'étais, débordante de vitalité, et mes amis me retrouvent, gaie et tonique. Mais avec une sérénité jamais éprouvée jusqu'alors. Aujourd'hui, je connais la valeur de la vie. Je veux prendre le temps de la savourer seconde après seconde. Car chaque seconde peut être superbe. La seconde où, assise dans mon fauteuil, rien ne se passe. La seconde où, sur scène, je jouerai bientôt. La seconde où je me vois près de Maman Tourane. Plus jamais, pensant à elle, je ne me dirai : « J'y réfléchirai demain ! »

Il y a maintenant deux ans que j'y réfléchis. Semaine après semaine, j'ai cherché le moyen de l'apprivoiser afin qu'elle n'ait plus peur de me rencontrer. C'est Jacques, mon beau-frère, qui m'a donné la solution. Il voulait que j'écrive mes Mémoires pour moi-même, pour me guérir. J'ai désiré les écrire pour Maman Tourane. J'ai voulu me livrer à elle aussi fidèlement qu'il m'a été possible. J'ai voulu qu'elle connaisse tout de moi. Et, me connaissant, qu'elle désire, comme lorsque j'avais deux ans, me serrer dans ses bras.

Ce livre est une longue lettre à ma mère, la jolie et triste Kam.

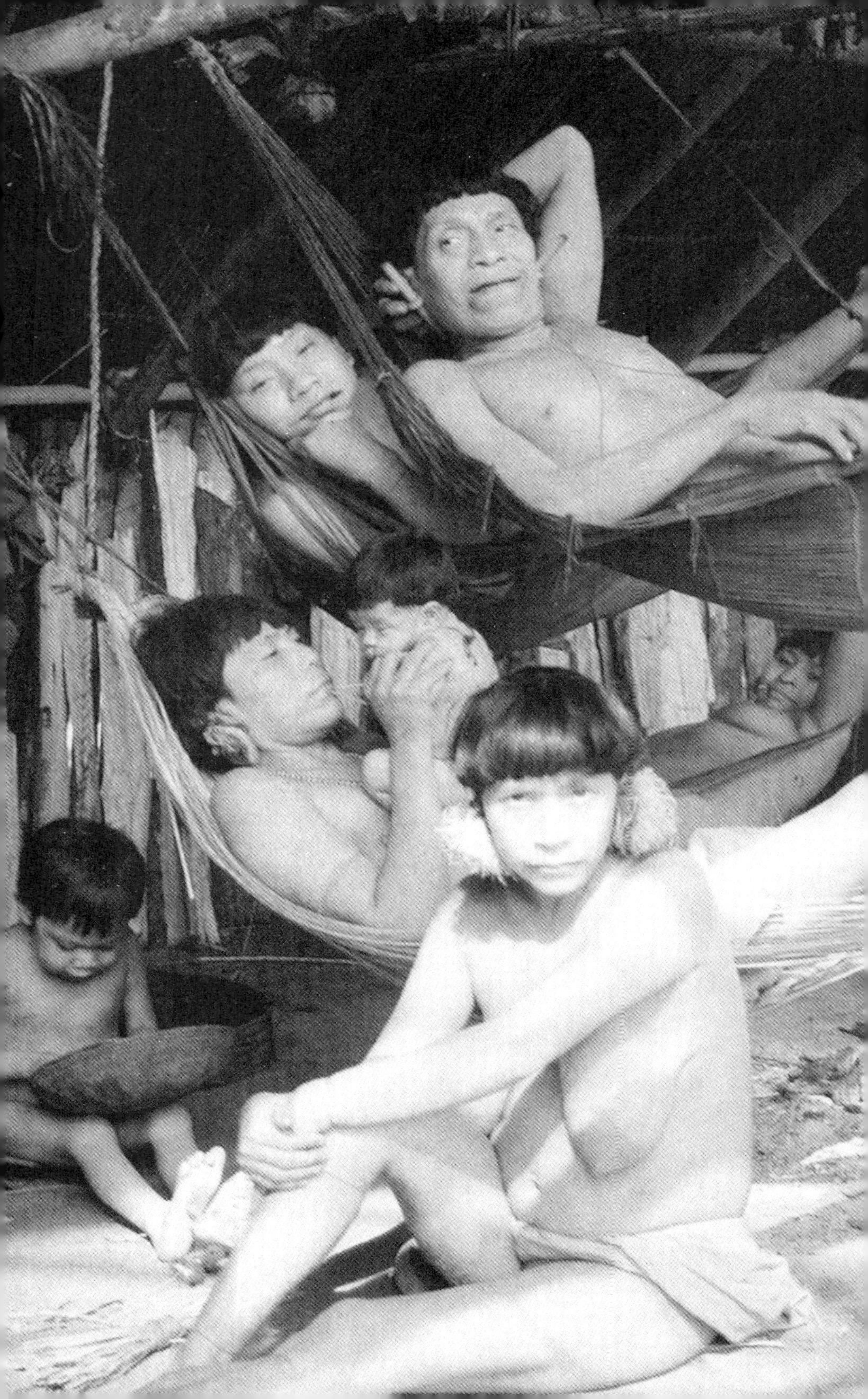

L'ADIEU AUX YANOMAMI

ALAIN KERJEAN

Humboldt est considéré comme le père
de l'ethnologie; Lizot marquera l'histoire
de cette science. Mais ce maître
d'aventure-là est bien vivant, et nous avons eu
la chance, au fil des années, de gagner
sa confiance et son amitié. Je me souviendrai
toujours de notre première rencontre
en 1980 à la mission de Platanal,
la plus proche des sources de l'Orénoque.
Nous ne voulions pas solliciter
ce compatriote sauvage, hostile à toute
incursion de visiteurs dans le territoire
yanomami. C'est lui qui apprit notre présence
et qui, poussé par la curiosité,
bien que méfiant, voulut se faire une opinion
sur nous. C'est ainsi que nous vîmes
arriver un matin un homme sec, vêtu
d'un simple pantalon et accompagné
d'un splendide guerrier yanomami paré de
plumes multicolores. Il portait son fusil
et une marmite contenant un grand oiseau
noir tué durant la navigation. Nous devinâmes
aussitôt qu'il s'agissait de Lizot.
Quel regard enfiévré, mystique, extraordinaire!

« L'Adieu aux Yanomami »

Page de titre : *Formant une société oisive, les Yanomami vivent sans chef en petites communautés solidaires.*
Photo de couverture : *Les Yanomami adorent leurs animaux domestiques, ils les nourrissent et ne les mangent jamais.*

I
L'apprivoiseur apprivoisé

Cela faisait exactement dix ans qu'Alain Rastoin et moi avions quitté la sécurité d'une brève carrière administrative pour affronter l'incertitude de l'aventure. Notre premier maître d'aventure avait été Alexander von Humboldt, le grand naturaliste prussien, dont nous avions refait, cent quatre-vingts ans après, le « Voyage aux régions équinoxiales du Nouveau Continent », de la côte du Venezuela jusqu'à la région du haut Orénoque. Cette expédition d'un an avait changé notre vie. Nous y avons gagné la confiance en nous et le courage de réaliser nos propres projets.

Humboldt inspire toujours notre action et sa philosophie de la vie explique en partie l'exploration que nous allons entreprendre.

Il y a d'abord son choix de renoncer aux privilèges d'une naissance aristocratique et à ses fonctions de directeur des mines de Franconie. Il vend en 1797 les propriétés héritées de sa famille et, après un voyage en Suisse et en Italie, arrive à Paris, alors capitale scientifique de l'Europe. A une tout autre échelle, cet exemple nous confortait dans notre choix non conventionnel de quitter l'Administration.

Ce n'est cependant pas la dimension de son esprit universel, son génie scientifique et littéraire, l'admiration qu'il suscita chez Goethe et Chateaubriand, l'influence qu'il exerça sur Balzac ou Darwin et sur des générations de voyageurs, qui pouvaient représenter une ambition pour nous, mais, plus modestement, sa manière de conduire sa vie et son action. « On dit souvent en société que je m'occupe de trop de choses à la fois, écrit Humboldt. Mais peut-on défendre à l'homme d'avoir le désir de savoir, d'embrasser tout ce qui l'environne ? »

L'optimisme de notre illustre devancier était un stimulant au moment où nous nous apprêtions à passer à l'acte et à rompre avec une vie prévisible. Comment ne pas être encouragés par quelqu'un qui nous dit : « L'homme doit vouloir le bien et la grandeur ! Le reste dépend du destin. » Cette heureuse disposition d'esprit permet de surmonter bien des épreuves. Le savant, doublé d'un homme d'action, estimait que la sérénité d'esprit est presque la première condition d'un voyage aux régions inhospitalières.

Ma mère me confia un jour que, au moment de ma naissance, elle pria Dieu de me donner le plus beau cadeau pour la vie : l'optimisme. Il en faut beaucoup pour affirmer, comme Humboldt, que l'homme doit compter uniquement sur ce qu'il produit par sa propre énergie.

La générosité découle presque automatiquement de l'optimisme. On est peu enclin à en vouloir aux autres quand on n'a pas dans le cœur la haine de soi. Témoin de l'esclavage que pratiquait l'Amérique espagnole, Humboldt s'insurge : « Regarder l'emploi de la force comme le premier et unique moyen de la civilisation du sauvage est un principe aussi peu vrai dans l'éducation des peuples que dans l'éducation de la jeunesse. [...] C'est parce que l'Indien des bois est traité comme un serf dans la plupart des missions, c'est parce qu'il ne jouit pas du fruit de ses travaux, que les établissements chrétiens de l'Orénoque restent déserts. » L'émerveillement du naturaliste n'altère pas le sens critique du philosophe.

Qualité presque toujours associée à l'optimisme et à la générosité d'une personnalité forte et libre, le sens de l'amitié le caractérise ; la fraternité dans l'action, aspiration si propre à l'aventurier, était l'un des principaux moteurs du savant. D'Aimé Bonpland, le jeune médecin de marine qui l'accompagna dans son voyage de cinq ans dans l'Amérique équinoxiale, il dit : « J'étais secondé par un ami courageux et instruit [...] dont le zèle et l'égalité de caractère ne se sont jamais démentis, au milieu des fatigues et des dangers auxquels nous étions quelquefois exposés. » Mais c'est avec le savant français François Arago qu'il cultiva la plus longue et la plus fervente amitié, qui dura quarante-quatre ans.

Si Humboldt fut immédiatement reconnu comme le plus grand des leurs par les naturalistes, les géographes ne se réclamèrent de lui qu'un peu plus tard, quand ils découvrirent dans son œuvre les deux principes directeurs de la géographie : la nécessité d'étudier les

L'ADIEU AUX YANOMAMI

phénomènes de la nature, physiques ou humains, non pas isolément, *in abstracto*, mais dans leurs rapports réciproques.

Enfin, notre mentor du siècle passé, aussi à l'aise dans la jungle que dans les salons, avait un humour redoutable. L'année du sacre de Napoléon, il était le point de mire de la haute société parisienne. Son esprit narquois, son ironie, sa conversation qu'il tenait indifféremment dans une langue ou dans une autre impressionnaient grandement les dames. On raconte qu'elles évitaient de quitter l'assemblée avant lui de peur de faire l'objet, une fois parties, de ses pointes malicieuses.

Armés de ces principes, nous pouvions tout entreprendre. Après avoir reconstitué en 1980 le voyage de Humboldt et de Bonpland au Venezuela, Alain Rastoin choisit d'explorer le Grand Nord canadien, d'où il rapporta des films souvent primés qui lui valurent d'être reconnu comme un des meilleurs cinéastes d'aventure. Je partis alors sur les traces de René Caillié, le jeune explorateur français qui, déguisé en pèlerin musulman, découvrit, en 1828, Tombouctou, la mythique capitale du désert.

Mais l'appel de la forêt est irrésistible. En 1984 je retournai sur le haut Orénoque pour raconter l'aventure personnelle de l'ethnologue français Jacques Lizot, qui vivait depuis 1968 une expérience unique d'assimilation à une population primitive.

Nous avions retrouvé en cet exilé volontaire les principaux traits de caractère de Humboldt : la rigueur scientifique, l'exigence de vérité, la recherche de la fraternité dans l'action, et un humour que Lizot partage avec les Indiens Yanomami.

Humboldt est considéré comme le père de l'ethnologie ; Lizot marquera l'histoire de cette science. Mais ce maître d'aventure-là est bien vivant, et nous avons eu la chance, au fil des années, de gagner sa confiance et son amitié, dans une acceptation mutuelle.

Je me souviendrai toujours de notre première rencontre en 1980 à la mission de Platanal, la plus proche des sources de l'Orénoque. Nous ne voulions pas solliciter ce compatriote sauvage, hostile à toute incursion de visiteurs dans le territoire yanomami. Nous avions notre propre passion, un objectif d'exploration, nous ne venions pas en journalistes voir des Indiens. C'est lui qui apprit notre présence chez son ami le père Bortoli et qui, poussé par la curiosité, bien que méfiant, voulut se faire une opinion sur nous.

C'est ainsi que nous vîmes arriver un matin un homme sec, au visage à la père de Foucault, vêtu d'un simple pantalon et accompagné d'un splendide guerrier yanomami paré de plumes multicolores. Il portait son fusil et une marmite contenant un grand oiseau noir tué durant la navigation entre le río Manaviche et la mission.

Un présent pour le missionnaire, probablement. Nous devinâmes aussitôt qu'il s'agissait de Lizot, et nous parlâmes longtemps avec lui, assis par terre à l'ombre d'un bâtiment de la mission. Quel regard enfiévré, mystique, extraordinaire ! Il vit que nous étions des voyageurs naïfs certes, mais sans prétention, différents de ces prétendus scientifiques ou de ces chasseurs de sensationnel prêts à commettre n'importe quelle imposture. L'ethnologue facilita notre expédition sur le río Mavaca, sans toutefois nous accompagner. Quelque temps après, notre livre le rassura un peu plus car nous rapportions fidèlement, objectivement, notre rencontre avec les Indiens.

Notre séjour chez lui, la biographie et le film que je lui consacrai quatre ans plus tard[1] confortèrent notre entente. Lors de l'un de ses rares et brefs passages en France, nous fêtâmes ses « vingt ans d'Orénoque » avec quelques amis, dans une ferme de Normandie.

A partir de 1985, je m'immergeai dans la création du mouvement éducatif Hors Limites, qui devint rapidement la branche française du mouvement éducatif Outward Bound, célèbre dans vingt pays. C'est d'ailleurs dans les forêts de l'Orénoque, dès la première expédition, que j'avais formé ce projet en constatant que l'aventure, rupture totale avec le quotidien, était bien plus que l'accomplissement d'un rêve d'exotisme. Cette expérience avait joué comme un révélateur de nos véritables ressources. De là, l'idée d'une formation qui développerait les compétences humaines au moyen d'expériences grandeur réelle en pleine nature.

Suscitant un considérable engouement médiatique, trois ans seulement après sa fondation en 1987, Hors Limites-Outward Bound accueillit en une année à La Canourgue, dans son école de Lozère, 2 500 jeunes et adultes : ils y renforcèrent leur confiance en eux et dans les autres, leur capacité de travailler en équipe, de motiver et d'entraîner les autres, de s'adapter au changement, tout en vivant une expérience marquante dans un environnement superbe.

Six ans sans expédition, c'est long, même si l'aventure se vit aussi en France. Encore une fois, c'est vers le haut Orénoque que s'orientèrent mes rêves.

L'objectif de notre première expédition géographique, dix ans auparavant, avait été la découverte d'un chemin de portage qui, selon les Indiens interrogés par Humboldt, à la mission de La Esmeralda, permettait jadis aux Indiens brésiliens travaillant pour le compte des Portugais d'accéder par le río Siapa au río Mavaca, affluent de l'Orénoque, et de récolter de précieuses plantes qui y

---

1. Alain Kerjean, *Un sauvage exil*, Seghers, 1988 ; *la Rivière des pluies*, FR 3, 1984.

abondaient : cacao, clou de girofle, laurier, salsepareille. Ce chemin, jamais redécouvert, était devenu légendaire après les vaines tentatives de plusieurs générations d'explorateurs européens.

Un heureux concours de circonstances et, il faut bien le dire, une bonne dose de ténacité nous permirent de trouver sur le haut Mavaca un groupe de Yanomami. Ils se laissèrent difficilement convaincre de nous guider sur ce fameux chemin, qui ne présentait pour eux pas plus d'intérêt que les innombrables pistes qu'ils empruntaient pour chasser ou se rendre d'une communauté à une autre. Joie indicible, nous découvrîmes ce chemin de portage et apportâmes la preuve de son existence. Humboldt avait raison.

Malheureusement, il nous restait encore deux jours de marche avant de parvenir au río Siapa lorsque nos guides indiens refusèrent d'aller plus loin, menaçant de nous abandonner en pleine forêt. Parmi plusieurs raisons possibles, nous crûmes comprendre qu'un incident avait eu une grande signification. L'un de nos porteurs avait manqué se faire piquer par une grosse araignée mygale qui s'était glissée dans l'un des sacs pendant la nuit. Chez les Yanomami, rien n'est fortuit, et cela pouvait représenter un mauvais présage. Mais Jacques Lizot nous affirma par la suite que la présence de l'araignée ne pouvait pas être interprétée ainsi par les Yanomami.

Nous avions donc une « revanche » à prendre : accéder au río Siapa et reconnaître une partie inconnue de son cours. Prenant source au sud de la sierra Parima, comme l'Orénoque, la « rivière des perruches » coule d'abord parallèlement au grand fleuve avant de se jeter dans le Casiquiare, le célèbre canal naturel qui, exception à la règle de partage des eaux, met en communication les bassins de l'Orénoque et de l'Amazone. D'importants rapides en aval du Siapa empêchent de remonter la rivière en pirogue.

Par de rares incursions, chercheurs et fonctionnaires de la Commission vénézuélienne des frontières avaient exploré plusieurs tronçons en accédant dans cette vallée par hélicoptère. Jacques Lizot avait participé, en 1972, à l'une de ces pénétrations et facilité le premier contact avec des groupes de Yanomami isolés. « La situation des communautés du haut Siapa, nous raconta-t-il un jour, était comparable à celle des Indiens du haut Orénoque aux environs des années 1930-1950. Les groupes étaient nombreux, la forêt était tout entière occupée, mais aucune de ces communautés n'était installée au rivage ; il n'y avait pas de canot et rien ne prouvait qu'une forme quelconque de navigation existât. »

Le médecin qui accompagnait la mission observa le bon état de santé de ces Yanomami isolés qui voyaient avec crainte leurs premiers Blancs. Les corps et les visages étaient gris de crasse, mais beaux et sains ; la denture était forte, les caries rares.

— Comment tes deux compagnons indiens ont-ils réagi en rencontrant des frères yanomami « sauvages »? demandai-je à Lizot.

— Hepewë et Tiyewë vivent sur les rivages de l'Orénoque et du Manaviche dans des communautés déjà perverties par notre civilisation. Mais à cause justement des dommages déjà causés, l'ethnologue rencontre un aliment plus substantiel. Les groupes tolèrent mieux sa présence et acceptent plus de parler d'eux-mêmes. Chez les Samathari, bien qu'étant en terre yanomami, Tiyewë et Hepewë se sont sentis en pays étranger, et leurs attitudes, leurs réflexions étaient toutes marquées par l'isolement qu'ils partageaient avec nous.

— De quoi ont-ils parlé dans cette situation exceptionnelle?

— La sexualité a été le thème central de leurs conversations. Il faut d'ailleurs se convaincre que le sexe, chez les Yanomami comme partout, est réellement quelque chose d'important. La sexualité est un des grands silences de l'ethnologie puritaine.

Dans son livre *le Cercle des feux*, Lizot est d'ailleurs l'un des rares ethnologues à rendre sa place à la sexualité dans l'étude des sociétés primitives. « Les adultes parlent ouvertement de la sexualité des fonctions de reproduction, écrit-il. Le rôle de l'accouplement humain et le plaisir qu'il donne ne sont point dissimulés aux enfants. A vrai dire, il n'y a rien là que de très naturel. »

La pudeur prend des formes différentes. Rien n'est plus mortifiant pour un Indien que d'être vu le gland découvert : c'est le comble de l'obscénité. La bienséance exige au contraire que le prépuce, bien étiré au-dessus du gland, soit fixé à la ceinture par une fine cordelette. Il n'est détaché que pour uriner, après qu'on s'est accroupi.

Allongé dans son hamac, Jacques nous racontait son exploration de façon si vivante et si colorée que l'on ressentait presque physiquement l'intense émotion que l'on doit éprouver dans de telles circonstances.

En écoutant le récit de cette première incursion sur le haut Siapa, je rêvais de vivre ce genre d'expérience avec Lizot, sans oser m'en ouvrir à lui. Je savais par avance quelles seraient alors ses conditions : dans les contacts éventuels avec les Yanomami qui n'ont jamais vu de Blancs, c'est lui qui devait prendre l'initiative. Je savais aussi que ses relations avec les autres Blancs, qu'ils fussent fonctionnaires, chercheurs, missionnaires ou voyageurs, étaient souvent conflictuelles, surtout lorsqu'il s'agit de séjourner parmi les Yanomami. En serait-il autrement entre nous?

— Auras-tu l'occasion de réaliser d'autres explorations comme celle du Siapa? demandai-je avec quelques arrière-pensées.

L'ADIEU AUX YANOMAMI

— Tu sais, le Siapa c'était pour moi une expédition parmi bien d'autres. Au début de mon séjour parmi les Yanomami, disons les six premières années, j'ai établi un premier contact avec de nombreuses communautés de la sierra Parima pour collecter une somme considérable de données ethnographiques. Maintenant, j'ai moins besoin de me déplacer très loin en forêt. Je sais à qui demander une information sur telle cérémonie, telle conversation, tel rituel, et je peux même envoyer un émissaire muni d'un magnétophone pour enregistrer tel dialogue, tel mythe raconté par un sorcier ou un rite exceptionnel. Pendant plusieurs années je serai occupé par la nouvelle version de mon dictionnaire français-yanomami, et par mon étude sur leur religion et leur système de pensée.

C'était comme une douche froide. Le contexte était peu favorable pour lancer l'idée d'une exploration commune.

Six ans plus tard, je pouvais enfin me dégager un temps de Hors Limites-Outward Bound. La poursuite de l'exploration du Siapa restait un objectif très attractif, mais sans Jacques Lizot cela ne représentait à mes yeux rien de plus que notre expédition de 1980. En fait, la participation de l'ethnologue à ce projet était au moins aussi importante que l'objectif géographique. Après avoir « apprivoisé » les Yanomami, avais-je « apprivoisé » suffisamment Jacques pour qu'il trouve un intérêt à une exploration vécue avec moi ?

J'ouvris un matin l'enveloppe « Laboratoire d'anthropologie sociale » en provenance du Venezuela.

Jacques acceptait !

> Ta hâte m'étonne et m'irrite un peu. Tu dois savoir qu'il n'est pas commode de communiquer avec moi, qu'il ne m'est pas facile d'envoyer des lettres, que les postes vénézuéliennes fonctionnent mal, et qu'une partie du courrier se perd. [...] Je travaille énormément. Je suis fatigué. Je rêve de vin, de fromage, de viande rouge... et de belle musique. Je serai en France vers la fin du mois de janvier, nous parlerons alors des détails de ton expédition. A bientôt. Sois calme. Réponds clairement et définitivement à mes questions. Décidément la « civilisation » vous dévore et il semble que vous ne vous en rendiez qu'à peine compte. Amitiés à toi Alain, que j'estime.

C'était tout Lizot – à la fois affectif et d'un professionnalisme exigeant. Par cette lettre, il m'accordait le privilège exclusif de partager avec ses amis yanomami l'une de ces expéditions qui représentait pour moi l'aboutissement des précédents voyages : passer de l'autre côté du miroir, ne plus être un voyageur naïf, ignorant de ce qui l'entoure, condamné à subir les caprices d'accompagnateurs indiens acculturés, mais vivre pour la première fois un voyage indien, une expérience réservée pour l'instant au seul ami blanc des Yanomami.

Lizot avait la gentillesse d'entretenir la fiction d'une expédition dont je serais le chef, puisque j'en avais pris l'initiative, fixé le but et réuni les moyens. Il prétendait se contenter d'en assurer la logistique et, bien sûr, de garantir la sécurité et les bonnes relations avec les Indiens. En réalité, je savais que ce serait lui qui devrait, dans la réalisation du projet, « suggérer » les décisions importantes.

Par la durée de son séjour sur le terrain, l'ethnologue Lizot est une exception. Son œuvre exemplaire, pour les étudiants en « ethno », en fait, après son chef de laboratoire, le maître de l'ethnologie Claude Lévi-Strauss, l'un des deux américanistes français jouissant d'une notoriété scientifique internationale.

Sa recherche nous permet de nous introduire dans la vie sauvage de ceux que l'on a appelés les « Fils de la lune », par référence à l'un de leurs mythes. Elle réalise une sorte de miracle : abolir la distance qui sépare fatalement l'observateur des observés.

C'est un concours de circonstances qui lui fit construire un jour sa hutte à 7 000 kilomètres de Paris, chez les Indiens Yanomami, non loin des sources de l'Orénoque.

Né en 1938, Jacques Lizot est envoyé pendant la guerre à la campagne, dans l'Yonne. Libre de ses mouvements, il découvre au contact de la nature cet amour du beau qui fait le charme de la vie. Issu d'une famille ouvrière, réfractaire aux études, il va se former lui-même par l'expérience de la vie.

C'est au cours de son service militaire pendant la guerre d'Algérie qu'il connaît une deuxième importante révélation, celle de l'Autre. Il découvre en Afrique du Nord une autre civilisation, une autre façon de vivre, d'autres comportements et des relations différentes entre les gens.

Attiré par les sciences humaines, lui qui n'a qu'un certificat d'études péniblement décroché, il entreprend des études universitaires qui le mènent jusqu'au doctorat, et entre au laboratoire d'anthropologie sociale du Collège de France, dirigé à l'époque par Lévi-Strauss.

Lizot l'orientaliste se reconvertit en 1968 – il a alors trente ans – à l'américanisme, en profitant d'une heureuse circonstance : une mission médicale franco-vénézuélienne partant chez les Indiens Yanomami a besoin d'un ethnologue pour faciliter les contacts.

Au bout d'un an, la mission médicale s'achève, mais les Yanomami ont « sécrété » leur ethnologue.

Le douloureux apprentissage du monde indien dure six années.

L'ADIEU AUX YANOMAMI

Se familiariser avec la forêt, résister aux moqueries et aux tourments des Yanomami, prouver qu'on est un homme comme eux, aussi dur à la douleur, apprendre leur langue, c'est probablement une des épreuves les plus fortes qu'un homme puisse subir. Expérience unique, de nos jours, d'assimilation à une civilisation archaïque

Il n'est pas question de rester dans sa maison proche de la mission de Mavaca, au bord de l'Orénoque. Pour collecter l'énorme quantité de données ethnologiques, Lizot doit parcourir une grande partie du territoire des Yanomami centraux : une zone géographique comprise entre le río Ocamo et la sierra Parima d'une part, l'Orénoque et la rivière du Miel de l'autre. Là vivent les Indiens les plus « sauvages » disséminés dans de larges espaces encore inconnus.

Cette période initiatique est toutefois interrompue par une tentative de retour en France, en 1970. Mais il supporte mal la foule, le bruit. Il est brutal dans ses contacts avec les autres. Après six mois, il est clair qu'il est désormais devenu un transfuge de sa tribu d'origine, et qu'il préfère la chaleur de la vie sociale des Yanomami, leur mode de vie immuable et chaleureux, à la logique du progrès technique et du chacun pour soi.

Il change quatre fois de lieu de résidence, mais c'est dans la communauté de Tayari, sur l'Orénoque, qu'il trouve la sérénité nécessaire pour écrire *le Cercle des feux*, salué par la critique comme un des textes les plus beaux et les plus émouvants de la littérature anthropologique.

Il ne faut pas imaginer que la vie de Lizot devient alors parfaitement heureuse. La solitude, l'incompréhension des missionnaires, la polémique scientifique créent des ombres et des failles.

C'est seulement en 1984 que nous avons retrouvé un homme enfin apaisé. Il avait pris ce qu'il y avait de meilleur dans sa culture d'origine et dans celle des Yanomami. Il s'était réconcilié avec les missionnaires, dont il était devenu une sorte de conseiller culturel. Même dans le domaine scientifique, il gagnait une espèce de reconnaissance puisqu'il avait devancé l'évolution de cette science.

Ethnologue dionysien d'une société dionysiaque, Lizot a trouvé chez les Yanomami un peuple dont l'ambiance sociale convenait à son tempérament. Comme les Yanomami, il se tient au bord de la « sauvagerie » dans un des derniers lieux soustraits au regard inquisiteur de l'Occident.

Jacques Lizot ayant rendu possible, par sa participation, mon rêve d'exploration, il me fallait réunir l'autre ingrédient indispensable au succès d'une telle entreprise : de bons compagnons de voyage.

Transmettre à d'autres son expérience bénéfique est probablement une des plus belles missions que l'on puisse se donner. Mais c'est aussi un art que je maîtrise mal, tant il est difficile de communiquer aux autres le résultat d'un cheminement et d'efforts très personnels. Apprenti Pygmalion, j'ai compris que cet enseignement ne pouvait pas se transmettre tel quel, par des mots, mais en offrant la possibilité d'apprendre par l'expérience. Cette conviction m'a amené à fonder Hors Limites, mais aussi à associer des coéquipiers plus jeunes à mes expéditions. Ce n'est pas un choix facile de partir avec des non-professionnels du reportage et des novices en aventure, mais c'est ainsi, j'aime réaliser des projets avec et pour un compagnon qui porte en lui la volonté et la force de progresser et de donner le meilleur de lui-même, dès lors que l'entreprise représente un enjeu pour lui. J'ai avancé dans la vie parce que d'autres croyaient en moi, je sais que c'est le plus beau cadeau que l'on puisse faire à un être qui doit choisir sa voie.

Je décidai d'entreprendre cette aventure avec Amine Ouzid, vingt-deux ans, fils de mes amis d'Oran, arrivé en France depuis un an pour entreprendre des études supérieures de commerce. Rien n'a été simple pour ce jeune Algérien dont l'avenir, comme celui de bien d'autres jeunes de sa génération, paraissait incertain. Mais il a eu la chance d'appartenir à une famille kabyle, certes modeste, mais qui lui donna la richesse d'une solide éducation. Cet héritage-là, on n'en prend conscience qu'à l'âge d'homme.

Caractère farouche, humilié d'être contraint à travailler durement alors que ses camarades poursuivaient leurs études, Amine était devenu un cheval sauvage et solitaire. Refusant l'influence néfaste des délinquants, il se réfugia dans le sport. Il mit toute sa rage et son énergie dans l'haltérophilie, et connut la joie de devenir champion d'Algérie dans sa catégorie. L'horizon ne s'ouvrait pas pour autant devant lui! Quelle angoisse d'être réveillé tous les matins par son père qui lui reprochait de ne pas trouver du travail!

Heureusement, un espoir vivace le maintenait en vie : entreprendre des études supérieures en France. Secret jamais confié, mais un jour il partit.

Il organisa sa nouvelle vie avant que la galère ne le pervertisse. Il est resté pur de l'influence de ceux qui en veulent aux autres pour la haine qu'ils ont eux-mêmes dans le cœur. La générosité et la fantaisie d'Amine n'ont pas été abîmées. Je n'ai jamais vu un garçon accrocher le regard des filles et des femmes à ce point. Peu d'hommes résistent à ce succès sans tomber dans la fatuité. Mais le bel Oranais a su rester beau à l'intérieur.

L'expédition représenterait un superbe défi pour Amine, et lui pourrait apporter sa spontanéité et son énergie. Je lui proposai d'être notre preneur de son. Il accepta avec joie.

Antenne 2, en la personne de Guy Maxence, venait de s'engager

L'ADIEU AUX YANOMAMI

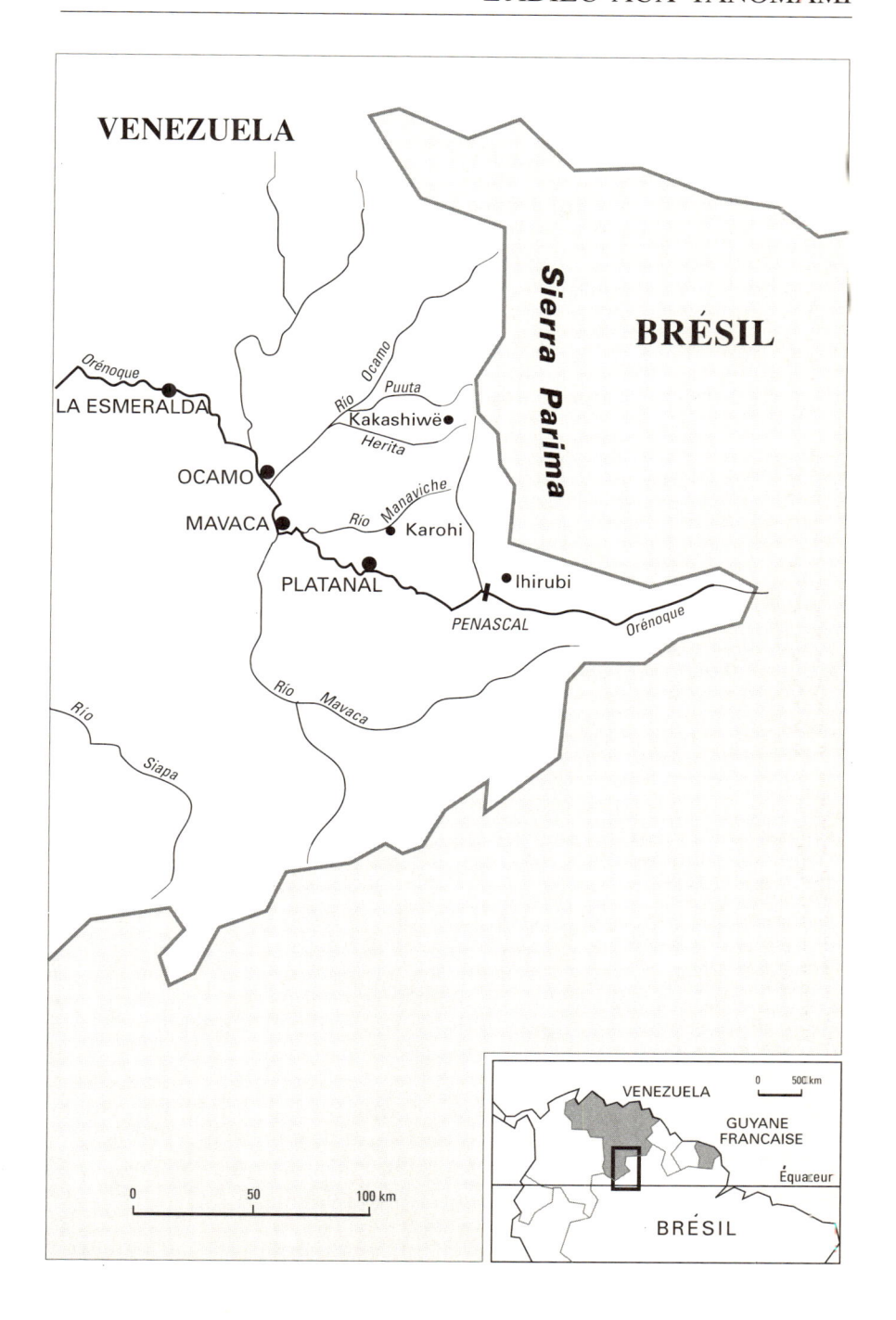

à produire notre film de télévision. L'atelier de production qu'il dirige devait en être à son 200ᵉ film d'aventure vécue. Nous étions convenus d'adjoindre à l'équipe un cameraman qui me permettrait de me concentrer sur le déroulement de l'expédition et la construction du film. Guy Maxence n'osait pas suggérer Alain Rastoin, ne connaissant pas l'état de nos relations dix ans après notre expédition commune dans les pas de Humboldt.

C'est naturellement à Alain que je pensai. Y avait-il une meilleure opportunité de commémorer cette première aventure qui changea si radicalement le cours de notre vie ? Alain accepta de coréaliser avec moi le film et d'assurer la prise de vue.

L'équipe constituée, nous attendîmes Jacques Lizot à Paris pour organiser dans le détail le projet.

II

Une expédition est un miracle

Lorsque Jacques Lizot arrive à Paris en février 1990, avec comme seul bagage un petit sac de sport contenant quelques papiers, c'est le « Huron », le visiteur d'une autre planète. Tout est froid : le climat et les gens. Tout l'oppresse : la foule, le bruit, les conversations inutiles. Les vêtements lui paraissent pesants, il a toujours faim à contretemps. Il n'a aucun souci d'élégance, il a acheté des vêtements qu'il jettera quand ils seront sales. Costume de velours côtelé marron complètement démodé, Adidas aux pieds, comme en Amazonie, c'est comme cela qu'il se rend dans les réunions officielles et les dîners mondains.

L'ami des Yanomami descend habituellement dans un petit hôtel proche du Collège de France, mais cette fois il réserve les premiers jours de son voyage à sa maison des Cévennes acquise l'année dernière. Est-ce le signe d'un prochain retour définitif en France ?

Nous nous donnons rendez-vous un soir dans un restaurant de la rue du Montparnasse.

— J'ai accepté ton offre, me dit-il, parce que, en ce moment, j'ai besoin d'exercice. Cela fait des années que je suis relativement sédentaire, très absorbé par la rédaction du dictionnaire yanomami.

— Nous avons un peu la même motivation. Pour ma part, c'est la fondation et le lancement de Hors Limites qui m'ont mobilisé depuis cinq ans.

— Ne sous-estimez pas la difficulté d'obtention des autorisations d'accès au haut Orénoque, poursuit Lizot. Au moment de mon départ, un journaliste de la BBC séjournait sur le río Mavaca. Il m'a dit qu'il lui avait fallu six semaines pour obtenir son permis. Je suppose qu'il avait l'appui de son ambassade.

Jacques se réjouit qu'Alain Rastoin soit associé à l'expédition et il trouve Amine sympathique. Après l'indépendance de l'Algérie, il a séjourné un an dans un petit village de la région d'Oran dont il était l'instituteur. Il est resté en relation avec ses amis algériens, il pourra comprendre Amine s'il éprouve des difficultés à s'adapter aux situations exceptionnelles qui nous attendent.

Très rigoureux quand il s'agit de la logistique d'une expédition, Jacques entre dans les moindres détails de la préparation :

— Pour le matériel, la nourriture, vous savez déjà ce qu'il faut : une embarcation, un moteur, de l'essence. L'embarcation, je pense la prêter, le moteur, on pourrait le louer. L'essence, on pourrait l'acheter à la mission de La Esmeralda environ 1 300 bolivars (environ 130 francs) le fût. Par ailleurs, il faudrait des doses de sérum antivenimeux polyvalent, trois machettes pour notre usage, une hache, deux ou trois limes. On ouvrira le chemin à la machette ; le Mavaca est plein de troncs d'arbres. Je crois que c'est tout.

Lorsqu'il s'engouffre dans un taxi, place Montparnasse, Lizot nous fait un signe amical. Ses yeux brillent : le bon vin, la malice, ou les deux ? La date définitive est fixée : ce sera septembre. Jacques nous attendra à la mission d'Ocamo.

La Société de géographie de Paris, dont nous sommes membres depuis 1977, nous accorde une fois de plus son patronage, tout moral. C'est la doyenne des sociétés de géographie du monde, grande rivale de celle de Londres lorsque Anglais et Français se disputaient au siècle dernier l'exploration de l'Afrique. Le soutien de cette illustre société savante a une valeur sentimentale. Tous ceux qui comptaient dans l'exploration de la planète furent dirigeants, membres ou lauréats de cette institution : Humboldt bien sûr, René Caillié, Ferdinand de Lesseps, Brazza, Fournier, Chaffanjon, Jules Verne. Il est très stimulant de préparer un voyage au milieu des souvenirs des plus grandes expéditions : les couverts en argent de Livingstone ; un morceau du corail sur lequel se fracassa le bateau de La Pérouse ; l'instrument à dessin de Charles de Foucauld, qui fut l'explorateur du Maroc avant de devenir ermite dans le Sahara ; les portraits des anciens...

L'Association France-Venezuela se mobilise aussi pour faciliter notre projet. L'ambassadeur de France à Caracas doit quitter ce poste, et je rencontre son successeur quelques jours avant son départ pour le Venezuela. Henri-Jean Libourel, alors directeur de cabinet du secrétaire d'État aux Affaires étrangères, constitue pour nous l'un des tout premiers dossiers de ses nouvelles fonctions.

La veille de mon départ en éclaireur pour Caracas, nous ignorons si la production du film va se boucler, et donc si nous avons le budget du tournage. En effet, le producteur délégué, qui dans un tel montage s'engage vis-à-vis de la chaîne à assurer la bonne fin du film, s'est désisté. Par chance, Guy Maxence et son collaborateur Michel Chevrier ont le pragmatisme nécessaire pour sauver le projet. J'étais prêt à partir en tout état de cause, mais il eût été dommage de ne pas rapporter des images de cette exploration.

Une expédition est toujours une sorte de miracle, mais celle-ci plus que d'autres. Nous avons eu la chance de rencontrer à chaque étape critique un vrai professionnel.

Ultime inquiétude, Amine, parti en Algérie pour les vacances, nous téléphone : « J'ai reçu un coup de tournevis dans la poitrine, juste au-dessus du cœur, mais tout va bien. » Impossible d'en savoir plus. Il vient d'être formé à la prise de son par le maître en la matière, Jean-Pierre Ruh, et tout peut être compromis. Mais nous pensons surtout au danger encouru par notre coéquipier, au regard de quoi les risques d'une expédition amazonienne sont peu de chose.

C'est seulement à son retour en France que nous apprendrons ce qui s'est passé. Amine avait invité son amie hollandaise à le rejoindre à Oran. Un soir, à la nuit tombée, alors qu'ils revenaient à pied de la plage sur une route isolée, cinq agresseurs en camionnette obligèrent la jeune fille à monter à bord et s'enfuirent, laissant notre ami seul. Par chance, la Hollandaise, en se débattant, fit faire au chauffeur un faux mouvement qui projeta le véhicule dans un petit ravin. La jeune fille s'échappa et courut à la rencontre d'Amine.

— Est-ce qu'ils t'ont touchée ? demanda-t-il, en pensant : « violée ».

— Oui, répondit son amie, qui pensait : « embrassée ».

Fou de rage, Amine bondit en faisant un magistral rétablissement sur le plateau de la camionnette qui s'échappait. Effrayés, deux agresseurs s'enfuirent. Parvenu dans la cabine du chauffeur, il lutta avec les autres, brisa le pare-brise pour saisir un fuyard, l'attira dans le véhicule. L'homme sortit un tournevis et le planta dans la poitrine d'Amine, sous la clavicule gauche.

Les agresseurs, frustes paysans habitués à la violence, ont été arrêtés et emprisonnés, mais pendant longtemps le choc de cette nuit d'horreur provoquera les cauchemars d'Amine et de son amie.

Laissant Amine et Alain aux derniers préparatifs du matériel de tournage, je prends un vol pour Caracas.

L'ADIEU AUX YANOMAMI

Les avis sont très partagés sur la capitale du Venezuela. Alain Rastoin, par exemple, lui trouve peu de charme et ne voit plus que les embarras de la circulation, la pollution et le béton. D'autres sont amoureux de cette ancienne ville coloniale devenue une métropole de plus de trois millions d'habitants, qui vivent moitié dans des immeubles modernes, moitié dans les *ranchitos* qui couvrent les collines environnantes.

J'aime cette ancienne cité construite à 900 mètres d'altitude dans la large vallée du Guaïre, là où vivaient les Indiens Caracas. Dans sa croissance démesurée, elle a envahi les belles haciendas. Les grands édifices ont remplacé le café et la canne à sucre. Tel est le cas de l'Urbanización Altamira, l'un des élégants quartiers résidentiels dont la place centrale, bordée de grands immeubles, est l'une des plus belles de la capitale. Je descends à l'hôtel-résidence Montserrat situé sur la place. Ses petits studios permettent d'être indépendant et, côté cour, d'admirer un magnifique jardin, reste d'une antique hacienda. Je comprends pourquoi Lizot choisit, lorsqu'il vient à Caracas, cette résidence à la fois simple et agréable.

La grande nouveauté est l'extension du métro, construit par les Français jusqu'à Altamira et bien au-delà, vers l'est. Le métro de Caracas est un remarquable phénomène de société. Contrastant avec la vie de surface, on est surpris par la propreté, l'atmosphère sereine, le calme et même le savoir-vivre des *Caraquenos*. C'est le succès d'une campagne d'information qui, avant l'inauguration, a inculqué un autre comportement, une autre culture. Il est interdit de courir, de transporter des paquets encombrants, de dépasser la ligne jaune sur le quai avant l'arrivée du métro. Le résultat est tel que les campagnes de publicité invitent les usagers à changer leurs masques tristes contre des masques souriants.

Un jour, à la sortie de la station Plaza de Venezuela, quelque chose s'agrippe un instant à mes cheveux. Je cherche la cause de ma frayeur, mais ne trouve que des badauds réjouis de ma réaction. Il ne me reste plus qu'à me joindre à eux en attendant une prochaine victime pour comprendre. Il s'agit de petits oiseaux noirs ressemblant à nos merles qui, pour défendre leurs nids construits dans les arbres de la promenade, fondent sur la tête des gens. Comme les autres, je ne me lasse pas de rire aux dépens des victimes, et de me réjouir des réactions les plus diverses, si typiques des différentes formes de caractère : les bons joueurs prêts à rire de leur mésaventure, les imaginatifs poussant des hurlements, les mauvais coucheurs sur le point de se défendre, les timides poursuivant leur chemin mine de rien.

Superficiellement, la ville est aussi prospère qu'avant. De grosses voitures américaines glissent le long d'avenues bordées de centres commerciaux ; la construction du métro a permis d'embellir les abords des stations. Mais à y regarder de plus près, les voitures neuves sont rares, le décor opulent des centres commerciaux souvent détérioré. Le salaire minimum est de 100 dollars par mois, celui d'un cadre moyen de 300 et d'un cadre supérieur 500. La baisse des cours du pétrole cumulée avec la corruption plonge le pays, gros producteur de cette source d'énergie, dans la crise économique. L'année précédente, une émeute populaire a été sévèrement réprimée. Signe très tangible du désordre, mais aussi de la sécheresse, il n'y a plus d'eau depuis une semaine. Comment font tous ces gens croisés le matin dans la rue pour se laver et se raser, surtout ceux qui ne peuvent pas s'acheter de grandes quantités d'eau minérale ? La raison de cette pénurie est le manque d'entretien des conduites d'eau.

Les problèmes du Venezuela restent cependant relatifs. Le pays est mieux armé que la plupart des autres pays sud-américains pour gérer son développement. Son peuple a en lui bien des ressources qui compenseront la baisse des revenus pétroliers.

Une de mes premières visites est pour le cher musée des Sciences naturelles, enfoui dans une végétation luxuriante. Le bâtiment, construit au cours des années 30 dans un style néo-classique par un architecte français, accueille actuellement une exposition sur les naturalistes qui, de 1750 à 1900, firent connaître la nature de cette partie du monde.

Le directeur de l'institution me fait remarquer que figurent parmi eux une bonne quinzaine de Français : Louis Philippe de Ségur (1783) ; bien sûr Aimé Bonpland (1799) ; Jean-Baptiste Boussingault (1822), protégé de Humboldt ; Louis-Daniel Beauperthuy (1834) ; Jules Crevaux (1881) ou Jean Chaffanjon et Auguste Morisot (1886), qui crurent découvrir les sources de l'Orénoque et inspirèrent Jules Verne pour son roman *Superbe Orénoque*.

Il est émouvant d'évoquer ces devanciers au moment de préparer une nouvelle expédition, de faire un nouveau pas sur le chemin ouvert par eux. L'attraction mutuelle du Venezuela et de la France est ancienne. L'architecture même de Caracas en témoigne. La première ville moderne est l'œuvre du président Guzman Blanco qui aimait tant Paris qu'il s'inspira des monuments de notre second Empire pour embellir sa capitale. De son époque subsistent la plupart des édifices publics du centre. La construction du métro perpétue cette tradition, comme notre expédition perpétue, toutes proportions gardées, la passionnante histoire des explorateurs français du haut Orénoque.

En sortant du musée, je dois affronter l'un de ces violents orages d'après-midi qui marquent la fin de la saison des pluies. Dans quelques mois la saison sèche fera fleurir les beaux arbres qui bordent les allées des quartiers résidentiels, les bucarés qui s'embraseront de couleurs ardentes, les flamboyants, arbres les plus superbes des tropiques.

Sans attendre cette explosion de splendeur, je peux admirer les tulipiers toujours verts et la parure pourpre de leurs magnifiques corolles bordées de jaune. Les jardins sont ornés de bougainvilliers rouges ou violacés, de lauriers-roses, d'hibiscus de toutes nuances et d'autres essences aux teintes somptueuses.

Le nouvel ambassadeur de France n'a pas encore rejoint son poste, mais il a donné à son chargé d'affaires toute latitude pour favoriser l'obtention de notre autorisation d'accès au haut Crénoque. Bertrand Rault a lu les récits de mes deux expéditions vénézuéliennes précédentes et déploie beaucoup d'efforts en notre faveur. Privilège de la notoriété, le responsable des affaires indigènes au ministère de l'Éducation nationale admet l'esprit dans lequel nous allons entreprendre cette nouvelle mission en compagnie du célèbre ethnologue Jacques Lizot.

J'avais prévu dix jours pour décrocher l'autorisation, nous venons de l'obtenir en deux.

Il me faut bien le reste du temps pour réunir tous les objets de la liste de cadeaux que Lizot m'a donnée. Une véritable chasse au trésor. J'ai pu emporter avec moi une dizaine de kilos de perles de corail achetées à Paris, dans les magasins de passementerie en gros. Depuis un siècle, toute exploration française commence là. Il me faut doubler la quantité, et trouver aussi des hameçons, du fil de nylon, une hache, des limes, des machettes, 50 mètres de coton rouge, un stock de boîtes d'allumettes, et des provisions pour un mois. Le studio se remplit vite de caisses.

Enfin, le 1er septembre je vais accueillir mes compagnons à l'aéroport international au bord de la mer, 900 mètres en contrebas de la capitale. Si proche du début de l'expédition, je suis un peu superstitieux ; je crains une difficulté de dernier moment, le passage en douane de notre matériel de reportage par exemple.

L'avion de Paris a trois heures de retard. Grâce à l'ambassade, nous bénéficions du service du protocole : un salon d'attente de grand confort, l'accompagnement d'une hôtesse jusqu'à la passerelle de l'avion et nous évitons les contrôles.

Alain et Amine, chargés de toutes les mallettes de reportage qu'ils ont pu faire accepter en bagage accompagné, débarquent du Boeing. De leur côté, la préparation s'est bien passée. Les trois « A » sont prêts pour l'Aventure.

Il faut deux énormes taxis pour contenir tout le matériel. En découvrant la dimension des voitures américaines, Amine s'exclame :

— Les voitures ont grossi à cause du pétrole, ici !

Je suis si heureux de voir notre équipe réunie ! Je l'amène dîner au restaurant Tarzilandia, entouré d'une petite jungle reconstituée. Rien n'est plus évocateur des tropiques que le bruissement des insectes à la nuit tombée. Un couple de perroquets en cage semble nous dire : « Venez nous voir dans notre environnement naturel, vous verrez comme nous sommes beaux en liberté. »

Mes amis n'ont qu'un jour de décompression à Caracas avant le départ pour l'Amazonie. Alain révise au studio le matériel de prise de vues ; Amine et moi choisissons le grand parc de l'Est pour faire les derniers essais du matériel son et des appareils photo prêtés par Canon. C'est un peu le bois de Boulogne de Caracas, mais à l'américaine. De petits abris disséminés dans le parc permettent aux familles d'y organiser des fêtes, des anniversaires, avec la traditionnelle *pinata* : un gros personnage en carton et papier crépon que les enfants percent d'un coup de bâton pour en faire sortir son contenu de friandises. Sur le lac, une reconstitution à l'échelle réelle de la *Santa Maria*, l'un des bateaux de Christophe Colomb, rappelle que la découverte de l'Amérique du Sud commença au Venezuela, où fut construite la première ville espagnole, Cumana.

Dans l'après-midi, nous parcourons Sabana Grande, les Champs-Élysées de Caracas. « J'ai pris ma carte d'identité métallique », plaisante Amine, pensant au couteau caché dans sa chaussure montante.

Dîner chic à l'hôtel Intercontinental Tamanaco : le dernier bon repas avant longtemps. Un violent orage nous chasse de la terrasse. Réfugiés au bar, nous songeons à tout ce qui nous attend. Un message radio a été transmis à la mission d'Ocamo pour prévenir Jacques Lizot de notre arrivée.

J'avais réservé l'avion-taxi du meilleur pilote du pays pour un vol direct Caracas-Ocamo, la petite mission sur le haut Orénoque. On a beau tout prévoir, de la façon la plus rigoureuse possible, il y a toujours une erreur quelque part, et cette fois elle est de taille : nous nous sommes trompés d'aéroport ! Pour Kaminsky, notre pilote, il était évident que nous savions que l'aéroport de Caracas, où il nous a donné rendez-vous, était au sud de la ville, à une heure de route. Mais pour moi, c'était naturellement l'aéroport international de Maiquetia par lequel j'étais toujours arrivé, à une heure de route... au nord de la ville, sur la côte. Nous savons qu'un retard important pourrait annuler le voyage aujourd'hui, car il faut compter le temps nécessaire pour que notre pilote revienne du haut Orénoque avant la nuit. Très contrarié, j'obtiens de nos deux chauffeurs de taxi, qui auraient dû s'étonner que l'on aille à l'aéroport international pour prendre un avion-taxi, qu'ils rejoignent au plus vite l'aéroport de Caracas.

Kaminsky reste malgré tout souriant. Il pèse chacun de nos bagages afin de calculer la charge et de mieux la répartir dans l'appareil. Il nous pèse aussi. Lorsque le bimoteur quitte la piste, Amine souffle :

— Je crois rêver !

— Kaminsky Airlines, c'est la première classe, nous dit notre pilote en nous servant toasts, mousseux, et autres boissons.

Après l'escale technique de Caicara, là où l'Orénoque fait un coude et devient très large, avant la grande ligne droite vers son delta, après les *llanos* inondés, les grandes plaines du centre du pays, nous découvrons au loin l'immense tache sombre de la forêt, d'où émergent çà et là d'étranges massifs tabulaires. Le survol à basse altitude de ce moutonnement d'arbres serrés les uns contre les autres provoque toujours une étrange impression. Le sentiment d'entrer dans un monde original et secret, mais aussi l'évocation de tout ce que cache cette voûte végétale : peu d'hommes, mais un délire de vie et de mort auquel sont voués les mondes animal et végétal.

III

Le nouvel Eldorado

Notre bimoteur approche du haut Orénoque, et je suis très impatient de vivre avec Lizot ce qui est, encore aujourd'hui, hors de portée d'un voyageur livré à lui-même et au bon vouloir d'Indiens acculturés.

Considérant la riche histoire de l'exploration du haut Orénoque, petit morceau d'une immense Amazonie, on peut s'étonner que cette région recèle encore des mystères. La géographie physique et humaine explique cet isolement tardif.

L'Orénoque prend sa source dans la partie la plus inaccessible du bouclier guyanais, le plus vieux relief du monde. Il a fallu quatre cent cinquante et un ans entre la découverte de l'embouchure du grand fleuve par l'Espagnol Vicente Yanez Pinzon (en 1500) et celle de ses sources par l'expédition franco-vénézuélienne organisée par Joseph Grelier (en 1951). Le deuxième fleuve d'Amérique du Sud, long de 2 000 kilomètres, cachait bien son secret. De la difficulté de l'exploration naquit très tôt l'une des légendes les plus célèbres du monde.

C'est un compagnon de Hernán Cortés, pendant la conquête du Mexique, qui semble avoir apporté le premier indice. En 1531, Diego de Ordaz remonta le grand fleuve auquel il donna le nom d'Orénoque, terme employé par les Indiens Tamanaque et qui signifie « l'endroit où l'on rame ». Parvenu aux rapides d'Atures, il entendit parler d'un prince très puissant et très riche qui, « le corps couvert de poudre d'or, entrait dans un lac au milieu des montagnes ». La poudre d'or était fixée au moyen d'une résine odoriférante, et, comme ce « vêtement » le gênait pendant son sommeil, le prince se lavait tous les soirs et se faisait dorer de nouveau le matin. Ce qui prouvait que l'empire du Dorado était infiniment riche en mines d'or.

De nombreuses expéditions recherchèrent El Dorado au Pérou, au Brésil et au Venezuela. En 1560, une incroyable expédition de 20 000 hommes remonta l'Orénoque pour conquérir ce paradis que l'on commença à appeler le « pays de Manoa ». L'apparition d'un Indien porteur d'une grande quantité de figurines en or massif relança la célébrité des richesses de l'Orénoque.

Le point culminant de la propagation du mythe fut le voyage de sir Walter Raleigh, navigateur et écrivain anglais, favori de la reine Elizabeth Ire. Disgracié et emprisonné à l'avènement de Jacques Ier, il fut libéré pour mener une expédition dans l'Orénoque, au cours de laquelle il entra en conflit avec les Espagnols. Il ne parcourut le fleuve que sur 60 lieues, et tout ce qu'il rapporta au sujet du lac immense, au cœur de la sierra Parima, et de la ville magnifique qui le bordait, n'exista que dans son imagination. Cette imposture ne lui porta pas chance puisque, à son retour en Angleterre, il fut décapité, sans doute à l'instigation de l'ambassadeur d'Espagne. Un siècle plus tard, Voltaire s'inspirait du récit de Raleigh et envoyait son héros Candide à la recherche de la riche Manoa.

L'ardeur dans la quête de l'Eldorado diminua quelque peu, mais elle existait encore à l'époque du voyage de Humboldt. A peine vingt ans auparavant, le gouverneur de ce qu'on appelait alors la Guyane espagnole avait reçu la visite d'un Indien sauvage se disant des bords du lac Parima. Selon lui, les toits de la ville qui s'y trouvait étaient d'or et d'argent.

Cette vaste région était si peu connue que les géographes pouvaient, à leur gré, y placer des lacs, y créer des communications de rivières, y faire figurer des chaînes de montagnes plus ou moins élevées. Humboldt était convaincu que le Dorado était un mythe local, comme l'ont été presque tous les mythes grecs, hindous et persans.

Mais il pensait également que la fable du lac Parima donnant naissance à l'Orénoque reposait sur une vérité.

D'après lui, il existait bien un lac d'une certaine importance dans la sierra de Unturan, là où le río Mavaca prend source, c'est-à-dire à l'emplacement précis où, en 1980, Alain et moi découvrîmes le chemin de portage légendaire entre les ríos Mavaca et Siapa. Il n'y avait là aucun lac, même assez petit pour échapper au regard inquisiteur des satellites. Nous avions mis sans le savoir un point final à la savante démonstration de notre illustre devancier.

Par un étrange retour de l'Histoire, l'Eldorado a resurgi de ses cendres là même où le voyait en imagination, voici quatre cents ans, l'aventurier Walter Raleigh. « Les Yanomami de l'intérieur auraient toutes chances de continuer comme par le passé à vivre sur une autre planète, écrit Alain Gheerbrant dans *l'Amazone, un géant blessé*, si des provocateurs brésiliens ne venaient de découvrir fortuitement de gigantesques gisements d'or et de diamants. [...] La situation des Yanomami devient, de ce fait, paradoxale. A l'une de leurs frontières, le monde des Blancs représenté par un ethnologue et une mission salésienne – tous deux respectueux de leur vie et de leur identité – prend note de leur langue et de leurs usages, leur ouvre un dispensaire médical et trois écoles bilingues, de façon à rendre aussi peu traumatisant que possible le choc de leur inéluctable collision avec le XXe siècle. A l'autre frontière, le même monde, en vagues déferlantes, vient menacer leur intégrité culturelle et physique. »

En 1988, l'organisation Survival International a lancé un cri d'alarme : « Les Indiens Yanomami font face aujourd'hui à la plus sérieuse menace de leur survie qui se soit jamais posée. Depuis quatre mois, 20 000 chercheurs d'or ont envahi leurs terres. »

Des épidémies de grippe, d'oreillons, de rougeole et de maladies sexuellement transmissibles se répandent. Le gibier s'est enfui. Les rivières sont polluées. La situation est totalement incontrôlée. Lizot nous a raconté comment un Créole atteint par la rougeole et imprudemment soigné à la mission de Platanal a provoqué par épidémie la mort d'un millier de Yanomami du haut Orénoque il y a vingt ans. On imagine l'ampleur du désastre dans la partie brésilienne du territoire de ces Indiens.

Comme toutes les fièvres, celle de l'or a frappé à l'improviste. C'est fin 1984 que la rumeur a commencé à se propager : la sierra Parima, où l'Orénoque prend source, recelait un gisement aussi prometteur que celui qui avait provoqué dans la sierra Pelada une première ruée quinze ans auparavant. Mais cette fois, ce nouvel

Eldorado était dans une zone vierge sur les cartes d'état-major. La forêt dissimulait les maisons collectives yanomami de la dernière grande nation indigène épargnée par le choc culturel et les virus ravageurs. Bientôt, les chercheurs d'or devinrent 50 000 sans que les services indigénistes fassent quoi que ce soit.

Pas étonnant dans un État dont le gouverneur ne faisait pas mystère de sa « philosophie » indigéniste braquée sur l'« insertion graduelle des sylvicoles à la communauté nationale ». « Pas question, répétait celui-ci, de les parquer dans des sortes de zoos qui serviraient de laboratoires aux ethnologues étrangers. »

Il faisait le jeu des militaires, qui voyaient d'un très bon œil la « colonisation » de ce territoire frontalier avec le Venezuela. Il fallut attendre 1989 pour qu'un « parc indigène » garantisse aux Yanomami la disposition d'une partie de leur territoire ancestral, mais ce fut un découpage aberrant, un vrai dépeçage : le parc était morcelé en dix-neuf « aires indigènes » totalisant moins de 25 000 kilomètres carrés, alors que le projet initial devait concerner une superficie de 94 000 kilomètres carrés.

C'était le coup de grâce. Livrés aux razzias des *garimpeiros*, les chercheurs d'or, les terrains de chasse sont aujourd'hui désertés par le gibier ; les rivières polluées au mercure se vident de leurs poissons. (Le mercure est employé par les garimpeiros pour agglomérer les poussières d'or.) Affamés, les Yanomami installés à proximité des placers (gisements aurifères) viennent mendier leur nourriture. La mortalité galopante et la dépendance sont les premiers signes de la clochardisation des farouches « Fils de la lune ».

La spectaculaire destruction des pistes d'atterrissage clandestines construites sur les « aires indigènes », ordonnée en mai 1990 par le président brésilien pour calmer l'opinion internationale, cache mal le drame qui se joue. Les fonctionnaires chargés de faire respecter la loi sont totalement débordés ou corrompus. La survie des Yanomami est un enjeu faible au regard des tensions sociales du *Nordeste*. L'orpaillage fait vivre au moins 1,5 million de Brésiliens.

Situation irréelle, la moitié du peuple yanomami vivant sur l'autre versant de la Parima, en territoire vénézuélien, ignore totalement ce qui se passe au Brésil. Jusqu'à quand les revenus du pétrole permettront-ils de résister à la tentation d'exploiter les richesses minières du haut Orénoque ? Jusqu'à quand la vigilance des amis des Yanomami, politiques, missionnaires et scientifiques, empêchera-t-elle l'octroi de concessions minières ? La cassitérite (minerai d'étain), les sites diamantifères, les gisements d'argent, de cuivre, de zinc, de molybdène, de bismuth, les réserves de métaux stratégiques, représentent un pactole qui pourra un jour rendre antipatriotique la résistance de ces protecteurs des Indiens.

L'ADIEU AUX YANOMAMI

Le haut Orénoque nous paraît exceptionnellement intact. Cette fois, nous avons conscience de retrouver le dernier cercle de la vie sauvage miraculeusement sauvegardée, mais aussi un sanctuaire menacé, assiégé à l'insu même de ses habitants. Huit mille Yanomami sont ici encore redoutés par les rares voyageurs. Ce sont les maîtres d'une forêt grande comme un tiers de la France. Ils détiennent la clé de ce paradis perdu dont nous n'aurons aucun vestige après l'invasion. Parmi les derniers témoins de leur Histoire libre, Alain, Amine et moi allons avoir le privilège de pratiquer une archéologie vivante. La présence de Jacques Lizot dans notre équipe garantit que notre expédition ne desservira pas la cause indienne, mais contribuera peut-être au contraire à protéger leur liberté. Renforcer la popularité des Yanomami et de leur ami Lizot, c'est rendre plus difficile un génocide. Je ne me suis jamais senti l'âme d'un militant tiers-mondiste, non pas, je l'espère, par insensibilité devant le malheur des autres, mais par rejet de l'opportunisme de ces pseudo-intellectuels qui changent de cause dès que leurs protégés les déçoivent. Je crois davantage à l'efficacité de ceux qui vivent en permanence sur le terrain et apportent leur contribution à un groupe de pression au niveau politique.

Lizot fait beaucoup pour les Yanomami, par sa notoriété internationale et l'intérêt suscité par le mode de vie de ces Indiens qu'il nous fait découvrir. Cela ne l'empêche pas d'agir avec ses collègues vénézuéliens quand le tourisme ou l'exploitation minière menacent le haut Orénoque.

— Nous ne pouvons pas survoler le río Manaviche et la maison de Lizot, crie Kaminsky. Regardez ce rideau de pluie ; l'orage vient à notre rencontre.

Dommage, nous voulions prendre des vues aériennes de cette région. La virtuosité de notre pilote nous permet de survoler l'Orénoque presque au ras de l'eau, entre deux barrières végétales. Le grand fleuve aux eaux boueuses glisse au milieu d'une nature enfiévrée. Nulle embarcation, nulle maison de palmes ou de torchis ne vient rompre cette impression de terre originelle et de paradis perdu.

Lizot nous a donné rendez-vous à la mission d'Ocamo car les terrains d'atterrissage des missions de Platanal et de Mavaca, plus en amont, sont impraticables en cette fin de saison des pluies. Notre avion pique sur la piste d'Ocamo. Il est 2 heures de l'après-midi.

A l'autre extrémité du terrain, nous voyons un groupe s'approcher : des Indiens, quelques Créoles, deux religieuses, et Jacques Lizot que nous reconnaissons de loin. Chargés comme nous le sommes, Kaminsky roule prudemment après avoir touché le sol, pour éviter d'enliser son avion. Le comité d'accueil entoure l'appareil dès que les hélices sont immobilisées.

— ¿Lizot, *como estás*? s'exclame Kaminsky, qui a transporté plusieurs fois le chercheur français et son matériel.

A peine descendu de l'avion, le pilote offre à l'ethnologue quelques fioles d'alcool et des boîtes de bière. Jacques, comme chaque fois qu'il rend visite aux missionnaires, porte ses vêtements, pantalon de toile et pull beige, à même la peau. Nous sommes heureux de le revoir. Son visage paraît plus buriné, mais il a l'air en forme.

— Ne touchez pas à l'avion! avertit Kaminsky, voyant les Yanomami dévergondés de la mission toucher à tout.

— Mettez vos bagages sous l'abri de palmes, dit Lizot, mais surveillez bien!

Avec l'aide de cinq Indiens, nous faisons la navette entre l'avion et cet abri. L'orage s'éloigne et le soleil recommence à taper violemment.

— La situation géopolitique est très difficile en ce moment, dit Jacques. Il faudra décider. Je vous expliquerai à la mission de Mavaca où nous ferons étape ce soir, avant de poursuivre jusque chez moi à Karohi, sur le haut Manaviche. Il y a quelques jours, mon collègue américain, Napoléon Chagnon, a été évacué par avion sanitaire. Il a eu une crise cardiaque alors qu'il préparait une expédition vers le río Siapa.

Nous avons appris à ne pas nous imposer à l'ethnologue. Ces quelques informations, énigmatiques et menaçantes pour notre projet, suscitent toutes les hypothèses, mais nous ne posons pas de questions, même pour demander pourquoi Jacques est venu nous accueillir seul, sans ses amis yanomami de Karohi.

Nous nous assurons que Kaminsky a bien compris qu'il doit revenir nous chercher cinq semaines plus tard, puis nous voyons décoller notre avion-taxi, rompant ainsi le cordon ombilical qui nous reliait à notre monde « civilisé ».

Par un nouveau va-et-vient entre l'abri au bord de la piste et la rivière Ocamo, nous chargeons le matériel à bord de la longue pirogue de l'ethnologue. Suivant sa recommandation, nous donnons 150 bolivars à chacun de nos porteurs. Ils pourront s'acheter quelques biens à la coopérative de la mission. Les religieuses nous offrent une limonade fraîche et des bananes. Le transport des bagages sous cette canicule nous a épuisés. Nous avons intérêt à nous réadapter rapidement aux rudesses de la vie en expédition.

— Vous sentez le Blanc! remarque Lizot alors que nous prenons place dans sa pirogue.

— Pas pour longtemps, répondis-je. Nous sentirons bientôt

comme toi et les Indiens, la fumée et la teinture végétale, et non plus la lessive et le propre.

Il nous faut trois heures de navigation pour remonter l'Orénoque jusqu'à la mission de Mavaca. Je me penche vers nos sacs pour en retirer un coupe-vent, quand Jacques fait tanguer l'embarcation pour me faire perdre l'équilibre. Je retrouve bien là son esprit espiègle. Un peu plus tard, j'écope à l'aide d'une boîte en fer l'eau infiltrée au fond du canot, mais le liquide limoneux disparaît sous le plancher qui isole nos bagages : Jacques vient de couper brusquement le moteur, ce qui a ramené l'eau à l'avant de la pirogue. Un grand sourire satisfait montre que Lizot est récompensé de sa plaisanterie. Il trouve sympathique ma façon d'être victime de ses blagues.

— Regardez, une croix sur la rive, crie Alain.

— C'est en souvenir de la mort accidentelle d'un missionnaire d'Ocamo, explique Jacques. Il remontait le fleuve seul à bord de son canot à moteur et est tombé à l'eau à cet endroit. Le canot tourna en rond et l'hélice lui trancha la gorge.

Un hélicoptère de l'armée vénézuélienne, en mission de surveillance de la frontière, nous survole. Le gouvernement redoute à juste titre les infiltrations de garimpeiros brésiliens. Une fumée s'élève de la forêt.

— Il y a de la viande ici, dit Jacques. On est en train de la boucaner.

Des yeux nous observent-ils au travers des feuillages ? Plus haut sur le fleuve, nous revoyons la maison d'Helena Valero qui termine ici une vie marquée par ses vingt-deux années passées parmi les Yanomami, après son enlèvement à l'âge de douze ans.

Le bruit du moteur n'encourage pas les conversations. On ne se dit presque rien. Pourtant, nous sommes impatients d'en savoir plus

Mavaca est la plus belle mission de la région, avec ses constructions bien faites, sa chapelle en bois verni, ses pelouses et sa promenade le long du fleuve, bordée d'élégants palmiers. Nous y retrouvons le père Bortoli, solide Italien barbu, qui nous a aimablement accueillis lorsqu'il était à Platanal. A l'époque de notre visite, il était occupé à faire sécher des feuilles de tabac. Cette fois-ci, c'est un missionnaire hollandais qui confectionne des pains de miel séchés au soleil. Ces petites industries locales aident ces hommes coupés de notre monde à reconstituer un équilibre.

Jacques ne manque jamais d'offrir à son ami le père Bortoli une bonne bouteille de vin ou de rhum quand il a pu s'en procurer. Au plus fort de sa brouille avec les missions, l'ethnologue est resté l'ami du jeune père, qu'il juge plus cultivé et plus ouvert que la plupart des salésiens envoyés autrefois en territoire yanomami. Lizot est allé jusqu'au Vatican pour attirer l'attention des autorités religieuses sur la nécessité d'envoyer dans le haut Orénoque des missionnaires intellectuellement mieux préparés à assumer une œuvre d'évangélisation parmi les « sauvages » dont il ne faut pas détruire la culture. Il a peut-être été entendu car, depuis lors, les religieux affectés aux missions de Platanal, Mavaca et Ocamo sont mieux préparés. Lizot contribue d'ailleurs à leur formation à la culture yanomami.

Les missions évangélistes américaines, disséminées dans la grande forêt, n'ont pas encore fait cet effort et emploient toujours des gens dont la seule culture est une lecture obscurantiste de la Bible. Si les missionnaires catholiques de la vieille Europe se sont amendés, surtout ces dernières années, il faut reconnaître que les évangélisés du Nouveau Monde, à leur tour évangélisateurs, en sont restés aux méthodes coercitives. Le chantage et la mise sous dépendance économique ont remplacé le fouet. « En châtiant les naturels, on facilite leur conversion », affirmait en 1757 un jésuite dans ses *Lettres édifiantes*...

Les Yanomami, trop isolés par la géographie et par leur réputation d'anthropophagie, n'eurent pas à subir de telles méthodes.

— Voyager avec des Européens, c'est épuisant, lâche malicieusement Jacques, alors que le père Bortoli nous sert un verre de rhum. Ils bougent tout le temps à bord de la pirogue, ils parlent sans arrêt.

Je proteste pour la forme, histoire de tomber dans le panneau, ce qu'il aime tant !

Enfin Jacques, redevenant sérieux dès lors qu'il s'agit de notre expédition, expose la situation :

— Pour explorer le río Siapa comme vous le souhaiteriez, il y avait, je vous le rappelle, deux itinéraires possibles : par le río Mavaca, ou par la forêt en quittant l'Orénoque à hauteur des rapides de Penascal. Or la voie de Mavaca est impraticable actuellement. Les groupes indiens manquent de nourriture et sont dispersés dans la forêt pour chasser. Quant à la communauté de Warakuawë qui vit près de Penascal, elle est peu fiable. De toute façon l'accès au Siapa serait très long par ce chemin. En conséquence, je vous propose un autre objectif d'intérêt comparable : le haut Herita que je suis le seul jusqu'à présent à avoir visité. C'est là, chez les Kakashiwë, que j'ai passé, au début de mon séjour, une année en immersion totale chez les Yanomami centraux. Je souhaite réactualiser mes données sur la généalogie de ce groupe, plus de quinze ans après.

— Comment accéder à cette zone ?

— A pied, par le haut Manaviche, répond l'ethnologue. Le haut Herita n'est qu'à deux jours de marche de chez moi. A l'allure indienne, bien sûr !

Jacques sait être concis. Il ne nous faut pas longtemps pour comprendre qu'accéder à une zone que l'ethnologue est le seul à connaître, c'est bénéficier du rare privilège de partager son action et d'entrer dans ce que l'on pourrait appeler le sanctuaire des Yanomami centraux.

On ne peut pas prétendre que le río Siapa a le même caractère d'isolement. Napoléon Chagnon se préparait à en poursuivre la reconnaissance en hélicoptère. Avant lui, plusieurs missions de la Commission des frontières, dont celle qu'a accompagnée Jacques, ont levé le voile du mystère. C'était à vrai dire par esprit de ténacité que nous avions choisi le Siapa, aboutissement de notre découverte du chemin de portage Mavaca-Siapa.

Le Siapa se dérobe à nous une fois de plus. Mais ce n'est plus la région inviolée que nous convoitions. A bien faire la part des choses, le haut Herita a toutes les caractéristiques d'un bon objectif d'exploration, inespéré même dans une région aussi menacée d'invasion. Très excités par ce qui est finalement une bonne nouvelle, nous consultons aussitôt l'atlas du Territoire fédéral des Amazones pour mieux situer cette rivière. La photo satellite montre bien qu'il s'agit d'une région montagneuse, dans les contreforts de la sierra Parima, ce qui explique son isolement.

— Amine aura des difficultés à marcher dans la forêt, car il est grand, remarque Jacques. Ce n'est pas un hasard si les Yanomami sont petits pour se faufiler dans la végétation amazonienne.

Pour l'heure, notre compagnon musulman semble choqué de voir entrer dans la maison du missionnaire des Indiennes presque nues.

— J'ai l'impression d'être dans un film porno, me chuchote-t-il, alors que deux ravissantes jeunes filles yanomami rient de lui et de je ne sais quelle particularité anatomique.

Ce qui vaut à Amine d'être à son tour la victime des facéties de l'ethnologue :

— Elles te proposent de coucher avec toi contre 50 grammes de perles.

Nous nous méfions des traductions fantaisistes de Jacques.

— Pour les Yanomami, poursuit-il, la seule morale qui peut limiter leur désir, ce sont les liens de parenté.

Manifestement, il pratique son sport favori : provoquer par ses plaisanteries les réactions des visiteurs naïfs. Ainsi, Jacques et les Yanomami, parlant de nous, se moquent sûrement, et me désignent comme « El Capitán ». Jacques traduit :

— Le Yanomami m'a dit que c'est donc toi qui recevras les coups de massue sur la tête en cas d'attaque des ennemis.

Mais on finit par convenir que, en qualité de Capitán, je désignerai celui qui les recevra : le plus jeune d'entre nous, bien sûr !

L'ethnologue parvient à capter à la radio des nouvelles de la menace de guerre dans le golfe Persique, autour des puits de pétrole. Les Européens craignent la pénurie de carburant.

— Les gens devraient marcher et ne plus rouler en voiture, commente-t-il.

La nuit n'est pas très bonne. Je n'ai pas eu le temps de tailler deux baguettes de bois pour tendre les deux extrémités de mon hamac de l'armée brésilienne, avec toit et moustiquaire incorporés, et je suis cassé en deux. Seul plaisir : retrouver les bruits de la forêt, les cris des animaux.

— J'ai beaucoup réfléchi cette nuit, me dit Lizot le lendemain matin, en préparant un café bien fort. Je ne suis pas certain de mobiliser assez d'Indiens pour l'itinéraire du haut Manaviche à faire à pied. Les Yanomami sont préoccupés par la nourriture. Ils risquent de nous laisser tomber. Quant à mes hommes de confiance, Hepewë et Tiyewë, que vous connaissez, ils n'accepteront pas. Il serait plus judicieux de faire le tour en pirogue par l'Ocamo, puis de remonter le Herita jusqu'à la région montagneuse visée.

Nous ne pouvons que nous rallier à cette solution sage.

— Comme nous repasserons par Mavaca, continue-t-il, nous y laisserons les provisions et une partie du matériel. Là où nous allons, les *shaponos* [maisons collectives des Yanomami, en forme d'auvents circulaires] sont sous les arbres, sans clairière. C'est un problème pour les prises de vues, mais on abattra les arbres...

Nous balayons pour laisser la place nette et rémunérons les Indiens qui sont allés chercher trois fûts d'essence pour nous à la mission de La Esmeralda, loin en aval. La lumière est splendide lorsque nous poursuivons notre navigation vers la maison de Lizot.

IV

Lizot annonce son retour en France

Alain et Amine, le casque de baladeur aux oreilles, n'entendent pas un couple de perroquets s'envoler de la rive en criant. Peu après la mission de Mavaca, nous nous engageons dans le Manaviche, que les Yanomami désignent par Maatha-kë-u, la « rivière des pluies », heureusement très ensoleillée aujourd'hui.

— On est prié de ne pas se moquer, dis-je en mettant une affreuse casquette jaune. C'est la plus sobre que j'aie pu trouver à Caracas.

Peu après nous faisons une halte *para aprovechar* (pour prévoir), c'est-à-dire pour prendre nos précautions, dans un ancien campement de chasse de Karohi.

— Maintenant, il ne faudra pas trop bouger à bord de la pirogue, recommande Lizot. La rivière devient étroite et je dois me concentrer sur la navigation.

Allongé sur nos sacs, Amine se gave de bananes offertes par les religieuses d'Ocamo.

— Ça fait pisser et péter, lui lance Jacques.

— En Algérie, il n'y en a pas, ou elles sont extrêmement chères.

Alain commence à se préoccuper des raccords pour le film. Il nous faut porter les mêmes vêtements pour des scènes qui peuvent être utilisées, au montage, dans une seule séquence.

— Le raccord, Amine! le raccord! Tu as oublié d'enlever le sweat-shirt!

Sans faire halte, nous pique-niquons à bord de la pirogue en puisant dans nos réserves : fromage, saucisson, chocolat. Interminables méandres de cette petite rivière qui me fait penser à la rivière enchantée du Jardin d'Acclimatation de Paris.

Déception à notre arrivée à Karohi : pas de comité d'accueil, pas d'Indiens de tous âges accourus au bruit du moteur, comme avant. Le silence. La nouvelle maison de l'ethnologue est construite plus près du río, et a des proportions impressionnantes. Elle reprend le principe architectural de la précédente, avec son auvent yanomami fermé d'un mur de torchis, ajouré dans sa moitié supérieure par une grande ouverture que protège un filet métallique aux mailles très serrées, comme nos garde-manger d'autrefois.

Jacques appelle les Yanomami auxquels il a confié la garde de sa maison. Un seul répond : il a été enfermé à clé parce qu'il est le plus voleur. Peu de temps après, trois autres jeunes arrivent en pirogue.

Au milieu de l'après-midi, l'atmosphère est celle d'un four. Le transport de nos bagages entre la pirogue et la maison suffit pour que nos jambes soient entièrement couvertes de petits points de sang après l'assaut des moucherons. Jacques s'allonge aussitôt dans son hamac pour se reposer des fatigues de la navigation et du bruit du moteur, tandis que ses jeunes pensionnaires se chargent de la préparation d'un repas. Nous nous baignons dans le Manaviche, ce qui calme la brûlure des piqûres de moucherons.

Le site de Karohi est méconnaissable. J'ai du mal à reconstituer ce que j'ai vu six ans auparavant lorsque nous avons séjourné ici six semaines pour raconter l'histoire de Jacques Lizot.

A l'époque, l'ethnologue venait de terminer sa maison précédente et, avec l'aide des Yanomami, avait bien nettoyé les alentours, abattu les arbres qui, en cas de tempête, auraient menacé le toit, planté des ananas, aménagé une sorte de podium pour y installer la lunette astronomique que nous lui avions offerte.

La grande maison du « gouverneur » était en retrait, face au débarcadère. Le shapono de la communauté de Karohi se trouvait à 200 mètres à l'intérieur de la forêt. A ce moment-là, la maison des visiteurs où nous logions était au bord du chemin qui reliait le shapono et la rivière, tout en étant proche de celle de Lizot, de sorte qu'il y avait continuellement de la vie, du mouvement. Chacun aimait s'arrêter à notre maison pour observer les mœurs étranges de ces *nabe*, ces étrangers, la façon de préparer nos repas, puisque nous tenions à être autonomes et à ne pas importuner notre hôte. C'était un poste d'observation idéal pour connaître l'humeur du moment. Quand un homme se disputait avec sa femme, quand les chasseurs avaient tué un pécari, le sanglier d'Amérique, quand la pirogue toute neuve était mise à l'eau, fait exceptionnel chez les Yanomami, nous en étions informés aussitôt. Nous rendions souvent visite à nos voisins du shapono afin de partager un peu leur vie ou d'assister à une cérémonie, à la prise d'hallucinogènes ou à l'arrivée de visiteurs de la montagne.

Cette fois-ci, c'est le silence et l'abandon qui dominent. Le shapono est toujours là, mais en ruines. Les Indiens ont laissé beaucoup d'objets derrière eux, comme si leur départ avait été précipité : des calebasses, les ossements de bêtes tuées à la chasse suspendus au-dessus des feux pour assurer le succès des chasses futures, des paniers tressés, des plumes, quelques marmites. La végétation, les plantes rampantes et même les arbres ont envahi l'espace autrefois nettoyé autour de la résidence de l'ethnologue. A 20 mètres derrière la maison actuelle, l'ancienne maison est effondrée. De grosses araignées ont tissé leurs réseaux entre les poutres disloquées.

Seule la maison neuve représente la vie, une perspective d'avenir. L'architecture a encore été perfectionnée, avec une sorte de sas pour entreposer les moteurs hors-bord, un office où les provisions pour six mois sont protégées par une porte et un cadenas, le bureau où les pommes de terre et les tomates côtoient les livres sur les étagères. Cependant, les perfectionnements technologiques qu'il était si étonnant de trouver en pleine jungle, la lunette astronomique, le réfrigérateur à pétrole, l'ordinateur branché sur générateur, ont disparu. L'ethnologue les a rapatriés dans sa nouvelle maison des Cévennes.

— La communauté de Karohi, sous la pression des ennemis, a traversé le río et construit un nouveau shapono en face, nous explique Jacques. Tu te souviens, Alain, que déjà j'avais dû les suivre jusqu'ici lorsque leur shapono situé alors beaucoup plus en aval était devenu trop accessible à leurs ennemis.

La maison dans laquelle Jacques Lizot vécut quelques années, au bord du río Manaviche.

Dans le shapono, de gauche à droite : Amine Ouzid, le preneur de son ; Alain Kerjean, l'auteur ; Alain Rastoin, le cinéaste, et Jacques Lizot, le célèbre ethnologue.

Jacques Lizot devant le manuscrit de son dictionnaire franco-yanomami, fruit d'un énorme travail de recherches sur les Yanomami du haut Herita.

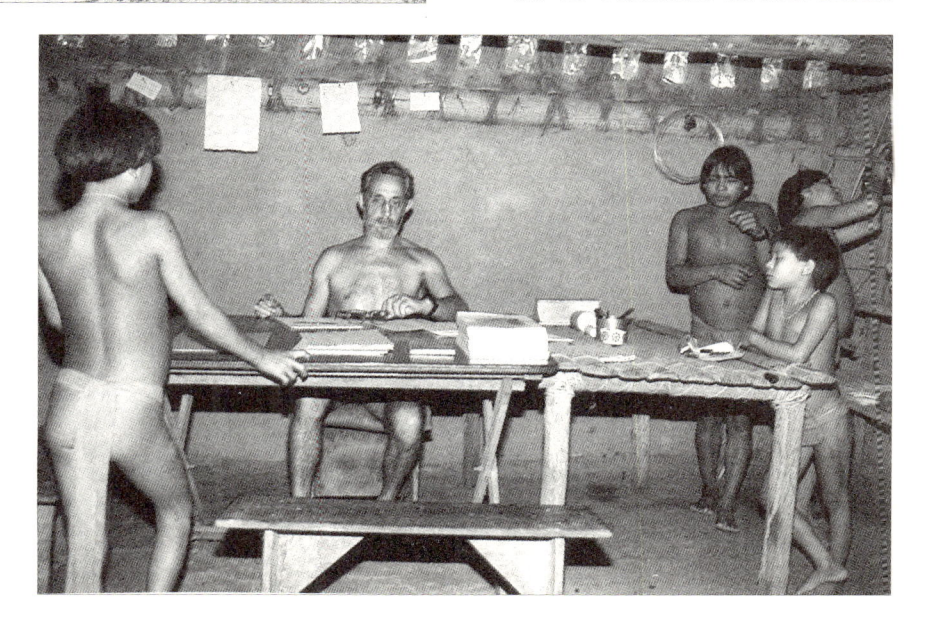

C'est un début d'explication, mais Jacques va nous révéler l'essentiel en nous entraînant dans son bureau, le « saint des saints ».

— C'est fini, dit-il. Le territoire yanomami est envahi du côté brésilien et ça ne tardera pas du côté vénézuélien. Déjà, des militaires de la Garde nationale ont pris position à la mission de Platanal, et vous avez vu ces hélicoptères qui surveillent en permanence la frontière... Je viens de terminer un énorme travail de plusieurs années avec le dictionnaire dont vous voyez là le manuscrit. J'ai décidé de rentrer définitivement en France en avril prochain.

Nous ne nous attendions pas à cette nouvelle, bien que l'achat de sa maison des Cévennes ait pu annoncer un possible repli. Je comprends pourquoi Jacques n'améliore pas les environs de sa maison et son confort.

Ainsi, l'expédition que nous allons entreprendre ensemble est probablement pour Jacques Lizot la dernière, et prend une valeur d'adieu aux Yanomami. Notre témoignage sera un peu le testament de sa vie sauvage.

— Les spaghettis sont prêts, nous dit l'Indien cuisinier, traduit par Lizot.

— Comment se dit spaghettis en yanomami ?

— *Pasta*, c'est un emprunt à l'espagnol. On dit aussi *kôhôvômi chipê*, ce qui veut dire « vers de terre ».

Nous retrouvons dans la cuisine Amine, très entouré. Il fait écouter à un Indien sur son baladeur une cassette de Sandra, sa chanteuse préférée.

Michi, le chat blanc et noir, a peur de nous.

— Il vous prend pour des chauves-souris, avec vos vêtements qui prennent du volume, comme un chat en colère, nous explique Jacques.

La salade de pommes de terre, tomates et oignons est excellente. Une limonade tient lieu de dessert.

— Ne me demandez pas tout le temps de traduire ce que disent les Yanomami, s'impatiente l'ethnologue, ça me fatigue.

Mais il a toujours de l'énergie pour les plaisanteries !

— Si tes chaussures lâchent durant la marche, me dit-il, les Indiens te porteront.

— Avec un casque colonial, ça fera souvenir d'Afrique, c'est bon pour le film, ajoute Alain.

Un Indien donne des bougies à Alain pour éclairer la maison des visiteurs qui nous est affectée.

— Comment dit-on « merci » ?

— Ça ne se dit pas.

— On peut sourire, propose Amine.

— Non, ça peut être interprété comme une faiblesse, dit Jacques, faire croire que vous avez peur. Il faut rester neutre.

Nous fixons nos hamacs aux deux troncs d'arbres prévus pour cela dans l'habitation des hôtes. Amine se cogne régulièrement en franchissant la porte trop basse pour lui. Il craint de boire l'eau de la rivière et reçoit très mal mes conseils de la boire sans peur.

— J'ai assez de conseils avec mon père !

Vexé, je m'éloigne vers le río. Amine m'y rejoint un peu plus tard sous prétexte d'écoper la pirogue. On coupe ensemble les branches nécessaires pour tendre nos hamacs. La tension retombe.

A la nuit tombée, nous rejoignons Jacques et ses amis dans la grande maison. Allongés dans les hamacs, nous parlons du voyage qui nous attend.

— La communauté isolée que nous allons essayer de retrouver sur le haut Herita est à deux jours à pied d'ici, dit Lizot. Les gens de Karohi ont des liens peu fréquents avec elle, une fois par an environ. En fait, il y a là-bas trois groupes voisins de trente à soixante personnes.

— Nous resterons longtemps parmi eux ?

— Je te marierai là-bas ! me répond-il.

La lampe à pétrole projette des ombres gigantesques sur les murs ocre. Nous sommes bien. Je nous sens unis par un enjeu à la fois personnel et collectif. Chacun a une bonne raison d'entreprendre cette exploration. Nous offrons à Lizot une paire de jumelles perfectionnées que l'opticien Lissac nous a fournie.

— Je pourrai observer les étoiles...

L'examen de notre liste des provisions et cadeaux divers révèle quelques lacunes aux yeux de Lizot. Il estime nos richesses en bon logisticien. Encore une fois, j'ai vu trop juste. Selon lui, je me suis éparpillé en prenant des produits trop divers au lieu de me concentrer sur des pâtes, du riz et du sucre.

— Je vous avancerai ces provisions, et on transmettra un message à Kaminsky pour qu'il nous apporte, en venant vous chercher, 25 kilos de riz, 25 kilos de pâtes et 15 machettes.

Je consulte le gros livre du père Cocco sur l'histoire du haut Orénoque, afin de mieux m'imprégner de notre nouvel objectif d'expédition. En 1972, celui-ci écrivait : « On dit que les Yanomami du haut Herita sont très méchants, qu'ils tuent tout le monde, même les femmes et les enfants, parce qu'ils ne craignent pas les futures vengeances de leurs ennemis. [...] Leur habitat inexpugnable est défendu par des rapides. »

Un an plus tard, Jacques Lizot établissait le premier, et jusqu'à aujourd'hui encore, le seul contact pacifique avec ce groupe si redouté, et vivait un an avec lui.

Pendant la nuit, j'entends à plusieurs reprises ce que je crois être la sonnerie de la montre électronique de l'un de mes compagnons. Jacques me dit le lendemain que ce n'est rien d'autre qu'un scorpion qui s'est réfugié dans notre habitation... J'avais oublié le cri du scorpion, le soir au fond des bois.

Le jour suivant, nous préparons le matériel. Jacques nous annonce d'abord une mauvaise nouvelle : le moteur de 25 ch prêté aux Yanomami pour aller chercher de l'essence à La Esmeralda est endommagé. Ils ont faussé le pas-de-vis des bougies. Il ne reste que le moteur de 8 ch, très faible pour une pirogue si grande et si chargée.

— Nous verrons si nous pouvons louer un moteur plus puissant à la mission de Mavaca.

Nous nous réunissons autour de la table de travail de l'ethnologue, faite d'une porte récupérée à la mission, posée sur quatre pieux et recouverte du tissu de coton rouge vif dont les Indiens font leur *gayuco*, le cache-sexe. Les jeunes Yanomami assistent à ce conciliabule entre Blancs. Nous précisons le rôle de chacun, notre objectif d'exploration, les contraintes du tournage de notre film.

— Je vous préviendrai à l'avance des choses à filmer, dit Jacques, mais je suis contre les reconstitutions.

Nous sommes tous bien d'accord sur le caractère de vérité que nous voulons donner à notre témoignage. Cette exigence va bien sûr rendre difficile le travail d'Alain, chargé des prises de vues. Seule concession, il est convenu que nous pouvons déposer Alain et Amine sur la rive et repasser à leur hauteur en pirogue, mais il n'est pas question de susciter des communautés indiennes que nous espérons rencontrer des activités qu'elles n'ont pas prévues.

Je me souviens des recommandations des producteurs de notre premier film pour « le Magazine de l'aventure » sur TF1 : « En privilégiant l'action par rapport au film, vous ne montrerez peut-être que 30 % de votre aventure, mais votre film sera authentique. »

— Nous prendrons trois Yanomami avec nous, poursuit Jacques : Tiyewë, que nous irons chercher demain dans une communauté plus en aval, Nohokuwë et Uwä, le plus jeune, qui fera la cuisine.

Je demande comment écrire les noms de ces Indiens.

— Ce sera 50 bolivars chaque nom, plaisante encore Jacques.

— Tu ajouteras ça sur notre petite note...

— Hepewë restera pour garder la maison, même s'il est le plus voleur ! Mais il ne volera pas, parce qu'il est payé pour cela.

Pendant que le déjeuner se prépare – riz, thon et fromage – le jeune Uwä, treize ans environ, conduit Amine au *conuco*, le jardin de Karohi, à dix minutes de là. Le garçon se moque de l'étranger, le laisse passer devant pour se cacher. Amine doit surveiller à la fois son guide en arrière et la piste devant lui. Il tire son couteau pour

L'ADIEU AUX YANOMAMI

couper les branches, ce qui effraye Uwä. Notre ami veut faire signe de continuer en pointant la direction avec sa flèche. Tout Yanomami, enfant comme adulte, ne se déplace jamais sans son arc et ses flèches. Amine fait semblant de s'éloigner du chemin, pour voir la réaction de son jeune compagnon. Celui-ci, affolé, lui indique la bonne direction. Étrange tandem que ce grand Kabyle athlétique de 1,80 mètre et le petit Yanomami tout menu de 1,40 mètre.

Parvenu au jardin, près de ce qu'il croit être un petit lac – un marais sans doute –, Amine est déçu de ne pas trouver de fruits. Il retrouve le chemin seul. Lorsqu'il s'arrête, Uwä s'arrête. C'est en quelque sorte une initiation à laquelle le jeune Indien veut le soumettre.

— Ils sont intelligents, ces Indiens, même s'ils se comportent bizarrement, conclut notre ami.

Dans la cuisine de Lizot, le feu est identique à celui des Indiens. Il n'y a pas de cheminée ; la fumée s'échappe par la partie du toit en auvent, à travers la toile métallique. Comme ses voisins de Karohi, l'ethnologue a suspendu au-dessus du foyer un petit paquet d'ossements porte-chance. Le maître de maison, le dos au feu, se penche en avant pour faire sécher son maillot de bain. Amine prépare un chocolat chaud. Uwä l'observe, puis fait de même.

— On est comme les papillons, remarque Jacques, on se rassemble par couleurs : les Yanomami d'un côté, les Blancs de l'autre.

En bon professionnel de l'observation, il a vu juste. Il est vrai qu'en Amazonie l'on voit souvent des centaines de papillons virevolter et s'agglutiner sur des taches d'humidité, mais les papillons jaune pâle ne se mélangent jamais avec les papillons orange-brun, ni avec les bleus.

L'après-midi est consacré à réunir les provisions. Lizot apporte un soin extrême à ces choses-là, tant le moindre détail d'intendance a de l'importance dans une expédition. La préparation des fusils, et des cartouches surtout, est d'une grande rigueur. Ces armes vont assurer notre autonomie beaucoup plus sûrement que les arcs et les flèches des Indiens.

— Quelques ignorants du monde yanomami, dit Jacques tout en graissant les pièces de son vieux fusil Manufrance, prétendent que l'arc est plus adapté que le fusil. Ils n'ont jamais vu les Indiens tirer leurs flèches de près de 3 mètres dans ces entrelacs de végétation. Souvent, ils passent des heures à les récupérer au sommet des arbres.

Nous nous octroyons une sieste dans notre maison. Notre réadaptation au climat tropical humide doit être progressive.

Je suis absorbé par la lecture d'un récent article que notre hôte se prépare à faire publier dans une revue scientifique, pour réfuter

335

la thèse de son collègue américain Chagnon sur la guerre et la violence chez les Yanomami. Lizot démontre brillamment que la guerre ne peut avoir pour cause la compétition des hommes pour l'appropriation des ressources naturelles et reproductives (les femmes), et que la plupart des conflits armés ont une origine complexe. Il analyse quelques conceptions indigènes liées à la pratique de la violence et émet l'hypothèse suivant laquelle la guerre peut avoir pour matrice sociologique le système des échanges et de la réciprocité.

« La thèse de Chagnon a été l'objet d'une publicité tapageuse, écrit l'ethnologue français, et une image grotesque et malveillante des Yanomami a été imposée en des termes indiscutablement racistes, les Indiens étant présentés comme des êtres sanguinaires obsédés par le désir du meurtre. Des phrases telles que : "Lorsque les Yanomami ne récoltent pas du miel ou ne chassent pas, ils s'entretuent" prétendent exprimer la réalité culturelle. L'article a été repris avec délectation au Brésil par les journaux qui soutiennent les intérêts miniers pour justifier le génocide. »

Chagnon et Lizot sont un peu les frères ennemis. Leurs travaux ont fait des Yanomami des célébrités ethnographiques mondiales. Mais Jacques estime qu'ils ne sont pas dans le même camp lorsqu'il s'agit de la défense de ces Indiens.

Le soir, le dortoir de Jacques, entre la cuisine et le bureau, devient la discothèque la plus branchée d'Amazonie. La musique est bonne, les plaisanteries fusent.

— La chique de tabac est moins nocive que la cigarette, commente Jacques. La nicotine part dans le sang par la bouche et non par les poumons.

Soigneusement confectionnée avec des feuilles de tabac séchées, humectées puis roulées dans la cendre, la chique déforme la joue des Indiens et leur donne un air d'hommes des cavernes. C'est le grand plaisir de l'ethnologue, qui ne s'adonne plus depuis longtemps aux drogues hallucinogènes.

A propos du film, il reprend ses recommandations :

— Il faut éviter ce qui rend prétentieux et bidon les films d'aventure vécue. Pas d'interviews forcés ; on filmera ce qui se passe, quitte à prévoir un commentaire plus élaboré.

Jacques me reproche d'avoir laissé à la mission de Mavaca le vin et l'apéritif.

— Après, pendant le travail, ça ne sera pas utile. Comme toi, je répartissais les plaisirs ; maintenant, j'en profite sur le moment.

Le jeudi 6 septembre 1990 est le jour du vrai départ de l'expédition. Nous sommes occupés à tourner une séquence du film dans la maison de Jacques, lorsque Amine s'aperçoit que le précieux magnétophone Nagra est tombé en panne. Tendus vers un objectif difficile, nous devenons superstitieux. Après le moteur et le magnétophone, quelle sera la prochaine déconvenue ? Notre preneur de son va devoir travailler avec un petit magnétophone plus léger, mais moins performant.

Le soleil est au zénith lorsque nous chargeons la pirogue. Le voyage va être interminable si nous ne trouvons pas de moteur plus puissant à la mission. Interminable mais splendide. Par son étroitesse et sa sinuosité, le Manaviche a beaucoup de charme.

— Ne touchez pas à cet arbre aux grandes feuilles, avertit Jacques, les fourmis vivent dessus.

Jacques nous apprend aussi à faire attention aux oiseaux jaunes au derrière noir, ils sont toujours associés aux guêpes pour ne pas être attaqués par leurs prédateurs ; les guêpes sont en quelque sorte leurs gardes du corps.

Les perroquets criards nous engueulent, en bons concierges de la forêt. Les autres oiseaux se répondent d'une rive à l'autre. Les papillons blancs virevoltent autour de la pirogue. Jaillissant du fouillis végétal, d'élégantes palmes groupées en plumets géants plongent dans les eaux ocre de la « rivière des pluies ».

C'est la pollution humaine qui rend l'eau dangereuse. Dans une région si vaste et si peu peuplée, il n'y a pas d'amibes ; et Jacques doit nous le rappeler :

— Faites-moi confiance, vous pouvez boire de l'eau sans vos pastilles, même dans les flaques.

Amine veut faire ses besoins en se baignant, mais de minuscules poissons mordillent sa peau et ses productions naturelles. Il lui faut se résigner à choisir un coin de la forêt, mais en faisant attention aux serpents. C'est souvent dans ces moments-là que les accidents se produisent.

Les prises de vues du matin nous ont mis en retard. Tiyewë, qui devait nous attendre à l'embouchure d'un petit río, n'est pas là. Il faut le retrouver dans la communauté amie où il vient de séjourner, après s'être enfoncé assez loin en amont de ce petit affluent du Manaviche.

En passant sous un arbre presque effondré dans le río, une branche s'accroche à l'anse d'une grande marmite qui tombe à l'eau. Jacques n'est pas content. Un peu plus tard, en marchant sur l'une des planches qui servent de banc dans la pirogue, le bois cloué aux rebords se casse. Chez les Yanomami, rien n'est conçu pour supporter le poids d'un Blanc. Cette fois, Jacques en plaisante, mais cela commence à faire beaucoup.

Alerté par le bruit du moteur, Tiyewë nous attend sur la rive, entouré d'autres Indiens. Toujours souriant. Nous le trouvons très amaigri. C'est signe que la nourriture est rare à cette saison. Pourtant, il est bon chasseur, et son fusil, signe distinctif des proches de l'ethnologue, comme la montre d'ailleurs, ne le quitte jamais.

Tiyewë nous est presque familier, depuis qu'il nous a manifesté de l'amitié il y a dix ans alors qu'Alain et moi étions dans une fâcheuse situation.

A cette époque, et sur l'insistance de Jacques et des Yanomami, qui voulaient probablement nous tester, nous nous étions joints à eux pour une séance d'hallucinogènes croyant mourir – pour « renaître » ensuite. Nous suspectâmes d'ailleurs Lizot de nous avoir fait insuffler dans les narines une dose trop forte de poudre noire. Nous nous roulions sur le sol dans des convulsions pitoyables. Alain, pourtant, semblait voyager dans un monde inconnu et coloré. Mes réactions furent plus violentes. A tel point qu'un Yanomami vint me compresser la poitrine et qu'un autre libéra devant mes yeux une poignée de papillons vivants, pour créer des sensations. Mais cette vision fut-elle bien réelle? Un autre Indien me flagella doucement à l'aide d'une branche mouillée, alors que j'étais allongé à plat ventre sur la terre, comme attiré irrémédiablement au fond d'un puits de misère. Quand Alain et moi revînmes progressivement à nous, Tiyewë était là, prêt à faciliter par un geste amical et un bon sourire cet atterrissage.

C'est en nous rappelant ces déjà vieux souvenirs qu'Alain et moi sommes heureux d'entreprendre avec lui cette nouvelle aventure. Agé maintenant de trente-deux ans, depuis ses quatorze ans, il a toujours été présent dans l'autre vie de l'ethnologue. Avec Hepewë, il est l'un des rares hommes de confiance du Robinson volontaire, un des deux Vendredis touchés par la volonté qu'a eue cet étranger de tout faire pour apprendre à vivre comme eux.

Mais il faut revenir à la réalité et installer le bivouac avant la tombée de la nuit, peu de temps après avoir retrouvé le Manaviche. Dans ces régions équinoxiales, proches de l'équateur, la nuit est aussi longue que le jour.

Le site choisi par Lizot est superbe, dans un coude de la rivière, une plate-forme sablonneuse dominant le courant. Les Indiens construisent très vite l'abri de leurs hamacs : trois poteaux, un treillis de branches, des feuilles de palmier et la bâche plastique. L'ethnologue et ses trois compagnons fixent leurs hamacs de coton en triangle. Alain, qui a choisi le même type de hamac, auquel il a cependant ajouté une moustiquaire, se joint à eux. Amine et moi avons nos hamacs de jungle autonomes, avec toit incorporé.

— Je pue la vache, lâche très poétiquement Amine, avant de se réfugier sous sa moustiquaire pour écouter son baladeur.

L'ADIEU AUX YANOMAMI

Il a raison, car des bataillons compacts de moustiques et de moucherons déferlent sur ces montagnes de sang que doivent représenter pour eux notre peau trop blanche et trop tendre. Par assauts coordonnés, des tapis roulants de fourmis de tous calibres viennent participer au festin. Aucune envie de jouer les monsieur Fabre en étudiant ce monde minuscule mais cruel. Mais comment a pu faire Aimé Bonpland pour rapporter de l'Orénoque tant d'observations et d'échantillons que sa collection allait enrichir de 5% le trésor botanique mondial ? Dans ces situations, ni les plantes ni les insectes ne justifient, à nos yeux, que l'on résiste aux piqûres cuisantes de nos assaillants !

Lizot part pêcher avec Uwä pour améliorer le dîner. C'est une vraie détente pour lui après les fatigues du pilotage. Il revient d'abord avec quelques petits poissons qui vont lui servir d'appâts. La vraie pêche peut commencer. Alain se joint à eux...

— A condition que tu n'aies pas envie de revenir quand la pêche commencera, précise Jacques.

Jacques est ennuyé. Lui et ses trois amis indiens sont enrhumés ou grippés et risquent de transmettre leurs microbes aux Yanomami isolés du haut Herita. Il les préviendra en arrivant.

Lizot n'a jamais de médicaments avec lui. Il nous explique :

— Des Blancs s'improvisent médecins, une fois ici. Cela peut être criminel ! C'est du racisme d'injecter de la pénicilline – ce qui, en Europe, est interdit à un non-médecin... Malheureusement, les médecins en titre ne sont pas toujours efficaces. A l'hôpital de Caracas, ils ont laissé mourir une femme yanomami dont le flanc était percé par une flèche, parce que c'était jour férié. Les missions sont plus fiables que les services gouvernementaux dans cette zone. A Puerto Ayacucho, la petite capitale de l'Amazonie vénézuélienne, on s'est aperçu après des semaines que le nouveau chirurgien de l'hôpital était en fait un chirurgien... dentiste ! On n'avait pas vérifié les diplômes. Quant aux cinq gardes nationaux désormais en poste à la mission de Platanal, ils ne sont pas d'un grand secours pour les Yanomami. C'est plutôt eux qui ont besoin d'aide. Ils n'ont ni nourriture ni essence pour leur embarcation, alors ils mendient...

Nombreux sont les voyageurs qui tombent dans le piège de la pratique de la médecine en amateur. Lizot ne s'autorise à intervenir médicalement que dans deux cas : morsures de serpents et paludisme. Alain, de son côté, souhaite utiliser le Lariam à titre préventif. Cela remet en cause ce que j'avais prévu, en tant que responsable de la pharmacie, sur les conseils des meilleurs spécialistes des maladies tropicales à l'hôpital de la Pitié-Salpêtrière : la Nivaquine à titre préventif et le Lariam en cas de crise seulement. Alain et Jacques contestent totalement ce point de vue. D'après eux, les souches paludéennes de toute l'Amazonie sont désormais résistantes à la Nivaquine et seul le Lariam ou la Maloprime sont efficaces. Résultat : si l'un de nous a une crise de paludisme, nous n'aurons rien pour le soigner. Contrariant ! Il n'y a plus qu'à espérer que les coupables moustiques anophèles n'inoculent pas dans notre sang les hématozoaires du palu, première cause de mortalité dans le monde, et dans cette région en particulier...

La discussion est très animée au dîner. Jacques dit à Tiyewë qu'Amine n'habite pas très loin de Tanger, qu'ils visitèrent ensemble lorsque le jeune Yanomami découvrit le monde des Blancs. Il n'en fut pas culturellement bouleversé : sa culture est assez forte pour résister à un tel choc.

— Vus d'ici, pour les Yanomami, Nord-Africains et Européens sont identiques, remarque Lizot, ils ont la même culture.

— Ça me fait rire, dit Amine.

— Cela fait quatre fois que je fais la cuisine pour vous, nous dit un peu plus tard Jacques, et il en reste. C'est scandaleux.

Le manque d'appétit traduit aussi notre difficulté à nous réadapter à ce climat.

V

Paroles dans la nuit

Nous partons à l'aube. Les Yanomami n'ont pas l'air d'avoir froid. Alain fait observer qu'ils sont thermorégulés.

J'ai les jambes couvertes de têtes d'épingles rouge grenat. Trois piqûres commencent à s'infecter. A bord de la pirogue, le jeune Uwä s'est assis entre Alain et moi et pose ses mains sur nos épaules. Tiyewë est aux aguets. Il repère un oiseau, fait signe de faire silence, de couper le moteur et de s'approcher de la rive. D'un bond il s'engouffre dans le sous-bois. Un coup de feu puis le bruit de la chute du *hocco* noir.

— S'il l'avait manqué, il nous aurait accusés d'avoir fait craquer une branche, remarque Lizot.

Nous ne sommes pas très loin de la mission de Mavaca. L'ethnologue veut déranger le moins possible le père Bortoli, c'est pourquoi il a prévu un bivouac plutôt que de solliciter une nouvelle fois son hospitalité. La lumière de début de matinée donne à la mission les couleurs d'une belle image du calendrier des postes.

L'ADIEU AUX YANOMAMI

Il est convenu avec Jacques que je demanderai moi-même au missionnaire la possibilité de louer un moteur plus puissant. Bortoli accepte de nous louer 5 000 bolivars un moteur de 15 ch, pour le compte d'un jeune anthropologue vénézuélien, absent pour longtemps, qui l'a entreposé là. Jacques se croit tenu, devant son ami missionnaire, de m'expliquer :

— Les moteurs ont une grande importance ici. Ça ne se prête pas ; les pièces de rechange valent une fortune.

Je remercie le père Bortoli de sauver ainsi notre projet, car jamais nous n'aurions pu suivre dans le temps imparti le plan prévu avec un petit moteur de 8 ch.

Dans une cage de verre, le frère hollandais a reconstitué une scène de la vie animale réellement étonnante : une guêpe géante est occupée à pondre ses œufs sur le dos d'une grosse mygale.

Alain, Jacques et Bortoli bricolent le magnétophone Nagra pour tenter de le réanimer, sous l'œil attentif d'un petit groupe d'enfants indiens, pendant qu'Amine, sceptique, se familiarise avec le petit magnétophone Sony. Notre preneur de son est assis sur une valise métallique à l'extérieur de la maison de bois, au bord de l'Orénoque ; lui aussi est entouré d'un groupe de Yanomami. J'observe amusé qu'une jeune fille indienne, ayant probablement lu dans les yeux de notre ami un hommage flatteur, couvre sa poitrine d'un des T-shirts dont les religieuses sont prodigues. Je me souviens de ce que Lizot pense de ces distributions de vêtements[1] :

« Les distributions d'objets manufacturés constituent pour le missionnaire le moyen de s'assurer une clientèle et le biais par lequel il obtient la docilité de ceux qui en bénéficient. Le pas sera vite franchi qui conduira à la volonté de domination autoritaire des Blancs sur les Amérindiens ainsi trompés [...]. L'action "assimilationniste" ou "intégration", d'origine confessionnelle ou laïque, consiste à faire habiter aux Indiens des maisons rectangulaires à toit de zinc, à les submerger de guenilles, à leur interdire l'usage du tabac et de la drogue et la pratique de la polygamie, à susciter l'émergence de leaders, à imposer des noms chrétiens et à faire travailler les autochtones afin qu'ils puissent gagner les biens qu'ils réclament désormais. [...] Au mieux, les Blancs ne parviennent qu'à se procurer quelques centaines de sous-prolétaires déculturés. On sait depuis longtemps que l'"assimilation" n'a été et ne pouvait être, pour les Indiens d'Amérique, que la négation de leur univers culturel et, souvent, leur disparition physique. »

L'opération à cœur ouvert de notre Nagra s'est terminée par une

---

1. Jacques Lizot, « Aspects économiques et sociaux du changement culturel », dans *l'Homme*, 1971.

gerbe d'étincelles, des composants électroniques fondus, et la fin de notre espoir de l'utiliser à nouveau. Jacques nous rejoint, Amine et moi, au bord du fleuve. Il nous raconte une anecdote qui souligne le trait de civilisation qui lui semble le plus fort, la nécessité d'échanger.

— Je me souviens, dit-il, d'une rencontre dans la forêt entre deux groupes qui s'ignoraient ; l'un revenait d'une visite, l'autre m'accompagnait ; on coupa les arbustes afin de ménager un espace suffisant où chacun pourrait tenir accroupi, et chacun échangea ce qu'il pouvait : un ara que nous venions de tuer contre des pointes de flèches, un collier de perles contre une flèche, un cache-sexe en toile contre des plumes. Partout, l'échange impose sa nécessité.

Notre demi-bouteille de Cinzano, un peu de rhum et un bon café nous mettent dans une bonne humeur pour reprendre notre croisière vers le Herita.

Dès que la pirogue s'arrête à cause d'un raté du moteur, nous sommes en eau. Le soleil tape fort. Tout en descendant l'Orénoque, nous déjeunons de sardines, de biscuits, de confiture d'orange et de chocolat. Dans ces moments-là, on ne me tient plus rigueur de m'être « dispersé », de ne pas m'être concentré sur le riz et les pâtes. La diversité a du bon !

Nous faisons halte une demi-heure à la mission d'Ocamo, juste à l'embouchure de ce gros affluent de l'Orénoque. Rien que le temps de confier un message radio pour notre pilote Kaminsky et de prendre un bain très joyeux sous l'œil goguenard des Indiens.

En remontant l'Ocamo, j'imagine l'exaltation des premiers explorateurs qui découvrirent ces territoires immenses. L'autonomie en provisions et en rameurs était alors la clé du succès.

— Chez moi, nous dit Amine, quand on prend un coup de soleil, on frime.

Sa peau mate le protège de l'ardeur du soleil beaucoup mieux que nos crèmes filtrantes.

Un *piha* hurleur perché sur une branche semble avertir de quelque chose. Un rapace fait des cercles très haut au-dessus de nous.

— Il sent la mort, croit devoir expliquer Amine, mon survêtement est tellement sale qu'il croit qu'il y a un mort.

— Amine, je vais encore t'embêter, mais il y a du soleil sur le matériel ; pousse un peu la bâche... réclame Alain pour la centième fois.

L'ethnologue vient de confier le moteur à Tiyewë.

— J'ai rêvé que l'on découvrait, derrière la barrière végétale de la rive, un château en ruines avec une chapelle, dis-je.

L'ADIEU AUX YANOMAMI

— Même s'il est plein d'or, réagit immédiatement Amine, je m'en irai au moindre moustique.

— Hier soir, raconte Alain, quelque chose m'a piqué aux fesses lorsque je me suis allongé dans le hamac. C'était peut-être une plaisanterie des Yanomami.

— Ils ne feraient pas ça, répond Jacques. Un hameçon s'est probablement accroché à ton pantalon quand tu es allé à la pêche.

En voyant Nohokuwë et Uwä assis côte à côte à l'avant de l'embarcation, je me dis qu'ils n'ont rien à voir avec la vulgarité des guides acculturés auxquels sont condamnés les voyageurs qui n'ont pas la chance comme nous d'accompagner Jacques Lizot.

Amine montre le gros ventre de Nohokuwë :

— Tu es enceint ! Moi, je suis plat.

Il sait si bien apprivoiser les deux garçons en baragouinant une langue imaginaire qu'Uwä lui offre deux bananes.

En milieu d'après-midi, la pirogue s'engage dans le río Herita, beaucoup moins large que l'Ocamo, mais tout de même de belle dimension à l'échelle européenne – une quinzaine de mètres. Il est temps de choisir un lieu de bivouac, mais les rives sont difficilement abordables par leur hauteur et la densité de la végétation. Après plusieurs tentatives, Lizot choisit un site au pied d'un gigantesque fromager qui, de loin, fait penser à une ruine, et de près à une robe de mariée, avec ses énormes racines ressemblant aux draperies élégamment disposées en cercle pour la photo.

La rive abrupte a 1,50 mètre de hauteur, de sorte que le déchargement de tout le matériel devient périlleux. Chacun y va de ses conseils, recommandations et critiques, d'autant plus mal venus que la forte chaleur et les moustiques mettent notre susceptibilité à fleur de peau. C'est le chaos. Avec l'eau infiltrée au fond de la pirogue et les manipulations successives, les cartons à provisions sont disloqués ; en passant de main en main, les paquets de spaghettis et de riz tombent et se crèvent ; les machettes commencent à rouiller à force de tremper dans l'eau. Amine tire les sacs au lieu de les porter et me lance les fusils de la pirogue sur la rive comme si c'était de simples paquets, au risque de les voir tomber à l'eau. Terrifiant ! Jacques explose :

— Vous avez été imprévoyants, vous cassez tout, ça ne peut plus continuer. Alain, me dit-il, tu ne dis rien mais tu as l'air de ne pas accepter ce que je dis.

— Non, Jacques, n'interprète pas mon air ; si j'ai quelque chose à dire, je le dirai, ne crains rien.

Nous sommes tous les deux face à face, très émus.

— Si ça continue, on va séparer nos affaires, reprend Jacques.

343

Alain, lui, garde son calme et continue le débarquement des sacs comme si de rien n'était.

Amine se défoule en débroussaillant avec les Yanomami l'emplacement du campement, mais s'attire tout de même des reproches de l'ethnologue un peu plus tard :

— Amine, les Indiens ne retrouvent pas la grande machette. Est-ce toi qui l'utilisais ? Tu ne dois pas utiliser les machettes ; les étrangers se blessent souvent avec, car on ne peut pas apprendre en quelques jours à travailler en forêt...

Amine lui lance quelques mots en arabe qui ressemblent fort à une insulte, et que Jacques doit parfaitement comprendre.

Notre ami ethnologue fait avec nous ce que fait tout leader yanomami. Il veut faire respecter l'autorité que lui confèrent son expérience et sa connaissance de cet environnement physique et humain. Quand il estime que les autres Blancs le contestent ou, pis, se moquent de lui, il s'enferme avec ses amis indiens dans une bouderie qui peut durer jusqu'à la fin de l'expédition.

Je suis bien résolu à ne pas tomber dans le piège puéril du rapport de force. Il n'y a qu'une seule manière de réagir devant des situations ou des personnes agressives, c'est de s'en éloigner. L'éloge de la fuite me conduit à penser que, si la personne que j'ai en face de moi ne fait pas partie de la solution, c'est qu'elle fait partie du problème. Et les problèmes, cela s'évite soigneusement.

L'installation de nos hamacs se fait dans le silence. En un rien de temps, les Indiens construisent l'abri de feuilles, allument un feu et suspendent une marmite dans laquelle mijotent deux oiseaux chassés durant l'après-midi.

Le bain dans la rivière ne change rien à l'incommunicabilité entre Jacques et moi. Nous boudons.

Le dîner nous réunit, après qu'Amine a consenti à manger avec nous, et non pas à l'écart.

— Nous avons pris de l'avance aujourd'hui, commence Jacques. Le plus dur nous attend. Le Herita est encombré de branches, et le matériel risque de s'y accrocher. Il y a beaucoup d'animaux, caïmans, cabiais, tapirs. Les anacondas dans l'eau sont agressifs. Si l'on ne trouve pas les Yanomami du haut Herita, il faudra les chercher.

Un peu plus tard, il aborde le vif du sujet :

— Si je vous fais des remarques, c'est pour la sécurité. Vous avez votre travail, concentrez-vous dessus ; je n'interviens jamais dans le tournage, sauf sur le contenu, parce qu'il me concerne.

— Ton combat pour imposer ton expérience et ton autorité est gagné d'avance, Jacques, lui dis-je. Nous savons que nous sommes inadaptés à cet environnement ; ne crois pas que l'on conteste ton savoir. Nous sommes trois personnes qui faisons de leur mieux.

L'ADIEU AUX YANOMAMI

Le dernier magnum de vin vénézuélien sorti juste à propos circule entre nous et contribue grandement à détendre l'atmosphère. C'est Alain qui aborde un autre sujet :

— Les Yanomami sont drôles, très tendres entre eux, ils se tiennent par le cou, sont toujours ensemble ; pourtant, ils ne sont pas frères, mais ils s'aiment.

— Ils s'aiment bien, plutôt : comme des amis. Jusqu'à l'âge de sept ans, les garçons tentent toutes les expériences, entre eux et avec les petites filles. Après, il y a tous les goûts. Chez toi aussi, Amine. Quand j'étais instituteur dans l'Ouarsenis, je m'en suis bien rendu compte.

— En 1980, confie Alain, Tiyewë voulait m'entraîner dans la forêt, je crois que c'était pour ça.

Sa femme Christèle sera amusée d'apprendre ce scoop ! Les rires fusent. Nous venons de faire notre *wayamou*. Dialogue cérémonial nocturne des Yanomami, le wayamou permet la plus grande franchise quand un conflit ouvert menace. Le locuteur a le droit et même le devoir de dire tout ce qu'il veut dans les termes les plus offensants pour son vis-à-vis, de lui lancer les accusations les plus brutales, de l'insulter, de le traiter de lâche, de le menacer, de le défier. La règle exige que l'on écoute sans broncher et sans s'offusquer aucunement de ce qui se dit, puisque chacun parle à son tour et qu'il y a en quelque sorte un droit de réponse. Le wayamou sert à l'expression des conflits et à leur apaisement. En conjurant la menace d'une hostilité déclarée, il restaure la paix. La colère tombe. « Les Yanomami possèdent l'art de la rhétorique, écrit Lizot, une rhétorique vivace, pleine de verve et d'humour, parfois difficile et subtile. Ils ont également l'esprit de repartie. Ce sont les maîtres de l'expression orale. »

Peu de temps après s'être couché, Amine voit Tiyewë tourner autour de son hamac. Il ne voit pas qu'il s'est levé pour tendre les bâches car la pluie commence à tomber. Il a encore en tête l'anecdote d'Alain et redoute les assauts de l'Indien. Il me confie le lendemain qu'il a posé son couteau sur son ventre à titre de dissuasion. Il est sûr que, dans le groupe isolé que nous espérons retrouver, le sorcier, voyant qu'on ne lui donne pas assez de cadeaux, dira en le désignant : « C'est lui que je veux. » Amine ignore encore que Tiyewë, père d'une petite fille, est quelqu'un d'exceptionnel. Tout guerrier qu'il est, ayant tué un ennemi quelques mois plus tôt, il est pour l'ethnologue un compagnon de toujours, un homme lige.

Un déluge s'abat sur notre bivouac et la nuit est déchirée par des éclairs fantastiques découvrant par instants l'indicible beauté de l'explosion végétale qui nous entoure. Le flash des éclairs illumine l'abri forestier, les hamacs de nos compagnons et le feu qui rougeoie encore. Mais bientôt l'eau commence à s'infiltrer à travers notre toit de nylon, contrariant nos élans poétiques. Nous aurions dû ajouter une bâche de plastique au-dessus de nos hamacs de jungle. Jacques, Alain et les Indiens sont mieux abrités sous le toit de palmes recouvert d'une grande bâche plastique.

— Bonne nouvelle, nous dit Jacques au réveil, ma grippe est locale ; ce sont les Yanomami qui me l'ont donnée, il n'y a donc pas de risque pour les Indiens que nous rencontrerons.

Nous prenons café et thé avant le lever du jour. Amine est trempé ; il craint pour sa santé et manifeste de la mauvaise humeur quand je lui demande de m'aider à refaire les paquets de provisions pendant qu'Alain prépare sa caméra. Nous découpons notre bâche plastique pour protéger chaque paquet. Jacques récupère les cartouches que nous lui avons apportées et de la Nivaquine.

Peu de temps après avoir repris la navigation, Nohokuwë et Uwä, nos vigies, crient, tout excités : un gros tapir a traversé la rivière et presque atteint l'autre rive. Le tapir est le plus gros mammifère d'Amérique du Sud, mais aussi le plus ancien du monde, et son squelette, disent les spécialistes, ne diffère en rien de celui de ses ancêtres qui vivaient vingt millions d'années avant lui. Son nez, qui se prolonge en une courte trompe, lui donne vraiment l'apparence d'un animal préhistorique. Tiyewë tire un coup de fusil aussitôt, mais il a une cartouche de petits plombs. Jacques lui crie quelque chose en yanomami.

— Je ne veux pas qu'il le tue. Ce tapir pèse au moins 200 kilos, il nous serait impossible de le charger à bord de la pirogue.

— On dit que sa viande a le goût du veau... dit Alain.

— Ce n'est pas si bon, contrairement à ce que prétendent les voyageurs bidon. D'après eux, tout est délicieux. Ah ! le goût exquis de la queue de caïman ou de piranha...

— *Marashi* ! crie Tiyewë, désignant deux oiseaux *(Pipila cumanensis)* occupés à picorer du lichen sur un rocher.

A notre approche, ils s'envolent et se réfugient dans les arbres. Tiyewë rejoint la rive, et disparaît. Il faut peu de temps avant qu'un coup de feu précède le bruit de la chute de l'un des oiseaux.

Assis au fond de la pirogue, Uwä passe le temps en confectionnant avec beaucoup d'adresse une parure : un bâtonnet d'oreille orné à une extrémité d'un joli petit bouquet de duvets noirs et blancs arrachés à la dépouille du pipile. Avant d'ajouter les plumes à son bouquet et de les fixer à l'aide d'un fil de coton rouge tiré de son cache-sexe, il les place entre ses orteils. Il offre ensuite la parure à Amine qui la met aussitôt derrière son oreille. Leur amitié semble être scellée.

— Fais-moi un trou dans le lobe de l'oreille avec mon couteau, pour que je puisse glisser le bâtonnet, demande-t-il à Uwä en s'accompagnant de gestes.
— Tu es trop vieux, lui dit Jacques, et ça se fait avec une épine.

Un hélicoptère Puma survole le Herita, en route vers sa mission de surveillance de la frontière avec le Brésil. Il est surréaliste de voir cette incursion dans le ciel d'un territoire dont les Blancs ne savent rien. Pour un Yanomami, l'apparition d'un tel engin représente un choc. Les Indiens pensent que ce sont les âmes des morts qui viennent les manger.

— Nous sommes de plus en plus isolés, ou plutôt « lizolés », fait Alain, non sans humour.

Le déjeuner, pris tout en naviguant, est encore appétissant : bœuf, galettes et fruits confits de goyave. Uwä cueille une large feuille lorsque la pirogue passe près d'un arbre, et il en fait un godet pour boire. Des bulles d'air crevant la surface de l'eau nous intriguent. Indiquent-elles la présence d'un animal ou bien la décomposition végétale ? Lizot observe :

— On dit que l'Amazonie est le poumon du monde, c'est oublier qu'elle produit aussi beaucoup de gaz carbonique.

Le bivouac suivant est très pittoresque, au fond d'une petite anse de la rivière, sur un surplomb sablonneux et bien dégagé, où l'on découvre les restes d'un abri. Jacques a séjourné dans ce lieu paradisiaque deux mois auparavant, « pour oublier les livres ». Quinze jours de pêche, de chasse et de repos en compagnie de trois Indiens. Le Herita est assurément son jardin secret.

— Nohokuwë vient de dire que si le nabe – c'est-à-dire Alain – n'installait pas son hamac à la meilleure place de l'abri, entre les piquets les plus forts, il allait s'y mettre, traduit Lizot.

Alain ne se le fait pas dire deux fois et accroche son grand hamac de coton entièrement enchâssé dans son voile de moustiquaire. J'ai envie de crier : « Vive la mariée ! »

Jacques est toujours le premier allongé dans son hamac. Amine se dévoue pour faire la lessive collective. La quasi-nudité de l'ethnologue et de ses compagnons leur épargne cette corvée. Mais nous sommes des peaux tendres.

Encore inadaptés au mode de fonctionnement indien, nous avons l'impression de jouer au jeu des sept erreurs avec Jacques :

— Alain, me dit-il, ne te baigne pas à l'écart en plein courant, tu risques de te faire mordre par les gymnotes, les anguilles électriques ; viens dans la crique là où les Indiens se baignent... Amine, ne fais pas tes pompes sur la pirogue, Tiyewë se proposait d'écoper l'eau, il ne faut pas le décourager... Ne tâtez pas les bananes pour les choisir, cela ne se fait pas, ensuite elles pourrissent... Il faut tuer les taons et non les chasser, ils reviendront à l'attaque.

Un peu plus tard, notre mentor poursuit la leçon de choses :

— Alain, n'accroche pas ton appareil photo sous l'abri, il date de mon dernier séjour et je ne garantis pas sa solidité ; il faut vérifier... Avant de fixer ton hamac entre ces deux arbres, retire les grandes feuilles sèches sur le sol, elles peuvent cacher des araignées, mais avec un solide bâton, tu te débrouilleras... Faisons la chaîne pour décharger le canot, on ne sait jamais, si la pirogue se détachait.

A deux reprises, en voulant m'allonger dans un hamac, je me cogne la tête contre la crosse des fusils glissés sous le toit de l'abri.

— Je suis flexible pour les choses pas importantes, croit devoir m'expliquer Jacques. Je sais que tu ne me comprends pas.

Encore ce doute ! Mais ai-je un air si sceptique ou ironique qui trahirait mon véritable état d'esprit, parfaitement serein et réceptif aux légitimes recommandations de notre compagnon ethnologue ? C'est une chance d'être ainsi à l'école de la forêt grâce à lui et à ses amis yanomami.

Au moment d'amener la pirogue dans la crique, un réservoir vide tombe à l'eau et va être emporté par le courant. Les Yanomami ne réagissent pas et c'est Amine qui plonge, rapporte le réservoir et tire l'avant de l'embarcation, tout en nageant, vers la berge.

— Ne laissez aucun objet de couleur verte traîner au sol, recommande Jacques, sinon vous le retrouverez coupé en petits morceaux.

En effet, les fourmis coupeuses transportent des morceaux de feuilles dix fois plus grands qu'elles. On ne se lasse pas d'observer ces colonnes industrieuses emportant leur butin dans la fourmilière. Ces fourmis se nourrissent de champignons qui poussent sur les feuilles une fois décomposées.

Avant que nous ne soyons envahis par les moustiques, Jacques, Uwä, Alain et Amine partent pêcher, non pas avec des vers de terre pour appâts, puisqu'ils n'en ont pas trouvé, mais avec les entrailles des oiseaux tués. Amine s'amuse à mettre la lame de son couteau en travers de la gueule d'un piranha à peine sorti de l'eau. Le poisson vorace s'y casse les dents. Le Herita abrite les plus gros piranhas existants.

— Pour un poisson carnivore, précise Jacques, il y a cinquante autres poissons. Quelquefois, on retire au bout de la ligne la tête d'un poisson dont le corps a été mangé par un piranha, ou l'on voit bondir de l'eau l'un de ces prédateurs à la poursuite d'une proie...

Mauvaise surprise au petit matin : les fourmis coupeuses de feuilles ont beaucoup travaillé pendant la nuit. L'un de nos sacs à dos, qui malencontreusement n'a pas été accroché à un arbre, est en partie découpé. Pourtant il est rouge ! Le short d'Amine, bien que de couleur bleue, est devenu une dentelle de Calais.

Tiyewë a rêvé que nous trouvions sur le haut Herita les Yanomami qui y vivent. C'est un bon présage, mais l'on peut craindre aussi qu'en cette période de l'année ils ne soient partis à la chasse.

— Tu nous ferais un grand plaisir, dis-je à Jacques au moment du café, si tu nous permettais d'aller au-delà de la zone que tu connais déjà, dans le territoire inexploré.

— Mais en un an, je suis allé partout.

Si j'en restais à cette réponse décourageante, la joie de l'exploration nous serait interdite puisque nous n'aurions aucune assurance que les territoires visités n'ont pas déjà été parcourus par Lizot. Mais j'ai appris à ne pas prendre une information comme définitive et à attendre de la vérifier le moment venu.

La conversation s'oriente vers le retour prochain de Jacques dans sa maison des Cévennes.

— Je n'exclus pas d'enseigner, mais en démissionnant d'un poste de directeur d'études à Paris il y a quelques années, je me suis fermé une voie.

Jacques Lizot et sa fâcheuse habitude de mettre les pieds dans le plat dérange le monde des sciences humaines. On ne dénonce pas impunément la bureaucratie, les magouilles et la planification de la recherche. Lizot est toujours « chargé de recherches », alors que ses collègues sont « maîtres de recherches ».

Nous avons repris la remontée de la rivière depuis peu de temps lorsque Nohokuwë tire un coup de fusil en direction d'un banc de sable où il a, le premier, repéré un caïman. Mais, moins bon tireur que Tiyewë, il manque sa cible.

Le Herita est un paradis pour naturaliste, un morceau de l'Amazonie miraculeusement intact que Jacques Lizot est le seul à connaître. Grâce à l'effet de surprise provoqué par l'incursion de notre pirogue à moteur, nous pouvons voir une grande quantité d'animaux, comme dans une réserve. Des toucans à l'immense bec multicolore, des drennes, des momots à calotte bleue, de grands hérons cendrés qui nous précèdent, d'une boucle de la rivière à l'autre, des grébifoulques et les curieux hoazins au plumage couleur noisette mélangé de blanc et d'orangé. Nous voyons moins de loutres que dans le río Mavaca, mais beaucoup plus de singes. La végétation elle-même semble plus dense que celle des régions plus visitées et habitées.

— J'ai un nœud dans ma tête qui commence à se défaire, me confie Amine ; je l'ai depuis dix ans.

C'est peut-être cela le don de la nature originelle : un retour sur soi, une conscience plus précise de ses forces comme de ses faiblesses, une opportunité rare de gagner un équilibre, une sérénité, le calme intérieur.

« Souvent difficile à pénétrer, écrit Lévi-Strauss, la forêt réclame de celui qui s'y enfonce ces concessions que, de façon brutale, la montagne exige du marcheur. [...] Un monde d'herbes, de fleurs, de champignons et d'insectes y poursuit librement une vie indépendante, à laquelle il dépend de notre patience et de notre humilité d'être admis. Quelques dizaines de mètres de forêt suffisent pour abolir le monde extérieur, un univers fait place à un autre, moins complaisant à la vue, mais où l'ouïe et l'odorat, ces sens plus proches de l'âme, trouvent leur compte. Des biens qu'on croyait disparus renaissent : le silence, la fraîcheur et la paix. »

C'est peut-être cela qu'Amine ressent : l'impression du desserrement d'un nœud dans la tête, un nœud gordien que seul le choc violent de la nature primaire pouvait trancher.

Le nombre croissant d'arbres effondrés en travers du río atteste, s'il en est besoin, du caractère inviolé du Herita, comme un sceau qu'il nous faut briser. Les Indiens s'y emploient avec force et agilité, à coups de hache et de machette.

En attendant que le chemin d'eau soit dégagé, nous parlons d'une chose et d'une autre. Il faut bien être réalistes : nous sommes de peu d'aide dans ces exercices d'abattage. Lizot réussit à dissuader Amine de se joindre aux Indiens lors de ces travaux, pour éviter qu'il ne se blesse. Le moindre accident prendrait, dans un tel isolement, des proportions dramatiques.

L'ethnologue s'évade par la pensée et s'imagine dans sa maison des Cévennes. Il prévoit d'emporter des machettes ; ce sera utile pour le débroussaillage de ses 4 hectares de forêt. Il nous parle aussi de ses compagnons indiens :

— Le père d'Uwä est mort de maladie. C'était un petit homme un peu frisé – ce qui est rare chez les Yanomami – et très amusant. Un jour, je l'ai vu courir avec une flèche dans les fesses ; un ennemi l'avait surpris alors qu'il faisait ses besoins. Le frère d'Uwä a tué un ennemi de Mahekoto-théri, le groupe de Platanal ; Uwä est menacé de mort comme son frère, c'est pour cela que je l'ai emmené avec nous.

Tout en papotant, nous épuisons nos réserves de bananes, ce qui a quelque effet...

— Péter est un sport national chez les Yanomami, remarque audacieusement Alain, et toi-même tu es devenu champion...

— Il y a dans la langue yanomami quinze verbes pour péter, suivant le bruit produit : foiré, explosé, net, chuintant, etc. Ils sont tous dans mon dictionnaire, dit Jacques. Pour faire l'amour, il y a au moins cinquante verbes ! C'est comme chez les Esquimaux pour la neige ou chez les Arabes pour le désert. Parfois, dans un shapono, c'est un véritable concert de pets, la nuit.

Dès que les obstacles sont abattus, Lizot sait très bien passer en force au-dessus de ce qui reste des troncs d'arbres, et relever le moteur au dernier moment. Quand un passage est encombré mais ne nécessite pas d'attaquer un tronc, il dose la vitesse de la pirogue pour franchir l'obstacle sans risque. Nous nous aplatissons alors au fond du canot. Par moments, des troncs morts couverts de plantes parasites se dressent sur la berge, faisant penser de loin aux colonnes d'un temple en ruines.

VI

Premier contact avec Kakashiwë

C'est en vivant parmi les Yanomami du haut Herita que Jacques Lizot collecta, au début des années 70, l'essentiel des données qui allaient fonder sa recherche. Une meilleure connaissance de la langue, une grande quantité de matériaux ethnographiques et la nécessité de publier se conjuguèrent pour l'amener à une importante décision : se sédentariser. Il n'imaginait pas un retour en France, il y avait tant à faire sur le terrain. Il choisit cette région pour son isolement, hors de l'influence des missions. Il se fit aider par deux Indiens Maquiritare pour construire sa première maison, un peu à l'écart du shapono. Elle était plus sommaire que sa dernière maison de Karohi. C'était l'immersion totale chez les Kakashiwë-théri, loin de ses semblables, loin des missions, loin des visiteurs encombrants, loin de sa tribu. Sa pirogue à moteur était le seul lien possible avec la mission d'Ocamo.

C'est dans cette communauté que Lizot s'attela à un travail de fourmi : l'étude de la technologie et de la vie matérielle des Yanomami. L'étude de la matière, des gestes et du savoir-faire exigea des observations innombrables et méticuleuses. Pendant trois ou quatre ans, à raison de quinze jours d'observation par mois afin de reconstituer des cycles annuels, chronomètre en main, il suivit une famille du matin au soir, notant absolument tout : la nature et la durée précise des activités des hommes et des femmes, les temps d'inactivité, tous les produits alimentaires qui entraient ou qui sortaient du shapono, avec poids et quantité. Il notait tout : la provenance d'un produit, cueilli, récolté, chassé, pêché ; sa consommation ou sa circulation de famille en famille, les échanges avant ou après préparation culinaire. Il acquit bientôt la conviction que c'était l'idéologie qui, compte tenu du milieu naturel, déterminait les formes de la vie matérielle et imposait son rythme à la vie économique.

Lizot découvrit dans le territoire des Yanomami centraux, dans les jardins, les habitations, et même dans le lit des cours d'eau où ils ont été entraînés, des fragments de poteries fabriquées, semblat-il, par un peuple disparu, établi dans la région avant que les Yanomami y pénètrent. Ce même peuple a laissé d'autres manifestations de sa présence : pétroglyphes énigmatiques, haches de pierre, polissoirs. La datation au carbone 14 de certains fragments collectés indique une ancienneté de cinq cents à sept cents ans.

Fort de ces milliers de données, de ses tableaux chiffrés, d'une incroyable collection de notes de terrain, l'ethnologue veilla dès lors à ne pas laisser raconter n'importe quoi sur ses chers Indiens. Obsédé de vérité, il entreprit une croisade contre le charlatanisme en ethnologie, par exemple lorsque l'un de ses confrères américains prétendit expliquer la guerre et la violence chez les Yanomami par la carence en protéines dans leur alimentation et par la compétition de chasse.

« La forêt et ses ressources, avertit Lizot, l'équilibre des écosystèmes ne nous sont connus que fragmentairement et superficiellement. Aussi modestie et prudence doivent-elles gouverner nos jugements. »

La destruction de la forêt va plus vite que les progrès réalisés par les Indiens et les scientifiques dans la connaissance botanique. La plante sauvage qui guérirait le cancer ou le sida sera peut-être détruite avant que les chercheurs ne la découvrent !

C'est du haut Herita que Lizot put aussi affirmer cette vérité dérangeante : les Yanomami ont peu de besoins, travaillent peu et, vivant dans l'abondance, sont loin de former cette misérable horde vouée à se combattre pour disputer des ressources rares. Leur économie est en harmonie avec les possibilités du milieu naturel.

La minutieuse enquête de Lizot lui permit de reconstituer l'histoire, l'organisation et l'évolution du peuplement yanomami. Le chercheur dépendait entièrement de la mémoire humaine, faillible et subjective, et il ne put reconstituer cette histoire que jusqu'aux environs de 1880.

On peut imaginer que ces Indiens, au moment où les Portugais remontaient inexorablement l'Amazone et son affluent, le río Negro, se sont heurtés aux vagues de guerriers Arawak qui parcouraient la région à la recherche d'esclaves, et que, simultanément ou non, ils ont été victimes des épidémies qui s'étendaient à mesure que se déployait la présence européenne. La présence ultérieure des Yanomami dans la sierra Parima peut s'expliquer par leur reflux dans des régions accidentées plus difficilement accessibles. Ce nouvel habitat montagneux où les cours d'eau, modestes, ne sont souvent que des torrents coupés de rapides et de chutes, leur fit perdre les connaissances de la navigation. Isolés, à l'abri des maladies, ils connurent un nouvel équilibre, un essor démographique et une importante expansion territoriale sur le versant vénézuélien de la sierra Parima, très en aval de l'Orénoque, jusqu'au canal Casiquiare.

Pendant ce temps, une autre société, la nôtre, poursuivait vers ces régions sa méthodique avancée ; la rencontre devenait inéluctable. Les Yanomami inspirèrent aux premiers explorateurs un sentiment de dégoût. En 1886, dans *l'Orénoque et le Caura* (réédition Pierron, 1978), le Français Jean Chaffanjon écrit : « Petits et chétifs, des membres grêles, un estomac démesurément gonflé, des cheveux longs et sales, une physionomie bestiale, leur donnent un aspect repoussant. Ils sont absolument nus... » L'expédition de l'Américain Rice, en 1920, conclut dramatiquement ces premiers contacts. Parvenu au même point que Chaffanjon, attendu par un groupe de guerriers hostiles, Rice perdit son sang-froid. Sans avoir subi la moindre perte ni la moindre blessure, il ouvrit le feu et plusieurs Yanomami furent tués. Il fallut attendre 1950 pour qu'une mission évangéliste se fixe à Platanal.

« Comme nous, les Yanomami sont persuadés de leur supériorité, commente Lizot ; le mépris est mutuel, l'esprit de conquête également partagé, l'arrogance réciproque. L'issue, pourtant, ne fait pas de doute mais, même aujourd'hui, les Yanomami l'ignorent, au Venezuela du moins où les relations sont moins brutales qu'au Brésil. »

Freinés dans leur expansion territoriale, les Yanomami connurent un fort ralentissement de leur croissance démographique. A partir de la fin du siècle dernier, la communauté de base se scinda en trois ensembles ayant suivi des migrations fort complexes au gré des fissions, fusions, mouvements partiels de population, conflits et guerres. Les communautés du haut Herita, que nous espérons rencontrer, appartiennent au groupe qui est resté le mieux protégé de l'intrusion des Blancs, la plupart des localités se trouvant dans la montagne, loin des cours d'eau navigables. C'est seulement vers 1970 que les évangélistes, toujours entreprenants, fondèrent la mission de Koyowë sur le río Mahekoto, affluent du haut Orénoque, et que Lizot s'immergea durant un an dans la communauté de Kakashiwë, sur le haut Herita.

Nous allons, en les retrouvant près de vingt ans après, être parmi les derniers témoins de leur splendide isolement, avant l'inéluctable « intégration ».

L'histoire est connue d'avance. D'après Lizot, « on n'adapte jamais les sociétés réellement primitives aux modèles occidentaux, on intègre leurs débris, et au niveau le plus bas. »

Nous fixons notre camp de base sur la rive droite du Herita.
— Ce sont d'anciens abris de chasse ?
— Non, répond Jacques, un petit groupe a vécu ici un certain temps ; on peut le déduire des graines de fruits jetées qui ont germé. Ils ont abandonné des objets rares, une marmite et une fourchette, c'est très yanomami. Regardez, l'écorce de cet arbre a été découpée pour la fabrication des hallucinogènes.

Amine se risque à se baigner là où un compagnon de Jacques reçut un jour une décharge de gymnote. Un peu plus tard, alors qu'il court sur la berge pour rejoindre Alain et assurer le son, il trébuche et s'effondre dans le feuillage ; des dizaines de fourmis de feu, que les Yanomami appellent *kashi*, le mordent et placent ensuite leur ventre à l'endroit de la morsure pour y déposer de minuscules gouttes de poison. D'où une douleur persistante. Cette cuisante liqueur acide injectée provoque les hurlements de notre ami, qui danse sur place une curieuse sarabande. Il est tenté de plonger dans la rivière, mais il y a les gymnotes, et aussi les exigences de la prise de son. Alors, malgré la chaleur étouffante, il se couvre jusqu'aux yeux, superposant sur son survêtement le short bleu troué par les fourmis coupeuses de feuilles et un bonnet de laine. Les brûlures ne font que se raviver. Il se baigne à nouveau, malgré la peur des décharges électriques, se sèche, s'asperge de produit antimoustique, mais rien ne calme sa torture.

Alain découpe le dernier saucisson un peu présentable, et découvre avec étonnement que les compagnons de l'ethnologue comptent les rondelles mieux que lui, et en français ! La possession d'une montre, cadeau de Lizot et signe distinctif, leur a fait faire de grands « progrès », eux qui ne savaient que compter « un, deux, beaucoup ». Mais rien ne remplacera le soleil. Pour indiquer le temps écoulé, ils tendent un bras vers le ciel et désignent du doigt le segment parcouru par l'astre du jour.

En un rien de temps, un boucan digne d'un camp scout est construit pour faire fumer un oiseau : un treillage de bois posé sur un trépied. Nous commettons encore des erreurs d'apprentis indiens, comme de renverser de l'eau sous l'abri des hamacs. Cela fait de la boue et c'est désagréable. Un manque de savoir-faire.

Réunis autour du feu pour dîner, nous décidons d'envoyer à l'aube Tiyewë et Nohokuwë à la recherche du groupe de Kakashiwë et de leur nouvelle implantation. Il faut être yanomami et ami de cette communauté pour les trouver.

Pendant la nuit, j'entends pour la première fois le cri extraordinaire d'un animal non identifié : c'est comme si quelqu'un secouait violemment une baguette de bois en l'air. Personne d'autre n'a entendu ce bruit, mais ma description, bien qu'imprécise, permet à l'ethnologue d'éclaircir ce mystère :

— Cela devait être tôt ce matin, et c'était un oiseau pipile mâle faisant claquer ses rémiges ; nous sommes en pleine saison des amours.

Ce lundi 10 septembre, nous attendons le retour de nos éclaireurs. Notre attente peut durer un ou plusieurs jours. Tout dépend de la distance entre le nouveau shapono de Kakashiwë et celui que Jacques a connu près de vingt ans plus tôt.

— Tiyewë et Nohokuwë doivent revenir avec le plus d'Indiens possible pour porter le matériel, dit Jacques. En fonction du nombre, nous partirons en une ou deux équipes.

En examinant les cinq flacons de sérum antivenimeux que j'ai achetés à Caracas, l'ethnologue me fait remarquer qu'ils ne représentent en fait qu'une seule dose. C'est suffisant pour une morsure moyenne, mais pas pour une morsure plus grave : il aurait fallu trois doses, c'est-à-dire quinze flacons ! Le pharmacien a compris que ce que je demandais, dans mon mauvais espagnol, c'était trois flacons et non trois doses. En me vendant cinq flacons, il pensait être large... Je suis contrarié. Je sens que mes compagnons m'en font le reproche sans le dire.

En attendant le retour de nos éclaireurs, nous conversons d'un hamac à l'autre.

— Les fusils que tu as offerts à Tiyewë et Nohokuwë ont-ils donné plus de sécurité à leur communauté ? interroge Alain.

— Ça ne se pose pas en ces termes, répond Jacques. Ce n'est pas un sentiment de sécurité, ils se sentent plus forts.

— Cela change-t-il les rapports de force ?

— Dans le contexte de guerre oui, mais pas en temps de paix.

J'interroge Jacques à mon tour :

— En dehors des fusils, les Yanomami ont-ils des attentes précises vis-à-vis des Blancs ?

— Tu sais, les Yanomami font des choses à l'encontre de leur intérêt ; ils demandent des biens, mais aussi du tourisme, le contact avec des pourvoyeurs de biens, le profit immédiat. Chaque communauté rêve d'avoir son Blanc, malgré le danger d'épidémie. Pourtant, ils n'ont pas d'amis blancs.

— Mais toi, après tant d'années, tu as des amis, poursuit Alain.

— Je n'ai pas d'illusions à ce sujet. C'est coûteux, les illusions.

— Les rares visiteurs de ce territoire affirment souvent qu'ils ont pu nouer des liens d'amitié avec les Yanomami...

Départ d'expédition sur la rivière Manaviche et le fleuve Orénoque. Il s'agit de calculer au plus juste la charge en carburant et en provisions, qui devront durer jusqu'au retour.

Deux jeunes Yanomami de Karohi qui accompagnèrent l'expédition.

— Ils ne savent pas de quoi ils parlent, rétorque Jacques ; c'est une illusion ou une tromperie. Après un court séjour, ils disent : « Mon ami le Yanomami... »

La faille que nous devinions chez l'ethnologue semble s'être creusée. L'amertume est devenue souffrance. L'entreprise de l'aventurier, comme de tout homme d'action, est marquée du signe de cette solitude. André Malraux reprit dans *l'Espoir* le thème de la fraternité antidote de la solitude : « Les hommes unis à la fois par l'espoir et par l'action accèdent, comme les hommes unis par l'amour, à des domaines auxquels ils n'accéderaient pas seuls. » L'action a-t-elle brisé cette fraternité à laquelle Lizot était accroché comme à la plus accessible des fins ? La conscience de cette solitude a-t-elle conduit l'ethnologue à décider de suspendre son action, à revenir vers sa tribu d'origine ?

— Ils peuvent arriver à n'importe quel moment à partir de maintenant, avertit Lizot. Cela ne se fait pas de prévenir de son arrivée. Soyez prêts pour le film.

— Il faut réveiller Amine pour le son.

— Ils arrivent !

— Non, c'est un chant d'oiseau difficile à distinguer des voix humaines, rectifie Jacques.

*Les Indiens
de Kakashiwë ont
rejoint l'expédition
au camp de base
du haut Herita.
En dehors de Lizot,
ils n'ont jamais vu
d'hommes blancs.*

*Deux jeunes Indiens
de Kakashiwë.*

L'ethnologue a bien pressenti pourtant l'arrivée de nos éclaireurs accompagnés des Yanomami de Kakashiwë. Six Indiens ne tardent pas à arriver, suivis d'une vingtaine d'autres, hommes, femmes avec leurs hottes en vannerie, et enfants. Nous ne bougeons pas de nos hamacs, subjugués par l'apparition de ces Yanomami isolés pour lesquels nous sommes, en dehors de Jacques, les premiers Blancs qu'ils voient, autant dire des Martiens !

Debout ou accroupis autour de notre abri, ils nous observent intensément, le visage grave. Leur apparence contraste avec celle de nos trois compagnons indiens bien propres et bien nourris. Les gens de Kakashiwë, nus, ou simplement vêtus de cache-sexe usés, ont cependant de la noblesse par leurs attitudes et leurs parures végétales. La lèvre souvent déformée par l'inévitable chique de tabac, ils semblent commenter toutes ces choses extraordinaires qu'ils découvrent, ces Blancs couverts de vêtements étranges.

— Ils ont emporté peu de choses ! dit l'un.

Tout en traduisant, Lizot explique cet euphémisme :

— Les Yanomami pratiquent beaucoup l'antiphrase.

— Ces bananes, pour ne pas les transporter, on va toutes les manger, propose un jeune homme à ses compagnons.

— On reste silencieux au début, on parle après, recommande Jacques, tout en préparant tranquillement le café.

Lizot commence à échanger des informations avec nos visiteurs, puis il nous restitue l'essentiel :

— Ils sont en train de construire un grand shapono tout près de l'ancien emplacement que j'ai connu, dans lequel se rassembleront trois communautés. Des habitations de cette importance sont rares aujourd'hui... Ils étaient occupés à cueillir des feuilles pour le toit, quand Tiyewë et Nohokuwë les ont trouvés.

Je me réjouis qu'ils soient assez nombreux pour nous permettre de ne faire qu'un seul voyage. J'avoue que voir une des deux équipes démunie du précieux sérum antivenimeux m'eût inquiété.

— Ils se moquent de moi, se plaint Amine, qu'est-ce que j'ai ? Alain, donne-moi ma brosse que je me coiffe. C'est l'air pur qui rend leurs cheveux si beaux, reprend-il, persuadé que ce sont ses cheveux frisés qui lui valent la curiosité envahissante des Yanomami. Je voudrais passer deux ans avec eux pour avoir des cheveux aussi raides...

— Tu es grand et gros comme un tapir, lui dit un des guerriers indiens en l'entourant de ses bras.

Amine en fait autant, jusqu'au moment où son admirateur lui tapote les fesses. Il est en maillot de bain et tous le suivent du regard : Tapir est vraiment très fort !

Un Yanomami, parfaitement imberbe comme les autres, est fort intrigué par ma pilosité. Assis près de moi, il commence à me tirer les poils du bras, et à me caresser.

— Gardons la réserve !

Après ce premier contact, Lizot organise la répartition des paquets entre les Indiens. Chacun porte une charge proportionnelle à sa force, jusqu'aux enfants auxquels on a confié les hamacs, les couvertures ou un petit paquet de provisions. Nous faisons confiance à Jacques pour se souvenir de ceux qui participent à ce transport au moment de la distribution des cadeaux.

Le chemin semble bien tracé quand on suit l'Indien qui nous précède, mais, dès que l'on se laisse distancer, il suffit de faire un pas à gauche ou à droite pour ne plus le retrouver. C'est ce qui arrive à Amine : il s'égare. Un Yanomami l'appelle pour lui signaler la piste, par compassion, croit-il, quand il en fait la remarque à l'ethnologue :

— Tu te fais des illusions, lui répond Jacques, il s'en fout, mais a été content de te faire remarquer que tu étais incapable de marcher sans perdre la direction. Ce n'est pas la même chose !

A un moment donné, le sol est jonché de milliers de pétales de fleurs. Notre troupe nombreuse et chargée, bien moins discrète que les habituels déplacements des chasseurs yanomami, provoque l'envol de quantités d'oiseaux criards et siffleurs. La pluie commence à tomber.

— Attention, un nid d'abeilles au milieu du chemin, courez ! crie Jacques ; elles bouffent les cheveux et les poils du pubis.

Il nous faut d'un seul coup retrouver le rythme et la nécessaire agilité d'une marche forcée indienne. Même lourdement lestés, les Yanomami courent comme des lapins, arrivent à se faufiler au travers de la végétation, pour nous inextricable, évitent de se prendre les pieds dans les lianes et les racines, franchissent sans glisser les troncs jetés au-dessus d'un cours d'eau, pataugent sans trébucher dans les marais. Une tempête a abattu de nombreux arbres, dont certains énormes, en travers de la piste. Parfois nous les contournons, parfois nous nous faufilons entre les branches quand le tronc est trop haut. C'est là que nous risquons d'être assaillis par les guêpes, les fourmis, les chenilles urticantes, sans parler des serpents qui se confondent, par la forme et la couleur, avec les lianes ou le feuillage.

Alain fait une chute et a le réflexe de protéger la caméra, mais au prix d'un mauvais choc au tibia, qui provoque une grosse bosse.

Nous faisons une première halte pour nous reposer et regrouper tout le monde dans un ancien campement de chasse.

— Le temps de repos débute lorsque le dernier de la colonne nous rejoint, explique Lizot.

Quelques Indiens s'attroupent sous l'un des abris de branches et de feuilles. Ils semblent avoir découvert quelque chose.

— Ils ont vu un serpent, explique l'ethnologue.

En m'approchant du centre de la mêlée, j'ai beau observer attentivement la branche que me désignent les Yanomami, je ne vois qu'une branche et des feuilles, et il me faut un bon moment pour m'apercevoir qu'à 30 centimètres de mon visage est lové un tout petit serpent vert pomme se confondant totalement avec les feuilles. Sans les Indiens, nous n'aurions sûrement pas vu le reptile, mais nous connaissons au moins les règles de base de la survie en forêt : se méfier des abris anciens, où se cachent serpents et araignées. Il est toujours préférable d'en construire un neuf, ou de changer le toit de feuilles.

Après trois heures de marche, nous faisons une deuxième halte dans l'ancien shapono de Kakashiwë, abandonné, où l'ethnologue avait séjourné.

— Les Yanomami disent que leur nouvelle habitation n'est pas très loin, traduit Jacques, mais avec eux on ne sait jamais ; ils disent peut-être cela pour nous encourager à continuer.

Au loin, à travers les arbres, nous découvrons une grande montagne très étrange. C'est un énorme bloc de roche noire dominé par un chapeau de végétation. La paroi presque verticale semble être striée d'une multitude de plis, probablement dus à l'érosion.

— Les Yanomami centraux appellent ce massif *Praukui këki*, la montagne large, nous renseigne Jacques.

Je sais à cet instant que cet étrange massif sera un bel objectif d'exploration pour notre expédition. Mais je garde cette idée pour moi, afin de ne pas bousculer notre ami ethnologue. Chaque chose en son temps...

Après la halte dans l'ancien shapono, il nous faut peu de temps pour découvrir la nouvelle habitation. Les Indiens ont dit vrai. Seul le jardin, planté de grands bananiers, sépare les deux sites. Construit dans une vaste clairière, le nouveau shapono a des proportions impressionnantes. Lizot nous recommande :

— Marchez bien dans le chemin et ne piétinez pas les zones brûlées où ils ont planté du maïs et des cotonniers.

De loin, l'habitation collective est une forteresse circulaire dont l'auvent de feuilles, partie basse vers l'extérieur, partie haute élancée à 7 mètres du sol, constitue la muraille. Une petite palissade, faite de troncs posés verticalement les uns à côté des autres, forme la partie basse. En cas d'attaque, la forme fortement inclinée du toit contraint les ennemis à tirer leurs flèches vers le ciel, sans qu'elles puissent retomber sous l'auvent. En outre, l'architecture de la grande maison est le reflet de la représentation qu'ont les Indiens de l'univers. La place centrale est la voûte céleste et la partie basse du toit de l'auvent, une réplique de la partie basse du ciel, conçu comme une structure convexe, à son point de jonction avec le disque terrestre.

Lorsque le chaman part en voyage entre les différents niveaux qui composent l'univers, pour récupérer une âme volée ou pour tout autre propos, l'habitation constitue pour lui une représentation géométrique commode où il s'oriente parfaitement.

— Cette convergence exacte de l'ordre social, religieux et cosmologique fait de l'habitation yanomami un microcosme, nous explique Jacques.

Nous entrons dans le shapono par une ouverture ménagée dans la palissade, une petite porte d'à peine 1 mètre de haut, et nous découvrons la place centrale encore encombrée d'arbres abattus et de souches. En voyant le petit nombre d'Indiens, principalement des vieillards, des femmes et des enfants, resté pour nous attendre, nous réalisons que c'est presque la totalité de la communauté qui est venue à notre rencontre. L'armature du toit est terminée, mais la moitié de la couverture de feuilles tressées reste à faire. Des échafaudages complexes permettent d'accéder au toit et d'effectuer ce

L'ADIEU AUX YANOMAMI

patient travail, en avant des poteaux de soutènement les plus avancés, à l'endroit habituellement consacré aux grands événements de la vie sociale : cérémonies chamaniques, prises d'hallucinogènes, échanges de biens et consommation des cendres des morts.

A peine entré dans le shapono, chacun dépose sa charge et rejoint son hamac. On nous désigne une partie libre juste à gauche de l'entrée, où nous pouvons suspendre nos propres hamacs. La partie basse du toit, entre les deux rangées de poteaux, est le lieu de la vie familiale et des activités domestiques. Les familles vivent ainsi côte à côte, sans séparation, formant une communauté unie par les liens complexes d'alliance.

L'emplacement qui nous est attribué est envahi de termites, car le sol est encore humide. Nous étendons sur les troncs abattus de la place centrale nos vêtements mouillés.

— Vous voyez la supériorité des Yanomami, nous dit Jacques, très moqueur : ils n'ont pas besoin de tout ça, il leur suffit de se réchauffer auprès du feu.

Tous les regards sont rivés sur nous, lorsque nous installons, Amine et moi, nos hamacs de jungle, si extraordinaires pour eux : des maisons suspendues qui nous font ressembler à des chauves-souris. Les gesticulations d'Amine provoquent des commentaires et de grands éclats de rire : ses tractions sur une poutre de la charpente pour garder la forme ; les soins du corps pour calmer la brûlure des piqûres d'insectes. Un mélange d'alcool, de Mercurochrome et de talc le fait ressembler à un hamburger dégoulinant.

Quelques enfants nous conduisent à la rivière pour la toilette. C'est en fait une maigre flaque sur un cours d'eau minuscule. Un Yanomami a la bonne idée d'y pisser et un autre d'y faire ses grandes ablutions au moment où nous nous lavons les dents.

Enfin installé et propre, je m'allonge dans mon hamac et connais l'émotion esthétique de voir le jour tomber sur cette communauté oubliée, au son de l'opéra de Purcell *King Arthur* (le Roi Arthur) grâce au baladeur d'Alain. Les aras apprivoisés crient pour réclamer leur nourriture. Une mère épouille son bébé, une femme file du coton. La nuit venue, nous comprenons qu'il n'y aura pas d'autre repas que celui pris à notre arrivée au shapono. Nous dérangeons nos voisins en ouvrant des boîtes de thon et en préparant du thé.

Plus tard, quand le silence semble s'installer, le « cercle des feux » s'emplit de pleurs, de gémissements, de sanglots au moment où, suivant le rite mortuaire que les ethnologues qualifient de « cannibalisme par substitution », les Yanomami ingèrent la bouillie de banane dans laquelle ils ont mélangé un peu de la cendre de leurs morts. Une profonde douleur qui s'abandonne, s'ouvre à la nuit, sans trouver de consolation.

VII

Ignorants du danger

Nous nous intégrons doucement à la vie de cette communauté isolée, vivant comme ses ancêtres ont vécu, ignorante du monde des Blancs, ignorante du danger qui la menace, de ces prospecteurs, humbles ou puissants, prêts à sacrifier l'existence du dernier vestige d'une humanité primitive pour un profit immédiat.

Très tôt avant le jour, la plupart des femmes partent cueillir les fruits de palmier, avant que le groupe voisin ne les précède, les obligeant à aller beaucoup plus loin.

— Il y a peu de bananes dans le shapono, et peu à manger, observe l'ethnologue.

Le plus robuste des Yanomami de Kakashiwë revient de la rivière et traverse à ce moment-là la place centrale, portant... une toute petite marmite d'eau. Notre voisin Sheyerewë n'a pas quitté son hamac de la matinée. Sa femme rapporte des fruits, son fils prépare une compote.

— Il va attraper un tour de reins! lance Lizot avec ironie.

— C'est un camping pour chômeurs ici, ajoute Amine ; ils font travailler les jeunes.

— Tout le problème d'alimentation dans la zone, c'est parce qu'ils n'ont pas assez bossé, explique Jacques.

— Et toi, tu sais les faire bosser, intervient Alain.

— Moi, je commande les grands, mes compagnons yanomami commandent les petits. J'ai le rôle d'un sage à la manière indienne. Je suis aussi un pourvoyeur de biens.

Amine fait encore des tractions sur une poutre transversale du toit à moitié cassée.

Jacques veut l'en dissuader :

— N'oublie pas que tu fais le double de poids d'un Yanomami. Tu dois y penser quand tu fais quelque chose. Les Yanomami font des choses en fonction de leur poids. Tu ne peux pas t'asseoir dans un hamac de lianes ou te suspendre à la barre du toit... Si tu veux exercer ta force, soulève cette grosse souche sur la place...

Amine s'exécute, et la soulève à bout de bras, dans le silence général du groupe indien.

— Ils vont te prendre pour un toqué intégral, avertit Jacques, voyant Amine en nage retrouvant ses attitudes d'haltérophile.

L'ADIEU AUX YANOMAMI

Un enfant crie, pique une crise de nerfs, Jacques fait le lien, avec l'effet produit sur les Indiens par les exercices d'Amine :
— On va t'accuser de chasser le *rame*, le double, l'*alter ego*.
Sans l'influence de l'ethnologue, nous aurions constamment été entourés de Yanomami moqueurs. Dès 5 heures du matin, ils auraient secoué nos hamacs en disant :
— *Shori* (beau-frère), tu dors ?
Ils se moquent de nous, bien sûr, mais à distance.
Un enfant grimpe au sommet de l'échafaudage pour placer les feuilles du toit, sans que personne s'inquiète du danger :
— Chez nous, commente l'ethnologue, nous avons une éducation fondée sur la sécurité. On empêche les enfants de prendre des risques ; l'école ne valorise pas le travail manuel.
Dans notre société, on sépare deux enfants qui se battent. Chez les Yanomami, chaque mère prend toujours le parti de son fils, l'incite à se défendre, et lui apprend à se venger. Les filles reçoivent la même éducation.
Lizot m'avait autrefois expliqué le système de socialisation des jeunes Yanomami. En vivant avec les adultes, les enfants assimilent les valeurs sociales, morales, le sens des attitudes, l'essence du monde, de l'homme et de la nature. On est loin d'une civilisation technicienne. Chacun a différents rôles, ce qui donne sa richesse à la vie sociale. L'ethnologue n'idéalise cependant pas la société yanomami. Tout n'est pas d'or, comme il dit. Ils ont aussi leurs contradictions, mais la formation de l'individu est, selon lui, un point positif.
Cet apprentissage par l'expérience, cette école de l'autonomie visant à former des adultes libres, a contribué à inspirer la première ébauche, en 1981, du projet pédagogique Hors Limites. Le système éducatif des populations primitives peut apporter un enseignement à notre propre système de formation de la personnalité, bien que celui-ci prépare à s'intégrer à une société de type diamétralement opposé. Notre civilisation technicienne a aujourd'hui un besoin vital des valeurs humaines et des qualités de caractère développées chez les Yanomami. J'espère associer un jour Lizot à la démarche pédagogique d'Hors Limites-Outward Bound.
Une femme offre du bois à l'ethnologue pour son feu. Je suis surpris de le voir refuser ce présent, et même de faire celui qui n'a rien vu. J'apprendrai par la suite qu'elle avait demandé un couteau en échange. Jacques veut probablement contrôler lui-même le jeu de l'échange : les cadeaux que nous avons apportés, contre les services utiles à notre expédition. Il nous prie de ne pas accepter de nourriture et de ne pas en échanger. Cette communauté a à peine de quoi survivre. Nous devons être autonomes pour notre alimentation

Au retour de la cueillette, un groupe de femmes nous offre des fruits, que nous devons refuser, espérant ne pas les vexer. Elles sont passées par la rivière ; nous en profitons pour leur demander si elles ont vu Amine, parti faire sa toilette. Nous redoutons les initiatives de notre ami, un peu cheval fou, dans un milieu dangereux pour un novice. Lizot le rappelle :

— La faute, quand on est perdu, c'est de s'éloigner en forêt. Il faut rester sur place et appeler.

Il est difficile de comprendre, lorsqu'on ne connaît que les forêts européennes, qu'un Blanc ne puisse pas se repérer dans la forêt amazonienne, même avec des instruments d'orientation. Nous sommes entièrement tributaires des Indiens, aujourd'hui comme au siècle dernier.

Jacques quitte son hamac, rend visite à une des familles du shapono, lui parle. Le chercheur obtient ce qu'il voulait : un nom pour réactualiser son recensement.

— Si nous étions attaqués par des ennemis, demande Alain, que ferait Tiyewë avec son fusil ?

— Il défendrait ce groupe où il a plusieurs parents, il tirerait dans le tas, ce serait la surprise. Moi, je tirerais en l'air, pour les inciter à fuir.

Vers midi, deux hommes s'insufflent mutuellement des hallucinogènes dans les narines, à l'aide d'un bâton creux, accroupis l'un en face de l'autre.

— Ils attendent que la drogue ait fait son effet et ils vont chanter et danser, déduit Jacques, je les ai vus nettoyer le sol.

Le soir, d'un foyer à l'autre, les hommes se racontent des histoires de chasse. Un perroquet apprivoisé s'apprête à passer la nuit perché à l'extrémité d'une perche du toit et sa silhouette se découpe sur une belle demi-lune.

Nous nous levons dès l'aube pour être prêts lorsque les femmes partiront à la cueillette, puisqu'il n'est pas question de leur demander de modifier en quoi que ce soit leurs habitudes, c'est notre règle du jeu.

Quand on survole cette partie de l'Amazonie, on repère les marais grâce aux palmeraies qui les couvrent. Sur le haut Orénoque, les palmiers moriche *(Mauritia flexuosa)*, que les Yanomami appellent *eeteweshi*, plongent leurs faisceaux de racines tubulaires dans ce milieu semi-aquatique. Ils produisent des fruits gros comme des balles de golf, et à peu près aussi nourrissants. Ils ont l'aspect d'ananas miniatures de couleur grenat. La pulpe jaune, fort appréciée par les Indiens, est très maigre, car c'est le noyau qui constitue l'essentiel de ce fruit.

L'ADIEU AUX YANOMAMI

Nous suivons les femmes portant les hottes en vannerie, et quelques hommes, dans la direction de l'ouest. Parvenus dans les marais, nous découvrons un monde amphibie étrange où, de l'eau jusqu'aux cuisses et parfois jusqu'à la taille, il est difficile de nous déplacer. Nos grandes enjambées ne nous empêchent pas de nous prendre dans les racines ou de glisser sur des troncs immergés. Nos chaussures de marche, remplies d'eau, pèsent une tonne et nous donnent des allures de pachydermes, contrastant avec la souplesse des Yanomami. Ceux-ci se moquent de notre maladresse, mais, compatissants, nous aident aussi à franchir les troncs glissants.

Tandis que les femmes ramassent tranquillement les fruits au fond de l'eau, donnant un tableau parfaitement bucolique de cette promenade dans les marais, Alain, complètement plongé dans ses prises de vues, capte avec délectation les reflets changeants du soleil filtré par les panaches des palmiers, dans cet immense réseau de mares et d'îlots.

Toujours rassurant, Jacques nous avertit que les serpents se réfugient dans les îlots secs au milieu des marais, précisément là où nous avons tendance à nous accrocher lorsque nous trébuchons...

— J'ai vu une femme mourir comme ça.

Les femmes font comme si nous n'étions pas là et poursuivent leur récolte en papotant.

— Voyez leurs rires, commente Lizot ; on est loin de l'image de femmes opprimées et contraintes au travail. Elles sont capables de fournir un effort avec le sourire. Mais si vous dites cela, les ligues féministes vous attaqueront.

Lassés de suivre la cueillette, Lizot et les chasseurs Yanomami quittent le petit groupe de femmes et s'enfoncent dans la forêt sèche. Nous les suivons. Bientôt, ils s'arrêtent, scrutent le sommet des arbres. Un rayon de soleil éclaire les visages de l'ethnologue et de Tiyewë ; joue contre joue, bras tendus vers le ciel, ils estiment leurs chances de tuer le singe repéré entre le feuillage. Un Indien secoue violemment une grosse liane. Le singe change d'arbre. Nous le poursuivons.

— Je ne tue pas les singes, nous dit Jacques, leur viande, peu abondante et au goût médiocre, ne vaut pas trois ou quatre cartouches.

Mais Tiyewë est tenace ; au troisième coup de fusil, il tue l'animal. Parvenus sur le lieu de la chute du singe, nous constatons que le chasseur, modeste, s'est éloigné après avoir offert le gibier à celui qui est notre voisin sous le shapono. Jamais un chasseur ne consomme le gibier qu'il rapporte ; ce faisant, il contreviendrait à la rigoureuse morale qui contraint à l'échange, il deviendrait *sina*, mauvais chasseur, et ne tuerait plus aucun animal.

C'est un grand singe hurleur au poil roux. La première fois que nous avons entendu les hurlements de cet étrange animal nous pensions qu'une tempête allait s'abattre sur nous. Ce singe est muni d'une cavité cartilagineuse dans la gorge qui lui permet de produire le cri le plus étrange de la forêt.

Dans le cou du singe abattu, des tiques ont produit une importante grosseur. A l'aide de mon couteau, notre voisin yanomami tranche cette boule en même temps qu'une partie de la chair du cou. Puis, ficelant le singe à l'aide d'une petite liane dans une position recroquevillée, il le met sur son dos, en retenant la charge sur le front par une autre liane.

Sur le chemin du retour, Lizot m'explique que les Yanomami mangent une quinzaine d'espèces de fruits différents. Le cycle de récolte couvre toute l'année. C'est un précieux complément du jardin. Celui-ci pourrait être plus productif mais, quand les bananiers donnent beaucoup de régimes, les Yanomami s'arrêtent de travailler, et lorsqu'ils n'ont plus rien à manger, ils se rabattent sur la forêt.

Le singe hurleur est d'abord posé tel quel sur le feu par la famille de notre voisin. Ils font partie des rares Indiens qui ne prennent même pas la peine de brûler le pelage du gibier. A ce degré, ce n'est plus de la paresse, c'est un art de vivre. Le spectacle est écœurant tellement le singe ressemble à un bébé, avec ses petites mains munies d'ongles et son visage presque humain.

Une fois l'animal cuit, le chef de famille fait la distribution des parts entre toutes les familles qui composent la communauté. Les portions sont évidemment très petites, mais cette distribution est importante dans la vie sociale.

Pendant ce temps, Amine se fait extraire de la plante du pied, à l'aide d'une épine, une écharde enfoncée profondément. Durant la marche dans les marais, il a commis l'imprudence – une de plus – d'ôter ses chaussures pour marcher pieds nus, comme les Indiens ; mais il n'a pas la plante des pieds aussi dure qu'eux. L'opération est si douloureuse que notre compagnon s'accroche au poteau de soutènement du toit. Tiyewë, toujours serviable, renonce à sortir toute l'écharde. Le reste sera éliminé avec le pus. J'observe que Jacques, sans rien dire, est agacé par nos erreurs.

C'est décidément la journée de l'horreur. A l'opposé de la grande habitation, j'aperçois la silhouette squelettique et terreuse d'un homme qui n'a que la peau sur les os.

— Je l'ai connu fort et vigoureux, me dit Jacques, et je le retrouve à l'article de la mort. J'ignore quelle maladie est en train de le miner.

Chez nous, on écarte les mourants. Chez ce peuple solidaire, ils terminent leur vie au milieu des leurs.

L'ADIEU AUX YANOMAMI

Au début de notre voyage, Jacques était agacé de nous entendre parler d'heure, de temps et de durée. Maintenant, c'est lui qui donne l'heure ou la demande. Est-ce une mise en condition avant son retour en France ?

Nous entendons à nouveau le bruit d'un hélicoptère en route vers la frontière où les Vénézuéliens ont construit un fort. C'est un peu comme un bateau qui navigue tranquillement, ignorant la richesse des profondeurs marines. L'ethnologue ne se fait pas d'illusions : quand les Vénézuéliens auront décidé d'exploiter cette région, ils le feront. Il nous suggère de placer en exergue de notre film la phrase suivante : « C'est une forêt comme celle-là, ce sont des Indiens comme ceux-là, qu'au Brésil on est en train de détruire. »

Ce sera la seule note militante de notre témoignage audiovisuel.

En milieu d'après-midi, nous recevons la visite des habitants du shapono voisin d'Aemopë. La nouvelle de notre arrivée et des biens que nous apportons a provoqué leur curiosité. Le groupe d'une quinzaine d'hommes et de femmes gagne la place centrale et se fige dans les positions les plus avantageuses, le regard perdu au loin. Certains croisent les bras sur la poitrine, d'autres s'appuient sur leurs arcs dans une pose déhanchée. Ils portent leurs plus belles parures : bâtonnets d'oreille ou, pour les femmes, de narines et de joues, ornés de bouquets de feuilles, de fleurs ou de plumes ; motifs ondoyants dessinés sur les corps à l'aide de la teinture végétale rouge ou noire, et, pour certains jeunes gens imitant les sorciers au moment de l'initiation, un curieux diadème en feuilles de palmier tressées appelé *watoshe*.

Les visiteurs restent ainsi figés, pendant près de dix minutes. Tout ce décorum pour rendre visite à des voisins qui habitent à quelque 500 mètres et qu'ils voient presque tous les jours...! Enfin, les amphitryons invitent les visiteurs à les rejoindre sous l'auvent et leur offrent les hamacs vides. Une chique de tabac et une calebasse pleine à ras bord de compote de banane sont offertes aux voisins d'Aemopë.

— Cet échange de nourriture et de tabac, explique Jacques, est le prélude à tout échange verbal.

Les plus jeunes se gavent, laissant entendre des rots de satisfaction bruyants afin d'attester qu'ils arrivent à satiété. Des hommes d'Aemopë et de Kakashiwë s'insufflent mutuellement des hallucinogènes.

— Il lui a mis un bon coup dans les narines! s'exclame Jacques. A Karohi, ils prennent six prises à la suite.

Les visiteurs, satisfaits d'avoir vu les nabe, retournent chez eux. Nous leur rendrons visite à notre tour.

Le ciel s'assombrit soudain, le vent agite les branches hautes des arbres, le tonnerre se rapproche. Bientôt la pluie s'abat sur nous avec une rare violence et le vent est si fort qu'il menace de renverser l'auvent tout neuf. Alors, nous basculons dans le monde magique des Yanomami. C'est l'affolement général. Pour nos hôtes, il ne fait aucun doute que l'orage apporte les mauvais esprits envoyés par leurs ennemis. C'est aux chamans de les chasser par leurs imprécations. Les familles se regroupent, debout, en ligne devant leur partie d'habitation, les mains serrées sur leur sexe ou sur leur poitrine, dans un tableau évoquant Adam et Ève chassés du paradis. Les sorciers font des va-et-vient sur la place centrale, machettes ou arcs à la main, faisant mine de combattre les esprits malfaisants.

Quelques femmes crient, certaines se cachent derrière les grosses souches sur la place centrale. Un jeune homme se livre alors au wayamou, sautillant d'un pied sur l'autre, se battant la poitrine et jetant les bras en l'air pour conjurer le malheur. L'ethnologue me demande de le photographier car il n'a pas encore de photo de ce rite. D'après lui, il n'y a en général qu'un ou deux orages de cette intensité par an. Quelques Indiens retiennent les poteaux de soutènement du toit, mais la tempête se calme soudain, l'orage s'éloigne. Kakashiwë n'aura pas à se venger de ses ennemis. Tout rentre dans l'ordre comme si l'expression de la peur n'avait été qu'un simple rite de conjuration du mauvais sort.

Le soleil, un moment réapparu, décline. Les perroquets font entendre leur bavardage intempestif annonciateur du crépuscule. Pour éviter que les revenants n'entrent pendant la nuit, nos voisins obturent à l'aide de pieux la porte ménagée dans la palissade, alors que, plus loin, une bonne partie du mur manque encore. Les feux s'étouffent. Le silence se fait. Les ronflements sont ponctués du sifflement des pets.

Dès 5 heures du matin, nous sommes prêts à suivre les femmes pour une nouvelle cueillette dans les marais, mais aujourd'hui elles ont décidé de ne pas y aller. C'est la règle, nous sommes tributaires de l'activité imprévisible des Yanomami. A défaut des marais, nous accompagnons notre voisin et sa famille pour une matinée « multiactivité » : pêche, cueillette de feuilles pour la couverture du toit. Sur le chemin, une énorme liane tombe d'un arbre. Elle a la forme d'une cosse de petits pois géante.

— C'est une liane-escalier, explique Jacques. D'après la mythologie yanomami, les ancêtres voulaient monter au ciel à l'aide de cette liane, mais elle se cassa et ils tombèrent. A la suite de cette chute, ils furent transformés en animaux sauvages.

— N'allons pas trop loin, dit le chef de famille indien, ce serait trop fatigant pour transporter les feuilles.

Les femmes l'incitent au contraire à les rejoindre car elles ont repéré des feuilles plus loin.

— J'ai la flemme, répond l'homme.

Nohokuwë a failli marcher sur une grosse mygale. Quand elles attaquent, elles projettent leurs poils urticants. Un vêtement est à jeter s'il en est imprégné. Elles mordent. Amine la transperce avec son poignard. Lizot intervient :

— Ne filmez pas trop de choses qui peuvent heurter le téléspectateur français. Vous êtes responsables de l'image des Indiens. Les mygales mangées par eux, la morve pendant les prises d'hallucinogènes, cela a déjà été vu. C'est trop facile de faire du sensationnel avec ça.

Alain voudrait comprendre, mais l'ethnologue ne veut pas en dire davantage :

— Vous me fatiguez quand vous discutez. Vous posez des questions sur des points évidents. Je suis très surpris.

Alain avait oublié, depuis dix ans, que les Yanomami ne cultivaient pas le manioc. Aura-t-il droit à l'examen de rattrapage en se souvenant que les Indiens d'Amérique du Sud ont apporté à l'Europe le maïs, le cacao, la pomme de terre, la tomate, les haricots et le tabac ?

Un malentendu crée une tension entre Amine et Alain. Amine a oublié les piles de rechange du magnétophone. Alain les avait enlevées hier soir du sac, par crainte de l'humidité, mais Amine en a déduit qu'on le soupçonnait d'utiliser les piles neuves pour son baladeur, alors qu'il ne se sert que des piles trop faibles pour le son professionnel. Je suis très contrarié que la seule difficulté réelle rencontrée jusqu'à présent soit d'ordre relationnel au sein de notre équipe. Pourtant, hier, j'avais profité d'un moment où je me trouvais avec Amine à la rivière pour lui recommander deux efforts s'il ne voulait pas gâcher notre expédition : suivre les conseils de sécurité de Jacques, et suivre les instructions professionnelles d'Alain. Cette discussion semble avoir été inutile...

— Je cesse de me préoccuper d'Amine, me déclare Jacques sur le chemin du retour.

Mais je sais qu'il n'en est rien. Je l'ai vu demander à Nohokuwë de veiller à ce qu'il ne se perde pas. Pour ma part, je fais confiance à l'amitié et à l'intelligence de mon équipier pour ne pas envenimer les choses.

De retour dans la grande habitation, Sheyerewë, notre voisin, s'allonge dans son hamac, et son jeune fils, du haut du sien, suspendu juste au-dessus, lui épouille la tête. Il convient de tuer le pou entre les dents après l'avoir extrait de la chevelure, sinon il se transformerait en scorpion... Amine a encore de l'énergie à consommer. Il porte sous l'auvent un très gros billot pour s'asseoir, mais Sheyerewë semble ne pas approuver cette initiative. Lizot nous traduit :

— Il te fait comprendre qu'il faut replacer le billot là où tu l'as trouvé, ça prend de la place.

Il est vrai que nous sommes ses invités sous sa partie d'auvent, et sa remarque paraît dénuée d'agressivité. Pas rancunier, Amine tend un peu plus tard à Sheyerewë, comme il le lui demande, des paquets de feuilles alors que, perché au sommet de l'échafaudage, il reprend le travail de couverture du toit.

Le pauvre Amine souffre le martyre depuis son irruption de boutons sur tout le corps. Il est convaincu que c'est le résultat d'une intoxication alimentaire provoquée par nos boîtes de sardines, alors que nous pensons qu'il doit plutôt cela à l'aspersion immodérée de produit antimoustiques réputé dangereux. Les démangeaisons l'empêchent de dormir et l'obligent à se gratter et à s'écorcher. Je lui passe dans le dos le talc dont il se couvre entièrement pour calmer la douleur. Il aura cumulé tous les malheurs provoqués par ses imprudences.

Alors que je me promène, un jeune Indien m'appelle : il a bandé son arc et fait mine de me décocher une flèche, en riant de sa plaisanterie. Puis il me fait comprendre qu'il aimerait venir avec nous en pirogue à la mission.

Je ris à mon tour. Ce jeune guerrier a des rêves d'aventure. Il est attiré par l'autre monde dont il ignore tout, le monde des Blancs, qu'il se représente comme un vaste shapono où vivraient Lizot et les autres nabe. Pour ces Indiens ignorant la pirogue depuis que leurs ancêtres se sont réfugiés dans la sierra Parima, la mission d'Ocamo est à une énorme distance. Un jour ou l'autre ce Yanomami découvrira que tous les nabe ne vivent pas dans la même habitation, et qu'ils n'ont pas tous les mêmes intentions amicales. Puisse ce contact se faire dans le respect de leur vie.

Jacques pense qu'il serait judicieux de montrer à nos hôtes, sous prétexte d'en faire l'inventaire, les cadeaux que nous leur destinons en remerciement de leurs services.

— Il faut les motiver, leur montrer quelle sera la récompense de leurs efforts.

Un cercle de curieux, silencieux et impressionnés, se forme autour de l'ethnologue lorsqu'il déballe pièces de tissu de coton, sacs de perles, boîtes d'hameçons et fil de pêche, allumettes, machettes, haches et limes. Il fait déchirer les grandes pièces de coton rouge vif en 104 bandes de 1,70 mètre de longueur et 15 centimètres de large, la norme pour les gayucos. Ses assistants Nohokuwë et Uwä ont mal aux bras à force de déchirer le tissu... Puis Jacques vide sur son poncho imperméable jaune vif les sacs de perles multicolores. Après avoir versé le contenu de chaque sac de perles, rouges blanches, noires ou jaunes, il le mélange au reste du tas. Des murmures admiratifs parcourent l'assemblée devant tant de beauté. Les enfants ramassent les perles tombées du tas, juste de quoi confectionner un petit collier pour leur animal apprivoisé, perroquet ou toucan. Enfin, Lizot verse ce mélange chatoyant dans un grand sac étanche, se servant d'une tasse comme d'une mesure. Il note dans son cahier le nombre précis de tasses afin de préparer une répartition équitable. Il met autant de sérieux et de rigueur à cette tâche qu'il en met à collecter des données ethnographiques. Le professionnalisme en toutes circonstances, ce qui ne l'empêche pas de se joindre aux chahuts et aux plaisanteries des Yanomami.

Un Yanomami traverse la place centrale portant au bout de sa machette son perroquet apprivoisé. Il le nourrit en lui donnant à béqueter des morceaux de banane préalablement mâchés. Les Yanomami adorent leurs animaux domestiques, qu'ils ne mangent jamais, contrairement à ce que nous faisons avec nos poules et nos lapins. Il n'est pas rare de voir une femme allaiter son petit pécari (sanglier d'Amérique) ou une famille pratiquer avec son chien mort le rite mortuaire des humains. Cette affection ne les empêche pas de martyriser ces animaux. C'est toute leur ambivalence, à la fois affectueux et violents.

Vendredi 14 septembre. Jacques accepte notre idée de faire l'ascension de la « Montagne large », tout en ironisant sur nos motivations d'explorateurs :

— Vous penserez aux drapeaux nationaux et à la plaque commémorative.

Un rapide tour de shapono lui permet d'être assuré d'avoir les porteurs suffisants. Renseignements pris, les Yanomami de Kakashiwë prétendent connaître cette montagne, peuplée de singes hurleurs. Nous décidons d'entreprendre cette ascension le lundi, si le temps le permet, car nous voulons avoir le plaisir de découvrir et de filmer la grande forêt depuis le sommet.

Sheyerewë, notre voisin, nous propose de l'accompagner à la cueillette des feuilles.

— On a la flemme, lui répond Lizot, tout en ajoutant à notre intention : C'est une réponse qu'il peut comprendre... Dimanche, je dirai la messe suivant le rite de saint Pie X, en latin. On se croirait dimanche, on ne fait rien... Je guette le retour de mon informateur pour réactualiser le recensement... Il faudra traduire l'atmosphère de flemme de cette journée dans ton bouquin, Alain.

A l'opposé du shapono, un jeune Indien joue de la flûte, un long roseau creux de 1,50 mètre de long percé de quelques trous. Le son de cette flûte est étrange. Une série de sifflements brefs puis un sifflement long, plaintif.

C'est la première fois que je vois un instrument de musique chez les Yanomami. Les manifestations artistiques sont rares : parures corporelles, décors des paniers en osier. Pourtant, ce jeune musicien exprime une sensibilité, un esthétisme qu'il a en lui. Amine enregistre, puis, lui plaçant les écouteurs du magnétophone sur les oreilles, lui fait entendre sa musique. Surpris, attentif, le visage du jeune homme s'illumine d'un grand sourire. C'est une expérience marquante pour cet artiste.

— Jacques, quand tu voudras traduire les conversations yanomami enregistrées hier soir... demande Alain.

— Il fait trop chaud, je lis ; je risque d'avoir une hémorragie cérébrale si je travaille trop...

Résigné, Alain retourne s'allonger dans son hamac pour relire *le Cercle des feux*. Sheyerewë aperçoit de loin la photo de couverture représentant un Yanomami. Intrigué, il s'approche, imité par sa famille.

— Ne leur montre pas les photos de l'intérieur, recommande Jacques, ils peuvent reconnaître des morts. Il y a des gens de chez eux dans ce livre.

L'ethnologue marque d'un signet les pages qu'Alain peut montrer à nos voisins. Une des photos représente précisément Sheyerewë il y a une quinzaine d'années, boucanant de la viande. Il avait alors environ vingt ans. Le chef de famille pose son doigt sur la page, fait des commentaires que sa femme et ses enfants semblent approuver. Ils sourient.

— Ils n'ont pas l'habitude des images, explique Jacques Lizot ; ils ne se reconnaissent pas. Ce n'est pas la même chose les photos et la réalité.

Sheyerewë retourne à son ouvrage au sommet de l'échafaudage. Destiné à durer peu, l'abri n'impose pas un choix strict de matériaux ; tous les arbres de bonne taille conviennent ; le toit seul exige plus de soin, il faut que la pente soit assez accentuée pour permettre le ruissellement rapide des eaux de pluie et éviter leur infiltration à travers les feuilles ; celles-ci, depuis le *shikâ* (l'arrière) jusqu'au *heha* (l'avant), sont placées soigneusement, « comme des écailles sur une aile de papillon », selon Lizot – et on lui fait confiance.

Lorsque le toit sera terminé, Sheyerewë, comme tous ses voisins, placera à la limite de la couverture végétale des palmes laissées pendantes au-dessus du vide ; ces palmes évitent que l'eau de pluie ne dégoutte sous le toit le long des perches.

L'ADIEU AUX YANOMAMI

Le fils aîné de Sheyerewë est occupé à faire sécher la peau et le plumage noir, jaune et rouge d'un toucan, tendus à l'aide de petits bâtonnets. Son jeune frère traverse la place centrale en arborant fièrement le bec de l'oiseau.

— Pourquoi les missionnaires ne sont-ils pas encore parvenus jusqu'ici? dis-je. Il est incroyable que tu sois le seul Blanc à accéder au haut Herita...
— Faute d'argent, pour les missionnaires catholiques, et faute d'hommes, pour les évangélistes. Quant aux anthropologues, les élèves de Chagnon sont sur son terrain, au sud de l'Orénoque, et non pas ici chez les Yanomami centraux. Aux États-Unis, les anthropologues enseignent, et sont rarement sur le terrain... Il faut ajouter qu'à la saison sèche le Herita est difficilement navigable. Il faut vraiment le vouloir pour parvenir dans cette zone.

De gros paquets de feuilles de petits palmiers et des hottes pleines de fruits s'entassent sous l'auvent. C'est fou ce que les Yanomami ont travaillé. Nous n'étions pas là pour les perturber.

La lumière a baissé. Avec le retour d'une relative fraîcheur, Amine a besoin d'exercice. Pompes, grand écart, tractions. Les Yanomami rigolent.

— Au lieu de faire des mouvements ridicules (le sport n'a un sens que dans nos sociétés), tu pourrais apprendre à placer les feuilles du toit, suggère Lizot.

Notre compagnon semble avoir le spleen :
— Je n'étais pas prêt pour ce voyage. Je ne suis pas venu seulement pour le son, mais pour apprendre, et je n'apprends rien...
— On n'a conscience des aspects positifs d'une telle expérience qu'avec le recul, lui dis-je.

Les ingrédients que Jacques me reprochait d'avoir achetés nous servent tous : les cornichons et la mayonnaise avec le bœuf en boîte ; le ketchup et les sauces italiennes avec les pâtes ; le saucisson pour rendre moins insipide le riz ; les corn flakes le matin ; les gâteaux secs et les amandes avec le thé ; le chocolat et les entremets, si Jacques veut les préparer. C'est un spécialiste. Quand je lui livre cette réflexion, Jacques proteste :
— Nous n'allions pas jeter tes ingrédients. Tu n'as pas compris ce que je voulais te dire au début de l'expédition. J'aurais dû vous laisser sans pâtes, sans riz, sans sucre.

Au moment du dîner, nous parlons de la suite de l'expédition :
— Au début, dit Jacques, je n'avais peur de rien. Aujourd'hui, je prends mon temps. Quand on est novice, on est souvent inconscient

du danger... Je vous sensibilise aux risques pour vous faire comprendre que les consignes de sécurité ne sont pas faites pour vous ennuyer.

A plusieurs reprises, Jacques a évoqué l'existence de spectaculaires chutes vers les sources du Herita. Nous lui disons que ce serait un autre très bel objectif de notre expédition. Les Yanomami prétendent que ces cataractes sont défendues par des anacondas et des caïmans.

— Il y a un danger dans l'eau, dit Jacques : les caïmans n'attaquent pas ; les anacondas le pourraient, si l'on en croit certains récits, pourtant je n'ai jamais entendu parler d'accidents avec eux. En revanche, les boas, cachés dans le terrain, semblent plus agressifs, et j'ai entendu les Indiens de Karohi raconter l'histoire d'un jeune garçon immobilisé par un boa et sauvé par l'intervention de ses compagnons qui, accourus, ont coupé en tronçons le reptile.

Je crois que notre ami se complaît à nous décrire un monde redoutable. Comme les Yanomami, il adore nous faire marcher. D'après lui, les jaguars de 100 kilos attaquent par-derrière à la nuque. Les arbres tombent parfois sur le shapono. Les Indiens ont le réflexe de s'en éloigner rapidement, mais nous, nous serions aplatis...

Ce tableau apocalyptique ne refroidit pas notre fièvre de l'exploration. Découvrir ces chutes, en rapporter les premières images, serait un magnifique aboutissement de cette aventure indienne. Mais d'abord, nous voulons gravir la grande montagne noire.

VIII

La Grande Montagne

A l'aube, alors que le shapono est encore calme, j'entends Lizot qui, croyant que je dors, confie à Alain :

— Kerjean a l'esprit large, il se prête merveilleusement à la plaisanterie, j'ai de l'estime pour lui.

Cela fait toujours plaisir à entendre. A ce stade de notre aventure, l'équipe paraît avoir trouvé son équilibre. Chacun fait de son mieux pour assurer sa mission de manière professionnelle et passionnée. Lizot ne me soupçonne plus de contester le bien-fondé de ses recommandations.

Jacques trouve Alain trop bavard, mais estime son engagement total dans son travail de prises de vues. Amine s'améliore. Depuis

L'ADIEU AUX YANOMAMI

le malentendu au sujet des piles de magnétophone, il semble supporter mieux les difficultés. Quant à Alain et moi, une claire répartition des tâches évite les tensions que nous connûmes il y a dix ans.

J'entre dans cette carte psychologique parce qu'il faut bien savoir que l'essentiel des conditions du succès d'une telle entreprise est là. Rares sont les récits de voyages, anciens ou contemporains, qui ne trahissent une tension ou même un conflit entre les membres de l'équipe. « Il serait plus agréable de voyager seul, s'exclame le colonel Fawcett qui disparut dans la jungle brésilienne, s'il n'y avait la nécessité de témoins. » L'enfer, c'est les autres.

Le soir, nous voyons notre voisin à la lueur du foyer, accroupi, gesticulant, faire une déclaration d'intention à tout le shapono, ponctuant ses phrases de claquements de langue sonores. Il dit qu'une cérémonie aura bientôt lieu à Karohi et qu'il faut s'y rendre ; qu'au retour, ils nous retrouveront ici.

Jacques, leader lui aussi, fait sur le même ton une déclaration. Il dit que nous partirons dans quelques jours sur le haut Herita et que nous ne les reverrons pas.

— Ils nous accueillent bien, ils sont gentils, commente Alain.
— Ne vous faites aucune illusion, réagit l'ethnologue. Sans moi, leur attitude eût été très différente...

Finalement, ils sont trois à partir pour Karohi le lendemain matin. Ils mettront un jour et demi pour rejoindre cette communauté amie du río Manaviche.

Tiyewë revient de la chasse sans avoir rien rencontré. Il a de la fièvre. Il se chauffe le gayuco au-dessus du feu et se brûle.

— Il a des pieds d'homme préhistorique, lance Amine. Nos pieds ont-ils la forme des chaussures, ou nos chaussures déforment-elles les pieds ?

— Les deux, répond Jacques. Les sœurs de la mission me disaient que les bébés yanomami ont des pieds préhensiles, à l'inverse des bébés blancs.

Alain remarque une grosseur sur le pied d'un enfant.

— Ne le regarde pas, recommande l'ethnologue ; ici, on ne remarque jamais les maladies ou les défauts, les blessures, les cicatrices, les verrues, les grains de beauté. C'est une insulte.

Nohokuwë dessine à l'aide d'une petite tige des motifs sur le visage d'Amine. Ces peintures n'ont pas de signification particulière, sauf en cas de deuil. Les femmes se noircissent alors les joues.

Un des fils de notre voisin nous offre une passiflore, curieuse bonbonnière jaune contenant des noyaux gris à sucer, assez sucrés. Les botanistes l'appellent « fleur de la Passion » parce qu'elle présente des filaments en son centre comparables à ceux de la couronne d'épines du Christ, un pistil muni de trois styles comparables aux clous de la Croix, et des feuilles aiguës comparables à la lance.

En revenant de la rivière, je constate une grande agitation parmi les enfants et les adolescents qui entourent Amine, derrière le shapono. Notre ami, athlète à l'échelle européenne, Hercule pour les petits Yanomami de 1,50 mètre, est occupé à abattre un arbre. Il me demande de prendre une photo, ce que je fais sous les éclats de rire des jeunes Indiens. L'arbre s'abat en plein dans la nouvelle plantation, endommageant les cultures. Les enfants se dispersent comme une volée de moineaux, laissant Amine seul assumer les reproches des adultes. Il m'affirme qu'il a été piégé, que ce sont les jeunes Indiens qui, voyant qu'ils allaient faire une bêtise en abattant l'arbre dans la mauvaise direction, lui ont remis la hache pour donner le coup final et endosser la responsabilité de la faute. Je le crois, mais Jacques est furieux :

— Il faut se méfier, ils arrivent toujours à leurs fins, ils sont futés. Soyez toujours sur vos gardes. Un Yanomami mangerait un rat dont la queue lui sortirait encore de la bouche, il dirait qu'il ne l'a pas mangé.

Sur le moment, très vexé d'avoir été malicieusement piégé par les Yanomami, Amine ne montre pas de rancune. Il aide un adulte à renforcer son échafaudage.

En milieu d'après-midi, un nouvel orage s'abat sur la grande habitation. La pluie commence à inonder les lieux. Nohokuwë et Uwä se précipitent sur les machettes et creusent des rigoles pour évacuer l'eau vers l'extérieur.

Pas de vent, pas de tonnerre, donc pas de *hekura*, les mauvais esprits. Amine profite du déluge pour prendre une douche sous la pente de l'auvent. Un couple de perroquets se chamaillent et jouent bruyamment.

Un Yanomami offre à Lizot une chique de tabac en lui disant :
— Tu me donneras des perles...
— Ils ne tiennent pas un compte exact, nous précise Jacques ; tu leur promets ou tu leur donnes ce que tu peux, ou ce que tu dois ; ils te feraient bien payer trois ou dix fois la valeur de ce qu'ils offrent.

Alain et moi découvrons sur nos pieds le petit point noir cerclé de blanc qui trahit la présence d'un parasite nigua. C'est une puce qui transmet à l'homme les œufs de cet indésirable. Le parasite grandit sous la peau.

Le fils de notre voisin a les orteils entièrement noirs, infestés de parasites. A chaque fois qu'il marche, il sème deux ou trois œufs.

C'est encore Tiyewë qui extrait le parasite à l'aide d'une épingle ; décalottant la poche, il fait sortir la bestiole blanche, cinq fois plus grosse que le point qui signalait sa présence. Nous ne marcherons plus pieds nus.

Durant ce séjour chez les Kakashiwë-théri, Lizot réactualise le recensement entrepris lors de son séjour d'un an en 1970, puis à l'occasion de ses retours réguliers dans cette communauté jusqu'en 1975, et enfin en 1982. C'est presque de la routine, maintenant qu'il est parvenu à en comprendre les règles complexes de la parenté, du vocabulaire, de la descendance et des affinités, de l'usage des noms personnels. J'interroge Jacques :

— Est-il exact que le nom propre constitue un secret chez les Yanomami ?

— Je ne le crois pas. Les noms propres sont généralement connus et mentionnés en respectant les règles. Les Indiens connaissent le nom des personnes qui appartiennent à leur génération et celui des personnes des générations inférieures. En revanche, ils ignorent comment se nomment les membres des générations qui précèdent la leur. Les enfants ne savent généralement pas le nom de leurs parents, ni celui de leurs beaux-parents directs.

Chez les Yanomami, nommer quelqu'un à voix haute et publiquement, c'est l'outrager. Il arrive que ce soit de propos délibéré. Mentionner le nom d'un défunt, c'est infliger un affront que ses fils et ses frères vengeront dans un combat à la massue. Dans certaines communautés de Yanomami méridionaux, où l'on est pointilleux sur les questions d'honneur, une flèche vengeresse peut punir le provocateur.

L'ethnologue est parvenu à découvrir la raison de l'usage codifié et réglementé des noms personnels. Certains de ses collègues affirment que si une personne connaît le nom d'une autre, elle peut le communiquer au chaman et que la sorcellerie peut être ainsi pratiquée contre le porteur du nom.

Lizot ne se contente pas de cette explication plausible. Partant du constat que la pensée indigène tend à classer ensemble divers phénomènes qui nous paraissent étrangers et qui, mis en correspondance, peuvent s'éclairer mutuellement, il rapproche le code relatif aux noms personnels d'autres croyances. Les Yanomami ne peuvent pas citer le nom d'espèce du singe hurleur ou du singe araignée lorsqu'ils entendent leurs cris, sinon ceux-ci se tairaient et demeureraient introuvables. La liane *masi* est utilisée pour fabriquer des hamacs, hottes, corbeilles. En quête de cette liane, on ne doit pas prononcer son nom, de crainte de ne pas la trouver. On parle simplement de la « chose à tresser ».

« Rapprochée de ces croyances, écrit Lizot, l'interdiction de nommer une personne en sa présence peut maintenant s'énoncer ainsi : nommer une personne, c'est risquer de provoquer sa disparation, c'est-à-dire sa mort. A l'inverse, les Indiens pensent que mentionner à haute voix le nom d'un élément hostile ou dangereux, c'est provoquer son apparition. Ainsi, il ne faut pas parler de la pluie lorsqu'elle menace, ni des anophèles, ni du jaguar, ni du revenant : la pluie tomberait sûrement, les anophèles, le jaguar, le revenant ne tarderaient pas à se manifester. »

Ces croyances correspondent à l'interdiction de citer le nom d'un mort. L'enfreindre serait provoquer l'apparition du mort sous l'aspect qu'il a désormais sur terre : celui d'un revenant. Éventualité éminemment redoutée des Indiens.

Assis côte à côte sous l'auvent, Lizot et Sheyerewë, son informateur, se chuchotent à l'oreille le nom des membres de la communauté. L'Indien désigne un foyer dans la grande habitation. L'ethnologue complète ou corrige sur son cahier les relations généalogiques du groupe en question.

Cette complicité me paraît très symbolique du travail de Lizot chez les Yanomami. Le guerrier à la bouche déformée par une chique de tabac confiant à l'oreille du Blanc une information secrète, le visage attentif de Lizot, sa bouche également déformée, son regard d'une rare intensité...

Interrompant son enquête, Lizot revient aux tâches de la vie quotidienne :

— Ça coûte toujours plus de demander aux autres de faire les choses que de les faire soi-même, déclare-t-il en partant à la rivière laver la marmite pour préparer un entremets.

J'observe Sheyerewë qui, reprenant son travail de couverture du toit, rit aux éclats à la vue de quelque chose à l'extérieur du shapono.

Intrigué, je sors de l'habitation et vois Amine essayer un arc de sa confection, fabriqué à l'aide d'une branche très grossière et d'une ficelle tressée. Rien à voir avec la flexibilité du bois de palmier dont les Yanomami font leurs arcs. Il ne parvient qu'à casser une flèche indienne.

Jacques, toujours pédagogue, lui suggère de débiter, pour s'occuper, le tronc litigieux que les jeunes Indiens lui ont fait abattre en travers du chemin et du jardin :

— Ça oblige à brûler deux calories à chaque fois qu'on l'enjambe...

Tiyewë, Nohokuwë et Uwä reviennent bredouilles de la chasse. Ce sera donc corned-beef pour tout le monde.

L'ADIEU AUX YANOMAMI

— C'est du nabe, explique Jacques à un Indien qui s'inquiète de ce que nous mangeons.

Les Yanomami ont longtemps été soupçonnés, à tort, de cannibalisme. Si on ne connaissait pas leur humour, on pourrait craindre d'être à l'origine, par la plaisanterie de l'ethnologue, de la même rumeur, mais cette fois à nos dépens.

Le lundi 17 septembre, toutes les conditions sont réunies pour entreprendre l'ascension du Praukui këki.

Ces monts tabulaires dominent par endroits la vaste région qui s'étend de l'Atlantique à l'Orénoque, appelée Bouclier guyanais. La couche de grès et de conglomérats qui recouvre, sur une épaisseur de 2 500 mètres, l'ancien socle de terrain archaïque, a été presque complètement érodée sur son pourtour, isolant en quelque sorte ces grandes montagnes. Ce phénomène géologique commença au cours de l'ère secondaire, lorsque la terre était peuplée de plantes et d'animaux très différents de ceux que nous voyons aujourd'hui. L'érosion s'accentua peu à peu jusqu'aux couches de granits anciens, contraignant en partie la faune et la flore à vivre dans un nouveau milieu. Il était impossible, désormais, de communiquer avec les basses plaines. Sans aucun doute, ces hauts plateaux, que l'observateur aérien voit couverts de bois indéfinissables, devaient receler non seulement des espèces végétales inconnues mais aussi des animaux que la science tient pour disparus depuis longtemps.

C'est de cette hypothèse qu'est parti le romancier Arthur Conan Doyle pour son roman *le Monde perdu*, qui a pour cadre un massif montagneux peuplé d'animaux préhistoriques rescapés du Déluge. C'était pousser bien loin la science et l'imagination. Mais il est vrai que ces montagnes qui s'élèvent sans transition au-dessus des forêts, l'isolement géophysique de leurs plateaux, ont contribué à maintenir un monde biologique dont les caractéristiques sont tout à fait différentes de celles des proches vallées de l'Orénoque, du Caroni ou du Caura.

Cet isolement et ce mystère suscitèrent la curiosité des scientifiques et des aventuriers. Les sommets de certains de ces plateaux tabulaires furent explorés. On ne découvrit pas d'animaux préhistoriques, depuis longtemps ensevelis dans leurs couches géologiques. En revanche, l'on trouva une flore particulière, composée d'orchidées, d'épiphytes, de broméliacées encore inconnues, qu'étudièrent les savants du monde entier.

Avec une altitude de 900 mètres, le Praukui këki, dont nous nous proposons de faire l'escalade, n'est pas parmi les plus hauts massifs tabulaires, mais sa silhouette étrange, et bien sûr son caractère inexploré, nous le rendent attirant.

Notre groupe comprend quatre Blancs et neuf porteurs yanomami. Nous nous dirigeons vers le nord-ouest à travers la forêt dense. Les lianes ondulent comme des serpents, les serpents ressemblent à des lianes et les plus dangereux se confondent avec les feuilles mortes.

— Les Indiens connaissent la montagne, affirme Jacques. Ils disent qu'il y a plein de singes, mais ils exagèrent, comme tous les chasseurs.

Sheyerewë ne porte aucune charge et guide la colonne. Il nous fait signe de faire attention aux raies venimeuses lorsque nous marchons dans le lit sablonneux d'un petit ruisseau. Il faut être indien pour savoir que cet endroit est plus dangereux qu'un autre.

— Si je vous dis « guêpes ! » mettez les mains devant les yeux, recommande Lizot.

Nous traversons un éboulis d'énormes rochers recouverts de mousses et de fougères. Une forte odeur de fauve indique que les cavernes formées par ces rochers géants servent de tanière à un félin.

Un jeune Yanomami nous indique à travers une trouée dans la végétation la montagne maintenant toute proche. Nous distinguons mieux les plis de la paroi de granit dessinés par le ravinement.

Au fur et à mesure que nous grimpons, la végétation change. Bientôt, nous marchons sous le couvert d'une forêt de musacées de la famille des bananiers, des panaches de larges feuilles deux à trois fois plus longues et plus larges que celles des bananiers cultivés par les Yanomami.

Contournant la paroi quasi verticale et dénudée où brille le ruissellement de l'eau, nous découvrons que la roche, à peine moins pentue, est recouverte du réseau torturé de racines cherchant très loin l'anfractuosité dans laquelle elles pourront puiser les substances nutritives. L'entrelacs de ces serpentins végétaux constitue un matelas souple recouvert de mousse et d'un humus de feuilles décomposées, adhérant à peine à la paroi rocheuse. Malgré les difficultés de l'escalade, Jacques tue un pipile. Nous assurons plusieurs prises, redoutant qu'un morceau de cette couverture de racines ne cède sous notre poids ou ne se détache du rocher.

Lizot se met en colère contre les Yanomami. Nous comprenons qu'il leur reproche de progresser trop vite sans tenir compte de nos difficultés.

Nous sommes arrivés dans une impasse : une sorte de plate-forme au-delà de laquelle la paroi redevient dénudée, et donc inaccessible. Il nous faudra redescendre, pour retrouver une autre coulée de végétation.

Il faut peu de temps à nos compagnons pour aménager un camp

L'ADIEU AUX YANOMAMI

provisoire. Deux feux sont allumés ; l'oiseau, le riz et le café chauffent simultanément dans trois marmites. Trois hamacs sont vite accrochés pour le repos. Amine découvre une araignée sauteuse sur une feuille de musacée.

Nous reprenons l'ascension en tâchant d'éviter les nids de guêpes, les termites, les fourmis légionnaires, les chenilles urticantes. Plus compréhensif, Jacques explique le comportement des Indiens

— Ils ne comprennent rien au tournage du film : « Passez, repassez, attendez... »

Alain réalise des exploits pour filmer dans ces conditions.

Pour nous désaltérer, nous buvons l'eau contenue dans le tronc d'une de ces musacées, coupée par Sheyerewë. Les racines des palmiers, faites d'un faisceau de tubes, cherchent loin l'eau nourricière. Nous craignons que le ciel ne se couvre avant que nous ayons atteint le sommet.

— A entendre les Yanomami, dit Jacques, la montagne grouillait de singes, au point qu'ils devaient nous grimper sur la tête... Il est évident qu'ils ne sont jamais venus ici.

L'ethnologue est même obligé de remettre notre « guide » dans la bonne direction.

Les Indiens continuent de se comporter comme s'ils étaient déjà venus ici. Ils prétendent que nous allons trouver des éboulis de rochers le long de la paroi de granit, mais aussi des fourmis coupeuses et encore des singes. En l'absence de Jacques Lizot, ces mensonges nous auraient déstabilisés et inquiétés. Comme bien d'autres voyageurs abandonnés au bon vouloir des Indiens, nous aurions mal jugé cette « duplicité foncière », nous aurions prétendu peut-être à notre tour que les Indiens sont faux par nature, le mensonge étant pour eux une façon de croire et d'affirmer non le faux, mais le souhaitable et l'utile. Jacques affirme : « Chaque civilisation possède sa notion du vrai et du faux, de la vérité et du mensonge. »

Nous franchissons des marches de géant sous le couvert d'une végétation luxuriante. Nous sentons pénétrer en nous l'immensité de l'Amazonie ; nous sommes semblables à ces rochers que les végétaux enlacent de leurs racines. Gothiques architectures d'arcades, de pilastres, de volutes ; petits palmiers se gonflant pour ressembler à des arbres ; tout un peuple de cellulose et de chlorophylle, immense, puissant, soutenant l'assaut d'une armée de plantes parasites d'une intensité à laquelle ne sont capables de résister que la droiture et la pureté des grands arbres. On se demande comment cette explosion organique de la terre parvient à croître directement sur l'ossature minérale de la montagne. Seuls les plus forts parviennent à jaillir vers le soleil, à jeter en plein ciel le feu d'artifice de leurs floraisons. Chaque arbre est un monde en équilibre où des millions d'êtres mènent une guerre que leur dicte un destin sans issue. Parfois un géant, vaincu par le vent, tombe, entraîné par son poids, soulevant une immense vague de branchages et de troncs. Le soleil, munificent, convie alors à son banquet, sur les lieux du désastre, ceux qui ne connaissaient que l'ombre du sous-bois.

— Attention le rocher!

Un gros bloc en équilibre s'est détaché sous le pas des premiers grimpeurs, et dévale droit sur Amine et sur moi. A 5 mètres de nous, un tronc dévie le projectile vers le jeune fils de Sheyerewë, qui a le réflexe de grimper tel un singe au tronc d'un petit arbre, évitant un grave accident. Le rocher est passé exactement à l'endroit où il se trouvait à l'instant d'avant. Amer retour aux risques de l'exploration, après la poésie du décor végétal. Plus tard, je retiens à plusieurs reprises d'autres rochers détachés par le pied, pourtant léger, du jeune garçon. Le souvenir d'un objet passé un peu plus tôt à 50 centimètres de ma tête, et que je croyais être une branche, crée une peur rétrospective : c'était un rocher. Il faudra être encore plus attentifs lors de la descente.

Parvenus sur un plateau, Lizot et Sheyerewë choisissent un lieu de bivouac, tout près d'un ruisseau, source d'un affluent du Herita. Le sommet est tout proche, d'après les Yanomami. En fait, il nous faut accomplir une marche pénible pour atteindre notre but.

Jacques veut traverser de part en part le chapeau de végétation qui recouvre le sommet, mais Sheyerewë, voulant éviter les plantes coupantes qui blessent les jambes, dévie constamment vers le bord du plateau, vers la paroi, provoquant l'irritation de l'ethnologue. Il a l'impression de se faire « mener en bateau » par ses amis indiens… Il confie à Alain :

— Tu sais pourquoi je retourne en France? C'est parce que je ne peux plus les supporter.

Parvenus à l'autre extrémité du plateau, nous réussissons à trouver une petite trouée dans la végétation, à l'endroit où la paroi rocheuse se prolonge par un replat. Le panorama n'est pas aussi large que nous l'espérions, mais l'émotion est forte de découvrir l'immensité de ces montagnes inexplorées. Nous pouvons mieux nous rendre compte de la morphologie du Praukui këki. C'est une langue de 3 kilomètres de long visible du shapono orientée est-ouest, entre deux parois de granit noir au nord, et au sud.

Cette incursion permet à Jacques de constater que la végétation est très différente de celle qu'il connaît dans la plaine. Il découvre une plante ressemblant à l'ananas, mais dont les feuilles ne comportent pas d'épines. Rien n'indique le passage de l'homme. Jacques me dira plus tard qu'il a vu du bois calciné, ce que je n'ai pas noté moi-même. Mais nous savons qu'à l'occasion d'années exceptionnellement sèches, des feux spontanés peuvent se produire. Il est très probable que les Yanomami vivant au pied de cette montagne n'en ont jamais fait l'ascension. D'ailleurs, pourquoi se fatigueraient-ils alors qu'on ne trouve pas de gibier à cette altitude? Sûrement pas pour le sport, qu'ils ignorent, ni par curiosité, nettement moins forte que leur goût du moindre effort. Seule la perspective de recevoir nos cadeaux pouvait les décider à le faire. Peut-être en sommes-nous, sans avoir osé le prétendre, les premiers visiteurs!

— C'est vraiment une lubie d'explorateur de venir jusqu'ici, dit Lizot, tout de même bien content de l'excursion.

Je rêve du citron pressé et sucré que les religieuses d'Ocamo nous ont offert à l'arrivée.

Pendant notre marche de retour au bivouac, des insectes volants viennent sucer, à l'aide de leur courte trompe, la sueur dont nos chemises sont imprégnées. Ils ont l'aspect de fourmis pour tromper leurs prédateurs. Sur le tronc d'un arbre, un tapis de chenilles noires agglutinées fait penser à un morceau de manteau de vison. Toutes se transformeront en magnifiques papillons.

Amine se couvre les yeux à l'approche d'un essaim d'abeilles. Elles nous harcèlent à cause des couleurs de nos vêtements et de la transpiration. En retirant sa chemise, on est un peu plus tranquilles.

Cette nuit, Amine est encore torturé par des démangeaisons. Il découvre que son short est rempli de termites!

Le lendemain, la descente est plus périlleuse que l'ascension. Sheyerewë doit trouver un passage plus court, mais nécessitant le moins de coups de machette possible. Pas d'efforts inutiles. Parfois, il faut passer un par un sur une corniche glissante surplombant le vide. Ailleurs, nous traversons un éboulis de blocs de rochers en faisant attention de ne pas tomber dans les failles et en nous retenant à des lianes solides. Amine, naturellement, prend des risques. Il saute d'un bloc à l'autre au lieu de descendre par petits pas ou même sur les fesses. Un Yanomami porte mon sac à dos à l'envers.

— Il y avait une chance sur deux, commente Lizot, en inversant le sac. Dans le cas d'un paquet cubique, il y a une chance sur six pour le porter dans le bon sens, mais les Yanomami n'atteignent pas cette probabilité.

Le shapono nous paraît confortable après cette ascension. Nohokuwë et Uwä n'ont eu la peine que de garder nos bagages ; de vraies Mères Courages. Ils ont échangé, contre on ne sait quoi, deux petits paquets porte-bonheur pour gagner le cœur des filles. Nous ne connaîtrons jamais la composition de ces amulettes ni leur efficacité, mais il suffit d'y croire. Tel est l'art de la magie : tout le monde ici y croit.

IX

Au-delà du bien et du mal

Il n'y a pas de meilleur moyen d'attraper des parasites intestinaux que de manger la nourriture préparée par les Yanomami ; leurs ongles sont de vrais réservoirs à microbes. C'est une raison de plus d'être autonomes pour notre alimentation. Lizot fait l'inventaire de nos provisions afin de bien les répartir entre les trois semaines qui viennent. Le sucre est désormais interdit à ses trois compagnons indiens, qui en ont abusé ces derniers temps sous forme d'eau sucrée. Ce travail d'épicier est très sérieux, comme tout ce qui touche la logistique et la sécurité de l'expédition. Il ne s'agit pas de déranger l'ethnologue ; lunettes sur le nez, il note méthodiquement dans son cahier la liste de nos dernières richesses. Le bilan n'est pas réjouissant :

— La fête est finie, conclut-il. Avec 100 grammes de sel par jour, ça devrait aller ; 1,5 kilo de riz par jour, ça va. Je ne compte pas le reste de soupes, sardines et thon. Le facteur limitant, c'est les pâtes : 500 grammes par jour.

Un Yanomami, comprenant peut-être que c'est le moment, vient nous offrir dans un plat en vannerie des termites soldats.

— Ils ne mangent que la tête, explique Jacques. Leurs voisins maquiritare mangent le corps. J'ai arrêté d'en manger quand, un jour, les mandibules se sont plantées dans ma langue.

Nous examinons régulièrement l'état de notre peau afin de déceler les tiques minuscules qui auraient pu s'installer. Elles se nourrissent du sang et peuvent grossir sensiblement. Un missionnaire évangéliste en est mort. Il faut les extraire avec une source de chaleur, tison ou bougie, sinon la tête reste accrochée à la chair.

Avant le repas du soir, une discussion politique prend un côté surréaliste dans un tel isolement. Nous ignorons si la guerre en Irak, dont tout le monde parlait au moment de notre départ, a éclaté.

Nous restons encore deux jours à Kakashiwë avant d'entreprendre la dernière partie de notre expédition, la remontée du río Herita, la « rivière des charmes[1] », et la recherche des chutes.

Le matin du deuxième jour, deux coups de fusil nous réveillent.

---

1. Jacques Lizot traduit *herita* par « charmes » parce que ce nom yanomami désigne des plantes magiques...

L'ADIEU AUX YANOMAMI

Tiyewë vient d'assurer le déjeuner avec un pipile encore jeune, donc tendre.

— On pourrait accompagner l'oiseau de bananes plantain rôties, suggère Alain, on aurait l'impression de manger un poulet-frites.

— Si on nous propose des bananes, on sera obligés de les refuser, dit Jacques, puisqu'ils n'en ont pas beaucoup en ce moment.

Un Yanomami raconte le rêve qu'il a fait cette nuit. Il a vu les femmes de ses ennemis dans une partie dense de la forêt. Il en déduit qu'elles apporteraient de la nourriture aux guerriers en route pour les attaquer. Ce rêve montre la crainte permanente d'une attaque. Dans leurs rêves, les Yanomami sont souvent attaqués par un jaguar, ou transpercés de flèches.

Un homme adulte sur quatre, chez les Yanomami centraux, meurt des conséquences de la guerre. Seulement 0,8 % des femmes ont été enlevées par un groupe ennemi, selon l'enquête de l'ethnologue. Ces chiffres contredisent la thèse de Chagnon, qui affirme que le rapt des femmes est la cause principale de la guerre, et qu'avant d'entrer en conflit les Yanomami évaluent le paramètre coût/bénéfice de l'activité guerrière. Les données de l'ethnologue français prouvent qu'en fait, si tel était le raisonnement des Yanomami – ce qu'il conteste –, le coût serait nettement supérieur au bénéfice.

En réalité, le vol et le rapt sont des bénéfices secondaires. Les guerriers en expédition s'abstiennent la plupart du temps de s'intéresser aux femmes : s'emparer d'elles peut se révéler très risqué dans la mesure où les captives entravent la fuite et rendent plus vulnérable le groupe qui s'en retourne chez lui, le plus vite possible, après une attaque.

Lizot démontre que la plupart des guerres ne résultent pas d'une cause unique localisable dans une séquence temporelle. Elles résultent plutôt d'une dégradation progressive des relations entre des communautés sur une période de temps plus ou moins prolongée. L'événement qui déclenche l'ouverture des hostilités n'est jamais qu'un détonateur ; les causes sont multiples et imbriquées, pas toujours facilement identifiables.

« Se contenter du témoignage des Indiens, écrit Lizot, c'est un peu comme si un historien se contentait des déclarations faites dans la presse, lors d'une guerre entre des nations, par les politiciens chargés de justifier le recours aux armes. [...] Les hommes se querellent non pas pour les femmes, mais à cause d'elles. Parfois une femme oblige un époux qui lui déplaît à s'en aller ; elle impose son amant dans la communauté où elle réside, ou elle s'échappe chez des voisins pour aller le retrouver. »

Au cours des vingt-trois années de son séjour chez les Yanomami centraux, aucun des conflits auxquels Lizot a assisté n'a eu pour cause directe et unique la rivalité des hommes pour les femmes. Et il conclut : « Le transfert chez les primitifs de notre machisme constitue une impasse idéologique. »

Une fois de plus, le cercle des feux se reforme à la nuit tombée. Chaque famille se rassemble autour du foyer. On cuit des bananes. On ne sait ce qui réchauffe le plus, de la braise ou de l'union des cœurs. Comme chaque soir, plusieurs leaders interpellent tout le shapono. C'est le trait d'union qui fait de tous ces foyers une communauté solidaire. Jacques à son tour prend la parole. Il annonce notre départ le lendemain, et la remise des cadeaux. Il avertit :

— Si vous voulez me revoir, il faut que tout se passe bien.

C'est le grand jour de la séparation. Le petit Uwä attend qu'il n'y ait plus personne à la rivière pour faire la vaisselle, il ne veut pas paraître nous servir, ce serait une honte ; les fiers Yanomami ne sont pas prêts à montrer qu'ils obéissent à des non-Indiens, des êtres inférieurs.

— On ne détachera nos hamacs qu'au dernier moment, recommande Lizot.

La communauté voisine, prévenue de la cérémonie, entre dans le shapono. Certains sont parés de duvets blancs répartis sur les cheveux, de fleurs violettes ornant les bâtonnets d'oreille, de petites plumes blanches et noires plantées sous la lèvre inférieure, de brassards faits de plumages d'oiseaux d'où pendent, au bout d'une cordelette, des bouquets de plumes multicolores.

Le soleil envahit la place centrale lorsque Lizot propose à tous le jeu de la liane pour sceller notre amitié.

Je pensais que le jeu de la liane était une importation des missionnaires. Jacques m'apprend que c'est une distraction traditionnelle des Yanomami. C'est un des rares jeux que nous ayons pu observer sur le haut Orénoque : quelques poupées pour les petites filles, confectionnées avec des bananes ; des toupies pour les garçons.

Une liane de 15 mètres de long est apportée sur la place centrale. Le jeu consiste à se répartir en deux équipes, hommes et femmes mélangés cette fois (mais d'autres fois hommes contre femmes), à tirer dans les deux directions opposées, et à attirer à soi toute la liane.

La partie de la place où va avoir lieu la compétition a été dégagée des souches et des troncs dangereux. Toute la communauté se saisit de la liane avec grand enthousiasme et les deux équipes commencent à tirer ; mais la liane, que les Indiens n'ont pas mis grand soin à choisir, casse, précipitant les deux équipes à terre en deux enchevêtrements humains.

En attendant que l'on aille en chercher une plus solide, Amine lance un défi à Alain en lui tendant l'extrémité d'un morceau de la liane brisée. La lutte amicale est encouragée par tout le shapono, dans la joie générale. Alain offre une résistance méritoire, s'aidant d'un poteau de soutènement pour maintenir d'un pied sa position. Mais la force d'Amine lui donne la victoire.

Du coup, nous nous mêlons aux Indiens pour la deuxième manche, dans un rare moment de complicité fraternelle. Tous s'impliquent dans le jeu, bras et jambes entremêlés, visages exprimant l'effort mais aussi le plaisir de la compétition, sexes et générations confondus, Yanomami et Blancs ensemble. Les corps s'arc-boutent, les mains se crispent sur la liane, les pieds se plantent dans la terre. Pendant un long moment, les forces contraires s'équilibrent, chaque équipe s'immobilise sur sa position, reprend ses forces. Ils se moquaient d'Amine lorsqu'il faisait ses exercices physiques, mais les Yanomami sont aussi capables de fournir un effort pour le plaisir. Il est vrai que, dans ce cas, il s'agit d'un exercice collectif et non solitaire, ce qui fait une grande différence. En fait, tout ce qui peut apporter des sensations est très prisé : le sexe, la violence, les hallucinogènes.

Les énergies se reconcentrent, et après un va-et-vient dont l'issue semble incertaine, l'équipe rejointe par Lizot et Amine prend le dessus et fait céder ses adversaires. Il est étonnant de voir l'ethnologue, si austère dans son travail ou l'organisation de notre voyage, devenir dans le jeu un vrai Yanomami, facétieux et enfantin.

Instant solennel, Lizot procède à la remise des cadeaux dans l'ordre et l'équité. Il demande aux Yanomami de se regrouper en fonction de son mode de répartition : nos porteurs, les femmes et les enfants de Kakashiwë, ceux du shapono voisin. Un observateur non averti pourrait juger la scène digne des beaux jours de la colonie : le Blanc distribuant à des indigènes soumis de la pacotille destinée à installer davantage le pouvoir de l'un et la dépendance de l'autre. Ce serait mal connaître Lizot. C'est un pourvoyeur de biens, certes, mais il n'introduit dans ces communautés isolées aucun objet qui modifierait le mode de vie traditionnel des Yanomami.

— Ce ne sont pas les objets qui détruiront les Yanomami, aime à répéter Jacques, mais la volonté de les détruire que certains mettront derrière les objets.

Une machette ou un hameçon rendent le travail au jardin et la pêche plus efficaces, mais ne changent rien à la technique ancestrale. En revanche, un poste de radio ou un moteur hors-bord rendent les Indiens dépendants des piles et de l'essence.

La pose du toit du shapono de Kakashiwë. Celui-ci est conçu de façon que les flèches ennemies ne puissent atteindre la partie basse où sont suspendus les hamacs.

L'ethnologue déroule chaque gayuco, avant de le remettre à un Indien, comme pour mettre en valeur son présent. Les femmes et les filles reçoivent une demi-tasse de perles et des allumettes. Les enfants recueillent avec beaucoup de concentration les perles de couleurs dans une feuille ou une demi-calebasse. La cérémonie, qui dure une heure et demie, s'achève par l'échange de machettes contre des arcs et des flèches, que nous rapporterons en France comme des talismans, des témoins de la vie encore libre des Yanomami.

Les Indiens suspendent aussitôt leurs gayucos neufs devant leur partie d'auvent ; c'est un signe de richesse et la perspective de fructueux échanges.

Après un bref repas fait de confiture, des dernières cacahuètes et de lait, nous quittons le shapono sans saluer, sans dire au revoir, en prenant l'air le plus détaché possible, comme il se doit chez les Yanomami. Vingt porteurs nous accompagnent. Deux jeunes Indiens se joindront à nous pour l'exploration du haut Herita : Toayowë, dix-sept ans environ, surnommé par nous « Yeux en amande », et Kayuvuwë, dix-huit ans, surnommé « le Sourd ». Nous apprenons que les Yanomami nous ont aussi attribué des sobriquets. Au début de notre séjour chez eux, ils appelaient Amine « A rê riyëhei », ce qui signifie « Celui qui est beau » ; maintenant, ils le surnomment

Lizot offre aux Indiens le coton rouge vif qui, découpé en bandes, servira à fabriquer les gayucos.

Le jeu de la liane grâce auquel, avant de se séparer, Indiens et Blancs se retrouvèrent unis dans une fraternelle complicité.

« Urhuaiwei », « l'Emmerdeur »... Quant à moi, je suis « He si tahawe », le « Chauve », ce qui est très exagéré. Je sais par Jacques, qui se fait une joie de me rapporter ce genre de commentaires, que les Indiens ne manquent aucune occasion de faire une allusion à ce trait physique : « Il va s'enfoncer dans le marais jusqu'à la tonsure », « Elle devient rouge avec le soleil », etc.

La marche de deux heures pour retourner à notre camp de base au bord de la « rivière des charmes » est rendue extrêmement pénible par les inondations causées par les orages de ces dernières semaines. Le moindre trou d'eau a débordé, la forêt n'est plus à cet endroit qu'un immense marais. Nous avons de l'eau jusqu'à la ceinture. Les dégâts sont considérables, des quantités d'arbres ont été abattus par le vent. Les passages difficiles se multiplient. Nous nous aidons de perches pour traverser les cours d'eau, en équilibre sur un tronc glissant. Tout le monde accélère le pas à l'endroit où les fourmis pullulent. Alain est inquiet pour l'étanchéité des valises métalliques contenant le matériel cinéma et les précieuses pellicules déjà impressionnées.

Dans quel état allons-nous retrouver les bagages laissés au camp de base ? La crue de la rivière aura-t-elle inondé nos cantines et les moteurs malgré leur surélévation par Jacques sur une claie ? Nous n'osons imaginer une telle catastrophe. Il est vrai qu'aller à Karohi à pied prendrait autant de temps qu'aller à Ocamo en pirogue, mais il n'est pas certain que nous trouvions assez de monde pour porter sur une telle distance tout notre matériel.

Presque tous les Yanomami de Kakashiwë toussent. Leurs visiteurs de Karohi leur ont transmis leur grippe. Tiyewë était heureux de retrouver dans cette communauté deux « cousines parallèles », les filles du frère de son père. Nohokuwë s'est découvert des parents par consanguinité, et Uwä s'est fait un copain.

Un hélicoptère de l'armée en route vers la frontière survole à nouveau, comme presque chaque jour, le haut Herita. Les militaires ne peuvent pas vraiment contrôler les infiltrations de chercheurs d'or, ils peuvent seulement repérer une zone déboisée. Une fois isolés dans leur fortin, ces militaires ne disposent ni de guides ni de l'aide des Indiens. Parfois, ils se font tirer dessus par des chercheurs d'or embusqués de l'autre côté de la frontière.

— Un jour, raconte Jacques, un hélicoptère Alouette s'est posé dans mon jardin. Les Gardes nationaux voulaient que je leur serve de guide pour une opération de reconnaissance. J'ai décliné l'invitation, mais je les ai bien accueillis. Nous avons fait la fête, bu du rhum et même dansé.

Arrivés au camp de base, nous sommes rassurés : la pirogue est remplie d'eau, mais bien là ; la rive, assez haute à cet endroit, n'a pas été inondée.

En dépit de la fatigue de la marche, Jacques doit faire une dernière distribution de cadeaux aux Indiens qui nous ont accompagnés. La récompense doit toujours suivre la réalisation de la tâche.

Les Yanomami repartent aussitôt, afin de parvenir à leur shapono avant la nuit, mais Kayuvuwë et Toayowë restent avec nous pour vivre l'aventure de leur vie : visiter la région où vécurent leurs ancêtres, naviguer à bord d'une pirogue à moteur, découvrir le monde des Blancs à la mission d'Ocamo, puis revenir chez eux à pied à partir de Karohi.

Tiyewë et Nohokuwë partent chasser. Épuisé par la distribution de cadeaux, l'ethnologue s'allonge dans son hamac qui, mal attaché, cède sous son poids et le précipite sur Uwä, qui a fixé le sien à l'étage au-dessous, sous l'abri.

Les chasseurs, revenus bredouilles, nous condamnent une fois de plus au riz agrémenté de sardines. Dans la nuit, Amine se gratte beaucoup, il redoute que les sardines soient la cause de ses malheurs. Je me lève pour lui donner de l'eau. Le hamac de Jacques est imbibé de l'huile d'une bouteille qui a fui pendant le transport. Les fourmis de feu, chassées des feuilles du toit par la fumée, tom-

L'ADIEU AUX YANOMAMI

bent sur Jacques, Alain et les Yanomami. Amine et moi sommes pour une fois plus avantagés dans nos hamacs indépendants, avec toit et moustiquaire incorporés. Nohokuwë, que nous appelons « Petit Gros » – bien qu'athlétique, il a un bon ventre –, ronfle toute la nuit ; de quoi couvrir presque les aboiements des *tôhômi*, une sorte de gros rat.

Nous nous accordons une journée de repos, de préparation de l'expédition vers les chutes, et de subsistance. Plus nous avancerons dans la montagne, moins nous trouverons de gibier et de poisson. Jacques et quatre Indiens partent en pirogue chasser et pêcher, pour constituer des réserves. On entend au loin des coups de feu. Deux heures après ils reviennent avec trois pipiles.

— Il faut les surprendre au moment où ils mangent des fruits, explique Jacques. Après, ils se cachent des oiseaux de proie.

Avec les tripes d'oiseaux, ils ont pu pêcher un gros poisson *morocoto* (caracidée de la famille de la carpe) d'au moins 10 kilos, qu'ils vont faire boucaner. Petit Gros suit un régime : il a enveloppé le gras du poisson dans un paquet de feuilles bien ficelé, l'a posé dans la braise et, confortablement allongé dans son hamac, en extrait la graisse fondue dont il se régale.

— Ils font tous ça, me dit Jacques, ils adorent la graisse des animaux.

L'ethnologue préfère manger le poisson écaillé. Comme les Yanomami ont la flemme de le préparer, il l'écaille lui-même. Tiyewë graisse consciencieusement son fusil. Le poisson devient de plus en plus ferme, desséché, mais la chair fumée sera savoureuse.

Jacques nous raconte des anecdotes de chasse :

— Je me suis retrouvé plusieurs fois face à une horde de pécaris, c'est impressionnant.

Uwä attise le feu du boucan à l'aide d'un petit éventail en palmes tressées.

— Les gens de Platanal, poursuit Jacques, ont la réputation de laisser la viande pourrir ; ils n'entretiennent pas leurs boucans. Pendant les fêtes ou les cérémonies, leurs hôtes mangent de la viande qui sent. Ils ne disent rien sur le moment, mais se plaignent au retour.

Nos jeunes compagnons yanomami s'amusent à faire brûler une petite brindille plantée sur le dessus de la main. Il faut résister à la brûlure pour prouver que l'on est vaillant. Nohokuwë me propose l'épreuve. Tout le monde rit beaucoup et attend ma réaction, mais la brindille fait long feu et ne me brûle pas. Les Indiens ne s'en aperçoivent pas et sont impressionnés par mon courage. Amine ne veut pas être en reste et se porte volontaire. Malicieux, les Indiens choisissent une brindille proportionnelle à sa taille, nettement plus grosse. Cette fois la brûlure est bien réelle et l'on admire la résistance de notre ami.

Amine est resté toute la journée taciturne. Il a passé la matinée assis au bord de la rivière, occupé à tenir son journal. Jacques s'en inquiète, mais je le rassure : notre compagnon d'aventure aime parfois se replier sur lui-même. Encore a-t-il beaucoup évolué depuis un an. A Oran, il passait des journées et des nuits entières à marcher seul le long de la mer. Comme il l'a dit à un moment de notre voyage, quelque chose se dénoue dans sa tête. Il gagne, peu à peu, plus de sérénité, d'équilibre, de calme intérieur. Jacques peut comprendre cela, lui dont la personnalité est aussi complexe, lui qui a mis longtemps avant de trouver son propre équilibre. Le « bonheur » est un mot réservé à ceux qui, ayant peu d'exigences personnelles, sont facilement satisfaits. Les autres, ceux qui croient au Père Noël, ne recherchent pas la facilité, mais l'accomplissement de leurs rêves.

— Le rythme d'une expédition amazonienne est complètement différent de celui d'une expédition dans le Grand Nord, remarque Alain, qui a vécu dix ans de belles aventures au Labrador. Là-bas, il faut partir très tôt quel que soit le temps, le bivouac est long à monter... Ici, on prend son temps, on n'a pas froid le matin en se réveillant, ce n'est pas une corvée de se lever ; le hamac est vite suspendu pour se reposer.

A ce rythme plus lent s'ajoute la sérénité qu'apporte la présence de Jacques et de ses amis yanomami. Cette exploration du haut Herita, exceptionnelle et inédite, se réalise avec une apparente facilité. En fait, la tension et l'incertitude sont assumées par Lizot. Nous avons fait un transfert.

La pluie nous rassemble sous l'abri de feuilles. Jacques prépare un flan. Aussi gourmands que les Yanomami, nous insistons pour que la répartition soit équitable ; nos compagnons n'ont le plus souvent aucun scrupule à prendre de l'avance...

Amine, exceptionnellement, prend des somnifères pour rattraper le sommeil perdu. La nuit, nous entendons au loin le bruit de la cascade, propagé par le vent d'est. Les vents d'est sont dominants près de l'équateur, nous a expliqué Jacques, à cause de la rotation de la terre. Les chutes semblent nous appeler, nous attirer. Une découverte géographique est là, à portée de main, et toutes les conditions sont réunies pour la réaliser. Les Yanomami affirment connaître ces lieux, mais il est probable qu'il en sera des chutes comme de la Grande Montagne : au fur et à mesure que nous nous en approchions, il était de plus en plus clair que nos compagnons n'y avaient jamais mis les pieds.

L'ADIEU AUX YANOMAMI

Le samedi 22 septembre, nous poursuivons la remontée du Herita, après avoir soigneusement sélectionné le matériel nécessaire à cette ultime phase de l'expédition. Je supporte assez mal les consignes d'Alain pour la répartition du poids dans les sacs à dos personnels ou la protection des cantines laissées au camp de base. Sans avoir d'amour-propre en tant que chef d'expédition, je trouve que les directives de Lizot sont amplement suffisantes. Mais peut-être suis-je rendu plus susceptible par l'approche d'un moment physiquement et moralement difficile.

Au début, la navigation est très mouvementée. Les nombreux arbres effondrés en travers du cours d'eau nous obligent à des manœuvres délicates ou à jouer au gymkhana : décharger le matériel sur la rive ; abattre le tronc à coups de machette ; faire passer la pirogue en la poussant, ou en force, moteur à pleine puissance relevé au dernier moment, puis recharger le matériel. Tout cela serait peu de choses s'il n'y avait la chaleur, accablante, les moustiques et les moucherons.

Le fusil de Tiyewë, posé sur un banc à l'avant, est dirigé vers nous qui sommes assis au milieu de l'embarcation. Il me fait peur, surtout après ce que me raconte Alain : lors de l'une de ses expéditions dans le Grand Nord, il marchait en raquettes devant un traîneau à chiens lorsqu'il s'aperçut que le fusil de son coéquipier, posé sur le traîneau, canon pointé vers l'avant, était chargé. Au risque d'agacer Jacques, je lui fais part de mes craintes. Il m'affirme que Tiyewë est prudent, qu'il retire les cartouches chaque fois qu'il pose son arme.

Il est facile de surprendre les animaux dans un territoire jamais visité par les Blancs. Des singes écureuils sautent d'arbre en arbre, des caïmans plongent à notre approche, des hérons nous précèdent d'une courbe de la rivière à l'autre.

Nous ne voyons aucune marque de coups de machette ou de hache. Ce n'est pas une preuve en soi. Seuls les Yanomami peuvent dire s'ils ont déjà vu des étrangers dans cette partie de leur territoire. La forêt équatoriale dispose sa végétation en strates bien individualisées. Semblant montées sur pilotis, les aracées couvrent les berges. Quelques balisiers rouges donnent la seule note vive dans ce camaïeu de vert. Plus haut, les philodendrons forment un manchon dense autour du tronc des grands arbres. Les feuilles en forme de cœur de la liane *Alloplectus cristatus* apportent un vert plus vif à la forêt.

Fatigué après une mauvaise nuit, souffrant de migraine, Jacques décide d'installer le bivouac à la mi-journée, dès que nous apercevrons les montagnes au loin :

— Quand on est fatigué, on commet des imprudences.

Mes compagnons se joignent à Jacques et aux Indiens pour une partie de pêche jusqu'à la nuit. Tiyewë part seul à la chasse. La nuit sans lune a tout envahi depuis longtemps quand Kayuvuwë, resté avec moi au bivouac pour entretenir le feu du boucan, inquiet de ne pas voir revenir Tiyewë, lance des appels pour lui signaler la direction. Les pêcheurs, beaucoup plus en aval, en font autant et retrouvent ainsi le chasseur égaré. Même les Yanomami se perdent dans la forêt. Lizot en a fait l'expérience avec Tiyewë : plusieurs fois ils furent contraints de passer la nuit dehors, sans feu. Le chasseur sourit lui-même de sa mésaventure. Un gros poisson-chat agrémente les spaghettis. Sur le sol, les vers luisants sont comme le reflet des étoiles.

X

Gardiens des chutes

« Il ne se passe pas une année sans qu'une nouvelle pénétration à l'intérieur du territoire yanomami ne vienne réduire les parties inconnues de la vaste région que ces Indiens occupent », écrit Lizot dans le récit de son incursion sur le río Siapa en 1973 avec la Commission vénézuélienne des frontières. « Qu'elles soient superficielles ou qu'elles préludent à une avance définitive, ces incursions ne seront pas sans conséquence, bonnes ou mauvaises, pour le destin de ce peuple. »

Nous pouvons affirmer que, pendant l'année 1990, l'une des incursions les plus notables aura été notre remontée du río Herita, en compagnie de Lizot et de ses amis yanomami. Nous pouvons attester aussi que cette exploration à l'ancienne se sera faite, grâce au truchement de Lizot, sans dommage ou choc culturel destructeur pour le dernier peuple forestier ayant conservé son mode de vie ancestral.

Pour nous, le vert de la forêt est le vert de l'espérance. Pénétrer dans ce sanctuaire yanomami, c'est entrer dans la plus grande réserve au monde de couleur de l'espérance. C'est un voyage de paix, d'amitié et d'espoir. Mais la séduction de l'aventure ou des Yanomami ne suffit pas à expliquer les destins de Jacques Lizot et le nôtre. A des degrés divers et sous des formes différentes, s'est cristallisé en nous un sentiment de profonde incompatibilité avec le monde. La vie de Jacques, comme la nôtre, a basculé lorsque naquit un divorce entre ses exigences profondes et une civilisation qui n'était plus à sa mesure. L'irrésistible appel de l'action est la traduction de ce divorce, qui pousse d'autres hommes à faire des choix plus négatifs.

« Des hommes veulent se délivrer de leur civilisation comme d'autres veulent se délivrer du divin... », écrit André Malraux[1]. L'exploration des aventuriers fut comme justifiée par T. E. Lawrence dans *les Sept Piliers de la sagesse* : « Je ne crois pas qu'ils y trouvent Dieu, mais qu'ils entendent plus distinctement dans la solitude le Verbe vivant qu'ils apportent avec eux. » Le phénomène n'est pas nouveau : c'est Pascal et Racine fuyant le siècle à Port Royal, c'est Rimbaud se fuyant en Éthiopie. Dans la grande forêt amazonienne, ne sommes-nous pas agrippés par les mêmes questions que nous tentons de résoudre par l'action, celles du passage d'une civilisation à une autre ? Plus nous pénétrons dans cette *terra incognita*, plus nous approchons aussi du plus profond de nous-mêmes.

Le dimanche 23 septembre, la navigation devient très malaisée, bien que les crues dues aux fortes pluies dans la montagne couvrissent la plupart des troncs encombrant la rivière. Plusieurs fois, il nous suffit de dégager les branches et de passer en force par-dessus l'arbre aux trois quarts immergé. La stratégie de franchissement des obstacles choisie par Lizot et son équipe nous étonne souvent. On trouve un arbre entièrement couché en travers du Herita : on ne le contourne pas entre la rive et les racines après avoir coupé quelques branches gênantes, mais on fait glisser la pirogue sous un minuscule pont constitué par une courbure du tronc. En portant tout notre poids à l'avant, puis à l'arrière, l'embarcation s'enfonce un peu plus dans l'eau et peut passer sous l'arbre. 500 mètres plus loin, un autre arbre entrave la navigation. Jacques et Tiyewë se concentrent quelques minutes avant de trouver la meilleure solution. Lorsqu'ils concluent qu'il faut couper le tronc à la hache, Jacques en profite pour jeter une ligne de pêche :

— Je pense au repas...

En cours de navigation, les Indiens placés en vigie à la proue de la pirogue signalent de gros poissons. Aussitôt Lizot coupe le moteur, lance ses appâts, et deux minutes après sort de l'eau un beau poisson argenté. Plus tard, Tiyewë tue un canard royal, ailes blanches et plumage vert argenté, qui, jamais dérangé, nageait insouciant le long de la rive.

Alain et Amine se font déposer sur la rive pour filmer la pirogue dans la remontée. Après le passage en force d'un nouvel obstacle, les vaguelettes provoquées par le moteur menacent de mouiller le sac (vide) du magnétophone d'Amine. Croyant que l'appareil est

---

1. André Malraux, *D'une jeunesse européenne*.

menacé, Alain se précipite, mais entraîne avec lui la caméra fixée sur le trépied et reliée à lui par le cordon des batteries, attachées à sa ceinture. Heureusement, la caméra ne s'est pas cassée dans sa chute sur le sable, mais Amine est fâché de constater qu'Alain ne lui a pas fait confiance et a cru qu'il avait oublié le précieux magnétophone dans le sac.

— Ne dramatise pas, lui dit Alain.

Plus en amont, les Yanomami nous montrent le rocher sculpté par la force du courant, qui, suivant le mythe, n'est autre que le tapir « fléché » par les démiurges Omawë et Yoawë. Avec un peu d'imagination le rocher ressemble à un tapir comme un célèbre rocher de Fontainebleau ressemble à un éléphant. Ce souvenir mythique témoigne de la présence dans cette région des ancêtres des Yanomami de Kakashiwë et de Karohi. Nos deux jeunes compagnons Kayuvuwë et Toayowë retrouvent avec nous le territoire ancestral aujourd'hui déserté depuis soixante-dix ans.

Le Herita devient un torrent alpin courant sur des galets. Nous halons et poussons la pirogue, mais bientôt il nous faut renoncer à poursuivre la navigation. Jacques choisit un beau site de bivouac sur une berge élevée. Le soleil rend le campement superbe : l'abri des hamacs de coton, l'abri des hamacs de lianes pour les deux jeunes de Kakashiwë, les hamacs de jungle, le boucan adroitement construit pour fumer le canard royal, les nappes de fumée bleue glissant à travers les rayons de lumière.

Un violent orage ajoute une poésie supplémentaire à ce bivouac d'un romantisme achevé. Poésie humide toutefois, car le plastique couvrant mon hamac touche le toit de nylon et provoque des gouttières.

Toujours sous le coup de l'incident de la chute de la caméra, Amine me confie qu'il en veut à toute l'équipe. Il est normal que chacun de nous ait des moments de découragement et de repli sur soi. Il faut alors regarder bien au-delà, vers l'enjeu que représente le succès de notre entreprise.

— Après coup, lui dis-je, on ne se souviendra pas des mauvais moments. Ce qui restera, ce seront les bons souvenirs.

Jacques veut faire un repérage en amont de la rivière. Il ne fait aucune confiance aux informations des Yanomami. Puis il part pêcher avec les Indiens.

Le produit de la pêche constitue un bon dîner, véritablement dévoré, tellement les privations nous pèsent. Les Yanomami préfèrent le poisson fumé, conservé dans une feuille de palmier tressée, puis bouilli, pour qu'il se réhydrate.

De retour à son hamac, Amine fait fuir une grosse mygale brune qui s'est abritée là pendant l'orage.

— N'approche pas, conseille l'ethnologue, elle peut lancer ses poils urticants.

Notre ami n'a pas besoin d'ajouter cela à la panoplie déjà très complète de ses malheurs.

Toute la nuit un criquet m'empêche de dormir. Ma lampe de poche est en panne, je ne sais donc pas s'il est à l'intérieur ou à l'extérieur de la moustiquaire.

Cette fois-ci, j'ai vraiment négligé mon équipement personnel, trop occupé jusqu'à la veille du départ à garantir le budget de l'expédition. Alain, lui, a pu choisir le meilleur matériel. Sa lampe de poche halogène a résisté à l'humidité. Son sac à dos canadien, étanche et indestructible, est garanti à vie. Dans le magasin où il l'a acheté, à Montréal, le vendeur lui a dit que, s'il parvenait à déchirer la toile, il lui en offrirait un autre gratuit. Il a prévu le baladeur, des cassettes et des livres de poche. Ses vêtements sont larges et ont des poches partout.

Je suis le contre-exemple. Les vêtements Adidas sont d'excellente qualité, mais je m'imaginais mal paraissant, tout le temps du film, dans cette tenue bigarrée. Ce que j'ai acheté dans les magasins de Caracas au dernier moment est pire : short beige trop large, polo jaune canari et casquette d'un jaune encore plus criard. Avec mes chaussures de sport d'un ravissant bleu ciel, j'ai un ensemble du meilleur effet... comique. Les personnes auxquelles je présenterai le film, à l'occasion des rares conférences qu'il m'arrive de donner, devront se retenir pour ne pas rire de ce soi-disant explorateur accoutré de façon aussi incongrue.

Après le criquet perturbateur, je trouve le matin sous mon sac à dos cinq scorpions noirs.

Une longue discussion s'engage pour la répartition du matériel dans nos sacs à dos. Nous devons les porter nous-mêmes lors de cette marche qui s'annonce difficile. Je me fierais volontiers à l'expérience et à l'équité de Jacques, mais Alain intervient en remarquant que, d'après lui, mon sac est trop léger. Une migraine persistante, annonciatrice de je ne sais quoi, me rend plus sensible à cette remarque, surtout lorsque, répartition faite, il s'avère que le sac d'Alain a la moitié du poids de ma propre charge. Mais au bout d'une demi-heure de marche, Alain me propose d'échanger nos sacs.

La progression est très pénible. « Yeux en amande » ouvre la piste à coups de machette. Nous sommes obligés de suivre la crête plutôt que la rive, toujours plus inextricable. La pente est raide et, dans une telle humidité, l'effort particulièrement pénible. Jacques, qui a pris le sac le plus lourd, se fatigue comme nous. En milieu de journée, nous déjeunons près d'un gros torrent sur un petit affluent du Herita. Poisson fumé, riz, café et thé, sans sucre. Le soleil nous réconforte. Amine et moi faisons une partie de bataille navale.

Le bruit sourd de la chute devient plus intense. Nous poursuivons la progression et soudain, nous découvrons la cascade ! Magnifique chaos de blocs gigantesques entre lesquels se précipite une eau bouillonnante. Sans un mot, nous nous asseyons tous sur les rochers, dans la contemplation de ce spectacle rare en Amazonie. Des arbres géants emprisonnent de leurs racines les rochers moussus, le délire de la forêt est ici à son paroxysme. En Europe, cette curiosité de la nature serait une attraction touristique avec belvédère, baraque à frites, parc de stationnement et cartes postales.

Jacques pense qu'en poursuivant notre exploration nous parviendrons à un plateau.

— Il est probable que nous découvrirons d'autres rapides plus proches des sources, explique-t-il.

Nous reprenons la marche malgré une pluie fine. Jacques tue un *mutucu*. Toayowë poursuit les autres oiseaux qui se sont échappés au bruit de la détonation. La pluie se transforme en un violent orage qui nous oblige à interrompre la marche et à protéger les sacs, regroupés sur le sol, avec deux ponchos, afin de garder secs les vêtements de rechange.

Jacques, parti en éclaireur, repère à une centaine de mètres de là une plate-forme dominant un autre rapide, propice à l'installation du bivouac. La pluie cesse, le tonnerre s'éloigne. Parviendrons-nous à dormir en dépit du grondement continuel de la cascade ?

Je fais une grande toilette dans une anse calme de la chute. En urinant, je m'alarme d'un petit point rouge placé là où il ne faudrait pas. Dans ces cas-là l'imagination court vite, mais l'ethnologue, à qui j'en parle plus tard, me rassure : ce doit être une piqûre de moucheron.

Pour mieux admirer la cascade, Amine saute de rocher en rocher jusque dans son axe, mais glisse sur la roche moussue, manque tomber dans le bouillonnement du courant, et se raccroche au dernier instant à une aspérité. Une chute serait probablement mortelle.

Un moment tétanisé par le danger, il parvient à faire un rétablissement. Le fracas de la cascade ne nous aurait pas permis d'entendre ses appels, bien que le bivouac fût tout proche. Amateur de sensations fortes, notre compagnon est cette fois fort secoué.

Ce sont nos jeunes compagnons indiens qui vont subir le contrecoup de cette émotion forte. Voyant que Kayuvuwë et Toayowë viennent de faire tomber par inadvertance sa veste de survêtement dans une flaque d'eau, Amine bondit de son hamac et les poursuit de sa rage. Effrayés par une telle détermination, les Yanomami s'enfuient au loin. On ne les verra plus pendant un bon moment.

La pluie a tout détrempé. Les nuits sont fraîches à cette altitude, et la serviette de bain qui tient lieu de couverture est mouillée. Je mets un temps fou à la faire sécher près du feu. Le bouillon de l'oiseau nous réconforte.

Nous décidons de suivre encore deux jours les rives du Herita afin de reconnaître l'intégralité de cette succession de rapides. Pour accéder aux sources, il nous faudrait encore quinze jours, d'après l'estimation de Jacques, ce qui dépasse largement le temps imparti et notre autonomie en nourriture.

Le lendemain, nous continuons la marche. La rivière redevient calme, peu profonde, large de 10 à 15 mètres. Lorsque nous traversons un torrent affluent du Herita, Jacques s'amuse à les baptiser : río Kerjean, río Rastoin, río Ouzid, charmant cours d'eau près duquel nous déjeunons. La végétation devient différente, beaucoup plus encombrée. Les oiseaux sont rares, les mousses recouvrent tout.

— Si je vois un animal, on s'accroupit, on fait silence, recommande Jacques en reprenant la marche.

Quelques minutes plus tard, il marque un brusque mouvement de recul. Un serpent ?

— Mettez la main devant les yeux !

C'est un nid de guêpes agressives.

Parfois notre colonne s'approche du río, parfois elle s'en éloigne. C'est à chaque fois des pentes à gravir ou à descendre. Le sol argileux presque jaune est boueux. Alain glisse et tombe souvent.

En fin d'après-midi, nous choisissons une plate-forme vite débroussaillée à coups de machette. Nohokuwë allume le feu à l'aide d'un nid de termites, dernier recours quand le bois est mouillé, tandis que Tiyewë construit l'abri. Le régime alimentaire nous sort maintenant par les yeux : assez d'oiseaux dans leur bouillon gras (dans le meilleur des cas !), assez de riz, même parfumé au « bouillon-cube » ! Habitué à ce régime, Jacques savoure les petits plaisirs du bivouac, et n'aime pas être dérangé quand il est concentré :

— Ne me parlez pas, je cherche ma chique de tabac...

Les deux jeunes de Kakashiwë abattent un peu plus loin un grand palmier pour en extraire le cœur moelleux, aliment de survie des Indiens qui le dédaignent en temps normal, mais bien meilleur pourtant que celui que les « gourmets » mangent en boîte de conserve.

Comme Amine, je me réfugie dans mon hamac pour récupérer après une nuit blanche.

— C'est bien, l'exploration ! hein, Amine ! lui lance Jacques.

Ces montagnes n'ont pas de nom yanomami. Où sont les anacondas et les caïmans qui, d'après les Indiens, foisonnaient, où sont les redoutables gardiens des chutes ? Où sont ces poissons si nombreux et si gros qu'on se couperait les doigts en tirant les lignes de pêche ? Contes de chasseurs et de pêcheurs.

Nous entendons Jacques et Alain discuter sous leur abri.

— Dans les Cévennes, je ne chasserai pas. Tous ces chasseurs avec des fusils de 10 000 francs, avec des chiens, pour tuer des animaux de repeuplement à peine lâchés...

— Les villageois, tes nouveaux voisins, te demanderont de raconter tes souvenirs d'Amazonie...

La discussion porte ensuite sur le handicap d'Amine : sa grande taille l'exposait, dans le shapono, au risque de se crever un œil aux branches pointues de l'auvent. Je plaisante :

— Pour la prochaine expédition, on prendra un petit frère d'Amine.

Ma migraine devient fébrilité, et la fièvre fait place aux claquements de dents caractéristiques du paludisme. Pourtant, les symptômes ne sont pas encore assez nets pour confirmer ce diagnostic.

Tiyewë nous offre dans nos couches une épaisse rondelle de cœur de palmier ferme et blanc. Amine vient m'aider à refixer un tendeur de mon hamac qui vient de lâcher.

— Tu as bronzé ! s'exclame-t-il en voyant mon visage.

Amusante formule pour dire que j'ai le teint jaune... le paludisme attaque le foie, ne l'oublions pas !

— Quand tu auras l'urine très jaune, me dit Jacques, ce sera un signe plus évident de ton paludisme. Cela voudra dire que l'urine élimine les globules défunts, éclatés par les protozoaires.

Amine et Alain saupoudrent des comprimés d'antibiotique pilés sur leurs blessures.

— Je ne vous imite pas, dit Jacques, car pour moi ce serait attaquer un moustique avec un canon.

Amine m'apporte du lait chaud et du potage.

La nuit, je m'appuie fort les paumes contre les oreilles. La jungle hurle, terrifiée. Elle tremble de tous ses membres, craque, claque des dents. Les cachés, les menaçants s'épanouissent à qui mieux mieux chacun dans sa langue. Amine ne peut dormir. Il vient s'asseoir par terre près de mon hamac et nous parlons.

Au matin, le calme est revenu. La fièvre est retombée, mais je reste dans un état second, affaibli. Je suis d'avis de continuer la marche, mais, lorsque mes compagnons s'éloignent une heure pour couper un autre palmier, je ressens de l'inquiétude. Une violente crise de paludisme, malgré la Nivaquine, si loin de tout secours, et sans le Lariam salvateur déjà consommé par Tiyewë et Alain, pourrait avoir de graves conséquences.

— On a repéré la montagne qu'il reste à gravir, me dit Jacques à leur retour. Deux heures au moins...

Veut-il m'indiquer par là qu'il serait imprudent de poursuivre l'exploration ? Nous décidons de revenir au camp de base. Notre objectif est atteint. Nous avons la joie de rapporter de cette zone inconnue les premières images.

— Il nous faudrait un tatou aujourd'hui, dit Lizot. On a vu de nombreux trous ; avec un bâton, il faudrait voir s'ils sont habités. Des mouches peuvent signaler la présence du tatou. Il suffira de l'enfumer.

— En marchant sur le chemin du retour, on pourra débusquer des animaux, remarque Alain.

— Vous ne vous entendez pas marcher ! répond Jacques. Amine, c'est un bulldozer... Les oiseaux que nous avons tués devaient en avoir assez de la vie, ils voulaient se suicider !

Nohokuwë est partisan de couper à travers la forêt sans suivre le chemin ouvert à l'aller, mais l'ethnologue ne veut pas s'éloigner de la rivière, dans cette région qu'aucun d'entre nous ne connaît.

Tiyewë, prêt à tirer, remplace avec Jacques l'ouvreur de piste. Ils manquent de peu un daim.

Je souffre, mes jambes sont en coton. A peine arrivés au bivouac précédent, les hamacs sont installés à temps pour nous protéger d'une forte pluie. A la toilette, je découvre deux parasites gonflés d'œufs incrustés dans mes doigts de pieds. Tiyewë les extrait à l'aide d'une épine, laissant deux petits cratères roses dans la chair.

Mon affaiblissement physique influençant probablement ma perception, je ressens à cet instant la grande violence de la forêt amazonienne : violence de la chute d'eau et de son fracas contre les rochers géants, violence de la pluie équatoriale, violence de la pourriture et de la décomposition, violence de cette multitude d'insectes et de parasites qui nous dévorent. Mes compagnons rêvent d'un bon dîner au restaurant El Barquero de Caracas. Je n'ai même pas le réconfort, ou le supplice de Tantale, de ces phantasmes gastronomiques pour me remonter le moral.

Le 27 septembre, nous retrouvons, après trois heures de marche, notre pirogue remplie d'eau. Au moment du déjeuner (riz à la soupe), je sens la crise de paludisme venir : douleur au ventre, fièvre... Jacques trouve utile de me dire que l'une des religieuses de la mission d'Ocamo est morte l'année dernière d'un paludisme cérébral foudroyant. Avec une imagination comme la mienne, je me vois déjà à l'article de la mort. Mais ce qui m'agace le plus, c'est de voir que Jacques et Alain ont de sérieux doutes sur la réalité de ma crise.

L'incrédulité de mes compagnons est vexante, d'autant plus que c'est à cause d'eux que je ne dispose plus du seul médicament ayant un pouvoir curatif.

— Je t'en veux de ne pas avoir apporté assez de Lariam, me reproche Alain.

— Tu aurais dû en prévoir pour les Yanomami, ajoute Jacques.

Sur ce, ils partent tous les deux pêcher. La meilleure défense est certes l'attaque, mais, tout de même, c'est un peu fort!

A propos de mon paludisme, Jacques me dira plus tard :

— Notre incrédulité a été volontairement tactique, tu aurais pu t'en douter. On l'a fait exprès pour ne pas accroître ton inquiétude.

Le bivouac est désert lorsque la crise éclate. Seul « le Sourd » – Kayuruwë – est témoin de ma descente aux enfers. Des milliers ou des millions (?) de protozoaires plasmodium font éclater en même temps autant de globules rouges de mon sang, provoquant un tremblement général et une forte fièvre. Je claque des dents lamentablement. Plus je me couvre, plus j'ai froid. Je vomis quatre fois aux quatre points cardinaux. Tous les malheurs du monde semblent s'abattre sur moi. La Nivaquine suffira-t-elle à empêcher la crise de glisser vers une des évolutions possibles de la maladie, l'attaque du système nerveux? Il me semble urgent de retrouver au plus vite notre civilisation et le premier dispensaire équipé. Faudra-t-il aller jusqu'à Caracas pour trouver le précieux Lariam, puisque la mission d'Ocamo n'en possède pas?

Quand les pêcheurs reviennent, seul Amine manifeste de la compassion en me préparant du thé sucré et en m'encourageant à manger du poisson fumé. Nous parlons jusqu'à 9 heures du soir. On n'oublie pas un tel réconfort apporté dans un moment pareil. Il pleut toute la nuit. Le hamac d'Amine s'effondre au moment où il se couche. Il ne dort pas de la nuit.

Le lendemain, nous constatons notre incroyable malchance : les deux moteurs hors-bord sont en panne. Il faudrait naviguer à la perche jour et nuit pour être à Ocamo au rendez-vous convenu avec notre pilote. J'ai la nausée. Notre seul espoir est que les bougies en réserve au camp de base permettent au moins à un moteur de fonctionner.

La descente de la « rivière... des charmes », la mal nommée, est pitoyable. Soumise au bon vouloir du courant, la pirogue est systématiquement entraînée vers les branches basses d'où toutes sortes de bestioles tombent : fourmis, guêpes, chenilles, araignées. Jacques souffre le plus à l'arrière de l'embarcation. A plusieurs reprises, des grosses branches le plaquent contre le moteur et manquent le jeter à l'eau. Alain regrette de ne pas filmer cette scène, mais vit l'expérience à son tour : une grosse branche presse sa gorge contre le banc de la pirogue et manque l'étrangler. Pour compléter ce tableau de misère, un terrible orage éclate.

Malgré ma fièvre, malgré les difficultés de cette navigation incertaine, il est impossible de ne pas voir la grande beauté du moment que nous vivons. L'élégance des Indiens maniant les perches, le décor dantesque de ce cours d'eau oublié traçant sa route sinueuse dans l'enchevêtrement d'un déluge de fin du monde, la surprise des animaux au passage fantomatique de notre équipage, comme de ce paresseux, abominable homme des neiges en miniature, que les Indiens redoutent de capturer par peur de ses griffes, alors qu'Alain veut en fait notre mascotte... Une surabondance de vie animale atteste que depuis des siècles l'homme a été impuissant à troubler l'ordre naturel.

A peine de retour à notre camp de base, tous les neuf serrés sous l'abri en attendant que la tempête se calme, je lis avidement le petit livre de médecine tropicale retrouvé dans nos bagages. J'y apprends avec consternation que : un, de plus en plus de voyageurs meurent du paludisme ; deux, nous sommes dans la zone III où le paludisme est résistant à la Nivaquine !

J'en veux alors à tout le monde : au service spécialisé de la Pitié-Salpêtrière qui ignore la réalité du Venezuela, au Venezuela qui cache l'importance du fléau, à Jacques et Alain qui me privent du Lariam au moment où j'encours un risque réel. J'ai horreur du jeu de la roulette russe.

Jacques attend le jour suivant, samedi 29 septembre, pour changer les bougies du moteur 15 ch en panne. Il fonctionne. Soulagement général. Nous reprenons la descente du río Herita sous le soleil. La curiosité l'emportant sur la crainte, des cabiais, des singes écureuils, des hirondelles et des caïmans nous observent. Les moustiques et les moucherons prennent le relais des fourmis. En milieu de journée, nous faisons halte au camp suivant où nous avions entreposé, à l'aller, des réservoirs d'essence.

Dimanche 30 septembre. La maladie durcit le caractère et racornit la générosité. Je me réveille avec l'impression que mon ami Alain s'inquiète beaucoup plus de sa santé que de celle des autres. C'est humain ; dans son cas c'est très voyant. Mais je sais en même temps qu'en recouvrant mes forces j'oublierai ce moment d'amertume et ce jugement sévère sur l'ami dont j'ai été, quelques mois plus tôt, le témoin de mariage. Je suis un incorrigible douillet, trop sensible aux attentions de mon entourage lorsque je suis malade. L'aventure est, pour les gens de mon espèce, la meilleure thérapie.

De nouveau attentif à la conduite du voyage, je préconise qu'une fois arrivés à la mission d'Ocamo à la fin de notre navigation l'on se passe des services des Yanomami locaux pour transporter nos bagages. Ils sont plus chers que les porteurs de l'aéroport de Caracas !

Bien que tout proches de la mission d'Ocamo, nous établissons notre dernier bivouac afin de nous imposer le moins longtemps possible aux missionnaires. Le lieu est paradisiaque, avec une plage de sable fin, de beaux arbres penchés élégamment vers l'eau. Une telle oasis de paix se transforme en enfer dès l'arrivée des moustiques. Jacques et les Yanomami, démunis de moustiquaires, se donnent des claques toute la nuit pour les chasser. Nous attendons la fin de la navigation et l'avion comme une délivrance. Et dire que je prétendais avoir la nostalgie de l'Amazonie, quelle mémoire !

Indicible descente de l'Ocamo. J'ai la sensation de renaître après la crise de paludisme. Cette large avenue liquide ouverte entre deux murailles végétales ; la lumière dorée ; le pittoresque des gros rochers sortant de l'eau ; les oiseaux blancs au bec jaune prenant leur envol au dernier moment ; la découverte des chansons de Madona, les écouteurs aux oreilles... sublime. Que tout paraît beau quand on sort de la maladie ! Devant moi, les dos couleur sépia de Nohokuwë et d'Uwä, assis côte à côte. « Yeux en amande » – Toayewë – n'en finit pas de s'émerveiller de tout ce qu'il découvre. C'est la première fois qu'il se déplace à cette vitesse et, quand il crache par-dessus bord, il ne comprend pas la colère d'Amine assis derrière lui : le jet de salive du jeune Indien, emporté par la vitesse de l'air déplacé, s'est logé exactement sur ses lèvres !

— On transmettra par la radio de la mission un message à Kaminsky lui demandant de venir nous chercher le plus tôt possible, propose Jacques, et on lui demandera d'apporter quelque chose pour « fêter l'anniversaire de Lizot » ; il comprendra qu'on a envie de rhum. Je ne peux pas être plus clair pour ne pas choquer les missionnaires.

A l'approche d'Ocamo, nous faisons halte sur une petite plage pour nous faire beaux et propres avant le retour à la civilisation.

— Je vais me déguiser en Blanc, dit Jacques à ses amis yanomami.

Quel choc de retrouver, après la forêt et les Yanomami « sauvages », le bidonville constitué par les maisons des Indiens agglutinés autour de la mission d'Ocamo. Tout le monde se vole : les Yanomami, les Maquiritare. Le père et les religieuses sont à Mavaca. Nous craignons de ne pas pouvoir contacter rapidement Kaminsky.

La femme de l'employé du ministère des Ressources naturelles nous autorise à utiliser le bâtiment de cette administration, simple construction de tôle. Mais quelque temps après, son mari prétend qu'il ne peut nous héberger sans l'autorisation de son chef, qui se trouve à... Puerto Ayacucho. Jacques, avec beaucoup de patience et de fermeté, fait pour nous ce qu'il ne ferait pas pour lui. Il parlemente longtemps avec cet homme cupide.

— Que vont penser ces étrangers de l'hospitalité du Venezuela ? lui dit-il. On ne peut pas les laisser dehors, ils repartent demain ou après-demain. Ce local ne sert pas, ça ne vous dérange pas...

C'est finalement la promesse d'une *propina*, un pourboire, qui convainc le fonctionnaire.

Le père Bortoli fait, par chance, un passage éclair à Ocamo et nous promet de transmettre le message radio destiné à notre pilote.

Le lundi 1er octobre, nous avons la réponse : l'avion viendra nous rechercher demain à 11 heures. Tout semble bien s'enchaîner. Assuré de notre retour, Jacques décide de rentrer chez lui.

Nous nous souviendrons toujours de nos adieux aux Yanomami. Après un dernier va-et-vient entre le baraquement des Ressources naturelles et la rivière, pour charger à bord de la pirogue le matériel de Jacques, nos deux colonnes se croisent au milieu de la grande pelouse centrale de la mission : Alain, Amine et moi dans un sens, Tiyewë, Nohokuwë, Uwä, Kayuvuwë et Toayowë dans l'autre. Sans s'arrêter, ils nous font un signe de la main et sourient, c'est beaucoup pour les Yanomami. Nous leur répondons de la même manière, le cœur un peu serré.

XI

Le voyage inverse

« L'ethnologue sur le terrain est livré à un monde où tout lui est étranger, souvent hostile, écrit Claude Lévi-Strauss. Il n'a que ce moi dont il dispose encore pour lui permettre de survivre et de faire sa recherche, mais un moi physiquement et moralement meurtri par la fatigue, la faim, l'inconfort, le heurt des habitudes acquises, le surgissement de préjugés dont il n'avait pas le soupçon. »

Le long et douloureux apprentissage de Jacques Lizot aura duré vingt-trois ans. Une expérience unique de nos jours. Mais le voyage inverse, le retour dans sa société d'origine, est pour un ethnologue, dit-on, aussi difficile que l'adaptation à une société archaïque.

Depuis combien de temps Jacques Lizot a-t-il pris la décision de mettre fin à sa vie indienne ? Deux ans, trois ans ? Sans que nous le sachions, il a programmé son retour avec la même rigueur qu'il met en toute chose.

Fidèle jusqu'au bout au portrait psychologique de l'aventurier, l'ethnologue en est venu à pressentir la vanité de son action immédiate.

La fraternité longtemps entretenue avec les Yanomami lui est apparue de plus en plus illusoire. Ses amis de Karohi, à leur tour touchés par l'influence extérieure – missionnaires, fonctionnaires, médecins, voyageurs, touristes, anthropologues et scientifiques de tout poil –, ont été pris par une frénésie de possession. Ils sont prêts à tout pour obtenir les biens convoités. Les vols se multiplient. Il faut être sans arrêt sur ses gardes. Les maladies ont causé la mort de plusieurs de ses amis. Lucide et courageux, il en a tiré un jour la conclusion : il lui reste dix ans d'activité, il est temps d'organiser cette nouvelle étape de sa vie.

Il a tendance à masquer la raison profonde, intime, de son retour, et invoque, suivant l'interlocuteur, la fin du superbe isolement des Yanomami, la coupable exigence des bureaux du CNRS, ou la lassitude des pâtes et du riz.

La haute estime que nous inspire la force morale de ce grand scientifique fait naître en nous l'espoir que ce voyage inverse sera un beau voyage et qu'une nouvelle paix surgira au bout d'un réapprentissage nécessairement aussi douloureux que le premier. Attendons avec curiosité le jugement qu'il portera sur sa société d'origine après près d'un quart de siècle d'absence, même si, ces dernières années, on le voyait une fois par an en France, lors de brefs séjours, pour préparer son retour. On reproche souvent aux ethnologues d'être critiques à domicile et conformistes au-dehors. Gageons que Lizot ne tombera pas dans ce travers, mais saura porter un regard neuf sur notre société.

Cinq mois après notre expédition commune, Jacques Lizot retourna avec Tiyewë sur le haut Herita, comme il l'avait promis aux gens de Kakashiwë. Bien que les Yanomami aient coutume de ne jamais prévenir à l'avance de leur départ, l'ethnologue se sentit le devoir de le faire. Cette courte visite marqua la fin de l'extraordinaire histoire de ce Blanc devenu un sage parmi les Yanomami centraux.

Cela fait deux ans qu'il envoie ses livres en France par petits paquets, il n'a donc que ses manuscrits à emporter. Tout le reste est offert à ses amis indiens. Tiyewë et Hepewë, les compagnons de toujours, reçoivent chacun une pirogue et un moteur. Le fusil Manu-

L'ADIEU AUX YANOMAMI

france revient à Hepewë. Six ou huit sacs de biens divers sont distribués au deuxième cercle des proches.

A part Tiyewë, qui paraît triste, les autres amis de Jacques n'expriment pas de peine. Cela ne veut pas dire qu'ils n'en éprouvent pas. Ce sont des guerriers confrontés à la mort. Ne pas s'apitoyer, feindre l'oubli, c'est une bonne protection sans laquelle ils ne pourraient pas vivre.

Les missionnaires fêtent aussi le départ de leur « attaché culturel ». On est très loin de l'époque où ils lui coupaient l'approvisionnement en essence par mesure de rétorsion contre ses prises de positions hostiles. C'est chez le père Bortoli, à la mission de Mavaca, que le pot d'adieu est le plus sympathique. Lizot promet de continuer à travailler à distance avec les missionnaires, notamment sur la grammaire yanomami.

A Caracas, l'ethnologue a peu d'amis, mais ce sont de bons amis. Dans le métro, il reprend la technique de l'apprentissage par l'imitation, qu'il pratiquait depuis toujours chez les Indiens. Il remarque en effet que, contrairement à lui, tous les hommes portent des chaussettes et que seules les femmes sont nu-pieds dans leurs chaussures. Il achète aussitôt des chaussettes au supermarché.

En mars 1991, l'Indien blanc arrive en France. Quelques jours après, il découvre le film de notre expédition en même temps qu'un public d'amis et de professionnels du cinéma réunis à l'Espace Kronenbourg Aventure, avenue George-V. Il accepte même de répondre aux questions des spectateurs.

— Comment les Indiens ont-ils réagi au moment de votre départ? demande une dame.

— Ils étaient tristes. Ils me manqueront plus longtemps que je ne leur manquerai.

— Quelles sont les raisons de votre retour?

— C'est l'administration qui m'a obligé à revenir. C'est prévu depuis trois ans. On accepte qu'un chimiste travaille dans son laboratoire, mais pas qu'un ethnologue travaille sur son terrain.

— Quel est l'avenir de ces Indiens?

— Aucun, mais leur fin précédera la nôtre.

J'ai exigé de Jacques un grand effort en lui demandant de voir le film et de répondre aux questions, alors qu'il veut pour l'instant faire une coupure avec sa vie passée, et oublier les Yanomami. En outre, il a horreur de se voir dans un film.

— Pendant quelque temps, je dois piloter à vue, me confie-t-il. C'est comme si je venais de sauter en chute libre en me demandant si le parachute va s'ouvrir. Je souhaite m'intéresser à de nouvelles choses pour faciliter ma réinsertion, fonder un club d'astronomie dans mon village, participer à la vie locale, retrouver l'Afrique du Nord et mes origines d'orientaliste, et peut-être aider Hors Limites-Outward Bound par un travail de recherche pédagogique.

Je le trouve extrêmement sociable. Il est clair qu'il est bien décidé à fournir l'effort nécessaire à la réussite de sa nouvelle vie. Pendant le déjeuner, il me montre deux gros livres de cuisine qu'il vient d'acheter et quelques disques compacts dont il a du mal à ouvrir le coffret, ignorant tout de cette nouveauté technologique. Les bons repas et la bonne musique, ce sont les deux plaisirs qui lui manquaient le plus.

Début mai, Jacques interrompt l'aménagement de sa maison des Cévennes pour nous retrouver au Festival du film d'aventures de Royan, pour lequel notre film *Mémoires d'Orénoque* est sélectionné. Il se fait conduire en voiture par sa nièce et nous raconte dès son arrivée à Royan combien il s'est trouvé maladroit lorsque, voulant se rendre utile dans une station-service, il a été incapable de remettre le pistolet de la pompe à essence à sa place.

Durant le Festival, il devient très vite la coqueluche des festivaliers. Un journaliste écrit : « Il faut tendre l'oreille pour l'entendre. La voix est douce. Sans agressivité. On devine, sous les mots, une grande sagesse. Presque un détachement. Entre la sono du Festival et le vacarme de la foule, Jacques Lizot paraît fragile. Il y a quelques semaines encore, l'ethnologue français vivait au cœur de la forêt amazonienne. Fabuleux Festival qui nous permet la rencontre de personnes d'une telle dimension. »

— Quel est l'avenir de cette population? demande à son tour le journaliste.

— Les Indiens d'Amazonie n'ont pas d'avenir, répond Jacques. Ils sont condamnés. La civilisation les pervertit. Lorsque par exemple on leur donne des fusils, on les fait rentrer dans un système destructeur qui est le nôtre. Il leur faut ensuite des cartouches, puis de la poudre, etc. Ils deviennent dépendants. Ce qui n'est pas le cas dans leur communauté où chaque famille peut vivre en autarcie. Mais surtout, ils meurent de maladies introduites par les hommes blancs. L'an dernier, 10 membres de la communauté où je vivais et qui comptait 80 personnes ont été emportés par la maladie.

— Existe-t-il des solutions?

— Pratiquement pas. Les intérêts économiques sont trop puissants. Que pèsent 25 000 Indiens contre les minerais que renferme la forêt? Pour l'instant, le Venezuela, malgré une dette extérieure catastrophique, ne touche pas à la forêt. Ce n'est pas le cas du Brésil. On peut certes alerter l'opinion publique, mais c'est une

L'ADIEU AUX YANOMAMI

arme à double tranchant. Notre système fonctionne avec des coups de projecteur.
— Allez-vous retourner là-bas ?
— Je ne sais pas. C'est vrai que j'y ai laissé mon cœur. Mon départ a été une rupture. Je retournerai en Amazonie lorsque je serai sûr que je pourrai y repartir sans que cela soit un déchirement. Il faut que je m'habitue.

Dans ses conversations, notamment avec les intellectuels, l'ethnologue est un peu brutal, excessif, pour mieux faire passer le message, tout en s'excusant. Il est très attentif à ne pas commettre de grossièreté et à réapprendre les règles de la vie en société. Il se reproche d'avoir trop longtemps parlé en espagnol à une Chilienne lors d'un déjeuner, et d'avoir négligé son mari français. Il remarque que son habitude de regarder les gens avec insistance, comme les Yanomami le font, peut être interprétée comme de l'impertinence.
Lorsque nous nous promenons le long de la plage, Jacques me livre ses premières observations :
— C'est fou comme les Français sont liés aux choses matérielles ou techniques. A votre façon, vous êtes des sauvages !
Le passage brutal d'une société non industrielle à notre société technicienne le perturbe. Il ajoute un peu plus tard :
— On est soumis à l'État : je ne peux aller nulle part sans que l'administration le sache. Le CNRS n'imaginait d'ailleurs pas comment le courrier mettait cinq mois avant de me parvenir. C'est impensable pour un fonctionnaire. L'État décide ce qui est permis, mais mon corps est à moi ! Nous sommes en pleine contradiction : on a le droit de se tuer en voiture, mais pas avec la drogue. Tu ne te rends pas compte de cette emprise, il faut que je te le dise.
Lorsque, le soir du palmarès, on annonce que notre film a obtenu le prix de l'Aventure humaine, Alain, revenu au dernier moment d'une expédition sibérienne, Amine et moi sommes heureux que ce soit vers Jacques que convergent les acclamations. Notre ami est heureux, mais fatigué. Trop de gens, trop de contraintes. Il retrouve vite son refuge cévenol, ses livres, sa musique, son domaine. Il lui faudra encore longtemps avant de mettre en forme les fruits de sa vie indienne.

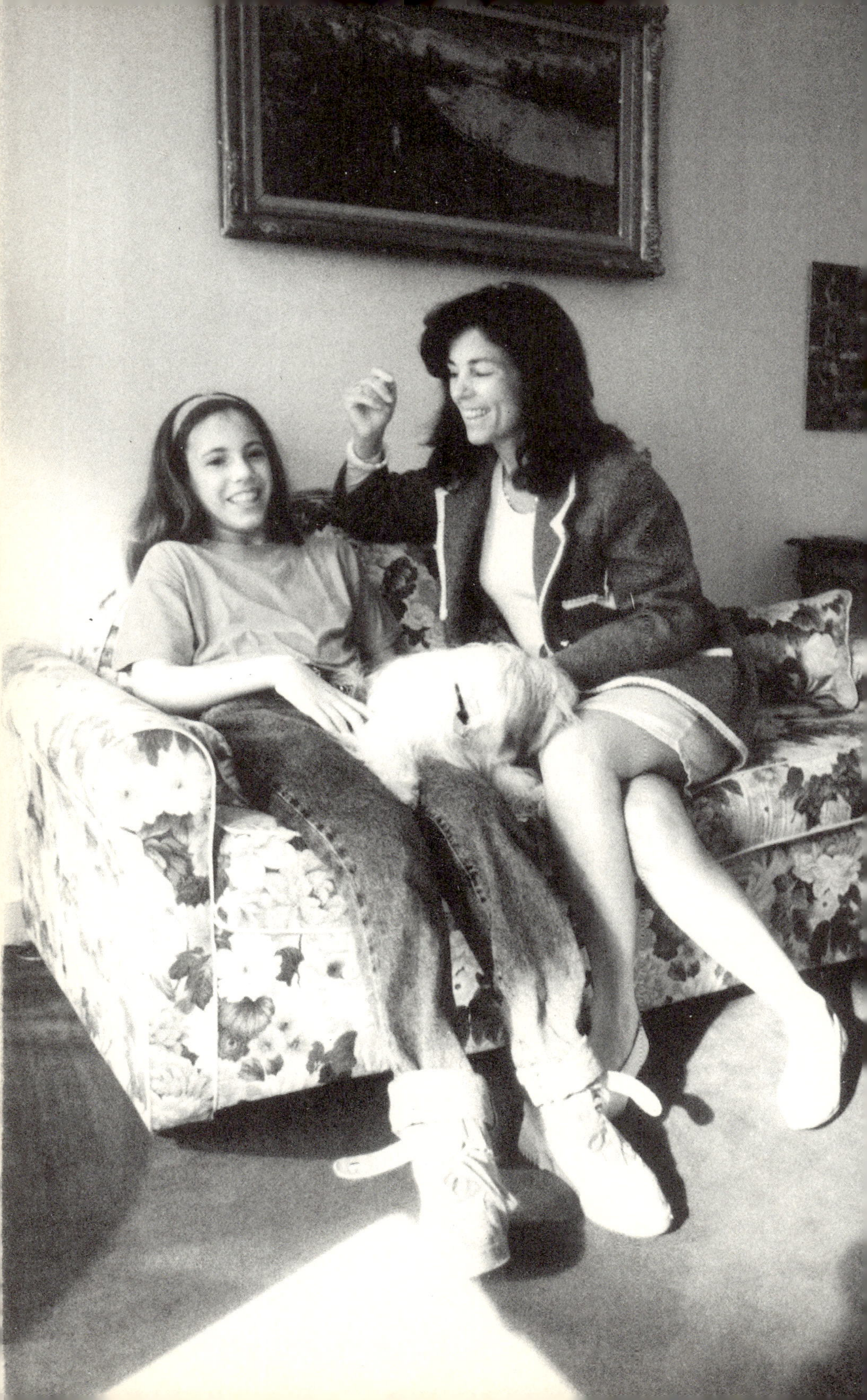

ONDINE, DÉPÊCHE-TOI DE MARCHER

MARIE-LAURE ROZAN

Quelle alliance magique
où se rencontrent doucement, violemment,
tous les plus beaux sentiments...
L'amour ici n'est pas de l'eau tiède,
il est passionné. Il devient le joyau
de la vie qui nourrit tout le reste :
l'humour, l'espoir, les moments forts.
Cet amour entre une mère et sa fille
nous arrête face au dérisoire, à l'absurde
de ce qui nous apparaît important
dans notre existence...
Lorsque nous nous sommes rencontrés,
il y a sept ans, la magie de la complicité
m'a tout de suite fait comprendre
que nous ferions ensemble le chemin
de ce combat, dans l'amitié et l'affection,
pour gagner sur ce sacré hasard qui a fait
que les uns sont ainsi et les autres
autrement, pour que les sourires
d'Ondine se comptent par milliers sur
d'autres visages d'enfants trop anonymes...

MICHEL GILLIBERT

Page de titre : *Marie-Laure Rozan et sa fille, une image de bonheur.*
Photo de couverture : *Vacances en Guadeloupe.*

I

Du fond de l'église Saint-Pierre les orgues se mettent à chanter. La musique est belle, le recueillement presque parfait. Les enfants attentifs commencent à avancer. Et tout à coup, je craque. Je ne peux empêcher mes larmes et la révolte en moi. Décidément, c'est trop injuste !

Pourquoi est-ce si dur pour elle ? Pourquoi doit-elle toujours se battre pour tout ? Elle est si jolie, si drôle, si pleine de charme, si intelligente. Pourquoi cette épreuve depuis presque douze ans déjà ? Pourquoi est-ce si long ? Je sais, il ne faut pas qu'elle me voie pleurer car c'est un jour de fête. Impossible de m'arrêter pourtant. Il y a si longtemps que je n'avais pas pleuré pour elle. Je crâne. Je fais front. Je me veux solide. J'ai appris à soutenir le regard des autres, ceux qui sont étonnés de sa démarche disgracieuse, de ses mains levées pour tenir l'équilibre, de ses légères grimaces en cas d'effort trop grand. Je ne me projette pas dans l'avenir pour ne pas me décourager. Et quand par mégarde je me laisse envahir par l'angoisse et les doutes, quand les peurs et les blocages d'Ondine me paraissent trop incontournables, je pense au chemin déjà parcouru. Nous avançons quand même, nous gagnons des points.

Mais de la voir ainsi faire la procession comme les autres, aidée par deux camarades, heureuse et fière, cela me donne une émotion trop forte. C'est encore une victoire, mais à quel prix !

Des flashes viennent très vite et se bousculent. Aurons-nous la force de continuer ? Je me sens si lasse brutalement, comme anéantie par le poids de ces années de lutte quotidienne.

Surprenante petite fille, tu m'as vue pleurer. Je crois que tu as compris et tu ne m'en as pas voulu. Tu m'as réconfortée par un sourire lumineux comme pour me dire : allez, maman, on continue.

La veille au soir pourtant, c'est moi qui t'ai consolée et apaisée. En rentrant, je t'ai trouvée révoltée et désespérée. A toi qui avais fait tant d'efforts pour bien marcher pendant la retraite, on avait demandé, lors de la répétition, de t'installer avant les autres dans l'église pour la cérémonie de la confirmation. Sublime brimade !

« Mais maman, ils n'ont rien compris ! Je ne veux pas être marginalisée. Je veux faire comme les copains. Puisque c'est comme ça, je ne ferai pas ma confirmation. »

Quel chagrin, presque un désespoir. Et ce visage tout ravagé, avec des cernes impressionnants.

« *Boubouchka*, du calme. On va arranger cela. Il y a sûrement un malentendu. »

Coups de téléphone. J'explique. Je plaide la cause. Ce n'était qu'une maladresse, une erreur d'appréciation, un regard « faux ».

Comme c'est difficile, l'intégration ! Ce n'est pas encore évident pour tout le monde. Il faut se battre contre tant d'*a priori*, la plupart du temps dus à une méconnaissance plus qu'à la méchanceté. Les enfants sont incontestablement les plus vrais dans leur manière d'appréhender le handicap. Ils ont accepté Ondine à part entière, sans pitié ni condescendance. Elle est différente, mais c'est d'abord leur copine. Inconsciemment, ils donnent à tous une belle leçon.

Hier déjà, lors de la retraite, son équipe a refusé de faire le parcours sans elle. Ils se sont relayés pour la faire marcher ; elle leur a fait gagner des points en trouvant des réponses et leur équipe a terminé deuxième ! Aujourd'hui encore, chacun se sent concerné et tient discrètement son rôle pour que cette journée soit une journée de joie totale pour leur amie.

Je pense aux rounds déjà gagnés. Il ne faut pas abandonner, ni toi ni moi. Il ne faut pas se laisser décourager par les réactions absurdes, les craintes devant le handicap, qui paraissent tellement dérisoires, de ceux qui ne comprennent pas la richesse possible de l'échange entre « les valides et les autres ». C'est très souvent l'attitude de ceux qui se croient à l'abri du hasard de la différence. Pourtant, chacun de nous, de vous, peut être touché à n'importe quel moment.

« Cela m'agresse », m'a dit l'homme qui a accompagné ma vie pendant quelques années. Il ne sait pas dépasser ces peurs. Il ne peut pas accepter Ondine. Il n'a pas compris l'intensité du combat la force de notre détermination. Ce n'est pas qu'il ne l'aime pas, au contraire, il la trouve plutôt craquante. Mais il souffre de se sentir impuissant. Il voudrait qu'elle marche, qu'elle coure, qu'elle puisse skier, partir en montagne avec lui... Il n'admet pas qu'elle ne soit pas comme les autres. Il lui refuse un avenir.

« Je ne vais quand même pas vivre avec un fauteuil roulant chez moi ! »

Quand bien même, monsieur Tarzan, en quoi serait-ce insupportable ? Pensez-vous encore qu'un handicapé n'a pas le droit de vivre librement et dignement, même en fauteuil roulant ? Vous devriez rencontrer ces jeunes accidentés qui travaillent jour après jour chez Guy, notre merveilleux kiné, en gardant une pêche d'enfer. Croyez-vous vraiment qu'ils n'ont ni amis, ni amours, ni vie professionnelle ?

Ne voyez-vous donc pas que déjà aujourd'hui, Ondine a une vie à elle, une vie de lycéenne, avec des copains et même des amoureux « bluffés » par sa ténacité et son courage ? Pourquoi croyez-vous que nous nous battons d'arrache-pied si ce n'est pour qu'elle puisse se construire une vie ? Ondine marchera. J'y crois encore. Je le veux.

Alors pourquoi me faire du mal et me déstabiliser ? N'avez-vous donc pas compris que pour ne pas fléchir j'ai au contraire terriblement besoin d'être protégée, câlinée, « cocoonnée » ? Que je voudrais trouver auprès de mon Tarzan un soutien et un réconfort ? Je ne suis ni Jane ni Superwoman. Il m'arrive de douter, de manquer de courage, de vouloir abandonner, de ne plus y croire ou même de désespérer devant les lenteurs des progrès ou même parfois devant ce qui me semble être une régression. Mes réserves de force s'épuisent, j'ai besoin d'un homme qui prête son épaule à une maman fragile malgré tout. Et puis si vous l'aimez, cette maman, c'est telle qu'elle est devenue, telle qu'elle a été façonnée depuis la naissance d'Ondine. Peut-être ne m'auriez-vous pas aimée avant ? Vous n'auriez peut-être pas été séduit de la même manière. Je suis devenue une autre, moins égoïste, moins superficielle, plus authentique. L'acceptation et le dépassement d'un handicap sont une expérience riche et unique. Vous avez été malheureux de ne pas arriver à surmonter vos angoisses. Vous n'avez pas su m'aimer, tout simplement. Ondine l'a bien compris quand, pour me réconforter, un soir où elle me sentait peinée, elle m'a dit très posément : « Mais enfin maman, si c'était lui qui avait une petite fille comme moi, tu l'aiderais et tu l'accepterais. Alors pourquoi pas lui ? Il ne sait peut-être pas aimer. » Ça c'est vrai, superbe Ondinette.

Je me suis battue longtemps pour vous faire évoluer. J'y ai mis tout mon amour et une partie de mon énergie. Ce combat-là était inégal. J'ai perdu. Je renonce. C'était un combat de trop. Mais je me sens cassée, brisée dans mon cœur, affreusement déçue, complètement désemparée. Je dois me ressaisir, me retrouver. Merci à vous, les enfants. Vous venez de me prouver qu'il faut continuer envers et contre tout, malgré les découragements, les effondrements, les rebuffades et l'envie brutale de tout laisser tomber.

Que répondre, en effet, à une petite fille exténuée qui manifeste sa révolte avec autant de lucidité extériorisée qu'il y a en elle de violence intériorisée ?

Comment ne pas fondre devant ce visage tout chiffonné qui cherche à ravaler ses larmes, cette mine épuisée ? Quel langage opposer à toutes ses interrogations et à ses angoisses enfin exprimées ? « Mais pourquoi je ne marche pas, pourquoi je ne suis pas comme les autres ? Pourquoi m'a-t-on infligé cette épreuve, dis, maman ? C'est trop dur. J'abandonne. Je préfère encore que tu m'achètes un fauteuil roulant. Je ne veux plus. »

Quand, à bout d'arguments, je lui suggère de demander à Dieu de lui donner la force de continuer, que dire après qu'elle m'a répondu : « Mais si je suis comme ça, c'est à cause de Lui. Il ne m'aime pas. Alors pourquoi Lui demander de m'aider ? »

Peut-être, Ondinette, auras-tu un chemin plus ardu, un parcours plus difficile. Mais il faut savoir transformer le négatif en positif. En te regardant quitter l'église au bras de ta marraine de confirmation, ta sœur aînée Virginie, je reprends courage. Vous avez l'air si complices, si soudées, si fortes.

Quand maman me rejoint, elle aussi bouleversée, les yeux pleins de larmes, j'ai envie de crier que nous arriverons au bout de notre chemin. Qu'en penses-tu mon Ondine, toi qui as fait irruption si brutalement et si soudainement dans ma vie ?

II

Une heure du matin. Des contractions. Plus rapides. Plus évidentes, plus puissantes. Vite ! Un antispasmodique ! Mon Dieu, c'est trop tôt, beaucoup trop tôt. Pas encore sept mois. Pourquoi ai-je donc été si têtue et si imprudente ?

Je voulais ce troisième enfant, mais je voulais le faire comme les deux autres, facilement, sans problèmes. Surtout ne rien changer à ma vie. J'oubliais qu'il faut se préserver un peu pour préserver la vie qui est en soi. Je continuais à vivre à mon rythme. J'osais même faire de la planche à voile, arborant fièrement mon petit ventre rond. Pas de quoi me vanter! En rentrant des Antilles, j'ai eu une première alarme, un saignement inquiétant. J'ai voulu continuer à tout assumer, la maison, les enfants, le travail.

Maintenant tout devient plus net, plus précis : je suis en train d'accoucher, il faut vite partir pour la clinique. Jean est là, gentil, rassurant, mais je vois qu'il n'en mène pas large. Que de clichés doivent passer dans son cerveau de médecin. Mon accoucheur, Jean-Claude, ami fidèle, a fait appeler le Samu.

Pas le temps de reprendre mes esprits. Dans la salle de travail, tout se passe très vite. J'ai mal, d'autant plus mal que j'ai peur. Si je pouvais le retenir, ce petit être qui se prépare à naître. Si je pouvais. Mais non! Impossible de lutter. Au bout d'une heure, je dois pousser. Une fois. Deux fois. C'est sûrement minuscule, mais la douleur est fulgurante. Toujours la peur? La poche des eaux est crevée et ma petite fille est expulsée de mon ventre. Le sort en est jeté. Ce sera une petite Ondine. Pas prévu au programme ce prénom! Mais je le crie sans y penser, en pleurant de soulagement. Mon Ondine, toute rose, minuscule mais ravissante, crie tout de suite. C'est qu'elle n'a pas du tout l'intention de ne pas vivre. Déjà bagarreuse! Pourtant 1,560 kg seulement. Si petite qu'on ose à peine y croire. Juste le temps de voir qu'elle est divine, qu'elle a plein de cheveux, avant qu'elle soit emportée dans sa couveuse, caisse affreuse que j'ai immédiatement détestée.

Mon troisième enfant vient de naître. A partir de cet instant, ma vie et celle des miens va se transformer. Je sais, ou plutôt je sens, instinctivement, qu'il faudra beaucoup lutter pour elle et avec elle. Je ne peux pas encore imaginer que le chemin sera si long, si lent, si dur, mais si beau, si enrichissant. Moi l'impatiente, moi qui veux tout tout de suite, moi qui n'aime pas attendre longtemps, je ne sais pas encore que je vais apprendre au fil des jours puis au fil des mois et des années la patience, la persévérance et l'humilité face au temps.

Pour le moment, il faut avant tout savoir si cette petite Ondine sortie des eaux va vivre. Je ne peux pas supporter de rester en maternité. On se sent si démunie, si bizarre à la seule vue d'un ventre à nouveau plat. C'est trop difficile pour moi d'être dans mon lit sans mon bébé à côté de moi.

Mon fils, Benjamin, m'avait déjà été enlevé le lendemain de sa naissance après une hémorragie digestive. J'avais mal admis cette séparation brutale et traumatisante. Rien ne pouvait me consoler, ni la tendresse de Jean, ni les câlins de Virginie, ni les attentions de ma mère, ni les mots d'amitié de tous. Je voulais mon fils! Tout de suite ! Sans attendre ! J'ai évidemment déserté la clinique une heure après le départ en ambulance de Benjamin. En Austin, s'il vous plaît ! J'ai commencé à me calmer quand j'ai pu aller à l'hôpital et voir à travers une vitre le nouveau venu. Oh ! quelle douleur, quel pincement au cœur de ne pouvoir le serrer dans mes bras ! Et quelle joie, quand nous avons pu le ramener à la maison au bout d'une semaine. Une semaine qui m'a paru une éternité.

Mais pour Ondine, combien de jours faudra-t-il attendre ? Avec en prime une inquiétude immense pour cette petite chose si fragile, si vulnérable. On me rassure : elle va bien, elle ne peut pas aller mieux, elle n'a pas eu besoin d'être réanimée. Je n'écoute pas. Ou à peine. Il faut que je la voie. Absolument ! Les premières heures, j'envoie Jean. Il se fait réconfortant. Je le sens ébranlé. Je ne sais pas comment je réagirai la première fois que je verrais mon bébé dans son univers inhumain de caisses et d'appareils étranges, mais j'ai un besoin impérieux d'y aller. Vite !

Bien sûr, je m'effondre, le front collé à la vitre de ce service de néo-natalité, monde inconnu, insolite, déroutant. Il me faudra pourtant l'intégrer à ma vie les prochaines semaines, ne pas le rejeter, apprendre à le connaître. Tout mon être se révolte devant cet arsenal qui représente pourtant le progrès. Je suis bouleversée de voir ces petits êtres enfermés dans ces boîtes, reliés à la vie par des tuyaux, alimentés au goutte-à-goutte, secoués brutalement en cas de bip-bip défaillant.

Heureusement, il y a l'accueil, un accueil chaleureux qui fait du bien au cœur. Une ravissante infirmière, une Indienne aux gestes doux et précis, m'explique à travers la cloison les mesures très strictes de désinfection à respecter pour pénétrer dans le service. Je reprends vie. Je vais toucher Ondine. A peine, mais sentir la chaleur de sa peau me réconfortera.

Après avoir suivi scrupuleusement les directives, je m'approche avec émotion de la couveuse. J'ouvre une petite trappe et j'y glisse une main hésitante pour l'effleurer. C'est bien elle ! Elle vit ! Elle est chaude ! Mais j'ai mal à la vue de ces bras, de ces jambes minuscules et de ce torse qui se soulève si fort à chaque respiration. Comme si l'effort était presque insoutenable. Je demande des explications sur les nombreux appareils qui l'entourent. J'apprends qu'il est très important pour mon bébé que je sois auprès d'elle. Il faut qu'elle m'entende, qu'elle sente mes mains sur elle. Je vais venir souvent, au moins deux fois par jour. C'est bien pour elle et pour moi. Il me faut l'encourager à vivre et il faut qu'elle m'encourage par sa seule existence. C'est bon de lui parler, de lui chuchoter des mots tendres. Je dois la découvrir tout doucement. Peut-être me découvre-t-elle déjà aussi ?

Naïvement, je demande un pronostic. Comme si les médecins étaient des devins ! Heureusement, le professeur du service de néonatalité dans lequel Ondine a été transférée est un de ces êtres rares et précieux qui pensent sincèrement au désarroi et à la détresse de leur interlocuteur. C'est beaucoup plus tard que je réaliserai à quel point il a su se montrer humain par rapport à certains jeunes loups du service public à qui l'on devrait interdire tout contact avec les familles tant ils sont stupidement ou maladroitement durs. En effet, le Pr Lejeune comprend l'angoisse des parents qui viennent lui parler. Il sait trouver les mots justes mais doux pour donner des explications sur l'état de santé de tous ces chérubins. Cette gentillesse spontanée est d'ailleurs présente dans tout le service, chez toutes les infirmières, toutes les puéricultrices. Dévouement, gaieté, efficacité, tendresse. Elles vont toutes m'apprendre à me familiariser avec cet environnement inconnu.

Après ma première visite à Ondine, je suis plus sereine. C'est rassurant de savoir qu'elle est là, pas loin. J'habite à trois cents mètres de l'hôpital. Je me sens moins dépouillée, moins frustrée, moins abandonnée. Jean a pris une photo. Pour la postérité et pour les deux autres, Benjamin et Virginie, qui m'attendent impatiemment. Ils ne comprennent pas bien où est leur petite sœur. Comment est-elle ? Est-ce qu'elle va bien ? Va-t-elle vivre ? Quand nous l'amènes-tu ? Il faut leur expliquer. La photo de leur maman, harnachée comme un cosmonaute, penchée sur une caisse en verre où ils aperçoivent une toute petite chose, les fascine et les aide à se faire une idée.

Benjamin, du haut de ses quatre ans, est déjà plus technique, comme tout mec qui se respecte. Il veut saisir lui aussi la signification de cet appareillage bizarre. Virginie, plus âgée, plus raisonnable, s'inquiète plus pour la vie de sa sœur. Elle se moque pas mal du côté technologique. Elle veut savoir à quoi ressemble notre petite bonne femme, si elle souffre, si elle bouge, si elle boit, si elle pleure. A six ans et demi, elle réagit presque maternellement.

« Dis, maman, on veut la voir. Emmène-nous ! Allez maman, sois gentille ! » Mais maman hésite un peu. Je ne sais pas s'ils vont bien supporter cette visite. Les enfants ont pourtant une faculté d'adaptation exceptionnelle. Peut-être parce qu'ils ne perçoivent pas les choses comme nous, les adultes. Ils sont, je crois, plus simples, plus nature. Ils n'ont pas encore de tabous. Quoi qu'il en soit, j'hésite sans doute parce que je ne me sens pas prête ; j'ai besoin de quelques visites pour être suffisamment à l'aise et détendue. Les présentations seront faites comme elles doivent l'être : dans la joie et la sérénité.

Le lendemain, tout me paraît moins étrange et moins choquant.

J'ai déjà l'impression d'être dans un monde familier. Je refais les mêmes gestes, ceux d'hier et ceux des jours suivants. Je vais d'abord regarder par la vitre, à l'extérieur. Je demande des nouvelles comme si je voulais me rassurer avant d'entrer.

Ondine n'a pas perdu de poids aujourd'hui. Ce n'est pas significatif, mais tellement apaisant! C'est à nouveau notre moment de complicité et de communication par ces deux petites trappes rondes qui laissent à peine passer mes mains. J'ose enfin regarder autour de moi, découvrir les autres prématurés. Bizarrement, je les ai eux aussi déjà intégrés à ma vie. Je me sens concernée. Il y en a des plus petits, des « crevettes » encore plus crevettes et j'ai mal en les voyant. Il y en a également des plus gros qui peuvent être alimentés normalement, au biberon. Je sais que c'est la prochaine étape. J'ai déjà compris qu'il faut me fixer des étapes, les franchir une par une, en rassemblant mes forces pour atteindre la suivante.

Au bout de cinq jours, me jugeant capable de faire les présentations, j'arrive avec Virginie et Benjamin, un à chaque main. Prenant un air détendu, je monte allègrement les escaliers. Je les devine à la fois impatients et inquiets. A quoi donc ressemble-t-elle, cette petite sœur? Ça y est? La voilà! Et comme moi, le front collé à la vitre, ils contemplent étonnés cette petite chose qui est leur sœur. Benjamin est plutôt amusé, intrigué, Virginie plus émue. Ils restent longtemps à l'observer, à l'examiner. Finalement, ils repartent contents et rassurés. Elle existe donc bien. On ne leur a pas menti. Ils vont éprouver, eux aussi, le besoin de venir souvent. Comme ça, juste en passant, pour faire un coucou rapide et s'assurer qu'elle est toujours là. « Allez maman, viens, on va dire bonjour à Ondine » : elle est définitivement entrée dans leur vie. Pourvu qu'il ne lui arrive rien !

Maintenant c'est la course aux grammes. Petits grammes minuscules qui vont réguler sa vie et, par ricochet, la nôtre. Hier, elle a pris 10 grammes. Aujourd'hui, victoire! c'est 70 grammes d'un coup. Vous êtes sûre? J'essaie le plus possible d'arriver au moment symbolique de la pesée. Mon cœur fond à la vue de ces tout petits bébés toilettés, changés et pesés avec tant de soin et de gestes affectueux. Les puéricultrices leur parlent beaucoup, les félicitent ou les grondent selon le cas.

Petit à petit, comme l'oiseau fait son nid, Ondine se transforme. Elle se remplume un peu. Le goutte-à-goutte obligatoire et d'apparence si barbare fait son effet. Je la trouve ravissante et mignonne à croquer. J'ai l'impression qu'elle me reconnaît. En tout cas, elle m'écoute. J'en suis sûre. Elle ouvre de grands yeux dès que je lui parle. Comme j'aimerais la prendre dans mes bras!

Et pourtant, parfois c'en est trop : je pleure, j'éclate en sanglots.

De gros sanglots réparateurs. Surtout paraître gaie et détendue. Pour Ondine et pour les deux autres. Je fais d'emblée l'apprentissage de ce que j'appellerai la politique du Tonus et de l'Espoir. A garder à tout prix.

Un peu plus de trois semaines (vingt-quatre jours pour être précise). Ondine pèse 1,900 kg. Demain ce sera son premier biberon. Plus de nourriture envoyée anonymement par le tuyau. Une vraie tétine à sucer. Je me sens fébrile. Je n'aurais jamais pu penser que je serais un jour émue à ce point en donnant le biberon. Je suis un peu maladroite. Pas facile de manœuvrer à travers les deux petites lucarnes. Ma petite merveille, après quelques secondes d'hésitation, se met au travail aussi énergiquement qu'elle peut. Chaque goutte avalée me réchauffe le cœur! Maintenant que je pense être un peu plus « utile », je viendrai encore plus souvent. Prochaine étape : le passage chez les « grands », dans un berceau, avec des draps, avec des habits. Normalement, quoi.

Jean en profite pour me confier qu'Ondine a eu pendant toute cette période un souffle au cœur assez inquiétant qui aurait pu être la manifestation d'une malformation cardiaque. Il vient juste de constater que ce souffle a disparu. Le Pr Lejeune le lui confirme. Il ne s'agissait que de la persistance d'un canal artériel. Je le remercie d'avoir cherché à m'épargner toutes ces angoisses purement médicales. Jean est un vrai médecin généraliste, tel qu'on les décrit dans les livres. Un médecin humain qui prend le temps d'écouter, qui exerce son métier presque comme un sacerdoce. C'est cela que j'avais d'abord aimé en lui, sa manière d'aller vers les autres, ses qualités de cœur.

Nous sommes sur la bonne voie, ma chérie. Si bonne que le 25 septembre j'ai l'émotion la plus violente de ma vie. A me couper les jambes, à me faire battre le cœur à mille à l'heure : plus d'Ondine dans la couveuse.

Tout tourne autour de moi. Le monde s'écroule. Qu'est-il arrivé? Pourquoi ne m'a-t-on pas prévenue? Sous le choc, je ne pense même pas à la petite chambre du fond destinée à ceux qui n'ont plus besoin d'être en couveuse. Il faut que ma petite Indienne, encore elle, tape à la vitre et me montre du doigt la direction en souriant pour que je comprenne. Que je suis bête! C'est la surprise. Le Pr Lejeune a décidé ce matin de bonne heure qu'Ondine pouvait sortir de sa prison. Mon cœur continue à battre à toute vitesse, de joie et d'impatience. Vite, en tenue. Me voilà tout près de son berceau. Elle paraît encore plus petite, noyée dans ses vêtements, perdue dans les draps. Je la redécouvre. Différemment. Par le toucher. Le contour de son visage, ses mains (très important et très attendrissant, les mains d'un bébé), ses bras, ses pieds. Et puis ELLE!

Tout entière serrée contre moi! C'est un bonheur intense. Je savoure l'instant.

J'ai toujours aimé le contact avec un bébé, presque de façon sensuelle. Mais ce contact-là, il dépasse tous les autres. Il vaut de l'or! Je reste longtemps. J'ai du mal à m'arracher, mais il faut la laisser un peu tranquille. Et puis je dois partager ma joie, annoncer la grande nouvelle. Par superstition, je n'avais pas osé préparer son arrivée à la maison, pas même sortir ses vêtements. Pour l'occasion, je ne résiste pas devant deux tenues divines et bien chaudes, roses bien sûr. Car Ondine sera habillée presque uniquement en rose. C'est une couleur fragile et délicate qui lui va bien.

Toute la famille et tous mes proches amis se précipitent pour voir le petit bout de chou, recroquevillée contre moi, paraissant encore plus minuscule.

Maman qui, depuis le 24 août, a su être formidablement présente et positive, fait la première visite, émue, attendrie, chaleureuse, totalement concernée. La naissance d'Ondine a renforcé nos liens étroits qui ne cesseront de se resserrer au fil des années. Je sais déjà que je peux à tout moment compter sur elle. Je me souviendrai toujours de la tête de mon père le jour (l'unique!) où je l'ai décidé à venir. Vivant et travaillant en Guadeloupe, il n'avait pu se déplacer plus tôt. Il avait été, comme toujours, stimulant au téléphone. Parfois un peu trop lucide et abrupt. En somme, à l'image de l'aventurier à qui on ne raconte pas d'histoires, le baroudeur généreux, pas toujours tendre. Quand je lui ai montré ma crevette à travers la vitre, il a pris un air indéfinissable, goguenard, presque ironique, un mélange étonnant d'émotion, d'incrédulité et de crainte. Il ne pouvait pas se douter, ni moi non plus, que dans quelques mois il resterait de longs instants, front contre front, en tête-à-tête complice avec elle et que, plus tard, il prendrait tant de plaisir à lui parler, éclatant de rire à ses bons mots, cherchant même à les provoquer. Pour l'instant, au bout de trois minutes, montre en main, il me fait un grand sourire et prend vite congé.

Ondine continue à évoluer favorablement. Sa courbe de poids grimpe régulièrement. Elle est très calme, paisible, détendue. Elle ne pleure presque pas, pas même la nuit, me dit-on. Elle commence bien. Ce qui sera un bébé divin, facile, toujours le sourire aux lèvres. Je vais bientôt pouvoir la ramener à la maison. Elle pèse 2,500 kg! Presque une grosse mère!

Le 6 octobre, j'ai le droit de la prendre. J'ai l'impression bizarre de la kidnapper. J'ai apporté des vêtements bien chauds, un couffin rose (mais oui!), et une infirmière me la passe par une ouverture étroite, comme un colis à la poste.

— Revenez nous voir ! Soignez-la bien et venez nous la montrer !
— Mais oui, bien sûr ! Merci, merci pour tout.

Partir vite, avant que mes jambes ne se dérobent sous moi, avant que le rêve ne finisse. Tout me semble irréel. Mais non ! Je la tiens bien dans mes bras. Elle est tranquille, ne se doutant pas du charivari qu'elle provoque dans ma tête. Il faudra que je le lui raconte plus tard.

Je sais que les enfants, Jean et maman l'attendent avec impatience. Je me sens fière. J'ai envie de l'exhiber, de la montrer. J'ai l'impression que nous avons gagné la partie. Puisque je peux l'emmener, c'est que rien ne peut lui arriver. Son évolution neurologique est excellente, selon le compte rendu de son hospitalisation.

Je pars avec elle rassurée, profitant de chaque instant.

D'abord celui où Virginie et Benjamin m'ouvrent la porte et se précipitent sur le couffin. Cet instant-là a un goût particulier, presque magique. La première confrontation d'un nouveau-né avec ses frère et sœur, c'est un moment unique, d'une émotion intense, d'autant plus intense que l'attente a été longue. Maman me serre dans ses bras avec la tendresse dont jamais elle ne se départit. J'essuie une larme, Jean cache son trouble en... allumant une cigarette.

Je dois à nouveau expliquer aux enfants qu'Ondine est un bébé fragile, qu'il faut faire très attention pendant quelques semaines. Pas de mains sales sur elle ! Pas trop de baisers à microbes ! Ils m'écoutent attentivement, très concernés par la question. Jean m'a rapporté une cargaison de « bavettes chirurgicales ». C'est un spectacle inoubliable de les voir prendre Ondinette dans les bras, leurs visages à moitié masqués et leur petit air sérieux et attentif. Benjamin surtout, avec ses boucles blondes, est à croquer, d'autant plus que je sais à quel point il peut être turbulent et brise-fer ! Ma Virginie ne me surprend qu'à moitié : je la savais déjà très raisonnable, elle se révèle juste un peu plus « mère », lui parlant presque comme moi. Fantastique mimétisme.

En évoquant maintenant cette première rencontre, je mesure à quel point elle fut le début d'un bouleversement profond pour nous tous. A l'époque, aucun de nous ne pouvait en être conscient. J'avais tout juste une sorte de pressentiment angoissé, flou, inexprimable.

Virginie et Benjamin n'imaginent naturellement pas qu'ils seront confrontés à travers leur petite sœur à une réalité difficile à vivre et qu'ils auront, plus ou moins à leur insu, à assimiler un chambardement dans leur échelle de valeurs.

Jean non plus ne peut pas soupçonner combien ce petit bout de chou va transformer notre vie en nous apportant beaucoup de peines, de doutes et d'épreuves, mais aussi beaucoup de joie.

Pour l'instant, seule la liesse éclate car Ondine est enfin chez nous. Tout rentre dans l'ordre. La vie s'organise à merveille. Il y a les huit biberons avec les nuits fragmentées. Qu'importe ! Ondine pousse bien, elle continue à prendre régulièrement du poids. Comme nous l'aimons, notre Ondine ! Il faut voir avec quelle précaution les enfants la prennent dans leurs bras. Ils semblent fondre de tendresse et moi je fonds à chacun de leur tête-à-tête. Jean ne s'est jamais autant occupé d'un bébé. Il est à la fois attentif et attendri. J'ai déjà oublié les premières semaines de cauchemar.

Mais ma *Boubouchka* va nous jouer un bien vilain tour ! D'abord un rhume banal, puis une bronchite qui s'aggrave au point de l'emmener voir le Pr Lejeune à l'hôpital. C'est une bronchiolite pulmonaire. Horreur ! Il faut l'hospitaliser d'urgence. Je réagis très mal, violemment, presque animalement. Non ! Je ne veux pas qu'on me l'enlève à nouveau ! D'abord elle ne va pas supporter ce retour en couveuse ! Je pleure moitié de rage, moitié de désespoir. Pour l'unique fois de ma vie, j'injurie injustement Jean. « Tu n'es qu'un lâche. C'est par lâcheté que tu l'as amenée à l'hôpital. » Pauvre Jean, lui à qui, justement, il est difficile de faire ce genre de reproches. Lui qui est au moins aussi bouleversé que moi. Mais aucun argument ne m'atteint. J'ai mal et ma fille aussi. Elle se met au diapason avec moi, manifestant par des pleurs son refus de se retrouver en couveuse. Elle se tord de tous côtés. Sa tête cogne aux parois. Il est vrai qu'elle a grandi et qu'elle fait figure de géant dans ce monde de lilliputiens. Pour le moment, le côté presque cocasse de la chose ne m'effleure pas. Je piétine, je tremble, je refuse.

Et puis j'abandonne. Je pars rapidement. Personne, je ne veux voir personne. Vlan ! La porte de ma chambre claque. Blottie sur mon lit, je me laisse aller. Des torrents de larmes stupides mais finalement bénéfiques.

Il est 11 heures du soir. Je sursaute. J'ai un pressentiment. « Jean, je suis sûre qu'il est arrivé quelque chose ! Vite ! Va voir ! » Mais je tourne en rond. Moi qui avais clamé mon refus d'aller la voir en signe de protestation, je n'y tiens plus et je cours jusqu'à l'hôpital. J'arrive presque en même temps que la voiture de Jean. Le front à nouveau collé à la vitre, je me calme : elle est là, poupon potelé, toute rose avec une respiration régulière. Je la trouve carrément énorme, cela me fait sourire. C'est l'heure de son biberon et j'entame avec elle mon dialogue de tendresse. Le cordon ombilical est loin d'être coupé. Il ne le sera d'ailleurs pas avant de nombreuses années.

Le lendemain, la louve, inquiète pour son petit, revient aux aurores. On m'attendait presque ! C'est que je suis depuis longtemps repérée, moi la mère fauve aux réactions animales. Le traitement qui consiste principalement à humidifier l'environnement et à aspirer les glaires au fond du nez porte déjà ses fruits. Bon, d'accord pour le traitement, mais pourquoi pas à la maison ? On me voit venir avec mes gros sabots. Mais si, je peux tout faire à la maison. Je suis certaine qu'elle récupérera plus vite. Regardez-la : elle déteste cette couveuse. C'est évident. Je sens que je suis en train de gagner la partie. Jean est pour.

La chambre d'Ondine sera transformée en véritable chambre d'hôpital, presque de réanimation, au grand amusement de Benjamin et de Virginie : de l'oxygène, un aspirateur trachéal, un brumisateur-chauffeur et même un compresseur. Plus quelques briques pour incliner le lit. L'arsenal complet ! Tout est prêt.

Le 30 novembre, quarante-huit heures après son entrée d'urgence, j'attends le verdict du Pr Lejeune. C'est bon : je peux la ramener. Nous avons encore remporté une petite victoire toi et moi, n'est-ce pas ?

Il faut vite guérir maintenant. Nous ne dormons que d'un œil pendant quelques nuits, guettant le moindre bruit anormal. Mais Ondine, ravie d'être à nouveau à la maison, retrouve rapidement l'appétit et la santé.

Elle redevient ce bébé adorable, tout sourire et tout gazouillis. Sa courbe de poids fait ma fierté. Elle est tellement mignonne que je ne réalise pas immédiatement qu'elle a un peu de retard. Vers Pâques, commençant à m'inquiéter, j'en parle à Jean : elle ne saisit pas bien les objets, en tout cas avec la main droite, elle ne se retourne pas dans son lit, elle ne tient pas assise. Tout ceci n'est pas encore très alarmant puisqu'elle n'a pas huit mois et qu'elle est, il ne faut pas l'oublier, une grande prématurée. Nous partons bientôt tous chez papa en Guadeloupe. Je prendrai rendez-vous avec le Pr Lejeune à notre retour. J'ai de plus en plus une angoisse sournoise, mais je suis à cent lieues de penser en termes de handicap. Je mettrai d'ailleurs très longtemps avant d'accepter ce mot et je ne l'ai fait que pour mieux le combattre.

Avant de partir, je la montre quand même à un ami ophtalmologue, car son strabisme m'inquiète beaucoup. Il est normal qu'un bébé louche un peu mais il y a des limites. Gérard est formel : Ondine doit porter des lunettes. Il m'explique patiemment qu'il faut empêcher le bon œil de prendre le dessus sur le mauvais et que plus tôt on essaie de rectifier ce strabisme, plus grandes sont les chances d'obtenir une vision binoculaire. La potion est d'abord difficile à avaler. Ma petite fille défigurée par d'affreuses lunettes ! Ridicule ! Bon, d'accord, s'il le faut vraiment, elle aura des lunettes.

Finalement elle capte encore plus tous les regards et tous les cœurs, depuis qu'elle est affublée de ses montures roses !

Je me souviendrai toujours de ce premier voyage aux Antilles avec elle : pas un cri, pas une larme, comme si elle voulait nous remercier de l'emmener avec nous.

C'est dans l'avion qu'elle a pris pour la première fois son hochet avec la main gauche (mais pourquoi pas avec la droite ?). Elle tient le coup jusqu'au bout, les yeux écarquillés derrière ses verres, luttant contre le sommeil pour ne pas perdre une miette du voyage. Elle ne s'écroule qu'à l'arrivée à Pointe-à-Pitre.

Pas du tout gênée par le décalage horaire, elle reprend dès le lendemain matin sa petite vie de bébé heureux. Qui pourrait imaginer en la voyant s'agiter dans l'eau, jouer avec son frère et sa sœur, éclater de rire à leurs facéties, qu'elle aurait à faire un chemin si long et si ardu ? Et moi avec elle, pour elle. Je revois avec émotion les photos de ces vacances : nous étions encore insouciants.

Papa, que les enfants appellent Fafi, ne résiste pas au charme des lunettes. Les voilà les yeux dans les yeux, l'un attendri, l'autre câline. Il se passe quelque chose de privilégié entre eux, une complicité tendre et bizarre qui persistera.

Quinze jours de rêve, bonne préparation pour un choc psychologique qui ne va pas tarder. Ondine ne tient toujours pas assise toute seule. Je dois la caler dans son landau avec de gros coussins. Si je l'installe par terre, elle vacille et tombe comme une poupée de chiffon. Pas de « quatre pattes » non plus. Pas de tentative pour se mettre debout. Suspect.

Je redoute le rendez-vous à l'hôpital prévu pour le 5 mai. Ce n'est pas encore une peur tenace, juste un serrement de cœur, comme si mon subconscient m'avait devancée, comme si ma fibre maternelle faisait marcher son instinct infaillible. J'arrive assez détendue. Un peu en avance car chose promise, chose due, je vais dire un petit bonjour et montrer mon Ondine au service de néo-natalité. Toujours les mêmes ou presque, et toujours cet accueil chaleureux.

Puis je monte aux consultations. D'abord un examen de routine, poids, taille, périmètre crânien. Les courbes sont excellentes.

« Oui mais, monsieur (le "monsieur" étant un privilège de femme de médecin), il y a plusieurs points qui me gênent. »

J'explique et j'énumère tous les faits inquiétants pendant que le Pr Lejeune s'attarde sur ses pieds, ses chevilles et ses hanches. Je sens qu'il commence à prendre du recul, à se poser lui aussi des questions. C'est vrai qu'elle a des pieds un peu bizarres avec ce gros orteil en permanence relevé en hypertension. J'apprends qu'il s'agit du signe de Babinski, très fréquent chez les prématurés. Regardez comme elle se met sur les pointes en position debout, on dirait une petite danseuse. Il essaie de manipuler ses chevilles pour les mettre à angle droit, je n'avais jamais remarqué à quel point l'articulation était rigide, comme s'il y avait quelque part une contraction trop forte qui l'empêchait de bien fonctionner. Il me montre aussi que l'écartement de ses jambes n'est pas fabuleux, il a vraiment du mal à l'obtenir. Les cuisses semblent se resserrer spontanément. Il teste l'équilibre et le maintien de sa tête en position assise. Pas brillant. Il tente de lui faire saisir les objets. C'est extrêmement hésitant. La main gauche se débrouille mieux ; la main droite en revanche est carrément mauvaise, gênée elle aussi par une contracture importante. D'ailleurs, elle garde souvent son poing fermé. Avant tout il faut faire une radio des pieds et des hanches pour vérifier qu'il n'y a pas de malformation importante. Il me conseille d'aller voir ensuite l'orthopédiste infantile rattaché à l'hôpital, très compétent paraît-il. Il s'efforce de ne pas être alarmiste : « Vous savez, madame, ce syndrome pyramidal (c'est-à-dire cette hyperextension des membres inférieurs ou supérieurs) est fréquent chez les grands prématurés. Ils démarrent presque tous la marche sur la pointe des pieds, souvent avec un léger retard moteur. »

Il se veut réconfortant, mais je comprends mal pourquoi il semble hésiter et se réfugier derrière un manque de compétence. Je suis un peu déçue car je n'ai pas assimilé ce retard à une défaillance neurologique exigeant les compétences d'un spécialiste. Dans ma petite tête de néophyte, je n'avais pas soupçonné qu'il s'agissait d'une lésion centrale importante. Heureusement le passage de l'ignorance à la prise de conscience se fera en douceur. C'est mieux de prendre conscience des difficultés petit à petit. L'acceptation est moins douloureuse. En fait, tout au long de ces années à venir, je serai d'autant plus forte que la gravité du problème ne m'apparaîtra que progressivement. Si j'avais appris dès ce premier rendez-vous qu'il nous faudrait lutter si longtemps et si durement toutes les deux, je n'aurais sans doute pas développé cette énergie. J'aurais été tentée d'abandonner immédiatement.

J'imagine que Jean devait être, lui, beaucoup plus conscient et donc plus angoissé. Mais il ne me faisait pas partager ses craintes. D'ailleurs, il ne s'agissait que de présomptions car, je l'apprendrai ultérieurement, en matière neurologique, les pronostics précis et datés sont impossibles. Jean attendait que d'autres se prononcent. Il a fait preuve, en l'occurrence, de l'humilité du médecin face à la vérité, qualité rare chez une certaine race de jeunes médecins que je vais détester d'emblée jusqu'à les rejeter totalement : ceux qui savent tout, ceux qui ont des certitudes fondées sur leur stupide prétention, ceux qui vous assènent sans tact des coups à vous faire perdre l'espoir, alors que le plus important, c'est justement l'espoir.

Sans espoir, on renonce. Rien n'est alors possible. Pas question que je renonce. Ces médecins-là, je vais les rejeter énergiquement. Comme je vais refuser ce jeune orthopédiste excité, mal élevé et maladroit que le Pr Lejeune m'avait conseillé d'aller voir.

Dès la première seconde je ne l'aime pas, ce type, avec son air exagérément décontracté, presque je-m'en-foutiste ou plutôt condescendant. Il regarde le dossier d'Ondine d'un œil distrait. Après un examen plutôt rapide, il s'assoit à son bureau et commence à me parler du ton du monsieur-qui-sait-tout. Veut-il m'impressionner ? Il me prend pour qui ? Attention jeune homme, je suis femme de médecin et pas complètement idiote. Mais il continue à me faire son exposé sur les dangers de la prématurité, sur les risques de handicap, sur le fait qu'il faut accepter la réalité des faits. Je bous intérieurement, j'ai envie de me lever car je sens que je vais exploser. Pourquoi me parle-t-il ainsi ? De quel droit ? Personne ne m'a encore dit qu'Ondine était handicapée. Même pas lui. D'ailleurs comment pourrait-il le savoir déjà ? Ondine n'a que neuf mois. Je me sens lourde tout à coup. Ma fille anormale ? C'est cela qu'il cherche à me dire ? Pas exactement sans doute, mais je l'ai ressenti de cette manière. Je me lève. Merci monsieur ! Je vais partir quand il me rattrape. Il n'avait même pas examiné les radios. Ce serait quand même judicieux d'y jeter un coup d'œil. Toujours la même délicatesse : « Ça ne va pas, le noyau est excentré, il faut absolument s'en occuper vite. Revenez me voir à l'hôpital en service d'orthopédie, je vous donnerai la marche exacte à suivre. Venez avec votre mari. »

Tremblante, je serre mon Ondinette dans les bras, comme pour me baigner dans son sourire divin. Ah, ce sourire ! Il illumine son visage, lui donnant déjà tout ce charme indéfinissable. Personne ne reste insensible à ce sourire entier, sans retenue, sincère. C'est fou ce qu'il va m'aider à tenir, ce sourire ! Aujourd'hui par exemple, il m'empêche de fondre en larmes. Pas tout de suite, pas devant elle. Je veux la ménager et l'osmose qu'il y a entre nous est tellement profonde que je devine qu'elle ressent tout ce que je ressens.

Une fois à la maison, mon bébé dans son lit, je me laisse un peu aller, cela fait du bien. Je raconte à Jean, lui transmettant ma colère. Nous hésitons à aller au second rendez-vous, puis finalement nous décidons de nous y rendre. Il fait une chaleur torride. Après avoir traversé tout Paris, nous commençons à attendre. Quarante-cinq minutes, une heure, une heure quinze, une heure trente. Jean explique qu'il a une consultation et qu'il ne peut plus attendre. Nous allons partir quand une espèce d'excité en blouse blanche arrive en courant. Il nous embarque dans un autre service sans juger nécessaire de s'excuser. Là nous sommes un peu médusés car notre orthopédiste semble embarrassé. Nous ne comprenons pas pourquoi il a demandé la présence de Jean car il ne propose rien de très précis. Serait-ce la présence d'un médecin qui le trouble ainsi ? Il perd son air supérieur et patauge dans des explications un peu confuses. Il prescrit toutefois des « attelles de Poti » pour son problème de hanches et nous conseille de voir un kiné spécialisé pour faire des manipulations au niveau des chevilles et des hanches. Il évoque même l'éventualité d'une petite ténotomie, c'est-à-dire une incision au niveau des abducteurs afin de lutter contre leur contraction.

En fait, je vais réaliser cinq années plus tard que nous aurions dû passer outre son indélicatesse et oublier le mauvais contact. S'il s'était montré plus humain et moins prétentieux, nous aurions peut-être suivi ses conseils et ainsi évité à Ondine une opération douloureuse quelques années plus tard.

III

Voilà, je commence à entrer dans le vif du sujet. C'est le tout premier contact avec une réalité qui ne sera pas toujours facile à accepter et qui le sera plus ou moins bien selon mon interlocuteur. Tout est dans la manière. Je peux tout accepter si je ne suis pas blessée dans ma foi en Ondine et donc en moi.

Consciencieusement je vais chercher ces fameuses attelles. Je reviens bouleversée car j'ai côtoyé un univers nouveau fait d'appareils barbares, de corsets, de fauteuils roulants et j'en passe. J'ai rapporté les attelles mais Jean trouve qu'elles sont trop contraignantes et, après avoir demandé conseil à un de ses amis, prescrit des culottes d'abduction à mettre la nuit. La première fois, j'explique à ma *Boubouchka* le pourquoi de la chose. Mais oui, j'explique. C'est très important même si elle ne le comprend pas vraiment. Elle sait qu'elle doit se laisser faire et accepter avec le sourire d'avoir ce gros paquet entre les cuisses.

Nous commençons toutes les deux notre apprentissage. Il faut qu'elle puisse vite se tenir assise et marcher à quatre pattes. Elle doit rattraper son retard et faire ses premiers pas vers vingt mois. Dans ma petite tête volontaire, j'organise tout. Je planifie. Je ne sais pas si j'y croyais vraiment, mais je devais me fixer des limites dans le temps. Toujours ce système d'étapes à franchir.

Je contacte un jeune kiné, M. Nadaud, dont Jean avait entendu parler. Le premier, il saura me faire comprendre concrètement les défaillances d'Ondine et la manière d'essayer de les combler. Avec beaucoup de patience, de pédagogie et de tact, il me familiarise avec cette rééducation très spéciale et m'amène à l'intégrer totalement à la vie de tous les jours. Je saisis mieux que nous devons essayer de reconstituer d'autres réseaux que ceux de l'instinct, car en fait, Ondine a perdu tout cet aspect instinctif du développement moteur. Je ne conçois pas immédiatement combien la tâche est ardue, un gouffre sans fond, mais j'ai compris qu'il me faudra répéter, répéter inlassablement pour obtenir des résultats. Nous y arriverons, mon Ondinette. Il faut avoir confiance. Et toi, et moi.

Au début, Ondine accepte assez bien les visites bi ou trihebdomadaires de M. Nadaud. Une seule condition : ma présence. Sinon mademoiselle se met à hurler, à pleurer et surtout, plus ennuyeux, à se raidir énergiquement au point d'empêcher toute manipulation. Déjà un sacré caractère! Notre ménage à trois s'organise : Ondine a besoin de moi pour accepter M. Nadaud, moi j'ai besoin de lui pour me guider et me faire progresser dans ce travail, et lui a besoin de ma coopération pour obtenir celle d'Ondine. Il va vite sentir qu'entre elle et moi un système de vases communicants est en train de s'établir. Si je vais bien, elle va bien, et vice-versa.

Je lui explique souvent qu'elle doit « travailler » pour arriver à s'asseoir et à se déplacer. Très tôt, je lui fais prendre conscience de la nécessité absolue d'avoir de la volonté. Bien sûr, elle ne le perçoit pas comme nous les adultes, mais cette idée-là fera son chemin puisqu'elle me dira trois ans plus tard, à quatre ans à peine : « Tu sais, maman, je vais marcher parce que je veux marcher. Ça se passe là, dans ma tête! » Sacrée petite bonne femme. Cette phrase-là sera ma compagne de tous les jours, mon soutien dans les moments de découragement, un argument choc à présenter à Ondine quand elle refusera plus tard l'effort, une manière permanente de relever le défi que le destin nous a imposé.

Pour l'instant, je sens que sa volonté passe par la mienne. Tout va bien : j'en ai une énorme provision. Je l'encourage beaucoup, je la félicite, je fais des bravos joyeux.

Aucun de nous ne réalise alors que notre vie prend un virage inéluctable, entièrement rythmé par la nécessité de combler le retard d'Ondine. Les enfants acceptent très bien l'urgence de cette priorité. Leur petite sœur doit être comme les autres. Il faut l'aider à tout prix, et ils vont être merveilleux.

Pendant quelques mois encore, je garde mes fonctions de directeur financier dans une société de matériaux de construction qui appartient à papa. Je ruse déjà avec le temps, et rentre vers 14 heures pour consacrer à notre Ondinette presque totalement le reste de la journée.

Je passe des heures par terre, les jambes écartées derrière elle à essayer de lui faire trouver son équilibre en position assise. Au début, elle penche d'un côté ou de l'autre et s'écroule presque immédiatement. Décourageant mais normal, car la contracture de ses jambes l'empêche de se redresser et lui fait faire le dos rond. Il faut essayer de la détendre avant de commencer les exercices. M. Nadaud me conseille de la faire rouler d'un côté à l'autre, de lui faire l'« avion », de la bousculer dans l'espace, de la faire rire. Il faut lui faire oublier son appréhension car elle sent qu'elle ne peut pas tenir. Comme elle a peur, elle se crispe encore plus. Cercle infernal qu'il faut absolument briser. Indéfiniment je recommence mes tentatives pour la sécuriser et je ne quitte plus ma place derrière elle. Elle panique moins et commence lentement à garder un équilibre très chancelant et très éphémère. Deux ou trois secondes.

C'est à cette époque que j'ai commencé à lire des tonnes de petits livres pour la motiver et la distraire. Mes lectures sont en permanence entrecoupées de « redresse ton dos, Ondinette », « lève la tête », « ne la penche pas », « tiens-toi droite », etc.

Quand je ne lis pas, j'essaie de lui faire travailler ses mains, surtout la droite qui reste souvent fermée. Je lui apprends à faire bravo avec les deux mains ouvertes. Cela peut paraître évident, mais elle tapait avec sa main gauche sur le poing droit en boule. Qui aurait pu me dire qu'il me faudrait tant de patience et de persévérance pour obtenir ce geste instinctif que les bébés adorent faire spontanément ? Répéter, répéter sans cesse. Refaire encore et encore. « Non, pas comme ça ! Regarde maman ». Elle finira par garder sa main droite ouverte mais continuera à ne taper qu'avec la main gauche. C'est un progrès, donc une possibilité d'espoir, la clé indispensable et nécessaire pour ouvrir les portes de la persévérance. S'il n'est pas possible d'espérer, à quoi bon se battre et chercher à obtenir une évolution, si lente soit-elle...

Je lui montre comment enfiler des gros anneaux sur une tige. Facile et évident, semble-t-il. Eh bien non ! Ce qui est déroutant, c'est justement que ces gestes apparemment simples lui sont complètement étrangers au départ. Ce qui est fascinant, c'est la manière dont elle finit par les découvrir puis les assimiler et enfin les automatiser. C'est une tâche épuisante par son caractère répétitif. Mais comme elle m'aide ma petite poupée, toujours de bonne humeur, toujours ce sourire merveilleux. Et ce regard si plein d'amour. Nous faisons une bonne équipe et je l'aime tellement !

M. Nadaud me montre comment la manipuler au niveau des hanches, des pieds et de la main droite. Des gestes simples qui, pour être efficaces, doivent être répétés plusieurs fois par jour. Pour les hanches, je dois d'abord lui faire plier les genoux, la rouler en boule pour la détendre et puis ouvrir les genoux le plus possible pour obtenir une ouverture des hanches. Ensuite, il faut essayer de lui faire tendre les genoux l'un après l'autre, puis les deux à la fois, en gardant le même angle d'ouverture. Elle se rebiffe parfois et s'oppose en se contractant de toutes ses forces. Je lui change les idées en racontant des histoires rythmées comme les mouvements. « Écoute, Ondine, il me semble que j'entends du bruit. Mais oui, voilà les petits poussins qui arrivent, en voilà un, en voilà deux, encore un, et un autre. Et là derrière eux, plein de canetons. Mais qui frappe à la porte, toc, toc, toc ? ». Elle oublie que je l'embête et se laisse faire. Même scénario pour les chevilles qu'il faut essayer d'assouplir et de mettre à angle droit en maintenant le pied bien entier dans la main. Les premiers temps, elles sont rigides. Mais je trouve qu'elles deviennent plus souples. Je me surprends parfois à faire le mouvement automatiquement sans y penser quand elle est sur mes genoux ou quand je lui donne à manger.

Ondine est une fine bouche. C'est pour elle et pour nous un moment privilégié de détente. Attention ! Elle ne cherche pas une compensation. Elle aime tout simplement manger. Ce goût-là nous vaudra vers deux ans de grands moments. J'adorerai l'entendre dire « c'est vraiment succulent », « c'est fou ce que je me régale », « que c'est appétissant ». Elle sait jouir de tous les plaisirs qu'elle peut voler à la vie. La voir à table donne encore plus envie de la sortir de ce foutu retard.

Tu mérites de gagner vite, ma poussinette ! Mais tu n'as pas encore deux ans et il faut poursuivre notre découverte de la rééducation. Nous entrons inconsciemment dans un cycle fastidieux dirigé vers un seul but : l'obtention des progrès. C'est une tâche dévorante entreprise sans restrictions. Peut-être sera-t-il rébarbatif de raconter cette période. Mais comment éviter une certaine monotonie si je veux décrire la réalité du moment ? Il fallait apprendre à vivre cette rééducation en toutes occasions. Plus question par exemple de la porter n'importe comment. Puisqu'il y a un problème au niveau de ses hanches, je la porterai uniquement en lui faisant enlacer les miennes avec ses jambes et je l'installerai sur mes genoux jambes écartées.

Le changement de position quand on est couché, c'est-à-dire passer sur le ventre ou sur le dos selon le cas, est une manœuvre aisée quand elle est instinctive, mais affreusement délicate quand elle doit être décomposée pour être retenue. Sur la moquette, je décide de lui montrer comment s'y prendre. Encore une fois je suis un peu déroutée par son manque d'initiative. C'est en recommençant inlassablement ce mouvement que je perçois plus précisément la manière dont nous devrons progresser ; il faudra savoir doser l'aide que je lui apporte : dans un premier temps entière et totale, puis de plus en plus partielle ; jusqu'à ce qu'elle puisse prendre le relais toute seule. C'est ainsi qu'après l'avoir fait rouler un nombre infini de fois d'un côté sur l'autre, je lui donne la première impulsion pour la mettre sur le côté et je l'encourage alors à finir toute seule la rotation, sans coup de pouce supplémentaire si possible. A ses premiers succès, elle éclate de rire, visiblement tout à fait consciente de l'exploit. Elle finira par passer seule du ventre sur le dos, puis un peu plus difficilement pour l'inverse.

Nous manifestons toutes les deux notre joie. Car nous apprécions déjà à sa juste valeur le moindre progrès et la moindre victoire. Comme nous apprécions ce geste tout bête de prendre le pied dans la main et de le porter à la bouche. Très raide au début et progressivement plus souple. Une petite victoire de plus. On grignote, on grignote. C'est bien.

Il faut aussi s'attaquer au « quatre pattes ». Elle n'a pas le réflexe de se mettre à genoux et bien évidemment elle s'affaisse dès qu'on l'installe dans la position. La méthode est identique à celle de la position assise : recommencer inlassablement, expliquer, montrer, corriger, soutenir d'abord complètement puis de moins en moins. Virginie et Benjamin m'aident beaucoup. Ils acceptent de servir de modèles avec tant de bonne grâce que je comprends qu'ils pourront être des alliés merveilleux. Rien de tel que l'exemple d'autres enfants qui peut aussi aider à sortir le plus souvent possible de ce huis-clos pourtant inévitable. La participation des autres la distrait et la motive.

Maman comprend très vite que sa présence est précieuse parce qu'elle nous distrait en nous offrant un public attentif et affectueux. Elle passera nous voir très souvent, même rapidement, apportant à chaque fois une gâterie, une surprise.

Ni les uns ni les autres ne savons que notre travail durera si longtemps. Mais il semble déjà que nous soyons tous concernés. Même si je suis la seule à tenir le choc de la distance et à ne jamais céder d'un pouce dans le quotidien perpétuellement recommencé, il est évident que le problème d'Ondine s'impose comme une donnée inéluctable de notre vie à tous. Les enfants ont spontanément offert leur collaboration, comme s'ils avaient senti qu'il leur fallait absolument contribuer au travail de leur petite sœur. Au fil des années, leurs relations vont évoluer. Benjamin souffrira profondément de l'attention permanente que je devrai porter à Ondine. Il se sentira frustré. Il n'est déjà pas facile d'être, en quelque sorte, détrôné par une petite dernière et de se retrouver bizarrement coincé entre deux sœurs, mais les choses deviennent presque insupportables quand la nouvelle venue monopolise totalement maman. Comment faire autrement ? Le couple que nous formons déjà, Ondine et moi, modifie imperceptiblement l'équilibre familial, accentuant la complicité naturelle entre un père et un fils. Benjamin ne manifeste pratiquement jamais son courroux directement contre Ondine, mais la jalousie qui le ronge le rendra très difficile, surtout avec moi. Il se rapprochera avec passion de Jean et me rejettera presque pendant deux ans, redevenant plus serein quand Ondine ira en classe et qu'il me verra moins accaparée par elle.

Benjamin a maintenant seize ans. Il a réussi à dépasser toutes ses frustrations, à trouver un équilibre.

Il ne faut pas m'en vouloir, mon Benja. Je n'ai pas voulu te faire du mal, te négliger. J'ai tout simplement été happée par une tornade qui emportait tout sur son passage. Je me suis oubliée pendant des années et j'ai sans doute un peu trop oublié les autres.

En revanche, Virginie ne se sentira pas privée de mon affection de la même manière. Elle est d'abord plus âgée, plus solide, plus mûre. C'est une fille, de surcroît, avec un instinct et une tendresse maternels innés.

C'est vrai qu'ils ne pourront pas en permanence persévérer dans l'effort et l'attention, qu'ils lâcheront souvent prise, surtout plus tard, quand le chemin leur semblera ne pas aboutir au succès. C'est vrai qu'ils se réfugieront par intermittence dans l'égoïsme inné des enfants! Néanmoins ils feront preuve tout au long de ces années d'une grande compréhension, d'une grande affection et d'une totale acceptation, presque admirative, du handicap d'Ondine et de son acharnement à le combattre. Mon seul regret, c'est qu'ils n'aient pas eu assez de maturité ou de ténacité pour participer plus quotidiennement à notre rééducation, car leur aide a toujours été très stimulante et bénéfique pour Ondine. J'aurais peut-être moins ressenti notre combat comme un combat solitaire à deux...

Pourquoi à deux? Pourquoi pas à trois, avec Jean? Pourquoi ai-je ressenti là comme une absence, comme un manque d'assistance? Est-ce ma faute? Jean, pourtant, a toujours été présent par sa tendresse et son affection. Mais peut-être ai-je découvert qu'il n'était pas l'homme fort et tonique sur lequel j'aurais pu me reposer. Je l'aurais voulu plus énergique, plus agressif, plus battant. Il offrait son calme, sa solidité tranquille. Il donnait son amour. C'était beaucoup. Ce n'était pas assez.

Peut-être ai-je été injuste? De toute façon, tout cela était plus ou moins inconscient, tant chaque chose de ma vie s'effaçait pour ne laisser de place qu'au combat pour Ondine. Les sentiments se modifiaient à mon insu. Je l'ai compris beaucoup plus tard. Peut-être Jean avait-il déjà admis qu'il n'y pourrait rien.

Les premiers temps donc, les deux grands vont nous soutenir avec enthousiasme dans l'apprentissage du quatre pattes. L'un sert de modèle et l'autre m'aide à maintenir la position ou à faire fonctionner les bras et les jambes. Boum! Patatras, Ondine s'écroule d'abord comme un château de cartes. Leurs rires m'empêcheront de me décourager et stimuleront leur petite sœur qui, au bout de quelques mois, réussira à rester à genoux. On danse. On tape des mains. Et en avant les « courses de sac ». C'est le nom donné par Benjamin à nos innombrables trajets dans le couloir pour lui faire acquérir le mécanisme infernal! C'est si facile apparemment, et pourtant si affreusement compliqué quand ce n'est pas inné.

D'ailleurs rien n'est simple : même l'explication qu'il me faut donner à tous ceux qui commencent à s'interroger. Trois groupes se forment très vite : il y a ceux qui, très pessimistes, défaitistes, osent à peine exprimer leurs craintes de peur de me heurter et qu'il me faut rassurer ; il y a ceux qui s'inquiètent un peu, qui ne comprennent pas très bien mais qui sont persuadés qu'Ondine marchera plus tard, vers vingt mois. Un peu comme moi. Et puis il y a ceux qui croient comprendre et qui disent des énormités : elle ne fait rien parce qu'elle ne veut pas, elle est paresseuse, c'est sûrement musculaire, elle a une malformation des chevilles. Mais oui, vous avez raison! Je hausse les épaules intérieurement.

Pourtant, voilà plusieurs mois que nous travaillons avec acharnement. En faisant un petit bilan, je me dis que les progrès se font bien lentement. Ils existent néanmoins et nous réconfortent : elle tient un peu assise si quelqu'un s'assied derrière elle, elle utilise parfois sa main droite, elle tient à peine à quatre pattes mais n'avance pas seule, elle peut passer de la position ventrale à la position dorsale, elle touche son visage avec le pied si on lui fait faire le mouvement. Ces quelques mois ont encore renforcé le cordon ombilical qui nous unit. Il y a entre nous deux une relation exceptionnelle faite de complicité, d'amour, de besoin réciproque, de communication, de volonté, d'exigence mutuelle. Cette relation s'intensifiera au point que nous serons comme soudées l'une à l'autre. Phénomène merveilleusement gratifiant mais parfois épuisant, presque étouffant tant il donne l'impression que tout dépend de vous et que vous êtes complètement indispensable. Mais pour le moment, rien ne me paraît trop pesant et je suis ravie de partir avec toute ma petite famille en Guadeloupe retrouver notre Fafi préféré.

Comme c'est bon de revivre sous les chauds rayons du soleil! Comme c'est bon de s'éclater dans une eau limpide, turquoise et presque tiède! Comme c'est bon surtout de voir Ondine s'ébattre dans cette mer! Elle adore ça et n'a pas peur du tout. Dans l'eau elle est transformée ; elle se détend, bouge ses jambes et ses bras très facilement, comme si elle n'avait plus à lutter contre aucune contracture. Elle est dans son élément, son prénom était prédestiné !

En revanche, elle n'apprécie pas trop le contact avec le sable. Elle a peur de piquer du nez dans ces petits grains qui grattent et ne lui inspirent pas du tout confiance. Elle se crispe donc un peu plus. Ah non ! mon bébé, il ne faut pas avoir peur ! Veux-tu vite me cacher ce gros orteil qui se lève ! Pour la familiariser tout doucement avec cet élément étrange et étranger, il faut essayer, comme à chaque fois, de ne jamais la prendre de front. Car sa volonté s'affirme déjà. Même si ce n'est pas encore la petite fille de quatre ans qui me déclarera d'un ton péremptoire un matin : « Je te signale que j'ai décidé de ne pas aller à l'école, et je ne céderai pas. » Voilà qui est dit ! Nous n'en sommes pas là, mais je sais qu'il me faut beaucoup de patience et parfois même des trésors de ruse pour gagner sa participation.

Je la rassure en l'asseyant sur mes genoux au bord de l'eau. Elle est fascinée par toute cette eau qui arrive et j'en profite pour la poser directement sur le sable. Pas folle ! Elle hurle. Recommençons. Je finirai pas l'avoir, ma demoiselle ! Au bout d'une dizaine de jours j'arrive à mes fins. Il y a toujours quelqu'un derrière elle, sinon c'est la panique. Virginie est comme toujours très présente et efficace. Elle me remplace souvent dans l'activité monotone des pâtés de sable. Indispensable pour détourner son attention et obtenir un dos un peu plus droit. Nous essayons de lui apprendre à manier la pelle et le râteau. Mais cette fois-ci nous n'aurons aucun succès. Nous nous satisferons uniquement d'une bonne prise de l'ustensile. Ce n'est déjà pas mal.

Quand elle s'est bien habituée au contact rugueux du sable, je prends l'habitude d'enterrer ses pieds puis ses jambes. C'est paraît-il un excellent remède de bonne femme pour détendre, surtout si le sable est chaud. Je lui montre comment se libérer en pliant le genou. Dur ! Dur ! Mais elle finit par trouver ce jeu amusant.

Je la mets à genoux face à la mer, espérant bêtement que l'attrait de l'eau la fera miraculeusement partir à quatre pattes. Elle ne s'effondre pas, mais ne démarre pas pour autant. Bébé ne bouge pas. Virginie, Benjamin et Jean se relaient pour m'aider à la faire avancer : un bras, une jambe, l'autre bras, l'autre jambe, un bras, une jambe... Ça y est ! Elle est dans l'eau. Elle bouge ses bras, ses jambes.

Il me faut expliquer de plus en plus souvent qu'Ondine a un petit problème. Car les enfants antillais, très débrouillards, commencent à marcher très tôt.

Les gens se posent des questions et cherchent à comprendre, avec une gentillesse toute naturelle et spontanée, le retard d'Ondine. « Mais qu'est-ce qu'elle a, elle est malade ? » J'apprends donc aussi à répondre, en choisissant le parti de me montrer très optimiste.

Pourtant, au fond de moi, parfois je n'en mène pas large. C'est indéniable : j'obtiens des résultats mais si minimes, si lents. J'espérais plus. Il faudra apprendre la persévérance et la patience. J'ai absolument besoin de savoir où nous allons toutes les deux et à mon retour je prends rendez-vous avec le Pr Arthuis, neurologue infantile réputé.

IV

Dans la voiture, sur le chemin de l'hôpital Saint-Vincent-de-Paul, je laisse défiler rapidement dans ma tête ces quatre derniers mois. Je ne me serais jamais crue capable, avant, de faire front aussi bien à un tel problème. La prise de conscience n'est pas trop traumatisante car je suis sûre qu'Ondine finira par marcher. En fait, mon refus de douter me fait appréhender par toutes les fibres de ma peau cette consultation. Je n'ai jamais abordé franchement la question de fond avec Jean. Je sens confusément qu'il ne peut pas me donner d'explications rationnelles, encore moins des échéances et un pronostic très clair. Je lui épargne mes questions. Je sais qu'il est douloureusement partagé entre ses craintes médicales et son envie qu'elles ne soient pas justifiées. Je ne quitte pas mon Ondinette des yeux ; je lui parle, elle me sourit et je me sens mieux. De toute façon je n'ai plus la possibilité de reculer. Il faut y aller. Il faut pénétrer plus profondément dans ce pays sauvage, étranger et nouveau de la neurologie infantile.

Quel sera mon premier contact avec ce professeur ? Tendue, je rassemble toute mon énergie pour cette rencontre. Je m'efforce de ne pas trop regarder autour de moi, je redoute un spectacle trop bouleversant. J'en suis encore au stade où je refuse de voir les « autres ». Plus tard, au contraire, je puiserai un regain de force à la vue de ces enfants souvent plus atteints et toujours étonnamment courageux face à l'adversité. Pour le moment mes regards sont dirigés vers Ondine et vers la porte par laquelle passe un nombre impressionnant de jeunes gens en blouse blanche. Tous étudiants en médecine.

Bon, c'est notre tour. Viens, *Boubouchka* ! Miracle : je suis conquise par le sourire chaleureux, la poignée de main franche, le regard plein de bonté, la voix douce, la simplicité. C'est gagné : j'ai confiance, je vais pouvoir m'exprimer facilement et écouter attentivement.

C'est moi qui parle. Jean me laisse faire car il a déjà compris à quel point l'avenir d'Ondine et le mien sont liés de façon indissoluble. D'emblée il s'est mis en position de repli par rapport à nous. C'est sans doute l'évidence de notre relation privilégiée qui le pousse à agir ainsi. Cette relation dominera pendant longtemps toutes les autres au point de les amoindrir ou de les rendre inefficaces. Ce lien merveilleusement étroit submergera tout sur son passage comme une vague violente à laquelle il est impossible de résister. Je comprendrai beaucoup plus tard que cette force-là m'avait enrichie d'une expérience passionnante mais aussi isolée et enfermée dans une interdépendance qui finira par être lourde à porter.

Avec sa sagesse et sa psychologie de médecin à l'écoute des autres, Jean avait réalisé que je devais absolument trouver un interlocuteur extérieur qui saurait m'expliquer les choses avec clarté et délicatesse tout en préservant ma foi en notre réussite.

Je sens peser sur moi un regard très profond, presque inquisiteur, avec en même temps la pointe de malice de celui qui vous perce à jour. Je m'apercevrai deux ans plus tard qu'il avait effectivement cerné et saisi combien nous dépendions l'une de l'autre. Avec le recul je crois qu'il s'amusait – tout en s'inquiétant – de mon volontarisme et de mon désir de me raccrocher à des dates. Il savait bien, lui, qu'il était impossible de fixer des échéances précises. Pourtant, il ne me décourage pas d'emblée, conscient que le temps – donc la patience – joue ici un rôle primordial. Il répond à toutes mes questions et confirme qu'Ondine souffre d'une diplégie spastique plus marquée à droite, prédominante au niveau du bras droit, ce qui explique sa mauvaise préhension à droite. Il s'attarde sur ses hanches et insiste sur le fait qu'il faudra les surveiller attentivement. Il faudra aussi lutter contre l'équin des deux pieds (c'est-à-dire sa tendance à être sur les pointes), toujours plus marqué à droite. Mais il est formel : Ondine finira par se déplacer seule.

— Mais quand, monsieur, dites-moi quand?

— Madame, dans l'état de nos connaissances il faut savoir être modeste et éviter de donner des pronostics précis. Dans six mois, dans un an plus vraisemblablement (je pousse un cri), si ce n'est plus. Dites-vous bien que vous avez une certaine chance et que le cas de votre petite fille pourrait être beaucoup plus grave.

Il ajoute avec le même sourire qui fait tout accepter qu'« elle risque d'avoir une démarche un peu disgracieuse et des séquelles dans la main droite. Mais elle y arrivera. Ayez confiance. Elle y arrivera. »

Il nous a gardés très longtemps. Je réalise immédiatement qu'il a réussi à me faire avancer dans ma prise de conscience de l'infirmité d'Ondine. Finalement j'ai accepté de sa part beaucoup de vérités dures à entendre car il a su me toucher par cette espèce de sagesse tranquille de ceux qui savent et qui ont l'expérience. Il m'a fait pressentir que le chemin risquait d'être plus long que prévu. Mais pour l'instant je ne veux retenir que ces trois petits mots : elle y arrivera. Ce qui est important c'est qu'elle marchera un jour. Tu entends, Ondine ? C'est génial, non ?

C'est peut-être génial mais nous avons devant nous un sacré bout de chemin à parcourir. La réalité et la complexité du problème commencent à m'apparaître plus nettement. J'ai la sensation étrange d'être petit à petit envahie par un autre moi tout entier tourné vers un seul but : faire marcher Ondine.

Inconsciemment mon échelle de valeurs va se modifier. Je vais gommer ce qui n'est pas essentiel à mes yeux et, sans m'en rendre vraiment compte, me retrancher derrière une certaine indifférence à tout ce qui n'est pas Ondine. Cela ne veut pas dire que je n'assume pas tout le reste et que je fais subir à ceux qui m'aiment les conséquences de ce repli intérieur. Non. C'est plus subtil. Tout se passe au-dedans de moi, une espèce d'absence interne. Je me transforme imperceptiblement, gardant toutes mes forces pour mon combat avec Ondine. Pas question de me laisser entamer par d'autres problèmes.

Je décide d'arrêter de travailler. Il me paraît primordial de me consacrer entièrement à la deuxième naissance d'Ondine. Je crois toujours qu'elle marchera bientôt, même si j'ai reculé un peu ma limite dans le temps. Je me fixe l'âge de deux ans. Encore un an ! Mais je tiendrai un an, j'en suis sûre.

Après les vacances, nous réorganisons notre ménage à trois, M. Nadaud, Ondine et moi. L'harmonie est plus difficile à trouver car le lien entre la mère et la fille s'est renforcé au point de créer une certaine forme de déséquilibre dans notre travail commun. J'explique à Ondine que nous avons besoin de M. Nadaud, qu'elle doit absolument l'accepter et lui obéir. Le plus souvent mon discours la touche et elle consent de bon cœur à participer. Mais parfois, insensible à mes propos, elle se braque dans un refus énergique. Il nous faut alors déployer d'inépuisables feintes et louvoyer habilement pour arriver à la faire céder. Mais surtout je dois assister à ces séances car elles me permettent de mieux cerner le problème, de découvrir avec l'aide du kiné de nouvelles difficultés afin de progresser dans mon approche de la rééducation.

Très habilement, M. Nadaud me guide dans cette démarche. Finalement, il devient plus mon éducateur que le rééducateur d'Ondine. Il sait que le travail quotidien est primordial. Il sera donc mon premier guide, un guide plein de douceur et de délicatesse. Car il m'arrive d'être découragée, surtout après une mauvaise séance. Chaque fois, il saura trouver les mots justes pour m'aider à relancer ma machine à tonus.

Allez, mon bébé ! On y va ! D'abord, il faut améliorer l'acquis. Il faut rendre Ondine autonome en position assise. Pour le moment, il n'est pas possible de la quitter, ne serait-ce qu'un instant. Mais l'équilibre finit par venir. Elle va tenir un peu plus longtemps chaque jour. Pour lutter contre cette odieuse contracture et éviter un problème plus important aux hanches, je lui apprends à tenir assise les deux jambes écartées. Je me mets soit devant elle en lui tenant les mains, soit derrière elle, et je maintiens avec mes pieds l'écart de ses jambes bien tendues. Je lui plie aussi une jambe en tailleur avec l'autre écartée. Je l'assois aussi très souvent en tailleur. Au début : panique à bord. Elle tangue, s'effondre et coule. Puis le calme s'installe. Que d'heures passées ainsi, assises par terre ! J'ai tellement envie de réussir.

Ondine et moi nous nous encourageons réciproquement. Moi par mes paroles et mes gestes, elle par son ineffable et merveilleux sourire. A vous faire tout accepter. Je suis sûre qu'elle doit parfois en avoir assez : « Z'en ai ras-le-bol, maman, me dira-t-elle vers trois ans. Z'ai pas la frite aujourd'hui. Ça suffit ! » Si elle avait su parler plus tôt, peut-être aurais-je déjà eu droit à ce genre de déclarations ! Pourtant elle va à l'ouvrage, la mignonne, sans râler. Elle est toujours de bonne humeur. Tout compte fait, elle n'est pas malheureuse. Pensez un peu : une maman pour elle toute seule en permanence. Le rêve, presque.

Presque seulement, car ce n'est pas drôle de recommencer indéfiniment les mêmes gestes. Mais sais-tu, *Boubouchka*, toi et moi nous gagnons du terrain. Je cherche de nouveaux jeux, de nouvelles activités qui puissent en même temps la distraire et la faire progresser. Je lui présente toutes sortes d'objets et d'images (les cartes postales et les cartes à jouer marchent très bien !), assez haut pour qu'elle soit obligée de lever le bras, si possible le droit, et attraper ce que je lui présente tout en redressant son dos. Je fais semblant de tomber et d'avoir besoin de son aide. Je m'agrippe à ses mains pour la faire se redresser tout en maintenant ses jambes écartées et tendues avec mes pieds. Nous jouons aux petits bateaux qui vont sur l'eau. En avant, en arrière. En avant, en arrière. Je ne soupçonne pas que cette position assise exigera des efforts immenses si longtemps. Elle cherchera à tricher, à s'appuyer sur une main. Il me faudra la corriger en permanence. Je veux lutter contre d'éventuelles mauvaises habitudes.

Pour le moment je peux faire le forcing. Ni elle ni moi ne le ressentons comme une contrainte.

Je fouine dans tous les magasins de jouets, à la recherche de tout ce qui pourrait l'amuser tout en développant son activité nouvelle, et en améliorant sa préhension. Chaque fois, je dois montrer la marche à suivre, refaire, répéter, recommencer, aider beaucoup puis de moins en moins, expliquer, encore expliquer, corriger, féliciter. Je prends l'habitude de poser le jouet un petit peu en hauteur, sur un tabouret en face d'elle, pour l'obliger à redresser le dos. Elle a vraiment une tendance très nette à escamoter sa main droite, et il faut absolument lui apprendre à se servir de ses deux mains à la fois. Regarde, Ondinette : pour mettre l'anneau, tu dois prendre les deux mains. Voilà, c'est bien ! C'est bien mais il faut tellement répéter. C'est épuisant, désarmant.

La position assise s'améliore. Mais comment la faire changer de position ? Comment lui apprendre à passer de la position allongée à la position assise ? De la position ventrale au quatre pattes ? Sans parler du quatre pattes à la position debout ! Ouf ! Si je m'étais vraiment arrêtée pour réfléchir, j'aurais baissé les bras. Quel travail gigantesque ! Surtout ne pas penser. Se fixer des petites étapes. Se dire qu'à chaque jour suffit sa peine.

Je continue à la faire tourner dans un sens ou dans l'autre, en position couchée. Elle va bientôt commencer à le faire sans y penser, aussi à l'aise que si elle le faisait instinctivement. Vous voyez bien que d'autres réseaux se créent ! Vous voyez bien qu'il faut stimuler beaucoup pour obtenir peu ! Voilà presque l'unique remède.

Alors je répète inlassablement le passage en position assise. J'y vais tout doucement, pour bien lui faire sentir le mouvement : d'abord un appui sur une main, un transfert du poids du corps sur le côté de cette main et une montée très lente en s'appuyant sur le même côté jusqu'à la position assise. En fait, c'est moi qui la lève en exerçant une force ascendante avec son autre main que je tiens dans la mienne. Mais je vais apprendre à doser mon intervention pour qu'elle puisse participer de plus en plus.

Pour le quatre pattes, Virginie et Benjamin continuent à être très utiles. Nous déployons une énergie farouche. Quel dynamisme ! Ondine aime bien ça. Elle finira par marcher à quatre pattes vers dix-neuf mois. Enfin, c'est un bien grand mot. Disons plutôt qu'elle se déplace un peu à genoux. Ce n'est pas encore très coordonné. « Une jambe après l'autre, Ondine. Pas les deux à la fois. Un bras. Une jambe. Un bras, une jambe. » Ce n'est pas parfait, mais quelle joie de la voir se déplacer ! J'ai un petit pincement au cœur. C'est le début d'une certaine autonomie. Quel progrès !

Petit à petit elle va perfectionner le mouvement. En quantité d'abord : elle tiendra plus longtemps. En qualité ensuite : elle se servira davantage de la force de ses jambes, coordonnant mieux avec les mains. « Les jambes, Ondine, n'oublie pas les jambes. L'une après l'autre. Pas tout avec les bras. » Ce n'est que vers deux ans qu'elle finira par se débrouiller toute seule.

Elle donne l'impression de savourer chaque petite joie de la vie. Comme si elle en connaissait déjà le prix. Quelle soif de bonheur elle a, mon bébé ! Elle sait être heureuse et j'aime cette joie de vivre. Je ne voudrais pas qu'elle puisse un jour souffrir de ses difficultés. Continue à sourire, mon bébé, de ce sourire si vrai. C'est ta force et ma force.

Quand la position à genoux commence à lui être familière, nous lui montrons comment passer sur un côté, poser ses fesses de côté et tourner avec le haut du corps pour se retrouver assise. Mon Dieu que c'est compliqué ! Toujours le même scénario : montrer, guider, refaire et répéter. Mais Ondine a beaucoup de difficultés à réussir ce mouvement. Elle a tendance à crisper ses jambes, à relever ses orteils, à faire le dos rond et à perdre l'équilibre. Surtout, garder l'espoir, ne pas renoncer. Au contraire, plus c'est difficile, plus il faut s'accrocher. Persévérance, ténacité, entêtement, patience, c'est mon carré d'as gagnant. De la volonté, il lui en faut un paquet quand elle doit essayer de franchir à quatre pattes des petits obstacles, ma jambe par exemple. Pas facile de plier suffisamment le genou et de donner la pulsion nécessaire sans s'écrouler. « Encore un petit effort, plie, plie et pousse maintenant ! Extra ! » Évident, dites-vous ? Si vous saviez pourtant ! C'est parce qu'elle a une âme de gagnante qu'elle y arrive. Plus dur maintenant : les enfants s'allongent dans le couloir. C'est « la course d'obstacles » ! En avant Crottinette !

Vers Pâques, M. Nadaud découvre un jeu passionnant : un tabouret en plastique en forme de gros rouleau. Il faut la voir se lancer à l'assaut : le premier genou passé, ça coince un peu mais finalement ça passe. Sacrée petite bonne femme !

J'attaque dans toutes les directions. Je lui apprends aussi à tenir assise les jambes pendantes, sans dossier, avec un dos bien droit. Je l'installe sur un banc face à une table en lui faisant travailler les mains. Je change sa chaise haute pour un superbe tabouret. Assise sur un tout petit repose-pieds, elle doit redresser le dos pour regarder les images des livres que je lui présente.

Pour la recherche de l'équilibre en position assise, tous les moyens sont bons, même la balançoire. Je me demande comment elle arrive à tenir. Elle n'a pas peur. Moi si ! Je m'attends chaque seconde à une chute et je dois me faire violence pour continuer à la balancer. Devant sa joie je finis par me détendre. Je lui fais faire aussi ses premiers tours de manège. Elle en raffole, mais moi je suis terrorisée les premières fois. Je comprends très vite combien ce genre de rééducation faite dans le « cadre normal de l'activité normale » des enfants sans problèmes est bénéfique. A retenir en toute occasion, même si le cœur se serre à chaque nouvelle expérience, moitié de peur moitié de chagrin, devant tant de difficultés à surmonter.

La position assise, le quatre pattes, c'est en route. Et la position debout ? Le problème est immense : il faut à la fois lui donner l'envie de se mettre debout, essayer de lui faire trouver un certain équilibre même avec un appui, la familiariser avec l'espace dans cette position et démarrer la marche. Par quel bout commencer ? Par tous les bouts ! Je veux dire qu'il faut proposer énormément, trouver des idées, donner un but à la station debout, motiver quelques pas. Se creuser la tête et toujours répéter, refaire, recommencer.

M. Nadaud me suggère l'idée de ce que je vais appeler le « dos au mur », à la fois pour muscler ses jambes et pour rechercher le début d'un équilibre sur deux pieds. Je cale Ondine contre un plan vertical, je lui mets les pieds bien à plat, un peu éloignés du « mur », je lui fais redresser le dos et je la maintiens un peu. Et puis en avant l'imagination ! Au fil des années, les occupations vont varier ! Pour le moment, l'équilibre est pratiquement nul. Elle tombe immédiatement. Qu'à cela ne tienne, nous recommençons. « Regarde, Ondine, tu vas attraper les cartes postales que maman te montre. Une, deux, trois. » Et boum ! « Encore, Ondine, allez, attrapes-en plus, une, deux, trois, quatre. » Et boum ! Ainsi de suite. « Sept. Super, Ondinette. Si on changeait ? On va prendre les photos. Tu reconnais, là, sur la photo ? Qui est-ce ? Tiens, si maman te lisait un petit livre, tout petit ? Une page ? Deux pages ? »

Je sais que cet exercice représente un gros effort. Je prends l'habitude de démarrer notre journée par le dos au mur quand elle est toute fraîche et reposée. Finalement, Ondine et moi nous prenons des habitudes et des rythmes de vieilles demoiselles ! Quand je l'installe ainsi, je dois me bagarrer avec ses pieds qui ont toujours tendance à se mettre en équin, avec ses genoux qu'elle tend beaucoup trop vers l'arrière, avec ses cuisses qui se serrent.

Vers Pâques, Ondine tient un peu mieux. Elle attrape avec la main droite levée très haut des cartes à jouer. Mais oui ! nous jouons aux cartes. Elle ne les reconnaît pas encore mais vers trois ans ce sera la championne de la triche à la bataille. Elle écoute des petites histoires dos au mur. Elle arrive même à manipuler assez adroitement, à empiler des petits tonneaux ou des petits paniers les uns dans les autres.

Tous les moyens sont bons pour lui donner l'envie de se mettre debout : ouvrir une porte-fenêtre, chercher un livre dans la bibliothèque, prendre des jouets dans son armoire, tirer sur la ficelle des pantins accrochés juste à sa hauteur, jouer avec les *activity centers* placés eux aussi aux diverses portes des placards et tiroirs des commodes. Là, nous sommes dans le « face au mur » dont les premiers essais se font vers Pâques. Quand je dis tous les moyens, je n'exagère pas : un de nos endroits de prédilection va être pendant quelque temps la cuvette des W-C. Après tout, pourquoi pas ? Elle s'amuse à relever et à baisser le couvercle. Très bon pour le dos et pour l'équilibre, surtout si on ne veut pas se coincer les doigts. Tirer la chasse d'eau, quel jeu passionnant et… rééducateur. A la guerre comme à la guerre !

Pour faire ce dos ou ce face au mur, il faut commencer par le début, c'est-à-dire se mettre debout. Là, c'est le néant. Rien, pas la moindre tentative, pas la moindre initiative. Je montre le mouvement. Je la mets à quatre pattes, je lui fais agripper une surface plus haute. Une fois qu'elle a les fesses bien hautes, je lui fais passer un pied en « petit chevalier » pour prendre appui et se lever. Les premières fois, quand elle doit lâcher une main pour la mettre plus haut et redresser le dos, elle panique et perd l'équilibre. Il faut la rassurer. Tout doux ! Je me sers du dossier d'une petite chaise d'enfant que je place devant une commode dont j'ouvre les tiroirs. Elle peut ainsi procéder par étapes, une main par terre, une main sur le siège. Du calme ! L'autre main sur le siège, tout va bien. La première main un peu plus haute sur le rebord du dossier, c'est bien, et puis la deuxième. « Bon, repose-toi un peu. Maintenant, attrape le tiroir ouvert de la commode avec une main. Bravo ! Et avec l'autre ! Ça y est ! Bien, pose ton pied bien à plat, attention à tes fesses, pousse sur ta jambe pour te lever. » Quelle énergie dépensée pour si peu de résultats ! Aujourd'hui, c'est encore un mouvement qu'elle ne sait pas faire seule.

Face à une bibliothèque, étagère par étagère, elle arrive à mettre ses mains assez haut pour que je puisse l'aider à se hisser. Là, grande récompense : elle choisit un livre. Cela me permet de lui faire faire deux ou trois pas sur le côté pour atteindre l'objet de ses désirs. C'est très important cette marche sur le côté : très bon pour les hanches et pour sa mobilité spontanée. Car elle n'a pas, bien évidemment, ce réflexe des tout jeunes enfants de piétiner sur place et de marcher en crabe. Je lui montre comment y arriver en la guidant au niveau de ses cuisses.

C'est dans le même but que j'installe un vieux parc en bois rigide, plus rassurant que les parcs ronds modernes avec un filet tout autour.

Curieusement, la marche sur le côté semble être encore plus laborieuse que les quelques pas qu'elle fait en me tenant les mains. Bien sûr elle a besoin d'un énorme appui, bien sûr elle croise beaucoup ses pieds, bien sûr elle se met plutôt sur la pointe. Mais le mécanisme semble vouloir venir. « T'as la technique, maman », me dira-t-elle plus tard. C'est vrai que je sens bien la manière dont il faut l'aider : les mains à la bonne hauteur, le haut du corps en avant, mon genou dans le bas de ses reins, un rythme un peu cadencé. Avec moi, c'est presque harmonieux. Elle le fait avec plaisir. Je découvre une difficulté supplémentaire qu'il faudra tourner en avantage : Ondine marche beaucoup mieux avec moi. Il était déjà évident que j'obtenais beaucoup plus que quiconque, mais pour la marche, la différence est surprenante, presque déroutante. A croire qu'il ne s'agit pas de la même petite fille. Il y a comme un blocage, une appréhension, un refus si quelqu'un d'autre la fait marcher. Puisqu'elle progresse pour me faire plaisir, profitons-en. Il sera toujours temps qu'elle le fasse pour elle-même.

Finalement, je n'aime pas que les autres la fassent travailler. Je suis agacée par leurs maigres résultats et par la moins bonne coopération d'Ondine qui manifeste ainsi qu'elle désapprouve mon abandon momentané. Je ne réalise pas que je plonge avec innocence dans un système de pouvoir absolu qui finira par m'isoler trop en supprimant d'autres pouvoirs intermédiaires. A l'époque le problème ne se posait pas en ces termes. Je n'envisageais pas d'autre voie possible qu'un front commun inébranlable, intransigeant et exclusif. Pas bête, mon Ondine ! Par son attitude, elle ne me laisse pas le choix : pas question de décrocher pour le moment. De toute façon, je ne me sens pas encore oppressée par cette mobilisation totale de mon énergie.

V

J'ai passé ces huit mois comme « entre parenthèses ». C'est incroyable : nous voilà déjà à la veille de notre deuxième rendez-vous avec le Pr Arthuis. Je n'ai pas eu la notion du temps, comme s'il était gommé par ce travail répétitif et intensif, comme si la perspective du but recherché nous mettait un peu hors du temps. Sans m'en rendre compte, j'apprends tout simplement la patience, même si je reste encore impatiente dans mes désirs.

Nous revoilà donc à Saint-Vincent-de-Paul, en service de neurologie. Ondine est très détendue dans la salle d'attente. Elle a envie de bouger. Attends un peu, *Boubouchka*, garde des forces pour tout à l'heure.

Nous attendons longtemps. Mon angoisse monte. Et sans l'avouer.

déçue par la lenteur des progrès, je redoute cette consultation.
A nouveau, le défilé incessant de blouses blanches. Décidément, je ne m'y ferai jamais. J'ai l'impression de jouer une pièce de théâtre devant des spectateurs en uniforme. J'ai le trac, mais les trois coups frappés, tout s'arrange. Comme la première fois, je me sens immédiatement en confiance. Il doit avoir un truc, cet homme. En fait, son truc, c'est son calme, sa sérénité, sa manière de regarder et d'écouter. C'est lui.

J'explique tout le travail que nous avons fait. Je voudrais qu'Ondine montre ce qu'elle sait faire. Mais évidemment elle a perdu son dynamisme et son tonus. La salle d'attente lui réussit mieux. Elle n'apprécie pas du tout d'être en représentation et elle manifeste son désaccord par un manque de coopération évident. Espèce d'affreuse! M. Arthuis n'a pas l'air de s'offusquer. Au contraire. Il me rassure en me disant que ces enfants-là réagissent souvent comme Ondine, ajoutant que ce sont des enfants très sensibles au milieu extérieur. Il ne faut pas m'étonner de ces changements brutaux d'attitude, même s'ils sont déroutants.

Il l'examine longuement. Nous parlons beaucoup. Finalement je repars plutôt ragaillardie. Nous sommes sur la bonne voie. Le chemin sera peut-être plus long que prévu mais il nous mènera à bon port : Ondine finira bien par se déplacer. Toutefois, le professeur semble s'inquiéter davantage pour moi que pour elle. Il a senti à quel point je m'investissais dans cette lutte. Il cherche, par tous les moyens, à me faire comprendre que la tâche est immense et qu'il faut à tout prix ne pas m'épuiser pour garder des forces pour l'avenir. Il me parle presque comme un père à une fille un peu trop fougueuse. J'ai presque envie de lui dire que je viens consulter pour ma fille et non pour moi. Mais je comprends sa démarche car je sais que nos deux avenirs sont pour le moment interdépendants. L'essentiel, c'est qu'il me confirme à nouveau qu'Ondine y arrivera. Gardons espoir et repartons pour un autre round. Nous nous reverrons en septembre.

Comme papa a eu raison de s'installer en Guadeloupe! Viens, *Boubouchka*, on va à nouveau se reposer et se baigner dans une mer tiède et limpide. C'est bon pour le moral! Quelle joie de la voir si à l'aise dans l'eau. C'est un spectacle qui fait chaud au cœur. Au bout de quelques jours, je la sens plus détendue. Elle déroule mieux les jambes, plus souplement. Je passe des heures à la faire marcher dans la mer pour aller chercher de l'eau dans un seau. Au début, le contact du sable lui est désagréable. Elle se raidit et se remet allègrement sur les pointes. Veux-tu poser les pieds bien à plat! Elle tient assise presque toute seule dans le sable et commence à manipuler pelles et râteaux. Impossible de la laisser complètement seule, mais quels progrès quand même !

Tout le monde participe à ses activités de plage et j'apprécie à leur juste valeur les moments de détente que je m'octroie sur la planche à voile.

C'est à cette époque qu'Ondine commence à parler. Un lien plus étroit va pouvoir s'établir entre nous par cette communication verbale qui va accroître encore notre complicité.

A posteriori, je réalise que nous avons eu beaucoup de chance : le centre du langage aurait pu être atteint comme chez tant d'enfants que j'ai rencontrés plus tard au Centre pour enfants infirmes moteurs cérébraux. J'aurais eu, je crois, beaucoup de mal à supporter et à admettre de ne pas avoir de dialogue. Sur ce plan-là, Ondine va nous gâter. Dès l'apparition des quelques mots traditionnels et attendrissants, elle va se lancer de façon quasiment magique, presque kamikaze, dans des phrases complexes dont elle se sortira toujours. Comme si ce langage qui lui venait si facilement était une sorte de revanche sur toutes ses difficultés motrices. Elle va très vite avoir des expressions étonnantes dans la bouche d'une toute petite fille, d'autant qu'elles seront toujours employées à bon escient. Nous aurons droit très tôt à des « par conséquent », « à la rigueur », « je te signale que », « je suppose que », « tu vas certainement t'embêter », « non seulement mais encore », « d'ailleurs tu », « je te précise que », « étant donné que », et j'en passe. Elle saura très vite manier le passé simple et utilisera avec délice le conditionnel : « Serait-ce à toi ce crayon ? », « tu ne penses pas qu'il faudrait me porter ? », « j'aimerais que tu m'écoutes ».

Elle aura une façon exquise de pointer son index pour expliquer ou pour demander quelque chose, en posant toujours un nombre impressionnant de conditions. Elle excellera dans l'emploi du « on ». Ainsi, un dimanche matin de bonne heure, alors que nous manifestons une mauvaise volonté évidente à nous réveiller, elle nous lancera, désabusée : « Ah, je vois bien qu'on ne m'aime plus ici ! Puisque c'est ça, bande de vaches, je vais prendre mon petit déjeuner toute seule. A bon entendeur, salut ! »

Évidemment nous n'avons pas encore droit à tout cela, mais nous nous régalons de ses progrès en matière de langage. Même son léger défaut de prononciation nous ravit, banalisant ainsi ce que nous aurions pu prendre pour une prouesse. Il semble qu'elle ait une mémoire étonnante. Elle se souvient de tout, remarque tout, comme si elle compensait son handicap moteur par une vivacité d'esprit peu commune. Elle reconnaîtra par exemple toutes les couleurs très tôt, bien avant deux ans. Visiblement, elle prend plaisir à ces échanges. Et nous donc ! Elle fera notre joie, d'autant qu'elle aura un sens de l'humour étonnant, avec des reparties souvent désopilantes. A deux ans et demi, un matin, elle dit à son père qui vient de renverser le lait : « Alors, papa, on dirait que tu n'es pas réveillé. » Une autre fois Jean la remet sur le pot. Scandalisée elle s'écrie : « Mais j'avais déjà fait pipi et le voilà qui me remet sur le pot! » Non mais dis donc, puisqu'on ne lui laisse rien passer, elle ne ratera personne, elle non plus. Tant mieux! Nous pourrons au moins nous amuser pendant nos longues heures de travail ensemble.

Après Pâques, M. Nadaud m'encourage à améliorer son équilibre assis en l'installant sur une grande plaque de bois posée en déséquilibre sur une cale. Elle n'aime pas trop : « Vous êtes complètement fous. » Mais non, *Boubouchka*, pas si fous que ça. La preuve, nous la mettons sur un cheval. Un vrai! Je suis paniquée et elle, elle est ravie. Elle n'a pas peur du tout. Elle se prend de passion pour un vieux cheval merveilleux, Willy, que mon oncle garde dans sa propriété du Midi pour tous les enfants de passage. Très détendue, elle trouve curieusement une bonne assise assez facilement. C'est encore la preuve qu'il suffit souvent de découvrir le bon moyen pour obtenir des progrès et l'inciter à faire mieux. Il est évident qu'il faudra de plus en plus la mettre dans des conditions stimulantes et naturelles.

Ainsi, pour lui faire prendre conscience de la force de ses jambes, j'entreprends de lui faire monter les escaliers. Aux premières tentatives, elle ne bouge pas son pied d'un millimètre! Désarmant! Je décide d'aller chez une amie qui a eu le bon goût d'installer au deuxième étage de sa maison un superbe orgue électronique qui fait le régal d'Ondine. La voilà motivée! En avant toute, on commence. « Tu lèves un pied, Ondine. Attends, je t'aide! Voilà! Maintenant tu pousses sur ta jambe! Oh, hisse! Bravo! On fait l'autre maintenant. On se repose un peu et on recommence. » Au bout de six mois elle levait suffisamment le pied pour atteindre la marche du dessus. Épuisant, vraiment.

J'avais déjà commencé la balançoire, je me lance dans le toboggan. Dur! Très dur. Car non seulement elle doit glisser sur ce toboggan en tenant avec ses mains, mais en plus elle doit grimper les marches de l'escalier pour arriver en haut.

Quand nous n'allons pas dans un jardin public, nous nous construisons notre toboggan à nous, à la maison : un tabouret contre un banc posé lui-même contre une table en bois, cela fait trois marches, et un banc posé en diagonale entre la table et le sol, cela fait un superbe toboggan. Quand on n'a pas le courage de sortir, il faut avoir de l'imagination!

D'ailleurs, pourquoi ne pas commencer la bicyclette? Mais oui, pourquoi pas? En avant! Il faut lui attacher les pieds aux pédales car elle ne peut pas les contrôler et les maintenir dessus. Il faut répéter, répéter encore et toujours, le dos courbé sur les pédales. « Tu pousses le pied droit en bas et le pied gauche en haut. Maintenant le pied droit en haut et le pied gauche en bas. » Sans obtenir de résultats jusqu'à ce que le déclic se fasse enfin à notre grande joie à tous dans une petite descente. Ce sont les premiers balbutiements. Nous sommes en août 1981 et je me souviendrai avec émotion de ce démarrage laborieux quand le 24 février 1984 elle ira chercher en vélo un gâteau à la pâtisserie de l'île de la Jatte. Quelle différence, quel chemin parcouru! Tu vois, petite Ondine, il ne faut pas désespérer. Jamais! Jamais, tu entends?

Il faut continuer avec acharnement, tout essayer, même la cure du Touquet avec ses bains bouillonnants et la piscine d'eau de mer tiède où tu t'ébats allègrement en faisant la joie des curistes qui ont du mal à concentrer leurs efforts et à garder leur sérieux. Il faut avouer que le spectacle d'une petite bonne femme plutôt bavarde, apostrophant tout le monde et éclatant de rire quand sa mère fait semblant de la rattraper dans l'eau est un spectacle un peu saugrenu. Pour les bains bouillonnants, c'est une autre paire de manches. Le bruit et les bulles la terrifient. Pas d'autre moyen que de m'y plonger en compagnie d'un petit canard en caoutchouc qui disparaît dans le bouillonnement pour réapparaître comme par miracle.

Pourtant, il faut bien se rendre à l'évidence : mon Ondine vient d'avoir deux ans et elle ne marche toujours pas.

J'ai bel et bien perdu mon pari avec moi-même. J'ai été beaucoup trop optimiste, il me faut reculer l'échéance, me fixer une nouvelle étape. La pilule est difficile à avaler mais je veux à tout prix garder la barre au beau fixe. Je ne veux pas me laisser entamer par la lenteur de cette rééducation. Haut les cœurs! Il faut continuer.

Avec notre adorable M. Nadaud, nous trouvons d'autres idées pour améliorer son équilibre et pour l'inciter à marcher. Pour l'équilibre, nous asseyons Ondine sur un superbe rouleau gonflable en plastique. Nous essayons aussi de lui faire pousser un chariot. Elle découvre les joies du cache-cache, j'en découvre le côté astreignant puisqu'elle ne peut jouer qu'avec moi.

Je commence, c'est indiscutable, à souffrir parfois de cet esclavage, de cette contrainte permanente. Jusqu'à maintenant, je n'avais pas eu de mérite car rien ne me paraissait vraiment pesant.

Mais la répétition jour après jour des mêmes gestes, la nécessité absolue d'être présente et dynamique, l'impression étouffante que tout dépend de vous, tout cela finit par user un peu, par entamer beaucoup. J'aurais peut-être dû m'astreindre avec moins de ferveur et de rigueur à la discipline inflexible du geste toujours recommencé.

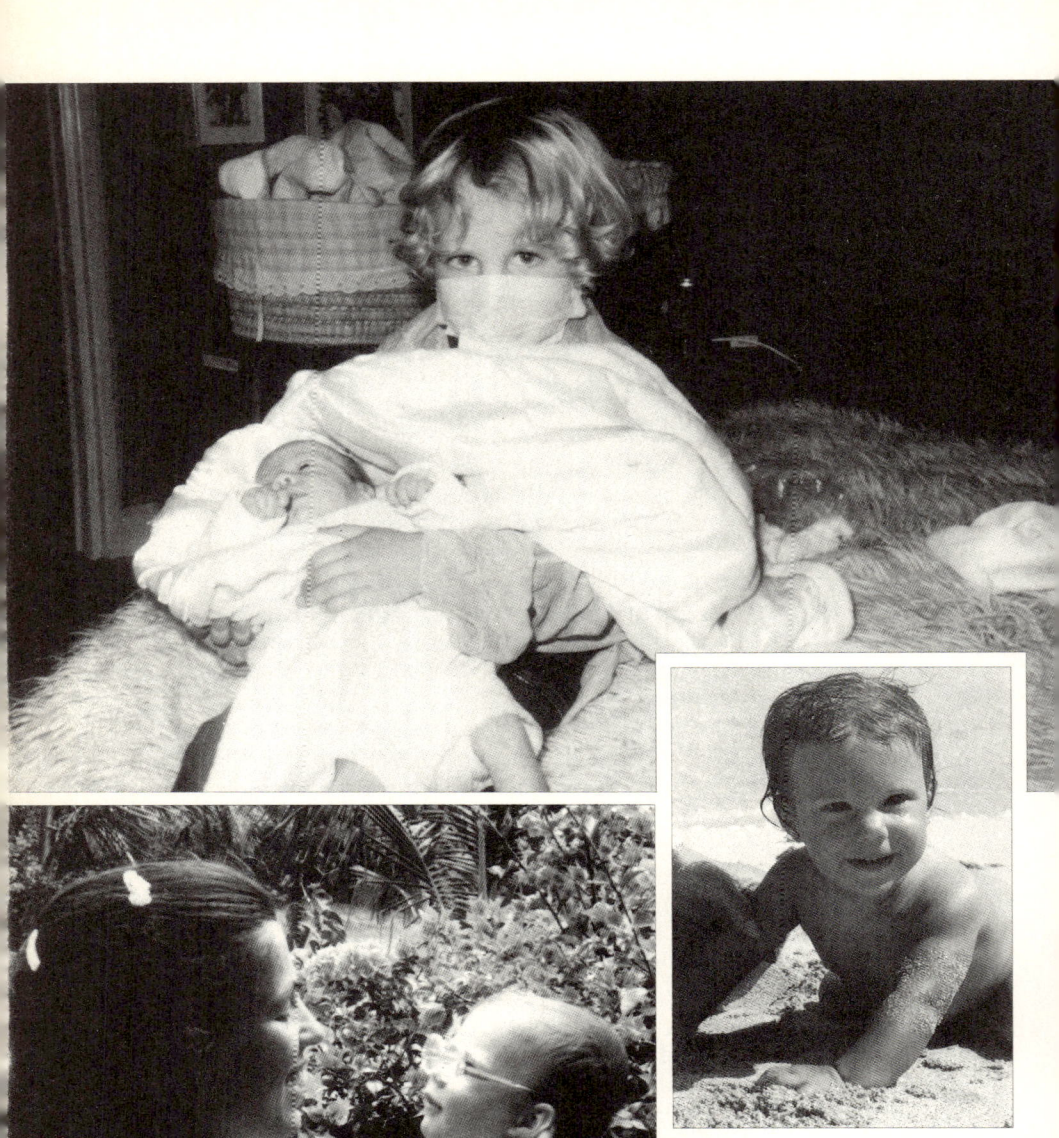

Benjamin avec sa petite
sœur qui vient d'arriver
à la maison.
Le masque protège
le nouveau-né
des « bisous-microbes ».

Premiers jeux de plage
et premiers bains chez Fafi
à la Guadeloupe.

Pâques 1980 : le « bébé
aux lunettes roses ».

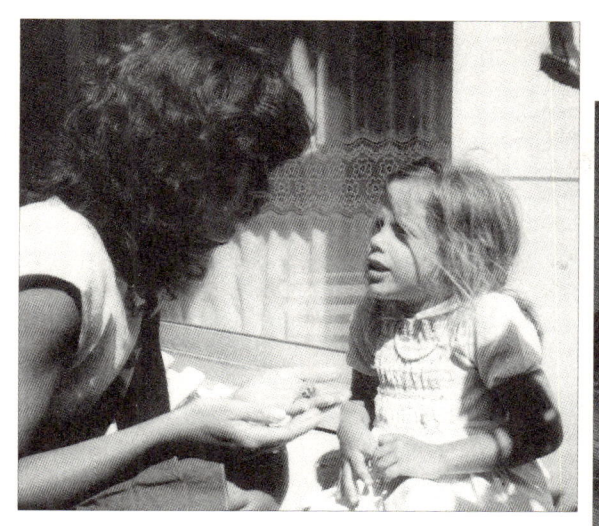

Hiver 1988 : Ondine est fière de ses progrès.

« *Dialogue autour d'une fleur* » *avec maman.*

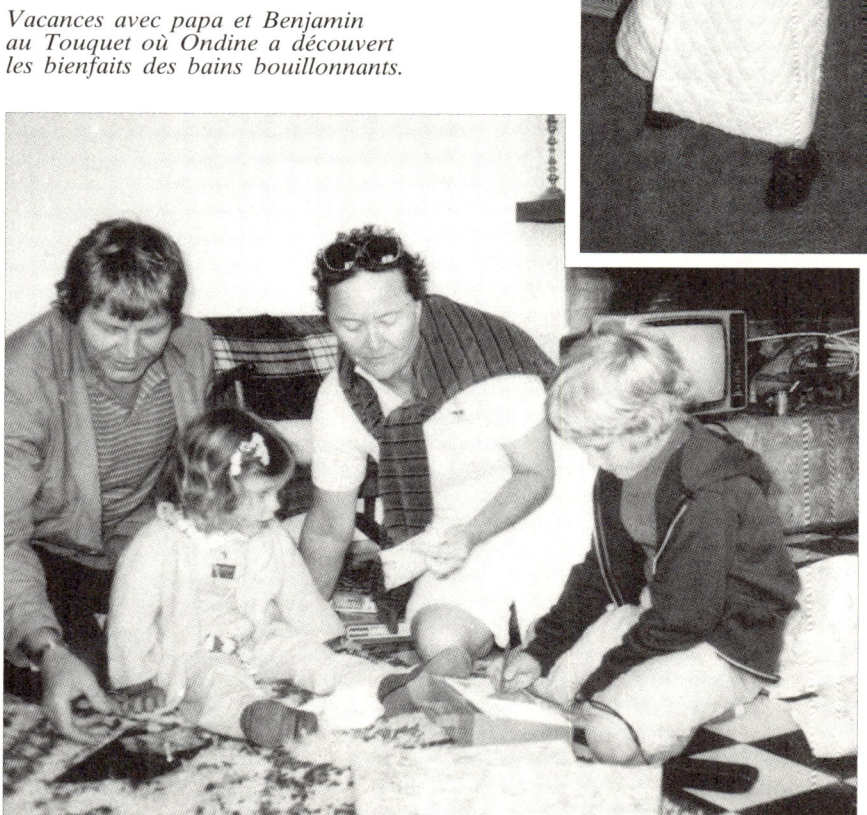

Vacances avec papa et Benjamin au Touquet où Ondine a découvert les bienfaits des bains bouillonnants.

C'est vrai que j'étais la seule à m'imposer et à lui imposer cette répétition inlassable ! J'aurais peut-être dû mettre déjà la pédale douce. J'y aurais peut-être gagné en sérénité. J'aurais peut-être moins ressenti le poids solitaire de ce combat. Mais Ondine aurait-elle progressé autant ? Ou plutôt, aurait-elle eu cette volonté et cette force de caractère qui sont les deux clés de sa victoire future contre l'adversité du destin ?

Le Pr Arthuis avait deviné chez moi cette espèce de fatigue sournoise. J'ai été surprise de voir qu'il se faisait presque plus de souci pour moi que pour Ondine.

En septembre 1981, pour la première fois, il parle de l'éventualité de la mettre dans une école spécialisée. Il y va à tâtons car il me sent terriblement réticente. Je ne suis pas réticente : je suis carrément horrifiée. Comment ose-t-il envisager une telle possibilité ? Comment ? Eh bien à sa manière, douce, calme, posée, qui ne heurte pas et qui conduit à tout accepter. Je n'ai pas dit oui, mais je ne dis plus non. On verra au printemps. Je sais maintenant que six mois représentent une goutte d'eau dans l'océan que nous devons traverser.

Il nous conseille toutefois d'aller voir un orthopédiste pour son problème de hanches et d'équin. Surtout, il me fait comprendre que je dois freiner, changer de vitesse si je ne veux pas m'épuiser trop vite. J'acquiesce mais je sais que je n'obéirai pas. Pas tout de suite ! J'ai encore assez de réserves en moi pour activer notre tandem. Comment ne pas me sentir récompensée quand, après avoir bien travaillé, elle me lance un « c'est justement pour te faire plaisir » ? Comment ne pas fondre quand un petit bout de chou vous fait un câlin et vous dit, en vous regardant droit dans les yeux : « T'es belle, maman, et puis t'es gentille. Je vais te dire un secret : premièrement je t'adore, deuxièmement je t'adore, troisièmement je t'adore, quatrièmement je t'adore. T'es gâtée, hein, maman ? »

Ça, pour être gâtée, je suis gâtée. Qu'y a-t-il en effet de plus pur et réconfortant que l'amour d'un enfant ? Cet amour-là n'a plus de prix quand il faut se battre pour lui et avec lui, quand on doit le mettre au monde une seconde fois jour après jour.

Nous nous remettons au travail plus posément. En tout cas sans planification précise dans le temps. Maintenant, je me méfie.

De plus, je dois consacrer une grande partie de mes forces à vivre bien le retard d'Ondine par rapport aux autres enfants.

Je réalise qu'inconsciemment j'ai fait le barrage sur ce plan-là. J'ai évité au maximum les lieux et les occasions où je pourrais comparer. En fait je supporte mieux la comparaison avec des enfants inconnus, comme au Jardin d'Acclimatation.

Je décide de me faire violence. Après tout, pourquoi ne pas vivre

ONDINE

le problème complètement, simplement? Je vais assumer partout, en toute circonstance. Voilà, c'est dit... Mais ça fait mal quand même, au début, comme une vrille au cœur et au ventre. Heureusement, la réaction des autres, me fait généralement chaud au cœur. Je sens qu'ils sont presque tous, à leur manière, solidaires, et qu'ils aimeraient pouvoir m'aider. Notre couple intrigue, intéresse, force la sympathie et, je dirais même, l'admiration et le respect. Notre façon naturelle de vivre le handicap d'Ondine, permet de casser toute réaction de malaise.

Au fil des années, je vais sentir plus profondément cette chaîne de solidarité amicale. Le fait d'être soutenue moralement et sincèrement me sera d'un grand secours.

Je vais donc souvent dans le coin des enfants. Comme j'aimerais que mon Ondine puisse évoluer librement entre le tas de sable et les balançoires! Comme j'aimerais qu'elle grimpe partout comme un petit diable au risque de tomber! Comme j'aimerais...! Mais c'est impossible, alors trêve de jérémiades : elle arrive à tenir assise au milieu du tas de sable. C'est déjà formidable! Elle n'a peur de rien et elle a envie de tout essayer. Bien sûr, c'est contraignant, mais quel terrain superbe de rééducation spontanée!

Ondine m'étonne d'ailleurs par sa sociabilité. Elle n'est ni farouche ni timide. Bien au contraire. Curieusement, les enfants sont attirés par elle. Intrigués, bien sûr, mais aussi un peu charmés. Ce phénomène nouveau me remplit de joie car je ne voudrais à aucun prix qu'elle soit rejetée, si peu que ce soit. Je ne veux pas qu'elle soit malheureuse et la présence de Virginie et de Benjamin me paraît de plus en plus précieuse.

Grâce à eux, elle est habituée à vivre avec des enfants valides qui marchent, courent, bougent et la bousculent. Indispensable. Je leur sais gré d'avoir su spontanément et intuitivement avoir une attitude décontractée avec elle, sans affectation. J'aime qu'ils se disputent, se chamaillent. Elle est considérée comme une petite sœur normale, pas comme une handicapée qu'il faut à tout prix protéger. Même Virginie, qui continue à admirer les prouesses intellectuelles de sa petite sœur, s'énerve parfois de ses rares caprices ou de ses exigences trop volontaires. Le handicap d'Ondine fait partie de leur vie. C'est un fait, une réalité ni honteuse ni monstrueuse, mais vécue simplement, presque légèrement, comme si ce n'était pas un poids insupportable.

C'est dans cet état d'esprit que je la dépose deux après-midi par semaine dans la crèche de la Maison familiale de mon quartier. J'y trouve là aussi un accueil très chaleureux. Ondine est enchantée. Même la première fois, pas une larme, pas un cri! Je la récupère, quelques heures après, répugnante de saleté à force de s'être traînée par terre, visiblement ravie. L'expérience est concluante : son retard moteur n'est pas une entrave, ni pour elle ni pour les autres.

Ce progrès dans l'acceptation du problème est pour moi une étape importante. Il y aura des hauts et des bas, même chez Ondine, mais elle comprendra vite et je ne cesserai de lui expliquer que nous luttons tous pour qu'elle puisse vivre normalement, comme les autres.

Plus tard, quand elle aura des moments de cafard et qu'elle me dira, désabusée : « Tu sais, maman, c'est pas drôle la vie », je saurai trouver les mots pour lui redonner le moral et la volonté de continuer. Car tout le problème est là : il faut continuer. Jour après jour, tout en sachant qu'un jour représente très peu face à tout ce temps pendant lequel il faudra lutter.

Il faut innover aussi, toujours en fonction des progrès. Par exemple, il ne suffit plus de monter les escaliers, il faut les descendre. C'est une tâche beaucoup plus ardue. M. Nadaud me suggère de prendre deux manches à balai et d'essayer de la faire avancer en les faisant bouger alternativement. « Attention, le cirque va commencer. Regardez le petit clown ! »

Durant cette période elle se nomme, sans complexe, « créature de rêve » : « T'as vu le bracelet de la créature de rêve ? » C'est sa période d'autosatisfaction, qui correspond à la prise de conscience de tout l'amour dont elle est entourée. Elle sait qu'on l'aime, elle n'oublie pas de nous le rappeler à tout bout de champ, mine de rien. Un jour, Jean la cogne légèrement contre un meuble : « Dis papa, tu vas quand même pas faire de mal à ta fillette préférée ? » Elle est décidément bien dans sa peau, notre petite Ondine. Elle parle à tout le monde. Elle fait même rire l'orthopédiste chez qui M. Nadaud nous avait envoyés.

Celui-ci nous conseille de lui faire porter des attelles la nuit, c'est-à-dire des petites bottes en plastique dur qui lui maintiennent la cheville à angle droit.

Le jour du moulage, je suis un peu impressionnée par l'environnement barbare d'appareils divers qui me font penser à des appareils de torture. Elle, elle semble parfaitement décontractée. Auparavant je lui avais longuement expliqué ce que nous venions faire. Elle est d'une sagesse exemplaire pendant qu'on lui fait son plâtre.

La première fois que je lui ai mis ce carcan, j'ai eu mal pour elle. Elle n'a pas protesté au début, mais il a fallu y aller progressivement car elle se réveillait quelques heures plus tard avec des crampes douloureuses. Elle a assez vite accepté la contrainte toute la nuit.

Nous adoptons un régime de croisière avec nos habitudes, nos

ONDINE

rites, nos rythmes. De temps en temps le moteur a bien quelques ratés, le temps vire à l'orage. Le caractère d'Ondine s'affirme un peu et sa volonté peut être à double tranchant. Dur de manœuvrer après un « c'est pas toi qui fais la loi » ou un « je te fais dire d'ailleurs que je ne suis pas d'accord ». Dur aussi de maintenir la pression jour après jour. Dur encore d'avoir toujours le sourire et de montrer envers tous un optimisme presque sans faille. Il n'y a que la foi qui sauve, n'est-ce pas ?

J'ai l'impression d'avoir avalé les jours, je suis étonnée d'être déjà à la veille de notre rendez-vous avec le Pr Arthuis. Je ne veux pas l'admettre mais je suis un peu à bout de souffle. En fait, je suis déçue qu'Ondine ne marche pas encore. J'ai des moments terribles de doutes. Et si elle ne marchait jamais...? Frissonnant d'horreur, je chasse ces idées noires. Mais... je me sens un peu en détresse. Le professeur le devine. « Passez un peu la main, madame. Ménagez vos forces. Vous en aurez besoin. Elle aussi. »

C'est décidé. En mai et en juin, Ondine sera prise en charge par un kiné du Centre pour enfants infirmes moteurs cérébraux, près de la maison, car M. Nadaud n'a plus assez de temps à nous consacrer. En septembre, elle intégrera peut-être ce Centre. Cette idée ne me révulse plus. Un peu découragée, j'ai baissé les bras. Momentanément vaincue par la force du handicap de ma *Boubouchka*, je me laisse guider par quelqu'un en qui j'ai totalement confiance.

Coup de chance, ça accroche très bien entre Ondine et Alain. Ils sont tout de suite si copains que je peux m'absenter dès la première séance. Curieux, ce don qu'ont certains êtres pour fasciner et captiver un enfant au point de lui faire oublier instantanément crainte et méfiance. C'est presque un don du ciel, en tout cas un cadeau rare et précieux. Nous formions, Ondine et moi, avec l'aide de M. Nadaud, une bonne équipe. Alain et Ondine formeront incontestablement un autre couple aux relations privilégiées. Cette entente immédiate me rassure et me soulage.

Nous découvrons d'autres jeux et d'autres attitudes qui feront partie de notre panoplie de parfaits rééducateurs. Comme le « jeu de la brosse » ou le « kangourou ». En langage clair, le premier consiste à passer une brosse dure sur le côté interne du pied pour faire travailler les releveurs du pied, le second à se mettre à genoux, dressée face à un lit, pour jouer ou pour lire, ceci afin de faire travailler les fessiers.

Toute ma vie, je me souviendrai de notre première visite au Centre avant la décision finale. Toute ma vie, je garderai en mémoire cette sensation violente de découvrir un monde d'horreur, un monde qu'on n'imagine que dans les livres ou dans les films, le monde parallèle d'une enfance qui souffre, qui se bat et qui vit heureuse malgré tout. Jusqu'à ce jour, jamais je n'étais entrée aussi profondément dans le cœur du problème. En parler ou le lire c'est une chose, le voir de ses propres yeux c'est autre chose. Le choc fut brutal, presque insoutenable. J'ai tenu à tout visiter. Je n'ai pas dit un mot, j'ai caché mon effroi, retenu mes larmes. Puis je me suis révoltée. Pourquoi tant d'injustice ? Comment accepter tant de souffrance chez des enfants innocents ?

A la limite, pourquoi vivre ainsi ? Dans un monde apocalyptique de fauteuils roulants, de chariots, de corsets, d'armatures contraignantes, de déambulateurs, de casques sur la tête en cas de chute...

Après la révolte, vient forcément l'apaisement. Je réalise que ces enfants m'ont donné comme un coup de fouet salutaire, une superbe leçon de courage et d'espoir. Je comprends que je ne dois pas fermer les yeux, qu'au contraire je dois les ouvrir tout grands pour apprendre à accepter la situation et pour reconnaître que le hasard aurait pu nous accabler davantage. Ondine aurait pu être tellement plus atteinte, et le fardeau tellement plus lourd à porter. Pourtant je ne sais pas si je vais pouvoir supporter que ma fille rentre dans un univers aussi barbare. C'est tellement contraire à mon optique. Je ne veux à aucun prix la cataloguer comme handicapée, lui apposer cette étiquette en l'enfermant dans un monde d'où je veux qu'elle sorte absolument. J'ai l'impression que ce serait un abandon, en tout cas une solution de facilité. Il est indéniable que ces structures-là sont précieuses pour les familles qui ne peuvent pas assumer, ni socialement, ni matériellement, ni psychologiquement, ces enfants. C'est vrai que souvent elles représentent un progrès énorme, un espoir d'évolution, un cadre de vie chaleureux pour des enfants lourdement atteints. Mais elles me font peur par leur côté marginalisant.

J'hésite à sauter le pas. Je suis tourmentée pendant plusieurs jours, déchirée, envahie en permanence par des images bouleversantes comme celle de cet adolescent qui se traînait à genoux dans les couloirs pour atteindre un distributeur de boissons, comme celle de ce petit garçon aux jambes et aux hanches totalement appareillées qui traversait courageusement un autre couloir de sa démarche d'automate aux genoux raides, comme celle de cette jeune fille aux membres terriblement atrophiés et au corps difforme qui maniait avec dextérité son fauteuil électrique et qui surprenait par son regard pétillant d'intelligence.

Les images défilent dans ma tête. Les questions restent sans réponse. Jean ne cherche pas à m'influencer. Bien que son métier l'ait plus habitué à côtoyer la souffrance des autres, il a ressenti comme moi, lors de cette première visite au Centre, une profonde secousse interne. Mais sur ce point aussi, comme depuis le commencement de notre histoire, il a préféré se mettre volontairement en retrait, respectant le lien vital qui existe entre Ondine et moi. Il sait que pour le moment, la meilleure aide qu'il puisse nous donner, c'est son amour total, toujours présent, sa foi en elle, en nous. Il me laisse donc décider. J'arrive finalement à réfléchir de façon positive. Incontestablement, j'ai besoin de souffler un peu et Ondine n'a que trois ans. Il vaut mieux qu'elle passe par un centre comme celui-ci avant l'école primaire. Plutôt avant qu'après. De toute façon, il est impensable qu'elle puisse rentrer dans une maternelle classique. Je n'ai donc guère le choix. Il me semble qu'elle est trop petite pour avoir de trop mauvais souvenirs.

Le sort en est jeté : Ondine est attendue en septembre prochain.

Avant ma réponse finale, je sollicite quand même auprès de la directrice deux faveurs spéciales mais indispensables : la permission de la prendre le mercredi à midi et le vendredi à 14 heures, et celle de prolonger un peu les vacances de printemps. Le régime 9 heures-16 heures 30 dans ce monde nouveau et traumatisant me semble déjà assez sévère pour un petit bout de chou de trois ans.

La directrice accepte. C'est une femme généreuse qui sait écouter les parents et comprend leur détresse. Elle sera une alliée sûre, une interlocutrice chaleureuse et compréhensive pendant le temps où Ondine fera partie de ce Centre.

Plus possible de reculer, Ondinette, n'y pensons plus veux-tu, et tâchons de passer un bon été. Comme tu le dis si bien : « T'en fais pas, maman, il n'y a vraiment rien à craindre ! »

VI

Tout l'été, nous avons continué à travailler. Il fallait faire de ce jour de rentrée un jour de fête. Nous l'avons tous si bien préparé qu'au jour J, elle, la dorlotée, la gâtée, la chérie, à peine installée sur une petite chaise, très tranquillement nous congédie. Elle ne semble ni choquée ni impressionnée par cet environnement qui me fait si mal et qui me blessera intensément chaque jour. Les enfants ont une grâce divine dans leur façon d'appréhender la laideur, la monstruosité ou l'anormalité des autres, car ils ne les ressentent pas comme laideur, monstruosité ou anormalité. Les autres sont différents, un point c'est tout.

Il y a dans la classe d'Ondine un vrai petit monstre : bossu, naine, borgne, sourde et muette, les jambes tordues et les dents mal plantées. A ma grande honte, j'ai du mal à cacher ma répulsion quand elle s'approche de moi de sa démarche de crabe et qu'elle me prend la main. Pour Ondine, c'est une copine comme les autres.

Le premier jour, n'y tenant plus, j'arrive vers 16 heures, très inquiète. Je la trouve, petite bonne femme tout de rose vêtue, silencieuse sur sa chaise, un peu prostrée. Comme en retrait. Sa maîtresse me dit qu'elle n'a pas pleuré du tout mais qu'elle n'a pas participé à la vie de la classe.

Eh oui! Elle est sur la défensive, mon Ondine. Elle observe. C'est qu'on ne la manœuvre pas si facilement! N'est pas son pote qui veut. Pendant le premier trimestre, je suis effondrée parce que je la trouve moins dynamique, moins active. J'ai l'impression qu'à force d'observer elle fait du mimétisme à l'envers, du mimétisme de régression.

C'est bien joli de vouloir une rééducation plus spontanée, moins télécommandée, mais si on obtient de meilleurs résultats en sollicitant de façon plus permanente, pourquoi ne pas continuer? J'ai pourtant besoin de passer la main et j'ai confiance en Alain.

D'ailleurs, Ondine s'est peu à peu bien habituée. Elle manie avec dextérité les termes nouveaux qui font maintenant partie de sa vie : « Je suis allée en kiné », « je suis montée en ergo », « j'ai eu psychomotricité »... Elle me met au courant de tout et j'adore quand elle me résume sa journée à 16 h 30. C'est notre grand moment de complicité retrouvée.

J'ai appris à regarder autour de moi. Chaque fois, le spectacle de souffrances nouvelles me trouble profondément. Mais j'essaie d'en tirer de la force. La gentillesse, la spontanéité et la bonne humeur de ces gosses me surprennent et m'encouragent. Ondine se fait vite remarquer par son allure de petite fille modèle habillée de rose avec des petits nœuds dans les cheveux. Toujours impeccable le matin, un peu moins en fin de journée. Elle est très rapidement connue de tous et quand j'arrive, ils sont toujours plusieurs à m'adresser la parole et à me dire éventuellement où elle se trouve.

Moi aussi, je me fais plein de copains. Il y a un rouquin un peu rond, le visage constellé de taches de rousseur, le regard plein de malice et d'énergie. « T'es la mère d'Ondine, toi. Tu sais que t'es belle? » La glace a été immédiatement rompue et il vient me voir tous les soirs. Il me montrera fièrement ses progrès. Il y a une adolescente toujours courbée sur un déambulateur très encombrant, soulevant des chaussures trop lourdes et lançant parfois un regard désespéré et fatigué sur le long couloir qu'elle doit traverser. Elle a une passion pour Ondine. C'est presque sa poupée. Elle lui parle gentiment, cherchant toujours à la stimuler. Il y a aussi Stéphane, le grand copain d'Ondine, un petit garçon paralysé à la suite d'un traitement radiothérapique, qui se traîne péniblement par terre. Il nous étonnera par son courage et sa force lors de toutes les opérations qu'il devra subir pour pouvoir continuer à tenir assis appareillé. Ondine, encore maintenant, ne l'oublie pas.

Que de prénoms, que de visages, que de regards resteront ainsi gravés en moi comme autant de petites piques au cœur.

Nous commencions tous à trouver un certain équilibre dans cette nouvelle organisation. Touchés par la gentillesse et la patience de tous ceux et celles qui travaillaient au Centre, nous étions un peu rassérénés quand survint l'épisode de l'orthopédiste, en janvier 1983.

Convoquée pour la consultation de ce monsieur que je ne connaissais pas, j'y vais innocemment, pensant qu'il allait me parler du problème des hanches et des radios récentes d'Ondine.

Il est tard, presque 20 heures. Ondine est fatiguée. Elle n'a pas dîné. M. X est très en retard. Enfin il arrive. Ma *Boubouchka* m'est enlevée cinq minutes à peine. J'imagine le peu de collaboration qu'elle a dû manifester. Il est vrai que sur ce plan-là, elle ne s'arrange guère avec les années. Elle ne travaille pas sur commande, la demoiselle, pas avec n'importe qui. Alors un soir, et qui plus est avec un inconnu pas sympathique...

M. X me fait entrer dans son bureau. Aïe! le courant ne passe pas. Mais pas du tout. Je sens des ondes mauvaises et le voilà qui m'agresse immédiatement : « J'ai vu votre fille, madame, qui souffre d'un lourd handicap, surtout des membres inférieurs, et je ne pense pas qu'elle puisse marcher un jour. » C'est fou comme une phrase peut suffire à tout faire basculer : le monde s'écroule. J'essaie de discuter un peu, de lui opposer l'opinion du Pr Arthuis, d'ouvrir encore la porte de l'espoir. Mais le monsieur est cassant. Il n'a décidément pas la manière. Je sors de là complètement effondrée et ébranlée, tremblante de la tête aux pieds.

Même si c'était vrai, pourquoi le dire aussi brutalement? Il ne faut pas retirer l'espoir trop tôt. Il faut se battre encore et on a besoin d'espoir pour se battre, sinon on se couche. Enfin, moi, j'ai besoin d'espoir.

Le soir, je m'écroule en larmes. La montagne semble infranchissable, le tunnel paraît interminable. Jean est furieux. Il écrit même une lettre à ce chirurgien dont il recevra d'ailleurs une réponse assez humaine quoique un peu embarrassée.

Entre-temps je me suis calmée. Ayant pleinement confiance en M. Arthuis, je veux croire en ce qu'il me dit. D'ailleurs, comment peut-on avoir la prétention de juger aussi rapidement et donner des conclusions aussi hâtives? Ce médecin fait partie de tous ceux que je refuse et que je déteste. Il a vu Ondine une fois, il ne la reverra pas. En tout cas, moi je ne veux plus jamais avoir affaire à lui. Si par malheur Ondine devait subir une intervention chirurgicale orthopédique, je refuserais que ce monsieur l'opère.

Je suis loin de me douter qu'il faudra bien, deux ans plus tard, passer entre ses mains pour une grave opération des deux hanches. La vie nous réserve bien des rebondissements. C'est une éternelle école d'humilité face au destin.

Au cours du deuxième trimestre, ce sont les premiers essais en déambulateur. Mais Ondine a peur. Elle a dû faire de sérieuses chutes... Elle ne le dira qu'un an et demi après, en essayant un nouvel appareil : « J'espère que je ne vais pas me casser la figure. Tu te souviens, j'avais peur la première fois, même que je me suis pris une gamelle. » Pas une mais plusieurs, à mon avis. Pour la sécuriser, j'emporte l'engin à la maison, pour l'habituer tout doucement en me mettant derrière elle et en stabilisant l'appareil. « Regarde, Ondinette, comme c'est drôle de marcher en poussant ton déambu! N'aie pas peur! Maman t'aide! » Pas évident. Elle est très crispée. Il faudra beaucoup de patience et de multiples tentatives pour apaiser ses craintes. Fin mai, elle me montre fièrement au Centre son déambulateur à elle, marqué à son nom. Est-ce le déclic, enfin? Je la regarde traverser le hall d'entrée d'une démarche décidée et énergique, avec un air de triomphe. « Je ne sais pas si tu es contente de moi, mais moi je le suis. » Bien sûr, mon bébé, je suis contente. Je suis même folle de joie. Tu viens de faire un grand pas vers l'autonomie. Continue et tiens bon!

Ses mains deviennent plus mobiles. Elle a appris à faire la « pince » avec le pouce et l'index. A droite c'est nettement plus raide. A gauche la pince est bien ronde. Elle prend plaisir à progresser. C'est bien. L'ergothérapeute lui a fabriqué une petite attelle pour l'aider à mieux tenir le crayon.

Mais voilà qu'elle me fait peur, cette ergo. Elle me dit qu'Ondine a des problèmes sensoriels et des difficultés à se situer dans l'espace. Elle m'assure qu'elle aura de sérieuses difficultés pour le graphisme.

C'est ce que nous allons voir.

Intuitivement, je pense qu'Ondine se bloque avec son ergo et qu'à la limite elle se moquerait bien un peu d'elle dans ces moments-là. Elle n'est pas capable, paraît-il, de piquer avec une aiguille au bout d'un bâton sur une ligne tracée sur du papier. Tu veux bien essayer? Avec un air buté elle place consciencieusement tous les points le plus loin possible de la ligne. C'est évident, mademoiselle se moque. Après de longues tentatives éprouvantes pour les nerfs, je me fâche et je fais la menace suprême : la suppression d'une glace au dessert. J'ai alors un mal fou à réprimer un gigantesque fou rire quand elle me répond après avoir réfléchi : « Bon, ben d'accord, j'en fais trois et pas un de plus. » Un, deux, trois : impeccables, en plein sur la ligne.

J'ai compris. Difficultés il y a. Impossibilités il n'y aura pas. Mais là aussi il faudra manœuvrer habilement. Comme elle accepte mal l'échec, il s'agit de ruser et de lui donner confiance. Le dessin ne sera pas non plus une activité spontanée, un cadeau du ciel. Il faudra travailler, cette fois-ci encore à la force du poignet. C'est le cas de le dire.

Pour le moment, je me rends compte qu'il est important pour elle de pouvoir effacer. Cela évite trop d'erreurs et de défaites. Le résultat finit toujours par s'améliorer et l'assurance vient tout doucement. Les ardoises magiques font merveille. La femme du kiné, qui sera deux ans plus tard une fantastique institutrice, me laisse son énorme cahier de préparation au graphisme. Ses premiers dessins seront des cerises et des fleurs (pour le rond et le trait). Elle s'amuse à effacer sur l'ardoise jusqu'à ce qu'elle soit satisfaite. On essaie les échelles, le soleil. Pour les points, qui seront très difficiles à obtenir, c'est la poule qui picore les graines, les taches des girafes, les glands, les gouttes de pluie.

Au fur et à mesure qu'elle progresse, j'essaye de l'amuser ou de la motiver. Nous faisons « le combat de Mme Mime » qui se transforme en de multiples formes. Nous mettons des notes, si possible des 20 sur 20 ! Elle aime réussir et une bonne note la stimule. A force de répéter et d'effacer, elle fait de mieux en mieux.

Je fais semblant de pleurer et de cacher mes yeux en prétextant qu'elle va encore me faire un gribouillage. Adorant toute cette mise en scène, elle s'applique alors de toutes ses forces avant d'éclater de rire quand je feins de tomber d'étonnement devant son chef-d'œuvre. « Je t'ai bien eue, hein, maman ? »

L'année passe ainsi à toute allure. C'est vrai : j'ai soufflé un peu, j'ai relâché la pression mais je suis restée vigilante et dynamique.

Nous avons continué vaillamment à intégrer la rééducation aux gestes quotidiens. Pas question par exemple de l'installer bêtement sur sa chaise pour les repas. Je prends la peine, à chaque fois, de la mettre à genoux, de la faire passer en cavalier pour pouvoir se hisser debout. Je veux qu'elle grimpe toute seule sur son lit et qu'elle en descende de la même façon. « Attention, ça va être la panique », dit-elle ravie.

Il faut trouver toujours d'autres occasions de la faire marcher. Le grand jeu sera cette année de promener Guislain, le bébé d'une amie, et de pousser fièrement le landau. Je suis émerveillée de la métamorphose. C'est qu'elle y met tout son cœur ! Elle lève mieux les pieds et se tient plus droite.

Je ne m'habituerai décidément jamais à ces différences spectaculaires d'attitude en fonction des circonstances. Elle devient presque une autre, comme si elle oubliait son handicap. Ces moments-là me font chaud au cœur !

Il n'y a qu'une mère, je crois, qui puisse trouver ainsi la force de continuer jour après jour.

Je ne dois surtout pas en vouloir aux autres, à tous ceux qui entourent Ondine d'amour et d'affection mais qui ne savent pas avoir la même rigueur et la même énergie systématique. Ils doivent être d'autant plus pardonnés qu'ils sont souvent découragés par son manque de participation. Elle les enverrait presque balader parfois : « Je te fais dire que ça, je refuse ! » C'est sans appel. Jean, en particulier, a d'autant plus de mérite de continuer à essayer de la faire travailler. Il cherche à me décharger quand il sent que je dois décompresser. Il voudrait me prouver que je peux compter sur lui. Mais *Boubouchka* rechignant à coopérer, l'effet obtenu est le contraire de l'effet espéré. Exaspérée de la voir moins vive et moins tonique, je ne me détends finalement pas comme il aurait voulu. Je ne sais pas lui manifester suffisamment ma gratitude. Pourtant, je suis touchée par tous ses efforts, et surtout par cet amour sans faille qu'il nous porte à tous. Je lui suis reconnaissante de se montrer toujours totalement solidaire, même si les manifestations pratiques ne sont pas aussi efficaces que je le souhaiterais. Pourtant, je sens qu'une brèche s'est formée dans notre couple, une déchirure insidieuse et sans doute irréparable. Nous communiquons moins bien. Je sens que je m'éloigne...

Au mois de mai, je pense déjà à retirer Ondine du Centre. Ce n'est pas que le résultat soit catastrophique, loin de là, mais je garde toujours une certaine réticence envers ces structures qui ne correspondent pas à la réalité de la vie. Jean et moi pensons qu'Ondine a besoin d'un milieu riche, qu'elle ne trouve pas là où elle est.

Je refuse que la porte de l'espoir pour une vie en société soit fermée. C'est la raison pour laquelle je veux lui donner le maximum de chances en l'intégrant à un milieu valide et stimulant. Je commence les démarches sans me douter que je me prépare à de dures déceptions. Je vais découvrir la difficulté de vivre en handicapé.

Le Pr Arthuis m'avait prévenue à sa façon. Il m'avait conseillé de ménager mes forces, m'assurant qu'il me préviendrait quand il serait temps de passer à la vitesse supérieure. Eh bien, je sens que notre moteur à nous piaffe d'impatience et n'a pas envie de respecter les limitations de vitesse !

Je me mets donc en quête d'une école susceptible d'accueillir mon Ondine. C'est une recherche humiliante, parce que j'ai l'impression de quémander une faveur, et sinistre parce que je frappe souvent à la porte de petites écoles privées tristes, poussiéreuses et, à mon avis, dépassées. L'accueil n'est pas vraiment négatif, mais condescendant. Je n'y devine pas en tout cas le dynamisme et la vivacité d'environnement que je souhaiterais.

Enfin, je crois avoir trouvé mon bonheur dans une école privée plutôt chic de notre quartier! Malheureusement pour nous le directeur a déjà intégré en classe maternelle une enfant « à problèmes ».

En désespoir de cause, je m'adresse à l'école maternelle de mes deux aînés. La directrice me reçoit plutôt chaleureusement. Mais, sur le point de prendre sa retraite, manquant de personnel, elle présente maladroitement Ondine comme une charge énorme et conditionne son intégration à l'obtention d'une dame de service supplémentaire... Elle promet d'écrire à monsieur le maire. Il y a une lueur d'espoir, même si je sors de mon rendez-vous bouleversée. Curieusement, le cas d'Ondine intéresse un grand nombre de responsables des parents d'élèves. Ils aimeraient bien que leur école serve d'exemple et de modèle pour l'intégration des enfants handicapés. Ils m'appuient totalement, critiquent la directrice pour son manque d'initiative et me poussent à prendre rendez-vous avec monsieur le maire.

Celui-ci se montre très compréhensif et ouvert, mais intraitable. Il n'est pas question de céder à ce genre d'exigences et d'alourdir le budget municipal. Il est favorable à l'intégration d'Ondine, mais c'est une décision qui relève des directeurs d'école. J'écris donc à la nouvelle directrice, une longue lettre, un cri du cœur d'une maman qui se tourne vers elle comme vers son dernier recours. Celle-ci me téléphone pendant les vacances scolaires. Très touchée par ma lettre, elle m'assure que les choses pourront vraisemblablement s'arranger.

Le retour d'Ondine au Centre est prévu avec des points de suspension. La directrice a parfaitement compris ma démarche et m'a assurée qu'elle reprendrait ma petite fille s'il y avait un problème. Je me souviendrai toujours de son entière et fidèle compréhension. Chaque fois que j'ai frappé à sa porte, j'ai été rassérénée et soutenue. Cela m'a été précieux.

Le suspense continue jusqu'à fin septembre. J'apprends par une amie que la petite Éloïse ne reviendra pas dans cette fameuse école très chic. Je suis heureuse, puis terriblement déçue car le directeur, mis au pied du mur, semble maintenant très réticent. Bien, abandonnons! Je n'ai pas non plus de nouvelles de l'école communale et Ondine ne comprend pas pourquoi elle n'est pas rentrée à l'école comme ses copains, comme Virginie et Benjamin.

Elle a déjà été perturbée en voyant le petit Guislain marcher : « C'est bizarre, maman, pourquoi il marche? C'est un bébé pourtant. » Pour la première fois, je la sens ébranlée. « C'est pas drôle, la vie. C'est pas drôle de ne pas marcher. » Ça carbure sec dans sa tête. Je lui explique enfin son problème en termes de « handicap » pour lui donner plus encore l'envie intense de se battre. Pour avoir envie de lutter, elle doit comprendre et vivre consciemment son problème.

A partir de cette date, c'est elle qui expliquera aux autres enfants qui s'étonnent et posent des questions. Ils ouvrent de grands yeux quand elle leur dit sans complexe : « J'ai des problèmes aux jambes, je suis handicapée mais j'arriverai à marcher un jour. » Elle s'est fait ainsi plein de copains complètement intrigués et admiratifs.

Ça y est : le rythme est repris. Toujours aussi péniblement pour moi. Peut-être plus au début car j'ai l'impression d'avoir perdu une bataille. J'aurais tant voulu éviter ce retour dans un circuit que par instinct je repousse. Je me suis souvent demandé pourquoi j'étais si réticente. Je ne crois pas que ce soit par lâcheté ou par peur de mal supporter la vision quotidienne d'une injustice révoltante. Je ne crois pas non plus que ce soit par orgueil et par refus d'admettre le handicap d'Ondine. Je devais inconsciemment penser que ces structures-là n'étaient pas idéales pour ma fille.

Celle-ci est plutôt ravie de retrouver sa maîtresse, ses habitudes, ses rééducateurs et ses amis. Tout le monde lui fait fête et le petit Stéphane est transporté de bonheur en la voyant. Tant mieux ! La pilule est plus facile à avaler pour moi. Mais j'espère secrètement que l'intégration d'Ondine se fera un peu plus tard.

Pour le moment, la demoiselle en rose y met tout son cœur. Elle devient autonome avec son grand déambulateur et m'annonce fièrement tous ses déplacements : « Je suis allée de la classe en rééducation, de la rééducation en classe, de la classe à la salle à manger, et de la salle à manger au préau, puis en classe. » De quoi être épuisée quand on sait l'effort que cela demande. Elle se paie même le luxe de disparaître, à la panique générale, après le déjeuner. Elle était tout simplement partie se laver les mains ! Il faut reconnaître que les grandes distances à parcourir dans un espace aménagé sans obstacles représentent un avantage immense sur notre petit appartement moquetté et encombré de meubles, de portes et de recoins. Elle dispose là d'un terrain fabuleux.

Mais est-ce bien là l'autonomie dont je rêvais ? Je commence à me poser des questions sur le principe de cette rééducation très marginalisante. Ne font-ils pas fausse route ? Ne faudrait-il pas au contraire ne pas l'habituer à ce soutien factice et encombrant du déambulateur, signe définitif du handicap ?

Dès le mois d'octobre, nous avons droit à deux gâteries supplémentaires : elle doit porter ses attelles le jour pour lutter, paraît-il, contre une déformation du pied et contre les inconvénients de la spasticité. Elle doit aussi être installée dans une coquille de plâtre en position assise pour lutter contre son problème de hanches.

D'emblée je suis contre. Non! je n'ai pas l'esprit de contradiction, mais j'ai instinctivement le sentiment que ces mesures sont idiotes. Jean réagit de la même façon que moi. Toutefois, n'étant pas des spécialistes, nous nous plions aux avis éclairés des rééducateurs. Je constate pourtant qu'elle courbe complètement son dos et qu'elle s'affaisse allègrement dans sa coquille (que j'ai fait peindre en rose naturellement!). Quant au port des attelles, il est plus contraignant ou alourdissant qu'autre chose quand elle marche. Il me semble d'autre part qu'on met ainsi la musculature de ses jambes au repos, empêchant le développement de ses mollets. Heureusement, Alain continue à garder un contact privilégié avec elle, à tel point qu'elle refuse de travailler avec les stagiaires et qu'elle oppose de plus en plus nettement son refus de montrer ce dont elle est capable devant la chef kiné. Pas d'atomes crochus entre elles. Avec la mère non plus. Ça ira en s'aggravant. Je n'apprécie pas sa façon de tout vouloir régenter.

Ondine continue, apparemment, à progresser. Elle fait des merveilles à la barre du couloir du Centre, une main sur la barre, l'autre main soutenue par Alain. Elle fait de la « bécane », comme elle dit. Elle fait même quelques essais avec des petits skis en bois qui devraient lui donner une meilleure stabilité. Elle se met en tailleur presque toute seule.

A la maison nous installons une superbe barre en bois dans le couloir. Nous prenons l'habitude de nous en servir chaque fois qu'il faut passer de la chambre à la cuisine.

Pour essayer de lutter contre cette déformation des hanches, nous continuons les manipulations. Nous prenons l'habitude de lire jambes écartées, sur le ventre. Elle est installée à califourchon sur un petit tabouret pour regarder la télévision. Avec le recul, je me demande maintenant si nous n'avons pas fait une erreur et si nous n'avons pas aggravé le problème en forçant sur ses articulations.

Pour améliorer son équilibre assis, elle monte sur des manèges faits d'animaux qui bougent ou d'engins qui remuent. Je tremble de peur. « Mais non, maman, n'aie pas peur. Je ne risque rien et c'est très bon pour mon équilibre. »

Raisonnable, elle l'est. Et de plus en plus marrante! Elle met son grain de sel partout. Si son père gronde Benjamin et lui dit qu'il est vraiment casse-pieds, on entend un définitif : « Ça tu peux le dire, papa. » Si Benjamin essaie en vain de la taquiner, elle lui lance un superbe « tu vois, mon petit bonhomme, c'est raté », ou un « mais qui m'a donné un frère aussi méchant ? » Si Virginie veut l'embrasser un peu trop à son goût, elle s'indigne avec un « mais enfin on n'est pas chez les amoureux, ici », puis elle console sa sœur qui fait semblant de pleurer : « Allez, viens, on va faire la tendresse. » Elle découvre, ravie, ses autres prénoms, donnés, je l'avoue, dans l'euphorie du moment. « Moi, je m'appelle Ondine, Ludivine, Aurore. Mais qui m'a donné des prénoms aussi stupides, qui ? Je vous le demande un peu ! »

J'aime sa façon de parler, de répondre du tac au tac. J'aime quand elle dit : « Je t'aime TROP » ; ou quand elle s'étonne après m'avoir couverte de baisers : « Mais qu'est-ce qui m'arrive aujourd'hui ? »

Car cette jouisseuse dans l'âme, curieusement, n'aime pas les baisers. En revanche elle adore « se prélasser dans le lit de papa et de maman ». Quand sa grand-mère lui demande en quoi elle aimerait être transformée si une fée le lui proposait, elle répond avec un air ineffable et gourmand : « En chocolat, naturellement. Voyons, grand-mère, quelle question ! »

Merci, petite bonne femme, pour toutes ces notes de gaieté et ces pointes ironiques, alors que justement tu commences à te poser des questions. A jamais sera ancrée dans ma mémoire, comme un poids trop lourd, ta première vraie question.

Les deux grands étaient partis aux sports d'hiver. Tu étais un peu triste et tu me disais : « Dis maman, l'année prochaine je pourrai aller à la montagne, je serai beaucoup plus grande. » Puis tu as réfléchi et tu l'as posée, cette question douloureuse : « Mais pourquoi je ne marche pas à quatre ans et demi ? » Pourquoi, petite bonne femme ? Parce qu'il y a des injustices contre lesquelles on ne peut rien, sinon lutter pour les vaincre. Le cœur déchiré, j'ai expliqué à nouveau, avec des mots un peu plus adultes. Et elle est repartie, ma petite mère courageuse, sans rouspéter, sans se plaindre, même quand elle a dû supporter ses attelles deux ou trois nuits par semaine. « Mais qui a osé me faire un coup pareil ? »

Le graphisme s'améliore. Jean a installé un tableau noir juste derrière la barre du couloir. On se met à genoux. On fait le petit chevalier et on se hisse debout. Là, en appui sur la barre, elle arrive à dessiner. Elle nous fait très fièrement une petite fleur.

Sa petite tête fonctionne à merveille. Elle commence à reconnaître quelques lettres. Je suis très étonnée quand elle me dit un matin en regardant la boîte de Banania : « C-A, ça fait CA, donc ça fait CACAO. » Je fais réciter le passé composé de plusieurs verbes à Benjamin qui ne montre pas un enthousiasme débordant et qui, un peu distrait, tarde à démarrer le verbe « vouloir ». Voilà qu'on entend une petite voix qui récite : « J'ai voulu, tu as voulu, elle a voulu... » Benjamin éclate de rire, et moi aussi naturellement.

Question mémoire, c'est un festival ! Elle connaît des livres par cœur, à la virgule près, avec les liaisons et l'intonation, s'il vous plaît. *Petit Mic au zoo* et *le Géant de Zéralda*, « lus » par mademoiselle Ondine, feront la joie de tous. Mais le clou du spectacle fut sans doute *le Loup et l'Agneau* récité sans une erreur et appris à force d'avoir entendu son frère répéter la fable.

Nous nous occupons aussi de son défaut de prononciation qui fait toujours notre joie. J'aime qu'elle escamote tous les « r », mais il faut bien commencer à la corriger. Tu dois les rouler au fond de ta gorge : rrr. Elle s'applique consciencieusement. Le premier mot correctement prononcé sera « râteau ».

— T'as vu, maman, j'ai *éussi*.
— Attention, *Boubouchka*. Tu as *rrr*éussi.

En deux mois elle prononcera bien tous les sons « r ». Les « che », « je », « se » viendront l'année suivante.

Les jours, les semaines, les mois défilent à toute allure. Elle déborde de vitalité, ma fille. Elle aime toujours autant le plaisir de la table et je remercie tous les jours ma merveilleuse Lili, mon professeur de danse, qui a su me forger un dos à toute épreuve. « Madame Dos-en-béton », m'appellera plus tard Ondine. Pourtant, c'est avec un dos très délabré que j'avais retrouvé, deux ans auparavant, cette dame autrichienne que j'avais bêtement abandonnée durant plusieurs années. Sans ses conseils, sa science et son art, je n'aurais peut-être pas eu la force physique de continuer la rééducation ou de porter Ondine.

C'est qu'elle pèse maintenant un sacré poids ! Les leçons à la salle Pleyel seront ma planche de salut physique et morale. Je déconnecte complètement pendant ces heures-là. J'ai l'impression de rebrancher ma machine à tonus. Merci, ma Lili. De surcroît j'apprends grâce à elle à mieux connaître le fonctionnement d'un corps, à prendre la force là où il faut. Je sais ce qu'il ne faut pas faire.

Depuis septembre j'avais gardé le contact avec la nouvelle directrice de l'école communale. Nous nous étions mis d'accord sur l'intégration définitive d'Ondine pour l'année suivante. Elle pensait qu'il serait préférable de faire quelques essais préliminaires, de tenter une sorte d'intégration très progressive.

Curieusement, cette idée ne m'emballe pas car je sais que ce passage dans une école « normale » sera une épreuve difficile pour Ondinette. Comment réagira-t-elle dans ce monde nouveau d'enfants qui courent et qui bougent ? Comment les autres enfants l'accueilleront-ils ? Seront-ils inconsciemment méchants ? Je crains qu'Ondine ne soit encore plus perturbée par ces demi-journées bihebdomadaires. Mais devant l'insistance des deux directrices, je finis par me laisser convaincre.

Le 12 mars, la directrice de l'école et la future maîtresse d'Ondine viennent faire une visite au Centre. Je l'avais préparée et, à l'idée d'une nouvelle école, elle semblait se réjouir. C'était pour elle comme une promotion et une fête.

Mais après le départ des deux visiteuses, elle fond en larmes. Mise au courant par Caroline, sa maîtresse, je lui parle longuement dans la voiture, sur le chemin du retour. Je lui explique encore une fois qu'elle se bat pour vivre normalement, comme tous les petits enfants qui courent. « Mais je ne cours pas, moi, maman. » Je parle encore. Elle prête une oreille attentive, réfléchit, et finalement me dit : « Bon, tu as raison. Il faut que je m'habitue aux autres enfants. »

C'est bien ma fille : je te reconnais là et je suis fière de toi. Je le serai bien plus après le premier après-midi passé dans ta future école. Cette date-là aussi restera marquée à jamais dans ma mémoire : le 20 mars 1984. La veille, au moment de se coucher, Ondine avait poussé un gros soupir : « Il faut que je dorme bien parce que je vais avoir une rude journée demain. » Le matin, elle est très excitée, presque impatiente : « J'ai hâte de connaître mes nouveaux amis. Il ne faudra pas que j'oublie de dire au revoir à Caroline. » Quand je viens la chercher à midi, elle jubile et se vante à qui veut l'entendre : « Moi, je vais à la grande école, là là là ! »

Elle est bien plus décontractée que sa maman qui a l'estomac un peu noué. Tant mieux !

Nous voilà parties en voiture avec le déambulateur dans le coffre. Nous sommes accueillies très chaleureusement. Un peu impressionnée par l'agitation qui règne dans la cour, Ondine marque un temps d'arrêt avant de se jeter à l'eau comme une bonne petite Mère Courage. Je devine qu'elle a dû prendre sur elle pour ne pas pleurer. La directrice me fait signe de partir et d'aller me cacher dans son bureau. Toute palpitante et tremblante, je vois ma poupée rose qui se lance d'un pas énergique dans la cour de récréation.

Elle fait sensation et remporte un vrai succès ! Les enfants, curieux, s'agglutinent autour d'elle, manquant presque de faire basculer son engin bizarre et fascinant. Je n'entends pas, mais j'imagine qu'ils lui posent des questions et qu'elle leur répond. Je pars rassurée. Apparemment, ce premier essai se déroule bien. Revenant pour la deuxième récréation, je suis gentiment renvoyée par Ondine : « Tout se passe bien, maman, tu peux t'en aller. » Je triche et je jette un coup d'œil, cachée derrière un arbre. Les enfants sont aux petits soins avec elle. Elle réussit à s'asseoir sur un banc en reculant et peut ainsi faire essayer son « jouet » nouveau.

Tout émue je rentre à la maison. A 16 h 15, je la trouve installée, assise au milieu des autres sur un grand tapis, épuisée mais enchantée. L'expérience a été concluante. Françoise, sa maîtresse, semble presque surprise par la facilité d'adaptation d'Ondine et par la gentillesse de tous les enfants qui ne savent pas quoi faire pour l'aider, refusant même de rentrer dans la classe avant qu'elle ne soit arrivée avec son engin ! Je me sens réconfortée. J'ai trouvé sa démarche extrêmement déliée dans la cour, comme si l'environnement de tous ces enfants la stimulait. Bravo, Ondinette, tu as gagné une grande bataille.

Vers Pâques nous allons prendre notre périodique bain de raison et de sérénité chez M. Arthuis. Il est visiblement amusé par le bout de chou. Il trouve qu'elle a fait beaucoup de progrès et je suis heureuse de l'entendre dire : « Vous avez fait le plus dur. Ça viendra, madame ! » Puisse-t-il avoir raison. L'intégration d'Ondine semble lui convenir, mais il me répète que si elle devait être retardée d'un an, ça ne serait pas grave.

Début mai, malheureusement, la machine se détraque. C'est la première grande crise de ras-le-bol et d'angoisse. Je l'avais pressenti. Cette formule était traumatisante. C'est sans doute trop difficile de passer d'un monde à l'autre, surtout quand ces deux mondes sont si diamétralement opposés. Elle a pris sur elle, mais c'était peut-être trop lourd à assimiler pour une petite fille qui commence à se poser des questions.

Rien ne va plus : le matin elle pleure dès le réveil et s'accroche à moi à l'école. J'ai le cœur brisé de la laisser malgré ses larmes. Elle ne veut plus du Centre. « Je n'ai pas le courage de rester à l'école. » Elle dit qu'elle n'a pas faim pour ne plus y rester déjeuner. Mais elle refuse aussi la nouvelle école. « Je ne veux plus y aller. Je ne veux pas aller dans la cour de récréation. » Ma demoiselle a une petite mine, des joues pâles et des yeux tout cernés. Le soir, elle est paniquée : elle me retient à son chevet et met des heures à s'endormir. Elle ne finit par s'apaiser, sa petite main dans la mienne, qu'après de longues caresses et des paroles apaisantes. Parfois je fais mine de me fâcher, mais j'essaie surtout de la tranquilliser en lui parlant. La crise dure un mois. Enfin, début juin, elle m'annonce qu'elle va être mignonne ce soir.

— Je ne te crois pas. Tu promets ?

— Oui, tu vas voir. Ce qui est promis est promis. Promis juré craché !

Effectivement, elle me fait un câlin et, sans pleurer, me demande juste de revenir. L'orage est passé. Le lendemain, jour de la grande école, elle accepte d'aller à nouveau dans la cour de récréation. Consciente de son changement d'attitude, elle ne peut s'empêcher de me dire : « Tu n'en crois pas tes yeux, hein, maman ? »

J'ai envie de lui dire que non, que maman n'est pas étonnée car elle a foi en sa petite fille, mais pour lui faire plaisir, je la laisse penser que je suis complètement abasourdie. Qu'a-t-il bien pu se passer dans sa petite tête ? Par quel cheminement et par quelle force a-t-elle pu redevenir elle-même ?

Elle vient de passer le premier cap difficile de l'insertion et de la prise de conscience. Pendant un certain temps elle fera des réflexions, comme ça, au passage. Ainsi à la fin d'un repas, quand Benjamin me demande s'il peut sortir de table, elle me dit : « Moi, je ne sors pas de table parce que je ne peux pas marcher. » Oui, mais bientôt tu pourras ! Quand Virginie fait sa première « boum », elle demande si elle aura une boum elle aussi quand elle pourra danser. Elle a parfois à ce sujet des remarques désarmantes, à vous faire fondre. Pendant un de nos dos au mur elle tombe en fléchissant trop brutalement ses genoux, comme elle le fait trop souvent. Elle s'exclame : « Ah ! non, mes petites jambes ! Si ça continue je vais me fâcher et vous taper. Pas vrai, maman ? Elles sont agaçantes à la fin ! »

Ça tu peux le dire, *Boubouchka*, pour être agaçantes, elles sont agaçantes tes petites jambes. Encore plus que nous ne le croyons.

VII

Car elles vont nous jouer un bien mauvais tour, ces affreuses jambes. Tout semblait bien s'arranger pourtant : tu devais rentrer en dernière classe de maternelle à l'école communale en septembre et être suivie par ton kiné chéri à la maison. Mais les dernières radios des hanches faites en juin sont mauvaises et montrent une aggravation certaine. Nous allons vers une opération inéluctable.

J'ai comme un haut-le-cœur. Toute cette année, nous avons participé au calvaire du petit Stéphane qui passait d'opération en opération, de plâtre en plâtre. Il avait été immobilisé dans un carcan pendant six mois, et j'avais déjà souffert avec lui et pour lui. Il m'avait impressionné par son courage et son moral inébranlables, mais je remerciais tous les jours le ciel de nous avoir épargné cette épreuve.

Elle nous était réservée pour un peu plus tard. Les images se bousculent dans ma tête. Celles de ces enfants opérés et plâtrés qui supportent stoïquement leur longue et contraignante immobilisation. Je les vois installés sur le dos ou à plat ventre sur des chariots qui sont traînés dans tout le Centre. Je les rencontre en position inclinée, attachés par des courroies à une planche pour ne pas tomber. Je les aperçois quand ils arrivent ou partent en ambulance.

Avant de décider vraiment, je veux l'avis de M. Arthuis. De toute façon, elle ne sera pas opérée par le chirurgien du Centre. Ça, jamais !

Cet été-là sera bien difficile à vivre et je m'efforcerai de ne pas communiquer à Ondine mon angoisse. Elle ne se doute de rien et continue à nous émouvoir ou à nous amuser avec ses réflexions. Jean éclate de rire quand elle lui dit le plus sérieusement du monde : « Quand vous serez morts, je vous garderai en souvenir. » C'est trop d'honneur, vraiment !

Pendant ces deux mois d'été je suis un peu décontenancée. Je ne sais plus si je dois continuer à la mettre debout et à la faire marcher. Inutile d'aggraver le problème et la déformation des hanches. Nous décidons d'éviter de la mettre en charge, en revanche nous usons et abusons de la mer.

J'essaie de chasser les visions déchirantes qui me viennent parfois à l'esprit. J'attends en tâchant d'être philosophe. Si l'opération s'avère inévitable, il faudra bien faire front.

Il faudra bien, mais comme cette épreuve me paraît cruelle ! Je sens que mes forces s'épuisent, que mon énergie diminue, que ma patience vacille. Je dois de plus en plus faire un effort de volonté pour continuer, pour ne pas m'énerver. Il m'arrive d'avoir envie d'ouvrir les portes, de respirer un autre air, de vivre égoïstement, moi, en oubliant un peu ce fardeau qui me donne pourtant de grandes joies. Ma machine personnelle commence à se détraquer. Je dois me ressaisir.

Je ne tiens pas en place et je voudrais déjà avoir vu M. Arthuis. Début septembre, après le rendez-vous tant attendu, je suis un peu déçue. Il ne se prononce pas, préférant nous envoyer chez l'orthopédiste que nous avions déjà vu. « C'est un chirurgien qui doit décider ».

Le problème est double, presque triple. Faut-il vraiment envisager une opération ? Dans l'affirmative, laquelle ? Une simple ténotomie, c'est-à-dire une incision des tendons pour relâcher la contracture, ou bien une opération bien plus lourde, une ostéotomie de varisation, c'est-à-dire une résection du col du fémur pour rétablir une angulation normale ? La première ne touche qu'aux parties molles et ne nécessite pas une immobilisation très longue. Pour la seconde, c'est beaucoup plus compliqué et plus grave. Il faut savoir aussi quand cette opération doit se faire. Est-elle urgente ? Ondine peut-elle quand même faire son intégration à l'école communale ?

C'est donc le cœur battant que nous arrivons chez l'orthopédiste. J'avais mis Ondine au courant car je ne voulais pas la prendre en traître. Je lui ai toujours parlé comme à une adulte. Même bébé, je lui expliquais le plus possible ce que nous faisions et pourquoi nous devions le faire. C'était inutile de lui gâcher son été, mais maintenant elle doit elle aussi se préparer à cette intervention. Il faut qu'elle l'accepte comme une nécessité absolue contre laquelle on ne peut rien sinon bien la vivre. De toute façon, depuis deux ans, elle a vu tellement d'enfants opérés... Elle comprend nos propos, réagissant très bien pour le moment, sans étonnement ni indignation ni peur.

Le verdict est dur à entendre : non seulement il faut envisager une ostéotomie – car une ténotomie serait vraisemblablement insuffisante – mais il faut aussi accepter que M. X, l'orthopédiste du Centre, l'opère car c'est incontestablement l'un des meilleurs spécialistes.

Jean et moi sommes bouleversés, presque en état de choc. Jusqu'à ce jour, nous avions voulu croire qu'une ténotomie suffirait, nous ne voulions pas accepter l'idée qu'un chirurgien puisse toucher à ses os. Qu'elle doive être opérée par celui qui ne devait jamais la toucher me semble même sans importance devant l'étendue de la blessure que je ressens. C'est le creux de la vague pour quelques heures.

Si nous sortions, ce soir ? Si nous faisions un peu la fête pour oublier, pour ne plus penser, pour ne plus ressasser ces images douloureuses ? Bien : c'est encore un mauvais coup du destin. Réagissons crânement comme d'habitude et préparons-nous tous à affronter le mieux possible cette opération.

Nous prenons le plus vite possible rendez-vous avec M. X. Je me suis forcée à être présente : puisque j'allais lui confier mon bien le plus précieux, je devais essayer d'oublier mon antipathie et ma colère devant tant de froideur et de dureté.

Finalement je le vois à peine. C'est Jean qui est au premier rang. Le contact est assez bon après la dissipation du malaise initial. M. X nous promet de ne pas la confier à l'un de ses assistants et de l'opérer lui-même.

La première date libre est le 17 janvier. C'est loin ! Maintenant que l'opération semble inéluctable, je préférerais qu'elle se fît vite, le plus vite possible. Qu'on soit enfin débarrassés. Pourquoi attendre ? Mais l'agenda du chirurgien est vraiment très chargé. Il ne peut pas fixer de date plus rapprochée.

Malheureusement, il va falloir abandonner l'idée de la maternelle. Encore des efforts et des démarches pour rien. Je l'avais pourtant bien préparée, ma petite Mère Courage. Elle s'était faite à l'idée de quitter ses copains du Centre et de vivre au milieu de « tous ces enfants qui courent, eux ». Il fallait maintenant la réintégrer dans son Centre, lutter pied à pied pour qu'elle ne reste pas avec les tout-petits et qu'elle rentre, avec son pote Stéphane surnommé « Dare-dare », chez Geneviève, en cours préparatoire.

Ce fut d'abord un non catégorique de la directrice : « Ondine n'a pas six ans, elle n'est pas capable de suivre chez Geneviève. » A quoi pense-t-elle, cette directrice ? N'a-t-elle pas vu tous ces nouveaux, tous ces petits qui pleurent plus qu'ils ne travaillent ? Je ne veux pas que ma fille perde un an. Je sais qu'elle a besoin d'être structurée sur le plan du graphisme. Pour son intégration l'année prochaine en CP, il ne faut pas qu'elle ait tout à affronter en bloc : un monde nouveau, la lecture, l'écriture. Je suis persuadée qu'elle est capable de merveilles sur le plan intellectuel. J'ai totalement confiance en elle à ce sujet et je refuse d'être ébranlée par les doutes de la directrice ou de son ergothérapeute.

Dix jours de combat serré. Le dernier round est remporté, *in extremis*, par Jean. Brillamment, à sa manière, toujours très diplomatique, en douceur. Ondine ira chez Geneviève. Elle y sera heureuse. Elle apprend vite à lire, elle en est fière. Elle fait des « maths », des exercices sensoriels dans l'espace et du graphisme. Tout est « vert », c'est-à-dire « très bien » dans le langage de son institutrice. Beaucoup d'« orange » dans le graphisme : c'est le point noir. Il faudra travailler. Mais je suis certaine que *Bouboucнka* y arrivera. Geneviève, consciente des possibilités intellectuelles d'Ondine, saura obtenir le maximum de résultats en la motivant.

Elle parle de son opération spontanément et naturellement : « Je suis courageuse, moi, je vais être opérée, je n'ai pas peur. » Elle veut même être « interne » après l'opération. La belle sérénité finit par disparaître brutalement quelques jours avant. C'est l'angoisse qui l'envahit, la mienne et celle de Jean auraient-elles déteint un peu sur elle ? Le soir elle pleure, elle ne veut pas s'endormir. « Maman, je ne veux pas être opérée. J'ai changé d'avis. Écoute, tu vas écrire un mot à l'hôpital. Je te dicte : "Bonjour, voilà, il y a un petit problème : ma petite fille, elle n'a plus tellement envie de venir. Qu'est-ce qu'on peut faire ?" Tu l'envoies, hein, maman ! Tu promets ? »

La même anxiété le matin au réveil. Je lui parle, je lui explique qu'il faut le faire, qu'elle doit être aussi courageuse que ses petits copains qui ont été opérés. Trois jours avant son hospitalisation, elle me fait cette déclaration sublime : « Bon, maman, j'ai réfléchi. Puisque je dois me faire opérer, adjugé ! vendu ! j'irai. Mais on fera comme si on n'y pensait pas. »

Je suis bouleversée. Elle en parle sans arrêt mais c'est juste pour faire comme si on n'y pensait pas... Sagesse inouïe de l'enfant. Digne d'être imitée.

Je prends exemple. Mais mon Dieu, comme c'est dur d'accepter encore ce nouveau coup du sort ! Dur de se dire qu'on a lutté tous les jours pour éviter justement cette opération ! Tant de gestes inutiles ! Dur surtout de savoir que cette opération ne résoudra pas tous les problèmes et ne permettra pas à Ondine de marcher après. Elle ne résoudra qu'un problème mécanique, l'aidera sans doute à écarter davantage les jambes, à ne plus les croiser et à trouver peut-être plus facilement son équilibre. Mais le problème central neurologique sera toujours là, pareil à lui-même, gigantesque et déroutant. Peut-être pire...

Je suis vite fatiguée d'expliquer cela à tous ceux qui cherchent à me consoler et qui croient innocemment au miracle. Ils ne comprennent pas. Comment leur en vouloir? Après tout, ils cherchent à m'aider. Et j'ai besoin qu'on m'aide. Je suis émue par tous ceux qui ont su me prouver leur affection, leur amour. Les épreuves constituent vraiment des tests privilégiés pour sonder les amitiés.

Par exemple je sais maintenant que, grâce à Ondine, je peux compter sur celle de Joanne, amitié nouvelle, entière, solide et permanente, qui va compter de plus en plus dans notre vie future. Étrange, ce quasi-coup de foudre entre Ondine et cette jeune femme blonde à l'apparence fragile.

En décembre nous étions parties toutes les deux chez papa. Nous avions volé huit jours en plein hiver pour nous faire dorer au soleil et pour rentrer en pleine forme, prêtes pour l'hôpital. Joanne est arrivée deux jours après nous. Elle a été subjuguée par Ondine, se sentant immédiatement concernée par son combat. Elle a su l'apprivoiser et la charmer. Il y eut là comme un courant magique, d'autant plus rare qu'il passait entre un adulte et un enfant.

C'est ainsi que cette amie si douce est entrée dans notre vie. A sa manière discrète, poétique, efficace. Elle croit en nous, à la victoire d'Ondine, elle croit en moi. Même si la vie nous éloignera l'une de l'autre, je puiserai souvent en elle, de loin, un peu de la force inébranlable qu'elle saura toujours garder.

Mardi 15 janvier. Le sort en est jeté, nous partons pour l'hôpital Saint-Vincent-de-Paul. Ondine donne le ton. On entre dans le bureau de l'anesthésiste. Pas de bonjour mais un « je te préviens, je ne veux pas de piqûre ». A bon entendeur, salut! Elle est crispée. Jean essaie de la détendre et parle de l'anesthésiste comme de la « reine de la nuit ». « Ce n'est pas vrai, ce n'est pas elle. »

La découverte des lieux ne s'annonce pas facile. Impressionnante, la première vision de ce couloir avec ces chambres remplies d'enfants qui pleurent parfois, qui ont mal souvent, qui sont à la fois résignés et courageux. Nous avons beaucoup de chance car nous avons une chambre pour nous. Ondine commence à se tranquilliser. Pas pour longtemps! Voilà la première prise de sang. Pas contente du tout, elle se débat avec force. « J'en veux plus des prises de sang. Vraiment plus. »

Viens, *Boubouchka*. Mets tes « pieds-pluches » (de ravissants chaussons en forme de lapins), ta robe de chambre rose toute neuve, et allons faire un petit tour, lier connaissance. Ce n'est pas si mal l'hôpital. On a une maman non-stop et les repas servis au lit. Évidemment, on est un peu dérangé par quelques visites de médecins. A l'interne qui vient l'examiner, elle dit : « Mais je ne le connais pas celui-là ! Il est curieux, vraiment curieux ! » Au staff des chirurgiens, agacée, elle lance un superbe « vous savez que j'en ai ras-le-pompon de toutes vos questions ! »

Coup de théâtre : l'anesthésiste m'apprend qu'Ondine ne pourra pas être opérée demain jeudi car elle a un problème de taux de coagulation. Oh non ! Tout ce stress des derniers mois, cette angoisse refoulée et dominée pour rien. On était tellement prêts ! Je suis complètement anéantie. Ondine râle : elle aussi s'était fait une raison. Nous devons quand même attendre les résultats définitifs du lendemain matin, c'est-à-dire le jour prévu pour l'intervention. Les infirmières, en nous réveillant à 7 heures, nous informent qu'Ondine est opérable et que le problème de coagulation était sans doute dû à une erreur de laboratoire. Soulagement bien sûr, mais déception : M. X a changé son programme opératoire, a pris des urgences difficiles et tragiques. Il ne pourra l'opérer que le 29 mars. Je n'hésite pas longtemps.

Je préfère qu'elle soit opérée maintenant. « On y est, on y reste », comme le dira Ondine à son père. Je demande si un de ses assistants ne pourrait pas faire l'intervention avant. On me rappelle du bloc pour me dire qu'elle pourrait être opérée le lendemain par un autre chirurgien. Je suis pour. Ondine aussi. « Tout plutôt que de ne pas être opérée cette fois-ci. » Mais Jean hésite, il ne connaît pas ce chirurgien, il a confiance en X et ne veut pas que quelqu'un d'autre touche aux hanches de sa fille.

Encore une fois M. Arthuis va trouver les mots justes pour faire accepter la situation. J'avais envoyé Jean le prévenir en espérant secrètement qu'il le « regonflerait » comme il l'avait fait pour moi plusieurs fois. Il vient nous voir, Ondine et moi, dans notre chambre. Son sourire tranquille doit avoir quelque chose de magique car je me sens encore plus forte et déterminée après sa visite. Je lui confie Jean qui revient transformé au bout d'une petite demi-heure. Ondine sera bien opérée demain. Le premier entretien avec le chirurgien nous rassure : lui aussi dégage une certaine force tranquille et apaisante. La confiance est là. C'est important.

Jean va dormir à Saint-Vincent-de-Paul car il veut accompagner notre *Boubouchka* jusqu'au bloc opératoire. Ce passage de la chambre jusqu'à la salle d'opération est sans aucun doute le moment le plus terriblement angoissant. En tant que médecin, Jean a le droit de rester avec elle, de suivre le chariot qui l'emporte en lui prodiguant amour et encouragements. Épreuve difficile et éprouvante pour un père médecin.

Ondine a été merveilleuse. Très anxieuse, réveillée dès 4 heures du matin, elle parle, parle comme pour se soûler avant l'heure fatidique. « Quand faut y aller, faut y aller, hein papa ? » Mais une fois sur le chariot, sa petite main dans celle de son père, elle ne cesse de répéter à voix basse : « J'ai peur, papa, j'ai peur, j'ai peur. » Litanie récitée jusqu'à ce qu'elle souffle dans son ballon.

Je tourne en rond comme une lionne en cage. Je meurs d'impatience. Le cœur battant j'attends des nouvelles. Enfin le téléphone sonne. « Ça y est, elle est partie. » Il pleure, Jean, il ne peut pas s'en empêcher. Ses nerfs lâchent après une tension trop intense. « Viens, rentre vite ! »

Je m'agite, je fais des rangements, je prends un bain, je me lave les cheveux, je tiens le coup un moment encore avant de m'effondrer moi aussi. Je sanglote. Je l'imagine en train de se faire charcuter, casser les hanches, inciser les muscles. Je l'imagine enfermée dans son plâtre. J'ai horriblement peur.

Vers 11 heures, Jean appelle le bloc opératoire. Ça va. Le chirurgien a commencé la deuxième hanche, Ondine résiste bien à l'anesthésie. C'est déjà un soulagement. Il n'y aura qu'une seule intervention. A 12 h 45, la deuxième hanche est finie. On commence le plâtre. Vite, on y va, Jean.

Comme toujours dans les moments les plus durs, on se sent moins vulnérable quand on ne peut plus reculer et qu'il n'y a pas d'autre alternative. Maintenant il faut être solide, le plus possible pour l'aider au maximum pendant les premiers jours. Je n'imaginais pas qu'ils seraient aussi difficiles, douloureux et pénibles.

Un bruit de chariot, des gémissements. La voilà, ma merveille. Toute blanche ! Pas vraiment encore réveillée mais balbutiant sans arrêt : « Je veux me mettre sur le ventre. Sur le ventre. » Attends mon bébé ! On ne peut pas tout de suite ! J'essaie de l'envelopper de paroles réconfortantes et de tendresse apaisante. Que de caresses distribuées pendant ces quelques jours ! Que d'histoires inventées pour lui faire oublier qu'elle a mal ! Que de mots tendres chuchotés à son oreille ! Que de gestes doux pour la tourner et la retourner le plus délicatement possible ! Tout faire pour qu'elle ne souffre pas trop et qu'elle ne soit pas trop mal.

Encore une fois, elle va nous étonner par son courage et sa lucidité, même si parfois la peur, plus peut-être que la douleur, la fait craquer un peu.

Pour le moment, elle n'a qu'une obsession : se mettre sur le ventre. C'est trop tôt. Le plâtre n'est pas encore sec. Parlons-en de ce plâtre imposant, geôlier froid et humide de ses jambes et de ses pieds. Il fait mal rien qu'à le voir.

« Je veux être sur le ventre. » Bon ! On va te tourner. Mais quelle histoire ce premier « retournement » ! Nous osions à peine la toucher de peur de lui faire mal, de déplacer quelque chose ou de faire sauter la perfusion. Une fois qu'elle est retournée, que sa perfusion est bien placée, il faut surélever ses pieds avec tout un système de coussinets, installer un cerceau pour éviter le frottement des couvertures sur le plâtre humide et caler une serviette sous ses hanches pour éviter que le plâtre ne lui rentre dans le ventre. Enfin ! C'est fait ! Une demi-heure plus tard, elle veut déjà se retourner. A ce rythme-là, nous allons vite devenir experts en la matière. Nous inventons un mot : elle ne demandera plus à être retournée, mais à être « crêpée ». Question « crêpage », nous serons imbattables

Les premiers jours sont abominables. Elle a mal et elle a de vrais moments de panique, comme une crise de claustrophobie, comme si elle ne pouvait pas supporter l'idée d'être enfermée là-dedans. « Mais maman, comment je vais faire pour pouvoir vivre comme ça pendant six semaines ? » Elle s'inquiète pour tout, y compris pour ses besoins naturels. Je lui avais expliqué qu'elle devait faire très attention à ne pas souiller son plâtre car il était rigoureusement impossible de le changer. Son premier pipi dans le bassin fut mémorable. Nous étions un peu maladroits et lents. C'est tout juste si elle ne nous a pas grondés !

Tout semble une source d'inquiétude : boire, manger, regarder la télévision, lire, jouer. Je la rassure. Je lui explique. Je la caresse. « Fais-moi des petits massages dans mon dos, maman. » Joanne saura très bien l'apaiser et me remplacer un peu chaque soir.

La première nuit, Jean veut me ménager et me pousse à rentrer à la maison. Je n'ai pas envie de la quitter mais la tension de cette journée m'a épuisée. Ondine s'est assoupie. Je finis par partir. Ce fut une grave erreur ! Je m'en suis beaucoup voulu car elle a passé une très mauvaise nuit, me réclamant sans arrêt jusqu'à ce que Jean m'appelle tôt le matin. Quand j'arrive avec de bons croissants tout chauds, elle m'attend, calée entre deux oreillers, bien décidée à ne plus me laisser partir, pas même une seconde.

Je ne pourrai plus la quitter, sauf après de dures négociations, pour une ou deux heures dans la journée.

C'est long une journée d'hôpital quand son enfant a mal et quand il faut la distraire sans cesse pour l'apaiser. Comme un bébé, elle a besoin de mon contact, de mes caresses pour s'endormir. Elle ne dormira jamais très longtemps pendant le séjour à l'hôpital. Même la nuit.

D'ailleurs, comment peut-on dormir dans un hôpital? Pourquoi ne préserve-t-on pas davantage le sommeil des malades? Pourquoi tous ces bruits de chariots poussés, de sabots claqués, de papotages d'infirmières à voix haute? Pourquoi toute cette lumière vive en permanence?

Sans compter les pleurs, les cris, les gémissements. Surtout à la tombée de la nuit, vers 20 heures, comme si un vent de panique soufflait à ce moment-là. Difficile de ne pas être bouleversée par toutes ces voix enfantines implorantes comme des appels au secours, « madame, madame !»

Mais les infirmières, débordées, sont souvent blindées. Elles n'ont pas toujours le temps ; elles ont surtout plus urgent à faire. Alors je vais voir ce qui se passe. Le simple fait de parler, d'apparaître même semble déjà réconfortant. Déchirée par tant de détresse, j'ai le cœur révolté devant toutes ces solitudes. Car beaucoup d'enfants sont abandonnés, laissés seuls avec leur souffrance. La plupart du temps, il y a de bonnes raisons à cette absence des parents, mais j'ai mal pour ces enfants. Je me sens terriblement impuissante. Je voudrais aider.

Aider, par exemple, cette jeune Algérienne de treize ans qui vient d'être amputée d'une jambe et qui hurle sa douleur et sa terreur. Lui passer le bassin sera une épreuve à jamais gravée en moi. Non seulement elle a mal, mais elle a presque honte. Elle remercie avec un doux sourire. Il faut que Jean insiste longtemps pour qu'elle finisse par lui dire que des clémentines lui feraient plaisir. Dérisoire cadeau pour un merci si chaleureux. Comme je serai heureuse quand ses parents arriveront enfin d'Algérie, un peu perdus et paniqués.

Partout où le regard se pose, c'est la souffrance supportée dignement. Le passage, même bref, dans un hôpital d'enfants marque à vie. On n'oublie pas. On sort différent.

Je comprends mieux maintenant M. X. A la limite, le cas d'Ondine ne l'intéresse pas. Il n'y a pas de problème de survie. C'est presque une opération de routine. Quand je le vois sortir du bloc opératoire vers 21 heures après une visite très matinale dans le service et après une plastie du tronc qui a duré plus de douze heures, j'ai un profond respect pour lui. Sa dureté n'est peut-être qu'un simple garde-fou pour lui permettre de tenir le coup.

Ondine s'habitue un peu à sa prison blanche. « J'ai encore mal à mes petites jambes. » Pourtant, M. X nous avait dit qu'elle n'aurait plus mal. Quand il entre dans la chambre, il est plutôt mal accueilli : « Tu n'es qu'un menteur. Je te signale que j'ai encore mal. »

Elle va décidément mieux et elle envoie promener toutes les infirmières sans exception. « Je te déteste. Je ferme les yeux pour ne plus te voir. Je ne serai jamais infirmière plus tard. » Depuis les prises de sang, rien ne va plus entre elles. Ça ne s'arrangera guère Mais finalement Ondine les fait plutôt rire.

Je n'ai jamais autant parlé à Ondine, je ne lui ai jamais autant lu d'histoires. Je reprends celles que Jean avait commencé à inventer, qu'il avait intitulées : *Ondine et le Fantôme noir*. Les arrangeant à ma manière, je les enregistre pour qu'elle puisse les écouter à nouveau la nuit quand je n'ai plus le courage de continuer.

Souffrant moins, elle s'est un peu calmée. Le crêpage se fait moins fréquemment.

Il n'y a pas de complications post-opératoires, pas de soins particuliers. De toute façon, nous nous en occupons en permanence ; nous avons donc très vite le feu vert pour rentrer à la maison. Douze jours d'hôpital, cela suffit largement ! Comme nous allons apprécier le plaisir de nous retrouver chez nous !

Nous embarquons notre demoiselle et son plâtre dans la voiture. Ça rentre juste ! Assise derrière avec elle, j'ai peur de la moindre secousse. J'ai bien failli m'évanouir : fatigue ? nervosité ? décompression ? Je retrouve vite mes esprits une fois arrivée.

C'est le branle-bas de combat. Ondine est installée comme une petite reine dans notre lit, calée par force coussins. On va tout faire pour que le temps ne lui paraisse pas trop long. Son frère et sa sœur sont aux petits soins avec elle. Je retrouve un peu le Benja attendri devant le tout petit bébé qu'était Ondine à la sortie de la maternité. Même intonation de voix, même douceur des gestes. Ça ne va pas durer, bien sûr, mais c'est mignon. Les deux aînés ont été plutôt abandonnés par leur maman durant ces derniers jours. Mais leur gentillesse et leur sollicitude sont leur manière à eux de nous montrer qu'ils participent aussi à cette épreuve et qu'ils aimeraient aider leur petite sœur.

La mienne de maman, est là naturellement, toujours efficace. Elle m'a beaucoup aidée, courant de l'hôpital à la maison pour me remplacer auprès des deux grands. En fait, son soutien est si permanent qu'il m'apparaît presque comme allant de soi. Qu'aurais-je fait sans elle durant toutes ces années ? Elle est utile là où il faut, quand il faut, comme il faut. Même si elle se sent parfois inefficace dans le combat pour Ondine, elle devient irremplaçable pour ses deux autres petits-enfants, leur apportant une présence maternelle que je ne peux pas suffisamment leur donner. Surtout, elle sait toujours trouver les mots pour me redonner confiance et courage.

Ondine est maintenant installée dans notre chambre, son lit contre le nôtre. Les nuits sont pénibles et le resteront longtemps après le déplâtrage. Elle a besoin d'être retournée plusieurs fois. On entend alors une petite voix douce et polie dans la nuit : « Est-ce que tu peux me crêper, s'il te plaît ? » Elle met longtemps à trouver le sommeil mais accepte de s'endormir sur le ventre. C'est préférable, car il faut faire attention aux escarres.

Pour varier les plaisirs au moment des repas, nous l'installons soit dans le salon, soit dans la cuisine avec des échafaudages insensés de fauteuils, de coussins ou de chariots. C'est quand même moins monotone que d'être toujours dans la chambre.

Le premier transport en ambulance pour aller au Centre l'angoisse beaucoup. Elle retient difficilement ses larmes. Jean va avec elle et je les suis en voiture.

Elle est accueillie chaleureusement par son kiné, sa maîtresse et ses copains. « J'ai la frite », annonce-t-elle. Effectivement, elle va tous les stupéfier par son moral et sa forme.

Avec un petit chevalet placé au-dessus de son chariot, elle va continuer brillamment son apprentissage de la lecture et des maths. Elle rentre le soir complètement épuisée mais toujours de bonne humeur. Tous les ambulanciers, très vite devenus des amis, seront visiblement amusés par ses remarques.

Elle ne manifestera d'ailleurs jamais de signes d'impatience.

Très vite, elle est mise debout avec son plâtre, deux fois un quart d'heure, puis progressivement un peu plus longtemps. Elle est ravie de pouvoir jouer face à une table. C'est quand même plus pratique qu'allongée.

Fin février déjà. Il fait un temps superbe. Pourquoi ne pas la sortir et lui faire profiter de ce beau ciel bleu ? Nous devenons très doués en matière de transport de petite fille plâtrée et notre installation sur un chariot replié avec des planches sous les coussins sera très efficace et très appréciée. « Vous auriez pu y penser plus tôt, franchement... » Ça c'est vrai, nous sommes complètement idiots. A quoi pensions-nous, je te le demande !

Ta punition touche à sa fin. Les jours n'ont pas passé trop lentement bien qu'ils aient été soigneusement comptés et répertoriés.

Le déplâtrage devrait avoir lieu le 4 mars. Je m'étonne qu'aucune radio de contrôle ne soit programmée. Je flaire un coup fourré et je me renseigne énergiquement.

Il y a un petit quiproquo sur le délai prévu pour le maintien du plâtre. M. X préconise huit semaines, le médecin du Centre avait parlé de six semaines. On coupe la poire en deux : ce sera sept.

Encore sept jours ! J'avais programmé mes efforts pour six semaines. Je n'ai plus d'énergie et de forces pour jouer cette prolongation. Je n'ai plus envie d'être de bonne humeur. Je suis déçue et furieuse.

Finalement, comme après chaque révolte, je me calme et me concentre pour un effort supplémentaire. Comment faire autrement quand la principale intéressée me console en me disant qu'ainsi « ses os seront bien consolidés et ne seront pas comme du gruyère ». Où va-t-elle donc chercher ces expressions et cette sagesse ?

Le plâtre doit être retiré le mardi 12 mars. J'appréhende terriblement de voir ce qu'on va trouver. Comment seront les cicatrices ? Aura-t-elle eu une grande fonte musculaire ? Je sais qu'elle va beaucoup souffrir, que toutes ses articulations seront très douloureuses. Elle le sait, elle aussi. « Tu sais, maman, en dessous c'est du béton, alors faudra y aller mollo-mollo. » Ne t'inquiète pas, on ira mollo-mollo.

Arrivée au Centre l'angoisse au cœur, j'ai un choc épouvantable en la voyant de loin allongée sur son chariot, toujours plâtrée. La radio aurait-elle été mauvaise ? Y a-t-il un problème ?

Je m'approche toute tremblante, les yeux pleins de larmes, sur le point de flancher. Je découvre avec un énorme soulagement que le plâtre a été ouvert, puis refermé avec des bandes. Ondine, bien que transformée en momie, me rassure. Tout va bien ! Avant d'enlever le plâtre, il faut attendre le verdict de M. X. Encore un peu de patience et beaucoup d'appréhension à camoufler.

Le 13, victoire ! Le feu vert est donné. La chef kiné me téléphone de l'hôpital. C'est parfait ! Nous pouvons la démailloter et ouvrir cette horrible carapace. Nous avons même l'autorisation de lui donner un bain.

Hourra ! Enfin un bain ! J'en ai tellement rêvé de ce bain ! Comme j'avais hâte de pouvoir la plonger dans une baignoire remplie de mousse ! Tous les jours, au moment de la toilette, je souffrais de ne pas pouvoir lui offrir un moment de détente dans une eau tiède.

Tout le monde est là pour vivre ce grand moment tant attendu. Ondine tape des mains et s'écrie : « Quand je pense que je vais retrouver mes petites jambes ! » Et tes petites jambes, ma chérie, comment les retrouverons-nous ? Je suis à la fois pressée et réticente.

Mais je suis très vite rappelée à l'ordre : « Allez, maman, on ouvre toutes affaires cessantes. » Jean à une jambe, moi à l'autre. Nous déroulons les bandes. Voilà, c'est fait. Il ne reste plus qu'à ouvrir la pochette-surprise. A toi l'honneur, petite Ondine ! Tout doucement, presque timidement, elle soulève le couvercle. Puis d'un coup sec, elle l'envoie au loin. Bonjour les jambes !

Des jambes tout orange et couvertes de croûtes à cause du désinfectant. Ça ne sera pas facile de les récurer... Jean soulève la demoiselle et retire l'autre moitié du plâtre. Est-ce que tu réalises,

Ondine ? C'est fini ! Tu es débarrassée. Tout le monde rit et s'embrasse. Elle plie un genou, puis l'autre. Arrête ! Tu vas te faire mal. « Mais non je n'ai pas mal. Je suis tellement fascinée que je n'ai pas mal. »

Effectivement, elle s'assoit déjà. Alain m'avait dit qu'il faudrait au moins dix jours pour qu'elle puisse s'asseoir. Je n'en reviens pas. J'essaie de la freiner mais l'euphorie du moment la grise. Elle se sent libérée, soulagée, délivrée. Elle refait connaissance avec son corps et elle en profite goulûment. Opération vaseline maintenant ! Quelle joie de l'enduire entièrement de vaseline, de la masser doucement ! Je retrouve les sensations magiquement rassurantes du toucher à travers la lucarne de la couveuse. Je découvre ses cicatrices qui sont moins terribles que je ne le craignais. Apparemment, il n'y a pas eu une trop grande fonte musculaire.

Un bain, deux bains, trois bains. Les manipulations se font avec une précaution extrême. C'est bon d'y entrer mais c'est douloureux d'en sortir. La douleur lui arrache même des cris alors qu'elle voudrait rire et jouir totalement de l'instant présent.

La voilà plus présentable ! Comme elle est fière de montrer ses jambes à tous ceux qui défilent.

Mais elle va vite déchanter car elle va avoir mal, très mal même. C'est une libération dont le prix à payer sera élevé, mais la liberté, tu sais, ça n'a pas de prix.

Les nuits surtout seront très pénibles. Elle se réveille avec les genoux pliés, recroquevillés, bloqués. Il faut la déployer avec beaucoup de douceur pour obtenir la décontraction et la détente. Nous la remettrons plusieurs nuits dans une demi-coquille avec les genoux bandés pour éviter ce genre de problème.

Elle supporte mal cette souffrance. Elle a tant attendu la délivrance, tant espéré de cette intervention. Elle ne comprend pas pourquoi elle doit encore aller à l'école en ambulance, pourquoi elle doit encore garder sa demi-coquille, pourquoi elle ne peut pas s'asseoir tout le temps.

Alors il faut expliquer à nouveau et essayer de la raisonner. Un soir, en m'énervant, je lui déclare que plus elle dira « j'ai mal », plus elle aura mal. Je l'entends quelques instants plus tard répéter à voix basse : « Je n'ai plus mal, je n'ai plus mal, je n'ai plus mal. » C'est simple : je la trouve merveilleuse.

Et je suis désespérée de la voir pleurer à chaudes larmes le dimanche suivant, quelques jours après son déplâtrage, en balbutiant à travers ses larmes qu'elle est fatiguée d'être courageuse. Comme je te comprends, mon bébé ! Ce n'est pas drôle de devoir toujours lutter, mais il faut continuer. Tu as le droit de t'écrouler aujourd'hui. Demain tu seras à nouveau la battante que j'aime. D'accord ?

VIII

Et lundi c'est reparti! La déprime, c'est fini. Non seulement elle m'annonce qu'elle a fait de la bécane, qu'elle est restée un peu en « position inclinée » maintenue par deux sangles, mais encore elle trouve le moyen de consoler Virginie et Benjamin qui pleurent la mort de notre petite chatte Minouche. Elle leur explique que seul son corps est parti, et que son esprit est toujours avec nous. Elle dit qu'elle aura une petite pensée pour elle tous les jours et qu'au lieu de pleurer, ils feraient mieux de faire une prière pour elle.

Les quelques mois qui vont suivre le déplâtrage seront rudes et éprouvants pour tout le monde. Virginie et Benjamin sont tellement déçus sans oser le dire qu'ils lâchent prise et se désintéressent, à leur insu, de notre aventure. C'est trop long! Ils se sentent dépassés. Ils n'osent plus y croire, peut-être.

Pour le moment ils ont besoin de prendre un certain recul. Comment leur en vouloir? Pourtant, sans être attentifs jour après jour, ils prouveront quand même, à chaque étape importante, qu'ils ont envie que leur petite sœur gagne son pari.

Il faut bien pourtant se rendre à l'évidence : elle ne sait plus rien faire. J'ai l'impression de vivre un cauchemar. Le courage me manque à la pensée d'avoir tout à recommencer depuis le début.

Je sais que pour Ondine, la découverte de la perte de son autonomie relative est aussi un coup dur. Nous allons vivre à nouveau une période où notre moral à chacune sera complètement dépendant de celui de l'autre. Dans les moments de découragement, il m'arrivera de m'énerver et même de la bousculer un peu. J'ai honte pour cette impatience injuste et maladroite. D'autant que ce n'est pas la bonne méthode. Elle se bloque alors, en se retranchant dans une vérité évidente : « Ce n'est pas de ma faute. » Non bien sûr, ce n'est pas de ta faute.

Mais tu dois t'accrocher encore plus, te battre encore plus fort, ne pas baisser les bras sous prétexte que c'est difficile. Souviens-toi de ce que tu disais toute petite : « Je vais marcher parce que je veux marcher. » Cette phrase n'a jamais été aussi vraie et je ne peux pas me battre toute seule. Tu dois m'aider, comme moi je dois t'aider!

J'ai répété ce discours indéfiniment jusqu'à l'été, jusqu'à ce que je reprenne énergiquement sa rééducation en main et jusqu'à ce que, ensemble, nous obtenions à nouveau de gros progrès.

Il fallait absolument l'encourager encore plus dans ses efforts. Pourtant mon cœur se serrait quand elle rampait péniblement dans le salon pour atteindre un coussin. Où était donc son beau quatre pattes si laborieusement appris? Impossible de la mettre debout : ses genoux pliaient instantanément, comme s'ils ne devaient plus jamais avoir la force de la porter. Le seul point positif, c'était la position assise, dans laquelle elle était manifestement plus à l'aise et où elle pouvait se tenir plus droite. Malheureusement, ce progrès-là ne sera pas définitif. Très vite, la contracture reprendra le dessus, provoquant à nouveau un dos trop rond.

Je m'inquiète énormément de la lenteur de la récupération motrice. Ce n'est qu'à Pâques et après quinze jours de bains dans notre chère mer des Antilles, qu'elle retrouvera une autonomie à quatre pattes. Pour le reste, ce n'est pas brillant.

D'ailleurs le dernier trimestre au Centre se passe de façon plutôt décevante. En y repensant je suis scandalisée par le peu de rééducation qui lui fut octroyé, à peine deux fois quarante-cinq minutes dans la semaine. Je croyais qu'ils auraient mis les bouchées doubles.

Je suis de plus en plus satisfaite qu'Ondine sorte de ce circuit. En fait il me convient de moins en moins, malgré la présence d'Alain et de Geneviève qui ont parfaitement compris mon désir d'échapper à cette organisation trop en marge de la vie en société.

Il faudra bien s'organiser en septembre prochain car la rentrée sera difficile. Mais j'attends beaucoup de ce prochain changement, même si ce passage définitif dans le circuit normal me paralyse d'angoisse.

Elle est pourtant accueillie à bras ouverts, sans la moindre réticence de la part de l'équipe enseignante de l'école communale de notre quartier. J'ai eu plusieurs entretiens en cours d'année avec le directeur et les deux maîtresses. Je n'oublierai jamais leur comportement si compréhensif et amical.

A la fin du trimestre, Ondine n'a toujours pas retrouvé son niveau moteur préopératoire. Je me demande comment elle pourra se débrouiller dans la cour de l'école. J'ai peur qu'elle ne puisse même pas tenter cette intégration. Pour le moment, il n'en est pas question. Elle en serait incapable.

Je me sens un peu dépassée. D'autant qu'à la consultation de fin d'année, le médecin du Centre m'a laissé entrevoir de graves difficultés au niveau du graphisme. Ondine sera vraisemblablement « agraphique ». J'encaisse la nouvelle, mais je sais qu'au fond de moi je n'accepte pas cette vérité-là, comme je n'accepte pas le pessimisme de la chef kiné.

Elle me montre combien la spasticité, c'est-à-dire la contracture des jambes, est importante. Elle m'explique qu'elle risque même d'augmenter jusqu'à la fin de la croissance et qu'il faudra peut-être envisager plus tard une intervention au niveau des tendons d'Achille. Charmante perspective... Elle insiste catégoriquement pour qu'Ondine garde ses attelles quand elle marche. Et elle me montre à quel point elle a peu d'équilibre. Effectivement, si on la lance en avant, en arrière, à gauche ou à droite en la maintenant sous les épaules, elle laisse les jambes là où elles ont été lancées sans chercher à rattraper son équilibre en les positionnant sous elle. De la même façon, quand elle est assise les jambes pendantes, elle n'arrive pas à retrouver son équilibre si on la pousse violemment d'un côté ou de l'autre.

Tout cela est presque désespérant, mais j'ai très envie de leur montrer ce dont nous sommes capables. Nous devons absolument faire ensemble un immense effort avant la prochaine ligne d'arrivée en septembre. Toutes les deux, on va se stimuler, travailler avec acharnement. Attention ! Nous allons tous les ébahir.

Il faut à tout prix la rendre un peu autonome. Il faut que plus tard elle puisse se débrouiller seule. Elle doit définitivement accepter cette idée et s'y atteler. En grandissant, elle doit comprendre que tout dépend d'elle, de son courage et de sa détermination. Avant tout il faut lui redonner confiance en elle. Je réalise que son blocage n'est plus seulement neurologique mais aussi psychologique : elle a maintenant peur de tomber. C'est là un élément nouveau très perturbant et inhibant. C'est un piège sournois qui prend des formes diverses. A peine croit-on l'avoir vaincu qu'il réapparaît ultérieurement, encore plus tenace qu'avant.

Il faut qu'elle apprenne aussi à se concentrer, à faire attention, à s'appliquer. Puisque la commande ne se fait ni naturellement ni instinctivement, elle doit se faire volontairement et méthodiquement. Je peux aider, mais j'ai besoin de sa participation active.

Ce sera parfois une lutte serrée, un combat de deux volontés opposées quand visiblement l'envie lui manque et qu'elle n'y met pas toute l'ardeur nécessaire. Notre travail a pris une dimension nouvelle : nous avons nos « mots » et nos disputes. J'entendrai souvent : « Je te déteste. Je ne veux plus te voir. Tu es trop vilaine. » Je sais quand elle fait exprès de ne pas bien faire et alors je menace d'une fessée (que je donne parfois). « Bon, bon, d'accord ! Je fais attention. » Et ma poupée jolie va se mettre à progresser dans sa tête et dans son corps.

Elle en avait sacrément besoin. Début juillet, en la reprenant en main, je suis atterrée par ma première tentative de dos au mur. Non seulement elle ne tient pas du tout, mais elle panique, s'agrippe à moi, se contracte et pleure.

« Mais ne sois pas sotte, Ondinette. C'est ridicule ! Tu le faisais avant. Tu peux le faire si tu veux. » Il faut d'abord vaincre cette fichue peur, calmer son angoisse, la sécuriser petit à petit. Je me mets à genoux devant elle pour faire un rempart de mon corps et je la laisse appuyer ses mains sur mes épaules à condition qu'elle se calme. On joue au docteur, à l'infirmière, à la maîtresse. Elle se décontracte. « Tu vois, c'est la preuve que tu peux tenir. »

Elle rit. Dorénavant, à chaque fois qu'elle prend conscience d'un progrès nouveau ou qu'elle réalise qu'elle a réussi à vaincre sa peur ou son handicap, elle éclatera de rire. Et je rirai avec elle.

« Droite ! », telle sera notre devise rabâchée à longueur de journée. Je ne veux plus qu'elle ait le dos rond, presque cassé, bossu. « Tiens-toi droite », « redresse ton dos ». C'est une lutte permanente, harassante. Mais Ondine réagit assez bien.

J'ai la nette impression qu'elle commande mieux quand elle veut. Ce n'est pas juste d'avoir à demander une attention permanente pour des gestes qui ne devraient pas exiger une telle attention.

L'enseignement de Lili va beaucoup m'aider, car il est maintenant accessible à sa compréhension. Quand je lui explique qu'elle doit prendre la force dans son dos, qu'elle doit avoir la nuque ferme, qu'elle doit serrer les fesses, elle s'efforce d'obéir.

Mais j'ai la nette sensation qu'il me manque la compétence et la méthode adéquate pour bien faire passer ce message capital. Je voudrais tant trouver l'« homme miracle », celui qui saura la tirer d'affaire, celui qui lui apprendra à faire fonctionner son corps malgré ses défaillances. Existe-t-il, cet homme-là ?

Elle se montre aussi plus réceptive à une pédagogie d'analogie de comportements. Elle a assimilé certaines images qu'elle peut utiliser dans d'autres circonstances. Si par exemple je la fais marcher en lui tenant les mains et si elle penche trop son corps en avant en s'appuyant sur moi, je n'ai qu'à lui dire d'être comme dos au mur pour qu'elle se redresse instantanément.

Le travail devant une glace sera très utile car il permet de visualiser les bonnes et les mauvaises positions. Il est important qu'elle réalise elle-même les erreurs qu'elle fait. Quand elle réussit à bien se placer ou à bien faire un mouvement, je la félicite et lui demande de le refaire mal, comme elle le faisait avant.

Nous commençons notre longue marche des « records ». Pour l'inciter à progresser, je marque sur un tableau le nombre de secondes pendant lesquelles elle a tenu dans une position, ou le nombre de fois où elle a réussi à faire un mouvement.

Elle se sent motivée et s'applique à battre ses scores. Parfois, nous mettons en compétition une peluche ou une poupée de son choix qui naturellement se couvre de ridicule.

Nous nous attaquons aussi au record de « madame la chef kiné » !

Très vite, elle remet bien ses jambes sous elle, mais elle ne se redresse pas du tout. A la fin de l'été elle sera complètement... DROITE. Victoire!

Le bord de la piscine est idéal pour la bousculer en position assise. Je la mets au défi : « Attention, Ondine, j'y vais de toutes mes forces, tu ne vas pas tenir. » Au début, paniquée, elle se contracte avec le dos rond. Je dose mes tapes jusqu'à ce qu'elle puisse y résister mieux. Le grand jeu sera pour elle de retrouver à chaque fois son équilibre et de me voir piétiner de rage.

La rééducation, c'est aussi une forme de théâtre. Il faut rentrer dans le rôle de l'acteur!

Je lui explique qu'elle doit à tout prix prendre l'habitude d'utiliser son déambulateur. Ce qui me vaut, un matin, cette répartie mémorable : « Bon, je vais me mettre une cassette. Oh! Crénom de crénom, j'allais oublier la touche finale : mon déambulateur! » Elle sera bien longue à venir, cette touche finale.

Les déambulateurs que nous avons achetés pour la maison ont un look extra : rouges avec un *smile*. Mais ils sont difficiles car légers et assez instables.

Je recommence à la sécuriser en me mettant derrière elle et en guidant ses jambes. Finalement elle est ravie de se débrouiller toute seule. « Admettons que maman ne soit pas là », dit-elle à chaque occasion, jusqu'au jour où elle me dira carrément : « Il faut bien que je me débrouille. Comment je ferai quand tu seras morte? »

Du calme, poupée : je suis toujours là, et bien là.

Même si j'ai parfois envie de me rebiffer et de laisser tomber. Car j'ai de plus en plus souvent l'impression d'étouffer et de ne plus pouvoir continuer. Il m'arrive de m'impatienter et je le regrette. J'ai trop besoin de sa collaboration. Je supporte mal qu'elle refuse l'effort. C'est éprouvant pour elle, pauvre bout de chou, mais ça l'est aussi pour moi.

Pendant presque trois ans j'avais cru être libérée de cette sensation d'étouffement. J'espérais que le cordon ombilical avait finalement été coupé. Je m'aperçois qu'il est toujours aussi fort. Elle fait mieux avec moi puisque j'obtiens de meilleurs résultats que les autres. C'est parfois hallucinant : elle est capable d'avoir une démarche assez déliée avec moi et l'instant d'après, de ne plus pouvoir avancer correctement si quelqu'un d'autre la prend.

Franchement, Ondine, tu exagères! Mais je t'aime et tu m'aimes. Notre histoire d'amour finira bien. Tu verras. Pardonne-moi mes moments d'humeur, même si parfois tu les mérites, espèce d'affreuse. Je préfère partager la joie d'un progrès comme ce 18 août 1985 où enfin tu t'élances avec ton petit déambulateur! Notre séance du matin avait bien commencé : « Tu vas voir maman, j'ai la forme. » Tellement la forme que « programmant » bien tes jambes, tu traverses toute une pièce au rythme de ma voix. Tu rayonnes de joie. Tu veux faire la surprise à papa et tu lui montres fièrement ce dont tu es capable. *Boubouchka*, c'est encore un bon point pour toi et pour moi. Et de taille celui-là !

Après nos séances de travail, je me sens de plus en plus vidée, lessivée, épuisée. La régularité dans la rééducation et cette discipline acharnée me demandent de plus en plus d'énergie. C'est déjà difficile quand elle est coopérative, mais quand elle n'a pas le moral, je vois tout en noir. J'ai l'impression que nous ne sortirons jamais de ce tunnel. Pourtant, il y a encore des jours où « ça va ».

Le 20 août fait partie de ces bons jours car elle se jette sans bouée dans la piscine. C'est la nage du petit chien, mais c'est quand même superbe de la voir à l'aise dans l'eau.

Malheureusement elle respire mal et s'essouffle. Comme je lui dis qu'elle doit se reposer un peu parce que son cœur bat trop vite, elle me demande à quoi ça sert un cœur. J'explique. Elle écoute et comprend très bien le principe de la respiration. Après un instant de réflexion, elle s'interroge : « Mais je croyais qu'un cœur ça servait à aimer. »

Fin août, je suis satisfaite dans l'ensemble. Se situant mieux dans l'espace, elle commence à savoir où elle doit prendre sa force. Mais elle doit penser à tellement de choses qu'elle en oublie parfois. Par exemple, si elle place bien sa tête, elle ne pense pas à programmer ses jambes écartées. Que c'est compliqué !

Le seul endroit où elle ne rechigne pas du tout, où elle soit infatigable, c'est aux écuries. Tous les soirs nous nous y arrêtons un long moment. C'est son grand plaisir de la journée, l'heure bien méritée de la détente. Elle adore faire le tour plusieurs fois en s'arrêtant à chaque box. C'est un terrain merveilleux de rééducation spontanée. Elle est tellement heureuse qu'elle oublie complètement qu'elle fait des efforts pour aller dire bonjour aux chevaux.

Chaque fois que ce sera possible, il faudra privilégier toutes les occasions de travailler en s'amusant. Elle se régale à monter sur notre vieux Willy. A cru, comme une Indienne, en se tenant bien droite. Gaëtan, le maître du manège, l'assoit devant lui, sur la selle, et lui fait faire un petit parcours d'obstacles. Il faut voir comme elle jubile. « J'espère que tu es fascinée, maman. »

Fascinée, je le suis aussi par ses progrès en graphisme. Elle commande beaucoup plus finement sa main. Son trait est plus net et précis. Son coloriage n'est pas encore suffisamment dense mais il s'améliore considérablement. J'ai bien cru qu'elle n'y arriverait jamais. J'avoue que j'ai été merveilleusement secondée par Virginie.

En utilisant les mêmes feuilles, je lui fais recommencer des exercices faits en cours d'année et mal exécutés. Elle est ravie de voir à quel point ses résultats s'améliorent. « On recommence celui-là, maman, il était trop moche. » Je m'esclaffe, j'applaudis, j'en rajoute, mais cela fait partie du jeu !

Elle maîtrise mieux maintenant le trait vertical, l'horizontal et le diagonal. Elle se débrouille pour les ronds, les demi-ronds et les zig-zags.

Le match de l'été touche à sa fin. Si les affrontements ont été parfois sans pitié, l'enjeu valait le déplacement. Ce n'est plus la même petite fille qu'au début des vacances. Nous nous sommes bien bagarrées. Il était temps de rentrer car nous étions arrivées presque à saturation.

Incontestablement Ondine a retrouvé son niveau moteur pré-opératoire. Elle l'a même dépassé. Je ne regrette vraiment pas d'être rentrée si fatiguée nerveusement car je suis heureuse des progrès qu'elle a faits et à nouveau convaincue que nous gagnerons au bout du compte.

Il ne faut pas lâcher prise, malgré la déception des premiers jours à Paris qui vont ébranler ma belle confiance toute neuve. Ces changements de comportement en fonction de l'environnement et du milieu sont décidément bien déroutants.

Je déteste de plus en plus quand elle se laisse aller, quand elle reste allongée par terre, quand manifestement elle n'a pas la frite et s'obstine à ne pas mettre en application tout ce qu'elle a si difficilement appris. Il y a des grincements de dents, des scènes de ménage virulentes et des disputes.

Jean désapprouve ce déclenchement des hostilités ; à la limite, il me trouverait presque trop sévère, trop exigeante. Il aurait plutôt tendance à abonder dans son sens et à rentrer dans son jeu.

Attention ! Cette voie est dangereuse. Il faut savoir lâcher un peu de lest, relâcher la pression, mais il ne faut pas céder à chaque fois. Sinon elle risque de s'installer dans un comportement « atonique » mais confortable. Tout serait perdu.

D'ailleurs, les affrontements ne durent jamais très longtemps. Un accord est très vite conclu. Nous excellons dans le *gentleman's agreement* dont elle respecte toujours les clauses.

Après un dur marchandage, nous essayons de nous passer de la poussette pour les petites distances. Mais je sens que c'est un progrès factice. Elle s'appuie beaucoup avec ses bras. C'est une fausse marche bipède. Peut-être prend-elle de mauvaises habitudes avec ce déambulateur que j'ai de plus en plus envie de jeter aux orties. Que faire ? Qui pourrait me le dire ? Qui ?

Ce n'est pas le moment de baisser les bras. La rentrée scolaire approche et nous en parlons beaucoup. Je m'efforce de cacher mon angoisse et elle la sienne. Je sais qu'elle fera preuve de courage. Cependant elle ne cesse de répéter : « J'ai mal au cœur quand je pense à ma nouvelle école. »

C'est une sacrée étape, cette insertion dans le circuit « normal ». C'est le début d'une certaine délivrance. C'est la conclusion logique de tout notre travail, puisque nous luttons pour qu'elle puisse vivre le plus normalement possible. Le 9 septembre 1985 sera une date importante dans notre parcours du combattant.

Comme je l'ai voulue cette intégration, et comme je la redoute ! Moi aussi, j'ai un trac fou. Plus le jour J approche, plus une angoisse sourde et tenace m'envahit. Il ne s'agit plus de quelques répétitions en matinée. C'est le vrai plongeon, l'immersion totale. Même si les essais antérieurs ont été positifs, certaines interrogations subsistent.

J'ai peur qu'en grandissant, elle accepte mal de vivre son handicap, qu'elle supporte douloureusement la comparaison avec les autres enfants. Toutes ces questions m'obsèdent. A sa manière Ondine doit aussi se poser les mêmes, de façon lancinante.

Nous faisons néanmoins bonne figure, refoulant notre inquiétude à l'intérieur de nous-mêmes. Il est temps que cette rentrée se fasse. « Quand faut y aller, faut y aller », n'est-ce pas Ondine ? Alors on y va, avec le moral en plus ?

Tout le monde a participé à l'élaboration de ce moral d'acier. Les enfants ont beaucoup parlé de cette école qu'ils connaissent si bien. Benjamin a fait un portrait idyllique d'Anne-Marie, la maîtresse de CP, qui avait d'ailleurs succombé à son charme. Virginie met aussi son grain de sel. Jean lui dit qu'il sera « complètement » content de pouvoir enfin déjeuner avec sa petite merveille.

Ladite merveille, après une sévère vérification de son cartable, se couche la veille du grand jour en poussant un gros soupir : « Ah ! pourvu que je dorme bien pour être en forme pour la grande journée. »

Le lendemain matin, c'est le branle-bas de combat. Nous sommes tous là, présents et fidèles. Même Virginie, la joyeuse lève-tard, s'est réveillée plus tôt afin de pouvoir accompagner sa petite sœur.

Anne-Marie et Claudine, les deux maîtresses du cours préparatoire, viennent nous accueillir très chaleureusement. Elles ont décidé de prendre Ondine à tour de rôle pour que la charge ne soit pas trop lourde. Pensant la tranquilliser, elles lui expliquent que tous les enfants sont un peu troublés par le changement d'école. Mais c'est elle qui les rassure : « Je n'ai pas du tout l'intention de pleurer, vous savez, je suis courageuse, moi. »

Après l'avoir installée dans une des deux classes de CP qui, heureusement sont au rez-de-chaussée, nous discutons un moment avec les maîtresses sur les questions pratiques et techniques. Ondine montre comment elle rentre dans son déambulateur et comment elle avance. Très décontractée, elle semble enchantée et très excitée à l'idée de travailler. Virginie reste avec elle jusqu'à ce que l'appel des autres élèves soit fait et qu'ils soient rentrés.

En regardant par la fenêtre je suis formidablement soulagée. Elle a l'air si heureuse. Je suis sûre que, stimulée de façon positive, elle s'intégrera bien dans cet environnement enrichissant. Elle saura, je l'espère, trouver la force d'affronter quotidiennement la différence avec les autres et en tirera encore plus d'énergie pour se battre. Elle saura ne pas ressentir son handicap comme une gêne ou comme un obstacle à la communication avec les autres. Les maîtresses m'apprendront qu'elle a voulu expliquer elle-même pourquoi elle était déjà installée en classe, et pourquoi elle ne marchait pas. C'est bien! C'est ce que je voulais. J'aime qu'elle réagisse ainsi.

A midi, Joanne est venue avec moi à la sortie de l'école. Arrivée un peu avant la sonnerie pour avoir le temps de la sortir, je suis à la fois stupéfaite et remplie de bonheur de voir, au fond de la cour, mon Benjamin rouler dans sa poussette sa sœur.

Spontanément il avait demandé à sa maîtresse s'il pouvait s'occuper d'elle. Il avait refusé toute aide en assurant qu'il avait l'habitude et qu'il pouvait se débrouiller tout seul. En petit homme responsable, en somme!

A cet instant précis, comme je les aime! Ils viennent de montrer ce matin qu'ils savaient assumer notre problème à tous, le handicap d'Ondine, et le vivre bien en toutes circonstances.

Les voir sortir ainsi sera pour moi un spectacle émouvant et fort, donné avec leur cœur, leur courage, leur vérité. J'aime aussi la solidarité spontanée des autres enseignants. La maîtresse de Benjamin prendra vite l'initiative de les attendre pour les intégrer dans la file des grands afin qu'ils puissent sortir en même temps. Je les remercie tous pour cet accueil humain et vrai.

Pour ce premier déjeuner, Ondine est très excitée. Elle raconte tout, même des mensonges. « J'ai joué au foot dans la cour ». blague-t-elle. C'est sa manière à elle de dire qu'elle a fait comme les autres et qu'elle n'a pas été rejetée.

C'est vrai que tous seront merveilleux avec elle, à la fois attendris et attentifs. C'est à celui qui lui ramassera le premier son crayon ou sa gomme. Ils se précipitent pour l'aider à la moindre occasion et notre arrivée dans la cour provoque à chaque fois bousculade et attroupement. Un peu trop à mon goût.

Ils vont la considérer d'égal à égal tout en se sentant responsables d'elle. Il y aura, ultérieurement, un responsable journalier désigné par la maîtresse et prêt à assumer consciencieusement ses fonctions.

Il arrivera à Ondine de tomber en descendant trop vite le plan incliné – installé tout exprès pour elle sur l'unique marche séparant la classe de la cour – et en faisant basculer son déambulateur. Tous voudront l'aider à se relever et à redresser l'engin renversé. Tout cela, c'est un peu de baume au cœur.

Les difficultés existent pourtant et ne disparaîtront pas de sitôt. Le premier jour, les maîtresses m'accordent plus d'une heure après la classe. Décidées à tout faire pour qu'Ondine progresse, elles ont vraiment envie de réussir cette expérience. Elles veulent l'intégrer le plus possible à toutes les activités (y compris la gymnastique) afin d'éviter au maximum qu'elle soit mise à l'écart. Elles cherchent à comprendre les empêchements d'Ondine et à adapter leur travail en fonction de ses possibilités graphiques. Il est évident qu'elle ne peut pas encore écrire dans les petits interlignes réglementaires. Elle aura donc des cahiers au format spécial avec des interlignes beaucoup plus larges tracés au crayon, mais cela lui permettra de suivre presque tout le travail de la classe.

Les institutrices lui trouveront des exercices de prégraphisme à faire pendant que les autres lisent. Elles ont déjà compris qu'il faudrait la valoriser sur ses connaissances en lecture afin qu'elle accepte mieux ses difficultés en écriture et leurs exigences sur ce point.

Nous décidons de nous voir très régulièrement et de travailler en équipe toutes les quatre. La quatrième est cette orthophoniste avec laquelle Ondine s'est si bien entendue l'année dernière. Mlle Thomas sait la prendre, éviter les heurts et les entêtements.

Ce que je ne sais pas toujours faire, je l'avoue. Le processus est toujours identique : quand elle ne fait pas attention, elle ne réussit pas bien. Je lui fais alors recommencer. Si j'élève le ton, elle refait encore plus mal et se met même à pleurer. Je m'énerve un peu plus et nous rentrons dans l'affreux cercle vicieux.

Au début de l'année, nous aurons quelques mésaventures douloureusement inutiles de ce genre. Mais nous comprendrons très vite qu'il vaut mieux ne pas foncer dans ce piège. Je me promets de passer systématiquement à autre chose en cas d'opposition. Elle me promet de son côté de ne plus pleurer et me dit même : « Donne-moi une claque, je l'ai bien méritée et après on n'en parle plus. » En guise de claque, elle reçoit un superbe baiser « d'amour », un *smack* magnifique !

Ces manifestations un peu passionnelles de notre histoire me confirment la nécessité absolue de déléguer davantage aux autres, aux maîtresses, à l'orthophoniste et, bien sûr, à Alain.

Pour sauvegarder notre extraordinaire complicité et la magie de nos rapports, il me semble que nos moments passés ensemble

devraient être un peu plus rares, donc plus précieux et appréciés.
J'ai tenu jusqu'à maintenant sans trop entamer mes réserves de patience. Je tiendrai encore. Longtemps, très longtemps s'il le faut. Mais différemment, en essayant de prendre un peu de champ. Pour continuer à l'épauler, il faut que je sois sereine, en quelque sorte plus légère.

Nous devons entamer en douceur un processus de désengagement bénéfique pour nous deux. Elle aussi doit impérativement apprendre à se dégager de moi, à s'appuyer efficacement sur d'autres sources d'incitation. C'est un passage obligatoire vers une véritable autonomie. Son intégration dans une école normale marque le point de départ de cette indispensable évolution.

Fin septembre elle retrouve Alain avec une immense joie. Ils ont autant envie l'un que l'autre de réussir et de progresser. Alain y croit, comme moi, comme nous tous. En tout cas, il tient à se battre et à mettre les bouchées doubles pour sa « cocotte ». Voulant lui faire plaisir en travaillant bien, elle ne rechigne jamais à la tâche. Au début elle me rejette même énergiquement. « Va-t'en, je ne veux pas que tu me regardes. » La garce ! Je suis obligée de me cacher derrière une porte pour observer la manière dont il la rééduque maintenant.

Il est stupéfait, lui aussi, de la retrouver à ce niveau moteur. « Bravo, maman, c'est du beau travail ! » Bravo, Ondine.

Je ne peux m'empêcher de m'étonner qu'il lui écarte les jambes en forçant sur ses articulations. Je pensais qu'il ne fallait pas le faire et que cela augmentait la contracture au lieu de la diminuer. Son travail statique me semble trop laborieux. Ils suent en tout cas presque sang et eau à chaque fois, mais Ondine ne renâcle jamais. Miracle de l'amour ? Encore un ?

Son emploi du temps est pourtant bien lourd, entre l'école, ses diverses séances de rééducation, son travail de perfectionnement à la maison, mes sollicitations diverses et celles des autres.

Un matin, Jean lui demande si elle est contente de sa nouvelle école. Sa réponse nous fera fondre, comme elle fera fondre ses maîtresses qui en auront presque la larme à l'œil : « Oh oui ! Et je remercie tous les jours le petit Jésus. »

Comme promis, les maîtresses s'efforcent à tout prix de la faire participer à toutes les activités. Elles n'hésitent pas à l'emmener en car pour une sortie au Bois et lui feront ainsi une joie immense. Elles insistent pour qu'elle puisse aller à la piscine et obtiennent l'autorisation à condition qu'elle soit accompagnée. Elles tentent de trouver une solution pour le départ en classe « verte » au mois de mai.

Maintenant que la barrière de l'intégration est franchie, je mesure à quel point le temps passé au Centre a été difficile à vivre. Presque à la limite du supportable, malgré notre profond respect pour le dévouement et l'acharnement de ceux qui consacrent leur vie à aider ces enfants si injustement handicapés. Eux aussi se battent de façon formidable pour améliorer le quotidien de ceux qui n'ont pas eu de chance. Ils sont presque toujours le seul recours possible, la seule possibilité de progrès, l'unique équilibre de vie offert. Mais le système dans lequel ils évoluent est en lui-même marginalisant. C'est bien qu'Ondine en soit sortie.

Rentrer dans cette cour d'école sera pour nous tous une caresse quotidienne au cœur.

Néanmoins, il ne faut pas se leurrer. Cette année-là est particulièrement facile pour de nombreuses raisons : l'apprentissage déjà fait de la lecture, la situation des classes au rez-de-chaussée et la présence de Benjamin.

C'est une année « pain blanc ». Les prochaines seront sans aucun doute plus ardues. Mais il faut croire à tout prix et continuer à se battre pour qu'Ondine s'intègre le mieux possible à un cadre de vie normal.

Je veux pour un temps oublier toutes les difficultés, aplanir l'énorme montagne qu'il nous reste à escalader, escamoter mes doutes, mes angoisses, pour ne plus me laisser bercer que par l'espoir. Je veux construire autour de moi un rempart contre les inquiétudes sur l'avenir. Je veux vivre au jour le jour, me contenter des progrès présents, me satisfaire des résultats obtenus et savourer chaque victoire, si petite soit-elle.

Pleinement consciente de la nécessité absolue d'une transformation de notre comportement, je sais qu'il faudrait déconnecter plus souvent. Je pourrais continuer ainsi à être l'élément moteur unique, car pour l'instant, c'est moi qui fixe encore les objectifs pour elle en mettant la barre toujours plus haut. Jusqu'à la puberté, il en sera vraisemblablement ainsi, tant qu'elle n'aura pas décidé consciemment, en toute maturité, de relever le défi et de faire siens ces objectifs pour avoir une vraie place dans la société. Elle devra apprendre à se passer de moi, à accepter toutes les aides, à trouver en toutes occasions des sources d'enrichissement, à rechercher par tous les moyens son indépendance.

Pourtant, depuis l'été dernier, je ne peux m'empêcher d'être envahie par un affreux pressentiment, une crainte sournoise : et si notre obstacle le plus infranchissable devenait sa peur, son refus, son abandon ? comme un cheval qui s'arrête parce qu'on lui en demande trop. Devrons-nous nous battre non seulement contre son handicap mais aussi contre elle-même ?

Je me répète qu'à chaque jour suffit sa peine... La sagesse, c'est de ne pas trop anticiper sur l'avenir pour ne pas s'effondrer, c'est de continuer à croire en notre victoire et de compter aveuglément sur la vitalité de mon Ondinette. Notre meilleur appui est notre foi inébranlable en elle, qu'il nous faut exprimer inlassablement, pour qu'elle devienne son bâton de croisé.

Haut les cœurs, mademoiselle, on va gagner. D'accord ?

On va donner tort à tous ces chirurgiens stupides qui ne croient pas en ton succès et qui osent nous dire en face, en ta présence : « Nous espérons que vous avez compris que son avenir est assis et non debout. » Nous ne leur demandions pas leur avis. Nous n'étions venus à la consultation que pour fixer la date de l'ablation du matériel posé dans les hanches pour les consolider. Comment peuvent-ils parler devant elle avec un tel mépris des conséquences affectives et psychologiques de leurs propos ? Il y aurait long à dire sur les dangers d'une attitude aussi négative et brutale, surtout quand elle vient du corps médical.

Ondine réagit brutalement : « De quoi ils se mêlent, ceux-là ? On viendra leur faire un pied de nez quand je marcherai. D'accord, maman ? » Nous refusons d'être anéantis et désespérés. Mais devant un tel négativisme, il faut vraiment être solide pour persévérer et oser revendiquer un avenir debout !

Après tout, si nous avions accepté le verdict d'agraphisme, nous ne nous serions pas acharnés à lui faire travailler le tracé. Nous lui aurions tout de suite appris à se débrouiller uniquement avec un ordinateur. Elle n'aurait jamais pu écrire comme elle le fait aujourd'hui. En peu de temps, les progrès ont été fulgurants. Ce ne fut pas toujours facile, mais elle fait maintenant des lettres liées et très lisibles. Elle écrit encore dans des interlignes plus larges que la normale, mais petit à petit, patiemment, le format s'est réduit. Elle écrit presque normalement ! Avec un feutre, certes, mais elle écrit !

Nous en avons assez de cette équipe médicale désespérante de pessimisme !

Et quand ma tante nous demande de venir voir le neurologue et le kiné qui suivent avec succès une de ses amies paralysée à la suite d'un accident vasculaire, nous n'hésitons pas un instant.

Ondine hurle, pleure, tempête, enrage. Elle ne veut pas les voir, « un point c'est tout ». « Pourquoi faut-il que ce soit moi qui cède ? » Pour trouver auprès d'eux un baume réconfortant, une merveilleuse note d'optimisme et d'espoir. Le courant passe immédiatement. Avec les deux. Le neurologue lui fait un examen complet et très précis. Agréablement surpris apparemment, il ne trouve pas que la spasticité d'Ondine soit si dramatique. Elle n'a, d'après lui, aucune atteinte neurologique irrémédiable. Que c'est bon à entendre !

Aussi bon que le langage de Guy, le kiné dont Micheline m'avait tant vanté le travail. Celui-ci la fait marcher quelques pas en se mettant devant elle. C'est une horreur, évidemment. Mais sa manière de voir les choses et sa conception d'une rééducation de haut en bas et non de bas en haut me séduisent complètement. Il est formel : il faut lui apprendre à se servir de son dos, à utiliser la force de sa nuque. L'équilibre, voilà ce qui manque à ma poupée jolie. Lui aussi est catégorique : elle marchera.

Le neurologue et le kiné sont tous deux farouchement opposés à une rééducation statique et brutale contre la contracture. Il faut oublier un peu les fesses, les hanches et les jambes et se concentrer uniquement sur le dos. Ils sont également hostiles aux attelles qui déforment rapidement le tibia à cet âge et mettent au repos toute la musculature.

Ils me plaisent ces deux-là. Je retrouve chez eux la même force tranquille, modeste et sécurisante que chez M. Arthuis. Pas d'emballement ! Aucune déclaration péremptoire ! Ils ont un langage clair, sans mots tranchants ni jugement désespérant. Jean et moi sommes d'abord un peu décontenancés par cet optimisme, si nouveau pour nous. C'est la première fois qu'on nous ouvre aussi grande la porte de l'espoir.

Nous n'hésitons pas longtemps et nous décidons de la franchir.

L'organisation pratique sera très compliquée puisque Guy ne peut pas venir à la maison et habite très loin. Nous nous débrouillerons. De tels propos sont doux à entendre.

Cette façon de « penser » l'équilibre me semble tellement plus vraie, plus logique, plus conforme à la réalité. De plus, Ondine a bien accroché avec lui. Perçoit-elle que nous avons enfin trouvé le guide que nous attendions inconsciemment pour la sortir définitivement d'affaire ?

Nous voulons à tout prix éviter de blesser Alain ou lui faire de la peine en lui apprenant ce changement radical d'orientation. Mais il aime trop « sa » fille pour ne pas comprendre que nous n'avons ni le droit ni le désir de ne pas saisir cette chance et de ne pas tenter l'expérience. Finalement, la passation de pouvoirs se fait sans trop de grincements de dents.

Ondine proteste un peu quand elle comprend qu'Alain ne viendra plus. C'est son pote, quand même, son copain, son ami depuis trois ans déjà.

Mais elle veut cependant tenter l'expérience. Elle a tellement envie d'y arriver. C'est une envie profonde qui la poursuit jusque dans son sommeil. « Tu sais, maman, j'ai rêvé cette nuit. Dans mon rêve, je n'avais plus sommeil. Alors j'ai voulu me lever. J'ai pris mon déambu et puis pfffft!... je l'ai lâché et j'ai marché toute seule. Tu te rends compte, maman, toute seule! Ce jour-là, on fera la fête, hein, maman? »

On ne fera pas la fête. On fera une fête gigantesque et inouïe. On rira si fort qu'on finira par pleurer. On dansera si longtemps qu'on s'écroulera de fatigue. On se frottera les yeux de peur de se réveiller. On criera bien fort à qui veut l'entendre qu'il ne faut jamais désespérer.

IX

C'est étrange. Avec cet espoir tout neuf, avec la perspective d'une nouvelle bataille à commencer, la première victoire pour l'intégration, je sens monter en moi comme un charivari intérieur. Brutalement je réalise que ces cinq dernières années ont été comme avalées, happées par l'urgence du combat pour Ondine. Plus rien ni personne ne comptait vraiment.

Elle était mon unique priorité. Je ne peux que m'enorgueillir et me réjouir qu'on ait réussi toutes les deux à grignoter sur le hasard cruel de son handicap. Mais je me sens un peu délâbrée. Pis Tout explose en moi, comme si j'étais déchirée par une faille gigantesque.

Un mariage trop jeune, des responsabilités trop vite, puis la venue d'Ondine. Le poids des contraintes, le devoir toujours, et patatras! le bel équilibre s'est volatilisé.

Il faut se rendre à l'évidence : mon chemin de vie s'est détourné de celui de Jean. Je ne trouve plus en lui mon désir d'absolu, ma soif de passion. J'ai besoin de moments forts, de moments fous. J'ai l'impression d'étouffer. Il me faut m'évader. Je sais que je ne suis pas juste avec lui. Je n'ai pas voulu tout cela. C'est venu comme une révolution intérieure contre laquelle je ne pouvais rien. C'était inévitable.

Peut-être, d'ailleurs, cette déchirure serait-elle apparue même s'il n'y avait pas eu Ondine.

Mais là, maintenant, c'est impérieux! Comment résister encore si je ne compense pas par des bouffées d'oxygène – que Jean ne sait plus me donner ou que je ne sais plus recevoir de lui? J'aurais peut-être dû me calmer, me raisonner, attendre. Mais toutes mes réserves de patience sont désormais destinées à Ondine.

A l'époque, je n'ai pas mesuré toutes les conséquences d'une séparation. C'était presque une réaction animale.

J'ai le sentiment profond que pour tenir la distance, je dois être en harmonie avec moi-même. Je ne suis plus heureuse avec Jean, et j'ai terriblement envie d'être heureuse. Une furieuse envie, comme une revanche à prendre sur la vie, une envie d'autant plus dévastatrice que je ne veux pas m'écrouler sous le poids du handicap d'Ondine.

Je sais que je détruis un équilibre de vie construit jour après jour. J'ai presque honte. Je me sens moche. Mais il y va de ma survie et de celle d'Ondine, comme si mon instinct de préservation fonctionnait bizarrement.

Ai-je trop présumé de mes forces ?

Je n'ai pas eu conscience de la difficulté qu'il y avait à assumer une petite fille comme elle toute seule. Mon combat m'avait paru si solitaire dans cette organisation rigide du quotidien que je ne pouvais, par la force des choses, faire fonctionner seule... Pourtant, plusieurs autour de moi ont cherché à m'aider ; ils y ont réussi parfois, certains de manière intermittente mais efficace.

Je sais que papa, qui s'est baptisé à tort « le plus mauvais grand-père de la terre », est en fait très attentif à l'évolution de sa dernière petite-fille. J'aime sa présence discrète, pudique, clairvoyante, mais pleine de sollicitude, jamais condescendante. Il a parfois une façon abrupte de dire certaines vérités. Mais il sait toujours respecter la dignité humaine et préserver l'essentiel. J'aime le retrouver dans son pays lointain et je savoure chacune de ces escapades ensoleillées qu'il nous a offertes.

J'ai découvert aussi mon beau-père, le mari de maman, qu'Ondine appelle tendrement Grapi. Lui, le bougon, le bourru à l'humeur changeante, déploiera pour elle des trésors d'affection. Pendant les difficiles premiers mois de notre séparation avec Jean, il m'aidera très concrètement.

Tout au long de ces années, nous ferons des rencontres. Nous trouverons sur notre chemin des êtres à la sensibilité vraie, certains naturellement proches, d'autres s'ouvrant sans en avoir peur à une réalité différente.

La marraine d'Ondine, par exemple, sait toujours avoir un regard et un ton justes. Elle manifeste une tendresse sans affectation et un intérêt clairvoyant. Même si nos rythmes de vie nous interdisent de nous voir autant que nous le souhaitons, elle fait incontestablement partie de ceux qui ont le mieux compris le sens de notre lutte en mesurant la pesanteur du quotidien.

Mon parrain, qui apparemment n'était pas préparé à accepter un handicap quel qu'il soit, a appris à gommer ses tabous, à se débarrasser de ses idées toutes faites. Il s'est sans doute fait un peu violence au départ, mais il est maintenant si à l'aise qu'il entretient avec Ondine une complicité originale mi-moqueuse mi-bougonne.

Beaucoup d'autres me prouveront leur amitié et leur sympathie, chacun à sa façon. Mais je me serais sans doute effondrée sans la présence de ma chère maman, toujours tendre, présente, solide, positive, réconfortante, irremplaçable. Et sans l'affection de mon frère, celui vers qui je me tourne quand tout va mal, quand je perds pied. Il répond toujours à mon appel, me prenant sous son aile, remplaçant tendrement l'épaule masculine qui me manque.

Ils ont essayé tous les deux de me faire entendre raison, mais je n'ai pas su résister à cette vague destructrice.

J'ai été déchirée, mes enfants, à l'idée de briser votre univers, votre cocon. Toi, Virginie, tu m'en as voulu si longtemps que j'ai beaucoup souffert de ton chagrin et de l'éloignement que tu nous imposais. C'est sans doute toi qui as été la plus traumatisée par cette séparation, bien que tu t'en défendes avec fougue.

C'est un tel bonheur de t'avoir retrouvée aujourd'hui, plus complice que jamais, intelligente et forte comme je voulais que tu sois. Tu as tout compris sur ta petite sœur, et toi seule à nouveau sais me remplacer avec les mêmes mots, les mêmes gestes, la même énergie.

Toi, petit Benja au cœur sensible, tu ne savais plus où aller. Tu as essayé d'avoir deux maisons, deux ports d'attache. Mais tout cela n'est pas très équilibrant. C'est difficile de vivre avec une petite sœur handicapée, surtout quand on lui en veut d'avoir un peu trop accaparé la tendresse de sa maman. Tu as préféré aller vivre chez ton père, avec ta grande sœur.

Normal. Je ne t'en veux pas. Je suis soulagée que tu t'en sois si bien sorti.

Et toi Ondinette, tu as su te préserver, tu as su réagir avec sagesse et maturité. Tu as attendu que l'orage passe et que je puisse te prendre à nouveau avec moi. Tu ne voulais pas perdre ton Daddy, mais tu voulais être avec moi. Peut-être devinais-tu que nous avions encore un très long chemin à parcourir...

M'as-tu finalement pardonné, toi, Jean, qui m'as vraiment aimée ? Je t'ai fait souffrir, mais ni toi ni moi n'y pouvions rien. Nous n'étions plus sur la même longueur d'ondes. C'était sans doute inscrit dans le hasard de la vie. Je suis heureuse que tu aies retrouvé un équilibre ailleurs. Même si je nous sais irrémédiablement étrangers l'un à l'autre, il m'arrive de me demander avec nostalgie si je trouverai un jour un homme qui m'aimera aussi profondément, aussi totalement que toi. Seulement voilà, tu n'avais pas compris que j'avais grandi. Je n'étais plus la toute jeune fille qui t'avait fait craquer un soir de juillet. J'étais devenue une femme avec d'autres besoins, d'autres désirs. Et Ondine avait accéléré, exacerbé cette transformation.

Tout me paraît en effet tout à coup trop insupportable, trop insurmontable. En la voyant évoluer dans un monde d'enfants debout, je prends plus violemment encore conscience du poids de sa différence. Jusqu'à maintenant je ne pensais qu'à la marche. Je n'avais pas vraiment réalisé que pour tout le reste, tous les gestes quotidiens, elle n'était pas du tout autonome. Elle ne peut pas s'habiller, ni se déshabiller. Pas question de prendre un bain ni de se coiffer, ni même tout simplement d'aller aux toilettes. Même pour les repas qu'elle apprécie tant, tout est compliqué. Quand arrivera-t-elle à beurrer son pain, à sucrer son yaourt, à couper sa viande ? Quand pourra-t-elle rentrer seule dans une voiture ?

Le Pr Arthuis m'avait fait comprendre que le chemin serait long. Pour la première fois je comprends qu'il est presque sans fin et qu'il faut adopter l'allure d'un coureur de fond.

Je ne suis plus en état d'urgence. Je dois accepter plus tranquillement, presque philosophiquement, la différence d'Ondine, continuer à croire en elle et comprendre que cette seconde naissance que nous voulons réussir sera une expérience à la fois lourde et merveilleuse, épuisante mais enrichissante.

Le hasard fait parfois bien les choses puisqu'il nous a fait connaître l'homme miracle, cet étonnant Guy. Aujourd'hui encore, contre vents et marées, contre mes doutes passagers, contre les révoltes d'Ondine, mais aussi avec nous, avec notre hargne à vaincre, il continue à la faire progresser et à lui donner la possibilité de vivre le plus normalement possible. C'est un être rare qui s'implique totalement dans ce qui devient en quelque sorte sa mission. Homme pur qui ne fait aucune concession, qui n'admet aucune compromission, il se donne tout entier avec amour et conviction, jour après jour, pour permettre aux enfants et aux adultes handicapés qui viennent le voir de récupérer au moins un certain confort et d'améliorer leur motricité de façon parfois stupéfiante. Jamais ma confiance en lui ne faiblira. Nous aurons des « mots » ensemble, quelques tiraillements qu'il faut mettre sur le compte d'une fatigue réciproque, dans notre bataille lancinante. Vraisemblablement, il s'est forgé une carapace protectrice de dureté invulnérable. Comment pourrait-il d'ailleurs montrer des velléités de faiblesse, lui qui galvanise quotidiennement tout son monde ?

Michel Gillibert fut ma deuxième rencontre capitale. Je me souviendrai longtemps de notre première entrevue. J'avais été amenée chez lui par une de mes voisines qui travaillait bénévolement pour son association, le Mouvement de défense des grands accidentés de la vie. J'y allais plus pour lui faire plaisir que par conviction. Dès que je suis entrée dans sa chambre, avec ce lit bizarre à coussin d'air, j'ai été fascinée par le regard et le charisme de cet homme devenu tétraplégique par accident et qui aimait tant la vie. J'ai eu envie de m'impliquer dans son action.

J'ai su, un peu plus tard, qu'il avait lui aussi décidé instantanément que je serais son assistante, et que nous travaillerions ensemble pour faire triompher ce qui était déjà son cheval de bataille : la démarginalisation et l'intégration des personnes handicapées, accidentées de la vie. Nous sommes devenus au fil des jours formidablement complices, sur la même longueur d'ondes, avec la même sensibilité de l'essentiel.

C'est maintenant un ami très cher, très précieux, que j'aime, respecte et admire. Il m'a beaucoup appris et soutenue par sa philosophie de l'instant et du hasard, son humour face à l'adversité du quotidien, son intelligence de la vie et sa volonté inébranlable de dépasser pour lui et pour les autres le handicap.

Qui mieux que lui pouvait me faire comprendre la richesse de la différence, la nécessité de l'intégration, la force de l'échange qui existe entre un « debout » et un « cassé », le nécessaire combat pour le choix d'une vie.

Grâce à lui, j'ai su que j'avais eu raison de vouloir me battre pour qu'Ondine soit intégrée puisque c'était possible. Avec lui j'ai compris que mon histoire n'était qu'un tout petit cas parmi des millions de cas plus dramatiques, et qu'il fallait absolument se battre contre l'exclusion, pour changer le regard des autres.

Avec ces deux hommes-là, notre histoire évolue. Elle devient plus sage et plus déterminée encore. Avec le temps, elle devient aussi plus dure parfois.

Comment ne pas parler également de Nathalie qui va nous accompagner sur notre route pendant quelques années ? Ondine lui consacrera son premier poème :

> *Ma douce Nathalie*
> *Quand elle est là,*
> *Au rendez-vous est le bonheur*
> *Quand elle est là,*
> *La joie est à l'heure...*

Cette jeune fille, tout juste débarquée de sa Normandie natale, engagée comme aide ménagère, devient vite une étonnante rééducatrice de choc. Elle manie avec intelligence la politique du bâton et de la carotte, sachant se montrer à la fois inflexible et tendre, s'impliquant complètement dans ce qui deviendra en quelque sorte sa « guerre ».

Elle finira quand même par jeter le gant au bout de cinq ans, mise KO par des matchs quotidiens, trop éprouvants à la longue.

Ondine accompagnée de deux amies le jour de sa communion privée, en juin 1989.

Pâques 1989. Ondine et sa mère chez Fafi sous le soleil des Antilles.

Avec le temps et une volonté farouche...

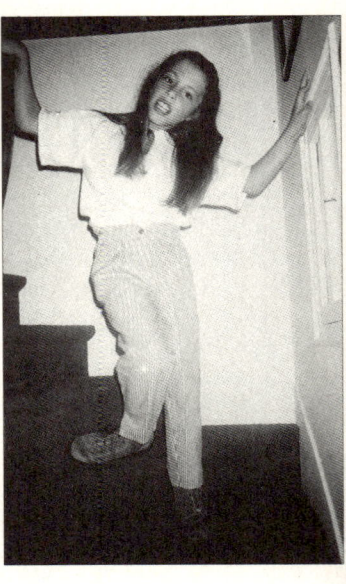

Ondine et Nathalie : plus de cinq ans d'une grande et précieuse complicité.

*Dès le matin
des exercices et encore
des exercices...*

*Vacances de Pâques 1991 :
première sortie en solitaire.*

*Été 1989. Ondine
monte Willy
dans la propriété familiale
du midi de la France.*

*Treize ans, l'âge
de la première boum.*

Nous ne l'oublierons jamais. Elle fut si précieuse et si efficace que plus tard je pourrai me remettre à travailler sans trop culpabiliser.

Avec elle et avec Guy, Ondine est dans de bonnes mains. Il m'arrivera même de m'étonner des prouesses accomplies en mon absence. Grâce à Miss Sourire je peux m'échapper, l'esprit tranquille. Pas trop, sinon il y a quelques déraillements. Même lorsque je serai, plus tard, submergée de travail, j'apprendrai très vite à jongler avec les horaires, à trouver plusieurs fois dans la journée le temps de venir à la récréation ou à la sortie de l'école, de l'y accompagner, de déjeuner avec elle. Une journée sans se voir, c'est trop long ! Les moments ainsi volés jour après jour pour Ondine seront précieux, indispensables pour préserver son tonus et son énergie. Mais quelle course !

D'ailleurs, tout devient course. Chaque jour qui passe est en lui-même un défi à relever, une gageure.

Avant l'école, une demi-heure de travail moteur. Les récréations sont aussi consacrées à la rééducation. Après l'école, les séances chez Guy, porte de Vanves, presque à l'autre bout de Paris. Les attentes sur place, décourageantes parfois même si on y croit très fort. Les devoirs sur la table de la cuisine à toute vitesse en rentrant, les leçons récitées dans la voiture ou dans le bain.

Décidément, *Boubouchka*, il faut vouloir s'accrocher.

Au fil des ans il y aura bien des grincements de dents, des pleurs, des refus. Je souffre autant que toi quand, sur la table de Guy, les mouvements t'arrachent des cris de douleur, parfois des larmes. Que d'efforts à fournir et de souffrances à supporter pour obtenir des progrès ! Quelle énergie faut-il déployer pour gagner sur le hasard ?

Pourtant tous ceux qui viennent là, acharnés à combattre, y mettent la même ferveur, comme électrisés par la volonté et la passion de Guy. Comment peut-il trouver la force de porter ainsi à bout de bras ces personnes handicapées qui arrivent en général chez lui dans un triste état ? Elles attendent tout de lui, même l'impossible. Mais la capacité d'impulsion qui émane de lui, sa vigueur contagieuse, créent entre eux des rapports exceptionnels.

Depuis six ans quelques-uns, très rares, ont finalement abandonné, lâchant prise devant les difficultés. Mais la majorité continue à se battre. Pour certains, le changement est spectaculaire, presque miraculeux. Pour d'autres c'est plus lent, mais c'est quand même un progrès.

Merci Guy. Merci pour eux. Merci pour nous.

J'ai appris chez toi beaucoup sur la persévérance. Parfois je t'ai trouvé trop rigide, trop exigeant. Nous nous sommes un peu heurtés pour nous retrouver finalement, puisque nous menons le même combat.

X

Entre Ondine et Guy s'établit petit à petit un lien fort, à la fois passionnel et raisonné, axé vers une seule et unique direction : la marche. Ce ne sera pas toujours tendre en paroles. Guy trouve tout de suite des surnoms « doux » et l'accueille avec de chaleureux « voilà mon bandit de la sierra ! » ou bien « bonjour sergent Garcia », ou encore « es-tu mon sac à claques aujourd'hui ou la gentille fille ? » Quand les mouvements imposés sont un peu trop douloureux, elle se rebiffe plus ou moins selon l'humeur du jour.

Mais Guy, par son amour et sa détermination, sait lui redonner du tonus et la bousculer quand ses états d'âme, malheureusement de plus en plus fréquents, commencent à tout détraquer.

Un soir de février 1986, d'une petite voix tourmentée, elle soupire : « Maman, je hais mon "handicapement". Qu'est-ce que j'ai fait au bon Dieu ? Je n'ai pas cassé de miroir à ma naissance. Ça fait pourtant presque sept ans de malheur ! » C'est peut-être la première fois qu'elle exprime vraiment « en adulte » sa détresse devant la lourdeur de son handicap. Paroles éprouvantes à entendre, mais si émouvantes dans leur mode d'expression. J'essaie de trouver des mots pour lui insuffler à nouveau le courage dont elle a besoin. « Mais tu vois, maman, j'en ai presque plus, du courage, dans ma réserve. » J'insiste. « Bon, bon, tu as raison. Je vais la rebrancher, mon antenne de courage. »

Décidément, je l'aime cette petite fille, et je lui fais un énorme et tendre câlin. Continue, petite Ondine. Tu y arriveras.

Les jours défilent encore plus rapidement. Pas question de perdre le rythme. Il faut s'imposer une discipline d'enfer pour tout concilier. Elle travaille dur, partout, à l'école, à la maison, chez Guy. Quand fin avril 1986 elle tient à nouveau cinq secondes en équilibre contre le mur, elle explose de joie. « J'entends une musique de fête dans tout mon corps. » Je voudrais que très souvent tu l'entendes cette musique, petite *Boubouchka*.

Quelle transformation déjà ! Les mollets atrophiés par les horribles attelles se sont développés et modelés. Allongée, elle arrive spontanément à écarter et fermer les jambes, à replier les genoux contre la poitrine. Il n'y a plus cette contracture horrible qui lui faisait croiser les jambes. Guy la fait travailler de façon dynamique, en mouvement perpétuel. Il voudrait qu'elle bouge le plus possible. Très vite, il a banni toute forme de déambulateur, considérant, à ma grande joie, qu'il lui apportait une aide perverse puisqu'elle s'appuyait beaucoup trop sur ses bras. Elle doit trouver la force en elle, dans son dos, sa nuque. En revanche, il nous pousse à la mettre en charge le plus possible, à la mettre debout contre une table en relevant alternativement les pieds, par série de cent. Ne pas la laisser s'avachir sur une chaise. Toujours dynamiser!

Le dernier trimestre 1986 est fort harmonieux. Ondine donne l'impression de se libérer, d'oublier l'opération, de s'épanouir.

Tout heureuse, elle part avec les deux classes de CP et Nathalie, naturellement, en classe de théâtre. Elle participera à tout et jouera le rôle de la princesse confortablement installée dans sa poussette, parfaitement à l'aise et sans complexe. Je la déteste cette poussette. Voir Ondine coincée dans cet engin spécialisé pour grands enfants handicapés me chavire le cœur. L'essentiel pourtant, c'est sa joie intense d'être intégrée. Anne-Marie et Claudine, ses deux maîtresses, l'ont bien compris. Elles ont su lui donner de bonnes bases et montrer l'exemple à tous les autres enseignants.

Deux d'entre eux pourtant sont réticents et défaitistes. « A quoi bon essayer puisque de toute façon il faudra remettre Ondine dans des structures spécialisées ? » Charmant ! Très encourageant ! Pour relever le défi de l'intégration d'Ondine, il faudra toute la volonté étonnante de M. Moudjian, directeur de l'école, un homme également passionné, amoureux de son travail, conscient des devoirs de sa charge. C'est une aventure qu'il veut mener à bien ! Pendant toutes ces années de primaire, il sera un soutien discret mais efficace. Nous lui devons à lui aussi une reconnaissance éternelle. Il fait partie de ceux qui ont cru en nous. Spontanément il a compris ce que certains mettent toute une vie à comprendre, ce que certains même ne comprennent jamais : il a accepté la différence comme une donnée inéluctable qui n'interdit ni le respect, ni la dignité, ni le choix d'une vie. Il a donné sa chance à Ondine. Sans sa ferme résolution, elle n'aurait sans doute pas pu réussir à gravir les échelons et être bien préparée à franchir l'étape du secondaire.

Son cas est réglé en conseil d'école. Josiane, l'institutrice qui avait déjà eu mes deux aînés, accepte de permuter de classe et de la prendre en CE1. La prise en charge jusqu'en CM2 est d'ores et déjà assurée. Quel poids en moins ! Ondine semble si heureuse. L'année scolaire s'achève dans la sérénité.

Comme s'écoulera l'été : calme mais laborieux, respectant scrupuleusement les consignes de Guy. Cet été-là, c'est l'été de la vigueur, de la confiance, des déclarations chocs : « Je dois marcher parce que sinon je ne pourrai pas faire d'enfants. Il n'y a pas de maman à quatre pattes ! », ou « c'est complètement vrai : je veux marcher ». Ondine a vraiment la « frite élastique » !

Tant mieux car la prochaine rentrée va apporter un lot impressionnant de bouleversements : la rentrée en sixième de Benjamin, le début de ma collaboration avec Michel Gillibert, et surtout la concrétisation de notre séparation avec Jean. Je redoute la réaction d'Ondine.

C'est mal connaître ma petite bonne femme déjà si raisonnable et mûre : d'un pas presque léger elle monte l'escalier jusqu'à sa classe de CE1, au premier étage. Eh oui, cette année nous avons droit à l'escalier. Nous n'aurons pas toujours le temps de la laisser monter à pied, c'est encore trop long et laborieux. Mais nous tâcherons de le faire le plus souvent possible. En tout cas le jour de la rentrée, il n'était vraiment pas pensable de ne pas arriver en classe dignement ! Elle aime vraiment l'école, lieu privilégié, où finalement elle peut rivaliser avec les autres. L'émulation la stimule. Josiane le comprendra très vite et saura magnifiquement en jouer pour l'obliger à continuer ses efforts en écriture.

Elle retrouve avec un plaisir évident ses copains. Il y a déjà les plus fidèles et attentifs, Julie, Angélique, Marc-David.

Le rythme diabolique reprend de façon encore plus folle pour moi. Heureusement, Nathalie est là, énergique et douce. Nous nous partageons les allées et venues à l'école, les récréations, les séances de travail à la maison. Je me réserve une ou deux séances chez Guy, c'est indispensable pour Ondine et pour moi. Michel Gillibert connaît et respecte mon combat. La condition *sine qua non* de notre collaboration avait été d'emblée une grande souplesse d'horaires pour que je puisse tout concilier. Comprenant mieux que quiconque l'importance de l'enjeu, il sera toujours merveilleusement compréhensif. J'apprends donc à jouer avec le temps. Moi aussi, dynamisée par tous ces changements, j'ai le sentiment étrange de revivre. J'ai eu raison de ne pas avoir eu peur de sauter le pas. Je respire mieux. Je me sens plus forte, plus ferme. Je recharge mes batteries.

Mon seul chagrin, énorme, terrible, contre lequel je suis impuissante, c'est le rejet sans appel de Virginie. Elle m'en veut terriblement, ne comprend pas. Peut-être Jean lui a-t-il présenté mon départ comme un abandon... Peut-être ai-je été maladroite en paroles, étant trop exaspérée par une situation qui m'était devenue insupportable ! Je ne voulais pas les abandonner. Je voulais quitter leur père. Si je comprends sa détresse, son désespoir, néanmoins, ils me blessent. Pourtant je crois en son retour. Je sais qu'elle comprendra un jour, très vite, et qu'elle finira par revenir vers moi. Je ne veux pas la brusquer. J'ai pris un risque, je dois l'assumer. De la même manière, quand je réaliserai que Benjamin n'arrive pas à trouver son équilibre entre nos deux appartements, je le laisserai décider sans l'influencer. Nous avons dû tous amortir, chacun à notre façon, le choc du handicap d'Ondine. Notre vie a été suffisamment bouleversée. Je souhaite avant tout qu'il ne se sente plus perturbé. S'il préfère vivre avec Virginie chez son père, je respecterai son choix, même si j'en suis déchirée.

La venue d'un enfant handicapé dans une famille modifie incontestablement les données. C'est presque un cataclysme, en tout cas c'est un choc énorme qui rend différent. Chacun se protège à sa manière, réagit différemment selon ses dispositions profondes, sa force, son caractère, pour finalement s'enrichir. Mais il faut composer et ne pas forcément s'agripper aux schémas traditionnels. Il se peut que notre organisation heurte certains. Logiquement, selon les normes traditionnelles, les enfants devraient rester auprès de leur mère. Seulement voilà, chez nous, la règle du jeu est faussée dès le départ. Alors ça se passe autrement.

D'ailleurs, Ondine n'est finalement pas mécontente de se retrouver seule. Elle adore son frère et sa sœur, mais peut-être sait-elle qu'elle m'accapare un peu trop. Peut-être veut-elle le faire consciemment, en toute impunité, sans avoir à subir de reproches, même non formulés, de l'un ou de l'autre ? Elle déjeune quatre jours par semaine chez son Daddy, et passe un week-end sur deux avec lui et les deux autres enfants.

Malgré notre rupture, Jean et moi cherchons à préserver les enfants au maximum. Pas de haine ! Pas d'injures ! Une entente cordiale qui nous permet de fêter ensemble les grandes occasions, les Noëls, les anniversaires. C'est un pacte tacite, comme celui de ne rien imposer aux aînés de façon arbitraire. Inutile d'aggraver leur trouble !

Paradoxalement, en quittant Jean, je me sens moins seule. L'équipe que nous formons, Ondine et moi, a pris le bon virage. Nous sommes toujours formidablement soudées l'une à l'autre. Je reste toujours sa référence, son pilier, l'aiguillon de tendresse et de fermeté qui la fera ne jamais fléchir. Mais notre « couple » n'est plus aussi exclusif. Il admet d'autres forces, d'autres influences. C'est un peu notre âge de raison. Notre énergie s'en trouve exaltée. Les moments passés ensemble n'en sont que plus intenses comme une explosion de force.

Boubouchka est étonnamment décidée. « Je refuse mes cadeaux d'anniversaire si je ne marche pas à huit ans. » Pauvre amour ! Elle mériterait tellement le triomphe final ! Elle se bat tellement, si bien. Elle revient toujours épuisée des séances quotidiennes chez Guy, fatiguée par les mouvements nouveaux à répéter inlassablement pour qu'ils deviennent automatiques. Aucun temps mort.

Pendant quelques mois, c'est la période « main au mur ». Allez, Ondinette, une, deux, une, deux. Avance le bras. Tends l'autre.

Attention, ne perds pas l'équilibre! Demi-tour, toute! On recommence dans l'autre sens. Une, deux. C'est l'apprentissage parfait pour qu'elle puisse marcher en ne donnant qu'une main. Pour empêcher la monotonie, nous varions les plaisirs en piochant dans notre stock d'exercices. Cramponne-toi, *Boubouchka*, tout va bien.

Les résultats scolaires sont époustouflants malgré les difficultés et la lenteur de l'écriture. Là aussi, il faut lutter d'arrache-pied pour dominer ses difficultés de repérage dans l'espace, d'alignement de chiffres, en fait pour tout ce qui est proprement technique. Josiane la materne peut-être un peu trop sur ce point, car elle sait qu'Ondine comprend vite les mécanismes logiques et parfois mieux que les autres. Il apparaît en effet de plus en plus comme une évidence qu'Ondine compense ses défaillances en utilisant au maximum ses autres capacités, sa mémoire implacable, son sens de l'humour et son charme. Eh oui, mademoiselle amuse et séduit. A tel point que son combat devient un peu celui de tous.

C'est l'explosion de joie générale quand, en mai, nous rentrons fièrement dans la classe main dans la main. Je n'ose y croire. Je me moque que sa marche soit disgracieuse, avec cet horrible balancement, et qu'elle ouvre trop sa bouche! Toute épreuve à surmonter donne une relativité magique aux événements. Notre bonheur du moment, c'est qu'elle puisse enfin avancer ainsi. Voilà un délice unique à goûter pleinement, à partager avec tous ceux qui nous aiment et nous soutiennent.

A la fin de l'année, c'est quasiment l'euphorie quand, appuyée contre le mur, elle se jette en avant et fait son premier pas puis, assez vite son deuxième pas. « Je n'en crois pas mes yeux, maman. » Mais non, mon bébé, tu ne rêves pas. C'est incroyable mais vrai! Cela procure une joie immense et bouleversante qui fait pleurer d'émotion et éclater de rire de bonheur. C'est comme la première étincelle d'un feu d'artifice avant le bouquet final. C'est la récompense de tant d'acharnement, une caresse d'espoir. Il faut que ces premiers pas deviennent sa force, notre force. Il faut qu'ils lui fassent oublier sa terreur des derniers mois, quand elle n'osait pas se lancer, quand elle se bloquait, collée au mur et paralysée par la peur, et qu'à la longue ses doigts saignaient. Que d'angoisses à surmonter encore devant le vide... mais quel progrès!

A partir de cette année nous décidons de calquer les vacances d'Ondine sur celles de Guy, notre sauveur. Grâce à lui, tout reste possible, avec l'autonomie tout au bout du voyage. Sans lui, nous n'aurions pu nous réjouir de jeter très cérémonieusement, presque en grande pompe, la poussette d'Ondine. C'est un geste volontairement symbolique. Enfin nous nous débarrassons officiellement de ce qui représentait le plus visiblement la dépendance d'Ondine. C'est un grand pas vers la non-dépendance. Nous le fêtons dignement à notre manière, comme pour faire un clin d'œil au hasard. Je me sens libérée comme si on m'enlevait une énorme épine douloureuse, un fardeau de trop à supporter. Je sais que la route à parcourir sera encore plus ardue maintenant sans cet engin de malheur, mais cette victoire-là est si réconfortante, presque inespérée, savourons-la.

XI

La rentrée en CE2 se fait presque triomphalement. La voiture est garée devant l'école. Ondine rentre à pied, passe l'allée, traverse la cour et monte en classe en s'appuyant à ma main. Tous ses amis l'entourent en la félicitant. Ils sont vraiment, profondément, contents. La démarche disgracieuse de leur copine n'a pas l'air de les choquer ou de les gêner.

Les nouveaux, les petits de CP, sont étonnés. Leur regard n'est pas habitué. Certains posent la question que de plus en plus de personnes formulent maladroitement : « Qu'est-ce qu'*elle* a ? » Que c'est agaçant cette manière stupide de ne pas s'adresser directement à Ondine ! C'est en soi une démarche terriblement marginalisante, comme si la personne handicapée n'avait pas d'identité propre, comme si elle était incapable de répondre et de communiquer normalement. J'ai été choquée par cette attitude d'exclusion lors de notre premier voyage en avion sans poussette, où le personnel de bord avait tendance à ne pas s'adresser directement à Ondine. Finalement, c'est presque une non-reconnaissance de la dignité humaine. Il ne s'agit pas de méchanceté mais d'ignorance, de méconnaissance, d'*a priori*.

Pour le moment, j'assume le regard des autres, même si souvent il me hérisse et me blesse. L'accepter, c'est une bonne leçon d'humilité et un succès remporté sur la sottise et la prétention de certains. Ceux qui ont dépassé l'appréhension, ceux qui ont appris à connaître et respecter Ondine ont au contraire une attitude parfaitement chaleureuse et naturelle.

Cette année les invitations vont pleuvoir, elle est très demandée. Parfois même, ses amis changent leur date pour qu'elle puisse venir le samedi, le mercredi étant réservé à Guy. Quel bonheur ! Elle adore ces fêtes. J'ai toujours un peu peur qu'elle ne soit triste de ne pas pouvoir participer comme les autres, mais le simple fait d'être parmi eux la rend heureuse.

A partir de cette période, nous ne ratons aucune occasion de faire comme les autres. Grâce aux progrès obtenus avec Guy, il est désormais possible de lui offrir des plaisirs jusque là interdits. Ce n'est pas encore simple, mais c'est faisable. Alors pourquoi ne pas aller au cinéma, au théâtre, au spectacle comme tout le monde ? De la même manière, nous n'hésitons plus à faire venir des amis à la maison pour une soirée ou un week-end. Enchantée par leur présence, Ondine fait des merveilles, comme pour me remercier de ces récréations bien méritées.

Tu vois, mon Ondine, tu es acceptée, et même si tu râles parfois, si tu souffles de colère et boudes de découragement, tu ne dois pas t'arrêter en chemin. On avance, *Boubouchka*, on avance.

Tu as beaucoup de chance d'être autant aimée. Ne pas céder, c'est te prouver notre amour. Guy et Nathalie continuent à être des soutiens, énergiques, et précieux. Maman est toujours efficace à sa manière. Bien qu'en pleine crise d'adolescence, Virginie sait t'accorder des moments intenses. Benjamin, quand il ne se retranche pas dans une indifférence protectrice, te secoue et t'oblige à des jeux d'adresse délicats. Jean est égal à lui-même. Heureusement, il saura vite comprendre la nécessité de te stimuler. Pour le moment, les lundis qui suivent « son » week-end paraissent encore plus contraignants, car à chaque fois il faut reprendre le rythme.

Mais ces week-ends sans elle me sont indispensables. Ils sont la bouffée d'oxygène que je réclamais pour tenir. Je déconnecte. J'oublie. Je me détends. Je découvre des endroits, des sensations, des plaisirs, je puise de nouvelles forces auprès de « mon homme », celui qui a envahi ma vie voilà presque deux ans. Pas facile de concilier toutes ces vies ensemble.

Mon combat auprès de Michel Gillibert s'accommode plutôt bien de celui que je mène pour Ondine. Les deux sont complémentaires. L'un dope l'autre et vice-versa. Michel catalysera toujours mon énergie par les mots, par l'action et par l'exemple. Ces deux vies-là sont compatibles.

Mais comment bien vivre une passion dévorante qui submerge tout sans nuire un seul instant à ma lutte avec Ondine ? Je voudrais que cet amour nouveau m'apporte une détermination plus grande et un équilibre plus sécurisant. Pas de chance ou ironie du sort : mon homme fait partie de ceux à qui le handicap fait peur. Il n'arrive pas à surmonter ses craintes, à se libérer de ses préjugés Il déteste l'injustice qui frappe Ondine. Se sentant impuissant, il préfère presque l'ignorer.

J'aurais peut-être dû fuir. Il aurait sans doute dû partir. Mais le lien est déjà trop fort pour le briser. Je sais que notre histoire sera difficile à vivre, douloureuse même. Elle m'est pourtant nécessaire. Je veux espérer en notre avenir.

Je me dis qu'il finira par être suffisamment ébranlé par le charme et l'ardeur d'Ondine pour avoir envie de l'aider. J'imagine qu'il m'aimera vraiment et qu'il aimera alors notre bataille. J'ai envie qu'il comprenne petit à petit l'enjeu, qu'il domine ses *a priori*, qu'il change finalement de regard... ce fameux regard.

Je me lance donc tête baissée dans cette autre aventure. De toute façon, j'ai besoin de lui, de sa vitalité, de sa fantaisie, de nos moments d'intimité, de nos folies, de nos escapades. Inconsciemment, j'entre dans un double système dans lequel je serai perpétuellement frustrée puisqu'il me manquera toujours l'un ou l'autre.

Mais je me persuade que tout finira par rentrer dans l'ordre. J'ai appris, depuis la naissance d'Ondine, qu'il fallait compter avec le temps. D'ailleurs, ils s'entendent bien tous les deux. Ondine l'a tout de suite accepté car elle me veut heureuse. Quand je serai malheureuse, elle le sentira immédiatement sans que je lui en parle, elle en devinera les raisons et en souffrira sans le dire. Elle est décidément surprenante ma *Boubouchka*.

Elle étonne son maître d'école par ses reparties et son humour presque caustique. Pas question de faiblir en classe. Elle tient à caracoler en tête. C'est un peu sa revanche sur toutes les autres difficultés.

Le rythme chez Guy s'intensifie. On s'est presque habitués à ses départs du mur, aux distances parcourues genoux dressés, à sa marche d'une main. Guy m'explique que la commande neurologique s'améliore. Petit à petit elle descend le long des membres inférieurs et supérieurs. Ondine devient très joliment musclée, au point que Fafi se moque de ses fesses de pin-up quand elle est couchée ! Ses pieds se posent de mieux en mieux par terre et la déformation due à la commande anarchique diminue.

Il y a bien toujours quelques résistances, des larmes, des rebuffades, mais tout rentre vite dans l'ordre car elle sait qu'elle progresse. C'est un bonheur immense de la voir s'élancer avec ses bras levés pour tenir l'équilibre pendant que nous reculons en même temps qu'elle avance pour la rattraper en cas de chute. Elle est tellement contente qu'elle aime montrer à tous ses prouesses. La première fois que Joanne la voit partir ainsi, elle cache ses larmes. On dirait une danseuse, ma poupée rose. Le nombre de pas augmente, elle arrive parfois à traverser le salon. C'est si bon ! L'endurance augmente à force de la faire travailler.

Début juin, nous tentons le coup presque comme des kamikazes : nous rentrons à pied de l'école ! Mais oui, à pied ! Nous avons gagné ce pari-là. Nous sommes ébahies, épuisées et éperdues de joie.

Bravo, mon Ondine. C'est encore une pierre blanche qui marque une sacrée étape. Les gens du quartier la connaissent bien maintenant. Éberlués, certains s'arrêtent pour l'encourager, lui parler. Cette modification très nette de comportement est aussi une victoire : Ondine est désormais reconnue à part entière. Elle a forcé leur respect et ils ont envie de le lui dire.

Bientôt, ce sera à nouveau les vacances, moments privilégiés où elle peut progresser encore plus puisqu'elle se concentre surtout sur ses problèmes moteurs, bien que nous n'abandonnions pas le perfectionnement de l'écriture et du dessin : c'est en s'exerçant sans cesse qu'elle peut améliorer son graphisme et sa rapidité.

Cet été-là, *Boubouchka* travaillera très bien, nous offrant même des départs époustouflants depuis la position assise. C'est fascinant de la voir se ramasser intérieurement, se concentrer, brancher son énergie, s'y prendre à de nombreuses reprises avant d'arriver à basculer en avant, les bras tendus vers le ciel, à lever les fesses de la chaise, à démarrer et à faire enfin quelques pas. Quel travail! C'est impressionnant! Maman, Bernard, Nathalie, tous. Nous l'applaudissons.

« Est-ce que vous m'avez admirée au moins? » Non seulement nous t'avons admirée, mais nous avons souffert avec toi dans tes efforts. Nous avons retenu à chaque fois notre respiration de peur de te troubler. Nous avons imploré le ciel. Nous sommes merveilleusement heureux!

XII

Les jours passent incroyablement plus vite quand l'attention de chaque instant ou presque est concentrée vers un but unique difficile à atteindre. A s'acharner ainsi avec passion, on perd la notion du temps qui se dissout.

C'est encore une nouvelle rentrée scolaire à affronter, la quatrième déjà. Ondine retrouve toujours avec une joie immense cet univers qui l'épanouit et qu'elle veut mériter. Grâce à tous, elle s'est complètement intégrée, à tel point que chacun s'intéresse à son évolution motrice. Pour la première fois cette année, elle aura des supporters pendant les récréations. Ses copains restent souvent près d'elle pour l'encourager dans ses efforts. C'est un geste de solidarité naturelle, comme une déclaration d'amour ou d'amitié, qu'Ondine apprécie pleinement. En tout cas, leur présence rendra ces moments de travail moins contraignants, moins laborieux. Le « travail des jambes » se fait alors généralement dans la bonne humeur. Ondine est dynamisée par leur présence. Elle aime avoir un public attentif qui s'étonne et se réjouit de ses progrès. Elle aime que les autres reconnaissent et admirent ses performances. C'est une sorte de cadeau vital. Elle veut montrer ce dont elle est capable. Elle a de plus en plus besoin d'encouragements pour accepter jour après jour ce travail rébarbatif, répétitif, épuisant. Souvent, il suffit qu'un spectateur arrive pour qu'elle perde son air contrarié, sa mine défaite, ses yeux tristes, son manque absolu d'entrain et retrouve comme par miracle le sourire, l'envie, la volonté.

Et en avant, *Boubouchka* !

Aller à pied à l'école ou en revenir devient un acte banal. Elle fait comme les autres, un point c'est tout. Cela prend plus de temps, mais ce supplément de temps pour chaque geste quotidien est une donnée inéluctable avec laquelle il faut se débrouiller. Rien ne se fait à la vitesse normale, celle de ceux qui n'ont pas été frappés par le hasard. Curieusement, plus Ondine progresse, c'est-à-dire plus elle bouge, plus la lenteur de ses mouvements apparaît de façon évidente. Il faut la bousculer, la presser tout le temps. « Dépêche-toi, Ondine, plus vite ! » Pauvre chérie, tout est déjà si compliqué ! Rien n'est instinctif. Tout demande un effort. Il lui faut puiser en elle tant de détermination à chaque fois. Combien de fois, en l'observant à travers la porte vitrée de la classe, n'ai-je pas eu envie de bondir pour l'aider à fermer son stylo, à prendre sa règle, à ranger une feuille, à ouvrir un livre à la bonne page... Ondinette, si tu savais comme je comprends tes instants d'abattement, presque d'absence. De temps en temps j'ai même l'impression qu'elle déconnecte un peu, l'œil dans le vague, comme si elle était ailleurs. « Mon bébé, réveille-toi. »

Ce n'est pas le moment de dormir ! Guy veut lui apprendre aussi à reculer, à freiner, à accélérer, à avancer sur ses genoux dressés, à trouver son équilibre avec une main sur sa tête. C'est de la rééducation tous azimuts ! Il y a tant de nouveaux circuits neurologiques à chercher, à retrouver, à brancher, à contrôler...

Le rythme des séances s'intensifie. Elles sont plus longues, plus rapides, plus diversifiées. Il n'est plus question d'attendre son tour tranquillement. On alterne les devoirs à faire et l'entraînement sur le palier de Guy. Son appartement est de plus en plus envahi de fauteuils roulants, de poussettes. Il paraît impensable de travailler dans de pareilles conditions. C'est inhumain et dégradant. Mais Guy n'a ni le temps ni les moyens de s'installer dans un local qui serait un centre de rééducation pilote. Il pourrait pourtant former de jeunes kinés et aider ainsi plus de personnes handicapées à retrouver l'espoir. Chez lui la solidarité joue à fond, chacun encourageant l'autre. C'est une chaîne naturelle entre compagnons d'un même voyage. Tous ont une ambition qui doit être nourrie quotidiennement en vue de vaincre définitivement si possible leur handicap ou celui de leur enfant. Certains de ces enfants sont si terriblement atteints que la fermeté, la volonté et la patience de leurs parents me remplissent d'une admiration sans bornes. Je retrouve chez eux cette flamme étrange qui nous soutient dans notre combat. Ce n'est ni triste ni pathétique. On est stupéfié par tant d'amour. Devant cela on est encore plus fort. On sent comme une fureur de vivre et une ténacité partagées par tous. Nathalie la ressent si intensément qu'elle apporte toute son efficacité à notre marche vers la victoire. Nous entamons avec ferveur des batailles de records sur le chemin de l'école. Ondine est ravie de me téléphoner pour me faire deviner combien de pas elle a faits toute seule. Naturellement, ne trouvant jamais la bonne réponse, je m'évanouis presque à l'annonce du résultat! Je feins d'être jalouse et le lendemain, elle essaie de faire mieux avec moi.

Cette année scolaire aurait été superbe s'il n'y avait pas eu de plus en plus de moments de découragement. Toutes ces phases de renoncement correspondent généralement, pourquoi le nier, à des périodes de crise dans mon périple passionnel avec Tarzan. Ondine fait fonctionner alors les antennes subtiles qui nous unissent indissolublement. Malgré tous mes efforts pour lui cacher mon désarroi, son cœur bat au même rythme que le mien. Les ondes négatives de tristesse que je transmets malgré moi la laissent également désemparée, vide, sans force.

Il y a un flux mystérieux entre nos deux volontés. Nous sommes gagnées par une lourdeur paralysante, inhibante. Stupidement, je refuse d'admettre que nous ne vaincrons pas les appréhensions de mon homme. J'aurais dû comprendre plus tôt que notre liaison n'évoluerait jamais de façon positive, constructive. Il n'y a pas en lui suffisamment de compréhension et de générosité spontanées pour accepter en toute sérénité Ondine. Je pense naïvement que nous arriverons à transmettre à Tarzan le feu qui nous brûle.

Mais le monsieur ne veut décidément pas s'engager dans une voie qui lui fait peur. Adorable avec Ondine, il choisit pourtant de ne pas assumer sa présence à temps plein chez lui. J'accepte difficilement ses refus, d'autant que les mots pour les justifier, dépassant cruellement sa pensée, sont déstabilisants et destructeurs. Le plus intolérable, c'est sans doute ce passage brutal et perpétuel entre une marche en avant vers une acceptation et une spectaculaire reculade. Tarzan lutte. Pour lui aussi les remises en question permanentes sont épuisantes. J'ai l'impression bizarre de m'enfoncer dans des sables mouvants qui m'engluent un peu plus à chaque chute.

Il me faut chercher très loin au fond de moi une vitalité qui me fait défaut. Le quotidien finit parfois par tarauder ma volonté tenace de réussir. Je me sens si fragilisée, si vulnérable avec ce désir profond d'être épaulée, rassurée, aimée tout simplement. Mais la tendresse que je lis alors dans les yeux de *Boubouchka* m'ordonne de relever à nouveau le défi que nous nous sommes assigné. Il faut persister, résister, ne laisser personne nous interrompre dans notre marche vers le progrès.

Paradoxalement, plus Ondine évolue favorablement, plus sa démarche paraît disgracieuse, car la continuité dans l'effort favorise un balancement gênant du haut du corps avec quelques rictus. Il faut apprendre encore mieux à ne pas se dérober au regard des autres, à l'accepter en abolissant tout sentiment de malaise. C'est ainsi qu'elle peut découvrir les joies de la montagne. C'est une joie, un éblouissement devant des paysages et des sensations nouvelles. Le simple fait de prendre les différentes remontées mécaniques et d'accéder à pied aux restaurants sur les pistes est un succès, à la fois ardu et porteur d'un plaisir enivrant. Nathalie, Ondine et moi, nous rentrons harassées mais comblées.

En avril 1989, quel frémissement intense de bonheur quand elle réussit à se lancer seule d'un mur à l'autre en effectuant quelques pas. C'est presque un miracle. En tout cas, un baume sur mes angoisses, la moisson tant attendue de tous nos efforts. *Boubouchka* est à la fois grisée et terrifiée par l'exploit. Avant d'oser partir, son visage prend une expression impressionnante de gravité et de concentration, comme avant une épreuve sportive, pour finir dans un sourire presque incrédule.

A la fin de l'année, c'est un festival de prouesses et de bonheurs dégustés pleinement. Elle descend souvent maintenant dans la cour au moment des récréations, entourée de sa bande de fidèles copains qui l'exhorte à marcher le plus longtemps possible en comptant ses pas. En juin, c'est l'allégresse générale quand *Boubouchka* réussit l'exploit de traverser d'un bout à l'autre la cour en nous suivant, Nathalie et moi, qui devenons les reines de la « marche en reculant ». Anne-Marie et Claudine, les maîtresses de CP, ne parviennent pas à dissimuler quelques larmes : on est loin de la petite Ondine trébuchante d'il y a presque quatre ans.

Voilà une nouvelle pierre blanche gravée sur notre chemin. Même si les progrès ne nous paraissent pas spectaculaires au quotidien, il ne faut plus nous laisser envahir par l'accablement et les incertitudes. Cette performance d'Ondine est une nouvelle étape franchie grâce à notre acharnement et grâce à celui de Guy, notre guide inflexible. Elle devrait fortifier notre détermination et nous rendre invulnérables.

A la même époque, la communion privée d'Ondine est un moment intense, porteur d'espoir. Angélique et Julie l'aident à rentrer dans l'église en même temps que les enfants. La procession est courte, la démarche d'Ondine plutôt bringuebalante, mais son visage irradie de joie.

La religion a pris une grande place dans le cœur d'Ondinette. Elle y puise sûrement des forces secrètes, un soulagement à ses appréhensions, une paix intérieure. Je respecte cette conviction intime, même si elle ne correspond pas à ce que je ressens. Je me réjouis que la foi puisse lui apporter un réel soutien. Je sais que communier est l'aboutissement d'un désir profond, l'expression d'un instinct de vivre pleinement. Je sens en elle, au moment du sacrement, une authentique émotion.

Au bras de ses amies, elle sort de l'église avec son beau sourire lumineux particulièrement resplendissant de félicité. « Dis, maman, t'as vu, j'y suis arrivée. C'est Dieu qui m'a aidée. »

En juin 1989, il me semble que tout va aller maintenant très vite. Comment pourrait-il en être autrement ? J'ai l'impression qu'elle a repris définitivement confiance en elle, que nous avons retrouvé un équilibre inébranlable.

Cet été-là, j'adore quand elle fait consciencieusement des « mur à l'autre » toute seule, vraiment toute seule, sans tricher, en les comptant minutieusement (j'ai vérifié en glissant sournoisement un œil par la porte). J'adore aussi la manière dont elle fait le tour de la piscine. Un tour, c'est quatre virages donc quatre raisons supplémentaires de tomber. Mais *Boubouchka* ne fléchit pas. Elle concentre son énergie, garde l'influx, trouve son rythme avec les bras bien en l'air pour l'équilibre. Un tour. Deux tours. Trois tours. Quatre tours ! C'est dément, Ondine ! Arrête, c'est trop. On rit. On y croit. On se penserait presque invincibles. Guy, comment te remercier et te dire toute notre reconnaissance ?

XIII

Quelle métamorphose depuis quatre ans, quand l'intégration n'en était qu'à ses balbutiements. C'était presque un pari fou. Les difficultés du quotidien, les crises épisodiques ont un peu voilé la spectaculaire réussite de l'entreprise. Ondine passe d'une classe à l'autre brillamment, malgré les difficultés rencontrées en écriture et en soin. Elle tient le rythme des autres, c'est l'essentiel. Elle se sert déjà presque diaboliquement de sa mémoire prodigieuse pour emmagasiner le maximum d'informations, de détails, mémoire qu'elle utilise toujours à bon escient. Participant à tout, elle surprend par des réflexions à la fois drôles et « adultes ». En informatique elle est la plus rapide, coiffant tout le monde sur le poteau.

Ayant bénéficié depuis l'âge le plus tendre de lectures innombrables, son vocabulaire est étonnamment précis et élaboré. Elle vient de découvrir la poésie et nous régale en inventant des poèmes assez troublants. C'est presque une seconde nature. Elle devient pensive, se met entre parenthèses avant de finalement réciter les vers qui lui sont venus à l'esprit.

Le plus pesant reste peut-être l'habillage et le déshabillage. C'est à chaque fois une épreuve pour les nerfs car notre temps est toujours compté. J'ai du mal à ne pas m'impatienter. Il faut pourtant ne pas céder à la facilité et éviter de tout faire à sa place pour aller plus vite.

Depuis cinq ans, Nathalie et moi lui apprenons des gestes qui auraient dû être spontanés. Nous décortiquons les mouvements, l'aidons à acquérir un minimum d'automatismes, lui imposons, comme un jeu, des temps limites à ne pas dépasser. Félicitations, Ondine, tu as battu ton record.

Le problème majeur est qu'elle doit tout faire assise puisqu'elle ne tient pas encore debout. Les difficultés sont forcément décuplées, d'autant que c'est une position toujours très inconfortable, avec les jambes tendues sur le sol. C'est plus naturel quand elle est sur une chaise ou les jambes pendantes dans le vide. Mais combien de fois devrai-je lui ressasser de ne pas faire le dos rond avec le ventre en arrière, et de baisser sa main droite qui se lève dans un geste machinal qui m'irrite au plus haut point.

Plier une jambe après l'autre pour mettre un pantalon ou une culotte sans tomber en arrière tient presque du prodige. Le casse-tête insoluble sur lequel nous nous acharnons fougueusement, c'est l'enfilage des chaussettes et des chaussures, entreprise désespérante, quasiment démoniaque. Je déroule minutieusement à chaque fois le processus en lui tenant les mains avec l'espoir qu'un certain mécanisme finira par se développer. Je répète inlassablement chaque phase, maudissant régulièrement l'inventeur du lacet! Arrivera-t-elle un jour à faire un nœud vraiment seule? Pauvre bébé, pourquoi tout acte lui demande-t-il autant d'attention, autant d'efforts?

Pour le moment, si elle ne rentre pas trop épuisée, elle se déshabille toute seule, elle arrive même à enlever les chaussures et les chaussettes! Inimaginable... Elle peut maintenant enfiler un pull ou un T-shirt. Nous commençons à lui apprendre la manœuvre, plus délicate, qui consiste à mettre un cardigan ou un manteau. Du calme! Surtout ne pas s'énerver... Ne pas oublier que rien ne vient spontanément, qu'il faut reprogrammer à chaque fois le cerveau. Savoir qu'une fois qu'un automatisme est créé, il l'est définitivement. Se dire que chaque petit progrès est un pas immense dans cette marche hallucinée contre le handicap.

Pour le bain, il faut lui apprendre à entrer dans la baignoire. Rude épreuve! En sortir est encore plus compliqué. Inutile évidemment de lui demander de se laver ou de s'essuyer. Mais la répétition quotidienne porte ses fruits, doucement mais sûrement. Par exemple, elle sait maintenant se brosser les dents convenablement

A table, le gros point noir reste l'utilisation du couteau. Ses mains deviennent complètement maladroites, prennent des positions abracadabrantes. C'est pourtant simple, Ondine, regarde! Il faut faire comme ça... Je tiens les mains, je montre pour la énième fois. Toujours, il faut ruser : comme elle adore manger des crêpes, elle doit en couper au moins une, puis deux avec le couteau, avant d'en dévorer goulûment d'autres... La victoire passe, là aussi, par la discipline. Ayant des difficultés à mâcher, elle ouvre trop la bouche, ne mange pas toujours proprement. La reprendre sans cesse, ne pas baisser les bras même si la demoiselle trouve qu'on rabâche un peu trop. J'ai souvent l'impression de parler comme un disque rayé qui inlassablement joue le même air. Ferme ta bouche, Ondinette. Ne bouge pas ta tête. Sers-toi de tes deux mains. Redresse-toi. Dépêche-toi... C'est quand même un peu usant.

Pourtant nous avons gravi une grande partie de la montagne qui bloquait notre horizon. Si le temps ne se met pas à l'orage, nous pourrons même planter très rapidement le drapeau tout en haut du sommet. Ce n'est pas encore le moment d'abdiquer, petite Ondine.

En CM2 il faut s'accrocher. Tout devient plus rapide, plus complexe. La maîtresse a pris le parti difficile mais positif d'être sévère pour imposer à Ondine un rythme accéléré et une organisation qui lui seront indispensables en sixième. Elle ne lui fait aucun cadeau. Au contraire : elle décide par exemple d'enlever des points si l'écriture n'est pas suffisamment lisible ou si les barres des « t » et les points sur les « i » sont escamotés. Elle lui demande d'aller seule au tableau, d'abord en se tenant au bureau, puis en se lançant pour deux ou trois pas.

Avec Guy, c'est toujours la même ténacité prodigieuse, la même lutte serrée, la même intransigeance, mais parfois les séances se parent d'une coloration de réconfort psychologique pour lui redonner le désir de persister. Car c'est indéniable : Ondine commence à renâcler devant l'effort. Pis, elle ne sait pas clairement expliquer son immense désarroi, ses crises impressionnantes de violence qui se déclenchent comme des caprices brutaux. C'est soudain, bref, mais terriblement déconcertant. Aucune parole, aucune

519

menace, aucune punition ne peuvent la calmer ou la débloquer. Il faut agir au coup par coup. Au bout d'un moment tout s'arrange sans qu'on puisse vraiment comprendre pourquoi. Ondine s'apaise. Parfois elle ne se souvient même pas d'avoir explosé. Nathalie et moi en sortons pantelantes et tremblantes. La seule certitude, c'est que plus nous crions, plus elle est indomptable. Je sais que cela correspond sûrement à une profonde douleur intérieure, presque une rébellion inconsciente. J'essaie de la provoquer pour qu'elle puisse enfin s'exprimer. Je voudrais tant la soulager. J'aurais tant souhaité qu'elle ne soit pas malheureuse. Je suis partagée entre l'exaspération et un immense chagrin.

Petite *Boubouchka*, calme-toi! Tout va s'arranger.

Nous avons inventé de nouveaux jeux pour lui procurer l'envie de traverser une pièce. On fait par exemple des parties acharnées de tennis ou de ping-pong. A chaque traversée réussie, elle marque un point. Naturellement elle gagne tous les matchs. Nous jouons aussi à « un, deux, trois, soleil » en la faisant arriver de l'autre côté avant que le dernier mot soit prononcé.

La voir marcher toute légère en tenant la main de la frêle Angélique est un spectacle étrange, extraordinaire, rassurant. Angélique a aboli toute appréhension. Elle a envie de faire marcher son amie. Ondine est rassurée, n'hésite pas à partir avec elle. C'est une première! C'est en tout cas une douce vision qui me prouve une fois de plus à quel point l'atmosphère ambiante, la cohésion, l'acceptation entière de sa différence sont des éléments indispensables à une bonne progression.

Tarzan par exemple n'a jamais su la faire marcher...

Guy ne veut plus que nous nous mettions devant elle. Il faut maintenant exercer une légère pression sur son poignet et avancer en même temps qu'elle. Tous les parcours de l'école se font désormais ainsi, presque au pas de course pour le développement cardiaque, en exigeant qu'elle lève bien les pieds.

L'endurance d'Ondine s'accroît considérablement. Tout se fait à un rythme accéléré. Nous la faisons aussi tourner très vite en petits cercles en changeant de bras, donc de sens. C'est contraignant, harassant, mais d'après Guy efficace pour l'équilibre futur. Nous jouons à la «balle de ping-pong» en la faisant marcher de l'un à l'autre. Elle part, fait quelques pas avant d'être rattrapée par la main, de tourner et de repartir dans l'autre direction.

Quel travail éprouvant pour tous! D'autant qu'il faut réclamer, exiger, tempêter, menacer de plus en plus fréquemment. « J'en ai marre, maman, je ne veux plus. » Il est de plus en plus difficile de lui imposer des séances répétitives de rééducation. Guy continue à fixer des consignes impitoyables. Je sais qu'il a certainement raison de vouloir maintenir la pression. Il est le bulldozer qui ouvre avec force et puissance notre voie vers la marche. Il se veut sans états d'âme. Il ne voit pas toujours à quel point il nous paraît parfois pénible de garder ce rythme d'enfer. Peut-être refuse-t-il de le voir ? Sinon, où trouverait-il cette foi inébranlable ?

Michel Gillibert comprend notre lassitude passagère. Il sait trouver les mots justes pour réconforter Ondine. Il prend le temps de lui parler et apaise le tourbillon véhément de ses réactions. Elle l'écoute, médusée, et se range d'emblée à ses conseils. Elle lui fait confiance : « Il sait de quoi il parle, lui ! » Quand elle raccroche le téléphone, elle a retrouvé le sourire et repart avec le moral, dopée par le langage subtil de quelqu'un qui a su dépasser le hasard et offre un bel exemple de volonté inflexible, plus stimulant que tous les arguments du monde.

Au cours du troisième trimestre pourtant, les choses se dégradent à nouveau. Ce que je redoutais arrive, à mon grand désespoir. Nathalie baisse un peu les bras. Elle s'est essoufflée. Elle tombe amoureuse. Et n'est plus aussi disponible. Ondine en souffre. Elle lui en veut inconsciemment et se montre plus capricieuse. L'amour inconditionnel a cédé la place à une passion contrariée, avec ses tensions et ses heurts. J'ai maintenant une tâche quotidienne supplémentaire : celle de trouver un compromis permanent entre elles, d'arrondir les angles, de les calmer à tour de rôle. Nathalie décide de ne pas revenir en septembre prochain. On est en plein drame.

Pour tout arranger, la journée d'initiation à la sixième organisée au collège du quartier est très traumatisante, voire déprimante pour toutes les deux. Tout leur semble infaisable, inabordable.

Mais c'est aussi une incitation formidable pour me mettre en quête d'une solution pour le deuxième saut important vers l'intégration, ce fameux passage en sixième, si redouté même par les enfants « debout ». Son école est maintenant presque un doux cocon où elle a sa place, où elle est accueillie sans réserves, où elle est appréciée et aimée. Nous voilà à nouveau saisies de peur devant l'énormité de cette aventure prochaine. Il paraît impensable qu'elle change de salle de classe à chaque heure, et il faudrait trouver une équipe également prête à relever le défi.

Virginie est en terminale, dans une institution réputée où, de plus, les élèves ont leur classe attitrée. Il n'y a de déplacements que pour certaines matières spécifiques. Le supérieur accepte de me recevoir, m'écoute en silence, sourit, puis me dit : « Ondine a une maman très bonne avocate. Si les préfets de sixième et de cinquième sont d'accord, je serai heureux de l'accueillir chez nous. »

C'est formidable ! Je n'osais y croire.

Tout de même, je ne peux m'empêcher de penser qu'il est injuste d'avoir à plaider comme pour implorer une faveur, alors qu'il devrait être normal d'offrir les mêmes chances à un enfant handicapé. Si l'intégration ne se fait pas dès le début, le fossé se creuse encore plus irrémédiablement. Il est alors souvent trop tard pour prétendre à un avenir libre et digne. C'est une iniquité de plus. Actuellement, malgré des décrets très clairs, il faut trop souvent d'abord obtenir une autorisation comme un laissez-passer miraculeux et ensuite il faut pouvoir en assumer l'organisation pratique. C'est une bagarre épuisante et quotidienne, mais l'enjeu est trop important pour ne pas tout mettre en œuvre quand cela est possible.

Virginie m'aide beaucoup à préparer le terrain auprès du préfet de sixième qui semble séduit par l'entreprise. Elle nous accompagne pour l'entretien avec les deux préfets.

Ondine a été briefée au maximum. Elle est éblouissante dans sa démarche et ses propos : elle fait tomber les dernières réticences. C'est gagné ! Elle est admise en sixième ! Étape après étape, nous continuons notre parcours.

Les vacances sont de plus en plus compliquées à organiser. Il m'est difficile de ne pas en vouloir à Jean de si mal assumer sur ce plan-là. Se sentant intérieurement un peu fautif, il supporte mal la critique et n'admet aucune remarque. Au fond de lui, il sait bien qu'il ne fait pas tout ce qu'il faut sur ce point. Ce n'est pas, loin de là, par manque d'amour, mais disons plutôt que c'est son côté rêveur et sa passivité devant toute forme d'organisation et de planification qui l'emportent. Il avait tout simplement prévu de garder Ondine à Paris pendant le mois de juillet en continuant à travailler... Charmante perspective pour une petite fille épuisée, au bout du rouleau, qui doit retrouver des forces pour affronter une rentrée difficile. Au dernier moment tout s'arrange : Guy et son adorable famille partent chez papa. Ils vont emmener *Boubouchka* et je les rejoindrai fin juillet.

Moi aussi, je suis en piteux état, ébranlée par une nouvelle séparation avec Tarzan. J'ai parfois envie de craquer, de sombrer, de tout abandonner. Mais la puissance du lien tissé entre ma fille et moi, la perspective d'un succès à portée de main, l'envie de réussir envers et contre tout, m'aident à surmonter la déprime.

Comment d'ailleurs ne pas vouloir s'obstiner alors que je retrouve une petite fille rayonnante, toute bronzée, reposée, sans cernes, qui nage au moins deux heures par jour avec les filles de Guy. Se sentant définitivement plus en confiance avec elles, Ondine obtient en natation des résultats étonnants, même si parfois je ne peux m'empêcher de trouver que ses compagnes lui en demandent un peu trop. Je retrouve chez elles la même exigence paternelle, tranquille et efficace. Ondine fatigue au bout d'un moment et elle doit en permanence lutter contre la peur de couler. J'ai envie alors de la ramener sur le pédalo mais redoutant, comme elle, les réactions et la colère de Guy, je prends le parti de m'effacer. J'attends sagement sur la plage en scrutant l'horizon.

Un matin où la mer est particulièrement calme, je suis étonnée d'apercevoir trois têtes qui surnagent au loin. Je n'ose d'abord croire qu'Ondine se trouve parmi elles. Puis je comprends enfin qu'elle va tenter la traversée du lagon.

Ils sont fous! Ils vont l'épuiser! Mais non, Ondinette s'entête. Elle a dû être piquée au vif et veut prouver qu'elle y parviendra. Je piétine sur place pour lui laisser le temps de progresser, puis je nage à leur rencontre.

« Mais Ondine, c'est incroyable! Je suis stupéfaite! Quel bon tour tu m'as joué. »

Elle est complètement exténuée mais si fière qu'elle rassemble ses dernières forces pour gagner son pari. *Boubouchka*, tu n'as pas fini de me surprendre et de nous épater. A ce moment précis, le sourire et le regard de Guy expriment tant de tendresse, de soulagement et de satisfaction que je perçois alors plus que jamais à quel point il s'investit intensément dans chacune de ces aventures vers une meilleure autonomie.

Quand, malgré les creux et les bosses qui la déséquilibrent, Ondine arrive à marcher sur l'herbe avec lui à côté d'elle, partagée entre l'effroi de tomber et la joie de réussir une action d'éclat, un bonheur immense semble envahir Guy, même s'il cherche pudiquement à ne pas trop manifester son allégresse. Mais son rire communicatif empreint de vérité et de bonté le trahit. Il est comblé par sa « gentille fille ». Avant son retour en métropole, elle parvient à traverser toute la pelouse!

Ondine, est-ce que tu comprends que tu es en train de marcher! Pas très élégamment, un peu sur la pointe des pieds, avec les bras levés certes, mais tu marches! En prends-tu vraiment conscience?

Tout le monde se sent un peu grisé, en proie à cette ivresse qui vous saisit à l'approche du sommet, après un effort presque surhumain. Dans l'exaltation générale, *Boubouchka* force un peu trop. Elle finit par se faire une petite déchirure, heureusement sans gravité. Guy est déçu : il aurait voulu continuer sur la lancée. Sans cet incident elle aurait peut-être pris l'habitude de marcher de façon vraiment autonome. Nous aurions peut-être pu établir l'automatisme tant convoité. Mais voilà, Ondine a mal. Ce n'est pas du cinéma. Il faut patienter, mettre la machine au ralenti pour quelques jours. Laissons-nous quand même bercer par l'espoir que tout peut arriver très vite.

XIV

Pourtant, que lui arrive-t-il ? Que se passe-t-il dans sa tête ? En rentrant, rien ne va plus !

Elle aurait dû se réjouir puisque Miss Sourire nous annonce qu'elle revient sur sa décision. Nathalie accepte de rester une année de plus afin de l'aider à effectuer au mieux la transition de l'école au collège.

Mais la magie de leur relation s'est dissipée. Cela ressemble étrangement à une rupture passionnelle.

Guy, galvanisé par les progrès et l'envie de gagner, a-t-il voulu aller trop loin ? Ondine a probablement été à la limite de ses possibilités. Je la sens écœurée, démotivée. Elle refuse catégoriquement de marcher seule avec Nathalie à ses côtés, et encore plus énergiquement de faire des « mur à mur ». C'est un blocage total. Elle est comme verrouillée de l'intérieur. Cela ne l'empêche pas de continuer à accepter toute autre forme de rééducation. Elle y met même un certain entrain. Mais « me lâcher, ça plus jamais. » Je me dis qu'il s'agit encore d'une crise passagère, qu'elle est sans doute troublée par la prochaine rentrée en sixième, par ce saut dans un univers inconnu où il faudra braver à nouveau le regard des autres et se faire accepter. Elle est certainement anxieuse de ne pas être à la hauteur, de ne pas arriver à tout concilier. Gardons notre sang-froid. Tout va rentrer dans l'ordre !

Le jour de la rentrée, elle est pourtant rayonnante, bien plus décontractée que moi qui n'en mène pas large. Comme à chaque grand bon en avant, l'angoisse m'étreint. Je redoute terriblement ce passage en sixième tant attendu. Pourrons-nous tenir la distance et mener à bien cette entreprise un peu folle ?

Impossible d'éviter ces questions angoissantes : comment Ondine sera-t-elle accueillie par les professeurs et par les élèves ? Rencontrerons-nous des sourires moqueurs, des visages hostiles, un comportement gêné ou méprisant ?

Mais il faut se jeter à l'eau.

Virginie, qui, à mon immense joie, redevient chaque jour un peu plus complice et présente, nous accompagne. Pendant la réunion des parents avec les professeurs, elle reste dans le préau avec sa sœur et la douce Julie, son amie fidèle qui va se retrouver par bonheur dans la même classe. Leur solide amitié sera pour les autres élèves la marque évidente d'une possible reconnaissance et acceptation d'Ondine. Tout va se jouer très vite, dans les jours qui viennent. Il faut que notre combat séduise et intéresse pour qu'Ondine se fasse une place à part entière, malgré sa différence.

A la fin de la présentation générale, je demande à intervenir pour expliquer, avec toute la force de mon amour et de ma conviction intime, le « cas » d'Ondine. Nous avons besoin de la compréhension et de l'approbation de tous.

Quel accueil enthousiaste! Il n'y a aucune réticence, aucune compassion facile, mais d'emblée un intérêt positif et des encouragements chaleureux. Je me sens toute ragaillardie, déjà libérée de cette appréhension incontrôlable. J'ai gagné ma partie. Ondine doit remporter la sienne. C'est la plus importante et elle seule doit en assumer l'enjeu. Je demande donc au professeur principal qu'elle puisse elle aussi s'exprimer et défendre sa cause devant ses camarades de classe. C'est un test capital : conquerra-t-elle du premier coup l'adhésion et la sympathie de ces adolescents qui grâce à elle vont découvrir la nécessité de vivre en acceptant une différence à dépasser, celle du handicap ? Empêchera-t-elle la peur, la fuite du regard ou pis, un regard cruel qui rend la réalité plus douloureuse ?

Ondinette, tu as été parfaite. Je l'ai su après grâce à ton professeur principal et à certains parents qui m'ont téléphoné tout exprès. Ni chichis, ni trémolos, ni phrases compliquées, ni bienveillance quémandée. Mais la simple vérité : « Je m'appelle Ondine. Je suis née handicapée. Je me bats tous les jours pour être comme vous et j'espère vraiment que mon handicap ne m'empêchera pas d'avoir des amis. »

Le malaise est dissipé, le ton est donné, la première épreuve enlevée haut la main.

Notre emploi du temps est toujours aussi dément. En escamotant le dessin et la musique, au grand désespoir de l'intéressée, nous préserverons les trois séances chez Guy.

Sans lui, sans sa véhémente ardeur, sans ses compétences exceptionnelles, nous n'aurions pas pu continuer à gravir ainsi les échelons impitoyables vers l'intégration. Même la bousculade désordonnée dans les escaliers des deux étages ne nous effraie pas. La descente est un peu périlleuse, mais nous adoptons vite une technique élaborée pour arriver en bas des marches en gênant au minimum le va-et-vient impressionnant des élèves. L'absence d'ascenseur ne doit pas être le garde-fou facile derrière lequel s'abritent ceux qui refusent une vie normale aux autres, les cassés. Nous l'avons pourtant copieusement maudit, cet escalier, au cours de l'année, tout spécialement quand il fallait se précipiter à l'autre bout du préau en classe de physique !

Très rapidement, j'ai tenu à voir chaque professeur individuellement pour mieux leur expliquer Ondine. Tous ont été d'abord surpris, puis ils se sont vite intéressés à son histoire avant d'être convaincus de la richesse de l'expérience. Ils ont constaté une atmosphère particulière dans la classe, une vraie solidarité. La présence d'Ondine n'est pas un facteur négatif, inhibant, mais au contraire un élément stimulant. Les élèves sont un peu « bluffés » par Ondine, par sa manière de se battre, par sa rage d'avoir de bons résultats. C'est sa revanche sur le hasard.

Nous voilà lancées à nouveau dans une course insensée, minutée, compartimentée. La barre monte d'un cran chaque année. Ne lâchons pas prise, Ondinette. Comme c'est dommage qu'il n'y ait plus la même entente avec Nathalie ! Cela va nous manquer cruellement.

Tenant compte de ses réticences à faire de vraies séances de rééducation à la maison, je lance l'idée presque saugrenue d'aller à pied au collège. « Mais tu n'y penses pas, maman ! Tu rêves ! »

Non, *Boubouchka*, je ne rêve pas. Je rêve si peu qu'ayant prévu trente-cinq minutes de trajet, nous arrivons plus de dix minutes en avance, porte à porte ! Je suis un peu ébahie car la distance me paraissait excessive : 500 mètres, c'est une sacrée trotte. Personne ne peut mesurer, en nous croisant pendant notre périple, l'ampleur des progrès accomplis. Il aura fallu tant d'heures d'efforts, tant de sueur versée pour obtenir cette chose si banale pour les autres. Nous, nous savons. Nous apprécions savoureusement. L'ombre de Guy plane sur notre victoire. Sa volonté et son énergie farouches aiguillonnent les nôtres malgré nos accrocs temporaires.

Selon l'emploi du temps, nous nous efforçons d'aller à pied au minimum deux fois par jour, quatre fois quand elle ne va pas chez Guy. Les relations avec Miss Sourire ne retrouvant pas leur caractère privilégié, j'essaie d'assumer le maximum de ces trajets.

Parfois, dépassée par le temps, j'arrive trop tard à la maison et retrouve Ondine couchée sur la moquette de sa chambre, sanglotante, furieuse, enfermée dans un refus total, y compris de se mettre à table. « "Elle" a voulu me lâcher, maman. Je ne me sens plus en sécurité. Je ne sais pas pourquoi mais j'ai peur avec elle. » Quel désespoir ! Ce sont de vraies larmes venant d'un chagrin incontrôlable !

Où allons-nous ?

Elle devrait au contraire retrouver une nouvelle assurance, presque une hardiesse déterminée, devant les bons résultats et le climat accueillant du collège. Elle se sent particulièrement en phase avec son professeur de français et d'histoire-géographie. Elle boit ses paroles, écoute attentivement, apprécie son humour, veut lui plaire à tout prix, fait le maximum d'efforts. Il a, je crois, une grande tendresse admirative pour elle. La manière dont elle arrive à finir les dictées au même rythme que les autres en mémorisant des bouts de phrases réécrits lors du temps imparti à la relecture, sa faculté de ne pas faire de brouillons pour finir à temps les rédactions, sa compréhension rapide de l'analyse grammaticale, le laissent perplexe et amusé. Sa mémoire déroutante, qui lui permet de se lancer dans des tirades impressionnantes de textes connus, et son cahier de poésies, finalement confié après mûre réflexion, sont deux éléments supplémentaires à leur connivence privilégiée.

Elle adore aussi l'anglais, intervenant allègrement à toutes les épreuves orales. Même en mathématiques, matière plus délicate pour elle, elle fait bonne figure et progresse régulièrement. En la voyant si épanouie en classe, personne ne pourrait croire que nous devons subir à la maison des oppositions si virulentes et si destructrices. « C'est fini ! Je ne veux plus ! Je veux retourner dans un centre ! Je baisse les bras ! »

C'est inexplicable. Son comportement paraît absurde, insensé. Comment sortir de cette impasse déconcertante ?

Guy, comme toujours, reste inébranlable dans sa conviction. Il n'aime pas nos moments de flottement. Pas d'états d'âme : Ondine finira par marcher. Elle ne doit plus perdre de temps. Il faut foncer avant la puberté.

Comme par enchantement, sans raison évidente, l'humeur vire à nouveau au rose, bien qu'elle ne veuille toujours pas marcher seule. Elle accepte pourtant que je relâche ma pression sur son poignet quand nous allons en classe ou quand je la fais travailler dans le préau pendant une heure d'éducation physique entre les cours.

Nous aussi nous faisons notre gymnastique ! Parfois avec une énergie stupéfiante, surtout quand sa copine Delphine l'encourage. Cette nouvelle amie, d'apparence pourtant si frêle – comme l'était Angélique –, a voulu apprendre à la faire marcher. Elle n'a aucune crainte et entraîne Ondine dans une marche assurée et rapide.

D'autres ont essayé, mais le résultat n'est pas aussi impressionnant. Ondine aime d'ailleurs de plus en plus se débrouiller avec ses amies qui, en cours d'année, assurent les changements de classe à l'étage. C'est une initiative spontanée qui paraît à tous naturelle et nécessaire. Pour moi, c'est très doux et gratifiant.

Ce comportement, maintenant presque généralisé, est la preuve irréfutable qu'Ondine a réussi son intégration. Son handicap est laissé de côté pour générer une forme d'échange différent, peut-être plus riche, avec tous ses copains. En grandissant, Ondine oubliera ses difficultés et fera avec ses amis, sans y penser, des prouesses que je n'arrive plus à obtenir !

Malheureusement, les relations avec Nathalie se détériorent irrémédiablement. C'est un rejet sans appel qu'elle refuse d'expliquer. Je tempête, menace : en vain. J'essaie de la raisonner, lui fais entrevoir le pire avec une autre jeune fille qui n'aurait pas la même patience et qui n'aura en tout cas pas le même amour. Mais Ondine se retranche derrière un mutisme absolu. Elle ne perçoit pas qu'il s'agit en réalité d'un rejet de sa dépendance. Elle ne voit plus en Miss Sourire que le reflet de la tierce personne qui lui est indispensable alors qu'elle voudrait ne plus en avoir besoin. En fait c'est son manque d'autonomie qui lui est devenu insupportable. Inconsciemment, elle se venge sur la représentation physique de cette sujétion en la repoussant.

« Tu verras, maman, avec une autre jeune fille, ça ira bien. Je te promets. »

Je crains qu'il ne se passe le même phénomène à chaque fois.

Finalement, en décembre, nous décidons douloureusement et très tristement, Nathalie et moi, de nous quitter un peu plus tôt que prévu puisqu'elle devait de toute façon se marier très prochainement. Elle opte pour un départ à la sauvette, sans adieux officiels, afin d'éviter un trouble émotionnel trop intense. Mais elle part le cœur gros. Elle avait tant espéré arriver au bout de notre chemin. Nous lui garderons à jamais une place dans notre cœur, avec une reconnaissance éternelle.

Les premiers jours avec la nouvelle jeune fille paraissent idylliques. Ondine tient à me prouver qu'elle avait raison de s'obstiner dans son désir de se fier à une autre personne non encore entamée par le quotidien. Très vite je comprends qu'elle triche pour donner le change. Il n'y a ni tendresse ni complicité.

En fait, cette jeune fille numéro deux n'est pas tendre, surtout en paroles. Plus par maladresse psychologique et par impossibilité de manifester des marques d'affection que par méchanceté. Ondine encaisse, consciente d'avoir fait une grave erreur en se braquant avec Miss Sourire.

Les vacances de février chez papa, où elle est partie seule avec cette nouvelle tierce personne, sont une vraie catastrophe et se soldent par des appels au secours quotidiens. C'est le début d'une longue épreuve de force entre deux fortes têtes qui n'aiment céder ni l'une ni l'autre mais qui, bizarrement, parviennent parfois à créer un climat détendu coupé de fous rires incoercibles.

Je prends le parti d'ignorer leurs divergences et de croire qu'elles sont arrivées à une certaine entente cordiale.

De toute façon, Guy change de technique : Ondine fait ses exercices seule, appuyée contre un mur, ou travaille plusieurs fois avec lui. La personne qui l'accompagne n'a plus l'importance primordiale qu'elle avait avant. A partir de mars, il la met quasiment en compétition avec une jeune adolescente qui revient de très loin. Arrivée chez lui complètement recroquevillée à la suite d'une méningite, aveugle, incapable de parler, elle peut maintenant tenir debout contre un mur, ouvrir les yeux et articuler quelques mots. C'est une résurrection impressionnante. Son besoin de rire et son sourire éclatant sont des éléments stimulants pour Ondine. Inconsciemment elle ne veut pas être à la traîne et essuyer la honte d'un arrêt capricieux dans sa rééducation.

Finalement, elles s'exhortent mutuellement à l'effort, chacune incitant l'autre à davantage de résistance. D'ailleurs, chez Guy, chacun, par sa constance et sa détermination dans sa lutte quotidienne, est un modèle à suivre pour les autres. C'est le règne du courage partagé, une réussite de plus dans la technique de cet homme déterminé. En fait, pour Ondine, il a abandonné les départs toute seule puisqu'elle s'y refuse. Il préfère se concentrer sur l'endurance et la recherche d'équilibre en lui imposant des séries de plus en plus longues de « flexions-extensions ». Parfois, 2 000 mouvements répétés ! « Plie les genoux, Ondine, et tends très fort les bras en l'air. Allez, continue. Mieux que ça. Allonge-toi plus. » Convaincu qu'elle finira par marcher, il la voudrait sans cesse vigoureuse dans leur bagarre.

J'aimerais avoir sa foi infaillible.

Il m'arrive souvent de désespérer devant les refus d'Ondinette. J'ai le sentiment déprimant qu'elle régresse. Pourquoi n'arrive-t-on plus à obtenir ce qui avait été si long à venir? Pourquoi ne se lâche-t-elle plus? Pourquoi ne fait-elle plus ces mur à mur qui faisaient notre joie? Et si cette peur nouvelle du vide était insurmontable? Pour conjurer le sort, je lui suggère d'écrire un poème sur ce thème. Je voudrais qu'elle explique les raisons profondes de cette intolérable appréhension pour avoir envie de la dominer. Le résultat est magnifique, poignant et révélateur.

LA PEUR DU VIDE

Elle restait là, blême.
Comme attendant l'apparition d'un totem
pour implorer le courage d'affronter le vide
avant que sur son frêle visage élisent domicile les rides.
La peur la fait frémir...
Le vide, un grand mur impossible à franchir.
Elle songe que des soldats chargés de sa perte
ont creusé l'immense barricade de l'infini

pour l'envoyer en enfer plutôt qu'en paradis.
Elle ne sait plus quoi penser.
Un ange descend pour lui annoncer :
« Le Dieu t'accordera ta requête,
tu n'as plus peur du vide, mignonnette »
puis s'évapore avec grâce
sans, de sa venue, laisser de traces.
Alors, la fillette réfléchit
son cœur reste indécis.
Puis elle se lève, marche droit devant les portes de l'éternité
qui s'ouvrent à mesure de ses pas lents et légers.
De l'autre côté, tout est plus gai.
Les oiseaux se réveillent.
L'un d'eux monte jusqu'au soleil
lui transmettre un amical bonjour
et lui demander de chauffer et d'éclairer encore ce jour.
Elle a été forte : elle a vaincu sa peur.
Elle règne maintenant sur le royaume de la joie
et de la bonne humeur.

Mignonnette, tu finiras par l'atteindre l'autre monde, celui où tout est plus beau, plus vert, plus serein. Ne perds plus de temps ! Bats-toi : ça en vaut la peine. Tu le sais. Tu l'as exprimé si bien dans ton poème.

A Pâques, de retour en Guadeloupe, Ondine stupéfie par sa résistance et la puissance de son entêtement à gagner ses propres défis. Comment ne pas l'admirer en la voyant faire le tour de l'hôtel presque au pas de course, transpirant à grosses gouttes à l'arrivée, malgré l'heure matinale de notre jogging quotidien ? Sa pugnacité fait oublier son inélégance et son déhanchement bizarre.

Quand elle revient chaque matin à la nage avec sa sœur aînée de la barrière de corail, elle s'obstine à aller jusqu'au bout. Je les suis en pédalo, moitié terrorisée, moitié émerveillée. C'est à chaque fois une grande frayeur et un bonheur immense. J'aime la complicité retrouvée avec Virginie, son équilibre, son intelligence, sa personnalité, son sacré caractère, ses confidences, nos fous rires. La chaîne hors du commun tissée entre elles par mes deux filles m'émeut et me comble. Ondine a une passion pour sa sœur. Elle la redoute un peu, ne veut pas la décevoir. Elle cherche encore plus énergiquement à faire mieux, pour elle, avec elle.

Même Benjamin à sa manière est stimulant. Il la bouscule, la provoque. Grâce à lui, la voilà même partie dans une course folle, allongée sur une planche tirée par un bateau à moteur. Je suis paniquée mais si heureuse et fière d'eux. Nos tendres retrouvailles à quatre me donnent une force nouvelle, une joie formidablement équilibrante et tonifiante alors que, sans l'admettre, je me sentais partir un peu à la dérive.

Je suis cruellement entamée par mes déchirures avec Tarzan. Elles me blessent et me déstabilisent à chaque fois plus violemment. J'ai trop besoin de garder mes forces intactes. C'est clair : je dois impérativement me libérer de cette passion destructrice.

Le dernier trimestre démarre sur les chapeaux de roue. Ondine repart hardiment en guerre, obéissant à son commandant en chef au grand cœur et à la poigne sévère. Guy est content d'elle. Il part souvent de son bon rire généreux et si affectueusement moqueur.

Ondine travaille si bien qu'il l'autorise à réaliser son rêve de début d'année : partir trois jours à Lourdes pendant le week-end de la Pentecôte avec toutes les élèves de sixième du collège. Quel événement ! J'étais un peu réticente au début. J'avais peur qu'elle ne se berçât de l'illusion d'un miracle et que la déception ne soit à la mesure de son espérance. « Mais maman, le miracle serait déjà de me donner la force de toujours continuer. Je veux y aller pour ça. »

La voilà excitée comme une puce quelques jours avant le départ. Sur le quai de la gare, très entourée par ses copines elle m'expédie sans hésitation. Elle se sent comme les autres. « C'est le plus beau jour de ma vie. »

Elle revient regonflée à bloc, radieuse, complètement enchantée malgré quelques heurts avec son accompagnatrice qui essayait à juste titre de freiner parfois sa détermination de tout faire à pied. De nombreux enfants l'ont mieux découverte pendant ce week-end. Elle s'est fait beaucoup de nouveaux amis, particulièrement des garçons. L'un d'eux se précipite à chaque récréation pour bavarder avec elle. On devine qu'il voudrait l'aider, qu'il veut par sa présence et son regard l'encourager. Ce garçon-là m'émeut tout spécialement. Je n'ose encore penser à la future vie sentimentale d'Ondinette, mais j'entrevois la possibilité qu'elle puisse connaître comme tout le monde les élans amoureux. C'est rassurant.

Pour la première fois elle est invitée à déjeuner avec des copains au Big Burger : événement considérable en soi, encore plus dans son cas. Si ce n'est pas de l'intégration vraie, je veux bien être pendue ! Elle jubile ouvertement, et moi secrètement.

C'est presque la fin de l'année. Le bilan est extrêmement positif malgré ce refus de se lancer toute seule. Finalement notre seul vrai échec, c'est de n'avoir pas réussi à faire changer le regard de l'homme de ma vie. Moi qui me bats avec autant de fougue dans ce sens, pourquoi suis-je donc tombée sur un homme dont le regard ne pouvait évoluer ? Bizarre ironie du sort... Calfeutré dans la peur globale du handicap, il n'a pas cherché à comprendre que la rencontre d'une différence offre la possibilité d'une rare réciprocité. Le handicap d'Ondine devenait pour lui, par ignorance et méconnaissance, un obstacle infranchissable à toute vie normale, un empêchement néfaste à notre amour. Ce rejet stupide nous a irrémédiablement séparés.

J'aurais tellement voulu, mon Ondine, que Tarzan te vît monter les marches de l'estrade pour recevoir dans l'émotion générale tes nombreux prix! Neuf prix, deux accessits! Quel festival! J'ai les larmes aux yeux comme d'autres mamans qui cachent difficilement leur émotion. Comment ne pas être ébranlée par ce moment si dense, si vibrant d'intensité? Qui oserait encore te refuser un avenir digne, plein d'espoir? J'ai presque une sensation d'étourdissement devant l'ampleur du parcours accompli. Tout a paru à la fois si long et si bref. Le temps semble dérisoire par rapport à la saveur de cette victoire. Peu importent finalement les efforts, la douleur, les doutes et les angoisses. Cet instant-là est empreint de magie. Il doit faire oublier les peines et la fatalité impitoyable. Il est maintenant notre référence pour un départ nouveau dans notre escalade vers le sommet du pic. Il faudra toujours s'en souvenir, mon Ondine, et t'en servir comme d'une source intarissable d'énergie.

Inévitablement je pense à Guy sans qui rien de tout ceci n'aurait été possible. Il croit en toi. Tu ne dois pas le décevoir en te bloquant dans ta route par des revirements, des refus et des abandons maléfiques.

Il faut absolument vaincre ta phobie du vide.

XV

En juillet, Virginie emmène sa petite sœur en Guadeloupe après lui avoir fait passer un solide pacte d'obéissance et d'autonomie maximale.

Ondine obtempère avec joie. Elle est ravie et promet de se conduire impeccablement. C'est véritablement la première fois depuis sa naissance qu'elle part sans que je m'inquiète un seul instant. J'éprouve au contraire un sentiment heureux de soulagement et d'apaisement, comme une délivrance. Je sais qu'elle sera heureuse, épanouie, stimulée, peut-être même plus qu'avec moi. Indéniablement, je suis nerveusement fragilisée. Il me faut digérer mon échec avec Tarzan, apprendre à vivre seule en toute sérénité pour dynamiser à nouveau mes énergies profondes. Il ne faut plus gaspiller mes forces dans une bagarre stérile. J'ai trop perdu de ma combativité.

Mais une page de vie de plusieurs années ne se tourne pas aisément du jour au lendemain. Il faut « donner du temps au temps » pour évacuer l'ivraie qui empoisonne le quotidien, pour se retrouver. Cette pause me paraît providentielle, d'autant que je dois travailler intensément, en particulier pour une manifestation qui me séduit par le challenge qu'elle représente. Cette année encore, Michel Gillibert a décidé de donner un coup de main au cinquième Festival européen d'artistes handicapés mentaux de Figeac. N'ayant pu modifier le regard d'un homme, un seul, j'aime l'idée d'essayer de bousculer celui de tous ceux qui ont des idées toutes faites, souvent dues à l'ignorance. Je regrette vraiment que nous n'ayons pas réussi à vaincre les préjugés de Tarzan. Mais je veux maintenant me tourner résolument vers l'avenir.

Je suis heureuse que papa soit subjugué par l'efficacité et le dynamisme de Virginie que, d'une certaine manière, il redécouvre avec bonheur. L'ascendant de l'aînée sur la cadette et la force de leur entente le remplissent de joie admirative. Le fait qu'Ondine file doux, ne se risquant que très timidement et de façon éphémère à quelques oppositions ou contestations, tant elle redoute la colère de sa sœur, l'amuse énormément.

Ondine redeviendrait-elle la battante raisonnable, joyeuse et décidée, celle qui nous impressionnait tant?

Très impatiente de les retrouver, j'hésite pourtant à partir tellement je suis soudain fatiguée. Comme après une épreuve ou un chagrin, les nerfs lâchent. Je suis dans le creux de la vague sans avoir envie de remonter à la surface. Une chape de lassitude, probablement plus morale que physique, s'abat subitement sur moi au point d'empêcher toute décision de départ. Je vois tout en noir, amalgamant toutes mes angoisses, celles de ma vie et celles de l'avenir d'Ondine. En effet, j'ose enfin admettre que je suis terriblement déçue par cet arrêt apparent dans la recherche de l'autonomie. Imaginant avoir lutté en vain, je me laisse submerger par l'incertitude de la réussite finale et le poids lancinant de ce qui pourrait être une cuisante défaite.

Il faudra toute la gentillesse et la persuasion de mon meilleur ami Alain qui, depuis quelques mois, me prouve par sa présence au bon moment, ses innombrables attentions, sa délicatesse permanente, une affection sans faille. Devinant l'étendue de mon désarroi, il me met presque *manu militari* dans l'avion, persuadé que les enfants et les cocotiers seront un remède bénéfique à cet écroulement.

Voir mes trois enfants à l'aéroport de Pointe-à-Pitre est d'emblée une surprise qui me ragaillardit.

Fafi, qui se conduit en grand-père idéal bien qu'il s'en défende toujours, les avait emmenés en Basse-Terre pour la journée. En rentrant ils sont venus m'attendre. Ordinairement, j'ai déjà du mal à réaliser que ce sont mes enfants. Je ne me suis pas vue vieillir, sans doute ! C'est en les regardant si grands, si adultes, que je sais que les années ont passé impitoyablement.

Quand Benjamin, du haut de son mètre quatre-vingts, m'accueille avec son inévitable « Bonjour Môman Meuleu » (pour Marie-Laure) et me passe d'un geste protecteur les bras autour des épaules, je me sens revivre. Apercevoir au loin, au milieu de la cohue, mes deux filles superbes et rayonnantes me procure une petite décharge interne de bonheur. Instantanément, je remonte à la surface...

Pendant quelques jours je me laisse guider par leur rythme, leur énergie, leur gaieté très communicative. Virginie nous quitte pour une autre destination : un voyage prévu de longue date. Ondine continue à organiser très bien sa journée, presque minutieusement, avec des habitudes de vieille fille. Cette rigueur lui permet de tenir le programme fixé par sa sœur.

Juste après le petit déjeuner, footing autour de l'hôtel. Ensuite, 1 000 flexions-extensions, pas moins, contre le mur en chantant pour se donner du courage ! Natation. De mieux en mieux. A nouveau, au bungalow : 50 « toute seule » ! Mais oui, Virginie a réussi à lui faire à nouveau accepter l'idée de se lancer. Après le déjeuner, ce sont les devoirs qu'elle fait en s'appliquant au niveau du soin et de l'écriture, car nous avons décidé avec ses professeurs de lui donner une note spéciale. Le reste de l'après-midi est surtout consacré au « catamaran » qu'elle sait maintenant manier seule, aux tours dans le bateau de ski nautique ou à la planche traînée rapidement sur l'eau. Vers 17 heures, c'est la dictée pour essayer d'augmenter le rythme et obtenir 200 mots en quinze minutes. On en est encore loin. Bref, elle récupère et elle « s'éclate ».

Et moi, bercée par la douceur antillaise, par la couleur du lagon, par le charme tranquille des jardins, je me sens petit à petit apaisée par cette cure de remise en forme. Je mesure plus directement encore la chance que nous avons d'avoir ce havre de paix pour nous retrouver. C'est un privilège énorme, merveilleusement bienfaisant. A tel point que le même jour, la mère et la fille ont comme une révélation. C'est presque un voile qui se déchire brutalement pour nous délivrer d'un poids inhibant.

Un matin je me réveille légère, libérée, avec l'impression d'une nouvelle force en moi. Est-ce le signe que je commence à me débarrasser de mon chagrin et de mes angoisses par rapport à Ondine ? Perçoit-elle cette transformation intérieure ? En tout cas, elle accepte d'avoir une très longue conversation avec Fafi qui veut obtenir, par l'évidence de ses arguments et par une approche psychologique du problème, le déblocage de sa petite-fille. Ce débat, auquel personne n'a le droit d'assister, paraît animé, passionné, très tendre. Fafi saura sûrement trouver la corde sensible, les mots justes puisqu'elle m'annonce au déjeuner qu'elle a décidé de « ne plus être complètement idiote » et de tenter de marcher « complètement » seule sur la pelouse.

Plus j'exprime mon étonnement, plus elle est enchantée et pressée de faire ses premiers essais. « Même si je tombe, ce n'est pas grave. Sur la pelouse, je ne peux pas me faire mal. » On croit rêver ! Serait-ce pour elle aussi la marque d'un changement de comportement envers sa peur ? Je n'ose y croire.

Incrédule, je l'emmène devant le bungalow. Attention, Ondinette, concentre-toi. C'est toi qui décides de partir. Je reste immobile en lui donnant une impulsion au poignet, attendant qu'elle ose. Un. Deux. Boum ! C'est la chute. 2 pas, 2 petits pas, pas plus, mais si significatifs.

C'est bien, Ondine. Tu as vaincu tes folles appréhensions pour la première fois depuis bien longtemps.

Apparemment, éprouvant elle aussi une joie immense, elle se pique au jeu et se remet hardiment à l'ouvrage.

Pas plus de 2 pas aujourd'hui.

Mais le lendemain, ce sera 3. Puis 10 ! Quel bond ! 11. 21, même !

C'est impressionnant de la voir se lancer ainsi dans le vide absolu en sachant qu'elle finira de toute façon par perdre l'équilibre. Elle y met une telle détermination ! Sommes-nous sorties de cette spirale descendante et déroutante ?

Un ami de papa, ému par Ondine, touché par sa volonté et amusé par ses propos, aimerait lui donner un chiot dont il fait l'élevage. Ce sera formidable pour elle, affirme-t-il. Je râle, tempête, refuse. Un chien ! Il ne manque plus que cela dans notre course quotidienne ! Mais Ondine n'en croit pas ses yeux. Elle qui ne parle depuis des mois que de ce chien qu'elle désire tant, tape des mains, pousse des cris de joie, me supplie d'accepter. Elle va même jusqu'à marcher 350 pas avec moi à ses côtés. Le but est atteint : elle traverse la pelouse ! Ce chien lui donnerait-il des ailes ? En tout cas, j'ai une preuve supplémentaire que son blocage est en grande partie psychologique.

Quand j'ai dans les bras cette adorable boule de poils irrésistible, je succombe. Goliath s'installe dans notre organisation, surtout dans celle d'Ondine. J'aimerais qu'il soit un compagnon stimulant, son rayon de soleil permanent. Il a tout compris, Goliath. Le lendemain, comme un jouet en peluche à ressort, il nous suit pendant qu'Ondine fait son footing. Sur la pelouse, pendant les essais de marche seule, il attend à quelques mètres, guettant sa chute pour se précipiter lui faire un énorme câlin. Elle tomberait presque par plaisir... 21 pas. 25. Bientôt 31. Enfin 41 !

Malheureusement le départ approche. Il faut retrouver Paris et les séances chez Guy. Le matin du jour J, son visage est décomposé. Elle ne veut pas rentrer. Le retour est synonyme de travail, de contraintes, de luttes. La vie antillaise a une magie presque envoûtante. « On est trop bien ici, maman. » Devant sa mine triste, des clients de l'hôtel me proposent en cachette de la garder quelques jours. Nous ne vous rendons pas service, nous nous faisons plaisir, affirment-ils.

Presque abasourdie, émue par ce comportement si spontanément solidaire et généreux, je commence par objecter que la charge sera trop lourde. Leur amicale insistance et le petit air adorable de leur fils cadet, le copain d'Ondine, finissent par vaincre ma résistance. Sans mesurer complètement l'importance de cette décision, j'accepte. On trouve rapidement une place pour Ondine sur leur vol de retour. Et on lui annonce la nouvelle qui la fait exploser de joie.

C'est sa première vraie tentative d'émancipation ; cette initiative me comble et m'angoisse tout à la fois, d'autant que papa ne cache pas une fureur passagère qui me désarme. Il m'en veut d'imposer ce poids à toute une famille en vacances. Je n'ai rien imposé. Tout cela s'est fait si rapidement et naturellement... Ondine assure qu'elle fera le maximum pour ne pas être une gêne.

Dans le taxi qui m'emmène à Pointe-à-Pitre, je suis d'abord anéantie par une inquiétude sourde. J'en rebrousserais presque chemin. Puis je réfléchis qu'il s'agit là d'une étape importante dans le combat d'Ondine pour choisir sa voie, quelle qu'elle soit, dans la société. Il faut respecter son désir de liberté.

Apparemment elle a retrouvé une certaine assurance, ayant su dominer sa panique du vide. Je souhaite ardemment qu'il n'y ait plus en elle d'autres terreurs qui l'immobilisent. Je voudrais qu'il n'y ait plus d'accroc dans sa longue marche vers l'autonomie. Pourtant, je perçois confusément que la partie n'est pas définitivement gagnée. Il y aura vraisemblablement encore le long de la route des hauts et des bas, des joies sublimes et des peines poignantes.

Il est de plus en plus évident qu'elle décidera seule au bout du compte du tournant que prendra son chemin de vie. Comment, en effet, lui imposer, maintenant qu'elle devient grande, ce qu'elle refuse ou rejette ? Elle est maîtresse de son futur. Dans ses périodes de découragement, il va de soi que ni Guy, ni moi, ni personne n'avons le droit de rentrer dans son jeu et d'abandonner. Nous devons continuer impérativement à lui faire comprendre tout l'intérêt d'une vie debout, sans dépendance. Nous devons toujours chercher à lui insuffler cette foi inflexible et indispensable. Il faut la convaincre du bonheur qu'elle aura à ne dépendre de personne et l'exhorter inlassablement à progresser. Elle doit savoir impérativement qu'elle ne pourra continuer à avoir des résultats scolaires puis universitaires aussi gratifiants si elle ne poursuit pas sa rééducation. C'est un tout indissociable.

Mais, par sa recherche d'indépendance, en prolongeant seule ses vacances, elle me fait peut-être un clin d'œil plus ou moins inconscient. Ne cherche-t-elle pas à me dire que de toute façon elle saura construire sa vie, se faire une place dans la société, être acceptée sans condescendance puisqu'elle l'est déjà? Toutes ces années de combat lui ont forgé un caractère exceptionnel qui ne peut qu'attirer les autres, ceux qui sont debout.

Elle séduit, c'est indéniable. Elle sait communiquer, entretenir l'échange avec les êtres qu'elle rencontre. Voilà sans doute la première grande réussite indestructible de notre aventure. Par son attitude d'affranchissement, essaie-t-elle de me faire comprendre que nous entrons dans une ère nouvelle dont elle voudrait prendre les rênes et qu'elle est prête à assumer une vie différente loin des attitudes de compassion et des réflexes de marginalisation?

La quête de sa seconde naissance que nous recherchons avec tant de passion nous a apporté des richesses inconnues jusqu'alors.

Quoiqu'il arrive, efforçons-nous toujours de dédramatiser.

L'accident de sa naissance, en bouleversant notre vie, nous a donné de façon plus précise le sens de la relativité.

Ondine est presque sortie d'affaire. Elle provoque la sympathie, l'amitié, le respect. Il lui faut maintenant, en prenant son second souffle d'adolescence, abolir toute forme de faiblesse, rejeter les craintes pour décider de son avenir en toute liberté.

Qu'elle sache bien quand même que nous n'avons pas lutté durant toutes ces années pour qu'elle baisse les bras trop tôt. L'efficace pugnacité de Guy à nos côtés, son affectueuse inflexibilité doivent la persuader de la nécessité impérieuse de continuer le combat en croyant fougueusement à la victoire finale.

J'aurai pendant longtemps encore une furieuse envie de lui répéter, envers et contre tout, inlassablement, tant qu'elle voudra bien m'entendre : « Ondine, dépêche-toi de marcher! »

Âgé de vingt-sept ans, **Hussein Sumaida** vit actuellement dans la clandestinité au Canada où il n'a toujours pas obtenu l'asile politique. Il connaît l'angoisse quotidienne d'être retrouvé par ses anciens collègues des services secrets irakiens, ou renvoyé dans son pays natal par les autorités canadiennes. « On me tuera sur-le-champ si je retourne là-bas », confie-t-il. Son seul désir est de pouvoir mener un jour une existence normale, auprès de son épouse Ban. Carole Jerome, spécialiste des problèmes du Moyen-Orient, est journaliste à la télévision canadienne.

> Pour des raisons évidentes de sécurité, nous ne pouvons publier la photographie de Hussein Sumaida.

Diplômé d'études supérieures de droit à la Sorbonne, membre de la Société de géographie de Paris, **Alain Kerjean** a quitté la sécurité de la fonction publique pour aller sur les traces des grands aventuriers du XIXe siècle. En 1980, avec Alain Rastoin, il reconstitue l'expédition d'Alexander von Humboldt (*Aventures sur l'Orénoque*). En 1984, une autre expédition lui permet de raconter l'expérience de Jacques Lizot qui, depuis 1968, vivait chez les Indiens (*Un sauvage exil*). Il fonde Hors Limites, pour ouvrir au plus grand nombre l'aventure, cette école du possible.

A propos des auteurs

Laurence et Antoine ont grandi...

Il aura fallu à **Dany Carrel** la pause forcée que lui imposa son cancer du sein pour qu'elle prenne le temps d'écrire cette longue lettre à « Maman Tourane ». Maintenant que tous les doutes sont levés, il reste la rencontre entre la mère et la fille, moment capital sans cesse reporté par une réciproque délicatesse de sentiments. Pressée par ses lecteurs et son amie Marie-José Jaubert à qui l'on doit *Libres Mémoires*, la vie d'Henriette Nizan, peut-être ajoutera-t-elle un jour à son premier récit l'histoire de ce rendez-vous. Quant à ses projets professionnels, ils passent aussi par un téléfilm d'après... *l'Annamite*.

Directeur financier d'une entreprise de matériaux de construction, mère de deux enfants, épouse de médecin : tout semblait sourire à **Marie-Laure Rozan**. Jusqu'à sa troisième grossesse. La naissance d'Ondine, handicapée moteur cérébral, va bouleverser cet équilibre. Au prix de sa carrière, la jeune femme entame une lutte sans merci contre l'adversité. Avec un amour fou. Avec succès. En 1985, elle rencontre Michel Gillibert qu'elle seconde depuis dans sa mission auprès des grands accidentés de la vie.

CRÉDITS

LE CERCLE DE LA PEUR – p. 6-7 : SIPA PRESS/Mounir ; p. 22 g : Brown Brothers ; p. 22 d : The Bettmann Archive ; p. 23 g : F. Matar/Sipa Press ; p. 23 d : Gamma-Liaison ; p. 58 g : Alain Keler/SYGMA ; p. 58 d, p. 59 g, p. 130 b : SYGMA ; p. 59 c : Reuters/Bettmann ; p. 59 d : Toni Sica/Gamma-Liaison ; p. 102 h : SIPA PRESS/I. Leguen ; p. 102 b, p.103 : SYGMA/J. Pavlosky ; p. 130 h : Christopher Morris/ Black Star ; p. 131 h : SIPA PRESS/F. Demulder ; p. 131 b : AP/Wide World Photos.

L'ANNAMITE – p. 142 : Claude MATHIEU ; p. 168, p. 169, p. 262 hg, p. 282, p. 283 hg, p. 283 b : Coll. de l'Auteur ; p. 224, p. 262 c, p. 262 b : Coll. CHRISTOPHE L. ; p. 225 h , p. 225 c : BERNAND ; p. 225 b : CINESTAR ; p. 263 h : KIPA-INTERPRESS/F. P. Guilloteau ; p. 263 c : KIPA-INTERPRESS ; p. 263 b : KIPA-INTERPRESS/J. Morell ; p. 283 c : POUILLOT-EHANNS.

L'ADIEU AUX YANOMAMI – p. 298, p. 331, p. 356, p. 357, p. 388, p. 389 : photographies de l'Auteur, extraites de l'ouvrage *l'Adieu aux Yanomami*, Albin Michel, 1991 ; p. 311 : Editerra.

ONDINE, DÉPÊCHE-TOI DE MARCHER – p. 410 : S.R.D./A. Nouri ; p. 450, p. 451, p. 502, p. 503 : Coll. de l'Auteur.

BIOGRAPHIES DES AUTEURS – p. 538 b : photographie de l'Auteur extraite de l'ouvrage *l'Adieu aux Yanomami*, Albin Michel, 1991 ; p. 539 h : LAFFONT/D. Doumax ; p. 539 b : S.R.D./A. Nouri.

COUVERTURE – en haut : SIPA PRESS/Mounir ; au centre gauche : Coll. CHRISTOPHE L. ; au centre droit : photographie de l'Auteur, Alain Kerjean, extraite de l'ouvrage *l'Adieu aux Yanomami*, Albin Michel, 1991 ; en bas : Coll. de l'Auteur, Marie-Laure Rozan.

Édité en décembre 1992.
Impression : Maury-Eurolivres SA, Manchecourt.
Reliure : Reliures Brun, Malesherbes.
Flashage : Type Informatique, Paris.
Photogravure : Jovis, Fresnes.
Dépôt légal en France : janvier 1993.
Dépôt légal en Belgique : D/1993/0621/26.